세상의 속도를
따라잡고 싶다면

Do it!

한 권으로 끝내는 웹 기본 교과서

HTML CSS
+ 자바스크립트

웹 표준의 정석

코딩 왕초보도 OK! 최신 웹 표준부터 반응형 웹까지!

고경희 지음

이지스퍼블리싱

세상의 속도를 따라잡고 싶다면 **Do it!**
변화의 속도를 즐기게 될 것입니다.

Do it!

Do it!
한 권으로 끝내는 웹 기본 교과서

HTML+CSS+자바스크립트 웹 표준의 정석 — 전면 개정판

개정판 발행 • 2024년 7월 30일
개정판 3쇄 • 2025년 1월 27일

초판 발행 • 2021년 1월 22일
초판 10쇄 • 2024년 7월 10일

지은이 • 고경희
펴낸이 • 이지연
펴낸곳 • 이지스퍼블리싱(주)
출판사 등록번호 • 제313-2010-123호
주소 • 서울시 마포구 잔다리로 109 이지스빌딩 3층(우편번호 04003)
대표 전화 • 02-325-1722 | **팩스** • 02-326-1723
홈페이지 • www.easyspub.co.kr | **페이스북** • www.facebook.com/easyspub
Do it! 스터디룸 카페 • cafe.naver.com/doitstudyroom | **인스타그램** • instagram.com/easyspub_it

총괄 • 최윤미 | **기획 및 책임 편집** • 한승우 | **IT 2팀** • 신지윤, 이소연, 박재연
교정교열 • 박명희 | **표지 디자인** • 김근혜 | **본문 디자인** • 책돼지 | **일러스트** • 김학수, 공오 | **인쇄** • 보광문화사
마케팅 • 이나리 | **독자지원** • 박애림, 김수경 | **영업 및 교재 문의** • 이주동, 김요한(support@easyspub.co.kr)

ISBN 979-11-6303-622-7 13000
가격 32,000원

13만 독자의 선택에는 이유가 있다!

‘웹 표준의 정석’ 시리즈 독자의 한마디

기초부터 꼼꼼하게 배울 수 있어요!

한 권으로 HTML, CSS, 자바스크립트 기본을 모두 배울 수 있어서 좋아요.

직접 코딩할 수 있는 실습 예제가 많아요!

실습에 필요한 파일을 제공해 줘서 코딩에 더 집중할 수 있어요.

초보자도 쉽게 따라 할 수 있어요!

설명이 친절해서 비전공자도 쉽게 배울 수 있어요.

딱딱하지 않고 친근한 느낌이에요!

귀여운 캐릭터가 보충 설명을 해줘서 공부에 부담을 덜어 줘요.

다양한 방식으로 복습할 수 있어요!

장마다 연습 문제를 풀며 복습할 수 있어서 도움이 돼요.

무료 동영상 강의가 있어요!

책과 함께 유튜브 강의를 보니 더 쉽게 학습할 수 있어요.

독학하기 좋아요!

혼자서도 공부할 수 있게 학습 계획표를 제공해 줘요.

실무에 가장 가까운 웹 기본서가 돌아왔다!
최신 웹 표준부터 반응형 웹, ES6+까지 한 권에!

개정판을 내며

《Do it! HTML5+CSS3+자바스크립트 웹 표준의 정석》은 2021년 1월에 출간되어 그해 교보문고 올해의 책에 뽑히는 등 3년 넘게 많은 독자의 사랑을 받아 왔습니다. 그렇게 시간이 흐르는 동안 웹 개발의 기술과 트렌드도 많이 변했습니다. 그래서 그동안 웹 세상에 등장한 새로운 기술과 트렌드를 반영해 책을 개정했습니다. 절반이 넘는 부분을 지우고 고치며 지금 웹 개발에 입문하는 사람에게 딱 맞게 새로 썼습니다.

웹 플랫폼은 점점 커지고 있고, 그 중심에 HTML, CSS, 자바스크립트가 있습니다

초판을 집필할 때만 해도 '웹 플랫폼'이라는 용어가 조금 생소했지만 이제는 누구나 익숙해졌을 것입니다. 주변 정보와 서비스가 모두 웹에서 생성하고 웹에 저장하는 시대에 살고 있으니까요. 스마트폰이나 PC를 비롯해 스마트TV 같은 가전 기기까지 웹에 연결됩니다. 그만큼 웹 개발의 역할은 더욱 중요해지고 있고, 웹 개발의 기본 기술이자 웹 표준이라 불리는 HTML, CSS, 자바스크립트 또한 그 중심에 있습니다.

AI 시대에도 개발 공부는 반드시 필요합니다

최근 커다란 변화는 역시 인공지능(AI)입니다. 특히 코드를 작성해 주는 생성형 AI의 등장으로 개발자의 역할이 줄어들까 걱정하는 사람도 있죠. 하지만 제 생각은 다릅니다. AI는 사람이 질문하는 만큼 코드를 제안해 줍니다. AI는 프로그램의 구조를 스스로 그리고 직접 개발할 수 있는 사람이 사용하면 효율성이 폭발적으로 올라가지만, 아무나 키보드만 몇 번 두드린다고 해서 원하는 프로그램을 완성해 주는 도깨비 방망이는 아닙니다. 아는 만큼 보인다고 했던가요? AI 역시 개발을 아는 만큼 편리하게 사용할 수 있는 도구입니다. AI 시대에도 개발 공부가 꼭 필요한 이유죠.

필요한 곳만 직접 코딩하며 효율적으로 공부하세요

대부분의 개발 도서에서는 이미 완성된 코드 전체를 예제로 제공합니다. 그래서 공부할 때는 직접 파일을 만들고 코드를 작성하면서 결과를 확인해 보죠. 그런데 입문자가 수백 개의 파일을 직접 만들고 코딩하다 보면 지치기 마련이죠. 그래서 이 책에서는 끝까지 완독할 수 있도록 예제 파일을 미리 만들어 제공합니다. 실습마다 표시해 놓은 예제 파일을 열고 실습에서 요구하는 부분만 직접 코딩해 보면 되므로 효율적으로 공부할 수 있습니다. 결과 파일도 제공하니 언제든지 자신이 작성한 코드와 비교해 볼 수도 있고요.

한 번만 읽어도 세 번 읽은 효과가 나도록 구성했습니다

개발 공부를 제대로 하고 싶다면 같은 책을 최소한 3번 이상 읽어 보길 권합니다. 자기가 다른 사람에게 설명해 줄 수 있을 정도가 되면 그 책을 다 이해한 것이거든요. 하지만 항상 시간이 문제죠. 그래서 이 책은 1번 읽더라도 마치 3번 읽은 것과 같은 효과를 볼 수 있도록 다양한 학습 장치를 배치했습니다.

먼저 '이 장을 다 공부하면!'을 읽으며 이 장에서 무엇을 배우는지 미리 살펴봅니다. 그리고 기초 문법을 공부하고, 실습으로 직접 코딩해 보면서 1번 공부합니다. 각 장을 마칠 때면 '확인' 코너에서 중요한 내용을 이해했는지 스스로에게 질문해 봅니다. 이때 대답이 잘 나오지 않는 내용은 해당 내용이 있는 쪽으로 다시 돌아가 1번 더 공부합니다. 마지막으로 장 마지막에 있는 '되새김 문제'를 꼭 풀어 보세요. 객관식부터 빈칸 채우기, 실제 프로그램을 완성하는 문제까지 풀고 나면 코딩 실력이 쑥쑥 올라가 있을 거예요.

PDF 책 〈넷플릭스 사이트 따라 만들기〉와 '웹 치트 시트'로 공부를 이어 가세요

이 책을 다 읽고 나서 공부한 내용을 한꺼번에 정리할 수 있는 PDF 책 〈넷플릭스 사이트 따라 만들기〉도 준비했습니다. 이 PDF 책은 웹 개발에 입문하는 누구나 볼 수 있도록 온라인 서점에서 무료로 제공합니다. 책을 다 읽은 뒤에는 꼭 이 PDF 책을 보며 실제 서비스와 비슷한 사이트를 만들어 보세요. 실제로 웹을 만들 때 책으로 공부한 기술을 어떻게, 어떤 순서로 사용하는지 배울 수 있습니다. 그만큼 실력도 늘어날 것입니다.

책 맨 뒷장에 있는 삽지를 펼쳐 보세요. 그동안 공부한 태그와 속성, 문법을 한눈에 볼 수 있는 '웹 치트 시트'를 드립니다. 필요할 때마다 그때그때 펼쳐 볼 수도 있고, 찢어서 책상 옆에 붙여 둘 수도 있어요. 코딩하다가 갑자기 태그나 속성이 기억나지 않을 때 이 치트 시트에서 바로 찾아볼 수 있습니다.

개정판을 새롭게 집필하면서 어떻게 하면 독자 여러분께 더 큰 도움을 줄 수 있을까 고민했습니다. 함께 고민하고 끝까지 원고를 다듬어 준 한승우 팀장님과 이지연 대표님께 감사드립니다.

고경희 드림

실습 → 복습 → 평가까지 한 권에!
체계적인 학습 구성으로 공부한다!

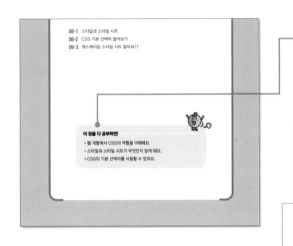

이 장을 다 공부하면!

이 장을 다 읽으면 무엇을 배우는지 미리 살펴
보며 학습 의욕을 충전합니다.

기본형

핵심 문법을 어떻게 사용하는지 알아보며 개
념을 잡습니다.

예시 코드

기본형을 응용한 다양한 코드입니다. 코드를 어떻
게 작성하는지 예시와 함께 공부합니다.

스타일 형식 알아보기

CSS 스타일의 형식은 다음과 같습니다.

기본형 선택자 { 속성1: 속성값1; 속성2: 속성값2; }

맨 앞에는 스타일을 어느 부분에 적용할 것인지 알려 주는 선택자가 있고, 그 뒤 중괄호({ })
사이에는 스타일 정보를 넣습니다. 속성과 값이 쌍으로 이루어진 것을 **스타일 규칙**이라고 하는
데, 세미콜론(;)으로 구분해서 여러 개를 지정할 수 있습니다. 예를 들어 텍스트 단락의 글자
를 가운데로 정렬하고 글자색을 파랑으로 지정하고 싶다면 다음과 같이 작성합니다.

```
<p> 태그에 스타일 적용하기
선택자          텍스트 정렬 속성
                              값
p {
    text-align: center;
    color: blue;         값
}       글자색 속성
```

스타일을 텍스트 단락에 적용할 것이므로 선택자를 p로 지정했습니다. 그리고 중괄호({ }) 사
이에 텍스트 정렬을 지정하는 **text-align** 속성과 글자색을 지정하는 **color** 속성을 사용해서
2개의 스타일 규칙을 만들었습니다. 이제부터 다양한 CSS 속성을 알아보고 각 속성마다 어떤
값을 사용하는지 알아보겠습니다.

`TIP` color 속성은 07-3장에서 배웁니다.

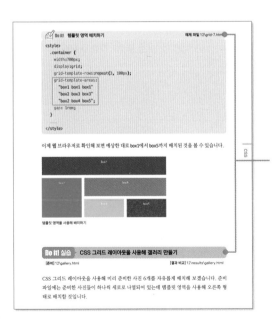

```
Do it! 템플릿 영역 배치하기                              예제 파일 12\grid-7.html
<style>
    .container {
        width:700px;
        display:grid;
        grid-template-rows:repeat(3, 100px);
        grid-template-areas:
            "box1 box1 box1"
            "box2 box3 box3"
            "box2 box4 box5";
        gap: 1rem;
    }
</style>
```

이제 웹 브라우저로 확인해 보면 예상한 대로 box1에서 box5까지 배치된 것을 볼 수 있습니다.

템플릿 영역을 사용해 배치하기

Do it! 실습 CSS 그리드 레이아웃을 사용해 갤러리 만들기

[준비] 12\gallery.html   [결과 비교] 12\results\gallery.html

CSS 그리드 레이아웃을 사용해 미리 준비한 사진 6개를 자유롭게 배치해 보겠습니다. 준비
파일에는 준비한 사진들이 하나씩 세로로 나열되어 있는데 템플릿 영역을 사용해 오른쪽 형
태로 배치할 것입니다.

코딩 실습

배운 문법으로 직접 실습해 볼 차례! 실습에서 요구
할 때 꼭 코드를 입력하며 연습해 보세요. 기본 문
법인 'Do it!'과 실무에서 바로 쓰는 'Do it! 실습'
이 있습니다.

확인!

공부한 내용을 잘 소화했는지 스스로 점검해 보세요. 질문에 자신 있게 대답했을 때는 '알겠다면!'에 체크하고, 그렇지 않았을 때는 '모르겠다면?'에 있는 쪽으로 돌아가서 빠르게 복습해 보세요.

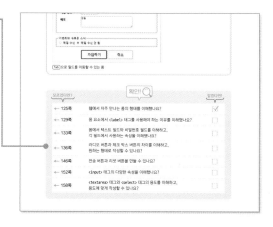

되새김 문제

장 하나를 다 읽었다면 문제를 풀며 배운 내용을 되새겨 보세요. 객관식, 코드 빈칸 채우기, 프로그램 완성하기 등 다양한 문제가 수록되어 있습니다.

Do it! 실전 프로젝트

개발 공부는 무엇이든 실제로 만들어 봐야 의미가 있습니다. PDF 책 〈넷플릭스 사이트 따라 만들기〉를 내려받아 실제 서비스와 꼭 닮은 웹 사이트를 만들어 보세요.

30일 정석 코스

교재도 독학도 OK! 30일 정석 코스로 차근차근 배우세요!

웹 프로그래밍의 기초를 배우려고 책을 샀는데 어디서부터 공부해야 할지 막막한가요? 코딩이 처음이라면 '30일 정석 코스'로 학습해 보세요. 빈칸에 공부할 날짜를 적어 자신만의 목표를 세우고 계획에 맞춰 공부하면 끝까지 포기하지 않고 목표를 달성할 수 있어요.

HTML → CSS → 자바스크립트 → 실전 프로젝트

1일 차 - HTML	2일 차 - HTML	3일 차 - HTML	4일 차 - HTML	5일 차 - HTML
01 웹은 어떻게 움직일까	02 웹 개발 시작하기	03 HTML 기본 문서 만들기	04 웹 문서에 다양한 내용 입력하기 (1)	04 웹 문서에 다양한 내용 입력하기 (2)
월 일	월 일	월 일	월 일	월 일
6일 차 - HTML	7일 차 - HTML	8일 차 - CSS	9일 차 - CSS	10일 차 - CSS
05 입력 양식 작성하기 (1)	05 입력 양식 작성하기 (2)	06 CSS 기본	07 텍스트를 표현하는 다양한 스타일 (1)	07 텍스트를 표현하는 다양한 스타일 (2)
월 일	월 일	월 일	월 일	월 일
11일 차 - CSS	12일 차 - CSS	13일 차 - CSS	14일 차 - CSS	15일 차 - CSS
08 CSS 박스 모델 (1)	08 CSS 박스 모델 (2)	09 이미지와 그러데이션 효과로 배경 꾸미기	10 반응형 웹과 미디어 쿼리	11 플렉스 박스 레이아웃으로 배치하기 (1)
월 일	월 일	월 일	월 일	월 일
16일 차 - CSS	17일 차 - CSS	18일 차 - CSS	19일 차 - CSS	20일 차 - CSS
11 플렉스 박스 레이아웃으로 배치하기 (2)	12 CSS 그리드 레이아웃으로 배치하기 (1)	12 CSS 그리드 레이아웃으로 배치하기 (2)	13 CSS 고급 선택자 (1)	13 CSS 고급 선택자 (2)
월 일	월 일	월 일	월 일	월 일
21일 차 - CSS	22일 차 - 자바스크립트	23일 차 - 자바스크립트	24일 차 - 자바스크립트	25일 차 - 자바스크립트
14 트랜지션과 애니메이션	15 자바스크립트와 첫 만남	16 자바스크립트 기본 문법	17 함수와 이벤트 (1)	17 함수와 이벤트 (2)
월 일	월 일	월 일	월 일	월 일
26일 차 - 자바스크립트	27일 차 - 자바스크립트	28일 차 - 자바스크립트	29일 차 - 자바스크립트	30일 차 - 실전 프로젝트
18 자바스크립트와 객체	19 문서 객체 모델 (DOM) 다루기 (1)	19 문서 객체 모델 (DOM) 다루기 (2)	19 문서 객체 모델 (DOM) 다루기 (3)	Do it! 실전 프로젝트
월 일	월 일	월 일	월 일	월 일

**15일
집중
코스**

빠르게 끝내고 싶다면 15일 집중 코스를 추천해요!

HTML, CSS, 자바스크립트를 누구보다 빠르게 집중해서 공부하는 방법을 알려드립니다. 기초는 탄탄하게, 핵심은 확실하게 다룬 15일 집중 코스로 공부해 보세요. 그리고 마지막 날에는 Do it! 실전 프로젝트를 꼭 실습해 보세요!

HTML ➡ CSS ➡ 자바스크립트 ➡ 실전 프로젝트

회 차	학습 날짜		학습 내용
1일 차	월	일	01 웹은 어떻게 움직일까 / 02 웹 개발 시작하기 / 03 HTML 기본 문서 만들기
2일 차	월	일	04 웹 문서에 다양한 내용 입력하기
3일 차	월	일	05 입력 양식 작성하기
4일 차	월	일	06 CSS 기본 / 07 텍스트를 표현하는 다양한 스타일
5일 차	월	일	08 CSS 박스 모델
6일 차	월	일	09 이미지와 그러데이션 효과로 배경 꾸미기 / 10 반응형 웹과 미디어 쿼리
7일 차	월	일	11 플렉스 박스 레이아웃으로 배치하기
8일 차	월	일	12 CSS 그리드 레이아웃으로 배치하기
9일 차	월	일	13 CSS 고급 선택자
10일 차	월	일	14 트랜지션과 애니메이션
11일 차	월	일	15 자바스크립트와 첫 만남 / 16 자바스크립트 기본 문법
12일 차	월	일	17 함수와 이벤트
13일 차	월	일	18 자바스크립트와 객체
14일 차	월	일	19 문서 객체 모델(DOM) 다루기
15일 차	월	일	Do it! 실전 프로젝트

실습 파일 ─〈이 책에서 사용하는 소스 파일을 내려받으세요〉

실습 파일과 결과 파일을 이지스퍼블리싱 홈페이지나 저자 깃허브에서 내려받으세요. 실습 파일을 활용해 직접 완성한 코드와 결과 파일의 코드를 비교하며 공부하면 학습 효과를 더 크게 거둘 수 있을 거예요!

- 이지스퍼블리싱 홈페이지: www.easypub.co.kr → [자료실] 클릭 → 이 책 제목으로 검색
- 저자 깃허브: github.com/funnycom/doit-hcj-new

저자 직강 동영상 ─〈고경희 선생님께 1:1 과외를 받아 보세요〉

이 책의 핵심 내용을 담은 저자 직강 동영상 강의를 무료로 제공합니다. 책과 함께 시청하면 HTML, CSS, 자바스크립트에 더 쉽게 입문할 수 있어요.

- 이지스퍼블리싱 유튜브 채널: youtube.com/easyspub

특별 부록 1 PDF 책 ─〈넷플릭스 사이트 따라 만들기〉 PDF 책 제공

이 책의 전체 내용을 실전처럼 활용해 볼 수 있는 〈넷플릭스 사이트 따라 만들기〉를 PDF 책으로 제공합니다. 실제 서비스와 꼭 닮은 웹 사이트를 내 손으로 직접 완성하며 성취감을 누려 보세요!

특별 부록 2 웹 치트 시트 ─〈주요 구문을 한눈에 볼 수 있어요〉

책 맨 뒷장에 있는 삽지를 펼쳐보세요. HTML, CSS, 자바스크립트에서 자주 쓰는 구문만 한곳에 모았습니다. 필요할 때마다 펼쳐 볼 수도 있고 따로 책상에 붙여 놓으면 빠르게 찾을 수 있어요.

이지스 플랫폼 ─〈연결하면 더 큰 가치를 만들 수 있어요〉

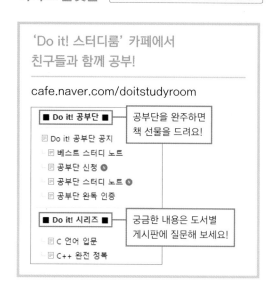

차례

첫째마당
웹과 HTML
시작하기

넷째마당
CSS 고급 기능

다섯째마당
자바스크립트 기초

여섯째마당

**문서 객체 모델
(DOM)**

첫째 마당

웹과 HTML 시작하기

첫째마당에서는 웹 개발이 무엇인지, 웹을 개발하려면 어떤 것을 공부해야 하는지 알아봅니다. 그리고 바로 웹 문서를 만들어 텍스트·이미지와 같은 기본적인 내용을 추가하고, 하이퍼링크·음악·동영상도 삽입해 봅니다. 마지막으로 회원 가입, 로그인, 상품 주문서 등 사이트 방문자가 정보를 입력할 수 있는 양식까지 만들어 봅니다. 첫째마당만 공부해도 HTML 코드로 웹 사이트를 그럴싸하게 만들 수 있을 겁니다.

01

웹은 어떻게 움직일까

이 장에서는 웹을 개발하는 방법을 공부하기 전에 미리 알아야 할 개념을 살펴 봅니다. 인터넷이 어떤 방식으로 연결되어 있는지, 클라이언트와 서버가 어떻 게 동작하는지 알아보고, 웹 개발에서 자주 사용하는 용어도 살펴볼 것입니다. 이미 이런 내용을 알고 있다면 02장으로 넘어가도 됩니다. 하지만 웹 개발을 이제 막 배우기 시작했다면 꼭 살펴보세요.

이 장을 다 공부하면!
• 웹에서 웹 표준이 왜 중요한지 알 수 있어요.
• 웹의 동작 방법을 이해해요.
• 웹 개발을 위한 기본 용어를 알 수 있어요.

01-1 여러 형태의 웹 사이트

웹 사이트는 내용만 단순히 보여 주던 시대를 지나 애플리케이션처럼 동작하는 형태로 발전했습니다. 또한 PC부터 스마트폰, 태블릿 PC, 스마트 가전제품 등 다양한 기기를 인터넷에 연결할 수 있게 되면서 웹의 형태는 점점 다양해지고 있습니다. 웹 사이트의 여러 가지 모습을 살펴보겠습니다.

이미 친숙한 웹 사이트

개인의 포트폴리오 사이트나 기업 홍보 사이트처럼 방문자에게 일방적으로 정보를 전달하는 웹 사이트의 모습은 단순합니다. 미리 작성한 내용을 웹 사이트에 올려놓으면 방문자는 그 정보를 확인하는 방식이죠. 우리가 자주 방문하는 포털 사이트나 뉴스 사이트도 주로 이런 방식으로 운영합니다.

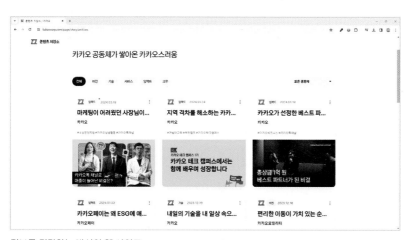

정보를 전달하는 방식의 웹 사이트

반면에 인스타그램이나 쿠팡과 같은 사이트의 방식은 조금 더 복잡합니다. SNS 사이트라면 친구 추가나 '좋아요' 표시, 공유하기 등 사람들과 소통할 수 있는 여러 장치를 제공해야 합니다. 상품을 구매하는 사이트라면 사용자에게 상품을 보여 주고 결제하는 기능이 반드시 필요하죠. 이런 사이트는 사용자에게 제공하는 서비스에 어울리는 장치와 기능을 함께 갖추어야 합니다. 이렇게 웹 사이트에 어울리는 여러 장치와 기능을 만드는 것을 **웹 개발**이라고 합니다.

다양한 기능이 필요한 영화 예매 사이트

플랫폼으로서의 웹

이제 웹은 단순히 사이트 하나만 보여 주는 곳이 아니라 하나의 플랫폼platform입니다. 다양한 목적지로 가기 위해 수많은 사람이 모이는 기차역처럼, 인터넷의 다양한 서비스를 사용할 수 있게 해주는 출발점으로 웹을 이용합니다.

쇼핑몰 사이트에서 온라인으로 물건을 구입하는 과정을 떠올려 볼까요? 사용자는 쇼핑몰 사이트에서 상품을 찾아 주문합니다. 주문 정보는 인터넷에 연결된 컴퓨터(서버)로 전달되고, 쇼핑몰 관리자는 전달된 주문 정보에 따라 상품을 배송합니다. 배송이 시작되면 구매자는 상품이 어디까지 이동했고, 언제쯤 도착하는지 확인할 수 있죠? 이 또한 배송 기사가 배송 과정을 단말기에 입력하고, 그 정보가 인터넷을 통해 서버로 전달되기 때문에 가능한 일입니다.

인터넷과 웹으로 더 빠르고 편리해진 배송 서비스

플랫폼으로서의 웹은 이미 일상에 스며들어 있습니다. 운전할 때 스마트폰의 내비게이션 앱이 교통 상황을 감안해서 목적지까지 가는 가장 빠른 길을 알려 줄 때도 웹을 활용합니다. 스마트폰으로 집 안의 조명과 가전제품을 제어하는 것도 모든 물건이 인터넷에 연결된 상태이기에 가능합니다.

우리의 일상을 편리하게 해주는 플랫폼으로서의 웹

웹 개발과 웹 표준

디지털 트랜스폼^{digital transorm}이라는 커다란 변화가 우리 주변에서 일어나고 있습니다. 그 중심에 **인터넷**, 특히 **웹**이 있죠. 그만큼 웹 개발이 중요해지고 있다는 뜻입니다. 여기서 웹 개발은 단순히 웹 사이트뿐만 아니라 애플리케이션처럼 동작하는 웹, 플랫폼으로 동작하는 웹을 만드는 일을 모두 아우르는 개념입니다.

> **TIP** 오프라인에 있는 모든 정보와 서비스를 온라인으로 옮기는 작업을 디지털 전환, 또는 디지털 트랜스폼이라고 합니다.

디지털 트랜스폼 환경에서는 웹을 다양한 스마트 기기에서 활용할 수 있도록 개발하는 것이 중요합니다. 스마트 기기마다 내장된 브라우저로 웹에 접속해 화면을 보고, 클릭도 할 수 있도록요. PC와 스마트 TV, 자율 주행차의 브라우저는 서로 겉모습이 조금씩 다르지만 실제 내부에서 동작하는 방법은 같습니다. 그렇다면 모든 스마트 기기가 함께 지켜야 할 표준이 필요하겠죠? 이를 '웹 표준'이라고 합니다. 웹 표준의 기본이 바로 이 책에서 배울 HTML, CSS, 자바스크립트라는 언어입니다.

웹 표준의 기본 언어인 HTML, CSS, 자바스크립트

01-2 네트워크 이해하기

인터넷을 설명할 때 흔히 '네트워크의 네트워크'라고 합니다. 여러 네트워크가 다시 네트워크 형태로 연결되었다는 뜻이죠. 웹은 인터넷을 기반으로 하므로 네트워크의 기본 개념은 알고 있어야 합니다.

컴퓨터끼리 연결하기

네트워크란 쉽게 말해 여러 컴퓨터를 연결해 놓은 체계를 말합니다. 네트워크의 가장 작은 단위는 컴퓨터 2대를 연결한 것입니다. 이때 케이블로 직접 연결할 수도 있지만 무선을 이용하기도 하죠.

그런데 컴퓨터를 수십 대 연결한다고 생각해 보세요. 얼마나 복잡할지 상상조차 안 되죠. A 컴퓨터에서 Z 컴퓨터로 자료를 요청한다면, B 컴퓨터부터 하나씩 찾아가서 '네가 Z 컴퓨터니?'라고 확인하고, 아니라면 다음 컴퓨터로 넘어가야 합니다.

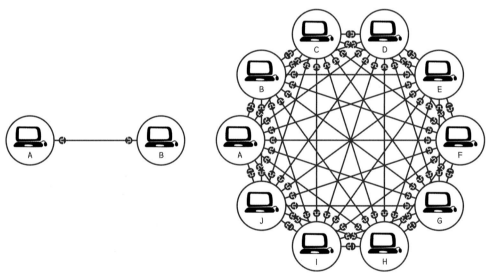

컴퓨터 2대를 연결한 모습   컴퓨터 여러 대를 연결한 모습

여러 컴퓨터를 연결할 때 중간에 관리자 역할을 해주는 기기가 있다고 생각해 봅시다. A 컴퓨터에서 Z 컴퓨터로 자료를 요청할 때 중간 관리자를 거치면 그 과정이 한결 쉬워집니다. A 컴퓨터에서 중간 관리자에게 'Z 컴퓨터한테 자료를 요청해 줘'라고 전달하면 그 관리자가 한 번에 Z 컴퓨터를 찾아가서 전달할 테니까요. 이렇게 중간 역할을 하는 기기를 라우터^{router}라고

합니다. 라우터를 사용해 네트워크를 만든다면 훨씬 효율적이겠죠? 라우터를 이용한 네트워크를 끊임없이 연결하면 거대한 네트워크를 만들 수 있습니다. 바로 인터넷이죠.

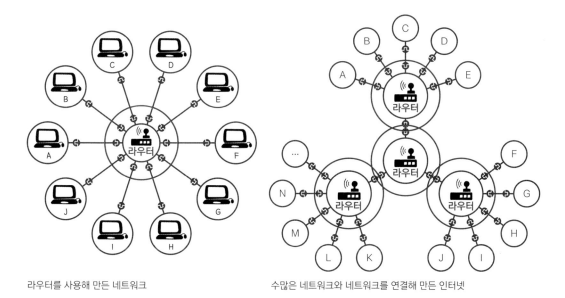

라우터를 사용해 만든 네트워크   수많은 네트워크와 네트워크를 연결해 만든 인터넷

서버와 클라이언트의 관계

웹 개발을 하려면 먼저 웹 사이트의 동작 과정을 이해해야 합니다. 지금부터 앞의 그림을 예로 들어 이 과정을 간단히 알아보겠습니다. F 컴퓨터에 저장된 정보를 다른 컴퓨터들이 찾으려면 F 컴퓨터는 24시간 내내 켜져 있으면서 라우터에 연결되어 있어야 합니다. 그리고 외부에서 악의적인 사용자가 컴퓨터를 망가뜨리지 않도록 보안을 철저히 해야겠죠. 해외에서도 사용할 수 있도록 네트워크 속도도 빨라야 합니다. 개인 컴퓨터를 이렇게 유지하려면 비용도 엄청날 뿐 아니라 안전하지도 않겠죠? 그래서 웹 서비스에서는 **서버**server라고 하는 별도의 컴퓨터를 사용합니다.

이처럼 서버는 네트워크에 연결된 컴퓨터가 인터넷에 공개할 정보를 저장하는 역할을 합니다. 네트워크의 라우터 기능 역시 서버 컴퓨터에 저장합니다. 그리고 인터넷은 세계 곳곳에 있는 서버 컴퓨터를 연결합니다. 우리가 사용하는 컴퓨터는 인터넷에 직접 연결되어 있지 않지만 통신사 네트워크를 통해 서버에 접속할 수 있습니다. 이렇게 서버에 연결해서 정보를 보여 달라고 요청하는 컴퓨터를 클라이언트 컴퓨터라고 합니다. 좁은 의미로는 브라우저를 **클라이언트**client라고도 합니다.

서버와 클라이언트의 작동 과정 살펴보기

우리나라 학생이 미국 NASA 사이트에서 정보를 가져오는 과정을 떠올려 보겠습니다. 학생은 웹 브라우저에 NASA 홈페이지 주소를 입력해서 정보를 보여 달라고 요청합니다. 이때 PC든 스마트폰이든 학생이 사용하는 기기(좁은 의미로는 브라우저)는 클라이언트가 됩니다. 학생의 요청은 인터넷을 통해 미국에 있는 서버 컴퓨터까지 연결되겠죠? 이때 라우터를 통해서 최종 목적지인 NASA 서버 컴퓨터를 찾아갑니다. 서버 컴퓨터에 NASA 사이트 내용이 있으니까요. 학생이 요청한 정보를 찾았다면, 이번에는 서버 컴퓨터에서 반대 방향으로 정보를 전달할 차례이므로 다시 인터넷을 통해 라우터를 거쳐 클라이언트를 찾아갑니다. 정보가 학생 컴퓨터까지 도착하면 웹 브라우저에 해당 정보를 표시합니다.

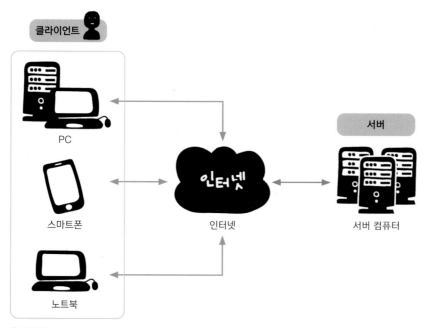

클라이언트와 서버가 인터넷을 통해 정보를 주고받는 과정

즉, 웹의 작동 방식은 인터넷을 통해서 클라이언트와 서버가 정보를 주고받는 과정입니다. 클라이언트란 정보를 보여 달라거나 작업을 처리해 달라고 요청하는 쪽이고, 서버는 클라이언트가 요청한 대로 정보를 보내 주거나 작업을 처리하는 쪽이죠. 다시 말해 사용자가 웹 사이트에 접근할 때 사용하는 PC나 태블릿 PC, 스마트폰 등이 클라이언트이고, 인터넷에 공개할 정보를 저장하고 24시간 내내 켜져 있는 컴퓨터가 서버입니다.

프런트엔드 개발과 백엔드 개발

웹이 동작하려면 클라이언트와 서버가 필요한 것처럼, 웹 개발도 이 2가지 영역을 기준으로 프런트엔드 개발과 백엔드 개발로 나눌 수 있습니다.

프런트엔드front-end는 사용자 앞front에 보이는 영역으로, 웹 브라우저 화면에 보이는 것을 다룹니다. 웹 사이트를 디자인하거나 사용자 동작에 반응하는 기능을 만들 수 있죠. 또한 스마트폰, 태블릿 PC에 관계없이 모두 사용할 수 있는 반응형 웹 사이트를 만들려면 프런트엔드 개발을 알아야 합니다. 다양한 웹 브라우저의 종류와 버전에 따라 작동할 수 있게 만드는 것이 중요합니다. 프런트엔드 개발에는 HTML과 CSS, 자바스크립트를 사용합니다.

백엔드back-end는 사용자 뒤back에 있어서 보이지 않는 영역을 뜻합니다. 웹 사이트의 회원 정보나 게시판 글 등은 서버에 데이터베이스database 형태로 저장되죠. 이러한 데이터베이스를 설계하거나 데이터를 처리하는 것도 백엔드 개발에서 담당합니다. 백엔드 개발에는 자바, PHP, 파이썬, 자바스크립트 등 다양한 프로그래밍 언어를 사용합니다.

TIP 프런트엔드 개발과 백엔드 개발을 모두 할 수 있는 사람을 풀스택(full-stack) 개발자라고 합니다.

이 책에서는 프런트엔드 개발을 중심으로 다룹니다. 그러므로 프런트엔드 개발에서 가장 기본 언어인 HTML, CSS, 자바스크립트를 알아야 합니다. 여기에서 한발 더 나아가 리액트React.js나 뷰Vue.js 같은 개발 도구를 더하면 규모가 크고 복잡한 사이트도 개발할 수 있습니다.

01-3 웹의 기본 동작 이해하기

웹 개발을 공부한다면 서버에 있는 정보가 어떻게 웹 브라우저로 전달되고, 화면에 표시되는지는 알고 있어야겠죠? 여기에서는 웹의 동작 방법을 이해하려면 알아야 할 기본 개념을 살펴보겠습니다.

IP 주소와 도메인, DNS 서버

앞에서 설명한 것처럼 서버 컴퓨터는 인터넷에 직접 연결되어 있습니다. 그리고 서버 컴퓨터에는 수많은 사이트가 저장되어 있죠. 인터넷에 연결되어 있는 여러 사이트를 구분하기 위해 붙이는 주소를 **IP 주소**^{Internet Protocol address}라고 합니다. 택배를 보낼 때 건물의 위치를 우편 주소로 구분하는 것처럼 서버는 IP 주소로 웹 페이지를 구분합니다.

하지만 IP 주소는 173.194.121.32처럼 4개의 숫자 조합이나 2001:0DB8:0000:0000:0000:0000:1428:57ab 같은 8개의 숫자 조합으로 이루어져 있어서 원하는 사이트의 IP 주소를 모두 기억하는 것은 거의 불가능합니다.

> **TIP** 4개의 숫자 조합으로 구분하는 IP 주소를 IPv4라고 하고, 8개 숫자 조합으로 구분하는 IP 주소는 IPv6라고 합니다. IPv6는 휴대폰 등에서 사용하며 대부분의 웹 사이트는 IPv4를 사용합니다.

그래서 google.com이나 easyspub.co.kr처럼 사람이 이해하고 기억하기 쉬운 이름으로 IP 주소를 바꿔서 사용합니다. 이 쉬운 이름을 **도메인**^{domain}이라고 합니다. 예를 들어 웹 브라우저의 주소 창에 'google.com'이라고 입력하면 그 도메인에 해당하는 IP 주소를 알아내서 원하는 사이트를 찾아가는 것이죠.

> **TIP** google.com처럼 사용자가 많거나 규모가 큰 사이트는 여러 개의 IP 주소를 사용합니다. 즉, 여러 대의 서버에 사이트가 저장되어 있습니다.

이때 도메인을 IP 주소로 바꿔 주는 역할을 하는 것이 **DNS 서버**^{Domain Name Server}입니다. DNS 서버는 등록된 도메인 정보를 가지고 있다가 사용자가 도메인을 입력할 때마다 빠르게 IP 주소로 바꿔 줍니다.

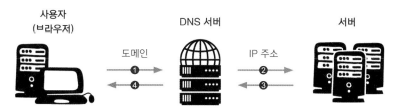

도메인을 IP 주소로 바꿔 주는 DNS 서버

HTTP 프로토콜과 HTTPS 프로토콜

한국인과 독일인은 사용하는 언어가 달라 소통하기 힘들지만 영어로 말한다면 문제가 없겠죠. 웹도 마찬가지입니다. 클라이언트와 서버는 사용하는 프로그래밍 언어도 동작하는 방식도 다르지만, 둘 다 공통으로 인식하는 규칙이 있어 소통할 수 있습니다. 이 규칙을 **HTTP 프로토콜**이라고 합니다. HTTP 프로토콜은 인터넷이 등장하면서 같이 만들어진 기본 개념입니다. 즉, 모든 사이트는 HTTP 프로토콜을 사용해서 접속합니다.

그런데 웹이 애플리케이션이자 플랫폼으로 발전하면서 개인 정보나 결제 정보처럼 민감한 내용이 오고갈 때가 많아졌습니다. 그래서 HTTP 프로토콜에 암호화를 추가해 보안^{security}을 강화한 것이 **HTTPS 프로토콜**입니다.

예를 들어 구글의 웹 사이트 주소인 https://www.google.com에서 맨 앞에 붙은 'https://'가 프로토콜을 가리킵니다. 최신 크롬 브라우저에서는 HTTP 프로토콜을 사용하는 웹 사이트를 기본적으로 차단하므로, 앞으로 웹 사이트를 개발할 때는 HTTPS 프로토콜을 통해 접속하도록 만들어야 합니다.

TIP 웹 사이트를 개발할 때 HTTP와 HTTPS 가운데 어떤 것을 사용할지는 호스팅할 때 결정합니다.

HTTP와 HTTPS 프로토콜의 차이

01-4 웹 접근성 알아보기

웹 표준이라고 하면 HTML과 CSS, 자바스크립트 언어를 먼저 떠올리지만, 여기에 빼놓을 수 없는 것이 바로 '웹 접근성'입니다. 3가지 언어에 웹 접근성까지 합쳐졌을 때 비로소 웹 표준이 완성됩니다. 웹 접근성이란 무엇인지, 정보를 어떤 곳에서 얻을 수 있는지 살펴보겠습니다.

웹 접근성이란

웹 개발에서 프런트엔드는 사용자가 웹을 만나는 창구 역할을 하므로 나이나 장애에 상관없이 모든 사용자가 접근할 수 있어야 합니다. 이런 사이트를 **웹 접근성**^{web accessibility}이 있다고 합니다.

> **TIP** web accessibility를 줄여서 A11Y 또는 a11y라고 합니다. accessibility의 맨 앞 a와 맨 끝 y 사이에 11개의 글자가 있어서 붙은 별명입니다.

시각 장애인은 화면 낭독기(스크린 리더^{screen reader})로 웹을 이용할 수 있어야 하고, 마우스를 움직일 수 없는 상황에서는 키보드만으로도 웹을 둘러볼 수 있어야 합니다. 키보드도 사용할 수 없다면 특수한 장치로 웹을 사용할 수 있어야 하죠. 웹 접근성을 준수한다면 어떤 환경에서도 웹 사이트를 둘러보는 데 불편함이 없습니다.

우리나라는 물론이고 대부분의 나라에서는 웹을 개발할 때 웹 접근성을 지키도록 법으로 규정해 놓았습니다. 그래서 공공기관 사이트나 사용자가 많은 사이트는 오픈하기 전에 웹 접근성 인증을 받아야 하고 인증 마크도 표시해야 합니다.

서울시청 사이트의 웹 접근성 인증 마크

어떤 걸 고려해야 할까

우리나라에서 웹 접근성 업무를 담당하는 한국지능정보사회진흥원에서는 웹 접근성을 "어떠한 사용자(장애인, 노인 등), 어떠한 기술 환경에서도 사용자가 전문적인 능력 없이 웹 사이트에서 제공하는 모든 정보에 접근할 수 있도록 보장하는 것"이라고 정의하고 있습니다. 이 정의에 따르면 장애인뿐만 아니라 서로 다른 운영체제나 브라우저에서 접근할 때도, 고학력자가 아니더라도 누구나 웹 사이트를 사용할 수 있게 하는 것이 웹 접근성이라고 볼 수 있습니다. 이런 웹 접근성을 준수하려면 다음 4가지 장애를 고려해야 합니다.

- 시각 장애: 색각 이상이나 시각 장애인, 혹은 노인이나 저시력자 등이 사이트를 이용하는 데 불편함이 없어야 합니다.
- 이동 장애: 손을 쓰기 어려운 사용자가 키보드만으로도 사이트를 사용할 수 있어야 합니다.
- 청각 장애: 영상이나 음성 정보에 자막이나 원고, 수화 등의 대체 수단을 제공해야 합니다.
- 인지 장애: 집중력이나 기억력에 문제가 있거나 발달 장애, 학습 장애가 있는 사용자도 이해할 수 있어야 합니다.

이런 4가지 장애를 고려한다고 해서 코드 작성이 더 어려워지는 것은 아닙니다. HTML 태그를 사용해 문서를 작성할 때 몇 가지 속성을 추가하면 됩니다. 코드보다 중요한 것은 사용자가 다양한 환경에서 웹 사이트에 접속한다는 사실을 기억하고 누구나 편리하게 접근할 수 있도록 구성해야 하다는 점입니다.

어떤 사이트를 참고할까

이 책에서는 코드를 작성할 때 반영해야 하는 기본적인 웹 접근성 지침을 설명할 것입니다. 하지만 웹 접근성 전체 내용을 모두 다룰 수는 없으므로 필요할 때마다 관련 정보를 찾아보는 노력도 필요합니다.

예를 들어 웹 접근성 관련 교육과 세미나를 제공하는 사이트로 네이버에서 운영하는 널리(nuli.navercorp.com)가 있습니다. 여기에서 [지침] 메뉴를 클릭하면 웹 접근성 지침을 자세히 설명하고 실제 어떻게 코딩해야 하는지 사례를 볼 수 있습니다.

TIP [체험] 메뉴를 선택하면 장애인이 웹 사이트를 어떤 방법으로 사용하는지 직접 체험해 볼 수 있습니다.

웹 접근성 지침과 코딩을 자세히 설명하는 널리 사이트

유튜브 채널 AOA11Y(youtube.com/@AOA11Y)에서는 웹 접근성과 관련된 다양한 동영상을 시청할 수 있습니다. 이곳은 웹 개발 과정 중에 자주 부딪히는 문제를 쉽게 해결할 수 있도록 다양한 사례를 제시해 줍니다.

웹 접근성 관련 다양한 자료를 제공하는 AOA11Y

> **⚠ 알아 두면 좋아요! | 웹 접근성과 정보 접근성**
>
> 국내에서 웹 접근성 업무를 담당하고 있는 한국지능정보사회진흥원에서는 웹 접근성뿐만 아니라 모바일과 무인단말기(키오스크)의 접근성까지 함께 묶어 '정보접근성'이라는 용어를 사용하고 있습니다. 정보 접근성에 대한 자세한 정보가 궁금하다면 kioskui.or.kr를 참고하세요.

확인! 🔍

모르겠다면?		알겠다면!
← 019쪽	웹에서 웹 표준이 왜 중요할까요?	☑
← 022쪽	서버와 클라이언트 간에 자료를 어떻게 주고받나요?	☐
← 024쪽	IP 주소가 무엇인가요?	☐
← 024쪽	DNS 서버는 어떤 역할을 하나요?	☐
← 025쪽	HTTP 프로토콜과 HTTPS 프로토콜은 어떤 차이점이 있나요?	☐
← 026쪽	웹 접근성이 필요한 이유는 무엇인가요?	☐

1 웹 페이지를 요청할 때, 웹 브라우저는 (① 서버 / ② 클라이언트) 역할을 합니다.

2 DNS의 주요 기능은 (① 도메인을 IP 주소로 변환하는 것 / ② 데이터 전송 속도를 높이는 것) 입니다.

3 인터넷에 연결된 장치를 식별하는 고유한 번호를 (① 프로토콜 / ② IP 주소) (이)라고 합니다.

4 웹 접근성이 중요한 이유는 무엇인가요?
　① 웹 사이트의 속도를 향상시키기 위해
　② 모든 사용자가 웹 콘텐츠에 동등하게 접근할 수 있도록 하기 위해
　③ 웹 사이트의 보안을 강화하기 위해

5 도메인 예로 올바른 것은?
　① www.example.com
　② 192.168.0.1
　③ c:\files\

6 클라이언트와 서버 사이에 통신할 수 있게 해주는 프로토콜은?
　① HTML
　② CSS
　③ HTTP

정답: 1. ② 2. ① 3. ② 4. ② 5. ① 6. ③

02

웹 개발 시작하기

웹 개발은 생각보다 광범위하고 공부해야 할 것도 아주 많습니다. 먼저 웹 개발은 어떤 분야가 있는지 살펴보고, 웹 개발을 공부할 때 HTML, CSS, 자바스크립트를 가장 먼저 다루는 이유도 알아봅니다. 그리고 앞으로 웹 개발을 할 때 사용할 프로그램을 설치하고, 개발 환경을 설정하는 방법까지 소개해 보겠습니다.

02-1 웹 개발, 어디서부터 시작할까
02-2 웹 개발 환경 설정하기

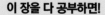

이 장을 다 공부하면!

• 웹 편집기와 웹 브라우저가 필요한 이유를 알 수 있어요.
• 마크업markup의 의미를 알 수 있어요.
• 웹 개발자 도구 창을 활용할 수 있어요.

02-1 웹 개발, 어디서부터 시작할까

웹 개발을 처음 공부한다면 무엇부터 시작해야 할지 막막하죠? 웹 개발 공부를 시작하기 전에 이 책이 전체 단계 중 어디쯤 위치하는지, 그리고 프런트엔드와 백엔드 개발 분야에 따라 이 책을 마친 후에 무엇을 더 배워야 하는지 살펴봅시다.

웹 개발을 위해 공부해야 할 기술

웹 개발에 필요한 프로그래밍 언어와 기술은 서로 어떻게 연결되는지, 앞으로 공부해야 할 언어와 기술은 무엇인지 간단히 살펴볼까요?

다음 그림은 프런트엔드와 백엔드 개발을 위해 공부해야 할 프로그래밍 언어와 기술을 순서에 따라 정리한 것입니다. 사실 이것 말고도 더 많은 언어와 기술을 공부해야 하지만 여기에서 제시한 것만 알아도 간단한 웹 사이트는 만들 수 있습니다. 웹 개발은 크게 기본, 프런트엔드, 백엔드라는 세 영역으로 나눌 수 있습니다. 그리고 각 영역마다 꼭 알아야 할 대표적인 프로그래밍 언어와 기술이 있습니다.

가장 먼저 **기본 영역**에서는 프런트엔드 개발을 하든 백엔드 개발을 하든 반드시 알아 두어야 하는 기술을 공부합니다. 이 책에서 다루는 내용이기도 하죠. 웹 개발의 기본 언어와 기술을 익혔다면 자신이 관심을 갖는 분야에 따라 **프런트엔드 영역**이나 **백엔드 영역**의 언어와 기술을 선택해서 깊이 있게 공부하면 됩니다.

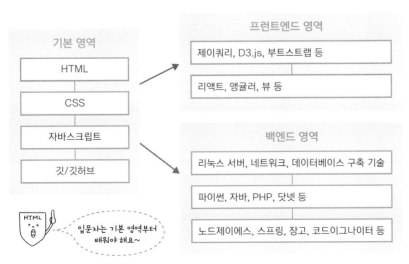

웹 개발에서 사용하는 언어와 기술 한눈에 살펴보기

웹 개발의 기본 — HTML, CSS, 자바스크립트

웹 개발을 하려면 웹 브라우저에 정보를 어떻게 표현하는지 알아야 합니다. 그래서 프런트엔드 개발을 하든 백엔드 개발을 하든 HTML, CSS, **자바스크립트**를 먼저 공부해야 합니다.

웹 문서의 뼈대를 만드는 HTML

HTML은 웹 브라우저 창에 웹 문서의 내용을 보여 주는 데 필요한 약속이라고 할 수 있습니다. HTML은 웹 브라우저의 여러 내용 중에서 제목과 본문, 이미지, 표와 같은 웹 요소를 알려 주는 역할을 합니다. 웹 개발을 하면서 웹 브라우저에 보여 주고 싶은 내용이 있다면 HTML에 맞는 표기법을 사용해야 합니다. HTML을 작성하는 방법은 앞으로 이 책에서 배울 것입니다.

웹 문서를 꾸미는 CSS

CSS는 HTML로 만든 내용을 사용자가 알아보기 쉽게 꾸미거나 사용하기 편리하도록 배치할 때 사용합니다. 규격이 정해진 PC나 모바일 화면에 여러 내용을 보여 줘야 하므로 CSS를 이용해서 웹 요소를 적절하게 배치하고 필요한 곳을 강조할 수 있습니다. 특히 PC, 태블릿 PC, 모바일 등 다양한 디바이스에 따라 화면이 자동으로 바뀌는 반응형 웹 디자인을 만들려면 CSS를 공부해야 합니다.

사용자 동작에 반응하는 자바스크립트

요즘 웹 사이트는 단순히 내용을 보여 주는 것에 그치지 않고 사용자가 클릭하거나 스크롤하는 동작에 따라 반응합니다. 예를 들어 팝업 창을 보여 주거나 상품 목록을 자동으로 스크롤하는 것처럼 동적인 효과를 사용하려면 자바스크립트가 필요합니다.

그리고 규모가 큰 웹 사이트를 개발할 때는 리액트^{React}나 뷰^{Vue} 같은 자바스크립트 프레임워크를 사용하는데, 자바스크립트 기본 문법을 알고 있다면 이러한 프레임워크를 배우기가 훨씬 쉬워집니다.

> **TIP** 프레임워크란 프로그램을 만들 때 필요한 여러 기능을 쉽게 구현하도록 도와주는 도구입니다. 예를 들어 웹 프레임워크는 로그인이나 댓글처럼 자주 쓰는 기능을 제공해 개발자가 웹 사이트를 쉽게 만들도록 도와줍니다.

HTML과 CSS, 자바스크립트를 사용해서 웹을 개발하는 과정은 건축에 비유해 볼 수 있습니다. HTML은 건물의 기초와 벽, 지붕 등의 구조를 만드는 것과 같은 역할을 합니다. CSS는 건물에 색을 칠하고 창문을 디자인하거나 내부 인테리어 작업하는 것에 해당합니다. 그리고 자바스크립트는 건물을 짓고 난 후 엘리베이터를 설치해 사람들의 이동을 도와주거나 시스템 에어컨으로 날씨에 반응하도록 기능을 추가하는 것과 같은 일을 합니다. 이 가운데 어느 하나라도 빠지면 그 건물은 사람이 머물려고 하지 않겠죠?

마찬가지로 웹 개발에서 HTML은 문서의 구조를 만들고, CSS는 디자인을 담당하며, 자바스크립트는 사용자와 상호 작용하도록 해줍니다. 이 3가지 언어는 웹 개발에서 가장 기본이므로 꼭 공부해야 합니다.

> **(!) 알아 두면 좋아요!** **코드를 관리해 주는 유용한 서비스, 깃과 깃허브**
>
> 웹 개발에서는 코드를 한번 작성하고 끝나는 경우는 없습니다. 웹 사이트를 완성할 때까지 계속 수정하고 완성한 후에도 필요하면 자주 업데이트합니다. 이럴 때 코드에서 수정한 내용을 계속 저장하고 관리해 주는 도구로 **깃**(Git)이 필요합니다. 그리고 온라인에서 깃을 사용할 수 있게 만든 서비스가 **깃허브**(GitHub)입니다.
>
> 깃과 깃허브는 파일 이름은 그대로 사용하면서 수정 내용만 따로 관리해 주므로 공동 작업을 할 때도 편리합니다. 그러므로 프로그램을 개발하면서 여러 코드를 작성하고 관리해야 한다면 깃과 깃허브를 사용하는 것이 좋습니다. 이 책에서는 깃과 깃허브를 다루지 않지만 개발자를 꿈꾸고 있다면 깃과 깃허브는 꼭 배워 두길 추천합니다.
>
> **TIP** 깃과 깃허브를 책으로 공부하고 싶다면 《**Do it!** 깃 & 깃허브 입문》을 읽어 보세요.
>
>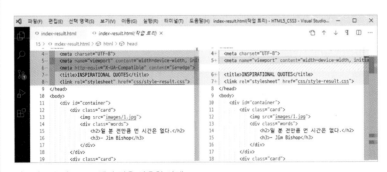
>
> 비주얼 스튜디오 코드에서 깃을 사용한 사례

프런트엔드 개발을 위한 기술

프런트엔드 개발을 할 때는 코드를 작성하고 결과를 즉시 웹 브라우저 화면에서 빠르게 확인할 수 있습니다. 최근에는 웹 브라우저에서 표현할 수 있는 기술이 많아지면서 웹 사이트가 아니라 마치 애플리케이션처럼 동작하며 보여 주기도 합니다. 그만큼 자바스크립트로 구현해야 할 기술이 많아졌죠.

그런데 처음부터 끝까지 순수 자바스크립트로만 코딩해 프로그램을 개발하는 것은 어려운

일입니다. 따라서 미리 만들어진 자바스크립트의 라이브러리와 프레임워크를 알아 두면 좋습니다.

TIP 라이브러리나 프레임워크를 사용하지 않고 자바스크립트만으로 프로그램을 처음부터 끝까지 직접 개발하는 것을 '바닐라 자바스크립트(Vanila JavaScript)'라고 합니다.

자바스크립트를 배우지 않은 상태에서 제이쿼리 등의 라이브러리나 리액트 등의 프레임워크부터 공부할 수도 있습니다. 하지만 필자는 자바스크립트 기본 문법을 공부한 후에 라이브러리나 프레임워크를 배우는 방법을 추천합니다. 자바스크립트의 기본을 알아야 라이브러리나 프레임워크를 배우기도 쉽고, 새로운 기술이 나오더라도 어렵지 않게 시작할 수 있으니까요. 프런트엔드 개발에서 주로 사용하는 자바스크립트의 라이브러리와 프레임워크를 알아보기 쉽게 정리했습니다.

프런트엔드 개발에서 주로 사용하는 자바스크립트의 라이브러리와 프레임워크

종류	특징	관련 사이트
제이쿼리(jQuery)	DOM을 활용해 웹 요소를 조작하기 쉽고 사용하기 편리한 라이브러리 도구입니다. 최근에는 웹 애플리케이션 개발에 적합한 다른 라이브러리나 프레임워크에 자리를 내주고 있습니다.	jquery.com
D3.js	웹 브라우저에서 실시간으로 변하는 정보를 시각적으로 표시하기에 적합한 라이브러리 도구입니다. 데이터를 시각화해 주는 자바스크립트 라이브러리는 D3.js 외에도 라파엘(Raphaël), Three.js 등이 있습니다.	d3js.org
부트스트랩(Bootstrap)	웹 사이트 디자인을 쉽게 만들어 주는 라이브러리 도구입니다. CSS로 PC, 태블릿 PC, 휴대 전화 등에서 동작하는 반응형 디자인을 만들 수 있게 해줍니다.	getbootstrap.com
리액트(React)	페이스북처럼 한 화면에서 모든 내용을 볼 수 있는 사이트를 SPA(single page application)라고 합니다. SPA나 복잡한 사이트를 개발할 때 프레임워크를 사용합니다. 이때 가장 많이 사용하는 프레임워크가 페이스북에서 개발한 리액트입니다.	ko.legacy.reactjs.org
앵귤러(Angular)	구글에서 개발한 언어로 웹 애플리케이션을 제작하는 프레임워크입니다. 프로젝트 성격에 따라 리액트나 앵귤러 중에서 선택해 사용합니다.	angular.dev
뷰(Vue)	웹 애플리케이션에서 사용자 인터페이스를 만드는 프레임워크입니다. 화면에 보이는 부분에만 초점을 맞추기 때문에 다른 라이브러리나 프레임워크와 함께 사용할 수 있습니다.	vuejs.org

라이브러리 도구와 프레임워크는 어떻게 다를까요?

라이브러리 도구(toolkit)와 프레임워크는 여러 가지 차이점이 있지만 가장 큰 차이는 개발 흐름의 주도권을 누가 가지고 있는가에 달렸습니다. 개발자가 코딩할 때 라이브러리는 자신에게 필요한 기능만 사용해도 됩니다. 즉, 개발 주도권이 개발자에게 있죠. 반면에 프레임워크는 개발 주도권이 프레임워크에게 있습니다. 그래서 웹 개발을 시작하는 방법부터 기능을 구현하는 모든 것을 프레임워크에서 정해 놓은 대로 따라야 합니다. 이 책에서는 라이브러리와 프레임워크를 공부하는 게 아니므로 이런 것이 있다는 정도만 이해하고 넘어가도 괜찮습니다.

백엔드 개발을 위한 기술

01-2절에서 설명했듯이 프런트엔드 영역에서는 웹 브라우저 화면에서 보이는 내용을 개발하지만, 백엔드 영역에서는 사용자가 볼 수 없는 서버의 동작을 개발합니다. 웹 개발에서 브라우저 화면에 보이는 영역 외에는 모두 백엔드 영역이므로 개발 분야가 다양합니다.

백엔드 개발자가 되려면 서버뿐만 아니라 클라이언트와 서버 사이의 정보를 저장·관리하는 데이터베이스database 등의 기본 개념을 알아야 합니다. 그리고 백엔드 개발에서 사용하는 언어와 그와 관련된 프레임워크도 선택해서 공부해야 합니다.

백엔드 개발은 서버 운영체제에 따라 사용하는 언어도 프레임워크도 달라집니다. 다음 표는 최근 백엔드 개발에서 자주 사용하는 언어와 프레임워크입니다.

백엔드 개발에서 자주 사용하는 언어와 프레임워크

종류	특징	관련 사이트
노드제이에스(Node.js), 익스프레스(Express) node js node express	프런트엔드 개발을 이미 해본 경험이 있거나 자바스크립트에 익숙하다면 노드제이에스로 실력을 발휘해 백엔드 개발에 사용할 수 있습니다. 노드제이에스는 서버에서 자바스크립트를 실행할 수 있는 환경, 즉 플랫폼이라고 생각하면 됩니다. 그래서 자바스크립트만 익숙하면 웹 개발의 전체를 다룰 수 있습니다. 노드제이에스에서 주로 사용하는 웹 개발 프레임워크는 익스프레스입니다.	nodejs.org/ko, expressjs.com
자바(Java), 스프링(Spring) Java spring	자바는 오랫동안 백엔드 개발용으로 사랑받는 언어이고, 그만큼 관련 커뮤니티나 오픈 코드가 많습니다. 자바를 사용하면 안드로이드 앱을 개발할 수도 있고, 셋톱 박스나 하드웨어용 애플리케이션을 만들 수도 있습니다. 자바의 웹 개발 프레임워크로는 스프링을 많이 사용합니다.	java.com/ko, spring.io

파이썬(Python), 장고(Django) python django	파이썬은 배우기도, 사용하기도 쉬워서 개발 입문자에게 추천하는 언어입니다. 특히 데이터를 많이 다뤄야 하는 분야에서는 파이썬이 훨씬 유리합니다. 백엔드 개발을 할 때 파이썬의 프레임워크로는 장고를 사용합니다.	python.org, djangoproject. com
PHP, 코드이그나이터(CodeIgniter) php CodeIgniter	PHP는 백엔드 개발에서 오랫동안 사용해 온 개발 언어입니다. 이전 버전은 개인 웹 사이트에서 주로 사용했지만 PHP 7 버전부터는 백엔드 개발을 위한 프레임워크로 탈바꿈했습니다. 코드이그나이터는 PHP의 대표적인 웹 프레임워크 입니다.	php.net, codeigniter.com

이 밖에 백엔드 개발 언어로 루비[Ruby]와 루비에서 사용하는 루비 온 레일즈[Ruby on rails]라는 프레임워크가 있으며, 최근에는 고[Go] 언어와 고에서 사용하는 레벨[Revel]이라는 프레임워크도 소개되었습니다.

02-2 웹 개발 환경 설정하기

HTML 코드를 직접 입력해 보기 전에 웹 개발에 필요한 환경을 준비해 봅시다. 이 책에서는 웹 브라우저로 구글 크롬을, 웹 편집기로 비주얼 스튜디오 코드를 사용합니다.

웹 브라우저

웹 브라우저는 웹 사이트를 방문할 때 사용하거나 웹 개발자가 웹 편집기로 작성한 문서를 화면에 나타내는 프로그램을 말합니다. 웹 브라우저는 매우 다양하지만 우리가 흔히 사용하는 것은 다음 3가지입니다.

웹 브라우저의 종류

종류	개발사	특징	관련 사이트
크롬	구글	HTML 표준이 갱신될 때마다 빠르게 지원하는 웹 브라우저로 사용자가 가장 많습니다. 다양한 확장 프로그램으로 필요한 기능을 추가해 사용할 수 있다는 장점이 있습니다.	google.com/chrome
엣지	마이크로소프트	2020년 1월에 출시된 웹 브라우저입니다. 크롬 브라우저와 같은 엔진을 사용하여 같은 기능을 대부분 제공합니다. 최근 버전에서는 인공지능 기능을 활용한 검색 기능이 강화됐습니다.	microsoft.com/ko-kr/edge
파이어폭스	모질라	개발자들이 많이 사용하는 웹 브라우저로 개발 도구와 부가 기능이 뛰어납니다.	mozilla.org/ko/firefox/new

TIP ▶ 여기에 소개한 웹 브라우저는 기능을 추가하거나 수정할 때마다 자동 업데이트하므로 사용자가 따로 신경 쓰지 않아도 최신 상태로 유지할 수 있습니다.

이 책에서 실습할 때 사용할 크롬 브라우저는 'google.com/chrome'에 접속하면 내려받을 수 있습니다. 오른쪽 그림을 참고하여 설치 파일을 직접 내려받아 설치하세요.

여기를 선택해서 크롬 브라우저 설치 파일을 내려받으세요.

크롬 브라우저 설치 파일 내려받기

웹 편집기

웹 문서를 만들 HTML 태그를 비롯해 CSS나 자바스크립트 코드를 입력하는 프로그램을 **웹 편집기**web editor 또는 **코드 편집기**code editor라고 합니다. 메모장이든 웹 편집기든 텍스트를 입력할 수 있는 프로그램이면 모두 편집기로 쓸 수 있습니다. 그러나 웹 편집기는 태그와 속성, 일반 텍스트 등을 서로 다른 색으로 표시해 주므로 코드를 읽기 쉽습니다. 또한 태그나 속성의 일부 글자만 입력하더라도 전체를 입력해 주는 자동 완성 기능으로 오타로 발생하는 오류를 줄일 수 있습니다.

이 책에서 실습할 때 사용하는 웹 편집기는 비주얼 스튜디오 코드Visual Studio Code입니다. 비주얼 스튜디오 코드는 윈도우와 macOS 모두 사용할 수 있는 무료 소프트웨어이거든요. 특히 자바스크립트나 파이썬 등의 프로그래밍 언어도 사용할 수 있어서 개발자에게 인기가 많습니다.

Do it! 실습 ▸ VS Code 설치하고 환경 설정하기

비주얼 스튜디오 코드(이후 줄여서 VS Code)를 설치하고 공부하기 알맞은 환경으로 설정해 보겠습니다.

1단계 VS Code 설치하기

VS Code의 웹 사이트(code.visualstudio.com)에 접속하면 사용자 시스템을 자동으로 인식한 후 화면 중앙에 [Download for Windows]나 [Download for Mac] 버튼을 표시합니다. 이 버튼을 클릭하면 사용자의 시스템에 맞는 VS Code 설치 파일을 즉시 내려받을 수 있습니다.

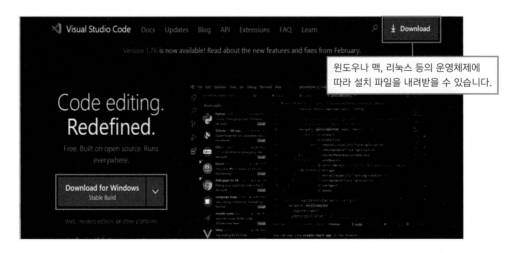

윈도우나 맥, 리눅스 등의 운영체제에 따라 설치 파일을 내려받을 수 있습니다.

VS Code의 설치 과정은 모두 한글로 설명하므로 화면의 지시 사항을 보면서 쉽게 따라 할 수 있습니다.

2단계 한글로 설정하기

VS Code를 설치하면 영어 상태이므로 한글을 사용하고 싶다면 언어를 설정해야 합니다. VS Code의 첫 화면 오른쪽에 언어 팩 설치를 위한 안내문이 표시됩니다. [설치 및 다시 시작]을 클릭하면 VS Code가 종료되었다가 다시 실행되면서 이번에는 한글로 바뀌어 표시됩니다.

TIP 만약 언어 팩 설치를 위한 안내문이 보이지 않는다면 단축키 [Ctrl]+[Shift]+[P]를 눌러 커맨드 팔레트를 실행한 후 Configure Display Langage를 검색해 [한국어]를 선택하면 됩니다.

3단계 색 테마 선정하기

VS Code를 사용하기 전에 색 테마^{color themes}를 선택할 수 있습니다. 기본적으로 어두운 테마로 되어 있는데 오른쪽에 표시된 작은 그림을 보면서 원하는 테마를 선택하면 됩니다. 이 책에서는 코드를 읽기 쉽게 밝은 테마로 표시해 진행하지만, 모니터를 오래 들여다볼 때는 어두운 테마로 설정해서 눈의 피로를 줄이는 것이 좋습니다. 색 테마를 선택했다면 화면 왼쪽 아래에서 [완료로 표시]를 클릭합니다.

TIP 이후에는 [관리 → 테마 → 색 테마]를 선택해서 테마의 색을 변경할 수 있습니다.

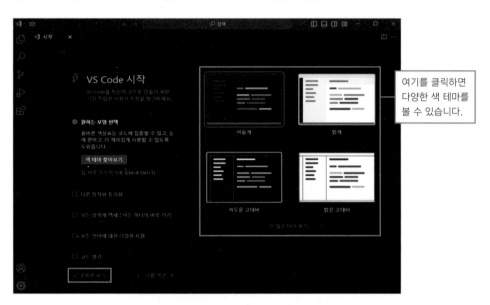

여기를 클릭하면 다양한 색 테마를 볼 수 있습니다.

다음처럼 색 테마가 변경된 시작 화면이 보인다면 VS Code에서 코드를 작성할 준비를 모두 마친 것입니다. [시작] 탭의 닫기(⊠)를 클릭해서 시작 화면을 닫습니다.

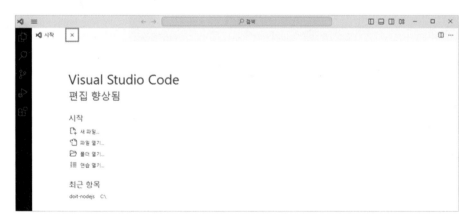

TIP VS Code를 실행할 때마다 시작 화면이 나타나서 번거롭다면 화면 아래쪽에서 [시작 시 시작 페이지 표시]의 체크를 해제하세요.

Do it! 실습 ▶ 작업 폴더 추가하기

VS Code에서 코딩할 때는 코드가 있는 폴더를 작업 폴더로 미리 지정해야 합니다. 이렇게 하면 웹 문서에서 사용하는 여러 파일을 한눈에 확인하고 관리할 수 있습니다. 또한 코드를 수정하면서 바로 웹 브라우저에서 확인할 수 있습니다.

1단계 자료실에서 예제 파일 내려받고 압축 풀기

이 책에서 사용할 예제 파일(doit-hcj.zip)을 이지스퍼블리싱 웹 사이트에서 내려받으세요. 그리고 내려받은 예제 ZIP 파일의 압축을 원하는 위치에서 해제합니다. 예제 파일을 준비했다면 VS Code를 실행합니다.

TIP 이 책의 전체 예제 파일은 저자 깃허브(github.com/funnycom) 또는 [이지스퍼블리싱 웹 사이트(easyspub.co.kr) → 자료실]에서 책 제목으로 검색해서 내려받을 수 있습니다.

2단계 VS Code에 예제 폴더 추가하기

VS Code의 상단 메뉴에서 [파일 → 폴더 열기]를 선택합니다. [폴더 열기] 창에서 예제 파일이 저장된 폴더의 경로를 찾아 [폴더 선택]을 클릭합니다. doit-hcj 폴더에 예제 파일이 있으므로 doit-hcj 폴더를 선택합니다.

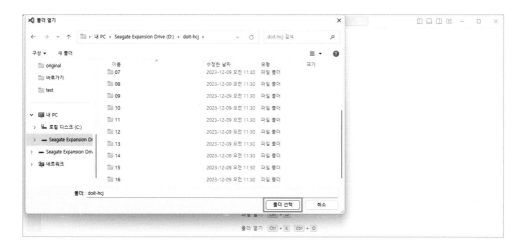

3단계 작업 폴더에서 코드 파일 열고 닫기

이 책을 공부하면서 사용할 예제 파일이 VS Code의 왼쪽 탐색 창에 나타납니다. 예제 파일의 폴더는 장별로 정리했습니다. 02 폴더를 선택하거나 왼쪽에 있는 ▷를 클릭하세요.

선택한 02 폴더 안에 저장된 파일이 나열됩니다. 그 안에 있는 웹 문서를 선택하면 오른쪽 편집 창에서 코드를 확인하거나 수정할 수 있습니다. 편집 창에 열린 웹 문서의 이름은 탭으로 표시됩니다. 웹 문서를 닫으려면 탭 오른쪽에 있는 닫기(⊠)를 클릭합니다.

Do it! 실습 — 간단한 웹 문서 만들기

[결과 비교] 02\results\web.html

VS Code를 설치하고 기본 설정을 마쳤으니 간단한 웹 문서를 만들어 보겠습니다. HTML 문법은 03장에서 자세히 배우니 여기에서는 일반 문서와 웹 문서가 어떻게 다른지 살펴보고, HTML의 중요 기능인 '마크업'이란 무엇인지 알아보겠습니다.

1단계 새 파일 만들기

VS Code의 왼쪽 탐색 창에서 02 폴더를 선택합니다. 그리고 폴더 목록 위에 있는 새 파일(🗋)을 클릭합니다.

TIP 02 폴더를 선택한 후 메뉴에서 [파일 → 새 파일]을 선택해도 됩니다.

02 폴더 아래에 파일 이름을 입력할 수 있는 빈 줄이 생깁니다. 여기에 파일 이름을 'web. html'이라고 입력한 후 Enter를 누릅니다. 파일 확장자 .html까지 입력해야 VS Code에서 웹 문서라고 인식할 수 있습니다.

2단계 코드 입력하기

오른쪽 편집 창에 다음과 같이 간단한 텍스트를 입력해 보겠습니다. 일반 텍스트 문서와 다를 게 없죠? 코드를 입력한 후 Ctrl + S를 눌러 문서를 저장합니다.

TIP 'HTML'이라고 입력하고 Enter를 눌렀을 때 자동으로 <HTML></HTML>이 입력될 수도 있습니다. 이럴 경우 자동으로 입력된 내용을 삭제하고 HTML 다음에 Space를 눌러 한 칸 띄고 Enter를 누르면 됩니다.

```
웹 개발 기초
HTML
CSS
자바스크립트
```

3단계 작성 결과 확인하기

VS Code에서 작성한 웹 문서를 확인할 때는 웹 브라우저를 사용합니다. 윈도우 탐색기에서 실습 파일이 저장된 02 폴더 안의 web.html 파일을 찾아 더블클릭합니다.

웹 브라우저가 실행되면서 web.html 문서가 창에 나타납니다. 그런데 이상하죠? VS Code 에서는 분명 4줄로 작성했는데 웹 브라우저 창에는 한 줄로 표시됩니다. 웹 문서 코드에서는 아무리 여러 줄로 나눠 쓰더라도 한 줄로 인식한다는 특징을 알 수 있습니다. 아직 브라우저 창을 닫지 마세요.

4단계 마크업하기

HTML이란 이름에는 마크업^{Markup}이라는 용어가 포함되어 있습니다. **마크업**이란 웹 문서의 각 부분이 어떻게 표시되어야 하는지 내용마다 코드를 붙이는 것을 말합니다. 내용마다 붙이는 코드를 **태그**^{tag}라고 하는데, 태그는 03장에서 좀 더 자세히 알아보겠습니다.

앞에서 만든 web.html에 마크업해 보겠습니다. 코드를 다음과 같이 수정해 보세요. <h1> 태그는 제목을 나타내고, <p> 태그는 텍스트 단락을 표시합니다. Ctrl + S를 눌러 문서를 저장합니다.

TIP <h1> 태그를 입력하면 자동으로 <h1></h1>으로 수정될 것입니다. <h1>과 </h1> 태그 사이에 제목이 오도록 입력하세요.

```
<h1>웹 개발 기초</h1>
<p>HTML</p>
<p>CSS</p>
<p>자바스크립트</p>
```

5단계 실습 결과 확인하기

열려 있는 브라우저 창에서 새로고침(C)을 눌러 웹 문서를 다시 불러옵니다. 아까와는 다르게 '웹 개발 기초'는 제목으로 글자가 커졌고, 나머지 내용은 한 줄씩 나타납니다. 이렇게 웹 문서 내용마다 태그를 붙여서 각각 역할을 결정짓는 것을 **마크업한다**라고 합니다. 그리고 HTML을 공부하는 목적도 태그를 용도에 맞게 사용할 수 있도록 실력을 기르기 위한 것이죠.

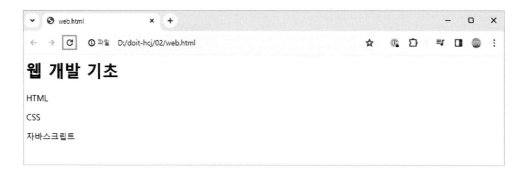

웹 개발자 도구 살펴보기

웹 브라우저에는 '웹 개발자 도구'라는 중요한 기능이 포함되어 있습니다. 이 도구를 이용하면 웹 문서 코드를 확인할 수 있을 뿐만 아니라 일시적으로 코드를 수정하면서 결과를 살펴볼 수도 있죠. 이 책에서도 웹 개발자 도구를 자주 사용합니다. 웹 개발자 도구를 사용하는 기본 방법을 알아봅시다.

웹 개발자 도구 창 열기

웹 브라우저 창에 02\index.html 문서를 연 상태에서 웹 개발자 도구를 열어 보겠습니다. 먼저 윈도우 탐색기에서 02\index.html을 더블클릭해서 문서를 엽니다. 그리고 Ctrl + Shift + I 를 누르면 브라우저 창 아래에 웹 개발자 도구 창이 열립니다.

TIP 브라우저 창의 빈 공간을 마우스 오른쪽 버튼으로 누른 후 [검사]를 선택해도 됩니다.

웹 개발자 도구 한글로 표시하기

웹 개발자 도구 창 상단에는 [요소], [콘솔] 같은 탭이 여러 개 있는데 [Elements], [Console] 처럼 영어로 되어 있을 경우 한글로 바꿔서 사용하면 편리합니다. 웹 개발자 도구 창의 오른 쪽 위에 있는 설정(⚙)을 클릭한 후 [환경설정]의 [언어] 항목을 [한국어]로 지정하면 한글로 바뀝니다. 한글로 바꾼 후에 ☒를 클릭해서 설정 화면을 닫으면 설정이 완료됩니다.

HTML 코드 살펴보기

웹 개발자 도구 창에서 [요소] 탭을 클릭하면 화면이 왼쪽과 오른쪽 2개로 나뉘면서 왼쪽에는 HTML 코드가 나타나고, 오른쪽에는 CSS 속성이 보입니다. CSS 속성 창은 CSS를 공부할 때 자세히 알아볼 테니, 여기에서는 HTML 코드 부분을 주로 살펴보겠습니다.

HTML 태그 위로 마우스 포인터를 가져가면 그 태그가 웹 브라우저에서 어떻게 적용되는지 화면에 표시해 줍니다. 예를 들어 웹 개발자 도구 창에서 <h1>웹 개발 기초</h1> 코드 위로 마우스 커서를 가져가면 그 태그가 적용된 제목이 있는 줄 전체에 배경색을 추가해서 알려 줍니다.

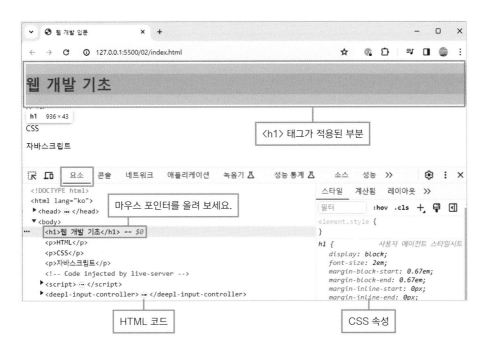

코드 접기 및 펼치기

웹 문서를 이루는 코드는 꽤나 길어서 [요소] 탭을 처음 열면 모든 코드가 한 번에 나타나지 않고 포함 관계에 따라 일부 코드가 접혀 있어서 보이지 않습니다.

접힌 코드 앞에는 ▶ 표시가 있죠. 지금 문서에서는 <head> 태그 앞에 ▶ 가 붙어 있네요. ▶ 를 클릭해 보세요.

```
요소    콘솔    네트워크    애플리케이션    녹음기    성능

<!DOCTYPE html>
<html lang="ko">
… ▶ <head> … </head> == $0
   ▼ <body>
       <h1>웹 개발 기초</h1>
       <p>HTML</p>
       <p>CSS</p>
       <p>자바스크립트</p>
       <!-- Code injected by live-server -->
     ▶ <script> … </script>
     ▶ <deepl-input-controller> … </deepl-input-controller>
   </body>
</html>
```

▶가 ▼로 바뀌면서 <head> 태그와 </head> 태그 사이에 있던 코드가 펼쳐집니다. [요소] 탭
의 코드에 ▶ 표시가 붙었다면 태그 안의 코드가 접혀 있다는 것, 꼭 기억해 두세요.

```
<!DOCTYPE html>
<html lang="ko">
… ▼ <head> == $0
     <meta charset="UTF-8">
     <title>웹 개발 입문</title>
   </head>
   ▼ <body>
       <h1>웹 개발 기초</h1>
       <p>HTML</p>
       <p>CSS</p>
       <p>자바스크립트</p>
       <!-- Code injected by live-server -->
     ▶ <script> … </script>
     ▶ <deepl-input-controller> … </deepl-input-controller>
   </body>
</html>
```

웹 개발자 도구 창의 위치 옮기기

웹 개발자 도구 창은 기본적으로 브라우저 아래에 표시되지만 원하는 위치로 옮기거나 따로
분리해 사용할 수도 있습니다. 개발자 도구 창 오른쪽 위에 있는 ⋮를 클릭하면 개발자 도구
창의 위치를 선택하는 아이콘 4개가 나타납니다. 왼쪽부터 순서대로 별도 창으로 분리, 왼쪽
고정, 아래 고정, 오른쪽 고정을 뜻합니다. 이 중에서 원하는 위치를 선택하면 개발자 도구 창
의 위치를 바꿀 수 있습니다.

Do it! 실습 ▶ VS Code의 글꼴, 글자 크기, 탭 크기 변경하기

VS Code의 환경은 [설정]에서 수정합니다. 코드 코딩을 위한 글꼴과 글자 크기, 탭 크기를 변경하는 방법을 알아보겠습니다.

1단계 코딩 글꼴 설치하기

코드를 작성할 때 알파벳 소문자 엘(l)과 대문자 아이(I), 숫자 일(1) 또는 알파벳 대문자 오(O)와 숫자 영(0)을 구별하기가 쉽지 않죠? 그래서 이러한 문자를 잘 구별할 수 있는 코딩 전용 글꼴을 사용하는 것이 좋습니다.

깃허브 주소(github.com/naver/d2codingfont)로 접속한 후 [다운로드] 항목에 있는 ZIP 파일을 내려받아 압축을 해제합니다. 글꼴 파일을 마우스 오른쪽 버튼으로 누른 후 [설치]를 선택합니다.

2단계 코딩 글꼴 변경하기

VS Code의 왼쪽 맨 아래에 있는 관리 아이콘(⚙)을 누르고 [설정]을 선택합니다. 설정 화면의 왼쪽에 여러 카테고리가 나타나는데 [텍스트 편집기 → 글꼴]을 TIP Ctrl + , 를 눌러도 됩니다.

차례로 선택합니다. [Font Family] 항목에서 기본 글꼴을 삭제하고 앞에서 설치한 'D2 Coding'을 입력합니다.

3단계 글자 크기 조절하기

2단계에서 지정한 [Font Family] 항목 아래를 보면 [Font Size] 항목이 있습니다. 다음 그림처럼 VS Code에 표시되는 코드의 기본 글자 크기는 14픽셀입니다. 글자 크기를 기본값보다 크거나 작게 조절하고 싶다면 [Font Size] 항목에서 원하는 크기를 지정합니다. 설정을 변경하면 즉시 적용되므로 따로 저장하지 않아도 됩니다.

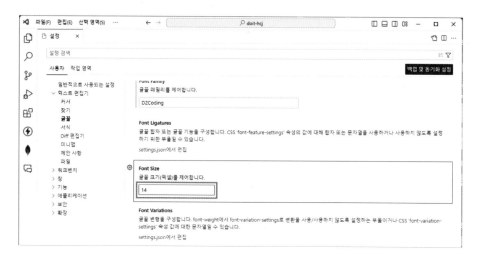

4단계 탭 크기 조절하기

VS Code에는 설정할 수 있는 웹 개발 환경이 아주 많아서 원하는 내용이 어디에 있는지 찾기가 쉽지 않습니다. 그럴 경우에는 설정 화면에 있는 검색 창을 이용하면 편리합니다.

다음 그림과 같이 검색 창에 '탭'이라고 입력하세요. 검색 결과에서 [Editor: Tab Size] 항목을 보면 [4]라고 되어 있습니다. VS Code에서는 태그를 들여쓰기할 때 네 글자씩 들여 쓴다는 뜻입니다. 만약 두 글자씩 들여쓰기로 수정하려면 '2'를 입력하면 됩니다. 코드가 길어지면 탭 크기가 너무 크지 않은 것이 좋습니다. 그래서 탭 크기는 주로 '2'로 수정해서 사용합니다.

지금까지 VS Code에서 코드를 편리하게 작성할 수 있도록 글꼴과 글자 크기, 탭 크기를 변경했습니다. 이제 [설정] 탭 오른쪽에 있는 닫기(×)를 눌러 모든 설정을 마칩니다.

확인!

모르겠다면?		알겠다면!
← 032쪽	HTML, CSS, 자바스크립트의 역할을 이해했나요?	☑
← 033쪽	웹 개발을 위해 공부해야 할 언어와 기술을 3가지 영역으로 나누어 설명할 수 있나요?	☐
← 042쪽	간단한 웹 문서를 만들 수 있나요?	☐
← 044쪽	일반 텍스트와 마크업 텍스트의 차이를 이해했나요?	☐
← 045쪽	웹 개발자 도구 창을 열고, 원하는 위치에 배치할 수 있나요?	☐
← 047쪽	웹 개발자 도구 창에서 HTML 코드를 확인할 수 있나요?	☐
← 049쪽	VS Code에서 글자 크기와 탭 크기를 변경할 수 있나요?	☐

03

HTML 기본 문서 만들기

웹 개발은 문서의 구조를 만드는 HTML부터 시작합니다. 03장에서는 HTML
의 개념을 정리한 후 HTML 문서가 어떤 구조로 이루어졌는지 알아보겠습니
다. HTML의 기본 구조에 따라 웹 문서를 만드는 방법도 함께 살펴봅니다.

03-1 HTML과 첫 만남
03-2 HTML의 구조 파악하기
03-3 HTML 파일 만들기
03-4 웹 문서의 구조를 만드는 시맨틱 태그

이 장을 다 공부하면!

• 웹 개발에서 HTML의 역할을 설명할 수 있어요.
• HTML 문서의 기본 구조를 파악할 수 있어요.
• 시맨틱 태그가 무엇인지 알 수 있어요.

03-1 HTML과 첫 만남

여기서는 HTML이 무엇인지 간단히 살펴보고, HTML 태그를 붙인 텍스트가 웹 브라우저에서 어떻게 표시되는지 알아보겠습니다.

HTML이란?

요즘은 인터넷만 있으면 대부분의 업무를 처리할 수 있지요? 더 나아가 자동차 내비게이션이나 TV, 냉장고에 이르기까지 웹 브라우저만 있다면 어느 기기에서나 인터넷과 연결되는 사물 인터넷(IoT) 시대입니다. 이렇게 다양한 인터넷 정보를 웹 브라우저에 보여 줄 때 사용하는 언어가 HTML입니다. HTML은 간단히 줄여서 **웹 문서를 만드는 언어**라고 할 수 있습니다.

HTML은 HyperText Markup Language의 줄임말입니다. **하이퍼텍스트**^{HyperText}란 문서를 서로 연결해 주는 링크를 의미합니다. 인터넷에서 링크만 클릭하면 다른 페이지나 사이트로 쉽게 연결할 수 있죠? 이렇게 HTML에는 서로 연결한다는 의미가 포함되어 있습니다. 그리고 **마크업**^{Markup}이란 '표시한다'는 뜻이지요? 그러니까 웹 브라우저에 내용을 보여 주는 텍스트, 이미지, 영상 등의 위치를 표시하는 것을 의미합니다.

웹 문서를 만들 때 쓰는 언어 HTML

02장에서 공부한 것처럼 웹 문서는 내용을 작성하는 프로그램과 그 내용을 확인하는 프로그램이 다릅니다.

예를 들어 웹 문서에서 표를 만들 때 웹 브라우저에서 바로 표를 삽입할 수 없습니다. 다음 왼쪽 그림처럼 VS Code 같은 웹 편집기에서 마크업 형식으로 표를 작성해야 합니다. 그러면 웹 브라우저는 오른쪽 그림처럼 각각 제목, 텍스트, 표로 인식해서 나타냅니다. 이때 웹 브라우저가 제목, 텍스트, 표를 구별할 수 있도록 각각에 꼬리표를 붙여야 합니다. 이러한 꼬리표를 **태그**^{tag}라고 합니다.

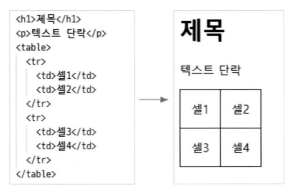

태그를 사용해서 웹 브라우저에 나타내기

HTML의 기본 기능은 웹 브라우저에 보여 줄 내용에 마크업하고 문서끼리 링크하는 것입니다. 글자를 보기 좋게 꾸미거나 문서의 배치를 다양하게 바꾸는 것은 둘째마당에서 공부할 스타일 시트style sheet의 기능입니다. 자, 그럼 HTML의 문서 구조부터 살펴볼까요?

> **🔍 알아 두면 좋아요!   HTML5와 HTML이 같은 건가요?**
>
> 2014년 11월에 발표된 HTML 표준 규약은 이전의 HTML4와 구별하고자 한동안 HTML5라고 불렀습니다. 하지만 지금은 모두 HTML5를 사용하므로 굳이 HTML4와 구별할 필요가 없어졌죠. HTML5는 HTML의 최신 버전이라는 의미이니까, 이제 HTML이라고 하면 HTML5를 가리킨다고 생각하면 됩니다.

03-2 HTML의 구조 파악하기

이제부터는 HTML을 하나하나 공부하면서 코드를 직접 작성해 보고 웹 브라우저에서 어떻게 확인하는지 알아보겠습니다. HTML을 처음 공부한다면 이 부분은 반드시 배우고 넘어가세요!

Do it! 실습 ▸ HTML 파일 살펴보기

[예제] 03\index.html

1단계 웹 브라우저로 HTML 파일 실행하기

파일 탐색기에서 03\index.html 파일을 더블클릭해서 웹 브라우저로 열면 다음 화면이 나타납니다. 맨 위에는 제목이 있고 가로선 아래에 텍스트 세 줄이 있는 간단한 문서입니다.

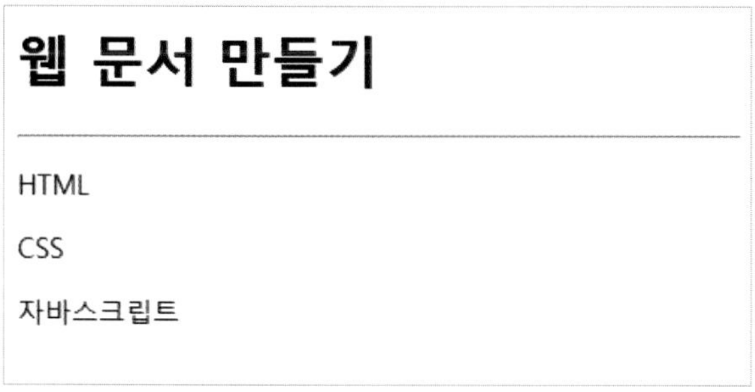

웹 문서 만들기

HTML
CSS
자바스크립트

예제 파일을 웹 브라우저로 실행한 화면

2단계 VS Code에서 예제 파일 불러오기

이 예제 파일은 어떠한 구조로 되어 있고 어떤 태그를 사용해서 만들었을까요? VS Code에서 03\index.html 파일을 불러와서 확인해 봅시다.

VS Code의 작업 폴더 목록에서 03 폴더를 선택하고 index.html 파일을 클릭하면 오른쪽 편집 창에 코드가 나타납니다. 02-2절 '[Do it! 실습] 간단한 웹 문서 만들기'의 웹 개발자 도구 창에서 보았던 코드와 비슷한 형태라 조금 익숙해졌죠? 이제부터 이 웹 문서를 바탕으로 HTML의 기본 구조를 차근차근 살펴보겠습니다.

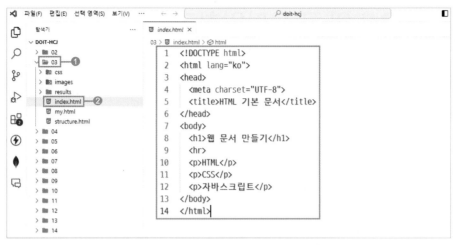

TIP 작업 폴더를 가져오는 방법은 02-2절 '[Do it! 실습] 작업 폴더 추가하기'를 참고하세요.

HTML 문서의 기본 구조 살펴보기

HTML 문서는 일반 문서와 달리 정해진 형식에 맞추어 내용을 입력해야 합니다. 코드가 짧더라도 이 안에는 HTML 문서에 반드시 필요한 모든 구조가 포함되어 있습니다. 웹 문서는 보통 `<!DOCTYPE html>`로 시작해 `<html>`, `<head>`, `<body>`라는 세 영역으로 구성되어 있습니다.

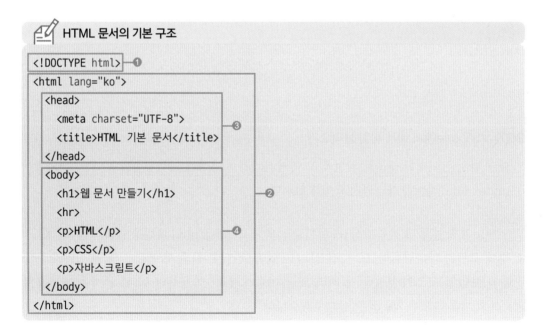

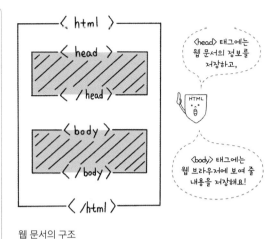

① **<!DOCTYPE html>**: 현재 문서가 HTML 언어로 작성한 웹 문서라는 뜻입니다.

② **<html> ~ </html>**: 웹 문서의 시작과 끝을 나타내는 태그입니다. 웹 브라우저가 <html> 태그를 만나면 </html>까지 코드를 읽어 화면에 표시합니다.

③ **<head> ~ </head>**: 웹 브라우저가 웹 문서를 해석하는 데 필요한 정보를 입력하는 부분입니다.

④ **<body> ~ </body>**: 실제로 웹 브라우저 화면에 나타나는 내용입니다. 앞으로 우리가 공부할 HTML 태그는 대부분 <body> 태그 안에 들어 있습니다.

<head> 태그에는 웹 문서의 정보를 저장하고,

<body> 태그에는 웹 브라우저에 보여 줄 내용을 저장해요!

웹 문서의 구조

HTML 문서의 기본 구조를 살펴보았습니다. 이어서 HTML 문서에 사용한 4가지 태그를 자세히 알아보겠습니다.

웹 문서의 유형을 지정하는 <!DOCTYPE html> 태그

웹 문서의 첫 부분은 **문서 유형**$^{document\ type}$을 지정하는 <!DOCTYPE html> 태그로 시작합니다. 웹 브라우저에게 현재 문서가 HTML 문서라고 알려 주는 것이죠. 다음과 같이 작성하면 웹 브라우저는 '아하, 이 문서는 HTML에 맞추어 작성한 웹 문서구나!'라고 이해합니다.

```
<!DOCTYPE html>
```

TIP HTML에서는 영어 대소 문자를 구별하지 않아도 되지만 문서 유형을 강조할 때에는 <!DOCTYPE html>처럼 대문자를 사용하기도 합니다.

웹 문서의 시작을 알리는 <html> 태그

<!DOCTYPE html> 태그로 문서 유형을 선언한 후 <html> 태그로 HTML 파일의 시작을 표시합니다. <html> 태그와 반대로 웹 문서가 끝났다고 표시할 때는 </html> 태그를 사용합니다. 오른쪽과 같이 <html>과 </html> 태그 사이에 웹 문서의 코드를 작성하면 됩니다. </html> 태그 뒤에는 아무 내용도 없어야 합니다.

```
<html lang="ko">
......
</html>
```

`<html>` 태그에서는 `lang` 속성으로 문서에서 사용할 언어를 지정할 수 있습니다. 예를 들어 한국어라면 korean의 줄임말인 ko를 사용합니다. `<html>` 태그에서 사용하는 언어를 왜 표시할까요? 그 이유는 검색 사이트에서 특정 언어로 제한해 검색할 때 필요하기 때문입니다. 예를 들어 검색 결과 중에서 '한국어로 된 문서'로 범위를 제한할 경우 `<html lang="ko">`인 문서를 우선 검색합니다.

또한 화면 낭독기에서 웹 문서를 소리 내어 읽어 줄 때 해당 언어에 맞추어 발음이나 억양, 목소리 등을 다르게 할 수 있습니다.

웹 브라우저에 문서 정보를 알려 주는 `<head>` 태그

`<head>` 태그와 `</head>` 태그 사이에 작성한 내용은 웹 브라우저 화면에는 보이지 않습니다. 웹 브라우저가 알아야 할 정보를 입력하는 곳이니까요. 또한 문서에서 사용할 스타일 시트 파일도 이곳에서 연결해 주죠. head 영역에서 사용하는 `<meta>`, `<title>` 태그부터 배워 볼까요?

문자 세트를 비롯해 문서 정보가 들어 있는 `<meta>` 태그

흔히 **메타** 정보라고 하면 '데이터에 관한 데이터'를 말합니다. 책의 메타 정보로 가격, 쪽수, 지은이 등이 있는 것처럼 웹 문서의 `<meta>` 태그도 비슷합니다. `<meta>` 태그는 웹 브라우저에는 보이지 않지만 웹 문서와 관련된 정보를 지정할 때 사용합니다. `<meta>` 태그의 가장 중요한 역할은 화면에 글자를 표시할 때 어떤 인코딩을 사용할지 지정하는 것입니다. 웹 서버는 영어를 기본으로 하므로 화면에 한글로 된 내용을 표시할 때에는 UTF-8이라는 문자 세트를 사용한다고 웹 브라우저에 다음과 같이 알려 줘야 합니다.

```
<meta charset="UTF-8">
```

TIP `<meta>` 태그에서 인코딩을 명시하지 않으면 웹 브라우저에서 자동으로 인코딩을 처리하기 때문에 한글이 깨질 수도 있습니다. 따라서 `<meta>` 태그에서 한글 인코딩을 명시하는 `<meta charset="UTF-8">`을 꼭 적어 주는 것이 좋습니다.

그 밖에 웹 사이트의 키워드나 간단한 설명, 제작자 등의 정보를 지정할 때에도 다음과 같이 `<meta>` 태그를 사용할 수 있습니다. 이 정보는 검색 엔진에서 사이트를 검색할 때 참고하는데, 검색 엔진에 따라 참고하는 정보는 달라질 수 있습니다. `<meta>` 태그는 앞으로 필요할 때마다 설명하겠습니다.

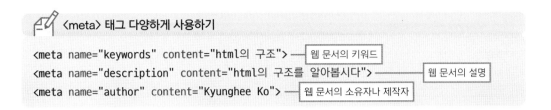

⟨meta⟩ 태그 다양하게 사용하기

```
<meta name="keywords" content="html의 구조">     ── 웹 문서의 키워드
<meta name="description" content="html의 구조를 알아봅시다"> ── 웹 문서의 설명
<meta name="author" content="Kyunghee Ko">     ── 웹 문서의 소유자나 제작자
```

문서 제목을 나타내는 ⟨title⟩ 태그

⟨head⟩ 태그 안에서 가장 중요한 태그를 꼽으라면 ⟨title⟩ 태그입니다. 다음과 같이 ⟨title⟩
과 ⟨/title⟩ 사이에 웹 문서의 제목을 입력합니다.

```
<title>HTML 기본 문서</title>
```

⟨title⟩ 태그에서 지정하는 내용은 웹 브라우저의 제목 표시줄에 표시됩니다. 또한 해당 페
이지의 방문자나 검색 엔진은 제목 표시줄의 제목을 보고 페이지의 전체 내용을 추측할 수 있
습니다. 웹 사이트의 즐겨찾기를 지정할 때도 웹 문서 제목으로 추가됩니다.

⟨title⟩ 태그를 사용한 웹 브라우저의 제목 표시줄

웹 브라우저에 내용을 표시하는 ⟨body⟩ 태그

문서 유형을 정의하고 문서 정보까지 입력했다면 ⟨body⟩와 ⟨/body⟩ 사이에 실제 웹 브라우저
에 표시할 내용을 입력합니다. 이 책에서 설명하는 HTML 태그는 대부분 ⟨body⟩ 태그 안에서
사용합니다.

<body>
      `<body>` 태그 사용하기

```
<body>
    <h1>웹 문서 만들기</h1>
    <hr>
    <p>HTML</p>
    <p>CSS</p>
    <p>자바스크립트</p>
</body>
```

앞에서 작성한 웹 문서를 웹 브라우저에서 실행하면 다음 그림과 같습니다. 이렇듯 `<body>`와 `</body>` 태그 안에는 실제 웹 브라우저 화면에서 보여 주는 내용을 작성합니다.

`<body>` 태그에 작성한 내용을 보여 주는 웹 브라우저

> `<body>` 태그 안에 작성한 내용은 이곳에 나타납니다.

03-3 HTML 파일 만들기

여기에서는 03-2절에서 설명한 HTML의 기본 구조를 생각하면서 본격적으로 웹 문서를 만들어 보겠습니다. VS Code에서 오타 없이 코드를 정확히 입력하는 방법을 알아보고, 라이브 서버를 확장해서 작성한 코드를 즉시 웹 브라우저에서 확인하는 방법도 살펴봅니다. 그러면 VS Code에서 새로운 웹 문서를 만드는 방법부터 알아볼까요?

Do it! 실습 VS Code에서 새로운 HTML 파일 만들기

1단계 선택한 폴더에 새 파일 만들기

VS Code를 열면 왼쪽 탐색 창에 작업 폴더가 표시됩니다. 그중에서 새 파일을 만들 폴더를 선택합니다. 여기에서는 03 폴더를 선택합니다. 03 폴더를 선택한 상태에서 폴더 위에 마우스 포인터를 가져가면 폴더명 위에 아이콘 4개가 나타납니다. 그중에서 가장 왼쪽에 있는 새 파일 (🗋)을 클릭하세요.

> TIP▶ 왼쪽 탐색 창에 작업 폴더 목록이 안 보인다면 02-2절 '[Do it! 실습] 작업 폴더 추가하기'를 참고하여 폴더를 추가하세요.

새 파일 아이콘 선택하기

2단계 새 파일 이름 입력하기

폴더명 아래에 빈칸이 생기면서 새로운 파일의 이름을 입력할 수 있는 상태가 됩니다. 새로운 파일의 이름을 'my.html'로 입력한 후 Enter를 누르면 새 파일을 만드는 동시에 저장할 수 있습니다. 새 파일을 만들 때는 .html 확장자를 붙여야 VS Code에서 웹 문서를 작성할 때 편리한 기능을 사용할 수 있습니다.

새 파일의 이름을 입력하고 저장하기

3단계 새 파일 확인하기

이제 HTML 소스 코드를 작성할 수 있는 새 파일이 오른쪽 편집 창에 열립니다. 다음 그림처럼 현재 작업 중인 my.html 파일이 탭으로 나타나는데, 그 탭 위에 마우스 포인터를 올리면 파일이 저장된 경로가 보입니다.

Do it! 실습 · VS Code를 활용하여 HTML 파일 완성하기

[준비] 앞에서 저장한 my.html   [결과 비교] 03\results\my-1.html

앞의 [Do it! 실습]에서 만든 HTML 파일 안에 내용을 채워 보겠습니다. VS Code는 태그의 일부만 입력하면 자동 완성할 수 있는 편리한 기능을 제공합니다. 이 기능으로 HTML 파일을 작성해 봅시다.

TIP 작성한 코드가 책대로 동작하지 않는다면 [결과 비교]에 안내한 파일의 코드를 참고하세요.

1단계 기본 코드 입력하기

03\my.html 문서가 편집 창에 열려 있다면 이제부터 코드를 작성할 수 있습니다. 첫 번째 줄에
느낌표(!)를 입력한 후 [Enter] 또는 [Tab]을 눌러 보세요.

> **TIP** VS Code에 팝업 창이 나타나면서 'Emmet 약어'라고 되어 있습니다. 미리 약속한 기호를 사용해서 HTML 태그를 자동 입력
> 하는 기능을 에밋(Emmet)이라고 합니다.

그림처럼 HTML 문서의 기본 태그들이 자동으로 입력됩니다. 코드 중에서 5번째 줄에 있는
`<meta>` 태그 코드는 반응형 웹을 만드는데 10-1절에서 자세히 설명합니다. 여기에서는 '이
런 코드가 있구나!' 하고 넘어가도 됩니다.

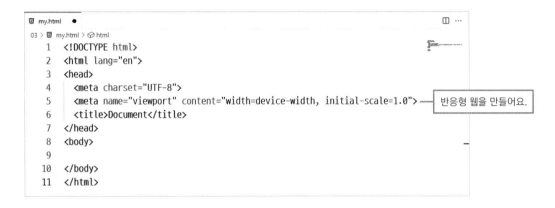

2단계 문서 언어와 제목 바꾸기

VS Code에서 작성하는 코드의 기본 언어는 영어(**en**)로 지정되어 있습니다. 이 부분을 "ko"로
변경합니다. 한글 문서를 작성한다는 뜻이죠. 그리고 문서 제목은 기본으로 Document라고
되어 있는데, 이 부분을 '웹 문서 연습'이라고 수정합니다.

```
<!DOCTYPE html>
<html lang="ko">
<head>
  <meta charset="UTF-8">
  <meta name="viewport" content="width=device-width, initial-scale=1.0">
  <title>웹 문서 연습</title>
</head>
<body>

</body>
</html>
```

> **TIP** VS Code 편집 창에서 파일 내용을 수정하면 파일 이름 옆에 • 표시가 나타납니다. 내용을 수정한 후 저장하지 않았다는 뜻입
> 니다. 수정 사항이 날아갈 수 있으니 • 표시를 볼 때마다 [Ctrl] + [S]를 눌러 파일을 저장하는 습관을 들이는 게 좋습니다.

3단계 문서 내용 입력하기

`<body>` 태그에 문서 내용을 입력해 보겠습니다. `<body>` 태그 다음 줄에 `<h1>` 태그를 입력합니다. `<h1>` 태그는 제목을 나타냅니다. '`h1`'을 입력하면 `</h1>` 태그가 자동으로 나타나면서 두 태그 사이에 커서가 놓이죠? 커서 위치에 '웹 문서 만들기'라고 입력합니다.

```html
my.html ●
03 > my.html > html > body > h1
 1  <!DOCTYPE html>
 2  <html lang="ko">
 3  <head>
 4    <meta charset="UTF-8">
 5    <meta name="viewport" content="width=device-width, initial-scale=1.0">
 6    <title>웹 문서 연습</title>
 7  </head>
 8  <body>
 9    <h1>웹 문서 만들기</h1>
10  </body>
11  </html>
```

이번에는 `<h1>` 태그 다음 줄에 다음과 같이 입력하겠습니다. `<p>` 태그는 텍스트 단락을 만듭니다. `<p>` 태그와 `</p>` 태그 사이에 입력한 내용은 브라우저 화면에 한 줄씩 표시됩니다.

```html
my.html ●
03 > my.html > html > body > p
 1  <!DOCTYPE html>
 2  <html lang="ko">
 3  <head>
 4    <meta charset="UTF-8">
 5    <meta name="viewport" content="width=device-width, initial-scale=1.0">
 6    <title>웹 문서 연습</title>
 7  </head>
 8  <body>
 9    <h1>웹 문서 만들기</h1>
10    <p>HTML</p>
11    <p>CSS</p>
12    <p>자바스크립트</p>
13  </body>
14  </html>
```

4단계 웹 문서 확인하기

웹 편집기에서 작성한 문서는 웹 브라우저로 확인해야 합니다. 윈도우 탐색기에서 실습 파일이 있는 폴더로 이동한 후 03 폴더에 있는 my.html을 더블클릭합니다.

브라우저가 실행되면서 방금 작성한 문서가 나타납니다. `<title>` 태그에 입력했던 내용은 브라우저 탭에 표시되고, `<h1>` 태그를 사용했던 내용은 제목으로 표시되죠. 또한 `<p>` 태그를 사용했던 부분은 일반적인 텍스트로 나타납니다.

지금까지 4줄짜리 텍스트를 입력하면서 어떤 것은 제목으로, 어떤 것은 일반 텍스트로 지정했습니다. 브라우저에 어떻게 표시할지에 따라 적절한 태그를 사용했는데, 이런 과정을 '마크업한다'고 합니다.

5단계 수정한 후 확인하기

웹 브라우저 화면에서 결과를 확인했는데 수정해야 할 부분이 있다면 VS Code에서 얼마든지 수정할 수 있습니다. 웹 브라우저 창은 그대로 열어 둔 채로 VS Code 편집 창으로 돌아와서, '자바스크립트'라는 한글 부분을 'Javascript'처럼 영문으로 바꿔 보겠습니다. Ctrl + S 를 눌러 수정한 내용을 저장하는 것 잊지 마세요.

```
 my.html   ×
03 >  my.html >  html >  body >  p
   1  <!DOCTYPE html>
   2  <html lang="ko">
   3  <head>
   4    <meta charset="UTF-8">
   5    <meta name="viewport" content="width=device-width, initial-scale=1.0">
   6    <title>웹 문서 연습</title>
   7  </head>
   8  <body>
   9    <h1>웹 문서 만들기</h1>
  10    <p>HTML</p>
  11    <p>CSS</p>
  12    <p>Javascript</p>
  13  </body>
  14  </html>
```

웹 문서를 수정한 후에 수정 결과를 확인하려면 웹 브라우저 창에서 [F5]를 누르거나 새로고
침([C])을 클릭해서 문서를 새로고침해야 합니다. 방금 수정한 내용이 반영되어 나타납니다.

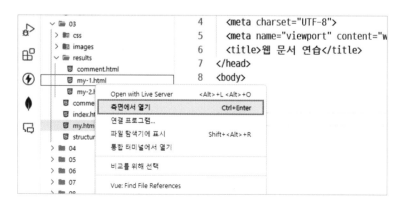

이 책에서 실습하는 모든 예제 파일은 [준비] 파일과 [결과 비교] 파일을 함께 제공합니다. 여
러분은 [준비] 파일을 열고 책을 참고하면서 코드를 작성하면 됩니다. 직접 작성한 코드를 실
행했을 때 결과가 이 책과 다르다면 [결과 비교] 파일을 열어 비교해 보세요. [측면에서 열기]
로 열면 두 파일의 코드를 나란히 놓고 비교할 수 있습니다.

Do it! 실습 ▸ 라이브 서버 설치하고 수정 결과 바로 확인하기

[준비] 앞에서 저장한 03\my.html　　　　　　　　　　**[결과 비교]** 03\results\my-2.html

웹 문서를 원하는 대로 만들려면 코드를 수정할 때마다 웹 브라우저 화면을 새로고침해서 결과 화면을 확인해야 합니다. 이때 VS Code의 확장 기능인 '라이브 서버'를 사용하면 수정한 결과를 바로 확인할 수 있어서 편리하죠.

1단계 라이브 서버 설치하기

VS Code의 왼쪽 사이드 바에서 확장(⊞)을 클릭하세요. 확장 목록 위의 검색 창에서 'live server'를 입력해 검색합니다. 검색 결과는 내려받은 횟수순으로 나열되는데, 여기에서는 가장 위에 있는 'Live Server'를 선택합니다. [설치]를 클릭하면 라이브 서버가 자동으로 설치되고, 즉시 확장 기능을 사용할 수 있습니다.

TIP ▸ 확장 기능을 설치한 후에는 확장 설명 탭을 닫아도 됩니다.

2단계 편집 창에서 라이브 서버 실행하기

VS Code의 왼쪽 사이드 바에서 탐색기(◻)을 클릭해서 탐색 창으로 돌아옵니다. my.html 문서가 열려 있다면 문서의 빈 공간을 마우스 오른쪽 버튼으로 누른 후 [Open with Live Server]를 선택합니다.

TIP ▸ my.html이 열려 있지 않다면 03\my.html을 선택해서 편집 창에 열면 됩니다.

웹 브라우저가 자동으로 열리면서 현재 웹 문서가 나타납니다.

TIP 브라우저의 주소 표시줄에 있는 127.0.0.1:5500는 라이브 서버가 만든 임시 서버 주소입니다.

3단계 수정 결과 즉시 확인하기

라이브 서버가 유용한 이유는 웹 문서 코드를 수정할 때마다 웹 브라우저를 새로고침하지 않아도 즉시 반영하기 때문입니다. VS Code에 다음처럼 코드를 추가한 후 Ctrl + S 를 눌러 저장합니다. <hr> 태그는 웹 문서에 가로줄을 표시하는 태그입니다. 라이브 서버를 설치하면 따로 웹 브라우저에서 새로고침하지 않더라도 VS Code에서 코드를 저장하는 순간 수정한 내용을 바로 반영해서 보여 줍니다.

앞으로 이 책의 실습을 따라 할 때는 라이브 서버로 브라우저 창을 열어 VS Code 편집기와 나란히 배치해 놓으세요. 실습 결과를 더욱 편리하게 확인할 수 있습니다.

```
<body>
    <h1>웹 문서 만들기</h1>
    <hr>
    <p>HTML</p>
    <p>CSS</p>
    <p>Javascript</p>
</body>
</html>
```

VS Code 편집기   웹 브라우저 창

태그, 이건 꼭 알아 두세요!

HTML 태그는 웹 문서에 보여 줄 내용을 전달하는 언어이므로 정확하게 사용해야 합니다. 태그를 사용하면서 꼭 기억해 두어야 할 4가지를 정리해 보겠습니다.

태그는 소문자로 씁니다

HTML 태그는 대문자로 표시해도 오류가 생기진 않지만 HTML 최신 버전에서는 소문자로 작성할 것을 권장하고 있습니다.

여는 태그와 닫는 태그를 정확히 입력합니다

`<img>`나 `<br>`처럼 닫는 태그가 없는 것도 있지만, 대부분의 태그는 `<h1>`~`</h1>`이나 `<p>`~`</p>`처럼 여는 태그와 닫는 태그가 쌍으로 이루어져 있습니다. 브라우저는 여는 태그에서 닫는 태그까지를 태그의 적용 범위로 인식합니다. 따라서 한 쌍으로 이루어진 태그를 쓸 때 실수로 닫는 태그를 빠뜨리면 안 됩니다.

적당하게 들여쓰기를 합니다

HTML 태그는 코드에 공백이 여러 칸 있어도 한 칸으로 인식합니다. 그러므로 HTML 코드를 작성할 때는 태그의 포함 관계에 따라 단계별로 들여 쓰는 것이 좋습니다. VS Code에서는 태그 안에 다른 태그를 작성할 때 자동으로 들여 씁니다. 들여쓰기할 때는 기본적으로 Tab 을 한 번 누르는데, 이는 공백 문자 4칸에 해당됩니다. 코드가 길 땐 공백 문자 2칸 정도로 줄여 쓰는 것을 추천합니다.

일부 태그는 속성과 함께 사용합니다

HTML 태그는 태그에 여러 기능을 추가하는 속성과 함께 사용할 수 있습니다. 즉, `<태그 속성="속성값" 속성="속성값" ...>` 형태로 사용할 수 있습니다. 예를 들어 웹 문서에 이미지를 삽입할 때 사용하는 `<img>` 태그는 이미지 파일의 경로를 알려 주는 `src`, 이미지의 크기를 알려 주는 `width`와 `height`, 이미지에 보조 설명을 붙여 주는 `alt` 등 여러 가지 속성을 함께 사용합니다.

```
<img src="images/salad.jpg" alt="레드향" width="150">
```

태그 안에 여러 속성을 사용할 경우 순서에 상관없이 작성해도 됩니다. 그리고 태그마다 사용할 수 있는 속성이 다르므로 태그와 속성을 함께 익혀야 합니다.

03-4 웹 문서의 구조를 만드는 시맨틱 태그

HTML에는 웹 문서의 구조를 나타내는 몇 가지 태그가 있습니다. 문서 내용에는 영향을 주지 않으면서 웹 브라우저가 문서 구조를 파악하는 데 중요한 역할을 하는 태그입니다. 지금부터 웹 문서의 구조를 만드는 주요 태그를 살펴보겠습니다.

시맨틱 태그가 왜 필요할까요

HTML의 태그는 이름만 봐도 의미를 알 수 있어 **시맨틱**semantic 태그라고 합니다. 텍스트 단락paragraph을 줄인 <p> 태그나 앵커anchor를 줄인 <a> 태그 등 이름만으로도 어떤 역할을 하는지 쉽게 알 수 있죠. 웹 문서의 구조를 나타내는 태그도 시맨틱 태그입니다.

TIP 시맨틱이란 '의미론적인', '의미가 통하는'이라는 뜻이 있습니다.

그렇다면 문서 구조를 만드는 시맨틱 태그가 왜 등장했을까요?

우리가 흔히 사용하는 웹 사이트는 디자인이 서로 달라 보여도 구조는 비슷합니다. 헤더에는 사이트 제목이나 로고가 있고, 본문 영역과 그 외의 내용을 나타내는 사이드 바, 푸터 영역 등이 있습니다. 그리고 웹 사이트에 따라 한두 영역이 추가되기도 합니다. 이렇게 모든 웹 사이트의 구조가 비슷하니 아예 이 부분은 '헤더'고, 이 부분은 '푸터'라고 알려 주는 태그가 등장한 것이죠.

웹 문서는 시맨틱 태그를 사용하지 않더라도 만들 수 있습니다. 시맨틱 태그를 사용하든 사용하지 않든 브라우저 화면에 특별히 차이가 나는 것도 아닙니다. 그렇다면 시맨틱 태그는 왜 필요할까요?

첫째, 웹 브라우저가 HTML 코드만 보고도 어느 부분이 제목이고 메뉴이고 본문 내용인지 쉽게 알 수 있기 때문입니다. 그래서 시각 장애인이 웹 사이트를 이용할 때 쓰는 화면 낭독기와 같은 보조 기기에서도 사이트의 구조를 제대로 이해할 수 있습니다. 그 결과 웹 사이트 사용자에게 내용을 보다 정확하게 전달할 수 있습니다.

TIP 웹 접근성 지침에서도 시맨틱 태그를 사용할 것을 권장하고 있습니다.

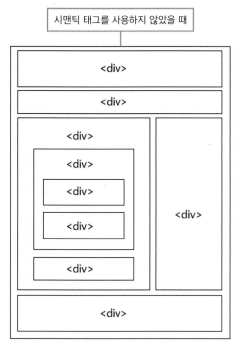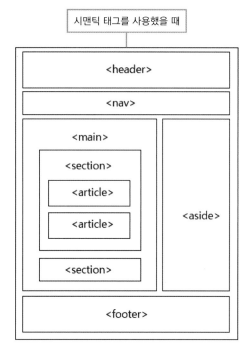

웹 문서의 구조도

둘째, 문서 구조가 정확히 나눠지므로 PC나 모바일의 웹 브라우저와 여러 스마트 기기의 다양한 화면에서 웹 문서를 표현하기가 쉽기 때문입니다.

마지막으로 인터넷에서 웹 사이트를 검색할 때 필요한 내용을 정확히 찾을 수 있습니다. 웹 사이트의 본문 내용을 검색한다면 메뉴나 푸터 영역이 아니라 본문 영역 안에서만 해야겠죠.

웹 문서의 구조를 만드는 주요 시맨틱 태그

문서 구조를 만드는 시맨틱 태그가 있다는 것을 알았다면 쓰임새에 맞는 태그를 사용하는 것이 좋습니다. 지금부터 문서 구조를 만드는 주요 시맨틱 태그를 살펴보겠습니다.

헤더 영역을 나타내는 〈header〉 태그

〈header〉 태그는 말 그대로 헤더 영역을 의미합니다. 사이트 전체의 헤더도 있지만 특정 영역의 헤더도 있습니다. 사이트에서 헤더는 주로 맨 위쪽이나 왼쪽에 있으며, 검색 창이나 사이트 메뉴를 삽입합니다.

TIP 웹 문서의 정보를 담는 〈head〉 태그와 헷갈리지 않도록 주의하세요.

내비게이션 영역을 나타내는 〈nav〉 태그

〈nav〉 태그는 같은 웹 문서 안에서 다른 위치로 연결하거나 다른 웹 문서로 연결하는 링크를 만듭니다. 흔히 내비게이션을 만들 때 사용하죠. 〈nav〉 태그는 웹 문서의 위치에 영향을 받지 않으므로 헤더나 푸터, 사이드 바 안에 포함할 수도 있고 독립해서 사용할 수도 있습니다.

TIP 웹 문서에서 〈nav〉 태그를 여러 개 사용할 경우 각각 id 속성을 지정하면 내비게이션마다 다른 스타일을 적용할 수 있습니다.

다음 예제 코드를 보면 〈header〉 태그 안에 〈nav〉 태그가 포함된 것을 볼 수 있습니다.

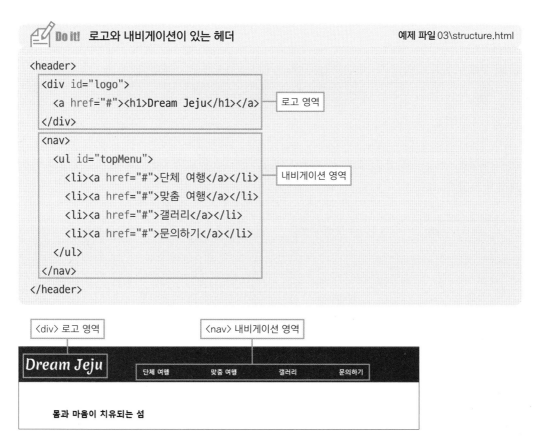

Do it! 로고와 내비게이션이 있는 헤더

예제 파일 03\structure.html

```
<header>
  <div id="logo">                              ── 로고 영역
    <a href="#"><h1>Dream Jeju</h1></a>
  </div>
  <nav>
    <ul id="topMenu">                          ── 내비게이션 영역
      <li><a href="#">단체 여행</a></li>
      <li><a href="#">맞춤 여행</a></li>
      <li><a href="#">갤러리</a></li>
      <li><a href="#">문의하기</a></li>
    </ul>
  </nav>
</header>
```

〈div〉 로고 영역 　　　　　〈nav〉 내비게이션 영역

Dream Jeju　　단체 여행　　맞춤 여행　　갤러리　　문의하기

몸과 마음이 치유되는 섬

로고와 내비게이션을 포함하고 있는 헤더

핵심 콘텐츠를 담는 〈main〉 태그

이번에 살펴볼 영역은 메인 콘텐츠가 들어 있는 〈main〉 태그입니다. 〈main〉 태그는 웹 문서에서 핵심이 되는 내용을 넣습니다. 여기에는 메뉴, 사이드 바, 로고처럼 페이지마다 똑같이 들어간 정보는 넣을 수 없고, 웹 문서마다 다르게 보여 주는 내용으로 구성합니다. 〈main〉 태그는 웹 문서에서 한 번만 사용할 수 있습니다.

독립적인 콘텐츠를 담는 〈article〉 태그

〈article〉 태그는 아티클^{article}의 사전적 의미인 신문이나 잡지의 기사처럼 웹에서 실제로 보여 주고 싶은 내용을 넣습니다. 예를 들어 블로그의 포스트나 뉴스 사이트의 기사처럼 독립된 웹 콘텐츠 항목을 말합니다. 문서 안에는 〈article〉 태그를 여러 개 사용할 수 있고, 이 안에는 〈section〉 태그를 넣을 수도 있습니다.

콘텐츠 영역을 나타내는 〈section〉 태그

〈section〉 태그는 웹 문서에서 콘텐츠 영역을 나타냅니다. 〈section〉 태그는 〈article〉 태그와 비슷해 보이기도 합니다. 하지만 〈section〉 태그는 몇 개의 콘텐츠를 묶을 때 사용하고, 〈article〉 태그는 블로그의 포스트처럼 독립된 콘텐츠로 씁니다.

TIP 단순히 스타일을 적용하려고 콘텐츠를 묶으려면 〈section〉 태그 대신 〈div〉 태그를 사용합니다.

다음 예제는 헤더 아래 본문 내용을 〈main〉 태그로 묶고, 그 안에 〈section〉 태그 2개를 사용해서 나누었습니다.

Do it! 〈section〉 태그 2개로 구성한 본문   예제 파일 03\structure.html

```
<main class="contents">
    <section id="headling">
        <h2>몸과 마음이 치유되는 섬</h2>
        ......
    </section>
    <section id="activity">
        <h2>다양한 액티비티가 기다리는 섬</h2>
        ......
    </section>
</main>
```

2개의 〈section〉 영역으로 나누었습니다.

섹션 2개로 구성한 본문

사이드 바 영역을 나타내는 〈aside〉 태그

〈aside〉 태그는 본문 내용 외에 왼쪽이나 오른쪽, 혹은 아래쪽에 사이드 바를 만듭니다. 보통 웹 사이트에서 사이드 바는 필수 요소가 아니므로 필요할 경우에만 사용합니다.

푸터 영역을 나타내는 〈footer〉 태그

〈footer〉 태그는 웹 문서에서 맨 아래쪽에 있는 푸터 영역을 만듭니다. 푸터에는 사이트 제작 정보나 저작권 정보, 연락처 등을 넣습니다. 또한 푸터 영역에는 〈header〉 태그를 비롯하여 〈section〉, 〈article〉 등 다른 시맨틱 태그를 모두 사용할 수 있습니다. 이러한 시맨틱 태그를 이용해 푸터 안에 다양한 정보를 넣습니다.

여러 코드를 묶는 〈div〉 태그

HTML의 〈header〉, 〈section〉 같은 시맨틱 태그가 나오기 전에는 헤더나 내비게이션, 푸터 등을 구별할 때 〈div〉 태그를 사용했습니다. 아직도 문서 구조를 만들 때 〈div〉 태그를 사용하는 경우가 많습니다. 하지만 문서 구조를 정의할 때는 〈div〉 대신 앞에서 설명한 시맨틱 태그를 사용하는 것이 좋습니다.

TIP 〈div〉 태그에서 div는 division의 줄임말입니다.

〈div〉 태그는 〈div id="header"〉나 〈div class="detail"〉처럼 id나 class 속성을 사용해서

문서 구조를 만들거나 스타일을 적용할 때 사용합니다. 즉, 영역을 구별하거나 스타일로 문서를 꾸미는 것이죠.

TIP id나 class 속성은 06장에서 다룹니다.

다음 예제는 헤더에서 로고 위치를 자유롭게 움직일 수 있도록 로고 텍스트와 <h1>, <a> 태그를 <div> 태그로 묶었습니다. 로고 위치는 08-5절에 배울 스타일 시트를 사용해서 배치할 수 있습니다.

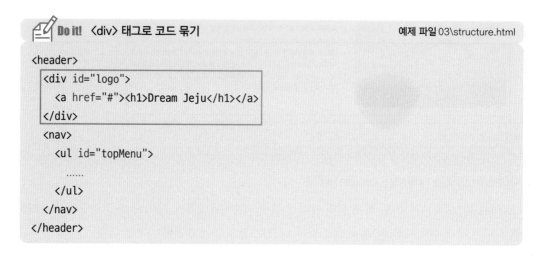

```html
<header>
  <div id="logo">
    <a href="#"><h1>Dream Jeju</h1></a>
  </div>
  <nav>
    <ul id="topMenu">
      ......
    </ul>
  </nav>
</header>
```

예제 파일 03\structure.html

Do it! <div> 태그로 코드 묶기

HTML에서 주석 달기

주석comment이란 코드에 붙이는 설명글을 말합니다. 자신이 작성한 코드라도 시간이 흐른 뒤 다시 보면 생각나지 않을 때가 많습니다. 또한 팀 프로젝트를 진행할 경우 내가 작성한 코드를 다른 사람이 쉽게 이해할 수 있도록 설명글을 붙여 놓는데 이것을 **주석**이라고 합니다.
주석은 개발자를 위한 것이므로 웹 브라우저에서는 해석하지도 않고 화면에 표시하지도 않습니다.

기본형 <!-- 주석 내용 -->

프로그래밍 언어마다 주석을 붙일 때 사용하는 기호가 달라서 간혹 헷갈리는데, 이럴 때는 VS Code의 기능을 활용하면 편리합니다. VS Code의 편집 창에서 주석을 붙이고 싶은 위치에 커서를 놓고 Ctrl + /를 누르면 <!-- 그리고 -->가 자동으로 입력되면서 기호 사이에 커서가 깜

빡입니다. 그 위치에 주석 내용을 입력하면 되죠.

주석을 입력해 보겠습니다. 03\comment.html 파일을 불러온 후 `<div id="container">` 코드 끝에서 Enter 를 눌러 빈 줄을 만듭니다. 빈 줄로 커서가 옮겨지면 Ctrl + ? 를 눌러 보세요. `<!--    -->`가 자동으로 입력됩니다. 주석이 들어갈 자리라는 뜻이죠. 여기에 원하는 내용을 입력하면 주석이 됩니다. 이런 방식으로 코드를 작성하면서 필요한 위치에 주석을 붙일 수 있습니다.

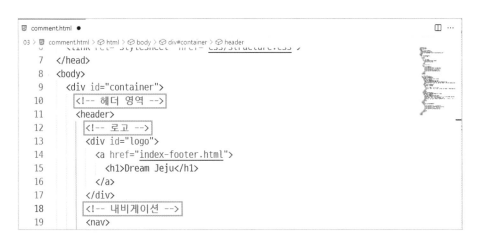

```
  comment.html  ●
03 >  comment.html >  html >  body >  div#container >  header
       <link rel="stylesheet" href="css/structure.css" >
 7    </head>
 8    <body>
 9      <div id="container">
10        <!-- 헤더 영역 -->
11        <header>
12          <!-- 로고 -->
13          <div id="logo">
14            <a href="index-footer.html">
15              <h1>Dream Jeju</h1>
16            </a>
17          </div>
18          <!-- 내비게이션 -->
19          <nav>
```

확인! 🔍

1 HTML 문서의 기본 구조를 나타내는 태그는 무엇인가요?

　① 〈body〉, 〈head〉

　② 〈title〉, 〈html〉

　③ 〈html〉, 〈head〉, 〈body〉

2 한 문서에서 〈h1〉 태그부터 〈h6〉 태그까지 사용했다면 어떤 용도로 사용했을까요?

　① 리스트 아이템 추가

　② 문서의 제목과 부제목 표시

　③ 이미지 삽입

3 시맨틱 태그 〈article〉은 어떤 내용을 담기에 적합한가요?

　① 독립적으로 구분되거나 재사용할 수 있는 콘텐츠 영역

　② 다른 페이지로 연결하는 링크

　③ 사용자의 입력을 받는 양식

4 〈footer〉 태그는 주로 어떤 내용을 담는 데 사용하나요?

　① 문서의 하단에 저자 정보, 저작권 정보, 연락처 정보 등

　② 문서의 주요 제목

　③ 사이트의 주요 메뉴

5 웹 문서의 본문은 ＿＿＿＿＿＿ 태그 안에 작성합니다.

6 ＿＿＿＿＿＿ 태그는 문서의 인코딩 유형을 지정할 때 사용합니다.

7 다음 코드를 완성하세요. 문서의 제목은 'My First Page'로 작성하고, 시맨틱 태그를 사용해 메인 콘텐츠와 사이드 바를 구분해야 합니다.

```
<!DOCTYPE html>
<html lang="ko">
<head>
  <meta charset="UTF-8">
  <              >My First Page</        >
</head>
<body>
  <header>
    <h1>My Blog</h1>
  </header>
  <              >
    <article>
      <h2>Blog Post Title</h2>
      <p>This is a blog post.</p>
    </article>
  </            >
  <aside>
    <h3>About Me</h3>
    <p>This is some text about me.</p>
  </aside>
  <            >
    <p>Copyright 2023</p>
  </          >
</body>
</html>
```

정답: 1. ③ 2. ② 3. ① 4. ① 5. <body> 6. <meta> 7. ※03\sol-1.html 참고

04

웹 문서에 다양한 내용 입력하기

웹 문서를 작성할 때 가장 많이 사용하는 형식은 텍스트, 이미지, 표입니다. 여기에서는 상품 소개 페이지를 만들면서 텍스트, 이미지, 표 등을 웹 문서에 삽입할 때 사용하는 HTML 태그를 알아보겠습니다.

이 장을 다 공부하면!

• 웹 문서에 텍스트를 용도에 맞게 추가할 수 있어요.

• 웹 문서에 목록이나 표를 추가할 수 있어요.

• 웹 문서에 이미지나 비디오 등의 멀티미디어를 추가할 수 있어요.

• 웹 문서에 하이퍼링크를 추가할 수 있어요.

04-1 텍스트 입력하기

텍스트는 웹 사이트에서 정보를 전달하는 가장 일반적인 방법입니다. HTML의 초창기부터 발전하여 이제는 사용 방법이 탄탄히 정립된 부분이기도 하죠. 지금부터 텍스트를 입력할 때 기본이 되는 제목과 본문, 단락과 줄 바꿈 등을 할 때 사용하는 텍스트 관련 태그를 알아보겠습니다.

제목을 나타내는 〈h*n*〉 태그

웹 문서에서 제목은 다른 텍스트보다 크고 진하게 표시합니다. 이렇게 자주 사용하는 제목 스타일을 미리 태그 형태로 만든 것이 바로 〈h*n*〉 태그입니다. 〈h*n*〉 태그는 닫는 태그인 〈/h*n*〉을 반드시 사용해야 합니다.

> 기본형   〈h*n*〉제목〈/h*n*〉

〈h*n*〉 태그에서 h는 제목을 뜻하는 heading을 줄인 말입니다. *n*의 자리에는 1~6의 숫자가 들어가며 제목 텍스트를 크기별로 표시할 수 있습니다. 〈h1〉이 가장 큰 제목이고 〈h2〉, 〈h3〉, …, 〈h6〉의 순서로 크기가 작아집니다.

Do it! 제목 텍스트 삽입하기   예제 파일 04\heading.html

```
<h1>레드향</h1>
<h2>레드향 샐러드 레시피</h2>
<h2>상품 구성</h2>
```

TIP 실행 결과가 책과 다르거나 오류가 생긴다면 결과 파일과 비교해 보세요. 결과 파일은 results 폴더 안에 예제 파일과 같은 이름으로 들어 있습니다.

텍스트 크기별로 제목 삽입하기

⟨h*n*⟩ 태그를 사용하면 글자를 크고 굵게 표시합니다. 하지만 단순히 글자를 굵게 표시하기 위해 ⟨h*n*⟩ 태그를 사용하면 안 됩니다. 화면 낭독기나 검색 엔진은 제목 텍스트를 사용해서 문서 전체 구조를 파악하기 때문이죠. 웹 접근성 지침을 지키려면 다음 2가지를 기억해야 합니다.

① ⟨h1⟩ 태그는 한 페이지에 1개만 사용하세요

HTML 표준 사양에 반드시 ⟨h1⟩ 태그를 하나만 사용하도록 되어 있지는 않습니다. 하지만 한 페이지에 ⟨h1⟩ 태그를 여러 개 사용할 경우 화면 낭독기에서 문서 구조를 이해하는 데 혼란이 생길 수 있습니다. 그러므로 ⟨h1⟩ 태그는 가급적 한 페이지에 하나만 사용하는 것이 좋습니다.

② 제목은 h1부터 h6까지 순서대로 사용합니다

웹 페이지는 여러 영역으로 구성할 수 있고, 각 영역마다 제목을 붙일 수 있습니다. 이때 제목은 h1부터 h6까지 순서대로 사용해야 합니다. 페이지의 제목을 처음에는 ⟨h1⟩으로 시작하고 다음에는 ⟨h2⟩, 그다음에는 ⟨h3⟩… 이런 식으로 작성하는거죠.

텍스트 단락을 만드는 ⟨p⟩ 태그, 줄을 바꾸는 ⟨br⟩ 태그

02-2절에서 HTML 태그를 적절하게 마크업하지 않을 경우 웹 편집기에서 아무리 줄을 바꿔서 입력하더라도 한 줄로 표시되었던 것, 기억하나요?

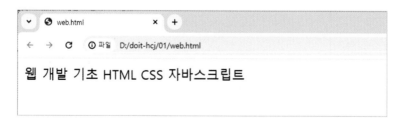

텍스트를 적절하게 단락으로 묶어서 표시하려면 ⟨p⟩ 태그를 사용합니다. ⟨p⟩ 태그와 ⟨/p⟩ 태그

안에 입력한 내용이 너무 길어서 브라우저 창에 한 줄로 표시할 수 없을 경우 자동으로 줄이 바뀝니다. 그리고 원하는 위치에서 줄을 바꿔서 표시하려면
 태그를 사용하죠.

TIP p는 paragraph의 줄임말이고, br은 break row의 줄임말입니다.

기본형   `<p>내용</p>`
         `<br>`

텍스트를 직접 입력해 볼까요? <h1> 태그를 사용한 제목 뒤에 다음과 같이 텍스트를 입력해 보세요. <p> 태그와
 태그를 적절하게 사용하면 읽기 편한 형태로 작성할 수 있습니다.

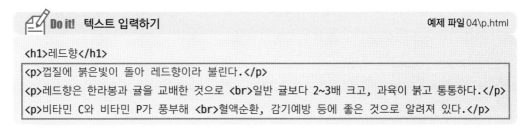

Do it! 텍스트 입력하기   예제 파일 04\p.html

```
<h1>레드향</h1>
<p>껍질에 붉은빛이 돌아 레드향이라 불린다.</p>
<p>레드향은 한라봉과 귤을 교배한 것으로 <br>일반 귤보다 2~3배 크고, 과육이 붉고 통통하다.</p>
<p>비타민 C와 비타민 P가 풍부해 <br>혈액순환, 감기예방 등에 좋은 것으로 알려져 있다.</p>
```

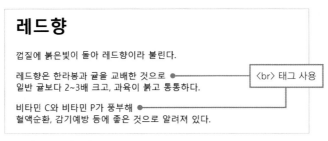

 태그로 줄 바꾸기

**(!) 알아 두면 좋아요!
 태그와 <p> 태그의 차이점은 무엇일까요?**

 태그를 두 번 사용하면 빈 줄이 생기면서 텍스트 단락이 나뉜 것처럼 화면에 표시할 수 있습니다. 하지만 실제로는 단락이 만들어진 게 아니므로 CSS를 사용해 텍스트 단락 스타일을 적용할 때 문제가 생깁니다. 따라서 텍스트 단락을 만들 때는 <p> 태그를 사용해야 합니다.

분위기를 전환하는 <hr> 태그

<hr> 태그의 hr은 horizontal의 줄임말로, 처음에는 가로줄을 그리는 용도로 만들었습니다.

하지만 최근에는 여러 내용을 나열하는 도중에 분위기를 전환할 때 주로 사용합니다. 그리고 <hr> 태그로 추가한 가로줄은 CSS를 사용해 화면에서 감춥니다.

TIP 웹 문서에서 가로줄을 그릴 때는 <hr> 태그 대신 CSS를 사용합니다.

다시 한번 말하지만 HTML은 태그를 적절하게 사용해서 문서의 구조를 만들거나 각종 요소를 삽입합니다. 브라우저 화면에 어떻게 보이는지는 HTML에서 고려할 대상이 아닙니다. 문서 내용에 영향을 주지 않으면서 일부를 감추거나 위치를 옮겨 놓는 역할은 CSS가 맡습니다.

예를 들어 DAUM 사이트(daum.net)의 맨 아래 오른쪽에 있는 [서비스 전체 보기]를 클릭하면 해당 사이트의 모든 서비스 목록이 나타납니다. 그 상태에서 웹 개발자 도구 창을 열어 보세요. 코드 중간에 <hr> 태그들이 있습니다. 헤더와 메인을 구분할 때, 메인과 푸터를 구분할 때 분위기 전환을 위해 <hr> 태그를 사용한 것입니다.

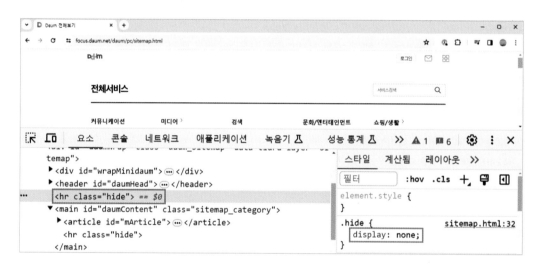

<hr> 태그 부분을 선택한 후 오른쪽을 보면 display: none이 보일 것입니다. 실제로 마크업 코드에는 가로줄이 있지만 화면에는 보이지 않도록 처리한 것입니다. display 속성은 08-4 절에서 공부할 것이므로 여기에서는 <hr> 태그의 용도만 기억해 두세요.

인용할 때 쓰는 <blockquote> 태그

우리는 다른 사람의 말이나 책의 내용을 인용할 때 흔히 큰따옴표(" ")를 사용해 표시합니다. 하지만 웹 브라우저에서는 이렇게 표시한 인용문을 인식할 방법이 없습니다. 브라우저가 인용문을 인식할 수 있게 하려면 다음과 같이 <blockquote>와 </blockquote> 태그로 감싸 주어야 합니다.

> 기본형　　`<blockquote>인용문</blockquote>`

그러면 웹 브라우저는 `<blockquote>` 태그 안의 내용을 인용문으로 알고 다른 텍스트보다 약간 들여 씁니다. 화면 낭독기에서 웹 문서를 읽어 내려갈 때도 `<blockquote>` 태그 안의 내용을 다른 텍스트와 구분합니다.

텍스트를 강조하거나 굵게 표시하는 〈strong〉, 〈b〉 태그

텍스트를 강조하거나 굵게 표시할 때에는 `<strong>`이나 `<b>` 태그를 사용합니다.

> 기본형　　`<strong>굵게 강조할 텍스트</strong>`
> 　　　　　`<b>굵게 표시할 텍스트</b>`

`<strong>` 태그와 `<b>` 태그는 눈으로 볼 때 별로 차이가 느껴지지 않지만 그래도 구분하는 이유는 화면 낭독기의 기능 때문입니다. 예를 들어 경고나 주의 사항처럼 중요한 내용을 강조할 때는 `<strong>` 태그를 사용하고, 키워드처럼 단순히 글자만 굵게 표시할 때는 `<b>` 태그를 사용합니다. 화면 낭독기는 `<strong>` 태그를 사용한 부분을 강조하여 읽어 줍니다. `<strong>` 태그를 중복해서 적용하면 중요성을 더 강조할 수 있습니다.

> **TIP** 화면 낭독기(screen reader)란 시각 장애인이 컴퓨터를 사용할 때 화면에 나타나는 정보를 음성으로 들려주는 프로그램입니다.

기울인 텍스트를 표시하는 〈em〉, 〈i〉, 〈cite〉 태그

웹 문서에서 텍스트를 이탤릭체로 표시하는 태그는 여러 종류가 있습니다. 여기서 명심할 것은 각 태그의 용도입니다.

> 기본형　　`<em>이탤릭체로 강조할 텍스트</em>`
> 　　　　　`<i>이탤릭체로 표시할 텍스트</i>`
> 　　　　　`<cite>저작물 제목</cite>`

<em> 태그에서 em은 강조를 뜻하는 emphasis의 줄임말로, 문장에서 특정 부분을 강조하고 싶을 때 사용합니다. <em> 태그를 겹쳐 사용하면 내용을 더욱 강조할 수 있습니다.

<i> 태그는 마음속의 생각이나 용어, 관용구 등에 사용하는데, 최근에는 글꼴 아이콘을 표시하는 용도로 많이 사용합니다. 둘째마당에서 배울 CSS에서 자세히 볼 수 있습니다.

<cite> 태그는 책이나 영화, 블로그 같은 저작물의 제목을 나타낼 때 사용합니다.

지금까지 살펴본 여러 태그를 사용해서 문서를 작성해 보겠습니다. 04\text.html 파일을 열고 다음과 같이 태그를 사용해서 텍스트를 작성한 후 브라우저로 확인해 보세요.

> **Do it!** 다양한 텍스트 관련 태그 사용하기 예제 파일 04\text.html

```
<body>
    <h1>레드향</h1>
    <p>껍질에 붉은빛이 돌아 <b>레드향</b>이라 불린다.</p>
    <p>레드향은 <em>한라봉과 귤을 교배</em>한 것으로 <br>일반 귤보다 2~3배 크고, 과육이 붉고 통통하다.</p>
    <blockquote>비타민 C와 비타민 P가 풍부해<br>
    <strong>혈액순환, 감기예방</strong> 등에 좋은 것으로 알려져 있다.</blockquote>
</body>
```

레드향

껍질에 붉은 빛이 돌아 **레드향**이라 불린다.

레드향은 *한라봉과 귤을 교배*한 것으로
일반 귤보다 2~3배 크고, 과육이 붉고 통통하다.

> 비타민 C와 비타민 P가 풍부해
> **혈액순환, 감기예방** 등에 좋은 것으로 알려져 있다.

그 밖에 다양한 텍스트 관련 태그

앞에서 설명한 태그 외에도 다양한 텍스트 관련 태그가 있습니다. 단, 텍스트 관련 태그를 사용할 때는 주의할 점이 있습니다. 텍스트를 굵게 표시하거나 이탤릭체로 표시하는 것, 글자 크기를 크게 또는 작게 바꾸는 것처럼 단순히 겉으로 보이는 모습을 꾸미려면 HTML 태그보다 앞으로 둘째마당에서 공부할 CSS를 사용해야 합니다.

예를 들어 <small> 태그는 부가 정보를 표시하는 태그이므로 글자 크기가 작아집니다. 하지만 글자 크기를 작게 표시할 목적으로 사용하면 안 됩니다. 단지 글자 크기만 줄이고 싶다면 CSS의 font-size 속성을 사용하는 것이 웹 표준에 맞습니다.

다양한 텍스트 관련 태그

종류	설명	예시
<abbr>	줄임말을 표시합니다. title 속성을 함께 사용해 줄이기 전의 텍스트를 지정합니다.	<abbr title="Artificial Intelligence">AI</abbr>
<code>	소스 코드를 표시합니다.	<code>push()</code> 함수
<del>	문서에서 삭제된 텍스트를 나타냅니다.	<del>삭제된 내용</del>
<ins>	문서에 추가된 텍스트를 나타냅니다.	<ins>추가된 내용</ins>
<mark>	태그를 적용한 부분에 하이라이트를 표시합니다.	<p>껍질에 붉은빛이 돌아 <mark>레드향</mark>이라 불린다.</p>
<small>	덧붙이는 글이나 저작권 등 부가 정보를 작게 표시할 때 사용합니다.	<p>가격: 13,000원<small>(부가세 별도)</small><p>
<sub>	아래첨자를 표시합니다.	<p>물의 화학식은 H₂O입니다</p>
<sup>	위첨자를 표시합니다.	<p>E = mc²</p>

04-2 목록 만들기

웹 문서에서 목록은 단순히 항목을 나열할 때뿐 아니라 CSS와 함께 사용해서 내비게이션을 만들거나 콘텐츠를 배치하는 등 다양한 용도로 사용합니다. 여기에서는 목록을 자유자재로 사용하기 위하여 목록의 종류와 기본 특징을 알아보겠습니다.

순서 목록을 만드는 <ol>, <li> 태그

순서 목록^{ordered list}이란 말 그대로 각 항목을 순서대로 나열한 것입니다. 순서 목록은 <ol>과 <li> 태그를 사용해 만듭니다. ol은 ordered list의 줄임말이고, li는 list의 줄임말입니다. 목록을 표시할 내용 앞뒤에 각각 <ol>과 </ol> 태그를 두고, 그 사이에 <li>와 </li> 태그를 삽입합니다.

기본형
```
<ol>
    <li>항목1</li>
    <li>항목2</li>
</ol>
```

예를 들어 샐러드 요리법을 설명한다면 다음과 같이 순서 목록을 작성하면 됩니다.

Do it! 순서 목록 작성하기   예제 파일 04\list-1.html

```
<h2>레드향 샐러드 레시피</h2>
<p><b>재료:</b> 레드향 1개, 아보카도 1개, 토마토 1개, 샐러드 채소 30g</p>
<p><b>드레싱:</b> 올리브유 1큰술, 레몬즙 2큰술, 꿀 1큰술, 소금 약간</p>
<ol>
    <li>샐러드 채소를 씻어 물기를 제거한 후 먹기 좋게 썰어서 준비합니다.</li>
    <li>레드향과 아보카도, 토마토도 먹기 좋은 크기로 썰어 둡니다.</li>
    <li>드레싱 재료를 믹서에 한꺼번에 넣고 갈아 줍니다.</li>
    <li>볼에 샐러드 채소와 레드향, 아보카도, 토마토를 넣고 드레싱을 뿌리면 끝!</li>
</ol>
```

레드향 샐러드 레시피

재료: 레드향 1개, 아보카도 1개, 토마토 1개, 샐러드 채소 30g

드레싱: 올리브유 1큰술, 레몬즙 2큰술, 꿀 1큰술, 소금 약간

1. 샐러드 채소를 씻어 물기를 제거한 후 먹기 좋게 썰어서 준비합니다.
2. 레드향과 아보카도, 토마토도 먹기 좋은 크기로 썰어 둡니다.
3. 드레싱 재료를 믹서에 한꺼번에 넣고 갈아 줍니다.
4. 볼에 샐러드 채소와 레드향, 아보카도, 토마토를 넣고 드레싱을 뿌리면 끝!

〈ol〉 태그를 사용한 순서 목록

순서 목록 만들기

순서 없는 목록을 만드는 〈ul〉, 〈li〉 태그

순서 없는 목록^{unordered list}은 항목의 순서가 중요하지 않을 때 사용합니다. unordered list의 줄임말인 〈ul〉과 〈/ul〉 태그를 목록 앞뒤에 붙인 후 〈li〉와 〈/li〉 태그를 삽입합니다. 순서 없는 목록은 항목 앞에 작은 원이나 사각형을 붙여서 구분하는데, 이런 작은 그림을 **불릿**^{bullet}이라고 합니다.

```
기본형    <ul>
            <li>항목1</li>
            <li>항목2</li>
          </ul>
```

예를 들어 앞에서 순서 목록을 작성했던 list-1.html 파일의 코드에서 〈ol〉 태그를 〈ul〉 태그로 수정하면 순서 없는 목록을 만들 수 있습니다. 〈li〉 태그는 그대로 둡니다.

✏️ Do it! 순서 없는 목록 사용하기   예제 파일 04\list-2.html

```
<h2>레드향 샐러드 레시피</h2>
<p><b>재료 : </b>레드향 1개, 아보카도 1개, 토마토 1개, 샐러드 채소 30g</p>
<p><b>드레싱 : </b>올리브유 1큰술, 레몬즙 2큰술, 꿀 1큰술, 소금 약간</p>
<ul>
    <li>샐러드 채소를 씻어 물기를 제거한 후 먹기 좋게 썰어서 준비합니다.</li>
    <li>레드향과 아보카도, 토마토도 먹기 좋은 크기로 썰어 둡니다.</li>
    <li>드레싱 재료를 믹서에 한꺼번에 넣고 갈아 줍니다.</li>
    <li>볼에 샐러드 채소와 레드향, 아보카도, 토마토를 넣고 드레싱을 뿌리면 끝!</li>
</ul>
```

레드향 샐러드 레시피

재료 : 레드향 1개, 아보카도 1개, 토마토 1개, 샐러드 채소 30g

드레싱 : 올리브유 1큰술, 레몬즙 2큰술, 꿀 1큰술, 소금 약간

- 샐러드 채소를 씻어 물기를 제거한 후 먹기 좋게 썰어서 준비합니다.
- 레드향과 아보카도, 토마토도 먹기 좋은 크기로 썰어 둡니다.
- 드레싱 재료를 믹서에 한꺼번에 넣고 갈아줍니다.
- 볼에 샐러드 채소와 레드향, 아보카도, 토마토를 넣고 드레싱을 뿌리면 끝!

〈ul〉 태그로 바꾼 순서 없는 목록

순서 없는 목록 만들기

순서 없는 목록은 웹 문서에서 메뉴를 만들 때 자주 사용합니다.

설명 목록을 만드는 〈dl〉, 〈dt〉, 〈dd〉 태그

설명 목록description list이란 **이름**name과 **값**value 형태로 구성된 목록을 말합니다. 마치 사전에서 단어명과 설명이 있는 모습을 떠올리면 쉽게 이해할 수 있습니다.

설명 목록은 이름(단어명) 부분을 지정하는 〈dt〉 태그와 값(설명) 부분을 지정하는 〈dd〉 태그로 구성됩니다. 〈dl〉과 〈/dl〉 태그 사이에는 〈dt〉 태그와 〈dd〉 태그 한 쌍을 넣습니다. 이때 〈dt〉 태그 하나에 〈dd〉 태그를 여러 개 사용할 수도 있습니다.

```
기본형    <dl>
            <dt>이름</dt>
            <dd>값</dd>
        </dl>
```

웹 문서에서 목록 형식의 콘텐츠를 넣는다면 다른 태그로 복잡하게 만드는 것보다 설명 목록을 이용하면 만들기도 쉽고 보기도 좋습니다.

예를 들어 다음과 같이 상품 소개 페이지에서 중량별로 상품 개수를 보여 주려면 설명 목록을 사용해야 한눈에 살펴볼 수 있습니다.

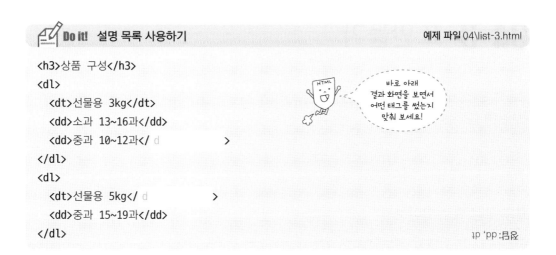

```
<h3>상품 구성</h3>
<dl>
    <dt>선물용 3kg</dt>
    <dd>소과 13~16과</dd>
    <dd>중과 10~12과</ d          >
</dl>
<dl>
    <dt>선물용 5kg</ d          >
    <dd>중과 15~19과</dd>
</dl>
```

정답: dd, dt

상품 구성

선물용 3kg
   소과 13~16과
   중과 10~12과

선물용 5kg
   중과 15~19과

설명 목록 삽입하기

04-3 표 만들기

표는 웹 문서에서 자료를 정리할 때 자주 사용하는 요소입니다. 여기에서는 표를 만들 때 사용하는 여러 가지 태그를 알아보겠습니다.

표의 구성 요소 알아보기

표^{table}는 행^{row}과 열^{column} 그리고 셀^{cell}로 이루어집니다. 셀은 행과 열이 만나 이루어진 곳으로 표의 내용이 들어가는 한 칸을 의미합니다.

예를 들어 오른쪽 표는 행이 4개, 열이 3개입니다. 이런 표를 완성하려면 표, 행, 열을 만드는 태그가 각각 필요합니다. 그래야 각 셀에 내용을 입력할 수 있으니까요. 지금부터 표를 만드는 태그를 하나씩 살펴보겠습니다.

TIP 영어로 행은 row, 열은 column이란 걸 기억하세요.

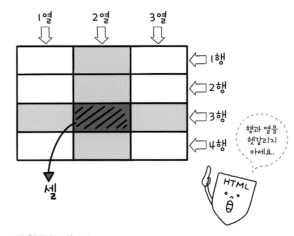

표의 형태와 구성 요소

표를 만드는 〈table〉, 〈caption〉 태그

표의 시작과 끝을 알려 주는 〈table〉과 〈/table〉 태그를 표시하고 그 사이에 표와 관련된 태그를 모두 넣습니다. 표에 제목을 붙이고 싶다면 〈table〉 태그 바로 아랫줄에 〈caption〉 태그를 사용합니다. 〈caption〉 태그를 사용하면 제목은 표의 위쪽 중앙에 표시됩니다.

TIP 〈caption〉 태그는 생략할 수 있습니다.

기본형
```
<table>
  <caption>표 제목</caption>
</table>
```

행을 만드는 <tr> 태그와 셀을 만드는 <td>, <th> 태그

<table> 태그만 작성하면 표가 만들어지지 않습니다. <table> 태그 안에 행이 몇 개인지, 각 행에는 셀이 몇 개인지 지정해야 합니다. <tr> 태그는 행을 만들고 <td> 태그는 행 안에 있는 셀을 만들기 때문에 <table> 태그 안에 <tr>, <td> 태그가 모두 모여야 하나의 셀을 만들 수 있습니다.

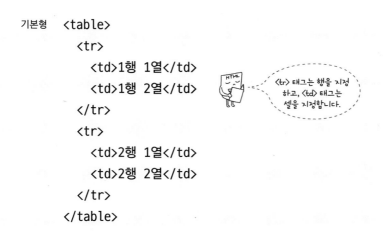

```
기본형    <table>
            <tr>
              <td>1행 1열</td>
              <td>1행 2열</td>
            </tr>
            <tr>
              <td>2행 1열</td>
              <td>2행 2열</td>
            </tr>
          </table>
```

<tr> 태그는 행을 지정하고, <td> 태그는 셀을 지정합니다.

이러한 기본형을 표로 그려 보면 다음과 같이 나타낼 수 있습니다.

1행 1열	1행 2열
2행 1열	2행 2열

2행 2열인 표로 나타낸 모습

또한 표의 제목 행에 셀을 만들 때는 <td> 태그 대신 <th> 태그를 사용합니다. <th> 태그를 사용한 내용은 진하게 표시되고 셀 안에서 중앙에 배열되므로 다른 내용에 비해 눈에 띕니다. <th> 태그와 <td> 태그를 사용해서 표를 만들려면 다음과 같이 코드를 작성합니다.

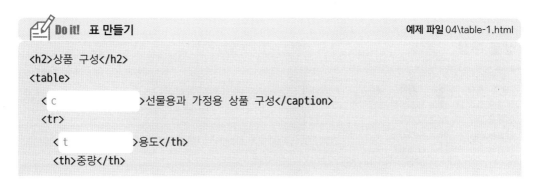

Do it! 표 만들기   예제 파일 04\table-1.html

```
<h2>상품 구성</h2>
<table>
    < c            >선물용과 가정용 상품 구성</caption>
    <tr>
      < t         >용도</th>
      <th>중량</th>
```

```
        <th>개수</th>
        <th>가격</th>
    </tr>
    <tr>
        <t          >선물용</td>
        <td>3kg</td>
        <td>11~16과</td>
        <td>35,000원</td>
    </tr>
    <tr>
        <td>선물용</td>
        <td>5kg</td>
        <td>18~26과</td>
        <td>52,000원</td>
    </tr>
    <t          >
        <td>가정용</td>
        <td>3kg</td>
        <td>11~16과</td>
        <td>30,000원</td>
    </tr>
    <tr>
        <td>가정용</td>
        <td>5kg</td>
        <td>18~26과</td>
        <td>47,000원</td>
    </tr>
</table>
```

결과 화면과 함께
표 태그를 살펴보세요!

HTML

정답: caption, th, td, tr

표를 추가한 후 웹 브라우저에서 확인해 보면 당황스러울 수 있습니다. 표에 테두리도 없고, 셀과 셀이 너무 바짝 붙은 채 정보만 나열되거든요.

표를 보기 편하도록 만들려면 CSS를 적용해야 합니다. 다음 코드를 </head> 태그 앞에 추가해 주세요. 이 코드는 07-5절에서 자세히 설명하겠습니다.

Do it! 표에 테두리 추가하기 예제 파일 04\table-1.html

```
<head>
  ......
  <style>
    table, th, td {
      border:1px solid #ccc;
      border-collapse: collapse;
    }
    th, td { padding:10px 20px; }
  </style>
</head>
```

다시 한번 table-1.html을 저장한 후 웹 브라우저로 확인하면 예상했던 표를 볼 수 있습니다.

상품 구성

선물용과 가정용 상품 구성			
용도	중량	개수	가격
선물용	3kg	11~16과	35,000원
선물용	5kg	18~26과	52,000원
가정용	3kg	11~16과	30,000원
가정용	5kg	18~26과	47,000원

표 만들기

표의 구조를 지정하는 〈thead〉, 〈tbody〉, 〈tfoot〉 태그

일부 표에서는 제목이나 자료가 표시된 셀 외에 맨 아래쪽에 합계나 요약 내용을 표시하기도 합니다. 이런 표는 제목과 본문 그리고 요약 부분으로 표의 구조를 나누어 놓는 것이 좋습니다. 이때 〈thead〉와 〈tbody〉, 〈tfoot〉 태그를 사용합니다. 태그 이름은 표를 뜻하는 table의 't'와 제목[head], 본문[body], 요약[foot]을 각각 합친 말입니다. 예를 들어 다음 그림처럼 표의 구조를 지정하여 만들 수 있습니다.

요안도라 객실

방 이름	대상	크기	가격	
유채방	여성 도미토리			제목 〈thead〉
동백방	동성 도미토리	4인실	1인 20,000원	본문 〈tbody〉
	가족 1팀			
천혜향방	-	2인실		
바깥채 전체를 렌트합니다				요약 〈tfoot〉

표의 구조를 지정한 모습

표의 구조를 지정하면 시각 장애인도 화면 낭독기를 통해 표를 쉽게 이해할 수 있습니다. 또한 CSS를 사용해 표의 제목, 본문, 요약에 각각 다른 스타일을 적용할 수도 있습니다. 표의 본문이 길어 한 화면을 넘어갈 경우, 자바스크립트를 이용해 〈thead〉와 〈tfoot〉 태그는 표의 위아래에 고정하고 〈tbody〉 태그만 스크롤하도록 만들 수 있습니다. 특히 이 방법은 내용이 긴 표를 여러 장 인쇄할 때도 각 장마다 표의 제목과 요약 부분이 자동으로 인쇄되므로 편리합니다. 다음 table-2.html 예제는 앞에서 작성한 table-1.html과 같아 보이지만, 첫 번째 행을 〈thead〉 태그로 지정하고 나머지 부분은 〈tbody〉 태그로 본문을 지정했습니다.

TIP table-2.html 예제에서 〈tfoot〉 태그를 사용해 마지막 행에 합계나 평균, 또는 각 셀을 요약해서 보여 줄 수도 있습니다.

Do it! 표의 구조 지정하기　　　　　　　　　　　　　　　　**예제 파일** 04\table-2.html

```
<h2>상품 구성</h2>
<table>
  <caption>선물용과 가정용 상품 구성</caption>
  <thead>
    <tr>
      <th>용도</th>
      <th>중량</th>
      <th>개수</th>
      <th>가격</th>
    </tr>
  </ t          >
< t          >
    <tr>
      <td>선물용</td>
      <td>3kg</td>
      <td>11~16과</td>
```

```
      <td>35,000원</td>
   </tr>
   ......
</tbody>
```

정답: thead, tbody

표 구조화하기

TIP 표의 구조는 웹 브라우저 화면에서 보이지 않지만, 화면 낭독기나 자바스크립트 등에서 읽을 수 있습니다.

행이나 열을 합치는 rowspan, colspan 속성 알아보기

표는 <tr> 태그와 <th> 태그, <td> 태그를 이용해서 여러 셀로 구성합니다. 이때 여러 셀을 합치거나 나누어서 다양한 형태로 바꿀 수 있습니다. 행이나 열을 합치는 것은 실제로는 셀을 합치는 것이므로 <td> 태그나 <th> 태그에서 이루어집니다. 행을 합치려면 rowspan 속성을 사용하고, 열을 합치려면 colspan 속성을 사용해서 몇 개의 셀을 합칠지 지정하면 됩니다.

기본형
```
<td rowspan="합칠 셀의 개수">내용</td>
<td colspan="합칠 셀의 개수">내용</td>
```

TIP 셀을 합칠 경우에는 먼저 종이에 펜으로 직접 표를 그려 보고 어느 부분을 어떻게 합칠 것인지 미리 확인하면 실수를 줄일 수 있습니다.

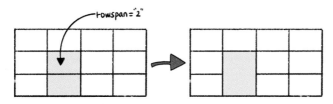

행을 합칠 때 쓰는 rowspan 속성

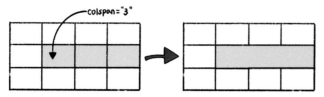

열을 합칠 때 쓰는 colspan 속성

앞에서 만든 table-2.html의 표에서 2개씩 있는 '선물용', '가정용' 셀을 각각 1개로 합쳐 보겠습니다. 두 번째 행과 네 번째 행의 첫 번째 <td> 태그에서 rowspan 속성을 사용해 2개의 셀을 묶는다고 알려 줍니다. 그리고 세 번째 행과 다섯 번째 행은 첫 번째 셀을 제외하고 나머지 3개의 <td> 태그만 사용하면 됩니다.

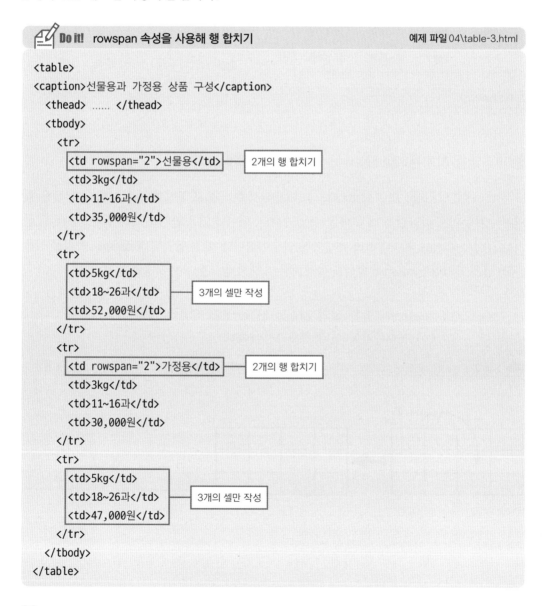

```
<table>
<caption>선물용과 가정용 상품 구성</caption>
  <thead> ...... </thead>
  <tbody>
    <tr>
      <td rowspan="2">선물용</td>      2개의 행 합치기
      <td>3kg</td>
      <td>11~16과</td>
      <td>35,000원</td>
    </tr>
    <tr>
      <td>5kg</td>
      <td>18~26과</td>      3개의 셀만 작성
      <td>52,000원</td>
    </tr>
    <tr>
      <td rowspan="2">가정용</td>      2개의 행 합치기
      <td>3kg</td>
      <td>11~16과</td>
      <td>30,000원</td>
    </tr>
    <tr>
      <td>5kg</td>
      <td>18~26과</td>      3개의 셀만 작성
      <td>47,000원</td>
    </tr>
  </tbody>
</table>
```

Do it! rowspan 속성을 사용해 행 합치기 예제 파일 04\table-3.html

상품 구성

용도	중량	개수	가격
선물용	3kg	11~16과	35,000원
	5kg	18~26과	52,000원
가정용	3kg	11~16과	30,000원
	5kg	18~26과	47,000원

선물용과 가정용 상품 구성

rowspan 속성을 사용해 행 합치기

열을 묶어 주는 〈col〉, 〈colgroup〉 태그

표에서 특정 열에 배경색을 넣거나 너비를 바꾸려면 원하는 열을 선택할 수 있어야 합니다. 그럴 때 사용하는 태그가 〈col〉 태그와 〈colgroup〉 태그입니다. 이름에서 알 수 있듯이 〈col〉 태그는 열을 1개만 지정할 때 사용하고, 〈colgroup〉 태그는 〈col〉 태그를 2개 이상 묶어서 사용합니다.

TIP 〈colgroup〉 태그에는 닫는 태그 〈/colgroup〉이 있지만 〈col〉 태그에는 닫는 태그가 없다는 점을 주의하세요.

```
기본형    <colgroup>
            <col>
            <col>
            ......
          </colgroup>
```

〈colgroup〉, 〈col〉 태그는 반드시 〈caption〉 태그 다음에 써야 합니다. 즉, 표의 내용이 시작되기 전에 열의 상태를 알려 주는 것이죠. 그리고 〈col〉 태그를 사용할 때는 〈colgroup〉 태그 안에 〈col〉 태그를 포함해 표 전체 열의 개수만큼 〈col〉 태그를 넣어야 합니다. 즉, 스타일 속성을 지정하지 않은 열이 있을 경우에는 각각 〈col〉 태그를 작성해야 합니다. 이게 무슨 말인지 예제와 함께 살펴보겠습니다.

다음 table-4.html 파일은 첫 번째 열에만 배경색을 지정하고, 세 번째 열과 네 번째 열의 너비를 150px(픽셀)로 지정한 예제입니다. 이때 스타일 속성이 없는 두 번째 열에도 단순히 〈col〉 태그를 명시해야 합니다.

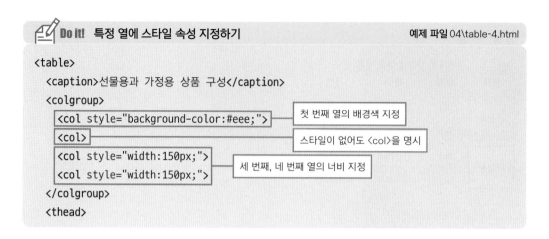

이때 같은 스타일 속성을 사용하는 <col> 태그가 있다면 span 속성을 사용해서 묶어 줄 수 있습니다. table-4.html 예제의 경우 세 번째 열과 네 번째 열에서 같은 스타일 속성과 값을 지정했죠? 이렇게 똑같은 스타일 속성을 사용할 때는 두 번 반복하지 않고 묶어서 작성하면 됩니다. 다음 table-5.html은 앞에서 작성한 table-4.html 예제의 결과와 같습니다.

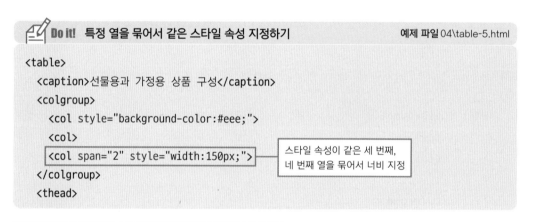

상품 구성

선물용과 가정용 상품 구성			
용도	중량	개수	가격
선물용	3kg	11~16과	35,000원
선물용	5kg	18~26과	52,000원
가정용	3kg	11~16과	30,000원
가정용	5kg	18~26과	47,000원

<col>, <colgroup> 태그를 이용하여 스타일 속성 지정하기

04-4 이미지 삽입하기

웹 사이트에 적절한 이미지가 있으면 정보를 시각적으로 전해 줄 뿐 아니라 지루하지 않게 해줍니다. 따라서 웹 사이트에서 이미지의 역할은 텍스트만큼 중요합니다. 사이트 전체 디자인뿐만 아니라 메뉴나 중요한 요소를 이미지로 처리하여 내용을 강조할 수 있습니다.

이미지를 삽입하는 〈img〉 태그

웹 문서에 이미지를 삽입할 때 가장 기본으로 사용하는 〈img〉 태그를 알아봅시다.

> 기본형　　〈img src="이미지 파일 경로" alt="대체 텍스트"〉

〈img〉 태그에서 알아야 할 속성은 src와 alt입니다. src 속성은 이미지 파일의 경로를 지정하여 웹 브라우저에 알려 주는 역할을 하며 반드시 있어야 합니다. alt 속성에는 화면 낭독기 등에서 이미지를 대신해서 읽어 줄 텍스트를 입력합니다. 그 외에 이미지 크기를 지정하는 width와 height 속성을 사용할 수도 있습니다.

다음 image-1.html 예제는 src와 alt 속성을 사용하여 웹 문서의 맨 위에 tangerines.jpg 이미지를 삽입하고 대체용 텍스트를 지정했습니다.

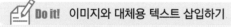

Do it! 이미지와 대체용 텍스트 삽입하기　　　　　　　예제 파일 04\image-1.html

```
<img src="images/tangerines.jpg" alt="레드향">
<h1>레드향</h1>
```

레드향

이미지 삽입하기

웹에서 사용하는 이미지 파일 형식

웹에서 사용하는 이미지는 인터넷으로 전송해야 하므로 파일 용량이 크지 않으면서 화질이 좋아야 합니다. 웹에서 사용하는 이미지 형식은 크게 GIF와 JPG, PNG, WebP 등이 있습니다.

이미지 파일 형식의 종류

종류	설명	용도
GIF (Graphics Interchange Format)	간단한 애니메이션을 지원합니다. 표시할 수 있는 색상 수가 최대 256가지라서 복잡한 이미지에는 적합하지 않습니다.	간단한 애니메이션이나 아이콘
JPG/JPEG (joint photographic experts group)	고해상도 사진을 작은 파일 크기로 압축할 수 있어서 널리 사용합니다. 하지만 손실 압축 방식을 사용하므로 편집 과정에서 화질이 떨어질 수 있다는 단점이 있습니다.	사진이나 그래픽
PNG (portable network graphics)	투명 배경을 지원합니다. 무손실 압축을 사용하므로 JPG보다 이미지를 더 나은 화질로 제공할 수 있습니다. 단, JPG에 비해 파일의 크기가 커질 수 있습니다.	화질 저하 없이 투명 배경이 필요한 그래픽
WebP	GIF와 JPG, PNG의 장점을 하나로 결합한 이미지 형식입니다. 최신 형식이므로 오래된 브라우저에서는 지원하지 않아 브라우저 호환성을 고려해야 합니다.	고해상도의 이미지를 작은 파일 크기로 제공할 때

이미지 파일 경로를 나타내는 src 속성

이미지나 음악, 동영상 파일 등을 웹 문서에 삽입할 때에는 경로를 주의해야 합니다. 경로란 현재 HTML 문서에서 이미지 파일이 있는 곳까지 어떻게 찾아가야 하는지를 알려 줍니다. 이미지 파일의 경로를 정확하게 입력하지 않으면 이미지가 화면에 나타나지 않습니다. 이미지 파일의 경로는 웹 문서 파일의 위치를 기준으로 정해집니다. 웹 문서 파일과 이미지 파일이 같은 경로에 있다면 src 속성에는 이미지 파일의 이름만 간단히 적으면 됩니다. 예를 들어 앞에서 작성한 image-1.html과 tangerines.jpg 파일이 같은 폴더에 있다면 다음과 같이 src 속성에 이미지 파일 이름만 적으면 됩니다.

✎ **웹 문서와 같은 폴더에 있는 이미지 파일 경로 넣기**

```
<img src="tangerines.jpg">
```

반면 웹 문서가 있는 폴더에 하위 폴더를 만들고 그 폴더에 이미지 파일이 있다면 src 속성에 하위 폴더와 함께 이미지 파일 이름을 적어야 합니다. 예를 들어 웹 문서 하위 images 폴더에 있는 tangerines.jpg 파일을 웹 문서에 표시하려면 다음과 같이 작성합니다.

TIP▶ 사이트에서 사용하는 이미지 파일을 쉽게 관리하려면 별도의 폴더에 이미지만 따로 저장하는 것이 좋습니다.

웹 문서 하위 폴더에 있는 이미지 파일 경로 넣기

```
<img src="images/tangerines.jpg">
```

이미지를 텍스트로 대신 설명하는 alt 속성

웹 문서에 이미지를 삽입할 때는 화면 낭독기와 같은 보조 기기에서 이미지를 대신해서 읽어 줄 텍스트를 함께 넣을 수 있습니다. 다음과 같이 **alt** 속성을 사용하여 텍스트를 입력합니다.

이미지에 대체용 텍스트 넣기

```
<img src="images/tangerines.jpg" alt="레드향">
<h1>레드향</h1>
```

또한 **alt** 속성을 지정하면 인터넷이 불안정하거나 이미지 파일 경로를 잘못 넣었을 때처럼 이미지를 제대로 표시할 수 없는 경우에 이미지 대신 텍스트가 나타납니다. 이미지를 직접 보지 못하더라도 어떤 이미지를 사용했는지 짐작할 수 있습니다.

레드향

alt 속성으로 이미지 대신 나타낸 텍스트

이미지 크기를 조절하는 width, height 속성

<img> 태그로 이미지 파일을 삽입하면 원래 이미지 크기대로 표시됩니다. 만약에 이미지 파일은 수정하지 않고, 웹 브라우저 창에서 보이는 이미지 크기만 조절하고 싶다면 width와 height 속성을 사용할 수 있습니다. width는 이미지의 너비를, height는 이미지의 높이를 지정하며, 속성은 2개 모두 사용할 수도 있고 1개만 사용할 수도 있습니다. width나 height 중 1개만 지정하면 나머지 속성은 비율을 자동으로 계산하여 나타냅니다.

width와 height 속성에서 사용할 수 있는 단위는 퍼센트(%)와 픽셀(px)이 있습니다. 픽셀을 사용할 때는 단위인 px을 쓰지 않고 숫자만 입력합니다.

이미지 크기를 표현하는 단위

종류	설명	예시
%	이미지 크기의 값을 퍼센트(%)로 지정하면 현재 웹 브라우저 창의 너비와 높이를 기준으로 이미지 크기를 결정합니다.	width="50%"
px	이미지 크기의 값을 픽셀(px)로 지정하면 이미지의 너비나 높이를 해당 픽셀 크기만큼 표시합니다.	width="150"

다음 image-2.html 예제는 똑같은 이미지 3개를 width와 height 속성으로 크기를 다르게 지정하는 방법을 보여 줍니다. 첫 번째 이미지는 크기를 지정하지 않았으므로 원래 크기대로 표시되고, 두 번째 이미지는 너비를 50%로 지정했으므로 웹 브라우저 창 너비의 절반만큼 표시됩니다. 그래서 웹 브라우저 창의 크기가 달라질 때마다 이미지 크기도 달라집니다.

마지막 세 번째 이미지는 너비를 150px로 지정했으므로 웹 브라우저 창의 크기와 상관없이 고정된 크기로 표시됩니다. 두 번째와 세 번째 이미지 모두 width 속성만 사용했지만 height 속성은 원래 이미지 크기의 높이 비율을 자동으로 계산해서 표시합니다.

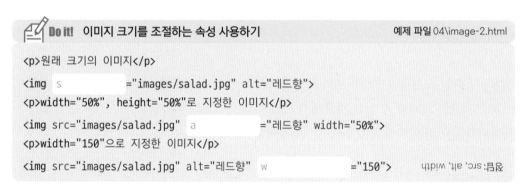

Do it! 이미지 크기를 조절하는 속성 사용하기   예제 파일 04\image-2.html

```
<p>원래 크기의 이미지</p>

<img  s            ="images/salad.jpg" alt="레드향">
<p>width="50%", height="50%"로 지정한 이미지</p>

<img src="images/salad.jpg"  a           ="레드향" width="50%">
<p>width="150"으로 지정한 이미지</p>

<img src="images/salad.jpg" alt="레드향"  w              ="150">
```
정답: src, alt, width

원래 크기의 이미지

width="50%", height="50%"로 지정한 이미지

width="150"으로 지정한 이미지

이미지 크기를 조절하는 속성 사용하기

(!) 알아 두면 좋아요! 웹 접근성과 대체 텍스트

웹 접근성 지침 중 첫 번째는 텍스트가 아닌 콘텐츠에는 대체 텍스트를 제공해야 한다는 것입니다. 웹에서 텍스트 외에 가장 많이 만나는 콘텐츠가 바로 이미지죠. 그래서 사이트에 이미지를 삽입할 때는 이미지를 설명하는 대체 텍스트를 함께 제공해야 합니다.

웹 사이트에서 로고나 이벤트 내용을 눈에 띄게 하려고 이미지로 처리하는 경우가 있습니다. 이럴 때 대체 텍스트는 이미지 안에 포함된 내용을 모두 제공해야 합니다.

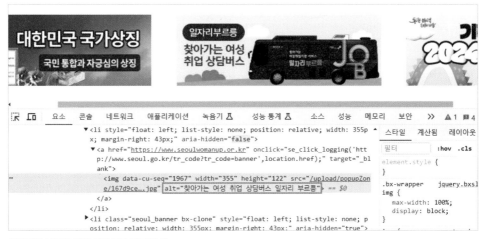

이미지의 내용을 대체 텍스트로 제공한 예

아이콘이나 불릿 이미지, 화면을 꾸미는 용도로 삽입된 이미지는 따로 대체 텍스트를 제공하지 않습니다. 하지만 대체 텍스트를 제공하지 않는다고 해서 alt 속성을 빼 버리면 화면 낭독기에서는 이미지 파일 이름을 대체 텍스트로 제공해 버립니다. 이럴 때는 alt=""처럼 빈 따옴표로 남겨 두면 됩니다.

웹 요소에 설명 글 붙이기

책이나 잡지처럼 사진이나 그림을 많이 사용한 인쇄물을 보면 그림 아래에 간단한 설명 글(캡션)이 있어 전체 내용을 보지 않고 사진만 보아도 쉽게 알 수 있습니다. 설명 글은 이미지나 동영상, 표 등 다양한 웹 요소에 추가할 수 있습니다.

<figure> 태그와 <figcaption> 태그

<figure> 태그는 도표나 일러스트, 이미지, 소스 코드 등 독립된 콘텐츠를 나타냅니다. <figure> 태그는 <table> 태그나 <img> 태그를 대신해서 사용하는 것이 아니라 문서의 내용과 구별되는 요소라는 의미에서 붙이는 것입니다.

```
<figure>
  <img src="images/spring.png" alt="제주의 봄">
</figure>
```

<figure> 태그는 주로 <figcaption> 태그와 함께 사용해서 설명 글을 추가할 때 사용합니다. 04\figcaption.html에는 이미지 4개가 포함되어 있는데, 여기에 <figure> 태그와 <figcaption> 태그를 사용해서 설명 글을 붙일 수 있습니다.

Do it! 설명 글 붙이기   예제 파일 04\figcaption-1.html

```
<figure>
  <img src="images/spring.png" alt="제주의 봄">
  <figcaption>가장 먼저 봄을 맞이하는 제주도</figcaption>
</figure>
<figure>
  <img src="images/summer.png" alt="제주의 여름">
  <figcaption>뜨거운 태양을 닮은 해바라기</figcaption>
</figure>
```

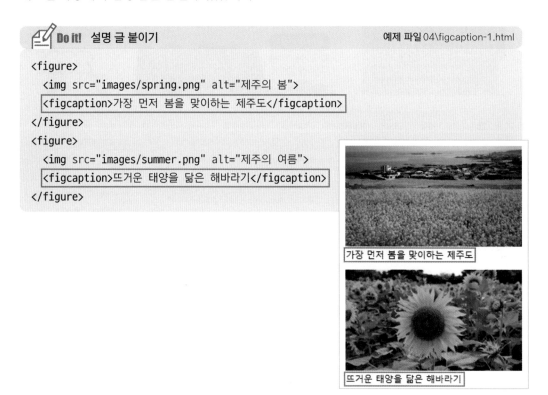

<figure> 태그 안에 <img> 태그를 여러 개 사용하면 그림 여러 장에 같은 설명 글 붙일 수도 있습니다.

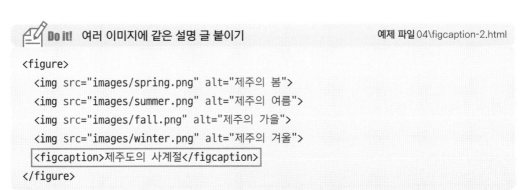

```
Do it!  여러 이미지에 같은 설명 글 붙이기                          예제 파일 04\figcaption-2.html

<figure>
  <img src="images/spring.png" alt="제주의 봄">
  <img src="images/summer.png" alt="제주의 여름">
  <img src="images/fall.png" alt="제주의 가을">
  <img src="images/winter.png" alt="제주의 겨울">
  <figcaption>제주도의 사계절</figcaption>
</figure>
```

srcset 속성 사용해서 이미지 삽입하기

<img>는 HTML 초기부터 사용해 온 태그로, 이미지를 1개만 지정합니다. 하지만 웹은 예전과 크게 달라졌죠. 웹 사이트에 접속하는 기기가 다양해지고, 이에 따라 화면의 크기도 각각 달라졌습니다.

예를 들어 용량이 큰 이미지 파일을 삽입했을 때 모바일에서는 파일을 내려받은 후 width값과 height값을 조절해서 화면에 표시합니다. 너무 비효율적이죠? PC 또는 모바일 화면에서 표시할 이미지를 따로 지정할 수 있다면 편리할 것입니다.

또한 같은 PC를 사용해도 모니터 해상도가 천차만별입니다. 해상도가 높은 이미지는 용량도 크고 화질이 좋아서 고해상도 모니터에는 적합할 수 있지만, 일반 모니터에서는 파일 용량만 커질 뿐 이미지를 제대로 보여 줄 수 없습니다. 이럴 때도 모니터 해상도에 따라 다른 이미지 파일을 표시할 수 있다면 좋겠죠?

이런 여러 상황을 고려해서 한꺼번에 이미지 정보를 여러 개 알려 주고, 화면 너비나 해상도에 따라 이미지를 적절하게 표시하는 것이 srcset라는 새로운 속성입니다.

```
기본형    <img src="기본 이미지" srcset="[파일1, 파일2, 파일3, ...]"
          alt="대체 텍스트">
```

srcset라는 이름에서 알 수 있듯 이미지 코드를 여러 개 지정할 수 있습니다. 사용할 이미지를 2개 이상 준비하고, 조건에 따라 다른 이미지를 표시합니다. 이때 사용하는 조건은 너비와 화면 픽셀 비율, 2가지입니다.

w 서술자 사용하기

조건을 지정할 때 w를 사용하면 **파일이름 너비** 형식으로 이미지를 삽입합니다. 여기에서 w는 이미지 파일의 너비를 가리킵니다.

```
large.png 1000w
```

위 코드는 large.png가 너비가 1000px인 이미지라는 뜻입니다. 이미지 너비를 지정할 때 px 대신 w를 붙인다는 점, 명심하세요.

예를 들어 다음 코드처럼 너비가 700px인 small.png와 1000px인 large.png를 함께 지정할 수 있습니다. 이 코드를 사용할 경우 화면 너비가 640px이라면 small.png를 가져오고 1400px이라면 large.png를 가져와 표시합니다.

```
<img src="baloon.png" srcset="small.png 700w, large.png 1000w" alt="하늘 위로 올라
가는 풍선">
```

x 서술자 사용하기

srcset 속성에서는 이미지 파일과 함께 x라는 서술자를 사용할 수 있습니다. 이때 x는 장치의 픽셀 비율^{pixel ratio}을 가리킵니다. 주로 맥 컴퓨터의 경우 일반 PC 모니터에 비해 해상도가 높으므로 맥용으로 고화질 사진을 제공할 때 많이 사용하죠. x값이 클수록 고화질 이미지를 연결할 수 있습니다.

예를 들어 다음과 같이 지정할 경우 일반 화면에서는 sky-1.png를 표시하고, 고해상도 화면에서는 sky-2x.png를 표시합니다.

```
<img src="sky.png" srcset="sky-1.png 1x, sky-2.png 2x" alt="파란 하늘 사진">
```

(!) 알아 두면 좋아요! 픽셀 비율값을 알고 싶다면

www.mydevice.io 사이트에 접속하면 현재 사용하는 화면의 픽셀 비율을 알 수 있습니다. 윈도우의 경우 1, 맥의 경우 2라고 표시됩니다. 이 사이트에서는 픽셀 비율 외에도 장치와 관련된 다양한 정보를 확인할 수 있습니다.

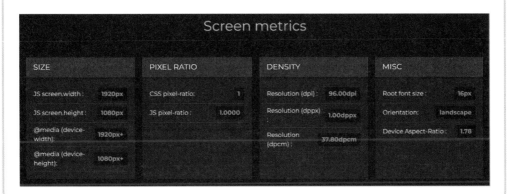

04-5 오디오와 비디오 삽입하기

웹 사이트에서 많이 사용하는 멀티미디어 형태는 오디오와 비디오입니다. HTML에서는 <audio> 태그와 <video> 태그를 사용해서 멀티미디어 파일을 편리하게 삽입할 수 있습니다.

다양한 멀티미디어 파일을 삽입하는 <object>, <embed> 태그

<object> 태그는 오디오 파일뿐만 아니라 비디오, PDF 등 다양한 멀티미디어 파일을 삽입할 때 사용합니다. 웹 문서 안에 다른 문서를 삽입할 때도 사용할 수 있죠.

기본형   `<object width="너비" height="높이" data="파일"></object>`

data 속성에 보여 줄 파일을 지정하고 width, height 속성을 사용해 플레이어의 크기를 지정합니다. 다음과 같이 <object> 태그를 사용하여 웹 문서에 PDF 파일을 삽입하면 PDF 리더가 자동으로 포함되어 보여 줍니다.

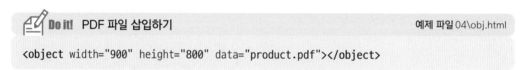

Do it! PDF 파일 삽입하기   예제 파일 04\obj.html

```
<object width="900" height="800" data="product.pdf"></object>
```

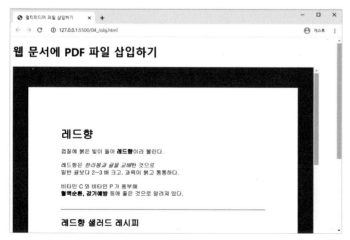

웹 문서에 PDF 파일 삽입하기

<embed> 태그는 HTML 초기 버전부터 사용해 왔으므로 오래된 브라우저까지 고려할 때 사용하기 좋습니다. <embed> 태그에서는 src 속성을 사용해 삽입할 멀티미디어 파일을 지정합니다. 필요할 경우 width, height 속성으로 플레이어의 너비와 높이를 지정할 수 있습니다. <embed> 태그에는 닫는 태그가 없습니다.

기본형   `<embed src="파일 경로" width="너비" height="높이">`

<embed> 태그는 오디오, 비디오, 이미지 등 다양한 멀티미디어 파일을 삽입할 수 있습니다. 따라서 HTML의 <audio>, <video>, <object> 태그를 지원하지 않는 웹 브라우저를 고려해야 하면 <embed> 태그를 사용해서 멀티미디어 파일을 삽입합니다. 다음은 <embed> 태그를 사용해 오디오를 삽입한 예제입니다.

Do it! <embed> 태그를 사용해 오디오 파일 삽입하기   예제 파일 04\embed.html

```
<embed src="medias/spring.mp3">
```

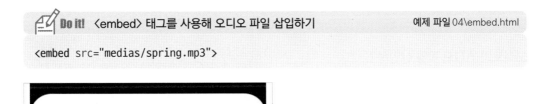

TIP 이 예제처럼 플레이어 크기를 지정하지 않으면 원래의 동영상 크기나 기본적인 오디오 플레이어 크기만큼 나타납니다.

<embed> 태그를 사용해 오디오 파일 삽입하기

웹 브라우저에서 지원하는 멀티미디어 파일의 종류

웹 브라우저에서 지원하는 오디오, 비디오 파일의 형식은 여러 가지가 있습니다. 이미지 파일과 마찬가지로 오디오, 비디오 파일도 두세 가지 형식 중에서 골라서 사용합니다. 비디오 파일의 webm 형식은 무료이고 화질도 좋지만 webm 형식을 지원하지 않는 경우에는 mp4 형식을 사용합니다. 오디오 파일은 mp3 형식을 주로 사용합니다.

멀티미디어 파일의 종류

종류	확장자	설명
비디오	mp4	많이 사용하는 비디오 형식으로, 라이선스가 있지만 웹에서는 무료로 사용할 수 있습니다.
	webm	화질이 우수하고 무료라서 mp4와 함께 많이 사용합니다.

표 계속 ➡

HTML

오디오	mp3	대부분의 음원에서 사용하는 형식으로 무료로 사용할 수 있습니다.
	mp4, m4a	mp3의 문제점을 개선한 AAC 코덱을 사용한 파일 형식입니다. 확장자는 mp4뿐만 아니라 m4a를 사용하기도 합니다.

오디오와 비디오 파일을 삽입하는 〈audio〉, 〈video〉 태그

멀티미디어 파일 관련 태그는 HTML 웹 표준이 정해지면서 가장 많이 변한 부분입니다. HTML4까지는 웹 브라우저에 멀티미디어 파일을 삽입한 후에 재생하려면 플러그인 프로그램이 따로 필요했습니다. 하지만 HTML 최신 버전에서는 웹 브라우저 안에서 멀티미디어 파일을 삽입하고 바로 재생할 수 있습니다. 따라서 웹 브라우저에서 바로 멀티미디어 파일을 재생하기 때문에 브라우저마다 플레이어가 다릅니다. 같은 웹 브라우저라 하더라도 버전에 따라 지원 상황이 달라질 수 있습니다. 이 책에서는 크롬 브라우저를 기준으로 설명합니다.

오디오와 비디오 파일 삽입하기

〈audio〉, 〈video〉 태그는 사용법부터 속성까지 거의 비슷하므로 한꺼번에 설명하겠습니다. HTML에서 음악이나 효과음 등 오디오 파일을 삽입할 때는 〈audio〉 태그를 사용하고, 비디오 파일을 삽입할 때는 〈video〉 태그를 사용합니다. 이때 오디오나 비디오 파일을 시작하거나 종료할 수 있는 컨트롤 바 속성을 함께 표시할 수 있습니다.

TIP 컨트롤 바는 재생, 정지 버튼이나 볼륨을 조절할 수 있는 구성 요소를 말합니다.

```
기본형    <audio src="오디오 파일 경로"></audio>
         <video src="비디오 파일 경로"></video>
```

다음 audio-1.html 예제는 웹 문서에 〈audio〉 태그를 사용해서 오디오 파일을 삽입한 것입니다. 방문자가 음악을 재생하거나 멈출 수 있도록 컨트롤 바를 나타내는 controls 속성을 함께 사용했습니다. 실행 결과를 보면 웹 브라우저에 플레이어가 표시되고 사용자가 재생 버튼을 눌러야만 오디오를 재생합니다.

예제 파일 04\audio-1.html

```
<audio src="medias/spring.mp3" controls></ a         >
```

정답: audio

웹 문서에 오디오 파일 삽입하기

▶▌ 5:38 / 10:30 ━━━━ ◀) ⋮

오디오 파일 삽입하기

<video> 태그도 비디오를 재생하거나 멈출 수 있도록 controls 속성을 함께 사용해서 삽입합니다. 비디오 파일의 너빗값을 지정하지 않으면 웹 브라우저에 가득 차게 나타나므로 너빗값을 적절히 지정하는 것이 좋습니다.

다음 예제는 컨트롤 바가 있는 비디오 파일을 삽입하고, width 속성을 사용해 너빗값도 지정했습니다. 컨트롤 바의 재생 버튼을 클릭하면 비디오가 재생됩니다.

TIP 오디오, 비디오 플레이어는 웹 브라우저마다 조금씩 다르게 생겼습니다. 이 책에서는 크롬 브라우저에서 확인한 결과입니다.

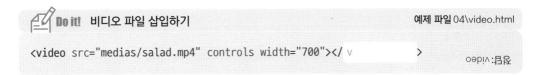

예제 파일 04\video.html

```
<video src="medias/salad.mp4" controls width="700"></ v      >
```

정답: video

웹 문서에 비디오 파일 삽입하기

▶▌ 0:05 / 0:19 ━━━━━━━━━━━ ◀) ⛶ ⋮

비디오 파일 삽입하기

⟨audio⟩, ⟨video⟩ 태그의 속성 알아보기

⟨audio⟩, ⟨video⟩ 태그에서 사용하는 속성은 거의 일치하므로 함께 설명하겠습니다.

⟨audio⟩와 ⟨video⟩ 태그의 속성

종류	설명
controls	플레이어 화면에 컨트롤 바를 표시합니다.
autoplay	오디오나 비디오를 자동으로 실행합니다.
loop	오디오나 비디오를 반복 재생합니다.
muted	오디오나 비디오의 소리를 제거합니다.
preload	페이지를 불러올 때 오디오나 비디오 파일을 어떻게 로딩할 것인지 지정합니다. 사용할 수 있는 값은 auto, metadata, none입니다. 기본값은 preload="auto"입니다.
width, height	비디오 플레이어의 너비와 높이를 지정합니다. width나 height의 값 중에서 하나만 지정할 경우 나머지는 자동으로 계산해서 표시합니다.
poster="파일 이름"	⟨video⟩ 태그에서 사용하는 속성으로 비디오가 재생되기 전까지 화면에 표시될 포스터 이미지를 지정합니다.

다음 예제는 loop 속성을 사용했으므로 한 번 재생하면 오디오 파일이 계속 반복됩니다.

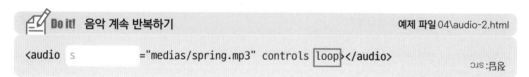

Do it! 음악 계속 반복하기　　　　　　　　　　　　　예제 파일 04\audio-2.html

```
<audio  s        ="medias/spring.mp3" controls loop></audio>
```
정답: src

섬네일 이미지 삽입하기

⟨video⟩ 태그의 poster 속성은 섬네일 이미지를 삽입할 때 사용합니다. 섬네일 이미지란 비디오를 재생하기 전까지 화면에 표시하는 이미지를 말합니다.

웹 문서에 컨트롤 바와 함께 비디오 파일을 삽입하면 비디오를 재생하기 전까지는 검은 화면만 나타납니다. 이때 섬네일 이미지를 사용하면 재생하기 전까지 중요한 내용을 미리 보여줄 수 있죠.

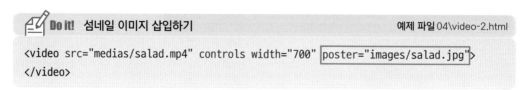

Do it! 섬네일 이미지 삽입하기　　　　　　　　　　　예제 파일 04\video-2.html

```
<video src="medias/salad.mp4" controls width="700" poster="images/salad.jpg">
</video>
```

웹 브라우저로 확인하면 비디오를 재생하기 전까지 섬네일 이미지가 나타납니다.

섬네일 이미지를 사용한 비디오 시작 화면

비디오 파일 자동 재생하기

웹 문서에서 멀티미디어 파일을 사용할 때 가장 먼저 주의할 점은 자동으로 재생되지 않도록 해야 한다는 것입니다. 웹 접근성 지침에서는 멀티미디어를 사용자의 동의 없이 시작하지 않도록 권고하고 있습니다. 이에 따라 최신 웹 브라우저에서는 브라우저 자체에서 배경 음악이나 소리가 있는 비디오 파일의 자동 재생을 금지하고 있습니다.

만일 비디오 파일을 자동 재생하고 싶다면 소리를 제거해야 합니다. 사이트의 배경 화면으로 비디오를 사용하는 경우가 있는데, 이때도 소리를 제거해야 자동 재생됩니다. <video> 태그에서 소리를 제거하는 속성은 muted입니다. 즉, muted 속성과 autoplay 속성을 함께 사용해야 비디오를 자동 재생할 수 있습니다. 여기에 loop 속성까지 함께 사용하면 계속 반복해서 재생하겠죠?

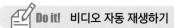
```
<h1>웹 문서에 비디오 파일 삽입하기</h1>

<video src="medias/salad.mp4" controls width="700" poster="images/salad.jpg"
muted autoplay loop></video>
```

웹 문서에 비디오 파일 삽입하기

오디오를 제거한 후 비디오 자동 재생하기

04-6 하이퍼링크 삽입하기

하이퍼링크는 클릭만 하면 연결된 곳으로 바로 이동해 웹 사이트를 더욱 편리하게 사용할 수 있는 중요한 기능입니다. 단순해 보이는 이 기능에도 여러 속성을 이용해 다양하게 활용할 수 있습니다. 하이퍼링크를 사용해 다른 문서나 사이트와 연결하는 방법을 알아보겠습니다.

링크를 삽입하는 〈a〉 태그와 href 속성

웹 사이트에서 링크의 기능은 가장 많이 사용하는 만큼 중요합니다. 링크는 〈a〉 태그로 만드는데, 이때 텍스트를 사용하면 텍스트 링크가 되고 이미지를 사용하면 이미지 링크가 됩니다. 〈a〉 태그의 기본형은 다음과 같이 href 속성을 이용해 연결할 파일이나 링크할 주소를 씁니다.

> 기본형   `<a href="링크할 주소">텍스트 또는 이미지</a>`

텍스트 링크 만들기

텍스트 링크는 〈a〉와 〈/a〉 태그 사이에 링크로 만들 텍스트를 입력하고, href 속성에는 텍스트를 클릭했을 때 연결할 문서의 경로와 파일명을 넣으면 됩니다.

다음 예제는 '주문서 작성하기' 텍스트를 클릭했을 때 order.html 문서로 연결하는 링크를 만듭니다.

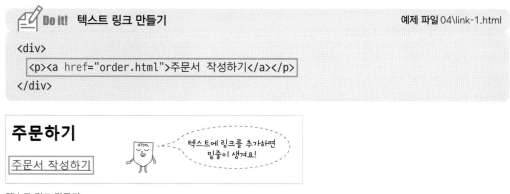

> **Do it!** 텍스트 링크 만들기   예제 파일 04\link-1.html
> ```
> <div>
>   <p><a href="order.html">주문서 작성하기</a></p>
> </div>
> ```

텍스트 링크 만들기

텍스트에 링크를 추가하면 텍스트에 밑줄이 생기면서 글자색이 검은색에서 파란색으로 바뀝니다. 링크가 추가된 텍스트와 그렇지 않은 텍스트를 구별하기 위한 것이죠. 그리고 한 번이라도 클릭한 텍스트 링크는 자주색으로 바뀝니다. 텍스트 링크의 색을 변경할 때는 CSS를 사용합니다.

TIP 텍스트 링크의 색이 자주 바뀌면 깔끔해 보이지 않으므로 일반적으로 CSS를 사용해 글자색을 고정합니다.

이미지 링크 만들기

텍스트 링크를 만드는 것과 같은 방법으로 <a> 태그를 사용해 이미지에 링크를 추가할 수 있습니다. 링크가 추가된 이미지는 마우스 포인터를 가져갔을 때 다음 그림과 같이 손 모양으로 바뀌므로 링크가 없는 이미지와 구별할 수 있습니다.

다음 예제와 같이 <a>와 </a> 태그 사이에 <img> 태그를 넣으면 링크가 있는 이미지를 만들 수 있습니다.

Do it! 이미지 링크 만들기　　　예제 파일 04\link-2.html

```
<a h            ="order.html"><img src="images/tangerines.jpg" alt="레드향"></a>
```

정답: href

이미지에 링크를 추가하면 마우스 포인터가 손 모양으로 바뀝니다.

이미지 링크 만들기

링크를 새 탭에서 열어 주는 target 속성

앞에서 만든 예제의 텍스트나 이미지 링크를 클릭하면 현재 열려 있는 웹 브라우저 창에서 새로운 문서가 나타납니다. 그래서 링크를 클릭하기 전 문서로 돌아가려면 브라우저 창에서 매번 [이전 페이지]를 눌러야 합니다. 이러한 번거로움을 줄이기 위해 target 속성에 _blank를 지정하면 링크를 클릭했을 때 연결된 문서가 새 탭에서 열립니다. 다음과 같이 속성을 추가해 보겠습니다.

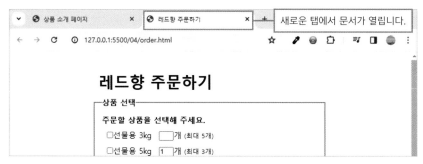

```
┌─ 📝 Do it!  새 탭에서 문서 열기                        예제 파일 04\link-3.html
<div>
  <p><a href="order.html" target="_blank">주문서 작성하기</a></p>
</div>
```

target 속성을 사용해 새 탭에서 문서 열기

한 페이지 안에서 점프하는 앵커 만들기

지금까지 살펴본 링크는 한 페이지에서 다른 페이지나 다른 사이트로 이동했습니다. 그런데 <a> 태그를 사용하면 한 페이지 안에서 이동하는 링크를 만들 수 있습니다. 앵커^{anchor}라고 하는 이 기능은 페이지가 긴 웹 문서에서 메뉴를 클릭했을 때 내용이 있는 위치로 한 번에 이동합니다.

앵커를 사용하려면 우선 이동하고 싶은 위치마다 id 속성을 이용해 앵커 이름을 붙여 줍니다. 이때 앵커 이름은 서로 중복되면 안 되겠죠? 앵커로 링크할 때는 <a> 태그의 href 속성에서 이름 앞에 #을 붙여 앵커를 표시합니다.

```
기본형   <태그 id="앵커명">내용</태그>
         <a href="#앵커명">링크</a>
```

04\link-4.html 문서의 맨 위에는 링크가 3개 있는데, 이 링크를 클릭했을 때 각 링크와 연결된 제목으로 이동하도록 코드를 작성하겠습니다. 각 제목에 id를 사용해 앵커 이름을 지정합니다. 그리고 링크를 만들 때 # 다음에 이동할 앵커 이름을 붙입니다.

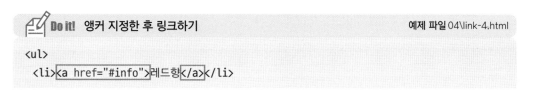

```
┌─ 📝 Do it!  앵커 지정한 후 링크하기                    예제 파일 04\link-4.html
<ul>
  <li><a href="#info">레드향</a></li>
```

```
    <li><a href="#recipe">레드향 샐러드 레시피</a></li>
    <li><a href="#product">상품 구성</a></li>
</ul>

<h1 id="info">레드향</h1>
......
<h2 id="recipe">레드향 샐러드 레시피</h2>
......
<h2 id="product">상품 구성</h2>
......
```

문서에서 '상품 구성' 링크를 클릭하면 현재 문서에서 id="product"인 위치로 즉시 이동할 수
있습니다.

확인! 🔍

모르겠다면?		알겠다면!
← 081쪽	다양한 태그를 사용해 용도에 맞게 텍스트를 삽입할 수 있나요?	✓
← 089쪽	순서 목록과 순서 없는 목록을 추가할 수 있나요?	☐
← 093쪽	웹 문서에 표를 삽입할 수 있나요?	☐
← 095쪽	여러 태그를 활용해 표를 구조화할 수 있나요?	☐
← 101쪽	웹 문서에 이미지를 삽입할 수 있나요?	☐
← 106쪽	이미지에 설명글(캡션)을 추가할 수 있나요?	☐
← 112쪽	웹 문서에 비디오와 오디오를 삽입할 수 있나요?	☐
← 117쪽	하이퍼링크의 특징을 이해하고 웹 문서에 링크를 추가할 수 있나요?	☐

04장 되새김 문제

1 HTML에서 텍스트를 굵게 표시하는 태그는 (① ⟨b⟩ / ② ⟨em⟩) 입니다.

2 표를 삽입할 때 행을 추가할 때 사용하는 태그는 (① ⟨td⟩ / ② ⟨tr⟩) 입니다.

3 목록에서 각 항목을 나타내는 태그는 (① ⟨list⟩ / ② ⟨li⟩) 입니다.

4 ⟨a⟩ 태그의 _____ 속성을 사용하여 다른 페이지로 연결되도록 링크를 설정할 수 있습니다.

5 이미지를 삽입할 때 대체 텍스트를 지정하기 위해 ⟨img⟩ 태그에 _____ 속성을 사용합니다.

6 웹 문서에 삽입한 비디오 파일은 웹 문서를 열자마자 자동 재생되도록 합니다. (O / X)

7 ⟨img⟩ 태그에는 닫는 태그가 필요없습니다. (O / X)

8 파일명이 'sample.mp4'인 비디오를 컨트롤 바와 함께 웹 문서에 삽입하려고 합니다. 코드를 완성하세요.

```
<video                              ></video>
```

9 웹 문서에 2개의 열과 1개의 행이 있는 표를 삽입하려고 합니다. 각 셀에는 '데이터1'과 '데이터2'가 나타나는 코드를 완성하세요.

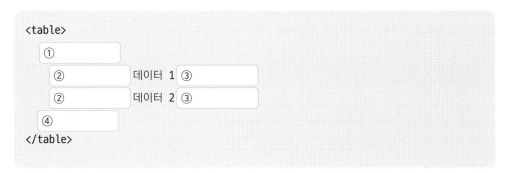

```
<table>
   ①
      ②        데이터 1 ③
      ②        데이터 2 ③
   ④
</table>
```

10 다음 완성 화면과 〈힌트〉를 참고하여 웹 문서를 작성해 보세요.

완성 화면　　　　　　　　　　　　　　　　　　　　　　**문제 파일** 04\quiz-1.html

수습 국원 모집

방송에 관심 있는 새내기 여러분 환영합니다

교내 방송국에서 신입생을 대상으로 수습 국원을 모집합니다. 학부와 전공은 상관없습니다.
방송에 관심 있는 여러 학우의 지원 바랍니다.

- **모집 기간** : 3월 2일 ~ 3월 11일
- **모집 분야** : 아나운서, PD, 엔지니어
- **지원 방법** : 양식 작성 후 이메일 접수
  지원서 양식은 교내 방송국 홈페이지 공지 게시판에 있습니다.

혜택

a. 수습기자 활동 중 소정의 활동비 지급
b. 정기자로 진급하면 장학금 지급

🔍 **힌트**

1. 제목은 가장 큰 제목부터 단계별로 작아지는 태그를 사용합니다.

2. 텍스트 단락에 줄 바꿈이 있습니다.

3. 목록 부분은 '순서 없는 목록'으로 작성합니다.

4. 목록 내용에서 굵게 표시한 부분과 이탤릭체로 표시한 부분은 중요하지 않지만 다른 텍스트와 구별하기 위한 것입니다.

5. '혜택' 내용은 '순서 목록'으로 표시하되 숫자는 알파벳 소문자를 사용합니다.

6. 문서 마지막에 images\mic.jpg 이미지를 삽입합니다.

11 다음 완성 화면과 〈힌트〉를 참고하여 웹 문서를 표 형식으로 완성하세요(문서 안에 표를 작성할 수 있는 기본 CSS가 미리 만들어져 있습니다).

완성 화면   문제 파일 04\quiz-2.html

수습 국원 지원 양식

개인정보	이름	
	학과/학번	
	연락처	
지원 분야		

🔍 힌트

1. 표를 4행 3열로 만듭니다.

2. 1~3행의 첫 번째 열을 합칩니다.

3. 4행의 2열과 3열을 합칩니다.

4. 화면에 내용이 있는 부분은 제목 셀로 지정합니다.

05

입력 양식 작성하기

입력 양식이란 특정 항목에 사용자가 뭔가를 입력할 수 있게 만든 것으로 '폼'이라고도 합니다. 우리가 익숙하게 사용하는 로그인 창이나 검색 창이 대표적이죠. HTML에서 입력 양식을 사용하면 로그인 창에 아이디와 비밀번호 항목을, 회원 가입 양식에 이메일 주소, 전화번호 등의 항목을 넣을 수도 있습니다. 이제부터 HTML에서 지원하는 다양한 태그와 속성을 하나씩 알아보겠습니다.

이 장을 다 공부하면!
- 웹 문서에서 폼의 역할을 이해해요.
- 〈input〉 태그의 다양한 유형을 알 수 있어요.
- 폼에서 사용하는 기타 태그를 알 수 있어요.

05-1 폼 삽입하기

폼은 이미 우리가 알게 모르게 웹 문서에서 자주 사용해 왔습니다. 특히 사용자의 의견이나 정보를 얻으려고 폼을 사용하는 경우가 많죠. 폼에서 사용하는 여러 가지 항목을 살펴보기 전에 웹에서 폼의 형태를 만들어 주는 여러 태그를 알아보겠습니다.

웹에서 만나는 폼

우리는 웹에서 **폼**^{form}을 자주 만납니다. 하나의 웹 페이지 안에서도 여러 가지 폼을 사용하죠. 아이디와 비밀번호를 입력하거나 로그인 버튼, 회원 가입 등 사용자가 웹 사이트로 정보를 보낼 수 있는 요소는 모두 폼이라고 할 수 있습니다. 자주 사용하는 검색 사이트나 쇼핑몰 주문서 화면에서도 폼을 이용한 입력란을 볼 수 있죠.

쇼핑몰 사이트에서 볼 수 있는 주문서 폼

그렇다면 폼은 어떤 방식으로 동작할까요? 다음 그림을 참고하여 로그인 폼의 동작 과정을 자세히 알아보겠습니다.

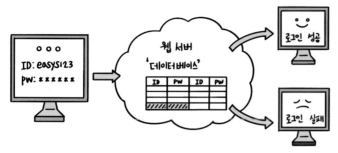

로그인 폼의 동작 과정

사용자가 아이디와 비밀번호를 입력하고 [로그인] 버튼을 클릭하면 입력한 정보는 웹 서버로 전송됩니다. 그럼 서버는 입력받은 아이디와 비밀번호가 일치하는지 자신의 데이터베이스에서 확인하고 그 결과를 웹 브라우저에 보냅니다. 폼과 관련한 작업은 정보를 저장하거나 검색, 수정하는 것이 대부분인데 모두 데이터베이스를 기반으로 작동합니다. 따라서 텍스트 박스나 버튼 같은 폼 형태는 HTML 태그로 만들지만, 폼에 입력한 사용자 정보는 ASP나 PHP, JSP 같은 서버 프로그래밍을 이용해 처리합니다.

TIP 서버 프로그래밍은 이 책에서 다루지 않고, 웹 브라우저에 표시할 폼을 만드는 태그만 살펴봅니다.

폼을 만드는 〈form〉 태그

폼을 만드는 가장 기본적인 태그로 다음 기본형과 같이 〈form〉과 〈/form〉 태그 사이에 여러 가지 폼 요소를 넣습니다.

기본형   〈form [속성="속성값"]〉여러 폼 요소〈/form〉

〈form〉 태그는 몇 가지 속성을 사용해서 입력받은 자료를 어떤 방식으로 서버로 넘길 것인지, 서버에서 어떤 프로그램을 이용해 처리할 것인지를 지정합니다. 〈form〉 태그의 속성을 표로 정리했습니다.

〈form〉 태그의 속성

종류	설명
method	사용자가 입력한 내용을 서버 쪽 프로그램으로 어떻게 넘겨줄 것인지 지정합니다. method에서 사용할 수 있는 속성값은 get과 post입니다. • get: 데이터를 256 ~ 4,096byte까지만 서버로 넘길 수 있습니다. 주소 표시줄에 사용자가 입력한 내용이 그대로 드러나는 단점이 있습니다. • post: 입력한 내용의 길이에 제한받지 않고 사용자가 입력한 내용도 드러나지 않습니다.

표 계속 ▶

name	자바스크립트로 폼을 제어할 때 사용할 폼의 이름을 지정합니다.
action	`<form>` 태그 안의 내용을 처리해 줄 서버 프로그램을 지정합니다.
target	action 속성에서 지정한 스크립트 파일을 현재 창이 아닌 다른 위치에서 열도록 합니다.

예를 들어 폼에 내용을 입력하고 서버로 전송했을 때 서버에 있는 register.php를 실행한다면 다음과 같이 작성합니다.

✎ **입력한 폼을 서버로 보내기**

```
<form action="register.php">
  /* 여러 폼 요소 */
</form>
```

자동 완성 기능을 나타내는 autocomplete 속성

폼에서 내용을 입력할 때 예전에 입력한 내용을 자동으로 표시해 주는 것을 **자동 완성 기능**이라고 합니다. 사용자가 입력한 내용을 기억했다가 비슷한 글자가 입력되면 이전에 입력한 내용을 힌트로 보여 주죠.

자동 완성 기능이 나타난 화면

자동 완성 기능은 autocomplete 속성을 사용하며 기본 속성값은 "on"입니다. 즉, 자동 완성이 기본으로 켜져 있으므로 예전에 입력한 적 있는 값을 한두 글자 정도 입력하면 자동으로 보여 줍니다. 하지만 매우 중요한 개인 정보나 인증 번호와 같은 일회성 정보를 입력한다면 이 기능은 사용하지 않는 것이 좋습니다. 다음 코드처럼 `<form>` 태그의 autocomplete 속성을 off로 지정하면 자동 완성 기능을 끌 수 있습니다.

TIP 다음 예제는 폼을 서버에서 실행하지 않을 것이므로 action 속성값은 비워 두었습니다.

```
<form action="" autocomplete="off">
 /* 여러 폼 요소 */
</form>
```

폼 요소를 그룹으로 묶는 ⟨fieldset⟩, ⟨legend⟩ 태그

하나의 폼 안에서 여러 구역을 나누어 표시할 때 ⟨fieldset⟩ 태그를 사용합니다. 예를 들어 쇼핑몰 사이트에서 주문서를 작성할 때 개인 정보와 배송 정보를 나누어 표시하면 사용자가 입력하기도 편리하고 화면도 깔끔하게 정리할 수 있습니다. ⟨legend⟩ 태그는 ⟨fieldset⟩ 태그로 묶은 그룹에 제목을 붙일 수 있습니다.

기본형
```
<fieldset>
    <legend>그룹 이름</legend>
</fieldset>
```

다음 예제는 상품 주문 양식을 만들 때 ⟨fieldset⟩ 태그와 ⟨legend⟩ 태그를 사용해서 상품 선택과 배송 정보를 그룹으로 묶은 것입니다.

✎ **Do it! 폼 요소를 그룹으로 묶어서 표현하기**   예제 파일 05\fieldset.html

```
<form>
  <fieldset>
    <legend>상품 선택</legend>
  </fieldset>
  <fieldset>
    <legend>배송 정보</legend>
  </fieldset>
</form>
```

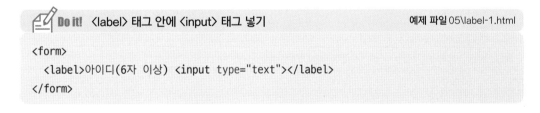

레드향 주문하기

상품 선택

배송 정보

〈fieldset〉 태그와 〈legend〉 태그 적용하기

폼 요소에 레이블을 붙이는 〈label〉 태그

〈label〉 태그는 〈input〉 태그와 같은 폼 요소에 레이블을 붙일 때 사용합니다. 레이블[label]이란 입력란 가까이에 표시하는 텍스트를 말합니다. 〈label〉 태그를 사용하면 폼 요소와 레이블 텍스트가 서로 연결되었다는 것을 웹 브라우저가 알 수 있습니다.

〈label〉 태그는 2가지 방법으로 사용할 수 있습니다. 각 방법을 이용해 '아이디(6자 이상)'라는 텍스트와 입력란을 묶어 보겠습니다.
첫 번째 방법은 태그 안에 폼 요소를 넣는 것입니다.

기본형   `<label>레이블명<input></label>`

TIP 〈label〉 태그와 함께 쓰인 〈input〉 태그는 05-2절에서 자세히 다룹니다.

다음 예제에서는 사용자가 아이디를 입력하는 폼 요소의 앞뒤에 〈label〉과 〈/label〉 태그를 붙여 작성합니다.

Do it! 〈label〉 태그 안에 〈input〉 태그 넣기   예제 파일 05\label-1.html

```
<form>
  <label>아이디(6자 이상) <input type="text"></label>
</form>
```

두 번째 방법은 〈label〉 태그와 폼 요소를 따로 사용하고 〈label〉 태그의 for 속성과 폼 요소의 id 속성을 이용해 서로 연결하는 것입니다. 다시 말해 폼 요소의 id 속성값을 〈label〉 태그의 for 속성에게 알려 주는 방법을 사용합니다.

기본형   `<label for="id명">레이블명</label>`
       `<input id="id명">`

다음 예제는 아이디를 입력하는 폼 요소에 id="user-id"라고 지정합니다. 그리고 그 폼 요소에 연결된 `<label>` 태그에 for="user-id"라고 입력해 폼 요소와 레이블을 연결합니다.

Do it! 폼 요소와 `<label>` 태그를 따로 작성하고 연결하기   예제 파일 05\label-2.html

```
<form>
  <label for="user-id">아이디(6자 이상)</label>
  <input type="text" id="user-id">
</form>
```

"user-id"의 값을 똑같이 설정해야 연결됩니다.

아이디(6자 이상) [   ]

〈label〉 태그 사용하기

이 방법은 첫 번째 방법보다 복잡해 보이지만 `<label>` 태그를 사용한 레이블과 사용자 정보를 입력받는 `<input>` 태그가 떨어져 있더라도 둘 사이를 쉽게 연결할 수 있다는 장점이 있습니다.

05-2 사용자 입력을 위한 input 태그

로그인 창에서 아이디나 비밀번호를 입력하는 항목이나 로그인 버튼처럼 사용자가 입력할 부분은 주로 `<input>` 태그를 이용해 넣습니다. `<input>` 태그로 넣을 수 있는 요소는 아주 다양한데 어떻게 구별해서 사용해야 하는지, 각 요소마다 어떤 특성이 있는지 살펴보겠습니다.

다양한 곳에서 사용하는 웹 폼의 `<input>` 태그

웹 사이트에서 흔히 볼 수 있는 회원 가입이나 로그인 화면은 폼을 사용해 작성한 것입니다. 다음 그림처럼 아이디나 비밀번호를 입력하는 칸을 마우스 오른쪽 버튼으로 누르고 [검사]를 선택해 보세요. 개발자 도구 창이 열리면서 소스 코드가 표시되는데 `<input>` 태그를 사용한 것을 볼 수 있습니다.

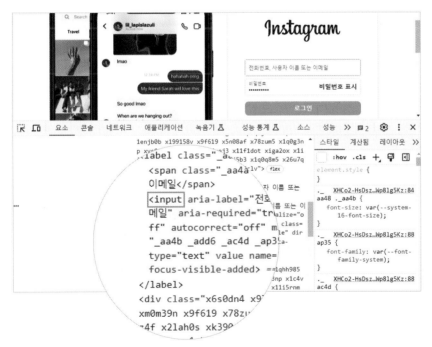

개발자 도구 창에서 〈input〉 태그 확인하기

검색 사이트에서 사용하는 검색 창 역시 폼을 이용한 것입니다. 네이버로 이동한 후 검색 창 부분을 마우스 오른쪽 버튼으로 누르고 [검사]를 선택하세요. 다음 그림과 같이 `<input>` 태그를 사용한 것을 볼 수 있습니다.

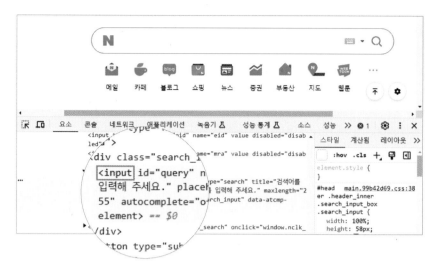

네이버 검색 창에서 〈input〉 태그 확인하기

이렇듯 **〈input〉** 태그는 다양한 폼에서 사용자가 입력한 정보를 받을 때 사용한다는 것을 잘 기억해 두기 바랍니다.

〈input〉 태그의 type 속성 한눈에 살펴보기

로그인 창에서 아이디와 비밀번호를 입력하거나 로그인 버튼을 클릭하는 등 **〈input〉** 태그는 매우 다양한 입력 형태로 만들 수 있습니다. **〈input〉** 태그에서 입력 형태를 지정할 때 **type** 속성을 사용합니다.

다음 표는 **〈input〉** 태그에서 사용할 수 있는 다양한 **type** 속성을 정리한 것입니다.

〈input〉 태그의 type 속성

종류	설명
text	한 줄짜리 텍스트를 입력할 수 있는 텍스트 박스를 넣습니다(기본값).
password	비밀번호를 입력할 수 있는 필드를 넣습니다.
search	검색할 때 입력하는 필드를 넣습니다.
url	URL 주소를 입력할 수 있는 필드를 넣습니다.
email	이메일 주소를 입력할 수 있는 필드를 넣습니다.
tel	전화번호를 입력할 수 있는 필드를 넣습니다.
checkbox	주어진 여러 항목에서 2개 이상 선택할 수 있는 체크 박스를 넣습니다.
radio	주어진 여러 항목에서 1개만 선택할 수 있는 라디오 버튼을 넣습니다.

표 계속 ➡

number	수량 숫자를 조절할 수 있는 스핀 박스를 넣습니다.
range	크기 숫자를 조절할 수 있는 슬라이드 막대를 넣습니다.
date	사용자 지역을 기준으로 날짜(연, 월, 일)를 넣습니다.
month	사용자 지역을 기준으로 날짜(연, 월)를 넣습니다.
week	사용자 지역을 기준으로 날짜(연, 주)를 넣습니다.
time	사용자 지역을 기준으로 시간(시, 분, 초, 분할 초)을 넣습니다.
datetime-local	사용자가 있는 지역을 기준으로 날짜와 시간(연, 월, 일, 시, 분, 초, 분할 초)을 넣습니다.
submit	전송 버튼을 넣습니다.
reset	리셋 버튼을 넣습니다.
image	submit 버튼 대신 사용할 이미지를 넣습니다.
button	일반 버튼을 넣습니다.
file	파일을 첨부할 수 있는 버튼을 넣습니다.
hidden	사용자에게는 보이지 않지만 서버로 넘겨주는 값이 있는 필드를 만듭니다.

type 속성만 보아도 어떤 정보를 입력할 수 있는지 쉽게 짐작할 수 있죠? 지금부터 자주 사용하는 type 속성의 종류를 하나씩 살펴보겠습니다.

텍스트와 비밀번호를 나타내는 type="text"와 type="password"

텍스트 필드는 폼에서 가장 많이 사용하는 요소입니다. 주로 아이디나 이름, 주소 등 한 줄짜리 일반 텍스트를 입력할 때 사용합니다. 비밀번호 필드는 입력하는 내용을 화면에 보여 주지 않아야 하므로 '*'나 '●'로 표시합니다. 이 점만 제외하면 텍스트 필드와 똑같이 동작하고 같은 속성을 사용합니다.

기본형
```
<input type="text">
<input type="password">
```

TIP 〈input〉 태그에서 type을 지정하지 않으면 텍스트 필드로 삽입합니다.

텍스트 필드와 비밀번호 필드에서 사용하는 주요 속성은 다음 표와 같습니다.

텍스트, 비밀번호 필드에서 사용하는 주요 속성

종류	설명
size	텍스트와 비밀번호 필드의 길이를 지정합니다. 즉, 화면에 몇 글자가 보이도록 할 것인지를 지정합니다. 예를 들어 최대로 입력할 수 있는 글자 수가 10개인데 size 속성값을 5로 지정하면 필드 크기는 5개 글자 크기에 맞추고 나머지 5개 글자는 화면에 보이지 않습니다.
value	텍스트 필드 요소가 화면에 표시될 때 텍스트 필드 부분에 보여 주는 내용입니다. 이 속성을 사용하지 않으면 빈 텍스트 필드가 표시됩니다. 비밀번호 필드에서 사용하지 않는 속성입니다.
maxlength	텍스트 필드와 비밀번호 필드에 입력할 수 있는 최대 문자 수를 지정합니다.

다음 예제는 간단하게 만든 로그인 폼입니다. 아이디를 입력하는 부분은 type="text"를, 비밀번호를 입력하는 부분은 type="password"를 사용해 만든 것을 알 수 있습니다.

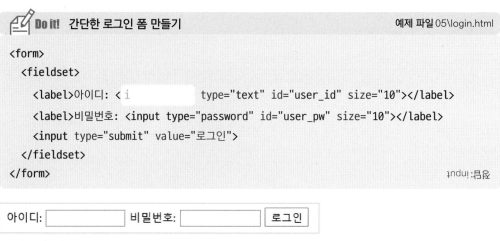

로그인 폼 만들기

다양한 용도에 맞게 입력하는 type="search", type="url", type="email", type="tel"

텍스트 필드는 한 줄짜리 일반 텍스트를 입력할 수 있습니다. 하지만 폼을 만들다 보면 텍스트 필드를 더 세분해야 할 때가 있습니다. 이 필드들은 텍스트 필드를 기본으로 합니다. 따라서 앞에서 설명한 텍스트 필드와 거의 같은 속성을 사용합니다.

type="search"를 사용하면 웹 브라우저 화면으로 볼 때는 텍스트 필드와 똑같지만, 웹 브라우저에서는 검색을 위한 텍스트 필드로 인식합니다. 크롬이나 엣지 브라우저를 비롯해 모바일 기기의 웹 브라우저에서는 이 필드에 검색어를 입력하면 오른쪽에 ✖ 가 표시되어 입력한 검색어를 손쉽게 지울 수 있습니다.

type="url"은 웹 주소를 입력하는 필드이고, type="email"은 이메일 주소를 입력하는 필드입니다. 이전 버전인 HTML4에서는 입력한 값이 이메일 주소인지, URL 주소인지 자바스크립트를 이용해서 직접 확인해야 했지만 이제는 type="email"처럼 이메일 주소 필드로 지정하기만 하면 웹 브라우저가 알아서 확인합니다. 만일 입력값이 지정한 형식에 맞지 않는다면 웹 브라우저에서 오류 메시지를 보여 줍니다.

type="tel"은 전화번호를 나타내는 필드입니다. 전화번호는 지역마다 형식이 다르므로 사용자가 입력한 값이 전화번호인지 아닌지 체크할 수 없습니다. 모바일 기기의 페이지에서 이 값을 이용하면 바로 전화를 걸 수 있습니다.

텍스트 필드에서 세분화된 필드는 PC용 웹 브라우저에서는 큰 변화가 없는 것처럼 보입니다. 하지만 모바일 기기의 웹 브라우저에서 확인하면 이메일 주소를 입력하거나 전화번호를 입력할 때 가상 키보드 배열이 바뀌는 것을 볼 수 있습니다. 다음 예제는 다양한 입력 필드를 사용해 배송 정보를 입력할 수 있는 폼입니다.

Do it! 배송 정보를 입력하는 폼 만들기　　　　　예제 파일 05\t-field.html

```html
<ul>
  <li>
    < l          for="user-name">이름</label>
    <input type="text" id="user-name">
  </li>
  <li>
    <label for="addr">배송 주소</label>
    <input type="text" id=" a          ">
  </li>
  <li>
    <label for=" m          ">이메일</label>
    <input type="email" id="mail">
  </li>
  < l       >
    <label for="phone">연락처</label>
    <input type="tel" id="phone">
  </li>
</ul>
```

정답: label, addr, mail, li

```
┌─ 배송 정보 ──────────────────────────┐
│   • 이름    [          ]             │
│   • 배송 주소 [              ]        │
│   • 이메일  [              ]          │
│   • 연락처  [            ]            │
└─────────────────────────────────────┘
```

TIP 텍스트 입력 필드를 보기 좋게 정렬하려면 CSS를 사용해야 합니다. 이 방법은 둘째마당 CSS 다루기에서 알아보겠습니다.

배송 정보를 입력하는 폼 만들기

체크 박스와 라디오 버튼을 나타내는 type="checkbox", type="radio"

체크 박스와 라디오 버튼은 여러 항목 중에서 원하는 항목을 선택할 때 사용하는 폼 요소입니다. 이때 항목을 1개만 선택하려면 라디오 버튼을 사용하고, 2개 이상 선택하려면 체크 박스를 사용합니다. 라디오 버튼은 항목을 1개만 선택할 수 있으므로 이미 선택한 항목이 있을 경우 다른 항목을 선택하면 기존 항목은 취소됩니다.

체크 박스는 항목을 2개 이상 선택할 수 있다는 점만 빼면 라디오 버튼 사용법과 비슷합니다.

```
기본형    <input type="checkbox">
         <input type="radio">
```

체크 박스와 라디오 버튼에서 사용할 수 있는 속성은 다음 표와 같습니다.

체크 박스, 라디오 버튼에서 사용하는 속성

종류	설명
value	선택한 체크 박스나 라디오 버튼을 서버에게 알려 줄 때 넘겨줄 값을 지정합니다. 이 값은 영문이거나 숫자여야 하며 필수 속성입니다.
checked	체크 박스나 라디오 버튼의 항목은 처음에 아무것도 선택되지 않은 상태로 화면에 표시되는데, 여러 항목 중에서 기본으로 선택해 놓고 싶은 항목에 사용합니다. 속성값은 따로 없습니다.
name	라디오 버튼과 체크 박스는 하나의 그룹으로 동작하므로 name 속성에서 같은 이름을 사용해 묶습니다.

다음 예제는 상품 주문서 폼의 일부입니다. '상품 선택'에서는 항목을 둘 이상 고를 수 있으므로 체크 박스를 사용해 상품을 나열합니다. '포장 선택'에서는 선물을 포장하거나 하지 않는 것 중에서 하나만 고를 수 있도록 라디오 버튼을 사용해 선물 포장 항목을 2개만 보여 줍니다.

```
<fieldset>
  <legend>상품 선택</legend>
  <p><b>주문할 상품을 선택해 주세요.</b></p>
  <ul>
    <li>
      <label><input type="checkbox" name="prod" value="s_3">선물용 3kg</label>
    </li>
    <li>
      <label><input type="checkbox" name="prod" value="s_5">선물용 5kg</label>
    </li>
    <li>
      <label><input type="checkbox" name="prod" value="f_3">가정용 3kg</label>
    </li>
    <li>
      <label><input type="checkbox" name="prod" value="f_5">가정용 5kg</label>
    </li>
  </ul>
  <p><b>포장 선택</b></p>
  <ul>
    <li><label><input type="radio" name="gift" value="yes" >선물 포장</label></li>
    <li><label><input type="radio" name="gift" value="no">선물 포장 안 함</label></li>
  </ul>
</fieldset>
```

┌─ 상품 선택 ─────────────────────────────────┐

주문할 상품을 선택해 주세요.

- ☐ 선물용 3kg
- ☐ 선물용 5kg
- ☐ 가정용 3kg
- ☐ 가정용 5kg

포장 선택

- ◯ 선물 포장
- ◯ 선물 포장 안 함

└──┘

체크 박스와 라디오 버튼을 이용한 폼 만들기

HTML

라디오 버튼과 체크 박스 버튼은 겉으로 볼 때 둥글거나 사각 모양입니다. 하지만 2가지 버튼의 용도는 겉모습만으로 구분하지 않습니다. 체크 박스 버튼은 클릭하면 체크되고, 체크된 버튼을 한 번 더 클릭하면 체크가 해제됩니다. 즉, 버튼 자체를 켜거나 끌 수 있죠. 이런 버튼을 토글(toggle)이라고 합니다. 그러나 라디오 버튼은 체크 박스 버튼과 달리 토글 기능이 없습니다. 라디오 버튼 그룹 안에서 버튼 하나를 클릭해 선택하고 나서 해제하려면 다른 버튼 하나를 클릭해야만 합니다.

예를 들어 대부분의 로그인 창에는 계속해서 로그인 상태를 유지할 것인지를 선택할 수 있는 항목이 있습니다. 다음 그림에서도 [로그인 상태 유지] 항목이 있고 그 앞에 둥근 버튼이 있습니다. 언뜻 보면 둥근 모양이니 라디오 버튼이라고 생각할 수도 있습니다. 하지만 웹 개발자 도구 창을 열어 확인해 보면 해당 버튼에 체크 박스를 사용한 것을 알 수 있습니다. 이것은 체크 박스 버튼에 켜짐/꺼짐 상태를 번갈아 고를 수 있는 토글 기능이 있기 때문입니다. 체크 박스 버튼인데 CSS를 적용해 둥글게 만들었을 뿐이죠.

Do it! 실습 **회원 가입 신청서 만들기**

[준비] 05\register.html   [결과 비교] 05\results\register-1.html

지금까지 공부한 <input> 태그를 활용해서 회원 가입 신청서를 만들어 보겠습니다. HTML 태그만 사용하면 폼이 깔끔해 보이지 않겠지만 폼을 꾸미는 것은 차차 배울 겁니다. 우선 폼 요소를 삽입하는 것만 주의해서 실습해 보세요.

1단계 ⟨form⟩ 태그와 ⟨fieldset⟩ 태그 입력하기

VS Code의 왼쪽 탐색 창에서 05\register.html 파일을 불러오면 제목까지 입력된 코드가 보일 것입니다. ⟨h1⟩ 태그 아래에 폼을 삽입하겠습니다.

가장 먼저 ⟨form⟩ 태그를 입력합니다. 자동으로 ⟨/form⟩ 태그까지 추가되면서 **⟨form⟩**과 **⟨/form⟩** 사이에 커서가 깜빡이고 있을 것입니다. 그 상태에서 Enter 를 누르세요.

```
13    <body>
14      <div id="container">
15        <h1>회원 가입을 환영합니다</h1>
16        <form></form>
17      </div>                    여기서 Enter 입력!
18    </body>
```

⟨form⟩ 태그와 ⟨/form⟩ 태그 사이에 다른 코드를 입력할 수 있는 공간이 생깁니다. 여기에 ⟨fieldset⟩ 태그를 입력합니다. 역시 자동으로 ⟨/fieldset⟩ 태그가 입력되면 Enter 를 눌러 ⟨fieldset⟩ 태그와 ⟨/fieldset⟩ 태그 사이에 코드를 입력할 공간을 만듭니다. VS Code에서는 이런 식으로 닫는 태그를 자동으로 입력해 줍니다. 같은 방법으로 ⟨fieldset⟩ 태그를 하나 더 추가하세요.

```
13    <body>
14      <div id="container">
15        <h1>회원 가입을 환영합니다</h1>
16        <form>
17          <fieldset>
18
19          </fieldset>
20          <fieldset>
21
22          </fieldset>
23        </form>
24      </div>
25    </body>
```

2단계 첫 번째 필드 세트에 텍스트 추가하기

첫 번째 필드 세트에 텍스트 필드를 추가하겠습니다. 다음과 같이 필드 세트 제목과 텍스트, 이메일, 비밀번호 필드를 추가하세요.

```
<fieldset>
  <legend>사용자 정보</legend>
  <ul>
    <li>
```

```
            <label for="uid">아이디</label>
            <input type="text" id="uid">
        </li>
        <li>
            <label for="umail">이메일</label>
            <input type="email" id="umail">
        </li>
        <li>
            <label for="pwd1">비밀번호</label>
            <input type="password" id="pwd1">
        </li>
        <li>
            <label for="pwd2">비밀번호 확인</label>
            <input type="password" id="pwd2">
        </li>
    </ul>
</fieldset>
```

3단계 두 번째 필드 세트에 라디오 버튼 추가하기

두 번째 필드 세트에 라디오 버튼을 삽입하겠습니다. 다음과 같이 필드 세트 제목과 함께 [메일 수신], [메일 수신 안 함] 라디오 버튼을 추가하세요.

```
<fieldset>
    <legend>이벤트와 새로운 소식</legend>
    <input type="radio" name="mailing" id="mailing_y" value="mailing_yes">
    <label for="mailing_y">메일 수신</label>
    <input type="radio" name="mailing" id="mailing_n" value="mailing_no">
    <label for="mailing_n">메일 수신 안 함</label>
</fieldset>
```

4단계 버튼 삽입하기

이제 회원 가입 신청서에서 가장 중요한 [가입하기], [취소] 버튼을 추가하겠습니다. 두 번째 필드 세트가 끝난 </fieldset> 태그 다음 행에 버튼을 2개 추가합니다. 여기에서 버튼을 <div> 태그로 묶은 이유는 나중에 CSS를 사용해서 버튼 위치를 한꺼번에 옮기기 위해서입니다.

```
<div>
  <input type="submit" value="가입하기">
  <input type="reset" value="취소">
</div>
```

이제 웹 브라우저로 결과를 확인해 보세요. 다음 그림과 같은 회원 가입 신청서가 완성되었습니다.

그림 5-11 회원 가입 신청서 결과 화면 확인하기

숫자 입력 필드를 나타내는 type="number", type="range"

텍스트 필드에 사용자가 숫자를 직접 입력할 수도 있지만 type="number"와 type="range"를 사용할 수도 있습니다. 여기에서 type="number"는 스핀 박스를 사용해서 숫자를 입력하고, type="range"는 슬라이드 막대를 사용해서 범위를 입력합니다.

상품 개수처럼 정확한 숫자가 필요하다면 type="number"를 사용하고, 볼륨 조절 막대처럼 숫자가 정확할 필요는 없지만 값을 크거나 작게 변경할 때는 type="range"를 사용합니다.

TIP 스핀 박스는 입력란 오른쪽에 작은 화살표(▲,▼)를 표시해서 클릭할 때마다 숫자를 높이거나 낮추는 기능을 합니다.

기본형   `<input type="number">`
         `<input type="range">`

type="number", type="range" 필드에서 사용할 수 있는 속성은 다음과 같습니다.

숫자 입력 필드에서 사용하는 속성

속성	설명
min	필드에 입력할 수 있는 최솟값을 지정합니다. 기본 최솟값은 0입니다.
max	필드에 입력할 수 있는 최댓값을 지정합니다. 기본 최댓값은 100입니다.
step	숫자 간격을 지정할 수 있습니다. 기본값은 1입니다.
value	필드에 표시할 초깃값입니다.

TIP type="number"와 type="range"는 최신 HTML에 새로 추가되었기 때문에 웹 브라우저마다 나타나는 모습이 조금씩 다릅니다. 여기에서는 크롬 브라우저를 기준으로 설명합니다.

다음 예제는 주문 개수를 지정하기 위해 type="number"를 사용한 것으로 일반 텍스트 필드처럼 보이지만 입력란 위로 마우스 포인터를 가져가면 스핀 박스가 표시됩니다. 이때 위아래 방향 화살표를 클릭하면 숫자를 높이거나 낮출 수 있습니다.

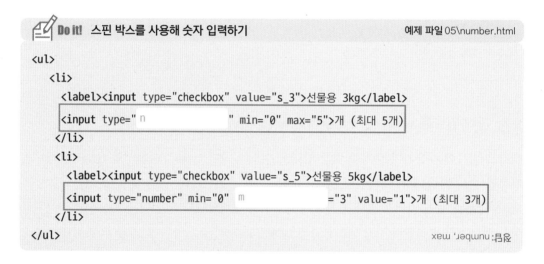

Do it! 스핀 박스를 사용해 숫자 입력하기　　　예제 파일 05\number.html

```
<ul>
  <li>
    <label><input type="checkbox" value="s_3">선물용 3kg</label>
    <input type="n               " min="0" max="5">개 (최대 5개)
  </li>
  <li>
    <label><input type="checkbox" value="s_5">선물용 5kg</label>
    <input type="number" min="0" m               ="3" value="1">개 (최대 3개)
  </li>
</ul>
```

정답: number, max

2개의 스핀 박스 모두 최솟값은 0이고 최댓값은 각각 5와 3으로 지정했습니다. step 속성은 지정하지 않았으므로 화살표를 누를 때마다 1씩 커지거나 작아집니다. 그리고 두 번째 스핀 박스에는 value="1"을 지정해서 초깃값 1이 화면에 표시됩니다.

- ☐ 선물용 3kg ⬜개 (최대 5개)
- ☐ 선물용 5kg 1 ⬍개 (최대 3개)

스핀 박스를 사용해 숫자 입력하기

다음 코드는 슬라이드 막대를 사용해 0과 100 사이의 값을 조절합니다. 기본값을 20으로 하고 최솟값과 최댓값을 각각 0과 100으로 지정했습니다. step="1"로 지정해서 슬라이드 막대를 움직일 때마다 1씩 커지거나 작아집니다.

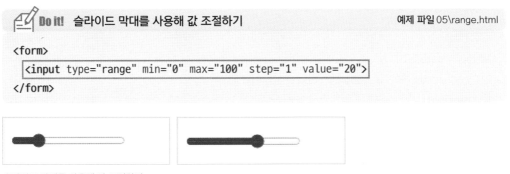

슬라이드 막대를 사용해 값 조절하기

알아 두면 좋아요! 슬라이드 막대에 값을 함께 표시하려면

type="range"를 사용해 슬라이드 막대를 추가했을 때, 값을 조절하더라도 그 값이 화면에는 나타나지 않습니다. 슬라이더를 움직일 때마다 바뀌는 값을 화면에 표시하려면 다음과 같이 자바스크립트를 사용해야 합니다.

Do it! 슬라이더의 값 표시하기   예제 파일 05\results\range-value.html

```
<form>
    <input type="range" min="0" max="100" step="1" value="20" oninput=
"document.getElementById('selected-value').innerText = this.value">
    <span id="selected-value">20</span>
</form>
```

날짜 입력을 나타내는 type="date", type="month", type="week"

웹 문서나 애플리케이션에 달력을 넣으려면 type="date", type="month", type="week" 같은 날짜 관련 속성을 이용합니다.

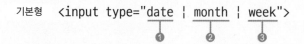

기본형   `<input type="date ¦ month ¦ week">`

                           ❶   ❷   ❸

❶ type="date"로 지정하면 달력에서 날짜를 선택해서 입력힐 수 있습니다. 날짜를 신택하면 필드에 "yyyy-mm-dd" 형식으로 연도, 월, 일이 표시됩니다.

❷ type="month"로 지정하면 달력에서 월을 선택해서 입력할 수 있습니다. 월을 선택하면 "yyyy-mm" 형식으로 연도, 월까지만 입력됩니다.

❸ type="week"로 지정하면 달력에서 주를 선택해서 입력할 수 있습니다. 주를 선택하면 1월 첫째 주를 기준으로 몇 번째 주인지 표시됩니다.

> **TIP** 기본형에서 나타낸 '¦' 기호는 W3C 표준 규약에서 사용하는 방식으로 '나열한 옵션 중 하나가 속성값이 되어야 한다'는 의미입니다. 즉, type="date ¦ month ¦ week"는 date나 month, week 중 하나를 type의 속성값으로 사용할 수 있습니다. 기본형 기호는 07-1절 〈알아 두면 좋아요!〉에서도 설명합니다.

다음은 type="date", type="month", type="week"를 사용하여 날짜를 입력하는 예제입니다. 첫 번째 달력에서 날짜를 선택하면 '연도-월-일' 형식으로 입력되고, 두 번째 달력에서는 '연도-월', 세 번째 달력에서는 '연도-주'가 입력됩니다.

Do it! 3가지 형식의 날짜 입력하기   예제 파일 05\date-1.html

```
<h1>날짜 지정하기</h1>
<input type="date">
<input type="month">
<input type="week">
```

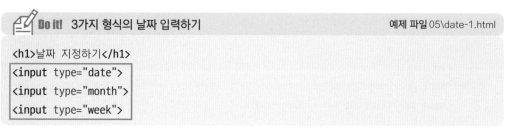

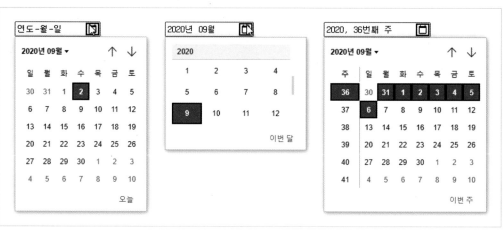

3가지 형식의 날짜 입력받기

> **TIP** 웹 브라우저마다 날짜와 시간을 입력받는 형식이 조금씩 다릅니다. 여기에서는 크롬 브라우저를 기준으로 설명합니다. 참고로 type="month"와 type="week"의 경우 파이어폭스 브라우저에서는 일반 텍스트 필드로 나타납니다.

144 첫째마당 • 웹과 HTML 시작하기

시간 입력을 나타내는 type="time", type="datetime-local"

시간을 지정할 때는 type="time"을 사용하고 날짜와 시간을 함께 지정하려면 type="datetime -local"을 사용합니다.

기본형 `<input type="time ¦ datetime-local">`
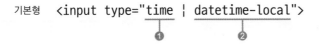
❶   ❷

> ❶ type="time"은 폼에서 시간을 입력하게 합니다. 시간 입력 필드는 웹 브라우저마다 겉모습은 조금
>   씩 다르게 나타나지만 '오전/오후', '시', '분'으로 구성됩니다.
> ❷ type="datetime-local" 속성을 사용하면 사용자가 웹 문서를 보고 있는 지역에 맞는 날짜와 시간
>   을 함께 입력할 수 있습니다.

Do it! 시간을 지정하는 2가지 형식
예제 파일 05\date-2.html

```
<h1>시간 지정하기</h1>
<input type=" t         ">
<input  t       ="datetime-local">
```

정답: time, type

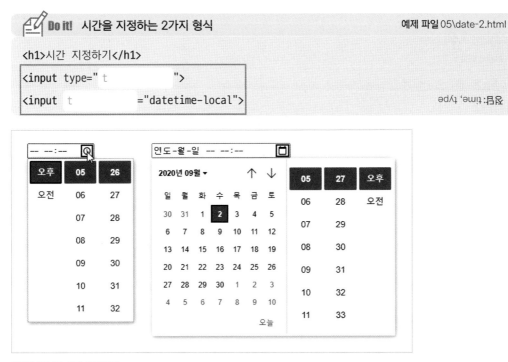

2가지 형식의 시간 지정하기

날짜나 시간과 관련된 유형을 지정할 때는 속성을 사용해서 날짜의 범위를 제한하거나 초기
화면에 표시할 날짜도 지정할 수 있습니다.

날짜와 시간의 범위를 지정하는 속성

종류	설명
min max	날짜나 시간의 범위를 제한할 때 사용합니다. min 속성은 범위의 시작 날짜나 시간을, max 속성은 범위의 마지막 날짜나 시간을 지정합니다.
step	스핀 박스의 화살표를 클릭했을 때 증감시킬 크기를 지정합니다.
value	기본적으로 표시할 날짜나 시간을 지정합니다.

다음은 2024년 5월 1일~5월 15일 중에서 날짜를 선택하도록 범위를 제한하는 예제입니다. 날짜를 제한하면 지정한 범위 외의 다른 날짜는 비활성화되므로 선택할 수 없습니다.

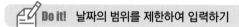 **Do it!** 날짜의 범위를 제한하여 입력하기 　　　　　　　　예제 파일 05\date-3.html

```
<input type="date" min="2024-05-01" max="2024-05-15">
```

날짜 범위를 제한하여 입력하기

전송, 리셋 버튼을 나타내는 type="submit", type="reset"

전송 버튼을 나타내는 submit은 폼에 입력한 정보를 서버로 전송합니다. 이때 정보가 전달되는 곳은 <form> 태그의 action 속성에서 지정한 프로그램입니다.

반면에 리셋 버튼은 <input> 요소에 입력한 내용을 모두 지우는 역할을 합니다. 그리고 value 속성을 사용해서 버튼에 표시할 내용을 지정합니다.

　기본형　　<input type="submit ¦ reset" value="버튼에 표시할 내용">

다음 예제에서 [반품하기]라고 표시된 submit 버튼을 살펴봅시다. 사용자가 이 버튼을 클릭하면 입력한 내용이 서버로 넘어갑니다. 이때 `<form>` 태그에 연결된 return.php에서 처리됩니다.

TIP 참고로 이 예제는 서버 컴퓨터에 연결된 파일이 없으므로 [반품하기] 버튼을 클릭하더라도 서버로 전송되지 않습니다.

그리고 reset 버튼에는 [취소하기]라고 표시되며, 이 버튼을 클릭하면 폼에 입력한 내용이 모두 삭제되고 처음 상태로 되돌아갑니다.

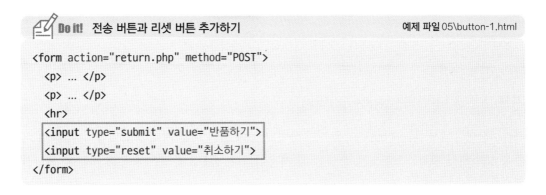

Do it! 전송 버튼과 리셋 버튼 추가하기   예제 파일 05\button-1.html

```
<form action="return.php" method="POST">
  <p> ... </p>
  <p> ... </p>
  <hr>
  <input type="submit" value="반품하기">
  <input type="reset" value="취소하기">
</form>
```

반품 정보

만일 수령한 상품에 문제가 있다면 즉시 **반품 신청**해 주세요.

반품 신청시 상품의 상태를 사진으로 **첨부**해 주세요.

[반품하기] [취소하기]

전송과 리셋 버튼 추가하기

이미지 버튼을 나타내는 type="image"

type="image"는 submit 버튼과 같은 기능을 하는 이미지 버튼을 나타냅니다.

기본형   `<input type="image" src="이미지 경로" alt="대체 텍스트">`

다음은 이미지 버튼을 클릭하면 입력한 정보를 폼 처리 프로그램으로 전달하는 예제입니다.

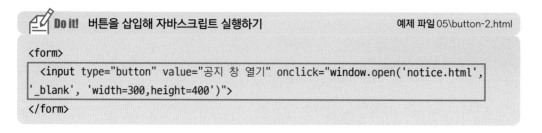

Do it! 이미지 버튼 추가하기　　　　　　　　　　　　　　　예제 파일 05\login-image.html

```
<form action="login.php" method="POST">
  <label>아이디: <input type="text" id="user_id" size="10"></label>
  <label>비밀번호: <input type="password" id="user_pw" size="10"></label>
  <input type="image" src="images/login.png" alt="로그인">
</form>
```

아이디: [   ] 비밀번호: [   ] **로그인**

이미지 버튼 추가하기

기본 버튼을 나타내는 type="button"

<input> 태그에서 type="button"을 사용하면 기능이 없는 버튼 형태만 삽입합니다. 주로 버튼을 클릭해서 자바스크립트를 실행할 때 사용합니다. value 속성을 사용해 버튼에 표시할 내용을 지정합니다.

> 기본형　　<input type="button" value="버튼에 표시할 내용">

다음 예제는 type="button"을 사용해 [공지 창 열기]라는 버튼을 만들고, 이 버튼을 클릭하면 자바스크립트의 window.open() 함수를 실행합니다. [공지 창 열기] 버튼을 클릭하여 연결한 문서(notice.html)가 새 탭에서 보이는지 확인해 보세요.

Do it! 버튼을 삽입해 자바스크립트 실행하기　　　　　　　　예제 파일 05\button-2.html

```
<form>
  <input type="button" value="공지 창 열기" onclick="window.open('notice.html',
'_blank', 'width=300,height=400')">
</form>
```

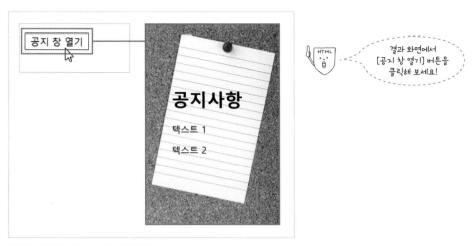

버튼을 삽입해 자바스크립트 실행하기

파일을 첨부할 때 사용하는 type="file"

간혹 폼에서 사진이나 문서를 첨부해야 하는 경우가 있습니다. 이럴 땐 type="file"로 지정하면 폼에 파일을 첨부할 수 있습니다.

type="file" 속성을 사용하면 웹 브라우저 화면에 [파일 선택]이나 [찾아보기] 버튼 등이 표시되는데, 이 버튼을 클릭하고 파일을 선택하면 파일이 첨부됩니다.

기본형   `<input type="file">`

다음 코드는 파일을 첨부할 수 있는 폼입니다.

TIP 첨부한 파일을 서버로 보내려면 서버 프로그래밍이 필요합니다. 여기에서는 파일 첨부 버튼을 만드는 것만 하겠습니다. 실제 파일 첨부 버튼에 표시되는 내용은 웹 브라우저마다 조금씩 다릅니다.

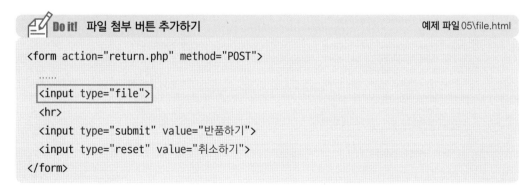

Do it! 파일 첨부 버튼 추가하기   예제 파일 05\file.html

```
<form action="return.php" method="POST">
   ......
   <input type="file">
   <hr>
   <input type="submit" value="반품하기">
   <input type="reset" value="취소하기">
</form>
```

만일 수령한 상품에 문제가 있다면 즉시 **반품 신청**해 주세요.

반품 신청시 상품의 상태를 사진으로 첨부해 주세요.

파일 선택 선택된 파일 없음

파일 첨부 버튼 만들기

히든 필드 만들 때 사용하는 type="hidden"

히든 필드는 화면의 폼에는 보이지 않지만 사용자가 입력한 정보를 서버로 보낼 때 함께 전송되는 요소입니다. 사용자에게 군이 보여 줄 필요는 없지만 관리자가 알아야 하는 정보는 히든 필드로 입력합니다.

기본형   <input type="hidden" name="이름" value="서버로 전송할 값">

예를 들어 자주 가는 쇼핑몰 사이트의 주문서, 회원 가입 등의 폼에서 마우스 오른쪽 버튼을 누르고 [검사]를 클릭해 보세요. 그러면 해당 폼의 소스 코드를 확인할 수 있는데, 다음 그림과 같이 <input type="hidden"> 속성을 꽤 많이 사용한 것을 볼 수 있습니다.

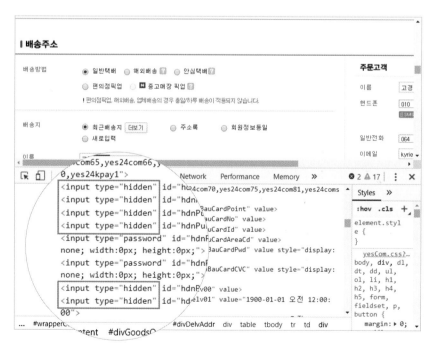

상품 주문서 폼에 입력된 히든 필드

다음 예제는 히든 필드를 사용해 사용자가 쇼핑몰 사이트에서 로그인하는 정보를 서버로 넘겨줍니다. 웹 브라우저에는 히든 필드가 보이지 않으므로 사용자는 그 정보를 알 수 없습니다. 하지만 [로그인] 버튼을 클릭하면 입력한 정보와 함께 히든 필드의 내용이 서버로 함께 전송됩니다.

Do it! 히든 필드를 사용해 서버로 정보 보내기   예제 파일 05\hidden.html

```
<input type="hidden" name="url" value="사이트를 통한 직접 로그인">
<label>아이디: <input type="text" id="user_id" size="10"></label>
<label>비밀번호: <input type="password" id="user_pw" size="10"></label>
<input type="submit" value="로그인">
```

아이디: [　　　　　] 비밀번호: [　　　　　] [로그인]

히든 필드를 사용해 서버로 정보 보내기

05-3 input 태그의 주요 속성

HTML의 최신 버전에서 폼 태그는 더욱 강력해졌습니다. 단순히 내용을 입력할 수 있을 뿐만 아니라 입력란에 커서나 힌트를 표시할 수도 있고, 꼭 입력해야 하는 필드도 지정할 수 있습니다. 예전에는 자바스크립트로 실행한 것을 <input> 태그의 속성만으로도 처리할 수 있답니다.

입력 커서를 자동으로 갖다 놓는 autofocus 속성

autofocus 속성을 사용하면 페이지를 불러오자마자 폼에서 원하는 요소에 입력 커서를 놓을 수 있습니다. 예전에 이 기능을 구현하려면 자바스크립트를 이용해야 했는데 최신 HTML에서는 autofocus라는 속성으로 쉽게 해결할 수 있습니다.

TIP autofocus 속성은 웹 문서를 열면 텍스트 필드에 바로 입력할 수 있도록 만들어 줍니다. 실제 사용한 예제는 05\placeholder. html 파일을 참고하세요.

힌트를 표시해 주는 placeholder 속성

사용자가 텍스트를 입력할 때 입력란에 적당한 힌트 내용을 표시해 주고 그 필드를 클릭하면 내용이 사라지도록 만들 수 있습니다. 이렇게 하면 텍스트 필드 앞에 제목을 사용하지 않고도 사용자에게 해당 필드에 어떤 내용을 입력해야 할지 알려 줄 수 있어서 편리합니다.

예를 들어 이지스퍼블리싱 홈페이지(easyspub. co.kr)에 접속해서 로그인 화면으로 이동해 보세요. 아이디와 비밀번호를 입력하는 필드에 '아이디를 입력하세요.'와 '비밀번호를 입력하세요.'라는 내용이 표시되어 있습니다. 이 내용은 사용자가 어떤 것을 입력해야 할지 안내해 주고, 아이디와 비밀번호를 입력하면 사라집니다. 이런 힌트를 표시할 때 placeholder 속성을 사용합니다.

로그인 화면에 사용한 placeholder 속성

다음 예제는 autofocus 속성을 사용해서 웹 문서를 불러오자마자 [이름] 필드 옆의 텍스트 필드에 입력 커서가 표시되도록 합니다. 그리고

placeholder 속성을 사용해서 [연락처] 필드에 힌트를 표시합니다.

TIP 참고로 이 예제에는 CSS가 적용되어 폼이 보기 좋게 나열되어 있습니다. 폼에 적용하는 CSS는 둘째마당에서 공부할 것입니다.

```
Do it! autofocus와 placeholder 속성 사용하기                예제 파일 05\placeholder.html

<label for="user-name">이름</label>
<input type="text" id=" u              " autofocus>
......
<label for="phone">연락처</label>
<input type="tel" id="phone"  p           ="하이픈 빼고 입력해 주세요.(01012345678)">
```
정답: user-name, placeholder

autofocus와 placeholder 속성 사용하기

읽기 전용 필드를 만들어 주는 readonly 속성

readonly 속성은 해당 필드를 읽기 전용으로 바꿉니다. 텍스트 필드나 텍스트 영역에 내용이 표시되어 있어도 사용자는 그 내용을 볼 수만 있고 입력은 할 수 없습니다.
readonly 속성은 간단히 readonly라고만 쓰거나 readonly="readonly", 또는 readonly= "true"로 지정합니다.

TIP readonly 속성을 실제 사용한 예제는 05\required.html 파일을 참고하세요.

필수 입력 필드를 지정하는 required 속성

폼에 내용을 입력한 후 submit 버튼을 클릭하면 서버로 폼을 전송하는데, 이때 필수 필드에 필요한 내용이 모두 채워졌는지 검사해야 합니다. 이렇게 반드시 입력해야 하는 내용에는 required 속성을 지정해 필수 필드로 만들 수 있습니다. 이 속성을 사용하려면 required=

"required"라고 지정하거나 required라고만 해도 됩니다.

다음 예제는 배송 정보 맨 위에 주문 상품을 표시하는데 readonly 속성을 사용해서 읽기 전용으로 만들었습니다. 다른 폼 요소와 같은 형태이지만 사용자가 입력할 수는 없죠. 그리고 required 속성을 사용해 '이름'과 '배송 주소', '연락처'를 필수 필드로 지정했습니다. 필수 필드를 입력하지 않은 상태로 [주문하기] 버튼을 클릭해 보세요. 브라우저에서 오류 메시지를 보여 줄 것입니다. 따로 프로그래밍을 하지 않아도 속성만으로 해결할 수 있다니 참 편리하지요?

TIP 참고로 필수 필드에 입력하지 않을 경우에 나타나는 오류 메시지는 브라우저마다 다릅니다.

Do it! readonly와 required 속성 사용하기

```html
<form>
  <fieldset>
    <legend>배송 정보</legend>
    <ul id="shipping">
      <li>
        <label for="prod">주문 상품</label>
        <input type="text" id="prod" value="상품용 3KG" readonly>
      </li>
      <li>
        <label for="user-name">이름</label>
        <input type="text" id="user-name" autofocus required>
      </li>
      <li>
        <label for="addr">배송 주소</label>
        <input type="text" id="addr" required>
      </li>
      <li>
        <label for="mail">이메일</label>
        <input type="email" id="mail">
      </li>
      <li>
        <label for="phone">연락처</label>
        <input type="tel" id="phone" placeholder="하이픈 빼고 입력해 주세요.
 (01012345678)" required>
      </li>
      <li>
        <label for="d-day">배송 지정</label>
        <input type="date" id="d-day"> <small>(주문일로부터 최소 3일 이후)</small>
      </li>
```

```
    </ul>
  </fieldset>
  <div>
    <input type="submit"  ∨            ="주문하기">
    <input type="reset" value="취소하기">
  </div>
</form>
```

정답: prod, required, value

┌─ 배송 정보 ──────────────────────────────┐
│ 주문 상품 상품용 3KG   │
│ 이름   고경희   │
│ 배송 주소 | │
│ 이메일   ┌─[!] 이 입력란을 작성하세요.─┐ │
│ 연락처   하이폰 빼고 입력해 주세요 (01012345678)│
│ 배송 지정 연도-월-일   (주문일로부터 최소 3일 이후) │
│   │
│   ┌──────────┐   ┌──────────┐   │
│   │ 주문하기 │   │ 취소하기 │   │
│   └──────────┘   └──────────┘   │
│   ↖   │
└──┘

readonly와 required 속성 사용하기

Do it! 실습 ▸ **회원 가입 신청서에 속성 지정하기**

[준비] 앞에서 저장한 register.html   [완성] 05\results\register-2.html

05-2절에서 만든 회원 가입 신청서에 이어서 이번에는 `<input>` 태그의 주요 속성을 지정해

보겠습니다. VS Code에서 준비 파일을 열고 하나씩 따라   **TIP** 05-2절의 실습을 하지 않았다면 05\
                                                    results\register-1.html의 코드를 복사해
해보세요.   서 05\register.html에 붙여 넣고 따라 하
                                                    세요.

1단계 autofocus와 placeholder 속성 넣기

회원 가입 신청서를 불러오자마자 아이디를 입력할 수 있도록 [아이디] 필드에 입력 커서를

표시하려면 autofocus 속성을 추가해야겠죠?

[아이디]와 [비밀번호] 필드에 힌트 내용이 나타나도록 placeholder 속성도 추가합니다. [아

이디], [이메일], [비밀번호], [비밀번호 확인] 필드 모두 required 속성을 넣어서 필수 필드로

지정합니다.

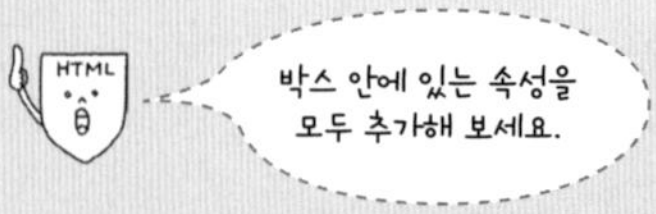

```
<ul>
  <li>
    <label for="uid">아이디</label>
    <input type="text" id="uid" autofocus placeholder="4자 ~ 10자 사이, 공백 없이"
required>
  </li>
  <li>
    <label for="umail">이메일</label>
    <input type="email" id="umail" required>
  </li>
  <li>
    <label for="pwd1">비밀번호</label>
    <input type="password" id="pwd1" placeholder="문자와 숫자, 특수 기호 포함"
required>
  </li>
  <li>
    <label for="pwd2">비밀번호 확인</label>
    <input type="password" id="pwd2" required>
  </li>
</ul>
```

박스 안에 있는 속성을
모두 추가해 보세요.

2단계 checked 속성 넣기

라디오 버튼 2개 중에서 [메일 수신 안 함] 항목을 기본으로 선택해 놓으려고 합니다. 다음과
같이 두 번째 라디오 버튼 코드에서 checked 속성을 추가하세요.

```
<fieldset>
  <legend>이벤트와 새로운 소식</legend>
  <input type="radio" name="mailing" id="mailing_y" value="mailing_yes">
  <label for="mailing_y">메일 수신</label>
  <input type="radio" name="mailing" id="mailing_n" value="mailing_no" checked>
  <label for="mailing_n">메일 수신 안 함</label>
</fieldset>
```

3단계 브라우저에서 확인하기

수정한 코드를 저장한 후 웹 브라우저로 확인해 보세요. 다음 그림처럼 지금까지 작성한 속성
이 적용되었습니다.

회원 가입 신청서를 열면 [아이디] 필드에 자동으로 커서 표시하기

필수 필드로 지정한 곳에 값을 입력하지 않고 [가입하기]를 클릭하면 다음 그림과 같이 오류 메시지가 나타나는 것도 확인해 보세요.

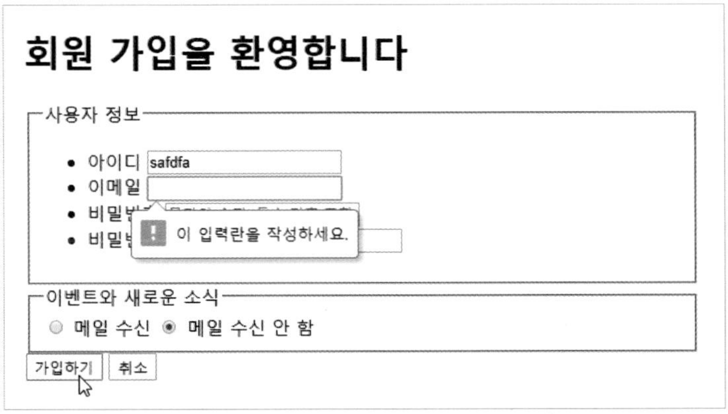

이메일을 입력하지 않으면 나타나는 오류 메시지

05-4 폼에서 사용하는 여러 가지 태그

지금까지 살펴본 〈input〉 태그는 폼에서 간단한 한 줄짜리 내용을 입력할 때 사용합니다. 이번 절에서는 〈input〉 태그 외에 폼에서 사용하는 태그를 살펴보겠습니다.

여러 줄을 입력하는 텍스트 영역 〈textarea〉 태그

폼에서는 〈textarea〉 태그로 텍스트를 여러 줄 입력하는 영역을 만들 수도 있는데, 이 영역을 **텍스트 영역**textarea이라고 합니다. 〈textarea〉 태그는 게시판에서 글을 입력하거나 회원 가입 양식에서 사용자 약관을 표시할 때 자주 사용합니다.

> 기본형   `<textarea>내용</textarea>`

〈textarea〉 태그에서는 너비 크기를 지정하는 cols 속성과 텍스트를 화면에 몇 줄 표시할지를 지정하는 rows 속성을 사용합니다. cols에서 지정하는 글자 수는 영문자를 기준으로 합니다. 한글 1글자는 영문자 2글자에 해당하므로, 예를 들어 cols="40"으로 지정하면 한글은 20글자 정도가 됩니다.

TIP cols에서 지정하는 글자 수는 사용하는 글꼴이나 글자 크기에 따라 달라질 수 있어서 크기를 정확하게 지정할 수 없으므로 대략 그 정도의 크기를 지정하는 것이라고 생각하면 됩니다.

〈textarea〉 태그의 속성

종류	설명
cols	텍스트 영역의 가로 너비를 문자 단위로 지정합니다.
rows	텍스트 영역의 세로 길이를 줄 단위로 지정합니다. 지정한 숫자보다 줄 개수가 많아지면 스크롤 막대가 생깁니다.

다음은 〈textarea〉 태그를 사용해 사용자가 상품 주문서의 배송 정보에 메모를 간단히 남길 수 있도록 만든 예제입니다.

Do it! 텍스트를 여러 줄 입력할 수 있는 [메모] 필드 만들기   예제 파일 05\textarea.html

```
<label for="memo">메모</label>
<textarea id="memo" cols="40" rows="4"></textarea>
```

[메모] 필드 만들기

드롭다운 목록을 만들어 주는 〈select〉, 〈option〉 태그

사용자가 내용을 직접 입력하지 않고 여러 옵션 중에서 선택하게 하려면 드롭다운 목록을 사용합니다. 드롭다운 목록은 목록을 클릭했을 때 옵션이 요소 아래쪽으로 펼쳐져서 붙인 이름입니다.

드롭다운 목록은 〈select〉 태그와 〈option〉 태그를 이용해 표시합니다. 〈select〉 태그로 드롭다운 목록의 시작과 끝을 표시하고, 그 안에 〈option〉 태그를 사용해 원하는 항목을 추가하죠. 〈option〉 태그에는 value 속성을 이용해 서버로 넘겨주는 값을 지정합니다.

```
기본형    <select>
            <option value="값1">내용1</option>
            <option value="값2">내용2</option>
            ......
        </select>
```

〈select〉 태그의 속성 알아보기

〈select〉 태그를 사용해 만든 드롭다운 목록은 기본적으로 옵션이 하나만 표시되는데, 옆에 있는 화살표를 클릭해 나머지 옵션을 살펴본 후 필요한 항목을 선택할 수 있습니다. 이때 size 속성이나 multiple 속성을 이용하면 드롭다운 목록의 크기나 선택할 항목의 개수를 조절할 수 있습니다.

종류	설명
size	화면에 표시할 드롭다운 항목의 개수를 지정합니다.
multiple	드롭다운 목록에서 둘 이상의 항목을 선택할 때 사용합니다.

〈option〉 태그의 속성 알아보기

드롭다운 목록에 표시되는 옵션은 〈option〉 태그를 이용해 지정합니다. 〈option〉 태그에서만 사용하는 속성은 다음과 같습니다.

〈option〉 태그의 속성

종류	설명
value	해당 항목을 선택할 때 서버로 넘겨줄 값을 지정합니다.
selected	드롭다운 메뉴를 삽입할 때 기본적으로 선택해서 보여 줄 항목을 지정합니다.

상품 주문서 양식을 만들 때 상품을 선택하는 드롭다운 메뉴를 만들어 보겠습니다. 〈option〉 태그 4개를 사용해서 각 항목을 만들고, 항목마다 value 속성을 사용해서 서버로 넘겨줄 값도 지정합니다. 그리고 첫 번째 항목이 기본적으로 목록에 보이도록 selected 속성을 추가합니다.

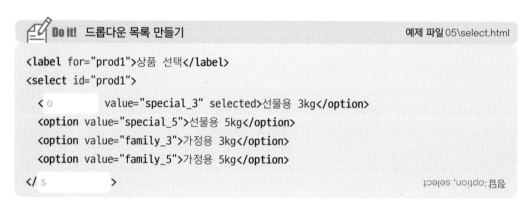

Do it! 드롭다운 목록 만들기 예제 파일 05\select.html

```
<label for="prod1">상품 선택</label>
<select id="prod1">
  < o          value="special_3" selected>선물용 3kg</option>
  <option value="special_5">선물용 5kg</option>
  <option value="family_3">가정용 3kg</option>
  <option value="family_5">가정용 5kg</option>
</  s          >
```
정답: option, select

드롭다운 목록 만들기

버튼을 만들어 주는 〈button〉 태그

앞에서 〈input〉 태그의 필드를 사용하여 버튼을 삽입해 본 것 기억나지요? 비슷해 보이지만 〈button〉 태그를 이용하여 폼을 전송하거나 초기화하는 버튼을 삽입할 수 있습니다.

기본형   `<button type="submit">내용</button>`
          `<button type="reset">내용</button>`
          `<button type="button">내용</button>`

〈button〉 태그의 type 속성은 버튼이 활성화되었을 때 어떤 동작을 할지 지정합니다. submit, reset, button 중에서 선택할 수 있고 만약 지정하지 않으면 submit을 선택한 것으로 간주합니다.

〈button〉 태그의 type 속성

종류	설명
submit	폼을 서버로 전송합니다. `<input type="submit">`과 같은 기능을 합니다.
reset	폼에 입력한 내용을 초기화합니다. `<input type="reset">`과 같은 기능을 합니다.
button	버튼 형태만 만들 뿐 자체 기능은 없습니다. `<input type="button">`과 같은 기능을 합니다.

화면 낭독기로 웹 문서를 읽어 줄 때 〈button〉 태그를 만나면 이 부분에 버튼이 있다는 것을 알고 정확히 전달합니다. 그리고 〈button〉 태그는 폼뿐만 아니라 버튼이 필요한 웹 문서 어느 곳에서라도 다양하게 활용할 수 있습니다. 〈button〉 태그에는 콘텐츠를 포함할 수 있어서 아이콘을 추가하거나 CSS를 이용해 원하는 형태로 꾸밀 수도 있습니다.

다음 예제는 상품 주문서의 [주문하기] 버튼과 [취소하기] 버튼을 〈button〉 태그로 삽입한 것입니다.

Do it! 〈button〉 태그를 사용해 버튼 삽입하기　　　　　예제 파일 05\button-3.html

```
<button type="submit">주문하기</button>
<button type="reset">취소하기</button>
```

배송 정보

- 이름
- 배송 주소
- 이메일
- 연락처
- 배송 지정 [연도-월-일 📅] (주문일로부터 최소 3일 이후)

- 메모

[주문하기] [취소하기]

〈button〉 태그를 사용해 버튼 삽입하기

Do it! 실습 ▶ 드롭다운 목록과 텍스트 영역 추가하기

[준비] 앞에서 저장한 register.html   **[완성]** 05\results\register-3.html

05-3절에서 만든 회원 가입 신청서에 이어서 지금까지 배운 드롭다운 목록과 텍스트 영역을 추가해서 폼을 완성해 보겠습니다.

> **TIP** 앞의 실습을 하지 않았다면 05\results\register-2.html의 코드를 복사해서 05\register.html에 붙여 넣고 따라 하세요.

1단계 드롭다운 목록 삽입하기

[비밀번호 확인] 필드 아래에 드롭다운 목록을 추가해 보겠습니다. **</ul>** 태그 앞에 다음 코드를 모두 추가하세요.

```html
<li>
  <label for="path">가입 경로</label>
  <select id="path">
    <option value="blog">블로그</option>
    <option value="search">검색</option>
    <option value="sns">SNS</option>
    <option value="etc">기타</option>
  </select>
</li>
```

2단계 텍스트 영역 삽입하기

드롭다운 목록 아래에 간단한 내용을 입력할 수 있는 텍스트 영역을 추가합니다. 텍스트 영역의 가로는 40자를 입력할 수 있고, 세로는 4줄까지 보이도록 지정합니다. placeholder 속성을 사용해서 힌트도 간단히 남겨 주세요. 수정한 코드를 저장한 후 드롭다운 목록과 텍스트 영역이 제대로 삽입되었는지 웹 브라우저에서 확인해 보세요.

TIP cols="40"은 영문자일 경우 40자, 한글일 경우 20자 정도의 너비입니다.

```
<li>
  <label for="memo">메모</label>
  <textarea cols="40" rows="4" placeholder="남길 말씀이 있다면 여기에"></textarea>
</li>
```

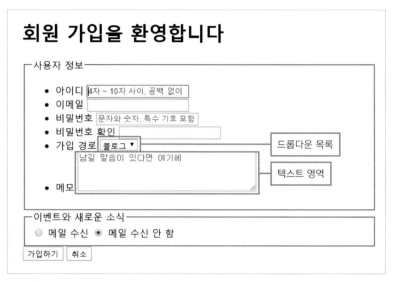

드롭다운 목록과 텍스트 영역 삽입하고 확인하기

TIP 둘째마당에서 배울 CSS를 적용하면 폼을 좀 더 보기 좋게 만들 수 있습니다. 05\results\result-4.html 파일을 보면 CSS를 적용하여 완성한 회원 가입 신청서가 있습니다. 이 파일을 웹 브라우저에서 확인해 보세요.

(!) 알아 두면 좋아요! 폼과 웹 접근성

폼을 작성할 때는 역시 웹 접근성을 염두에 두어야 합니다. 폼에서 특히 중요한 것은 입력 필드마다 레이블을 정확하게 지정해야 한다는 것이죠. 사용자가 입력하는 필드는 〈label〉 태그를 사용해서 레이블을 정확히 연결해야 웹 접근성을 준수할 수 있습니다.

```
<input type="checkbox" id="acceptTerms" name="terms">
<label for="acceptTerms">이용 약관에 동의합니다.</label>
```

가끔 화면에 테이블(텍스트)이 없는 폼도 있습니다. 이런 경우에도 코드에는 〈label〉 태그를 사용합니다. 단지 화면에 표시할 때 레이블을 감춘 것이죠.
일단 정확하게 마크업했다면 화면 낭독기를 비롯해 어떤 기기에서든 웹 페이지를 제대로 이해할 수 있습니다.

PC 화면에 어떻게 표시할지는 CSS를 사용해 얼마든지 바꾸면 되고요.

폼에서 웹 접근성을 고려하려면 [Tab]을 눌러서 폼 안의 필드를 차례로 이동할 수 있어야 합니다. 앞에서 설명한 대로 레이블을 사용하고 태그와 속성을 맞게 작성했다면 [Tab]을 사용해서 이동하는 데 아무 문제가 없습니다. 05\results\register-4.html 문서를 웹 브라우저에 열고 [Tab]을 눌러 보세요. 필드를 순서대로 이동하면서 필요한 내용을 입력할 수 있습니다.

회원 가입을 환영합니다

┌ 사용자 정보 ─────────────────┐

아이디　　　 abcd

이메일　　　 abcd@aaa.com

비밀번호　　 •••••

비밀번호 확인 •••••

가입 경로　　 SNS ▾

메모　　　　 없음

└──────────────────────────┘

┌ 이벤트와 새로운 소식 ──────────┐
○ 메일 수신　● 메일 수신 안 함
└──────────────────────────┘

[가입하기]　　[취소]

[Tab]으로 필드를 이동할 수 있는 폼

확인! 🔍

모르겠다면?		알겠다면!
← 125쪽	웹에서 자주 만나는 폼의 형태를 이해했나요?	☑
← 129쪽	폼 요소에서 <label> 태그를 사용해야 하는 이유를 이해했나요?	☐
← 133쪽	폼에서 텍스트 필드와 비밀번호 필드를 이해하고, 각 필드에서 사용하는 속성을 이해했나요?	☐
← 136쪽	라디오 버튼과 체크 박스 버튼의 차이를 이해하고, 원하는 형태로 작성할 수 있나요?	☐
← 146쪽	전송 버튼과 리셋 버튼을 만들 수 있나요?	☐
← 152쪽	<input> 태그의 다양한 속성을 이해했나요?	☐
← 158쪽	<textarea> 태그와 <select> 태그의 용도를 이해하고, 용도에 맞게 작성할 수 있나요?	☐

1 웹 폼을 생성할 때 사용하는 HTML 태그는 (① ⟨form⟩ / ② ⟨input⟩) 입니다.

2 사용자에게 한 줄짜리 텍스트 입력을 요구하는 폼 요소는 (① ⟨input type="password"⟩ / ② ⟨input type="text"⟩) 입니다.

3 폼 데이터를 서버로 전송하는 버튼을 만들 때 사용하는 ⟨input⟩ 태그의 type값은 (① submit / ② button) 입니다.

4 ⟨select⟩ 태그 내부에서 개별 옵션을 정의할 때 사용하는 태그는 (① ⟨option⟩ / ② ⟨item⟩) 입니다.

5 ⟨label⟩ 태그의 주요 목적은 무엇인가요?
 ① 폼 요소를 그룹화하기 위해
 ② 사용자가 폼 요소를 더 쉽게 식별할 수 있도록 도와주기 위해
 ③ 데이터를 서버로 전송하기 위해

6 사용자로부터 비밀번호를 안전하게 입력받을 때 사용하는 ⟨input⟩ 태그의 type 속성값은 _____ 입니다.

7 사용자가 입력한 데이터를 초기화하고 폼을 비울 때 사용하는 ⟨input⟩ 태그의 type 속성값은 _____ 입니다.

8 ⟨input type="radio"⟩를 쓰면 사용자가 여러 옵션 중 하나만 선택할 수 있습니다. (O / X)

9 ⟨textarea⟩ 태그는 닫는 태그가 필요하지 않습니다. (O / X)

10 사용자 이름을 입력받는 필드를 작성하려고 합니다. 빈칸을 채워 코드를 완성하세요.

```
<label  ①          ="username">사용자 이름:</label>
<input type="text" id=" ②        " name="username">
```

11 다음 완성 화면은 예약 정보 페이지의 일부입니다. 코드에서 빈칸을 채워 예약 정보 폼을 완성하세요.

완성 화면

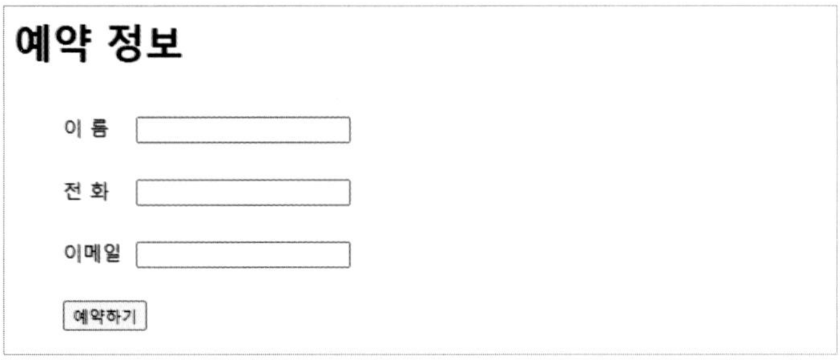

예약 정보

이 름 [ ]

전 화 [ ]

이메일 [ ]

[예약하기]

```
<form>
  <ul>
    <li>
      <[      ]  for="r-name">이 름</[      ]>
      <input type="[      ]" id="r-name">
    </li>
    <li>
      <label for="r-phone">전 화</label>
      <input type="[      ]" id="[      ]">
    </li>
    <li>
      <label [      ]>이메일</label>
      <input type="email" id="r-email">
    </li>
    <li>
      <input type="[      ]" [      ]="예약하기">
    </li>
  </ul>
</form>
```

12 '프런트엔드 개발자 지원서' 폼을 만들려고 합니다. 완성 화면과 〈힌트〉를 참고해 〈form〉과 〈/form〉 태그 사이에 코드를 작성해 보세요.

완성 화면	문제 파일 05\quiz-2.html

프런트엔드 개발자 지원서

HTML, CSS, 자바스크립트의 기술을 이해하고 실무 경험이 있는 분을 찾습니다.

개인 정보

이름 [공백 없이 입력하세요.]
연락처 [　　　　　　　　]

지원 분야

○ 웹 퍼블리싱
○ 웹 애플리케이션 개발
○ 개발 환경 개선

지원 동기

[본사 지원 동기를 간략히 써 주세요.
　　　　　　　　　　　　　　　　]

[접수하기] [다시 쓰기]

🔎 **힌트**

1. 폼 요소를 삽입할 때 〈label〉 태그를 사용해야 합니다.

2. [이름] 필드는 텍스트 필드로 삽입하고 '공백 없이 입력하세요.'라는 힌트를 표시합니다.

3. [연락처] 필드는 전화번호 형식에 맞게 삽입합니다.

4. [지원 동기]는 텍스트를 여러 줄 입력할 수 있는 텍스트 영역 필드로 삽입합니다.

5. 텍스트 영역의 글자 수는 60자, 화면에 표시할 줄 개수는 5개로 지정합니다.

6. 텍스트 영역에 '본사 지원 동기를 간략히 써 주세요.'라는 힌트를 표시합니다.

7. 버튼은 〈input〉 태그나 〈button〉 태그를 이용해 만듭니다.

둘째 마당

CSS 다루기

웹 문서의 기본 골격은 HTML 태그로 모두 갖추었는데 왠지 심심해 보이나요? 그림이나 글자가 정리되지 않은 채 나열되어 어설퍼 보이나요? 지금부터 이 문서에 옷을 입혀 보겠습니다. 앞에서 HTML 태그로 작성한 웹 문서 내용에 디자인으로 옷을 입혀 주는 것이 바로 CSS(cascading style sheets)입니다. CSS는 웹 디자인이나 웹 개발에서 매우 중요합니다. HTML보다 더 많은 역할을 한다고 볼 수 있죠. 여기에서 CSS의 주요 속성을 익혀 한층 더 멋진 웹 디자인으로 업그레이드해 보세요.

06

CSS의 기본

CSS는 HTML과 함께 웹 표준의 기본 개념입니다. HTML이 텍스트나 이미지, 표 같은 요소를 웹 문서에 넣어 뼈대를 만드는 역할을 한다면 CSS는 텍스트나 이미지, 배경의 크기나 배치 방법 등의 요소를 이용하여 디자인을 담당하죠. 웹 문서에 생기를 불어넣는 CSS의 기본 개념부터 차근차근 살펴보겠습니다.

이 장을 다 공부하면!
- 웹 개발에서 CSS의 역할을 이해해요.
- 스타일과 스타일 시트가 무엇인지 알게 돼요.
- CSS의 기본 선택자를 사용할 수 있어요.

06-1 스타일과 스타일 시트

일상 생활에서 스타일이라는 말을 사용하듯 웹 문서에도 스타일이 있습니다. 다만 웹에서는 미리 약속한 스타일 속성을 입력해 디자인하죠. 왜 스타일을 사용하는지 알아보고 웹 문서에서 스타일을 정의하는 방법에 대해 살펴보겠습니다.

스타일을 왜 사용할까?

웹 문서에서 **스타일**^{style}이란 HTML 문서에서 자주 사용하는 글꼴이나 색상, 정렬, 각 요소의 배치 방법과 같이 문서의 겉모습을 결정짓는 것을 가리킵니다. 예를 들어 텍스트 단락에서 줄 간격을 조절하고 표의 테두리를 점선으로 바꾸는 것도 스타일로 정의하죠. 그런데 이런 작업을 앞에서 배운 HTML로 하지 않고 따로 스타일을 사용하는 이유가 무엇일까요? 지금부터 그 이유를 살펴보겠습니다.

웹 문서의 내용과 상관없이 디자인만 바꿀 수 있습니다

HTML로는 웹 사이트의 내용을 나열하고 CSS로는 웹 문서의 디자인을 구성한다는 아이디어가 바로 웹 표준의 시작입니다.

이렇게 내용과 디자인이 구분되어 있으면 사이트의 내용을 수정할 때에도 디자인에 전혀 영향을 미치지 않아 편리하죠. 또한 반대로 내용은 건드리지 않은 상태에서 스타일 시트를 이용해 디자인만 바꿔서 완전히 다른 느낌이 나는 문서로 만들 수도 있습니다.

앞에서 폼을 공부하면서 만들었던 쇼핑몰 회원 가입 양식을 기억하나요? 다음 왼쪽 그림은 단순히 HTML 태그만 사용해서 만든 양식인데, 여기에 CSS 스타일을 적용해서 꾸미면 오른쪽 화면처럼 보기 좋게 바뀝니다.

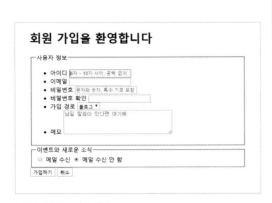

HTML 태그로 만든 양식

CSS 스타일을 적용한 양식

다양한 기기에 맞게 탄력적으로 바뀌는 문서를 만들 수 있습니다

기존 HTML 문서는 PC의 웹 브라우저 화면을 기본으로 해서 작성하므로 인쇄하려면 용지에 맞게 따로 작성해야 했습니다. 또한 모바일용 홈페이지가 필요할 경우에도 스마트폰 브라우저에 적합하게 문서를 따로 만들어야 했죠. 하지만 HTML로 작성한 내용은 그대로 두고 대상 기기에 맞게 CSS만 바꿔 주면 같은 내용을 여러 기기에서 볼 수 있으니 편리하겠죠?

다음 그림은 앞으로 배울 반응형 웹 디자인을 적용한 사이트입니다. **반응형 웹 디자인**이란 사용자가 PC로 접속하든, 모바일로 접속하든 웹 브라우저의 크기에 따라 화면 레이아웃을 자동으로 바꿔 주는 방법을 말합니다. 웹 문서는 하나만 작성하고 두 기기에서 작동하도록 만드는 것이 바로 스타일의 역할입니다.

반응형 웹 디자인을 적용한 웹 사이트

스타일 형식 알아보기

CSS 스타일의 형식은 다음과 같습니다.

기본형　**선택자 { 속성1: 속성값1; 속성2: 속성값2; }**

맨 앞에는 스타일을 어느 부분에 적용할 것인지 알려 주는 선택자가 있고, 그 뒤 중괄호({ }) 사이에는 스타일 정보를 넣습니다. 속성과 값이 쌍으로 이루어진 것을 **스타일 규칙**이라고 하는데, 세미콜론(;)으로 구분해서 여러 개를 지정할 수 있습니다. 예를 들어 텍스트 단락의 글자를 가운데로 정렬하고 글자색을 파랑으로 지정하고 싶다면 다음과 같이 작성합니다.

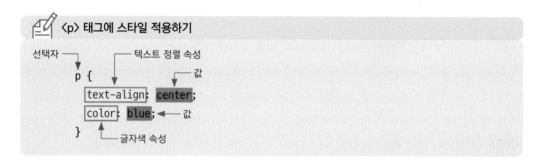

스타일을 텍스트 단락에 적용할 것이므로 선택자를 p로 지정했습니다. 그리고 중괄호({ }) 사이에 텍스트 정렬을 지정하는 **text-align** 속성과 글자색을 지정하는 **color** 속성을 사용해서 2개의 스타일 규칙을 만들었습니다. 이제부터 다양한 CSS 속성을 알아보고 각 속성마다 어떤 값을 사용하는지 알아보겠습니다.

TIP color 속성은 07-3절에서 배웁니다.

스타일 규칙을 작성하는 방법

스타일 규칙은 세미콜론(;)으로 구분하여 중괄호({ }) 안에 나열한다고 했죠? 이때 사용할 스타일 속성이 여러 개일 경우 한 줄에 하나씩 적는 것이 이해하기도 편하고 오른쪽에 주석을 붙여 코드를 관리하기에도 좋습니다. 하지만 CSS 스타일의 기본형처럼 코드가 길어지지 않도록 중괄호({ }) 사이에 스타일 규칙을 한 줄로 표기하기도 합니다. 다시 말해 다음 2가지 코드는 모두 같은 스타일을 나타냅니다.

CSS 여러 줄로 표기하기

```
p {
  text-align: center;
  color: blue;
}
```

CSS 한 줄로 표기하기

```
p { text-align: center; color: blue; }
```

스타일의 주석을 표기하는 방법

태그에서 주석을 사용한 것처럼 스타일에도 주석을 덧붙일 수 있습니다. 주석을 표시할 때는 /*와 */ 사이에 내용을 입력하는데, 이때 한 줄 또는 여러 줄이 들어갈 수도 있습니다.

TIP VS Code에서는 Ctrl + ? 를 누르면 주석 기호가 자동으로 입력됩니다.

CSS 주석 처리하기

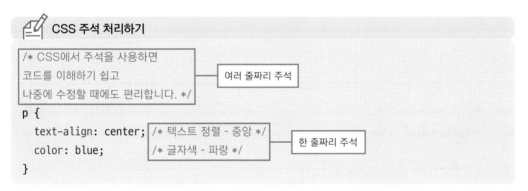

```
/* CSS에서 주석을 사용하면
코드를 이해하기 쉽고
나중에 수정할 때에도 편리합니다. */          ── 여러 줄짜리 주석
p {
  text-align: center;   /* 텍스트 정렬 - 중앙 */
  color: blue;          /* 글자색 - 파랑 */      ── 한 줄짜리 주석
}
```

> **⚠ 알아 두면 좋아요!** **CSS 코드 경량화**
>
> CSS 코드에 주석을 넣거나 줄 바꿈을 하는 것은 웹 사이트 작성자가 알아보기 쉽도록 하는 것일 뿐 웹 브라우저에는 아무 의미가 없습니다. 웹 브라우저에서 CSS 코드를 읽을 때는 선택자와 속성, 그리고 속성값만 의미가 있죠. CSS 코드는 네트워크를 이용해 파일로 내려받으므로 되도록이면 파일 크기가 작은 것이 좋습니다. 그래서 CSS 코드가 길면 주석이나 줄 바꿈, 공백 등을 제거하고 꼭 필요한 정보만 남겨서 파일 크기를 작게 만들어 사용합니다. 이것을 CSS 코드 경량화(minify)라고 합니다.
>
> 인터넷에서 'css minify' 또는 'css compress'를 검색하면 CSS 코드 파일의 크기를 줄여 주는 다양한 툴을 찾을 수 있습니다. 예를 들어 06\css\register.css 파일에는 작성자가 쉽게 알아볼 수 있도록 주석이 들어 있고 줄 바꿈도 많습니다. 이 파일을 다음 그림과 같이 경량화 툴을 사용하면 주석을 제거하고 줄 바꿈도 없애서 크기를 작게 만들어 줍니다.

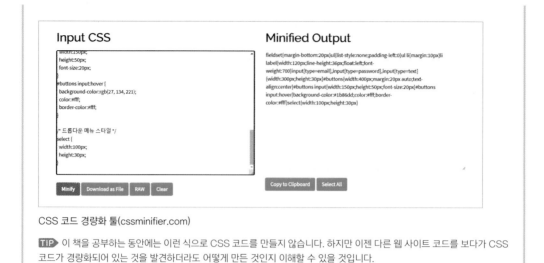

Input CSS
```
width:150px;
height:50px;
font-size:20px;

#buttons input:hover {
background-color:rgb(27, 134, 221);
color:#fff;
border-color:#fff;

/* 드롭다운 메뉴 스타일 */
select {
width:100px;
height:30px;
```

Minified Output
```
fieldset{margin-bottom:20px}ul{list-style:none;padding-left:0}ul li{margin:10px}li
label{width:120px;line-height:36px;float:left;font-
weight:700}input[type=email],input[type=password],input[type=text]
{width:300px;height:30px}#buttons{width:400px;margin:20px auto;text-
align:center}#buttons input{width:150px;height:50px;font-size:20px}#buttons
input:hover{background-color:#1b86dd;color:#fff;border-
color:#fff}select{width:100px;height:30px}
```

| Minify | Download as File | RAW | Clear |

| Copy to Clipboard | Select All |

CSS 코드 경량화 툴(cssminifier.com)

TIP 이 책을 공부하는 동안에는 이런 식으로 CSS 코드를 만들지 않습니다. 하지만 이젠 다른 웹 사이트 코드를 보다가 CSS 코드가 경량화되어 있는 것을 발견하더라도 어떻게 만든 것인지 이해할 수 있을 것입니다.

스타일 시트 알아보기

웹 문서 안에서는 스타일 규칙을 여러 개 사용합니다. 이런 스타일 규칙을 한눈에 확인하고 필요할 때마다 수정하기도 쉽도록 한군데 묶어 놓은 것을 **스타일 시트**라고 합니다. 스타일 시트는 크게 웹 브라우저에 기본으로 만들어져 있는 **브라우저 기본 스타일**과 사이트 제작자가 만드는 **제작자 스타일**로 나눌 수 있습니다. 제작자 스타일은 다시 **인라인 스타일**과 **내부 스타일 시트**, **외부 스타일 시트**로 나뉩니다.

스타일 시트의 갈래

브라우저 기본 스타일

CSS를 사용하지 않은 웹 문서라 하더라도 웹 브라우저에 표시할 때는 자동으로 스타일이 적용되는데, 이것을 **브라우저 기본 스타일**이라고 합니다.

예를 들어 06\no-style.html 문서를 웹 브라우저에서 열어 보세요. **<h1>** 태그를 사용한 제목 텍스트는 글자가 크게 표시되고 <p> 태그를 사용한 본문 텍스트는 제목보다 작게 표시됩니다. 그리고 제목 텍스트 위쪽과 아래쪽에 여백이 약간 있는 것도 보이죠? 이런 것들이 모두 브라우저에서 미리 정해 놓은 기본 스타일입니다.

브라우저 기본 스타일 적용하기

간단한 스타일 정보를 적용하는 인라인 스타일

간단한 스타일 정보라면 스타일 시트를 사용하지 않고 스타일을 적용할 대상에 직접 표시할 수 있습니다. 이런 방법을 **인라인 스타일**이라고 합니다. 스타일을 적용하고 싶은 부분이 있다면 해당 태그에 style 속성을 사용해 style="속성: 속성값;" 형태로 스타일을 지정할 수 있습니다. 다음 예제는 첫 번째 <p> 태그에 인라인 스타일을 사용해 글자를 파란색으로 바꾼 것입니다.

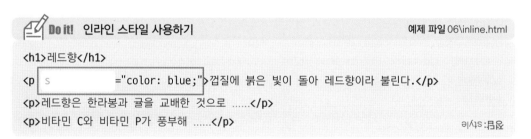

```
Do it!  인라인 스타일 사용하기                          예제 파일 06\inline.html

<h1>레드향</h1>
<p  s            ="color: blue;">껍질에 붉은 빛이 돌아 레드향이라 불린다.</p>
<p>레드향은 한라봉과 귤을 교배한 것으로 ......</p>
<p>비타민 C와 비타민 P가 풍부해 ......</p>                         정답: style
```

레드향

껍질에 붉은 빛이 돌아 레드향이라 불린다.

레드향은 한라봉과 귤을 교배한 것으로 일반 귤보다 2~3배 크고, 과육이 붉고 통통하다.

비타민 C와 비타민 P가 풍부해 혈액순환, 감기예방 등에 좋은 것으로 알려져 있다.

인라인 스타일 적용하기

문서 안에 스타일을 모아 놓은 내부 스타일 시트

웹 문서 안에서 사용할 스타일을 같은 문서 안에 정리한 것을 **내부 스타일 시트**라고 합니다. 스타일 정보는 웹 문서를 브라우저 화면에 표시하기 전에 결정해야 하므로 모든 스타일 정보는 <head> 태그 안에서 정의하고 <style>과 </style> 태그 사이에 작성합니다. 다음 예제는 <h1> 태그를 사용한 부분에 배경색과 글자색을 지정한 것입니다.

TIP 다음 예제에서 사용한 속성과 속성값은 앞으로 배울 것이므로 지금은 스타일 시트의 위치만 확인하세요.

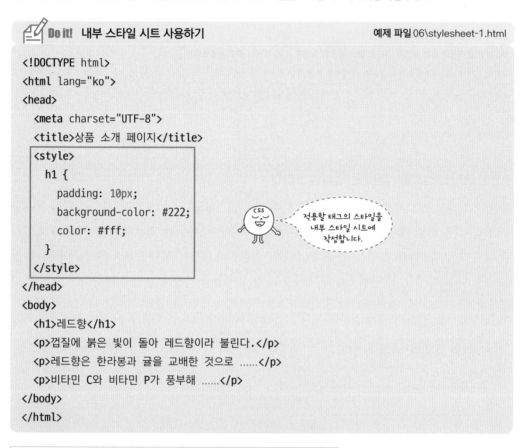

```
<!DOCTYPE html>
<html lang="ko">
<head>
  <meta charset="UTF-8">
  <title>상품 소개 페이지</title>
  <style>
    h1 {
        padding: 10px;
        background-color: #222;
        color: #fff;
    }
  </style>
</head>
<body>
  <h1>레드향</h1>
  <p>껍질에 붉은 빛이 돌아 레드향이라 불린다.</p>
  <p>레드향은 한라봉과 귤을 교배한 것으로 ......</p>
  <p>비타민 C와 비타민 P가 풍부해 ......</p>
</body>
</html>
```

적용할 태그의 스타일을 내부 스타일 시트에 작성합니다.

내부 스타일 시트 적용하기

스타일 정보를 따로 저장해 놓은 외부 스타일 시트

웹 사이트를 만들 때 하나의 웹 문서로 끝나는 경우는 거의 없습니다. 대부분 디자인에 일관성이 있도록 같은 스타일을 여러 웹 문서에 사용하죠. 그런데 그때마다 웹 문서마다 똑같은 내부 스타일 시트로 만든다면 서버 공간은 물론 문서를 내려받는 시간까지 낭비합니다. 따라서 사이트를 제작할 때는 여러 웹 문서에서 사용할 스타일을 별도 파일로 저장해 놓고 필요할 때마다 가져와서 사용하는 것이 일반적입니다. 이렇게 따로 저장해 놓은 스타일 정보를 **외부 스타일 시트**라 하고 *.css라는 파일 확장자를 사용합니다. 외부 스타일 시트 파일은 대부분 css라는 폴더를 따로 만들어서 그 폴더에 저장합니다.

외부 스타일 시트 파일에 스타일을 작성할 때는 `<style>` 태그를 사용하지 않습니다. 그리고 이렇게 만든 외부 스타일 시트는 웹 문서에 연결해야 문서에 스타일이 적용됩니다. 외부 스타일 시트를 연결할 때 사용하는 태그는 `<link>` 태그입니다.

기본형 `<link rel="stylesheet" href="외부 스타일 시트 파일 경로">`

다음 예제는 `<h1>` 태그를 사용한 부분에 배경색과 글자색을 style.css라는 외부 스타일 시트 파일에 지정해 놓고, HTML 파일에서 style.css를 링크한 것입니다. stylesheet-2.html 파일을 실행하면 외부 스타일 시트에 있는 스타일 정보가 적용된 것을 볼 수 있습니다.

Do it! 외부 스타일 시트 사용하기(CSS 파일)
예제 파일 06\css\style.css

```
h1 {
  padding: 10px;
  background-color: #222;
  color: #fff;
}
```

Do it! 외부 스타일 시트 사용하기(HTML 파일)
예제 파일 06\stylesheet-2.html

```
<!DOCTYPE html>
<html lang="ko">
<head>
  <meta charset="UTF-8">
  <title>상품 소개 페이지</title>
  <link rel=" s          " href="css/style.css">
</head>
<body>
```

이곳에 외부 스타일 시트를 연결합니다.

```
<h1>레드향</ h          >
<p>껍질에 붉은 빛이 돌아 레드향이라 불린다.</p>
<p>레드향은 한라봉과 귤을 교배한 것으로 ...</p>
<p>비타민 C와 비타민 P가 풍부해 ...</p>
</body>
</html>
```

레드향

껍질에 붉은 빛이 돌아 레드향이라 불린다.

레드향은 한라봉과 귤을 교배한 것으로 일반 귤보다 2~3배 크고, 과육이 붉고 통통하다.

비타민 C와 비타민 P가 풍부해 혈액순환, 감기예방 등에 좋은 것으로 알려져 있다.

외부 스타일 시트 적용하기

06-2 CSS 기본 선택자 알아부기

스타일 규칙은 태그뿐만 아니라 웹 문서의 어떤 요소에도 적용할 수 있습니다. 선택자는 웹 문서에서 어느 부분에 스타일을 적용할지 알려 주는 것이며, 선택자를 사용하는 방법은 미리 약속되어 있습니다. 그중에서 어떤 선택자를 자주 사용하는지 알아보겠습니다.

전체 요소에 스타일을 적용하는 전체 선택자

전체 선택자^{universal selector}는 말 그대로 스타일을 문서의 모든 요소에 적용할 때 사용합니다. 주로 모든 하위 요소에 스타일을 한꺼번에 적용할 때 사용하죠. 전체 선택자는 다음과 같이 *(별표)를 사용합니다.

> 기본형   * { 속성: 값; ...... }

전체 선택자는 웹 브라우저의 기본 스타일을 초기화할 때 자주 사용합니다. 예를 들어 웹 문서 내용을 브라우저 창에 바짝 붙지 않도록 문서 내용과 브라우저 테두리 사이에 여백을 약간 두는데, 이것을 **마진**과 **패딩**이라고 합니다. 이런 여백 때문에 디자인이 깔끔하지 않을 경우 전체 선택자를 이용하여 웹 문서 전체에 마진과 패딩 여백을 0으로 지정할 수 있습니다. 다음 예제는 전체 선택자를 사용해 웹 문서의 여백을 없애서 이미지가 웹 브라우저 창에 딱 붙어서 나타나게 합니다.

TIP▶ 마진과 패딩은 08장에서 자세히 설명합니다.

> **Do it!** 전체 선택자 사용하기   예제 파일 06\universe.html

```
<!DOCTYPE html>
<html lang="ko">
<head>
  <meta charset="UTF-8">
  <title>상품 소개 페이지</title>
  <style>
    * {
      margin: 0;
```

```
      }
    </style>
  </head>
  <body>
    <img src="images/cat.jpg">
  </body>
</html>
```

전체 선택자를 사용해서 여백을 없앤 결과 비교

특정 요소에 스타일을 적용하는 타입 선택자

타입 선택자type selector는 특정 태그를 사용한 모든 요소에 스타일을 적용합니다. 다시 말해 타입 선택자를 사용해 스타일을 지정하면 해당 태그를 사용한 모든 요소에 적용됩니다.

기본형   **태그명 { 스타일 규칙 }**

예를 들어 다음 코드는 p 선택자를 사용하여 웹 문서에 있는 모든 텍스트 단락의 글자를 이탤릭체로 표시합니다. p 요소의 스타일은 한 번만 정의했지만 웹 문서에 있는 <p> 태그를 쓴 요소 3개에 모두 적용됩니다.

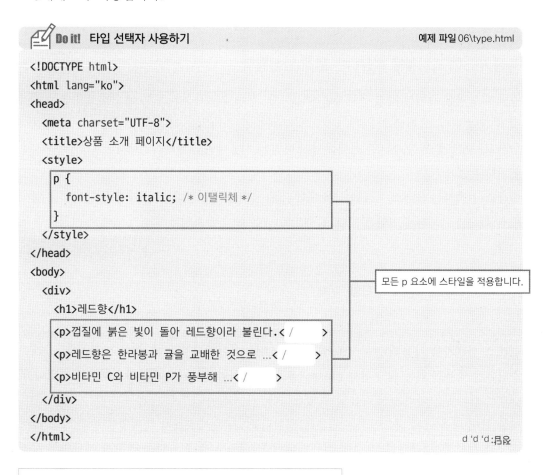

```
<!DOCTYPE html>
<html lang="ko">
<head>
  <meta charset="UTF-8">
  <title>상품 소개 페이지</title>
  <style>
    p {
      font-style: italic; /* 이탤릭체 */
    }
  </style>
</head>
<body>
  <div>
    <h1>레드향</h1>
    <p>껍질에 붉은 빛이 돌아 레드향이라 불린다.</        >
    <p>레드향은 한라봉과 귤을 교배한 것으로 ...<       >
    <p>비타민 C와 비타민 P가 풍부해 ...<       >
  </div>
</body>
</html>
```

Do it! 타입 선택자 사용하기   예제 파일 06\type.html

모든 p 요소에 스타일을 적용합니다.

정답: p, p, p

레드향

껍질에 붉은 빛이 돌아 레드향이라 불린다.

레드향은 한라봉과 귤을 교배한 것으로 일반 귤보다 2~3배 크고, 과육이 붉고 통통하다.

비타민 C와 비타민 P가 풍부해 혈액순환, 감기예방 등에 좋은 것으로 알려져 있다.

타입 선택자 적용하기

특정 부분에 스타일을 적용하는 클래스 선택자

앞에서 살펴본 것처럼 타입 선택자를 지정하면 그 태그를 사용한 모든 요소에 스타일을 적용할 수 있습니다. 그런데 같은 태그라도 일부는 다른 스타일을 사용하고 싶다면 어떻게 해야 할까요? 이렇게 특정 부분만 선택해서 스타일을 적용하려면 **클래스 선택자**^{class selector}를 사용합니다.

클래스 선택자는 클래스 이름을 사용해서 다른 선택자와 구별하는데, 이때 클래스 이름 앞에 마침표(.)를 반드시 붙여야 합니다. 클래스 이름은 나중에 기억하기 쉽게 임의로 지정하면 됩니다.

> 기본형 **.클래스명 { 스타일 규칙 }**

클래스 선택자를 사용해 만든 스타일을 **클래스 스타일**이라고 하는데, 이미 만들어 둔 클래스 스타일을 적용할 때는 태그 안에 class="클래스명"처럼 class 속성을 사용해서 지정합니다. 클래스 스타일은 여러 곳에 적용할 수 있습니다.

예를 들어 다음 예제 코드에서는 검은색 테두리를 그리는 .accent 스타일을 만든 후 <span> 태그를 사용해서 '레드향' 요소에 적용했습니다. <span> 태그는 줄을 바꾸지 않으면서 특정 부분을 묶을 때 사용합니다. 자세한 설명은 08-1절을 참고하세요.

또한 요소 하나에 클래스 스타일을 2개 이상 적용할 수도 있습니다. 클래스 스타일을 2개 이상 적용할 때는 공백으로 구분해서 스타일 이름을 적으면 됩니다. 다음 코드에서는 <h1> 태그에 accent 스타일과 bg 스타일을 동시에 적용했으므로 제목에 회색 배경도 깔리고 검은색 테두리도 그려집니다.

```
<style>
  p {
    font-style: italic;       /* 이탤릭체 */
  }
  .accent {
    border: 1px solid #000; /* 테두리 */
    padding: 5px;             /* 테두리와 내용 사이의 여백 */
  }
  .bg {
    background-color: #ddd; /* 배경색 */
  }
</style>
......
<div>
```

```
accent와 bg 클래스 선택자를 사용
```

```
  <h1 c            ="accent bg">레드향</h1>
  <p>껍질에 붉은 빛이 돌아 <span class=" a        ">레드향</span>이라 불린다.</p>
  <p>레드향은 한라봉과 귤을 교배한 것으로 ...</p>
  <p>비타민 C와 비타민 P가 풍부해 ...</p>
</div>
```

```
accent 클래스 선택자만 사용
```

정답: class, accent

레드향

껍질에 붉은 빛이 돌아 레드향 *이라 불린다.*

레드향은 한라봉과 귤을 교배한 것으로 일반 귤보다 2~3배 크고, 과육이 붉고 통통하다.

비타민 C와 비타민 P가 풍부해 혈액순환, 감기예방 등에 좋은 것으로 알려져 있다.

클래스 선택자 적용하기

특정 부분에 스타일을 한 번만 적용할 수 있는 id 선택자

id 선택자^{id selector}도 클래스 선택자와 마찬가지로 웹 문서의 특정 부분을 선택해서 스타일을 지정할 때 사용합니다. 마침표(.) 대신 # 기호를 사용한다는 점만 제외하면 스타일을 정의하는 방법은 클래스 선택자와 같습니다. 그리고 id 스타일을 웹 요소에 적용할 때는 **id="아이디명"**처럼 사용합니다.

클래스 선택자와 id 선택자의 가장 큰 차이는 **클래스 선택자가 문서에서 여러 번 적용할 수 있는 반면, id 선택자는 문서에서 한 번만 적용할 수 있다는 것**입니다. 이처럼 id 선택자는 중복해서 적용할 수 없으므로 주로 문서의 레이아웃과 관련된 스타일을 지정하거나 웹 요소에 자바스크립트 프로그램을 사용하면서 요소를 구별할 때 사용합니다.

TIP id 스타일을 여러 번 사용한다고 해서 오류가 발생하지는 않습니다.

다음 예제는 문서 내용이 화면 중앙에 배치되도록 `<div id="container">` 요소로 내용을 묶어 놓고, 스타일 시트에서 #container를 사용해 스타일을 정의합니다. 이 id 선택자를 사용하면 문서를 중앙에 배치하고 테두리를 그릴 수 있습니다.

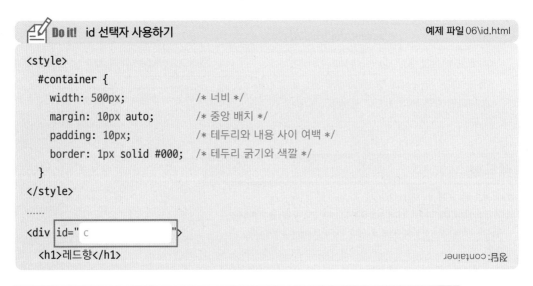

Do it! id 선택자 사용하기 　　　　　　　　　　　　　　예제 파일 06\id.html

```
<style>
  #container {
    width: 500px;           /* 너비 */
    margin: 10px auto;      /* 중앙 배치 */
    padding: 10px;          /* 테두리와 내용 사이 여백 */
    border: 1px solid #000; /* 테두리 굵기와 색깔 */
  }
</style>
......
<div id=" c            ">
  <h1>레드향</h1>
```

정답: container

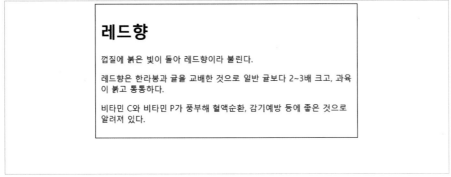

레드향

껍질에 붉은 빛이 돌아 레드향이라 불린다.

레드향은 한라봉과 귤을 교배한 것으로 일반 귤보다 2~3배 크고, 과육이 붉고 통통하다.

비타민 C와 비타민 P가 풍부해 혈액순환, 감기예방 등에 좋은 것으로 알려져 있다.

id 선택자 적용하기

같은 스타일 규칙을 사용하는 요소를 묶어 표현하기

선택자를 이용해 스타일을 정의하다 보면 여러 선택자에서 같은 스타일 규칙을 사용하는 경우가 있습니다. 이럴 때는 쉼표(,)로 구분해 여러 선택자를 나열한 후 스타일 규칙을 한 번만 정의하면 됩니다.

기본형   선택자1, 선택자2 { 스타일 규칙 }

예를 들어 <h1> 태그를 사용한 제목과 <p> 태그를 사용한 텍스트 단락을 화면 중앙에 정렬하고 싶다면 2개의 타입 선택자를 사용합니다. 이렇게 두 요소의 스타일 규칙이 같을 경우 쉼표(,)를 사용해 선택자를 나열하고 한꺼번에 정의할 수 있습니다.

Do it! h1 선택자와 p 선택자 묶어서 정의하기   예제 파일 06\group.html

```
h1 {
  text-align: center;
}
p {
  text-align: center;
}
```

→

```
h1, p {
  text-align: center;
}
```

06-3 캐스케이딩 스타일 시트 알아보기

지금까지 살펴본 스타일 시트는 사실 CSS라는 명칭으로 더 잘 알려져 있습니다. '스타일 시트'라는 용어 앞에 '캐스케이딩(cascading)'이라는 용어가 하나 더 붙은 것이 CSS입니다. 그렇다면 CSS에 담긴 캐스케이딩은 무엇을 의미하고 어떤 역할을 하는지 알아보겠습니다.

캐스케이딩의 의미

CSS에서 'C'는 **캐스케이딩**^{cascading}의 줄임말이며 스타일 시트에서는 우선순위가 위에서 아래, 즉 계단식으로 적용된다는 의미로 사용합니다. 다시 말해 CSS는 우선순위가 있는 스타일 시트 정도로 해석할 수 있겠네요. 그래서 CSS에서는 웹 요소에 둘 이상의 스타일을 적용할 때 우선순위를 결정합니다. 캐스케이딩은 스타일끼리 충돌하지 않도록 막아 주는 중요한 개념입니다. 스타일이 충돌하지 않게하려면 다음 2가지 원칙을 지켜야 합니다.

> • **스타일 우선순위**: 스타일 규칙의 중요도와 적용 범위에 따라 우선순위가 결정되고, 그 우선순위에 따라 위에서 아래로 스타일을 적용합니다.
> • **스타일 상속**: 태그의 포함 관계에 따라 부모 요소의 스타일을 자식 요소로, 위에서 아래로 전달합니다.

TIP 스타일 시트에서 캐스케이딩은 가장 기본적인 개념이므로 스타일 시트는 일반적으로 캐스케이딩 스타일 시트(CSS)와 같은 의미로 사용합니다.

이렇게 스타일의 충돌을 막는 스타일 우선순위와 스타일 상속을 자세히 알아보겠습니다.

스타일 우선순위

먼저 첫 번째 원칙인 **스타일 우선순위**는 캐스케이딩에서 가장 중요합니다. 이때 우선순위란 어떤 스타일을 먼저 적용할 것인지 결정하는 규칙을 말합니다. 그리고 우선순위는 다음 3가지 개념에 따라 지정됩니다.

얼마나 중요한가?

웹 브라우저에 내용을 표시할 때에는 단순히 CSS 코드의 스타일만 적용되는 것이 아닙니다. 컴퓨터 **사용자**^{user}가 지정한 스타일과 웹 문서를 제작한 **제작자**^{author}의 스타일, 그리고 **웹 브라우저**^{browser}**가 기본으로** 정해 놓은 스타일 이렇게 3가지 스타일을 함께 사용합니다.

가장 중요한 것은 사용자 스타일입니다. 그리고 이어서 제작자 스타일이 중요하고 마지막으로 브라우저 기본 스타일 순입니다. 오른쪽 그림은 스타일 우선순위에 따라 가장 중요한 것부터 차례로 나열한 것입니다.

예를 들어 어떤 웹 문서에서 배경을 회색으로 지정하는 스타일을 사용했다고 가정해 보겠습니다. 브라우저 기본 스타일에서 문서 배경은 흰색이죠. 하지만 제작자 스타일이 브라우저 기본 스타일보다 우선이므로 이 웹 문서는 브라우저에서 회색 배경으로 표시될 것입니다. 그런데 이때 저시력 사용자가 윈도우의 고대비 모드를 설정해 배경을 검은색으로 지정했다면 어떻게 될까요? 사용자 스타일이 제작자 스타일보다 우선이므로 이 웹 문서는 사용자 브라우저에서 검은색 배경으로 표시될 것입니다.

적용 범위는 어디까지인가?

중요도가 같은 스타일이라면 스타일 적용 범위에 따라 우선순위를 정할 수 있습니다. 스타일 적용 범위가 좁을수록, 즉 필요한 요소에만 정확히 적용할 스타일일수록 우선순위가 높아집니다. 단, 여기에서 스타일 규칙에 !important를 붙이면 그 스타일은 다른 스타일보다 우선순위가 높아집니다. 오른쪽 그림은 적용 범위에 따라 우선순위가 높은 것부터 차례로 나열한 것입니다.

❶ **!important**: 어떤 스타일보다 우선 적용하는 스타일입니다.

❷ **인라인 스타일**: 태그 안에 **style** 속성을 사용해 해당 태그만 스타일을 적용합니다.

❸ **id 스타일**: 지정한 부분에만 적용되는 스타일이지만 한 문서에 한 번만 적용할 수 있습니다(선택자 이름 앞에 # 기호를 사용합니다).

❹ **클래스 스타일**: 웹 문서에서 지정한 부분에만 적용되는 스타일로 한 문서에 여러 번 적용할 수 있습니다(선택자 이름 앞에 마침표(.) 기호를 사용합니다).

❺ **타입 스타일**: 웹 문서에 사용한 특정 태그에 스타일을 똑같이 적용합니다.

소스 코드의 작성 순서는 어떠한가?

스타일 시트에서 중요도와 적용 범위가 같다면 그다음은 스타일을 정의한 코드 순서로 우선순위가 정해집니다. 코드에서 나중에 작성한 스타일이 먼저 작성한 스타일을 덮어쓰죠. 다음 예제는 글자색을 지정하는 여러 스타일의 우선순위가 어떻게 결정되는지 살펴본 것입니다. 글자색을 지정할 때는 **color** 속성을 사용합니다. 지금까지 살펴본 우선순위를 되짚어 보면서 결과물이 어떻게 될지 생각해 보세요.

TIP color 속성을 자세히 알고 싶으면 07-3절을 참고하세요.

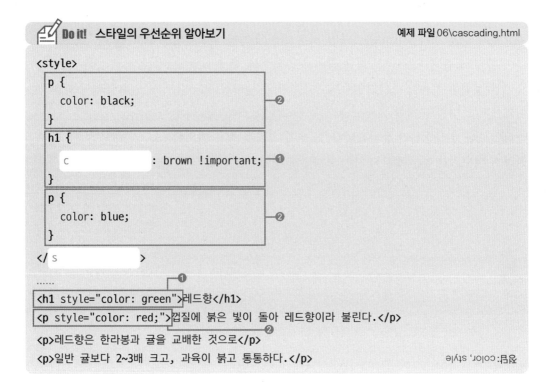

Do it! **스타일의 우선순위 알아보기**   예제 파일 06\cascading.html

```
<style>
  p {
    color: black;                        ❷
  }
  h1 {
    c           : brown !important;      ❶
  }
  p {
    color: blue;                         ❷
  }
</ s         >
......
<h1 style="color: green">레드향</h1>                                    ❶
<p style="color: red;">껍질에 붉은 빛이 돌아 레드향이라 불린다.</p>       ❷
<p>레드향은 한라봉과 귤을 교배한 것으로</p>
<p>일반 귤보다 2~3배 크고, 과육이 붉고 통통하다.</p>
```

정답: color, style

브라우저의 기본 스타일은 글자색을 검정으로 표시하지만 CSS를 사용해서 글자에 스타일을 적용하면 어떻게 바뀔까요? 앞의 예제를 보면서 웹 브라우지 화면에 글자가 나타내는 순서대로 하나씩 설명하겠습니다.

❶ 첫 번째 텍스트인 h1 요소에는 타입 스타일과 인라인 스타일을 모두 사용했습니다. 타입 스타일보다 인라인 스타일의 우선순위가 높죠. 하지만 타입 스타일을 정의할 때 !important를 사용해 중요 스타일로 지정했기 때문에 여기에서는 타입 스타일(color: brown)의 우선순위가 높아서 제목은 갈색으로 표시됩니다.

❷ 두 번째 단락부터 마지막 단락까지 모두 p 요소입니다. 스타일 시트 안에 p 타입 스타일 color: black과 color: blue가 선언되어 있죠. 두 스타일의 중요도와 적용 범위가 같아서 나중에 적은 스타일의 우선순위가 높습니다. 그래서 스타일 시트에서 정의한 2개의 p 타입 스타일 중에는 두 번째 선언한 스타일(color: blue)이 적용됩니다.

그런데 두 번째 단락에서 <p> 태그에 인라인 스타일을 사용하고 있습니다. 인라인 스타일의 우선순위가 타입 스타일보다 높기 때문에 두 번째 단락은 빨간색으로 표시되고 세 번째와 네 번째 단락은 파란색으로 표시됩니다.

레드향

껍질에 붉은 빛이 돌아 레드향이라 불린다.

레드향은 한라봉과 귤을 교배한 것으로

일반 귤보다 2~3배 크고, 과육이 붉고 통통하다.

우선순위에 따라 스타일을 적용한 모습

스타일 상속

이제 두 번째 원칙인 스타일 상속을 알아보겠습니다. 웹 문서에서 사용하는 여러 태그는 서로 포함 관계가 있습니다. 이때 포함하는 태그를 **부모 요소**, 포함된 태그를 **자식 요소**라고 합니다. 스타일 시트에서는 자식 요소에 스타일을 별도로 지정하지 않으면 부모 요소의 스타일 속성이 자식 요소로 진달되는데, 이것을 **스타일 상속**이라고 합니다.

예를 들어 문서 구조에서 \<body\> 태그는 웹 문서에 사용한 모든 태그의 부모 요소입니다. 그래서 \<body\> 태그 스타일에서 글자색이나 글꼴을 지정하면 그 스타일은 웹 문서 전체에 적용됩니다. 부모 요소의 스타일이 자식 요소에게 그대로 상속되기 때문입니다. 이렇게 상속을 이용하면 스타일 시트를 효과적으로 만들 수 있겠죠?

> **TIP** 참고로 배경색과 배경 이미지는 스타일 상속이 되지 않습니다. 또한 스타일 상속만으로 모든 스타일의 충돌을 해결할 수 없습니다.

확인! 🔍

모르겠다면?		알겠다면!
← 170쪽	웹 개발에서 마크업과 스타일을 분리해야 하는 이유를 설명할 수 있나요?	✔
← 172쪽	스타일 규칙의 형식을 이해했나요?	☐
← 174쪽	스타일 시트가 필요한 이유를 이해했나요?	☐
← 179쪽	전체 선택자는 어떤 역할을 하는지 알았나요?	☐
← 180쪽	특정 태그를 사용해 선택하는 타입 선택자를 이해했나요?	☐
← 182쪽	id 선택자와 클래스 선택자를 사용할 수 있나요?	☐

1   태그 이름으로 요소를 선택하는 선택자는 무엇인가요?

   ① id 선택자

   ② 클래스 선택자

   ③ 타입 선택자

2   id 선택자의 문법으로 맞는 것은 무엇인가요?

   ① #selector

   ② .selector

   ③ !selector

3   CSS를 사용하는 주요 이유는 무엇인가요?

   ① 문서의 콘텐츠를 생성하기 위해

   ② 웹 페이지의 레이아웃을 조정하기 위해

   ③ 서버 응답 시간을 향상하기 위해

4   문서의 모든 요소에 스타일을 적용하려면 (① 타입 선택자 / ② 전체 선택자)를 사용합니다.

5   (① id / ② class) 선택자는 한 HTML 문서 내에서 여러 번 사용할 수 있습니다.

6   다음과 같이 #example 선택자의 스타일을 정의하고 <p> 태그에 적용하려고 합니다. 빈칸을 채우세요.

```
<style>
  #example {
    color: blue;        /* 글자색 blue */
    font-size: 14px;    /* 글자 크기 14px */
  }
<style>

<p            >텍스트 단락</p>
```

7 06\quiz-1.html에는 내부 스타일 시트가 포함되어 있습니다. 다음 완성 화면과 〈힌트〉를 참고하여 스타일 시트 부분만 06\css 폴더에 mystyle.css 파일로 저장한 후 기존 06\quiz-1.html 코드에 외부 스타일 시트로 연결하세요.

완성 화면	문제 파일 06\quiz-1.html

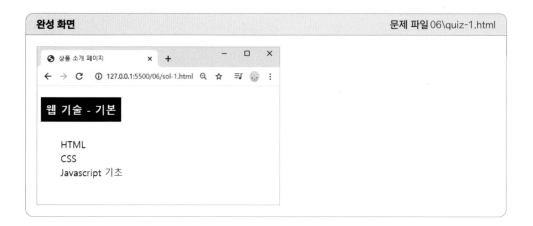

💡 힌트

1. VS Code에서 06\quiz-1.html을 열고 `<style>` 태그 다음부터 `</style>` 태그 직전까지 선택한 후 잘라 냅니다.

2. 새 문서에 잘라 낸 `<style>` ~ `</style>` 코드를 붙여 넣고, 06\css 폴더 안에 mystyle.css 파일로 저장합니다.

3. 06\quiz-1.html에서 `<style>`, `</style>` 태그를 삭제한 자리에 `<link>` 태그를 사용해 mystyle.css 파일을 연결합니다.

8 다음은 클래스 스타일과 id 스타일을 사용해 텍스트의 글자색과 크기를 지정하여 만든 파일의 코드입니다. 완성 화면을 참고하여 빈칸을 채우세요.

완성 화면   문제 파일 06\quiz-2.html

```
<style>
  #container {              /* 내용 전체를 감싸는 영역 */
    width: 600px;           /* 너비 600픽셀 */
    margin: 20px auto;      /* 내용이 화면 중앙에 오도록 지정 */
  }
  ⬚⬚⬚⬚⬚⬚⬚ {
    display: inline-block;         /* 글자 부분에만 배경색이 채워지도록 지정 */
    background-color: #0404aa;     /* 배경색 - 짙은 파란색 */
    color: #fff;                   /* 글자색 - 흰색 */
  }
  ⬚⬚⬚⬚⬚⬚⬚ {
    font-weight: bold;      /* 글자 굵게 */
    color: red;             /* 글자색 - 빨간색 */
  }
</style>
......
<div ⬚⬚⬚⬚⬚⬚⬚ ="container">
  <h1>탐라국 입춘굿</h1>
  <p>제주도의 문화축제 중에서 유일하게 <span class="accent">탐라 시대부터 내려온 축제
</span>이다.</p>
  <p>제주에서 입춘은 새철<sup>(제주어, 샛절)</sup> 드는 날이라 한다. <br>
     하늘의 1만 8,000 신이 지상으로 내려와 새해 일들을 시작하는 때다.
  </p>
</div>
```

07

텍스트를 표현하는
다양한 스타일

06장에서 CSS의 기본 개념을 알아보았으니 이제 텍스트부터 목록, 표에 이르기까지 스타일을 지정하는 방법을 하나하나 알아보겠습니다. 웹 문서에서 가장 많은 부분을 차지하는 요소인 텍스트는 스타일에 따라 전체 디자인이 달라진다고 해도 과언이 아닙니다. 이번 장에서는 사용자가 내용을 쉽게 이해할 수 있도록 하려면 글꼴과 텍스트의 스타일을 어떻게 지정하면 효과적인지 살펴봅시다.

이 장을 다 공부하면!

• 글꼴과 텍스트 관련 스타일 속성을 이해해요.
• 웹 폰트와 아이콘 폰트를 사용할 수 있어요.
• 목록과 표를 꾸미는 스타일 속성을 이해해요.

07-1 글꼴 관련 스타일

텍스트 스타일은 사용하는 글자의 모양새를 지정하는 **글꼴 스타일**과 웹 문서에 표시되는 텍스트를 지정하는 **문단 스타일**이 있습니다. 스타일의 종류를 굳이 나눌 필요는 없지만 font로 시작하는 속성은 글꼴과 관련 있다고 생각하면 됩니다.

글꼴을 지정하는 font-family 속성

웹 문서에서 사용하는 글꼴은 `font-family` 속성으로 지정합니다. 이 속성은 `<body>` 태그를 비롯해 `<p>` 태그나 `<hn>` 태그처럼 텍스트를 사용하는 요소에서 주로 사용합니다.

> 기본형   `font-family:<글꼴 이름> | [<글꼴 이름>, <글꼴 이름>]`

웹 문서의 텍스트는 사용자 시스템의 글꼴을 이용해 웹 브라우저 화면에 표시됩니다. 웹 문서에서 지정한 글꼴이 사용자 시스템에 설치되어 있지 않다면 웹 문서에서 의도한 글꼴이 아닌 글꼴로 표시됩니다. 따라서 웹 문서에서 글꼴을 지정할 때는 한 가지 글꼴만 선택하기도 하지만 글꼴이 없을 경우를 대비해서 두 번째, 세 번째 글꼴까지 생각해야 합니다.

글꼴 이름을 2개 이상 지정할 때는 두 글꼴 이름 사이에 쉼표(,)를 넣어 구분합니다. 예를 들어 다음과 같이 글꼴을 지정하면, 웹 문서 전체에 '맑은 고딕'이라는 글꼴을 적용합니다. 그런데 만약 '맑은 고딕' 글꼴이 없다면 '돋움' 글꼴로 적용하고, '돋움' 글꼴마저 없다면 '굴림' 글꼴로 적용합니다.

📝 Do it! 글꼴 적용하기

```
body { font-family: "맑은 고딕", 돋움, 굴림 }
```

> **TIP** 텍스트 글꼴을 지정할 때 "맑은 고딕"과 같이 두 단어 이상으로 된 글꼴 이름은 한 덩어리라는 것을 알 수 있도록 큰따옴표로 묶습니다.

`font-family` 속성은 `<body>` 태그 스타일에서 일단 한번 정의하면 문서 전체에 적용되고, 문서 안의 모든 자식 요소에 같은 글꼴을 계속 사용합니다.

기본형 표기 방식은 W3C 표준 규약에서도 사용하므로 잘 알아 두면 나중에 표준 규약을 읽기도 쉽습니다. 작성 예시와 함께 기본형의 표기 방식을 알아보겠습니다.

① ¦는 나열한 옵션 중 하나가 값이 되어야 한다는 의미입니다.

```
font-size: 값1 ¦ 값2 ¦ 값3
```

TIP 값1이나 값2, 값3 중 하나가 font-size 속성값이 됩니다.

② 속성값을 나열할 때 키워드(약속한 값)는 그대로 나열합니다.

```
font-variant: normal ¦ small-caps
```

TIP font-variant 속성은 normal이나 small-caps라는 값을 사용합니다.

③ 속성값을 나열할 때 값이 아니라 유형이라면 < >로 묶습니다. 이때 다른 속성을 유형처럼 사용할 수 있습니다.

```
font-size: <절대 크기> ¦ <상대 크기> ¦ <크기> ¦ <백분율>
```

TIP <백분율>은 값이 아니라 유형입니다. 따라서 font-size: 30%라고 사용할 수 있습니다.

```
font: <font-style><font-variant><font-weight>
```

TIP font-style 속성값을 font 속성값으로 사용합니다(font-style이라는 키워드를 사용하는 것이 아닙니다).

글자 크기를 지정하는 font-size 속성

글자 크기를 따로 지정하지 않더라도 제목 텍스트는 본문 텍스트보다 굵고 크게 표시됩니다. 이것은 웹 브라우저마다 기본 스타일이 적용되어 있기 때문이죠. 글자 크기를 원하는 크기로 조절하고 싶다면 **font-size** 속성을 사용합니다. 글자 크기는 절대 크기 또는 상대 크기로 지정할 수 있습니다.

기본형   **font-size: <절대 크기> ¦ <상대 크기>**

절대 크기로 글자 크기 지정하기

절대 크기는 글자 크기를 고정하는 방법으로, 주로 px(픽셀) 단위를 사용합니다. 다음 예제에서 h1 제목은 40px, 본문은 20px로 지정한 것입니다.

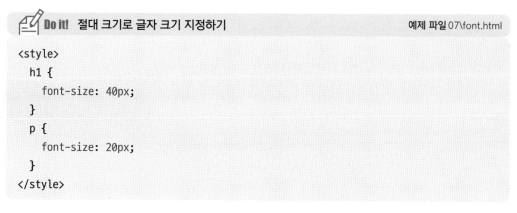

Do it! 절대 크기로 글자 크기 지정하기 예제 파일 07\font.html

```
<style>
  h1 {
    font-size: 40px;
  }
  p {
    font-size: 20px;
  }
</style>
```

절대 크기로 글자 크기 조절하기

그 외에 다음과 같은 키워드를 사용해 지정할 수도 있습니다.

```
font-size: xx-small | x-small | small | medium | large | x-large | xx-large
```

상대 크기로 글자 크기 지정하기

글자 크기를 상대적으로 지정한다는 것은 기준값이 있고, 그 값의 몇 배인지를 표시하는 방법을 말하며 %나 em, rem 단위를 많이 사용합니다.

%나 em은 부모 요소의 글씨 크기를 기준으로 상대적인 값을 지정합니다. 그래서 부모 요소의 글자 크기가 달라지면 %나 em을 사용한 요소의 글자 크기도 달라지죠. 예를 들어 부모 요소에서 font-size: 20px로 지정한 후에 자식 요소에서 font-size: 1.5em이라고 지정하면 자식 요소의 글자 크기는 30px이 됩니다(20 * 1.5 = 30px).

rem은 웹 문서의 기본 글자 크기를 미리 정해 놓고, 원하는 요소의 글자 크기를 상댓값으로 지정합니다. 예를 들어 문서의 기본 글자 크기가 16px이고, 제목의 글자 크기를 2rem으로 지정했다면 제목의 글자 크기는 32px이 됩니다(16 * 2 = 32px).

TIP em 단위와 rem 단위는 10장에서 자세히 설명합니다.

이탤릭체로 글자를 표시하는 font-style 속성

글자를 이탤릭체로 표시할 때는 **font-style** 속성을 사용합니다. 이탤릭체로 바꾸는 속성값은 italic과 oblique가 있는데 웹에서는 주로 italic을 사용합니다.

TIP italic은 기울어진 글꼴이 처음부터 디자인되어 있는 반면에 oblique는 원래 글꼴을 단지 기울어지게 표시합니다. 대부분 기울어진 형태에 맞게 글꼴이 다듬어져 있어서 웹에서는 주로 italic을 사용합니다.

기본형   font-style: normal | italic | oblique
                  ❶   ❷   ❸

❶ 기본값으로 일반적인 형태로 표시
❷ 이탤릭체로 표시
❸ 이탤릭체로 표시

글자 굵기를 지정하는 font-weight 속성

글자 굵기를 지정하는 **font-weight** 속성은 웹 문서를 작성할 때 자주 사용합니다. 미리 만들어진 예약어(normal, bold, bolder)나 숫잣값을 사용해 굵기를 지정할 수 있습니다.
100~900 사이에서 400은 normal, 700은 bold에 해당합니다. 예약어 대신 숫잣값을 사용하면 글꼴 굵기를 좀 더 세밀하게 조절할 수 있습니다.

기본형   font-weight: normal | bold | bolder | lighter | 100 | 200 | ... | 800 | 900
                      ❶   ❷   ❸   ❹   ❺

❶ 기본값, 보통 굵기
❷ 굵게
❸ 원래보다 더 굵게
❹ 원래보다 더 가늘게
❺ 100~900 사이의 굵기를 표현하며 100은 가장 가늘게, 900은 가장 굵게

다음 예제는 제목 텍스트나 강조하고 싶은 부분의 글자 크기를 조절하고, 필요한 부분은 이탤릭체나 굵은 글자로 표시합니다. `.accent` 스타일과 `.italic` 스타일을 적용하려고 class 속성을 사용한 점에 주의해서 작성하세요.

Do it! 글꼴 관련 스타일 사용하기 예제 파일 07\tstyle.html

```html
<head>
  <meta charset="UTF-8">
  <title>상품 소개 페이지</title>
  <style>
    h1 {
      font-size: 42px;        /* 글자 크기 */
    }
    .accent {
      font-size: 24px;        /* 글자 크기 */
      font-weight: 900;       /* 글자 굵기 */
    }
    .italic{
      font-weight: bold;      /* 글자 굵기 */
      font-style: italic;     /* 글자 스타일 */
    }
  </style>
</head>
<body>
  <h1>레드향</h1>
  <p>껍질에 붉은 빛이 돌아 <span class="accent">레드향</span>이라 불린다.</p>
  <p>레드향은 한라봉과 귤을 교배한 것으로</p>
  <p class="italic">일반 귤보다 2~3배 크고, 과육이 붉고 통통하다.</p>
</body>
```

글꼴 관련 스타일 적용하기

07-2 웹 폰트와 아이콘 폰트 사용하기

앞에서 공부한 font-family 속성을 사용해 글꼴을 지정할 수 있지만, 여러 단점이 있다 보니 '웹 폰트'라는 새로운 방법이 등장했습니다. 또한 웹 폰트를 더욱 확장해서 아이콘까지 폰트로 다룰 수 있게 되었죠. 웹 폰트와 아이콘 폰트를 사용하는 방법을 알아보겠습니다.

웹 폰트란

사용자 시스템에 없는 글꼴은 font-family 속성으로 표시할 수 없습니다. 어떤 상황에서든 원하는 글꼴을 표시하려면 어떻게 해야 할까요?

예전에는 포토샵 같은 그래픽 프로그램을 사용해서 텍스트를 이미지로 저장한 뒤 웹 문서에 올렸습니다. 그래야만 모든 사용자의 브라우저에 똑같은 글꼴을 보여 줄 수 있었죠. 하지만 CSS3가 웹 폰트web font를 표준으로 채택한 덕분에 이제는 이런 번거로운 작업을 하지 않아도 됩니다.

웹 폰트란 웹 문서에서 사용한 글꼴 정보를 서버에 올려놓고, 사용자가 사이트에 접속하면 웹 문서를 내려받으면서 웹 폰트도 사용자 시스템으로 내려받는 방식입니다. 사용자 시스템에 없는 글꼴이더라도 글꼴을 내려받은 후 표시하므로 웹 제작자가 의도한 대로 텍스트를 보여 줄 수 있죠.

글꼴 파일을 서버에 직접 업로드해서 사용하기도 하지만 최근에는 이미 서버에 올라와 있는 글꼴 정보를 링크해서 사용하는 방법이 일반적입니다.

웹 폰트를 제공하는 사이트가 많지만 여기에서는 가장 많이 사용하는 구글 폰트 사이트를 이용할 것입니다. 모든 글꼴을 무료로 사용할 수 있고 한글 글꼴도 많습니다.

구글 폰트 사이트(fonts.google.com)

아이콘 폰트란

웹 폰트는 들어 봤지만 아이콘 폰트는 낯설게 느낄 수도 있습니다. 아이콘을 이미지가 아닌 글자 형태로 사용해서 이렇게 부릅니다.

아이콘을 직접 만들어 이미지나 배경으로 삽입하기도 합니다. 사이트의 개성을 최대한 살릴 수 있는 방법이기 때문이죠. 하지만 아이콘을 만들기 어렵거나 간단한 아이콘이 필요하다면 아이콘 폰트를 이용하는 것이 편리합니다. 아이콘 폰트는 웹에 올라와 있는 아이콘 정보를 링크해서 사용하고, CSS로 크기나 색상을 쉽게 조절할 수 있습니다.

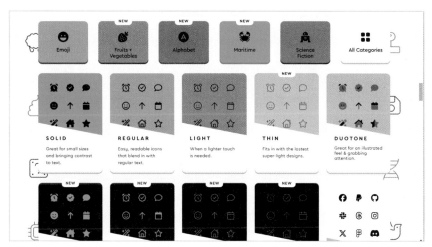

CSS로 꾸민 다양한 웹 폰트

Do it! 실습 ▶ 구글 폰트 사용하기

[준비] 07\webfont.html **[결과 비교]** 07\results\webfont.html

구글 폰트 사이트에서는 무료로 사용할 수 있는 여러 가지 웹 폰트를 제공하므로 웹 문서에 링크해서 쉽게 사용할 수 있습니다. 영문뿐만 아니라 한글을 비롯해 다양한 언어의 글꼴을 제공합니다.

1단계 구글 폰트 사이트에서 원하는 웹 폰트 찾기

07\webfont.html 문서에는 아직 글꼴을 따로 지정하지 않았습니다. 그래서 브라우저로 확인하면 기본 글꼴로 표시됩니다. 웹 폰트를 사용해서 글꼴을 바꿔 보겠습니다.

TIP 크롬 브라우저를 사용한다면 기본 글꼴은 윈도우에서는 '맑은 고딕'이고 맥에서는 'AppleSDGothicNeo'입니다.

구글 폰트 사이트(fonts.google.com)로 접속합니다. 이미 웹 폰트 이름을 알고 있다면 검색 창에 입력해서 찾을 수 있습니다. 어떤 글꼴을 사용할지 아직 결정하지 못했다면 글꼴을 살펴본 후 마음에 드는 것을 선택할 수도 있죠. 필터를 사용하면 글꼴을 찾기 쉬우므로 [Filters] 버튼을 클릭합니다.

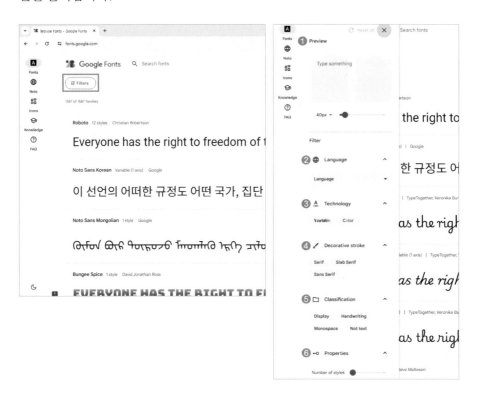

필터를 사용하면 다음 조건을 사용해서 검색 범위를 좁힐 수 있습니다.

❶ Preview: 글꼴이 어떤 형태로 표시되는지 알아보기 쉽게 간단한 텍스트를 넣거나 크기를 지정해 볼 수 있습니다. 반드시 입력해야 하는 것은 아닙니다.

❷ Language: 특정 언어로 제한해서 검색할 수 있습니다. 예를 들어 한글 글꼴을 찾고 싶다면 [All Languages]를 클릭한 후 [Korean]을 선택합니다.

❸ Technology: 가변 글꼴(variable font)이나 여러 색상으로 이루어진 글꼴을 선택할 수 있습니다.

❹ Decorative stroke: 영문자에서 끝부분 장식을 '세리프'라고 합니다. 세리프가 있는 글꼴을 세리프체라고 하는데, 한글의 명조체를 생각하면 쉽습니다. 세리프가 없는 글꼴은 산세리프체라고 합니다. 한글의 고딕체를 떠올리면 됩니다. 산세리프에 장식을 약간 추가한 슬랩 세리프도 있습니다.

❺ Classification: 디스플레이 글꼴이나 손으로 쓴 듯한(Handwriting) 글꼴, 고정폭(Monospace) 글꼴 등 용도에 따라 선택할 수 있습니다.

❻ Properties: 글꼴 하나에 여러 가지 스타일을 제공하는데, 최소 몇 가지 스타일이 있는 글꼴을 선택할지 고를 수 있습니다. 여러 스타일을 제공하는 글꼴만 원한다면 슬라이드 막대를 옮겨 스타일 개수를 조절합니다.

여기에서는 글자가 바뀌는 효과를 쉽게 확인할 수 있도록 [Preview]에 'HTML'을 입력한 후 영문 글꼴 중에서 Handwriting이라는 조건을 사용해서 검색했습니다. 검색 결과 가운데 [Dancing Script]를 선택합니다. 물론 다른 글꼴을 선택해도 됩니다.

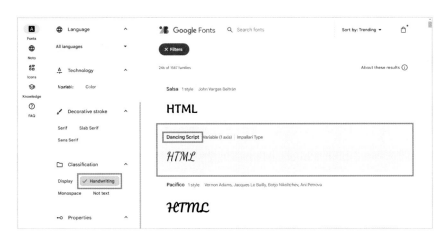

2단계 웹 폰트 추가하기

선택한 폰트가 마음에 든다면 화면 오른쪽 위에 있는 [Get font]를 클릭합니다.

TIP 어떤 폰트는 여러 가지 스타일을 제공하기도 합니다.

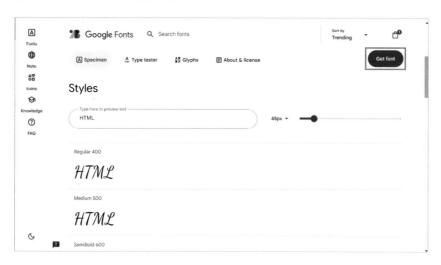

구글 폰트는 웹에서 링크해 사용할 수도 있고 파일을 내려받을 수도 있습니다. 여기에서는 구글 폰트를 링크해서 사용하겠습니다. [Get embed code]를 클릭합니다.

3단계 CSS에 웹 폰트 적용하기

웹 폰트를 어디에서 사용할 것인지 선택할 수 있습니다. 여기에서는 웹에서 사용할 것이므로 기본값인 Web이 선택된 상태로 둡니다. 연결하는 코드는 `<link>` 태그를 사용하는 것와 `@import` 문을 사용하는 것이 있는데, 여기에서는 `@import` 문을 선택하겠습니다.

`@import` 코드가 나타나면 `<style>` 태그와 `</style>` 태그 사이에 있는 코드를 선택한 후 복사합니다. 이때 `<style>` 태그와 `</style>` 태그는 복사하지 않습니다.

TIP 〈link〉 태그와 함께 제공되는 코드를 사용하려면 HTML 문서의 〈head〉 태그와 〈/head〉 태그 사이에 넣어야 합니다.

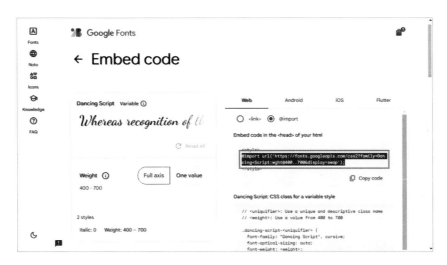

VS Code로 돌아와 07\webfont.html 파일을 엽니다. 그리고 코드에서 **〈style〉** 태그 부분을 찾습니다. 웹 폰트 정보는 다른 CSS 코드보다 먼저 와야 합니다. 그래서 기존의 CSS 코드 가장 위쪽에 붙여 넣습니다. **@import** 문은 CSS에서 가장 먼저 와야 한다는 점, 꼭 기억해 두세요.

TIP @import 문에는 글꼴 정보를 담은 CSS 파일이 포함되어 있습니다. 이 파일은 구글 폰트 사이트 서버에 저장되어 있어서 @import 문으로 연결해서 사용합니다.

✍️ **Do it!** 구글 웹 폰트 사용하기   예제 파일 07\webfont.html

```
<style>
  /* Do it! 구글 웹 폰트 사용하기 */
  @import url('https://fonts.googleapis.com/css2?family=Dancing+Script:wght@400..
700&display=swap');
  body {
    background:url('images/bg.jpg') no-repeat fixed;
    background-size:cover;
    text-align:center;
  }
  h1 {
    font-size:120px;
    color: #fff;
  }
</style>
```

웹 폰트 정보를 CSS에 연결했으므로 이제부터 원하는 곳에서 웹 폰트를 사용할 수 있습니다. 방금 복사했던 @import 코드 아래에는 글꼴 이름도 표시되어 있습니다. 이제부터 웹 폰트는 그 이름을 사용해야 하므로 font-family 속성 부분을 복사합니다.

TIP 글꼴 이름 외에 다른 속성도 함께 사용하고 싶다면 복사 아이콘(📋)을 눌러 관련 코드를 한꺼번에 복사해서 사용합니다.

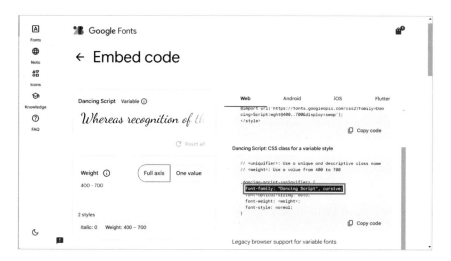

VS Code로 돌아와 .html이라는 스타일을 만들고 첫 번째 <h1> 태그에 적용하겠습니다.

✏️ **Do it!** 웹 폰트 이름 지정하기   예제 파일 07\webfont.html

```
<style>
  /* Do it! 구글 웹 폰트 사용하기 */
  @import url('https://fonts.googleapis.com/css2?family=Dancing+Script:wght@400..
700&display=swap');
  body { ... }
  h1 { ... }
  .html {
    font-family: 'Dancing Script', cursive;
  }
</style>

<body>
  <h1 class="html">HTML</h1>
  <h1>CSS</h1>
</body>
```

수정한 코드를 저장한 후 다시 웹 브라우저로 확인해 볼까요? 'HTML' 제목에 웹 폰트가 적용된 것을 볼 수 있습니다. 구글 폰트 사이트에서 마음에 드는 웹 폰트를 골라 07\webfont.
html에 있는 'CSS' 제목에도 적용해 보세요.

Do it! 실습 ▸ 아이콘 폰트 사용하기

[준비] 07\icon.html   [결과 비교] 07\results\icon.html

아이콘 폰트를 제공하는 사이트는 아주 많습니다. 사용법도 거의 비슷하고요. 그중에서 사용
자가 가장 많은 폰트 어썸(fontawesome.com)을 이용해 아이콘을 추가하는 방법을 알아보
겠습니다.

1단계 준비 파일 살펴보기

07\icon.html을 웹 브라우저에서 열어 보면 3개의 메뉴 항목이 있습니다. 텍스트로만 구성되어 있어서 약간 밋밋해 보이죠? 여기에 아이콘을 추가해 보겠습니다.

2단계 폰트 어썸 CDN 연결하기

웹 폰트를 사용할 때 구글 폰트 사이트에서 CSS 파일을 링크했던 것처럼 아이콘 폰트 역시 CSS 파일을 링크해야 합니다. 구글 검색 사이트에서 'font awesom cdn'을 검색하세요. 여러 사이트가 나타나는데, 이 중에서 cdnjs 사이트를 많이 사용합니다. 'font-awesome - Libraries'를 클릭하세요.

TIP CDN(Content Delivery Netwok)이란 콘텐츠를 사용할 수 있도록 서버에 자료를 저장해 놓고 사용자에게 전달해 주는 시스템을 말합니다.

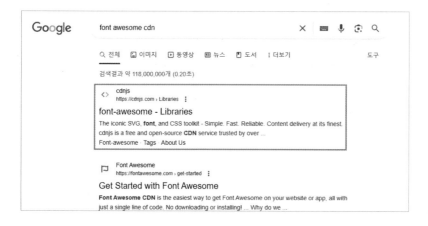

다음처럼 여러 CSS 파일이 나타나면 맨 위에 있는 것을 선택해서 사용하면 됩니다. 파일 이름 오른쪽에 있는 버튼(<>)을 클릭하세요. <link> 태그를 사용해서 CSS 파일을 연결하는 코드가 복사됩니다.

VS Code에서 07\icon.html 문서를 엽니다. 방금 <link> 태그를 복사했죠? 복사한 코드를
</head> 태그 앞에 붙여 넣습니다. 이제 아이콘 폰트를 사용할 준비를 모두 마쳤습니다.

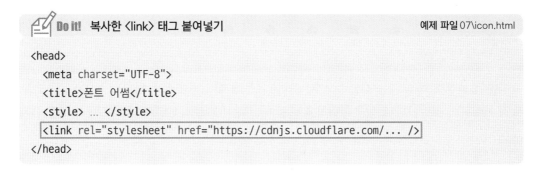

```
Do it! 복사한 <link> 태그 붙여넣기                         예제 파일 07\icon.html

<head>
  <meta charset="UTF-8">
  <title>폰트 어썸</title>
  <style> ... </style>
  <link rel="stylesheet" href="https://cdnjs.cloudflare.com/... />
</head>
```

3단계 아이콘 폰트 사용하기

07\icon.html에는 메뉴 항목이 3개 있는데 각 항목은 <li> 태그를 사용합니다. 이 항목마다
아이콘을 1개씩 넣을 겁니다.

```
Do it! 메뉴 항목 살펴보기                         예제 파일 07\icon.html

<li>
  <a href="#">메뉴1</a>
</li>
<li>
  <a href="#">메뉴2</a>
</li>
```

```
<li>
  <a href="#">메뉴3</a>
</li>
```

fontawesome.com/ 주소로 폰트 어썸 사이트에 접속해서 'home'을 검색합니다. 홈 버튼 용도로 쓸 수 있는 아이콘이 많이 나타나죠. [Free] 버튼을 클릭하면 무료 아이콘만 모아서 볼 수 있습니다. 무료 아이콘만으로도 아직은 충분하겠죠? 첫 번째 아이콘을 클릭해 보세요.

TIP 아이콘 위에 마우스 포인터를 가져갔을 때 'PRO'라고 표시되면 유료라는 뜻입니다.

아이콘 정보 화면에 보이는 <i> 태그가 아이콘 폰트를 삽입하는 코드입니다. 이렇게 코드 한 줄로 아이콘이 추가된다니 정말 편리하죠? <i> 태그 부분을 클릭하면 해당 코드가 복사됩니다.

TIP HTML뿐만 아니라 react.js나 vue.js에서도 쓸 수도 있고, SVG 파일로 내려받을 수도 있습니다.

VS Code로 돌아와 '메뉴1' 내용이 있는 <li> 태그 안에 방금 복사한 코드를 붙여 넣습니다. <i> 태그를 삽입한 부분이 아이콘이 나타날 위치입니다. 여기에서는 '메뉴 1' 텍스트 앞에 넣 겠습니다.
같은 방법으로 두 번째 메뉴와 세 번째 메뉴에도 다른 아이콘을 찾아서 넣어 보세요.

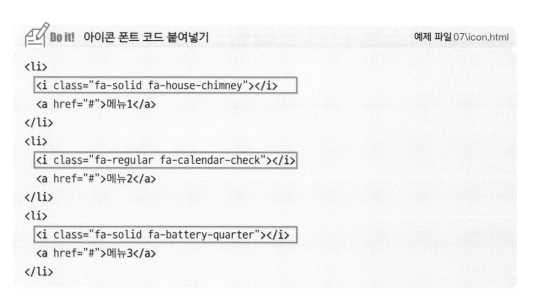

```
<li>
  <i class="fa-solid fa-house-chimney"></i>
  <a href="#">메뉴1</a>
</li>
<li>
  <i class="fa-regular fa-calendar-check"></i>
  <a href="#">메뉴2</a>
</li>
<li>
  <i class="fa-solid fa-battery-quarter"></i>
  <a href="#">메뉴3</a>
</li>
```

수정한 코드를 저장한 후 웹 브라우저로 확인해 보세요. 텍스트만 있던 메뉴 항목에 아이콘이
표시됩니다. 아이콘 삽입이 훨씬 쉬워졌죠?

(!) 알아 두면 좋아요!   **아이콘 폰트 다양하게 활용하기**

앞에서는 아이콘 폰트로 간단하게 아이콘을 삽입하는 방법만 공부했지만, 아이콘의 크기나 색상을 변형하
거나 아이콘을 2개 이상 겹치는 등 활용 방
법이 다양합니다.

폰트 어썸 사이트에서 [Docs] 메뉴를 클
릭하면 폰트 어썸의 아이콘을 활용하는 방
법이 소개되어 있습니다. 아이콘을 사용할
일이 많고 고급 기능을 더 알고 싶다면 여
기를 꼼꼼히 살펴보세요.

폰트 어썸 사이트의 [Docs] 메뉴

07-3 텍스트 관련 스타일

앞에서 글꼴과 관련된 스타일을 배웠으니 이번에는 텍스트와 관련된 스타일을 알아보겠습니다. 글꼴과 텍스트 스타일은 비슷해 보이지만 다릅니다. 글꼴이 폰트와 관련된 내용이었다면 텍스트 스타일은 글자와 단어, 그리고 글자로 이루어진 단락에서 사용하는 스타일입니다.

글자색을 지정하는 color 속성

웹 문서에서 문단이나 제목 등의 텍스트에서 글자색을 바꿀 때는 color 속성을 사용합니다. color에서 사용할 수 있는 속성값은 16진수나 rgb(또는 rgba), hsl(또는 hsla) 또는 색상 이름입니다.

> 기본형 **color: <색상>**

그런데 color 속성을 사용하려면 웹 문서에서 색상을 사용하는 방법을 먼저 알아야 합니다. 여기에서 설명하는 색상 표시 방법은 글자색뿐만 아니라 테두리색이나 배경색 등 색상이 필요한 모든 곳에 똑같이 적용됩니다.

16진수로 표현하는 방법

웹 문서의 CSS에서 색상을 표현하는 첫 번째 방법은 #ffff00처럼 # 기호 다음에 6자리의 16진수로 표시하는 것입니다. 포토샵 같은 그래픽 프로그램에서도 색상을 지정할 때 사용하는 가장 기본적인 방법입니다.

> **TIP** 10진수는 0~9까지 숫자로, 16진수는 0~f까지 16개의 숫자로 크기를 나타냅니다. 가장 작은 수는 0이고 가장 큰 수는 f입니다.

6자리의 16진수는 앞에서부터 두 자리씩 묶어 #RRGGBB로 표시합니다. 여기서 RR 자리에는 빨간색(Red), GG 자리에는 초록색(Green), BB 자리에는 파란색(Blue)의 양을 표시합니다. 각 색상마다 하나도 섞이지 않았음을 표시하는 00부터 해당 색이 가득 섞였음을 표시하는 ff까지 사용할 수 있습니다. 즉, 16진수의 색상값은 #000000(검은색)부터 #ffffff(흰색)까지 표현할 수 있습니다. 만약 색상값이 #0000ff처럼 두 자리씩 중복될 경우 #00f로 줄여서 표기할 수도 있습니다.

TIP 색상을 나타내는 16진수의 값을 모두 기억하고 있을 수 없으므로 주로 색상값을 추출해 주는 컬러 피커(color picker)를 사용합니다. 구글에서 'color picker'를 검색하면 검색 결과 맨 위에 컬러 피커가 나타나므로 즉시 사용할 수 있습니다.

hsl과 hsla로 표현하는 방법

CSS3에서는 hsl을 사용해서 색상을 표기할 수 있습니다. hsl은 hue(색상), saturation(채도), lightness(명도)의 줄임말입니다. 그리고 hsla는 hsl에 alpha(불투명도)를 추가한 것을 의미합니다.

hue는 다음 그림과 같이 각도를 기준으로 색상을 둥글게 배치한 색상환으로 표시합니다. 0°와 360°에는 빨간색, 120°에는 초록색, 240°에는 파란색이 배치되고 그 사이사이에 나머지 색이 배치됩니다. 채도는 퍼센트(%)로 표시하는데 아무것도 섞이지 않으면 채도가 가장 높은 상태입니다. 채도에서 0%는 회색 톤이고, 100%는 원래 색으로 표시됩니다. 명도 또한 퍼센트(%)로 표시하는데 0%는 가장 어둡고 50%는 원래 색으로, 100%는 흰색으로 나타납니다.

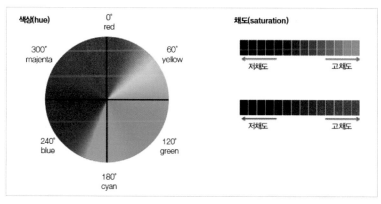

색상과 채도

예를 들어 빨간색은 hsl(0, 100%, 50%)로 표현할 수 있는데, 여기에 알파값을 더해 hsla(0, 100%, 50%, 0.5)라고 하면 같은 색을 절반쯤 투명하게 만듭니다.

색상을 영문 이름으로 표현하는 방법

색상을 표기하는 또 다른 방법으로 red, yellow, black처럼 잘 알려진 색상 이름을 사용하는 것입니다. 이름을 모두 기억하기는 쉽지 않으므로 white, black, red와 같이 자주 사용하는 색상일 경우 색상 이름 그대로 사용하기도 합니다.

rgb와 rgba로 표현하는 방법

rgb는 red, green, blue의 줄임말로 앞에서부터 차례대로 빨간색, 초록색, 파란색이 들어 있는 값을 나타냅니다. 하나도 섞이지 않았을 때는 0으로 표시하고, 가득 섞였을 때는 255로 표시하며, 그 사이의 값으로 각 색상의 양을 나타냅니다. 예를 들어 <h1> 태그의 글자색을 파랑으로 지정하려면 다음과 같이 입력합니다.

> ✏️ **rgb 표기법으로 파란색 지정하기**
>
> ```
> h1 { color: rgb(0, 0, 255); }
> ```

그리고 rgba를 사용하면 rgb로 표현한 색상에 불투명도를 지정할 수도 있습니다. rgba에서 맨 끝의 a, 즉 α(alpha)는 불투명도의 값을 나타내며 0~1의 값 중에서 사용할 수 있습니다. 1은 완전히 불투명한 것이고 0.9나 0.8처럼 숫자가 작아질수록 조금씩 투명해지다가 0이 되면 완전히 투명해집니다.

> ✏️ **rgba 표기법으로 불투명도 지정하기**
>
> ```
> h1 { color: rgba(0, 0, 255, 0.5); }
> ```

불투명도를 표기할 때
0.5 대신 0을 빼고
.5로 표기할 수 있어요!

Do it! 실습 ▸ **텍스트 색상 바꾸기**

[준비] 07\color.html   [결과 비교] 07\results\color.html

07\color.html 문서를 웹 브라우저에서 열어 보면 배경이 어두운데 글자까지 검은색이어서 잘 보이지 않습니다. CSS를 사용해서 글자색을 바꿔 보겠습니다. 특히 VS Code의 색상표를 사용하면 원하는 색상을 쉽게 선택할 수 있습니다.

1단계 색상 이름을 사용해 글자색 변경하기

07\color.html에는 h1 제목 텍스트가 1개 있습니다. 간단하게 h1 타입 스타일에서 색상을 지정하면 되겠죠? 기존의 h1 타입 스타일에 다음과 같이 색상 이름을 사용해서 글자색을 지정합니다.

TIP 이때 'color:'를 입력한 뒤 'w'를 입력하면 w로 시작하는 색상이 목록으로 표시되므로 좀 더 선택하기 쉽습니다.

Do it! 색상 이름으로 글자색 지정하기   예제 파일 07\color.html

```
<head>
  <style>
    (... 생략 ...)
    h1 {
       font-size:180px;
       color: white;
    }
  </style>
</head>
<body>
  <h1>CSS</h1>
</body>
```

웹 브라우저에서 확인해 보세요. 글자색이 검은색에서 흰색으로 바뀌었습니다.

2단계 rgb/rgba값 사용하기

앞에서 입력한 'white' 색상 이름 위로 마우스 포인터를 올려 보세요. 그러면 다음 그림과 같은 색상표가 나타나고, 맨 위에는 현재 색상의 rgb값인 (255, 255, 255)가 표시됩니다.

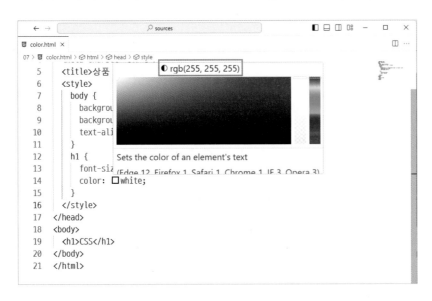

rgb(255, 255, 255) 부분을 클릭할 때마다 16진수나 hsl, hwb 순서대로 색상 옵션들을 보여 줍니다. 어떤 값이든 똑같이 흰색을 나타내므로 원하는 옵션이 나타났을 때 색상표에서 마우스 포인터를 치우면 해당 옵션으로 바뀌어서 표시됩니다.

TIP hwb는 Hue(색조)와 Whiteness(백색도), Blackness(흑색도)를 사용해서 색상을 표기하는 방법입니다. hwb를 사용하면 명도와 채도를 조절하기 쉽습니다.

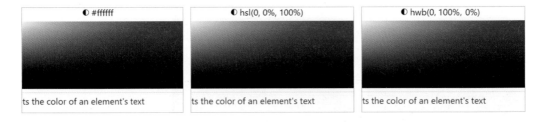

3단계 색상표에서 색상 선택하기

색상표의 가장 오른쪽에 있는 컬러 막대는 주 색상을 선택하는 곳입니다. 이 막대에서 사용하고 싶은 색상을 선택하세요. 여기에서는 노란색 계열을 선택하겠습니다. 이어서 색상표의 가장 넓은 부분에서 색상을 좀 더 세밀하게 선택합니다. 색상표의 바깥 부분을 클릭해서 색상표를 빠져나오면 선택한 색상이 color 속성에 지정됩니다.

원하는 색상의 RGB값을 모를 경우 이렇게 색상표를 사용해서 선택할 수 있습니다.

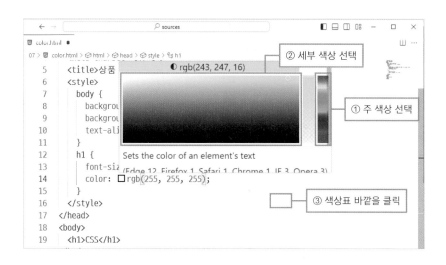

브라우저에서 확인하면 글자색이 방금 선택한 노란색 계열색상으로 바뀐 것을 볼 수 있습니다.

4단계 투명도 조절하기

색상을 지정할 때 알파값을 사용해서 불투명도의 값을 지정할 수 있습니다. 다시 한번 색상표를 열어 보세요. 주 색상과 세부 색상 사이에 있는 슬라이드가 불투명도값을 조절하는 부분입니다. 슬라이드를 클릭해 위아래로 움직여서 투명도를 조절하면 됩니다. 슬라이드를 중간쯤으로 옮겨 보세요. 불투명도를 조절하면 그 값이 반영되어 색상표 맨 위에 rgba로 표시됩니다.

텍스트를 정렬하는 text-align 속성

text-align 속성은 단락의 텍스트 정렬 방법을 지정합니다. text-align 속성을 사용하면 워드나 한글 문서에서 흔히 사용하는 왼쪽 정렬, 오른쪽 정렬, 양쪽 정렬, 가운데 정렬 등을 웹 문서에서도 지정할 수 있습니다.

> 기본형 text-align: start ¦ end ¦ left ¦ right ¦ center ¦ justify ¦
> match-parent

text-align의 속성값을 표로 정리했습니다.

text-align의 속성값

종류	설명
start	현재 텍스트 줄의 시작 위치에 맞추어 단락을 정렬합니다. 기본값입니다.
end	현재 텍스트 줄의 끝 위치에 맞추어 단락을 정렬합니다.
left	왼쪽에 맞추어 단락을 정렬합니다.
right	오른쪽에 맞추어 단락을 정렬합니다.
center	가운데에 맞추어 단락을 정렬합니다.
justify	양쪽에 맞추어 단락을 정렬합니다.
match-parent	부모 요소를 따라 단락을 정렬합니다.

다음은 똑같은 단락에 정렬 방법을 지정하지 않았을 때와 가운데 정렬, 양쪽 정렬을 했을 때

를 비교한 예제입니다. 정렬 방법을 지정하지 않을 경우 왼쪽 정렬이 기본입니다. 왼쪽 정렬에서는 오른쪽에 여백이 생긴다는 점에서 양쪽 정렬과 차이가 있습니다.

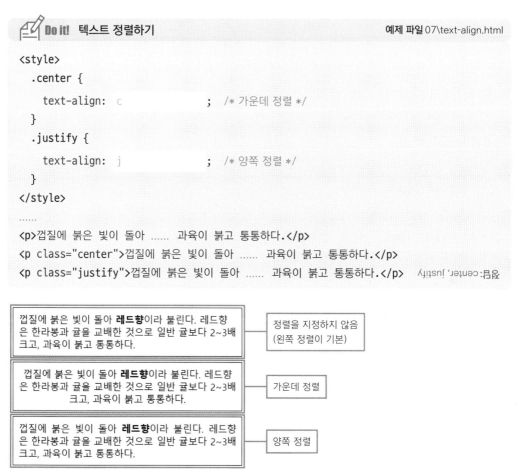

Do it! 텍스트 정렬하기

예제 파일 07\text-align.html

```html
<style>
  .center {
    text-align: c             ;   /* 가운데 정렬 */
  }
  .justify {
    text-align: j             ;   /* 양쪽 정렬 */
  }
</style>
......
<p>껍질에 붉은 빛이 돌아 ...... 과육이 붉고 통통하다.</p>
<p class="center">껍질에 붉은 빛이 돌아 ...... 과육이 붉고 통통하다.</p>
<p class="justify">껍질에 붉은 빛이 돌아 ...... 과육이 붉고 통통하다.</p>
```

정답: center, justify

CSS

껍질에 붉은 빛이 돌아 **레드향**이라 불린다. 레드향은 한라봉과 귤을 교배한 것으로 일반 귤보다 2~3배 크고, 과육이 붉고 통통하다. → 정렬을 지정하지 않음 (왼쪽 정렬이 기본)

껍질에 붉은 빛이 돌아 **레드향**이라 불린다. 레드향은 한라봉과 귤을 교배한 것으로 일반 귤보다 2~3배 크고, 과육이 붉고 통통하다. → 가운데 정렬

껍질에 붉은 빛이 돌아 **레드향**이라 불린다. 레드향은 한라봉과 귤을 교배한 것으로 일반 귤보다 2~3배 크고, 과육이 붉고 통통하다. → 양쪽 정렬

텍스트 정렬 방법 지정하기

알아 두면 좋아요! **text-align 속성에서 start와 left는 어떻게 다를까요?**

최근 text-align 속성에 start와 end의 값이 도입되었습니다. 왜냐하면 언어의 방향성 때문입니다. 대부분의 언어는 한글이나 영어처럼 왼쪽에서 오른쪽으로 텍스트를 작성합니다. 이런 방향을 ltr[left to right]이라고 해요. 반면에 아랍어나 히브리어는 오른쪽에서 왼쪽으로 작성하죠. 이런 방향을 rtl[right to left]이라고 합니다. 기존에 사용하던 값 left와 right는 ltr 언어를 기준으로 하므로 left가 문장의 시작 부분을 가리킵니다. 하지만 rtl 언어에서 left는 문장의 끝을 의미하겠죠? 이처럼 언어의 텍스트 작성 방향과 상관없이 사용할 수 있도록 새로 추가된 값이 문장의 시작과 끝을 의미하는 start와 end입니다.

웹 사이트에서 한글이나 영어처럼 언어를 하나만 사용한다면 left나 right의 값을 사용해도 충분합니다. 하지만 웹에서는 여러 언어를 지원해야 하고 그중에 rtl 언어가 포함되어 있다면 start와 end의 값을 사용하는 것이 좋습니다.

줄 높이를 조절하는 line-height 속성

한 문단이 두 줄을 넘으면 사이에 간격이 생깁니다. 줄 높이가 너무 좁거나 넓으면 가독성이
떨어집니다. 이때 line-height 속성을 이용하면 줄 높이를 원하는 만큼 조절할 수 있습니다.
줄 높이는 정확한 단위로 크깃값을 지정하거나 단락의 글자 크기를 기준으로 몇 배수인지 백분
율이나 숫자로 지성할 수도 있습니다. 예를 들어 글자 크기가 12px인 단락의 줄 높이를 2.0으
로 했다면 실제 줄 높이는 글자 크기의 2.0배인 24px이 되며 백분율도 같은 식으로 계산합니
다. 보통 줄 높이는 글자 크기의 1.5~2배면 적당합니다. 다음은 줄 높이 24px를 다르게 표시
한 것입니다.

줄 높이를 24px로 지정하기

```
p { font-size: 12px; line-height: 24px; }
p { font-size: 12px; line-height: 2.0; }
p { font-size: 12px; line-height: 200%; }
```

줄 높이를 여러 개 비교해 보겠습니다. 다음 예제에서 첫 번째 단락에는 줄 높이를 지정하지
않고, 두 번째 단락에는 0.7로 좁게 지정합니다. 그리고 세 번째 단락은 줄 높이를 2.5로 넓게
지정합니다.

Do it! 줄 높이 지정하기   예제 파일 07\line-1.html

```
<style>
  .small-line { line-height: 0.7; }     /* 글자 크기의 0.7배 줄 높이 */
  .big-line { l              : 2.5; } /* 글자 크기의 2.5배 줄 높이 */
</style>
......
<p>껍질에 붉은 빛이 돌아 ...... 통통하다</p>
<p class="small-line">껍질에 붉은 빛이 돌아 ...... 통통하다.</p>
<p class="big-line">껍질에 붉은 빛이 돌아 ...... 통통하다.</p>
```

정답: line-height

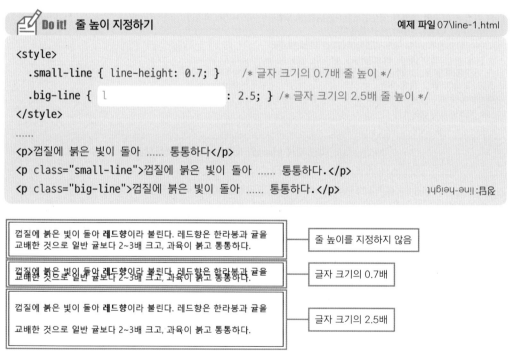

줄 높이를 지정하는 방법

줄 높이는 텍스트를 세로로 정렬할 때도 유용합니다. 먼저 예제를 한번 살펴볼까요? 웹 브라우저에서 07\line-2.html을 열면 검은색 배경 안에 흰색 제목이 가운데 정렬되어 있습니다. 그런데 제목 글자가 위로 약간 올라가 있습니다.

세로로 가운데 정렬하지 않은 텍스트

이 제목 글자를 세로로 가운데 정렬하려면 line-height의 속성값을 추가하여 영역의 높이를 나타내는 height의 속성값과 똑같이 지정하면 됩니다.

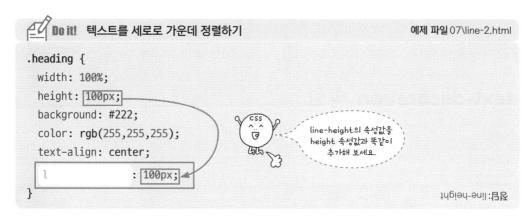

텍스트를 세로로 가운데 정렬하기   예제 파일 07\line-2.html

```
.heading {
  width: 100%;
  height: 100px;
  background: #222;
  color: rgb(255,255,255);
  text-align: center;
  l         : 100px;
}
```

line-height의 속성값을
height 속성값과 똑같이
추가해 보세요.

정답: line-height

텍스트를 세로로 가운데 정렬하기

아직 우리는 박스 모델을 공부하지 않았으므로 요소 영역의 높잇값이 어떻게 정해지는지 코드를 이해하기 어렵습니다. 우선 텍스트를 세로로 정렬할 때 line-height 속성을 사용할 수 있다는 점만 기억해 두세요.

텍스트에 밑줄, 윗줄, 최소선을 표시하는 text-decoration 속성

text-decoration 속성은 텍스트에 밑줄, 윗줄을 긋거나 취소선을 표시합니다. 그리고 텍스트에 하이퍼링크를 적용하면 기본적으로 밑줄이 생기는데 text-decoration 속성을 사용하면 없앨 수 있습니다. 다음은 인라인 스타일을 사용해 text-decoration에서 사용할 수 있는 값을 나타내는 예제입니다.

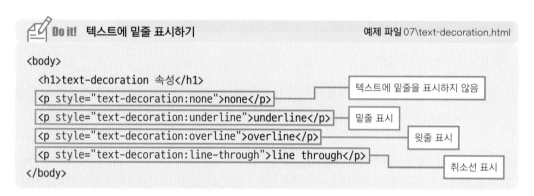

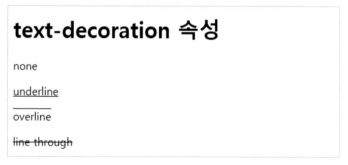

텍스트에 줄 표시하기

텍스트에 그림자 효과를 추가하는 text-shadow 속성

CSS를 사용하면 텍스트에 그림자 효과도 줄 수 있습니다. 그림자 효과는 본문에서 자주 사용하면 지저분해 보이지만 사이트 제목처럼 강조해야 할 글자에 사용하면 눈에 띄게 만들 수 있죠. text-shadow 속성은 텍스트에 그림자 효과를 추가해 텍스트를 좀 더 입체감 나게 보여 줄 수 있습니다. text-shadow 속성은 다음 형식으로 사용합니다.

기본형   text-shadow: none ┃ <가로 거리> <세로 거리> <번짐 정도> <색상>

텍스트에 그림자 효과를 줄 때 사용할 수 있는 text-shadow 속성값의 종류를 표로 정리했습니다.

text-shadow의 속성값

종류	설명
〈가로 거리〉	텍스트부터 그림자까지의 가로 거리를 뜻하며 필수 속성입니다. 양숫값은 글자의 오른쪽에, 음숫값은 글자의 왼쪽에 그림자를 만듭니다.
〈세로 거리〉	텍스트부터 그림자까지의 세로 거리를 뜻하며 필수 속성입니다. 양숫값은 글자의 아래쪽에, 음숫값은 글자의 위쪽에 그림자를 만듭니다.
〈번짐 정도〉	그림자가 번지는 정도입니다. 양숫값을 사용하면 그림자가 모든 방향으로 퍼져 나가므로 크게 표시됩니다. 반대로 음숫값은 그림자가 모든 방향으로 축소되어 보입니다. 기본값은 0입니다.
〈색상〉	그림자 색상을 지정합니다. 한 가지만 지정할 수도 있고 공백으로 구분해 여러 색상을 지정할 수도 있습니다. 기본값은 현재 글자색입니다.

text-shadow 속성 중에서 가로 거리와 세로 거리만 지정하면 나머지 값은 기본값을 사용해 텍스트 그림자를 표시할 수 있습니다. 다음은 텍스트에 여러 가지 그림자 효과를 주는 예제입니다.

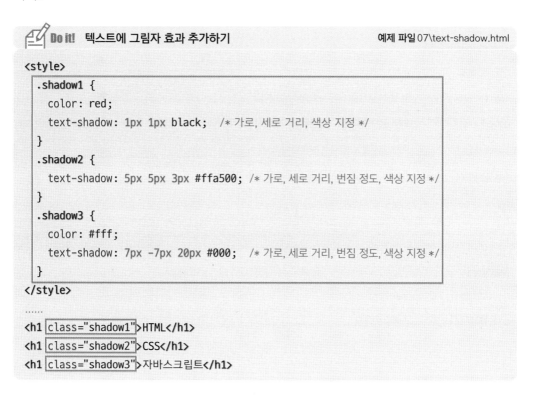

✍️ **Do it!** 텍스트에 그림자 효과 추가하기   예제 파일 07\text-shadow.html

```
<style>
  .shadow1 {
    color: red;
    text-shadow: 1px 1px black;   /* 가로, 세로 거리, 색상 지정 */
  }
  .shadow2 {
    text-shadow: 5px 5px 3px #ffa500;  /* 가로, 세로 거리, 번짐 정도, 색상 지정 */
  }
  .shadow3 {
    color: #fff;
    text-shadow: 7px -7px 20px #000;   /* 가로, 세로 거리, 번짐 정도, 색상 지정 */
  }
</style>
......
<h1 class="shadow1">HTML</h1>
<h1 class="shadow2">CSS</h1>
<h1 class="shadow3">자바스크립트</h1>
```

텍스트에 그림자 효과 주기

텍스트의 대소 문자를 변환하는 text-transform 속성

텍스트에서 영문자를 표기할 때 대소 문자를 원하는 대로 바꿀 수 있습니다. text-transform 속성은 텍스트를 대소 문자 또는 전각 문자로 변환합니다. 이 속성은 한글에는 영향을 미치지 않고 영문자에만 적용됩니다.

text-transform의 속성값

종류	설명
capitalize	첫 번째 글자를 대문자로 변환합니다.
uppercase	모든 글자를 대문자로 변환합니다.
lowercase	모든 글자를 소문자로 변환합니다.
full-width	가능한 한 모든 문자를 전각 문자로 변환합니다.

TIP '전각 문자'란 가로와 세로의 길이 비율이 같은 글자이고, '반각 문자'는 가로와 세로의 길이 비율이 1:2인 글자를 말합니다.

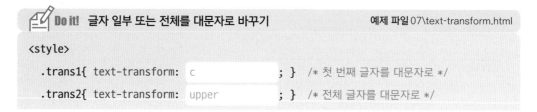

Do it! 글자 일부 또는 전체를 대문자로 바꾸기　　　　　예제 파일 07\text-transform.html

```
<style>
    .trans1{ text-transform: c          ; }  /* 첫 번째 글자를 대문자로 */
    .trans2{ text-transform: upper      ; }  /* 전체 글자를 대문자로 */
```

```
    .trans3{ text-transform: lowercase; }          /* 전체 글자를 소문자로 */
</style>
......
<p class="trans1">html</p>
<p class="trans2">css</p>
<p class="trans3">JAVASCRIPT</p>
```

정답: capitalize, uppercase

Html

CSS

javascript

텍스트의 대소 문자 변환하기

글자 간격을 조절하는 letter-spacing, word-spacing 속성

letter-spacing 속성은 글자와 글자 사이의 간격(자간)을 조절하고 word-spacing 속성은 단어와 단어 사이의 간격을 조절하는데, CSS에서는 주로 letter-spacing 속성을 사용해 자간을 조절합니다. 이 2가지 속성은 px, em과 같은 단위나 퍼센트(%)로 크깃값을 조절합니다. 다음은 letter-spacing 속성을 사용하여 자간을 조절한 예제입니다.

TIP 예제에서 사용한 em 단위는 대문자 M의 너비를 기준으로 크기를 조절합니다.

Do it! 글자 간격 조절하기   예제 파일 07\spacing.html

```
<style>
  .spacing1 {
    letter-spacing: 0.2em;            /* 글자 간격 0.2em */
  }
  .spacing2 {
    letter- s          : 0.5em;  /* 글자 간격 0.5em */
  }
</style>
......
```

```
<p>CSS</p>
<p class="spacing1">CSS</p>
<p class="spacing2">CSS</p>
```

정답: spacing

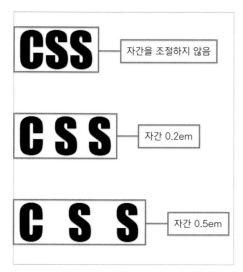

CSS ── 자간을 조절하지 않음

C S S ── 자간 0.2em

C S S ── 자간 0.5em

글자 간격 조절하기

07-4 목록 스타일

웹 사이트에 자주 등장하는 메뉴 항목은 대부분 목록과 링크를 결합하여 만듭니다. 여기에 CSS를 적용하면 훨씬 멋진 사이트 메뉴가 되죠. 여기에서는 목록을 만드는 스타일 속성을 알아보겠습니다.

불릿 모양과 번호 스타일을 지정하는 list-style-type 속성

순서 없는 목록에서는 앞에 다양한 불릿 모양을 넣을 수 있고, 순서 목록에서는 번호 스타일을 지정할 수 있습니다. 이때 list-style-type 속성을 사용하여 불릿의 모양이나 번호 스타일을 지정할 수 있습니다.

list-style-type의 속성값

종류	설명	예시
disc	안을 채운 원 모양입니다.	●
circle	빈 원 모양입니다.	○
square	안을 채운 사각 모양입니다.	■
decimal	1부터 시작하는 10진수입니다.	1, 2, 3, …
decimal-leading-zero	앞에 0이 붙는 10진수입니다.	01, 02, …
lower-roman	로마 숫자 소문자입니다.	i, ii, iii, …
upper-roman	로마 숫자 대문자입니다.	I, II, III, …
lower-alpha 또는 lower-latin	알파벳 소문자입니다.	a, b, c, …
upper-alpha 또는 upper-latin	알파벳 대문자입니다.	A, B, C, …
none	불릿이나 숫자를 없앱니다.	

다음 예제는 불릿을 사용하지 않은 순서 없는 목록과 숫자 대신 알파벳 대문자로 표시한 순서 목록입니다.

Do it! 순서 없는 목록과 알파벳 대문자 목록 지정하기   예제 파일 07\list-1.html

```
<style>
  .book1 {
    list-style-type: none;  /* 순서 없는 목록 */
```

```
    }
    .book2 {
      list-style-type: u          ;   /* 알파벳 대문자 순서 목록 */
    }
</style>
......
<h1>도서 시리즈</h1>
<ul class="book1">
  <li>Do it! 시리즈</li>
  <li>첫 코딩 시리즈</li>
  <li>된다! 시리즈</li>
</ul>
<ol class="book2">
  <li>Do it! 시리즈</li>
  <li>첫 코딩 시리즈</li>
  <li>된다! 시리즈</li>
</ol>
```

정답: upper-alpha

도서 시리즈

Do it! 시리즈
첫 코딩 시리즈
된다! 시리즈

A. Do it! 시리즈
B. 첫 코딩 시리즈
C. 된다! 시리즈

순서 없는 목록과 알파벳 대문자 순서 목록 적용하기

불릿 대신 이미지를 사용하는 list-style-image 속성

list-style-type 속성에서 바꿀 수 있는 불릿의 유형은 3가지뿐이어서 단조로운 편입니다.
list-style-image 속성을 이용하면 불릿을 원하는 이미지로 바꿀 수 있습니다. 이 경우 불릿
에 들어갈 이미지는 불릿 크기만큼 작아야 합니다. 최근에는 이미지보다 아이콘 폰트로 불릿
을 삽입하는 방법을 많이 사용합니다.

기본형   list-style-image: <url(이미지 파일 경로)> | none

TIP 속성값으로 none을 사용하면 이미지를 사용하지 않고 list-style-type 속성에서 지정한 형태로 표시합니다.

다음은 순서 없는 목록의 기본 불릿 대신 이미지 파일을 사용한 예제입니다.

✎ Do it! 불릿 대신 이미지 사용하기　　　　　　　　　　예제 파일 07\list-2.html

```
<style>
  ul {
    list-style-image: url('images/dot.png');   /* 불릿으로 사용할 이미지 */
  }
</style>
......
<h1>도서 시리즈</h1>
<ul>
  <li>Do it! 시리즈</li>
  <li>첫 코딩 시리즈</li>
  <li>된다! 시리즈</li>
</ul>
```

도서 시리즈

- ● Do it! 시리즈
- ● 첫 코딩 시리즈
- ● 된다! 시리즈

불릿 대신 이미지를 사용해서 순서 없는 목록 만들기

목록을 들여 쓰는 list-style-position 속성

list-style-position 속성을 사용하면 불릿이나 번호의 위치를 들여 쓸 수 있습니다. 속성값으로 inside를 지정하면 불릿이나 번호가 실제 내용이 시작되는 위치보다 좀 더 안으로 들여 써진 듯한 효과가 납니다. 이 속성은 단락과 단락 사이에 있는 목록을 더 쉽게 구분해 줍니다.

기본형   list-style-position: inside | outside;

list-style-position의 속성값

종류	설명
inside	불릿이나 번호를 기본 위치보다 안으로 들여 씁니다.
outside	기본값입니다.

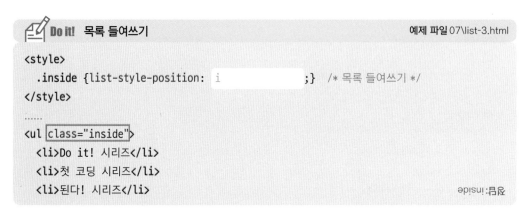

```
<style>
  .inside {list-style-position: i            ;}  /* 목록 들여쓰기 */
</style>
......
<ul class="inside">
  <li>Do it! 시리즈</li>
  <li>첫 코딩 시리즈</li>
  <li>된다! 시리즈</li>
```

정답: inside

목록 들여쓰기로 순서 없는 목록 만들기

목록 속성을 한꺼번에 표시하는 list-style 속성

list-style 속성을 사용하면 지금까지 설명한 list-style-type, list-style-image, list-style-position 속성을 한꺼번에 표시할 수 있습니다. 그래서 다음과 같이 코드를 간단히 줄여서 사용할 수 있습니다. 목록 스타일 중에서 list-style-type 속성을 가장 많이 사용하는데, 종종 list-style로 줄여서 쓰곤 합니다.

불릿 없애기

```css
ul {list-style-type: none;}
```

➡

속성을 줄여서 표시하기

```css
ul {list-style: none;}
```

알파벳 소문자 순서 목록 만들고 들여쓰기

```css
ol {
    list-style-type: lower-alpha;
    list-style-position: inside;
}
```

➡

속성을 줄여서 표시하기

```css
ol {
    list-style: lower-alpha inside;
}
```

07-5 표 스타일

CSS를 이용하면 표의 크기뿐만 아니라 테두리, 셀의 테두리, 여러 가지 여백 등의 표 스타일을 지정할 수 있습니다. 표와 관련된 여러 속성을 하나씩 살펴보겠습니다.

표 제목의 위치를 정해 주는 caption-side 속성

표 제목은 `<caption>` 태그를 이용해 캡션으로 표시합니다. 캡션은 기본적으로 표 위쪽에 표시되지만 caption-side 속성을 이용하면 표 아래쪽으로 옮길 수 있습니다.

TIP 이 속성을 사용한 예제 파일은 이어서 배울 border 속성과 함께 살펴봅니다.

> 기본형 **caption-side: top ¦ bottom**

`caption-side`의 속성값은 다음과 같습니다.

caption-side의 속성값

종류	설명
top	캡션을 표 위쪽에 표시합니다. 기본값입니다.
bottom	캡션을 표 아래쪽에 표시합니다.

TIP 정렬 방법은 07-2절을 참고하세요.

표에 테두리를 그려 주는 border 속성

웹 요소에 테두리를 표시할 때는 border 속성을 사용합니다. 표에서도 테두리를 그릴 때 border 속성을 사용하는데 표 바깥 테두리와 셀 테두리를 각각 지정합니다. border 속성은 08-2절 박스 모델을 공부하면서 자세히 알아볼 것입니다.

다음 예제는 CSS의 border 속성을 이용해 표 바깥 테두리는 1px의 검은색 실선으로, 셀 테두리는 1px의 검은색 점선으로 표시한 것입니다. 표 전체의 바깥 테두리와 각 셀의 테두리가 모두 표시되어 화면에서는 테두리가 두 줄 그려진 것처럼 보입니다.

TIP `<tr>` 태그는 셀을 묶는 역할만 하므로 스타일을 적용하지 않습니다. `<tr>`, `<td>`, `<th>` 태그가 생각나지 않는다면 04-3절을 다시 보고 오세요.

Do it! 표 테두리 스타일 지정하기 예제 파일 07\table-1.html

```
<style>
table {
  caption-side: bottom;        /* 표 캡션 위치는 아래로 */
  border: 1px solid black;     /* 표 테두리는 검은색 실선으로 */
}
td, th {
  border: 1px dotted b        ;  /* 셀 테두리는 검은색 점선으로 */
  padding: 10px;               /* 셀 테두리와 내용 사이의 여백 지정 */
  text-align: center;          /* 셀 내용 가운데 정렬 */
}
</style>
......
<h2>상품 구성</h2>
<table>
  <caption>선물용과 가정용 상품 구성</ c           >
  <thead> ...... </thead>
  <tbody> ...... </tbody>
</table>
```

정답: black, caption

상품 구성

용도	중량	개수	가격
선물용	3kg	11~16과	35,000원
	5kg	18~26과	52,000원
가정용	3kg	11~16과	30,000원
	5kg	18~26과	47,000원

선물용과 가정용 상품 구성

표 테두리 스타일 지정하기

셀 사이의 여백을 지정하는 border-spacing 속성

표와 셀에 테두리를 따로 지정하면 셀과 셀 사이에 여백이 조금 생깁니다. border-spacing 속성을 사용하면 셀과 셀 사이의 여백을 조절할 수 있습니다.

> 기본형   **border-spacing: 수평거리 수직거리**

border-spacing 속성값은 수평 서리의 값과 수직 거리의 값을 공백으로 구별해서 나타내는데, 두 값이 같다면 1개만 지정해도 됩니다.

표와 셀 테두리를 합쳐 주는 border-collapse 속성

앞에서 살펴본 것처럼 `<table>` 태그와 `<td>` 태그에서 border 속성을 사용하면 셀과 셀 사이에 여백이 생기면서 두 줄로 표시됩니다. 이때 두 줄로 그냥 둘 것인지 아니면 합쳐서 하나로 표시할 것인지를 border-collapse 속성으로 결정합니다. 이 속성은 `<table>` 태그에 적용되는 스타일에만 지정하면 됩니다.

border-collapse의 속성값

종류	설명
collapse	표와 셀의 테두리를 합쳐 하나로 표시합니다.
separate	표와 셀의 테두리를 따로 표시합니다. 기본값입니다.

다음 예제는 표의 바깥 테두리는 검은색 실선으로, 셀의 테두리는 검은색 점선으로 지정한 후 border-collapse를 이용해 합친 것입니다.

> ✏️ **Do it!** **표와 셀 테두리 합치기**   예제 파일 07\table-2.html
>
> ```
> <style>
>   table {
>     caption-side: bottom;          /* 표 캡션 위치는 아래로 */
>     border: 1px solid black;       /* 표 테두리는 검은색 실선으로 */
>     border-collapse: [ c        ]; /* 표와 테두리를 한 줄로 표시 */
>   }
>   td, th {
>     border: 1px dotted black;      /* 셀 테두리는 검은색 점선으로 */
>     padding: 10px;                 /* 셀 테두리와 내용 사이의 여백 지정 */
>     text-align: center;            /* 셀 내용 가운데 정렬 */
>   }
> ```

```
</style>
(... 생략 ...)
<h2>상품 구성</h2>
<table>
    <caption>선물용과 가정용 상품 구성</c              >
    <thead> ...... </thead>
    <tbody> ...... </tbody>
</table>
```

정답: collapse, caption

상품 구성

용도	중량	개수	가격
선물용	3kg	11~16과	35,000원
	5kg	18~26과	52,000원
가정용	3kg	11~16과	30,000원
	5kg	18~26과	47,000원

선물용과 가정용 상품 구성

표와 셀 테두리를 합쳐서 한 줄로 표시하기

테두리가
한 줄로
바뀌었어!

CSS

확인!

모르겠다면?		알겠다면!
← 195쪽	글꼴 종류와 글자색, 크기, 굵기 등을 지정할 수 있나요?	☑
← 200쪽	웹 폰트와 아이콘 폰트를 웹 문서에 추가할 수 있나요?	☐
← 218쪽	단락의 정렬 방법과 줄 높이를 조절할 수 있나요?	☐
← 222쪽	텍스트에 줄을 긋거나 그림자 효과를 추가할 수 있나요?	☐
← 227쪽	목록에서 불릿 모양이나 번호 스타일을 수정할 수 있나요?	☐
← 232쪽	표 제목의 위치를 조절할 수 있나요?	☐
← 232쪽	표의 테두리를 조절할 수 있나요?	☐

1 텍스트의 굵기를 조절하는 CSS 속성은 (① text-style / ② font-weight) 입니다.

2 표의 경계선을 설정하는 CSS 속성은 (① border / ② table-border) 입니다.

3 목록에서 항목 앞에 나타나는 기호의 스타일을 지정하는 속성은 (① list-style / ② bullet-style) 입니다.

4 웹 폰트를 CSS에 포함하기 위해 사용하는 구문은 무엇인가요?
  ① @import
  ② @link
  ③ @web-font

5 글자 간격을 설정하는 CSS 속성은 무엇인가요?
  ① text-spacing
  ② letter-spacing
  ③ font-spacing

6 텍스트를 가운데 정렬하려면 CSS에서 ' _____ : center; '를 사용합니다. 빈칸에 알맞은 속성을 작성하세요.

7 모든 <div> 요소에 글꼴 크기를 16px, 글꼴 스타일을 이탤릭체로 설정하는 CSS 코드를 작성하세요.

```
_____      {
_____       : 16px;
_____       : italic;
}
```

8 07\quiz-1.html에는 표를 사용해서 2019년부터 2022년까지 가구 수를 정리해 놓았습니다. 여기에 완성 화면과 〈힌트〉를 참고해 스타일을 적용하세요.

완성 화면 문제 파일 07\quiz-1.html

지수	2019년	2020년	2021년	2022년
가구 수	20,891,348	21,484,785	22,022,753	22,383,187
1인 가구 수	6,147,516	6,643,354	7,165,788	7,502,350

출처: 통계청 100대 지표

💬 힌트

1. 표 전체와 각 셀의 테두리를 1px짜리 검은색 실선으로 표시합니다.

2. 표 테두리와 셀 테두리를 한 줄로 표시합니다.

3. 표의 설명 글(캡션)을 표의 오른쪽 아래로 옮깁니다.

4. 셀의 내부 여백(패딩)을 10px로 지정합니다.

5. 제목 셀만 왼쪽으로 정렬합니다.

6. 마지막 2022년 열의 배경색을 #e5f6f6으로 지정합니다.

9 07\quiz-2.html에는 기본 스타일이 적용되어 있지만, 상품 설명 부분의 텍스트에 몇 가지 스타일을 추가하려고 합니다. 완성 화면과 〈힌트〉를 참고해 스타일을 정의하여 문서 디자인을 바꿔보세요.

완성 화면	문제 파일 07\quiz-2.html

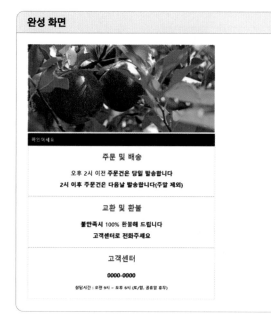

💬 힌트

1. \<h2\> 제목 스타일은 글자색 #ff0000, 글자 크기 1.5em, 가운데 정렬로 합니다.

2. \<p\> 본문 스타일은 글자 크기 1.2em, 줄 간격 2em, 굵은 글자, 가운데 정렬로 합니다.

3. 이름이 accent인 클래스 스타일을 글자색 #0000ff로 정의합니다.

4. 이름이 smalltext인 클래스 스타일을 글자 크기 0.7em로 정의합니다.

5. \<span\> 태그로 묶은 '오후 2시 이전'과 '100% 환불'에 accent 클래스 스타일을 적용합니다.

6. \<span\> 태그로 묶은 '상담시간: ~ 공휴일 휴무'에 smalltext 클래스 스타일을 적용합니다.

9. ※07\sol-2.html 참고

정답: 1. ② 2. ① 3. ① 4. ① 5. ② 6. text-align, div, font-size, font-style 8. ※07\sol-1.html 참고

08

CSS 박스 모델

웹 문서에서 내용을 배치할 때는 요소마다 박스 형태로 구성하므로 이것을
'CSS 박스 모델'이라고 합니다. 박스 모델은 실제 내용이 들어가는 콘텐츠 영
역과 테두리, 여백으로 이루어집니다. 이번 장에서 배우는 박스 모델은 CSS를
사용한 레이아웃의 기본이 되므로 반드시 이해하고 넘어가야 합니다.

이 장을 다 공부하면!

• CSS 박스 모델의 개념을 알 수 있어요.
• 박스 모델의 테두리와 마진, 패딩을 지정할 수 있어요.
• 박스 모델을 사용해 웹 요소를 적절하게 배치할 수 있어요.

08-1 CSS와 박스 모델

CSS 박스 모델이란 웹 문서의 내용을 박스 형태로 정의하는 방법입니다. 이 박스 모델이 모여 웹 문서를 이루죠. 박스 모델에는 마진과 패딩, 테두리 등 박스가 여러 겹 들어 있습니다. 이 개념은 CSS에서 자주 사용하므로 잘 기억해 두어야 합니다.

블록 레벨 요소와 인라인 레벨 요소

박스 모델은 블록 레벨 요소인지 인라인 레벨 요소인지에 따라 나열 방법이 달라집니다. 그러므로 먼저 블록 레벨 요소와 인라인 레벨 요소가 무엇인지 알아보겠습니다.

블록 레벨block-level 요소란 태그를 사용해 요소를 삽입했을 때 혼자 한 줄을 차지하는 것을 가리킵니다. 한 줄을 차지한다는 것은 해당 요소의 너비가 100%라는 뜻이죠. 따라서 블록 레벨 요소의 왼쪽이나 오른쪽에 다른 요소가 올 수 없습니다. 블록 레벨 요소를 만드는 대표적인 태그로 <h1>, <div>, <p> 등이 있습니다.

다음 예제 파일은 웹 문서의 각 요소에 테두리를 그려서 레벨 요소를 구별한 것입니다. <h1>, <div>, <p> 태그는 블록 레벨 요소이므로 각각 너비가 100%이며 한 줄씩 차지합니다.

> **✏️ Do it! 블록 레벨 요소 사용하기**   예제 파일 08\block.html
>
> ```
> <h1>시간이란...</h1>
> <div>내일 죽을 것처럼 <p class="accent">오늘</p>을 살고</div>
> <p>영원히 살 것처럼 <br>내일을 꿈꾸어라.</p>
> ```

블록 레벨 요소 살펴보기

반면에 **인라인 레벨**inline-level 요소는 한 줄을 차지하지 않습니다. 영역을 콘텐츠만큼만 차지하므로 나머지 공간에는 다른 요소가 올 수 있습니다. 따라서 한 줄에 인라인 레벨 요소를 여러 개 표시할 수 있습니다. 인라인 레벨 요소를 만드는 태그로 `<span>`, `<img>`, `<strong>` 등이 있습니다.

다음 예제에서는 '오늘'이라는 텍스트 부분에 `<span>` 태그를 사용했는데, `<span>` 태그는 인라인 레벨 요소이므로 텍스트만큼만 공간을 차지하고 바로 오른쪽에 다른 내용이 연결되어 표시됩니다.

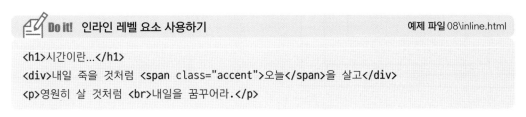

```
<h1>시간이란...</h1>
<div>내일 죽을 것처럼 <span class="accent">오늘</span>을 살고</div>
<p>영원히 살 것처럼 <br>내일을 꿈꾸어라.</p>
```

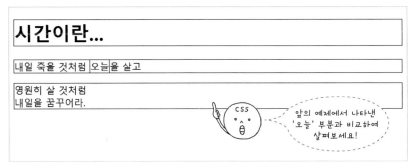

인라인 레벨 요소 살펴보기

박스 모델의 기본 구성

이제 본격적으로 박스 모델을 알아보죠. 앞에서 배운 웹 문서의 블록 레벨 요소와 인라인 레벨 요소는 모두 박스 형태입니다. 스타일 시트에서는 이렇게 박스 형태인 요소를 **박스 모델**box model **요소**라고 합니다. 웹 문서 안에서 여러 요소를 원하는 위치에 배치하려면 CSS 박스 모델을 잘 알아야 합니다. 여러 요소를 한 줄에 배치할지, 줄을 바꾸어 배치할지, 요소와 요소 사이의 간격을 어떻게 조절할지 결정해야 하기 때문입니다.

박스 모델은 **콘텐츠 영역**, 박스와 콘텐츠 영역 사이의 여백인 **패딩**padding, 박스의 **테두리**border, 그리고 여러 박스 모델 사이의 여백인 **마진**margin 등의 요소로 구성됩니다. 이때 마진이나 패딩은 웹 문서에서 다른 콘텐츠 사이의 간격이나 배치 등을 고려할 때 필요한 개념입니다. 패딩과 테두리, 마진은 다음 그림처럼 각각 상하좌우로 나뉘어 있어 네 방향의 스타일을 따로 설정할 수 있습니다. 단, 인라인 레벨 요소는 다른 웹 요소와 어울려서 표시되므로 마진과 패딩의 값이 정확하게 적용되지 않습니다.

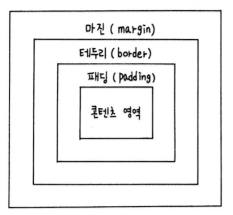

박스 모델의 기본 요소

박스 모델이 문서에서 실제로 어떻게 보이는지 살펴볼까요? 앞에서 다룬 08\block.html 예제 파일을 웹 브라우저에서 열어 보세요. 그리고 '시간이란...' 부분을 마우스 오른쪽 버튼으로 누른 뒤 [검사]를 선택하세요. 화면 오른쪽에 개발자 도구 창이 열리면서 코드에서는 <h1> 태그 부분에 옅은 회색 배경이 표시됩니다. 현재 선택한 부분에 사용한 코드를 보여 주는 것입니다. 그리고 개발자 도구 창 위에서 [계산됨] 탭을 클릭하면 현재 제목 텍스트의 박스 모델이 그림으로 표시됩니다.

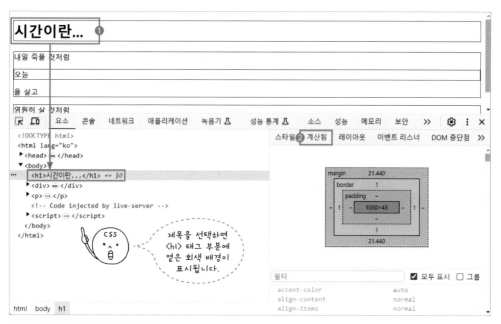

개발자 도구 창에서 박스 모델 확인하기

다음 그림처럼 박스 모델에서 가장 바깥의 margin 위로 마우스 포인터를 올리면 웹 브라우저
장에서 마진 영역이 어디인지 보여 줍니다. 08\block.html 문서에서 제목 텍스트의 마진값
을 따로 지정하지 않았지만 웹 브라우저에서 미리 정해 놓은 기본 스타일에 따라 마진 여백이
할당됩니다.

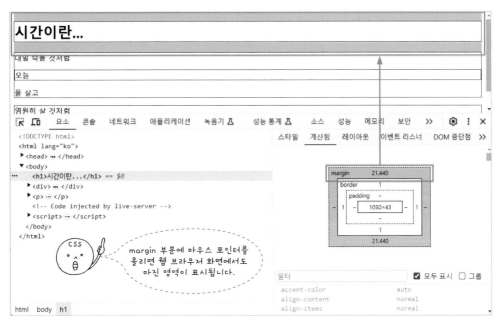

박스 모델에서 마진 영역 확인하기

TIP 크롬이나 엣지 브라우저를 사용한 경우입니다. 파이어폭스 브라우저에서는 다르게 나타납니다.

콘텐츠 영역의 크기를 지정하는 width, height 속성

박스 모델에서 콘텐츠 영역의 크기를 지정할 때 너비는 width, 높이는 height 속성을 사용합
니다. width, height 속성에서 사용할 수 있는 값은 다음과 같습니다.

width와 height의 속성값

종류	설명
〈크기〉	너비나 높이의 값을 px이나 em 단위로 지정합니다.
〈백분율〉	박스 모델을 포함하는 부모 요소를 기준으로 너빗값이나 높잇값을 백분율(%)로 지정합니다.
auto	박스 모델의 너빗값과 높잇값이 콘텐츠 양에 따라 자동으로 결정됩니다. 기본값입니다.

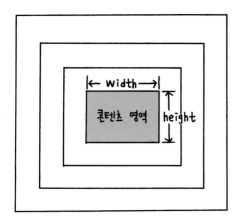

콘텐츠 영역의 크기를 나타내는 width, height 속성

다음 예제는 박스 모델 2개의 크기를 지정해 비교한 것입니다. 첫 번째 박스는 너비와 높이를 각각 400px과 100px로 지정하고, 두 번째 박스는 너비를 70%, 높이를 100px로 지정합니다. 첫 번째 박스의 크기는 웹 브라우저의 크기와 상관없이 유지되지만 두 번째 박스는 부모 요소인 <body>, 즉 웹 브라우저의 크기에 따라 달라집니다. 브라우저 창의 너비를 조절하면서 두 번째 박스의 너비를 살펴보세요.

Do it! 박스 모델의 너비와 높이 지정하기
예제 파일 08\box-width.html

```
<style>
  .box1 {
    width:400px;        /* 고정 너비 */
    height:100px;       /* 고정 높이 */
  }
  .box2 {
    width:70%;          /* 가변 너비 */
    height:100px;       /* 고정 높이 */
  }
</style>
......
<div class="box1">Lorem ...... </div>
<div class="box2">Lorem ...... </div>
```

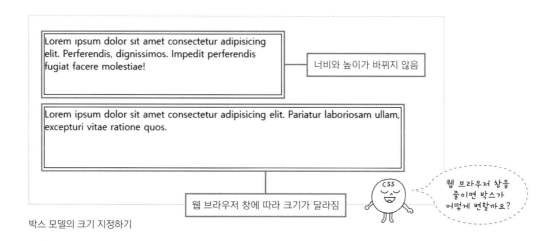

Lorem ipsum dolor sit amet consectetur adipisicing elit. Perferendis, dignissimos. Impedit perferendis fugiat facere molestiae!

너비와 높이가 바뀌지 않음

Lorem ipsum dolor sit amet consectetur adipisicing elit. Pariatur laboriosam ullam, excepturi vitae ratione quos.

웹 브라우저 창에 따라 크기가 달라짐

웹 브라우저 창을 줄이면 박스가 어떻게 변할까요?

박스 모델의 크기 지정하기

박스 모델의 크기를 계산하는 box-sizing 속성

width 속성과 height 속성은 박스 모델에서 콘텐츠 주변의 여백(마진)이나 테두리를 뺀 콘텐츠 영역의 크기를 가리킵니다. 그래서 웹 문서에 여러 가지 요소를 배치할 때 실제 박스 모델이 차지하는 크기는 콘텐츠 영역 외에도 콘텐츠와 테두리 사이의 여백(패딩), 테두리 두께까지 계산해야 합니다.

예를 들어 콘텐츠 영역의 너비가 200px이고, 콘텐츠와 테두리 사이의 패딩은 20px, 테두리 두께는 10px로 한다면 실제 박스 모델의 너비는 얼마일까요?

지금부터 이 박스 모델의 너비를 확인해 보겠습니다. 크롬 웹 브라우저에서 08\box-sizing.html 파일을 열고, 첫 번째 박스에서 마우스 오른쪽 버튼을 누른 뒤 [검사]를 클릭해 개발자 도구 창을 실행해 보세요.

다음 그림처럼 [계산됨] 탭을 클릭하면 첫 번째 박스의 박스 모델 너비를 계산할 수 있습니다. width 속성에서 지정한 값 200px 외에 좌우 패딩값 40px, 좌우 테두릿값 20px을 모두 더하면 실제 박스 모델의 너비는 260px입니다. 높이도 마찬가지로 계산합니다. 잠깐, 웹 브라우저 화면을 끄지 마세요!

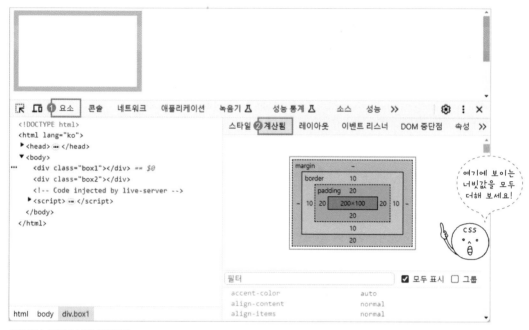

실제 박스 모델의 너비 계산하기

이처럼 웹 문서에서 텍스트와 이미지 등의 다양한 요소를 배치할 때 매번 패딩과 테두리의 값을 계산해서 박스 모델의 크기를 넣어야 한다면 생각만 해도 정신이 없겠죠? 그래서 box-sizing 속성이 필요합니다. box-sizing은 박스 모델의 너비와 높이를 어떻게 결정할 것인지에 따라 border-box와 content-box 중에서 선택할 수 있습니다.

box-sizing의 속성값

종류	설명
border-box	패딩과 테두리를 포함해서 너빗값을 지정합니다.
content-box	콘텐츠 영역만 너빗값을 지정합니다. 기본값입니다.

다시 08\box-sizing.html이 열려 있는 웹 브라우저로 돌아가서 다음 그림과 같이 개발자 도구 창의 [요소] 탭에서 두 번째 <div>를 클릭해 보세요. 그리고 [스타일] 탭에서 CSS 속성을 확인하면 첫 번째 박스와 똑같이 너비는 200px로 지정했지만 box-sizing: border-box;가 추가되어 있습니다.

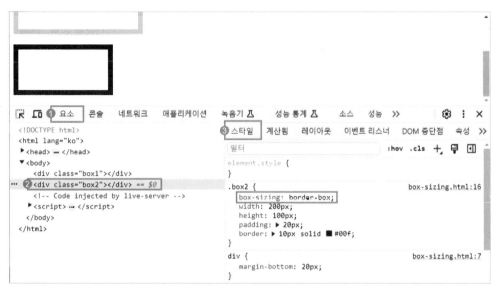

box-sizing 속성 확인하기

이제 [계산됨] 탭을 클릭해서 박스의 실제 너비를 확인해 볼까요? 이 박스는 테두리까지 포함해서 200px이므로 좌우 패딩값 40px, 좌우 테두릿값 20px을 뺀 나머지 140px이 실제 콘텐츠 영역의 너비입니다.

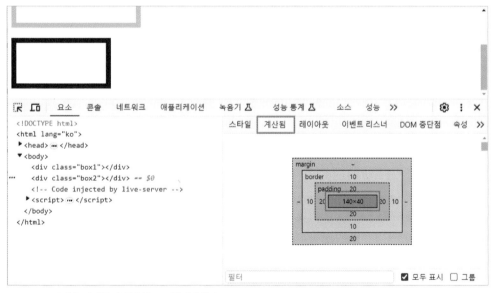

box-sizing 속성을 지정할 때 실제 박스 모델 계산하기

정리하자면 CSS에서 박스 모델을 사용하면서 요소의 크기를 쉽게 계산하려면 box-sizing 속성을 border-box로 지정해 놓는 것이 좋습니다.

TIP 물론 콘텐츠 너비를 정확하게 계산해야 한다면 content-box로 지정하거나 아예 box-sizing 속성을 사용해야 합니다.

박스 모델에 그림자 효과를 주는 box-shadow 속성

사진 주변에 그림자를 추가하면 멋진 효과를 낼 수 있습니다. CSS에서 box-shadow 속성을 사용하면 포토샵 같은 프로그램을 따로 사용하지 않고도 그림자 효과를 줄 수 있습니다. 그림자는 이미지 또는 <div>와 같이 전체 영역에 지정하여 넣을 수 있는데요. box-shadow에서 그림자의 위치나 색상, 흐림 정도 등을 지정하려면 다음 형식으로 사용합니다.

기본형　**box-shadow: <수평 거리> <수직 거리> <흐림 정도> <번짐 정도> <색상> inset**

box-shadow의 속성값에서 수평 거리와 수직 거리는 반드시 지정해야 합니다. 그림자의 위치는 오른쪽 그림과 같이 수평 거리와 수직 거리의 값에 따라 움직입니다.

다음 표는 box-shadow의 속성값을 정리한 것입니다. <수평 거리>와 <수직 거리> 이외의 속성값은 옵션이므로 필요할 때만 사용하면 됩니다.

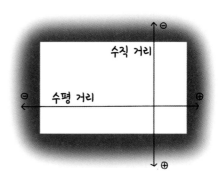

수직 거리와 수평 거리의 값에 따른 그림자 위치

box-shadow의 속성값

종류	설명
<수평 거리>	그림자가 가로로 얼마나 떨어져 있는지를 나타냅니다. 양숫값은 요소의 오른쪽에, 음숫값은 요소의 왼쪽에 그림자를 만듭니다. 필수 속성입니다.
<수직 거리>	그림자가 세로로 얼마나 떨어져 있는지를 나타냅니다. 양숫값은 요소의 아래쪽에, 음숫값은 요소의 위쪽에 그림자를 만듭니다. 필수 속성입니다.
<흐림 정도>	이 값을 생략하면 0을 기본값으로 하여 진한 그림자를 표시합니다. 이 값이 커질수록 부드러운 그림자를 표시하며, 음숫값은 사용할 수 없습니다.
<번짐 정도>	양숫값을 사용하면 모든 방향으로 그림자가 퍼져서 박스보다 그림자가 크게 표시됩니다. 반대로 음숫값은 모든 방향으로 그림자가 축소되어 보입니다. 기본값은 0입니다.
<색상>	한 가지만 지정할 수도 있고, 공백으로 구분해서 색상을 여러 개 지정할 수도 있습니다. 기본값은 현재 검은색입니다.
inset	이 키워드를 함께 표시하면 그림자가 요소 안쪽으로 생깁니다.

[준비] 08\box-shadow.html   [결과 비교] 08\results\box-shadow.html

box-shadow 속성을 사용하면 버튼에 그림자 효과를 추가해서 좀 더 눈에 띄게 만들 수 있습니다. 이때 브라우저의 웹 개발자 도구를 사용하면 box-shadow의 속성값을 지정하기 편리합니다. 버튼에 그림자 효과를 추가하면서 웹 개발자 도구를 활용하는 방법까지 알아보겠습니다.

1단계 텍스트에 그림자 효과 추가하기

box-shadow.html를 웹 브라우저로 확인해 보면 사각 형태의 버튼이 있습니다. 여기에 그림자 효과를 추가할 것입니다.

```
Do it!
```

VS Code에서 box-shadow.html 문서를 열고 이미 작성되어 있는 button 스타일에 다음과 같이 box-shadow 속성을 추가합니다.

```
<style>
  button {
    font-size: 2em;
    ......
    box-shadow: 2px 2px 2px #000;
  }
</style>
```

수정한 코드를 저장한 후 다시 웹 브라우저로 확인해 보세요. 버튼의 오른쪽 아래에 얇은 검은색 그림자 효과가 생겼을 것입니다.

```
Do it!
```

2단계 그림자 효과의 형태 조절하기

Ctrl + Shift + I 를 눌러 웹 개발자 도구 창을 엽니다. 그리고 [요소] 탭에서 <button> 태그 부분을 클릭하세요. 버튼에 적용된 스타일 속성이 오른쪽 창에 나타납니다. 그중에서 box-shadow 속성에 있는 버튼(🔲)을 클릭해 보세요.

팝업 창이 나타나는데, 여기에서 box-shadow 속성에서 사용하는 여러 가지 값을 눈으로 확인하면서 조절할 수 있습니다.

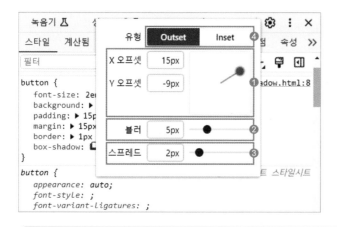

❶ **X 오프셋, Y 오프셋**: 그림자의 위치를 조절할 수 있습니다. 사각형 안에 있는 파란색 원을 왼쪽, 오른쪽 또는 위, 아래로 드래그해 보세요. 파란색 원을 따라 그림자의 위치가 바뀌고, 위치에 해당하는 값이 [X 오프셋]과 [Y 오프셋] 오른쪽 입력됩니다.

❷ **블러**: 그림자의 흐림 정도를 조절할 수 있습니다.

❸ **스프레드**: 그림자의 번짐 정도를 조절할 수 있습니다.

❹ **Outset, Inset**: 기본적으로 [Outset]이 선택되어 있는데 이 옵션은 박스 모델의 바깥 부분에 그림자를 표시합니다. 박스 모델 안쪽에 그림자를 표시하고 싶다면 [Inset]을 선택합니다.

브라우저 창에 나타나는 결과를 보면서 그림자 효과를 다양하게 조절해 보세요.

3단계 그림자 속성값 변경하기

원하는 그림자 효과를 만들었다면 웹 개발자 도구 창의 빈 공간을 클릭해서 그림자 창을 닫습니다. 그리고 box-shadow 속성을 보면 방금 조절한 그림자 효과에 맞도록 속성값이 바뀌어 있을 것입니다. 속성값을 클릭해 해당 부분을 선택한 다음, Ctrl + C를 눌러 복사합니다.

TIP 웹 개발자 도구 창에서 조절한 값들은 일시적으로 적용될 뿐 저장되지는 않습니다. 브라우저 창을 새로 불러오면 원래 값으로 되돌아갑니다.

VS Code로 돌아와서 **box-shadow** 속성값에 방금 복사한 값을 붙여 넣습니다. 추가로 그림자 색을 바꾸고 싶다면 #000 색상 위로 마우스 포인터를 올려 나타난 색상표에서 선택하면 됩니다.

```
<style>
  button {
    font-size: 2em;
    ......
    box-shadow: 15px -9px 5px 2px #000;    ─── 붙여넣기
  }
</style>
```

코드를 저장한 후 웹 브라우저로 확인하면 웹 개발자 도구를 사용해 수정한 그림자 효과가 그대로 적용된 것을 볼 수 있습니다.

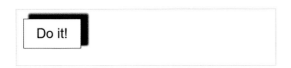

08-2 테두리 스타일 지정하기

박스 모델을 사용해 웹 문서에 요소를 배치하려면 각 박스 모델의 크기와 여백, 테두리 스타일 등을 고려해야 합니다. 특히 테두리 스타일은 점선인지 실선인지뿐만 아니라 테두리 두께와 색상을 지정할 수 있습니다. 또한 네 방향 모두 같은 테두리를 사용할 수도 있고 각각 다르게 사용할 수도 있죠. 박스 모델의 테두리 스타일과 관련된 여러 속성을 알아보겠습니다.

박스 모델의 방향 살펴보기

박스 모델은 상하좌우 4개의 방향이 있어서 테두리나 마진, 패딩 등을 지정할 때 한꺼번에 똑같이 또는 모두 다르게 지정할 수 있습니다. 이때 박스 모델의 4개 방향을 가리키는 예약어를 미리 알아 두는 것이 좋습니다. 맨 윗부분은 top, 오른쪽은 right, 아랫부분은 bottom, 그리고 왼쪽은 left라고 합니다. 속성값이 여러 개일 때에는 맨 위부터 시작해서 top → right → bottom → left처럼 시계 방향 순서로 적용된다는 것을 기억해 두세요. 이 순서가 왜 중요한지는 앞으로 배울 것입니다.

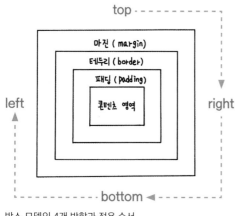

박스 모델의 4개 방향과 적용 순서

테두리 스타일을 지정하는 border-style 속성

테두리 스타일을 지정하는 border-style 속성의 기본값은 none이므로 속성값을 따로 지정하지 않으면 테두리 색상이나 두께를 지정하더라도 화면에 표시되지 않습니다. 따라서 테두리를 그리려면 가장 먼저 테두리 스타일의 속성값을 지정해야 합니다. border-style 속성에서 사용할 수 있는 속성값을 표로 정리했습니다.

border-style의 속성값

종류	설명	예시
none	테두리가 없습니다. 기본값입니다.	
hidden	테두리를 감춥니다. 표에서 border-collapse: collapse일 경우 다른 테두리도 표시되지 않습니다.	
solid	테두리를 실선으로 표시합니다.	
dotted	테두리를 점선으로 표시합니다.	
dashed	테두리를 짧은 직선으로 표시합니다.	
double	테두리를 이중선으로 표시합니다. 두 선 사이의 간격이 border-width값이 됩니다.	
groove	테두리를 창에 조각한 것처럼 표시합니다. 홈이 파인 듯 입체 느낌이 납니다.	
inset	표에서 border-collapse: seperate일 경우 전체 박스 테두리가 창에 박혀 있는 것처럼 표시되고, border-collapse: collapse일 경우 groove와 똑같이 표시됩니다.	
outset	표에서 border-collapse: seperate일 경우 전체 박스 테두리가 창에서 튀어나온 것처럼 표시되고, border-collapse: collapse일 경우 ridge와 똑같이 표시됩니다	
ridge	테두리를 창에서 튀어나온 것처럼 표시합니다.	

TIP border-collapse 속성이 기억나지 않는다면 '07-5절 표 스타일'를 참고하세요.

다음은 실선, 점선, 짧은 직선으로 테두리 스타일을 지정한 예제입니다.

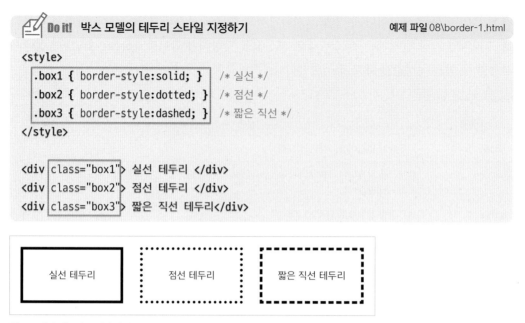

박스 모델의 테두리 스타일 지정하기

TIP 만일 테두리 스타일을 4개 방향 모두 다르게 지정하고 싶다면 border-top-style, border-right-style, border-bottom-style, border-left-style처럼 border와 style 사이에 상하좌우 방향을 넣고 하이픈(-)으로 연결합니다.

테두리 두께를 지정하는 border-width 속성

테두리는 스타일과 마찬가지로 두께가 있어야만 화면에 나타나겠죠? 이제 테두리 두께를 지정해 봅시다. border-width 속성의 이름에서 알 수 있듯이 이 속성을 이용하면 테두리 두께를 지정할 수 있습니다. 테두리 두께를 지정할 때는 1px이나 5px처럼 크기를 직접 입력할 수도 있고 thin이나 medium, thick 같은 예약어 중에서 선택할 수도 있습니다.

기본형   border-width: <크기> | thin | medium | thick

border-width 속성을 사용해서 상하좌우 4개 방향의 테두리 스타일을 한꺼번에 지정할 수 있는데, 이때 값을 1개만 지정할 수도 있고 2개나 3개, 또는 4개를 각각 다르게 지정할 수도 있습니다. 다음 예제 파일을 보면서 border-width 속성을 어떻게 지정하는지 자세히 살펴보겠습니다.

Do it! 박스 모델의 테두리 두께 지정하기

```
<style>
  .box1 { border-width:2px; } ❶
  .box2 { border-width:thick thin; } ❷
  .box3 { border-width:thick thin thin; } ❸
  .box4 { border-width:10px 5px 5px 10px; } ❹
</style>

<div class="box1"></div>
<div class="box2"></div>
<div class="box3"></div>
<div class="box4"></div>
```

TIP 박스 모델의 테두리 두께는 thin < medium < thick 순으로 두꺼워집니다.

박스 모델의 테두리 두께 지정하기

❶ 첫 번째 박스 스타일에는 border-width 속성값이 1개입니다. 이 경우에는 4개 방향 테두리 모두 같은 값이 적용됩니다.

```
.box1 { border-width: 2px; }
```

❷ 두 번째 박스 스타일처럼 속성값이 2개라면 첫 번째 값인 thick이 위, 아래(top, bottom) 테두리의 값이 되고, 두 번째 값 thin은 왼쪽, 오른쪽(left, right) 테두리의 값이 적용됩니다.

```
.box2 { border-width: thick thin; }
```

❸ 세 번째 박스 스타일은 속성값이 3개입니다. 순서대로 top → right → bottom의 속성값인데 마지막 left 속성값이 빠져 있습니다. 이때 left 속성값은 마주 보는 right 속성값과 똑같이 적용됩니다.

```
.box3 { border-width: thick thin thin; }
```

CSS

❹ 네 번째 박스 스타일은 border-width 속성값 4개를 각각 다르게 지정했습니다. top → right → bottom → left 순으로 적용합니다.

```
.box4 { border-width: 10px 5px 5px 10px; }
```

웹 브라우저 창에서 08\border-2.html을 열고, 첫 번째 박스 위에서 마우스 오른쪽 버튼을 누른 뒤 [검사]를 선택합니다. 그러면 다음 그림과 같이 웹 개발자 도구 창이 열리고, 분할된 오른쪽 영역에 .box1의 스타일이 보입니다. .box1 스타일 중에서 border-width 속성값 2px 앞에 있는 ▶를 클릭해 보세요. 상하 좌우 테두리에 각각 어떤 값이 적용되는지 확인할 수 있습니다. 나머지 박스에서도 같은 방법으로 테두릿값을 확인해 보세요.

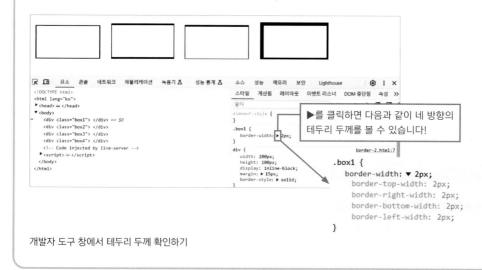

개발자 도구 창에서 테두리 두께 확인하기

테두리 색상을 지정하는 border-color 속성

이제 박스 모델의 테두리 색상을 어떻게 바꾸는지 알아보겠습니다. border-color 속성은 박스 모델에서 테두리 색상을 지정할 수 있습니다. border-color 속성을 사용해서 4개 방향의 테두리 색상을 한꺼번에 지정할 수도 있고, border-top-color처럼 border와 color 사이에 테두리 방향을 넣어 주면 색상을 하나씩 지정할 수도 있습니다.

```
<style>
  .box1 {
    border-color:red;          /* 전체 테두리 - 빨강 */
  }
  .box2 {
    border-top-color:blue;     /* 위쪽 테두리 - 파랑 */
    border-left-color:red;     /* 왼쪽 테두리 - 빨강 */
  }
</style>
  ......
  <div class="box1"></div>
  <div class="box2"></div>
```

박스 모델의 테두리 색상 지정하기

테두리 스타일을 묶어 지정하는 border 속성

지금까지 테두리 스타일과 두께, 색상의 속성을 각각 살펴보았는데요. 각 속성을 따로 사용하면 테두리와 관련된 스타일 코드만 해도 아주 길어집니다. 그래서 테두리 스타일과 두께, 색상을 한꺼번에 표현하는데 이제부터 그 방법을 알아보겠습니다. 4개 방향의 테두리 스타일을 다르게 지정하고 싶다면 border-top이나 border-right처럼 속성 이름에 방향을 함께 써서 따로 지정할 수도 있고, 4개 방향의 테두리 스타일이 같다면 간단히 border 속성만 사용하면 됩니다. 이때 테두리의 두께와 색상, 스타일의 속성값 순서는 상관없습니다.

다음 예제는 제목 텍스트 아래쪽에 회색 실선을 표시하고, 텍스트 단락 전체를 파란색 점선 박스로 감싸고 있습니다.

CSS

```
h1 {
  padding-bottom: 5px;
  border- b              : 3px solid rgb(75, 70, 70);  /* 아래쪽 테두리 3px 회색 실선 */
}
p {
  padding: 10px;
  border: 3px dotted blue;   /* 모든 테두리 3px 파란색 점선 */
}
```

정답: bottom

박스 모델

박스 모델은 실제 콘텐츠 영역, 박스와 콘텐츠 영역 사이의 여백인 패딩(padding), 박스의 테두리(border), 그리고 여러 박스 모델 간의 여백인 마진(margin) 등의 요소로 구성됩니다.

테두리 스타일을 묶어서 지정하기

꼭짓점을 둥글게 만드는 border-radius 속성

이번에는 박스 모델의 네 군데 꼭짓점을 둥글게 만들어 보겠습니다. 박스 모델에서 테두리를 표시하면 기본은 사각형이고 네 군데 꼭짓점이 직각이죠. border-radius 속성은 꼭짓점 부분에 원이 있다고 가정하고 둥글게 처리합니다. 이때 원의 반지름 radius을 이용하면 둥근 정도를 나타낼 수 있습니다.

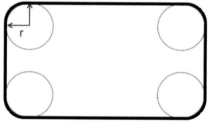

border-radius 속성과 반지름값

기본형　　border-radius: <크기> | <백분율>

다음은 border-radius의 속성값입니다.

border-radius의 속성값

종류	설명
<크기>	반지름 크기를 px, em의 단위와 함께 수치로 표시합니다
<백분율>	현재 요소의 크기를 기준으로 비율(%)로 지정합니다.

다음 예제 파일은 꼭짓점이 직각인 이미지와 border-radius값을 25px로 지정해서 꼭짓점을 둥글게 처리한 이미지를 비교했습니다.

```
Do it!  이미지의 꼭짓점을 둥글게 표시하기                          예제 파일 08\border-5.html

<style>
    .round { border- r                : 25px; } /* 네 방향 꼭짓점을 둥글게 */
</style>

······

<img src="images/cat.jpg">
<img class="round" src="images/cat.jpg">                         정답: radius
```

이미지의 꼭짓점을 둥글게 표시한 결과 화면

그리고 border-radius 속성을 사용하여 이미지를 원 형태로 만들 수 있습니다. 이미지 요소의 너비와 높이를 똑같이 만든 후 border-radius의 반지름값을 너비나 높이의 50%로 지정하면 원이 됩니다.

다음 예제에서는 너비와 높이가 각각 300px인 이미지의 테두리를 둥글게 처리했습니다. 이때 border-radius 속성값을 너빗값의 반인 150px로 지정하거나 50%로 하면 원 형태의 이미지를 만들 수 있습니다.

```
Do it!  이미지를 원형으로 표시하기                              예제 파일 08\border-6.html

<style>
    .circle { border- r                : 50%; }
</style>

······

<img src="images/photo.jpg">
<img class="circle" src="images/photo.jpg">                       정답: radius
```

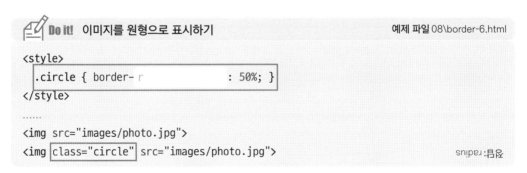

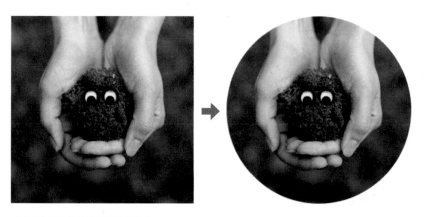

이미지를 원형으로 처리한 결과 화면

꼭짓점마다 따로 둥글게 처리하기

박스 모델에서 꼭짓점 4개를 모두 다르게 지정하고 싶다면 border와 radius 사이에 위치를 나타내는 예약어를 넣어 사용합니다. 예를 들어 왼쪽 윗부분 꼭짓점이라면 border-top-left-raidus라는 속성을 사용하는 것이죠. 다음 그림은 모서리 4개의 위치를 나타내는 예약어를 보여 줍니다.

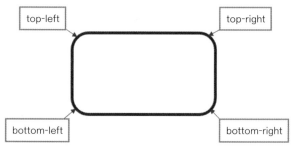

네 군데 각 꼭짓점을 나타내는 예약어

다음 예제는 top-left와 top-right의 꼭짓점 2개만 20px로 지정하여 둥글게 처리했습니다.

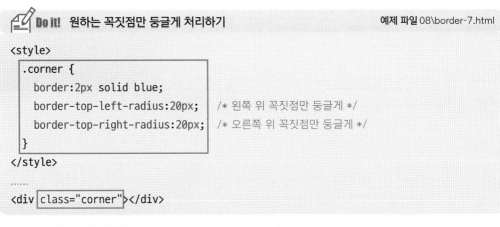

```
<style>
  .corner {
    border:2px solid blue;
    border-top-left-radius:20px;        /* 왼쪽 위 꼭짓점만 둥글게 */
    border-top-right-radius:20px;       /* 오른쪽 위 꼭짓점만 둥글게 */
  }
</style>
......
<div class="corner"></div>
```

원하는 꼭짓점만 둥글게 처리하기

🔔 **알아 두면 좋아요!**   **꼭짓점을 타원형으로 만들기**

border-radius 속성을 사용해서 꼭짓점을 타원 형태로 만들 수도 있습니다. 이 경우에는 꼭짓점에 원 대신 타원이 있다고 생각하면 되겠죠? 그래서 반지름 대신 타원의 가로 반지름값과 세로 반지름값을 넣어 주는데, 이때 가로 반지름과 세로 반지름 사이에 슬래시(/)를 넣어서 구분합니다.

```
border-radius: <가로 반지름> / <세로 반지름>;
```

그리고 특정한 꼭짓점만 타원 형태로 만들겠다면 슬래시 없이 가로 반지름과 세로 반지름을 지정합니다.

```
border-위치-radius: <가로 반지름> <세로 반지름>;
```

다음 그림은 박스 모델의 일부 꼭짓점을 타원으로 만든 예제 파일의 결과를 나타냅니다. 자세한 코드는 08\border-8.html을 열어 살펴보세요.

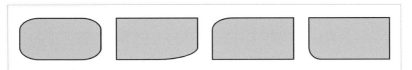

박스 모델의 꼭짓점을 다양한 타원 형태로 만들기

08 • CSS 박스 모델 **261**

08-3 여백을 조절하는 속성

두 박스 모델 사이의 여백은 **마진**, 한 박스 모델에서 테두리와 내용 사이의 여백은 **패딩**이라고 합니다. 마진과 패딩은 웹 문서에서 여러 가지 요소를 배치할 때 자주 쓰는 속성이므로 꼭 기억해 두세요.

요소 주변의 여백을 설정하는 margin 속성

마진margin은 요소 주변의 여백을 의미합니다. 따라서 마진을 이용하면 요소와 요소 사이의 간격을 조절할 수 있죠. 지금까지 배운 속성과 마찬가지로 마진도 박스 모델의 4개 방향에 한번에 똑같이 지정할 수도 있습니다. 또한 margin 다음에 하이픈(-)을 넣고 위치를 나타내는 예약어 top, right, bottom, left를 사용해서 특정 방향에만 마진을 지정할 수도 있습니다.

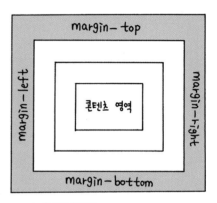

margin 속성과 예약어

> 기본형   margin: <크기> ¦ <백분율> ¦ auto

margin 속성에서 사용할 수 있는 속성값을 표로 정리했습니다.

margin의 속성값

종류	설명	예시
<크기>	너빗값이나 높잇값을 px이나 em 같은 단위와 함께 수치로 지정합니다.	margin: 50px;
<백분율>	박스 모델을 포함한 부모 요소를 기준으로 너빗값이나 높잇값을 퍼센트(%)로 지정합니다.	margin: 0.1%;
auto	display 속성에서 지정한 값에 맞게 적절한 값을 자동으로 지정합니다.	

margin 속성에서도 속성값을 하나만 지정하거나 2개, 3개 또는 4개를 지정할 수 있습니다. 값이 1개라면 마진값을 4개 방향 모두 똑같이 지정하지만, 값이 여러 개라면 top → right → bottom → left 순(시계 방향)으로 적용된다는 것을 기억하세요.

다음 예제는 margin 속성값의 개수를 다르게 지정했을 때를 비교한 것입니다.

```
#margin1 { margin: 50px; }              /* 상하좌우 4개 방향의 마진 모두 50px */
#margin2 { margin: 30px 50px; }         /* 위아래 마진 30px, 좌우 마진 50px */
#margin3 { margin: 30px 20px 50px; }    /* 위 마진 30px, 좌우 마진 20px, 아래 마진 50px */
#margin4 { m          : 30px 50px 30px 50px; }  /* 위아래 마진 30px, 좌우 마진 50px */
```

정답: margin

웹 브라우저의 개발자 도구 창을 이용하면 마진을 쉽게 확인할 수 있습니다. 예제 파일이 열린 웹 브라우저 화면에서 개발자 도구 창(Ctrl + Shift + I 또는 F12)을 엽니다. [요소] 탭을 선택하면 보이는 코드 창에서 **<div>** 태그를 선택한 후 [계산됨] 탭을 클릭합니다. [계산됨] 탭에 있는 박스 모델에서 **margin** 부분(연한 주황색)을 클릭하면 브라우저 창에도 마진 영역이 같은 색으로 표시되어 쉽게 구별할 수 있습니다.

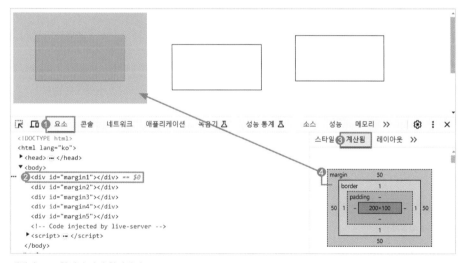

개발자 도구 창에서 마진 확인하기

margin 속성을 사용하여 웹 문서를 가운데 정렬하기

웹 문서에서 텍스트 요소를 배치할 때는 **text-align** 속성을 사용해서 정렬했습니다. 하지만 웹 문서 전체를 화면 중앙에 배치하려면 어떻게 해야 할까요? 이럴 때 유용하게 사용하는 속성이 **margin**입니다.

margin 속성을 사용해 웹 문서의 내용을 화면 중앙에 배치하려면 우선적으로 배치할 요소의 너빗값이 정해져 있어야 합니다. 그리고 **margin-left**와 **margin-right**의 속성값을 auto로 지정합니다. 이렇게 지정하면 CSS는 웹 브라우저 화면의 너비에서 요소 너빗값을 뺀 나머지 영역을 좌우 마진으로 자동 계산합니다.

다음 예제는 div 요소의 왼쪽 마진과 오른쪽 마진을 auto로 지정했습니다. 이렇게 하면 요소의 너비 200px을 제외한 좌우 마진을 자동으로 계산해서 반씩 적용합니다.

✏️ **Do it!** 웹 요소를 수평으로 중앙에 배치하기　　　　　　　　　예제 파일 08\margin-3.html

```
<style>
  div {
    width:200px;
    height:100px;
    border:1px solid #222;
    margin-left: auto;
    margin-right: auto;
  }
</style>
......
<div></div>
```

웹 요소를 수평으로 중앙 정렬하기

마진 중첩 이해하기

박스 모델에서 마진을 지정할 때 주의해야 할 것이 있습니다. 그것은 바로 요소를 세로로 배치할 경우에 각 요소의 마진과 마진이 서로 만나면 마진값이 큰 쪽으로 겹쳐지는 문제인데, 이런 현상을 **마진 중첩**margin overlap 또는 **마진 상쇄**margin collapse라고 합니다.

예를 들어 <div> 태그를 사용한 박스 영역 3개가 있다고 생각해 봅시다. 박스 영역의 margin 속성값을 각각 30px로 지정했다면 결과는 어떤 모습일까요? 아마도 우리가 예상하는 모습은 오른쪽 그림과 같은 형태일 것입니다.

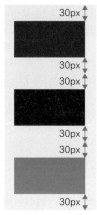

박스 모델 3개의 마진값을 똑같이 지정했을 때 예상한 모습

하지만 실제로 코드를 작성하고 웹 브라우저에서 확인하면 예상한 것과 다른 결과가 나타납니다. 다음 예제에서 확인해 보겠습니다.

```
div {
  width: 200px;    /* 너비 */
  height: 100px;   /* 높이 */
  margin: 30px;    /* 마진 */
}
#box1 { background: rgb(0, 77, 243); }
#box2 { background: rgb(255, 72, 0); }
#box3 { background: rgb(18, 219, 0); }
......
<div id="box1"></div>
<div id="box2"></div>
<div id="box3"></div>
```

첫 번째 박스와 두 번째 박스 사이, 그리고 두 번째 박스과 세 번째 박스 사이에는 여백이 60px만큼 생길 것으로 예상했지만 실제로는 30px 2개가 겹쳐서 최종 마진은 30px만큼 만들어졌습니다.

이렇게 된 이유는 여러 요소를 세로로 배치할 때 맨 위의 마진과 맨 아래 마진에 비해 중간에 있는 마진이 지나치게 커지는 것을 방지하기 위한 것입니다. 마진 중첩은 아래 마진과 위 마진이 서로 만날 때 큰 마진값으로 합쳐지는 것이고, 오른쪽 마진과 왼쪽 마진이 만날 경우에는 중첩되지 않습니다. 마진 중첩 현상을 염두에 두어야 웹 요소를 세로로 배치할 때 의도하는 대로 만들 수 있겠죠?

박스 모델 3개의 마진이 중첩된 결과

콘텐츠와 테두리 사이의 여백을 설정하는 padding 속성

패딩^{padding}이란 콘텐츠 영역과 테두리 사이의 여백을 말합니다. 다시 말해 테두리 안쪽의 여백이라고 생각하면 됩니다. 패딩과 마진은 여백이 어느 위치에 있느냐만 다를 뿐 박스 모델에서 패딩을 지정하는 방법은 마진과 거의 같습니다.

padding 속성으로 4개 방향의 마진을 한꺼번에 지정할 수도 있고, padding 다음에 하이픈(-)

을 넣고 위치를 나타내는 예약어 top, right, bottom, left
를 사용해서 특정 방향에만 지정할 수도 있습니다.

다음 예제에서는 제목 텍스트를 만드는 <h1> 태그에 패딩
여백을 다양하게 지정했습니다. 첫 번째 텍스트는 여백을
지정하지 않았습니다. #padding1, #padding2, #padding3
스타일을 적용한 텍스트의 여백과 비교해 보겠습니다.

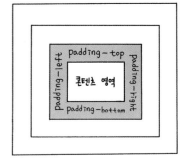

padding 속성과 예약어

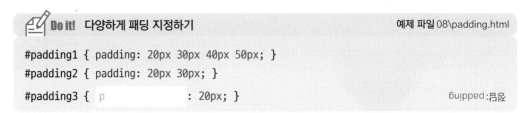

결과 화면은 웹 브라우저 창에서 08\padding.html 문서를 열고 개발자 도구 창에서 확인합
니다. [요소] 탭에서 #padding1 스타일을 적용한 <h1> 태그 부분을 각각 클릭하면 오른쪽의
[계산됨] 탭에 패딩값이 표시됩니다. 같은 방법으로 #padding2 스타일과 #padding3 스타일을
적용한 텍스트도 직접 확인해 보세요.

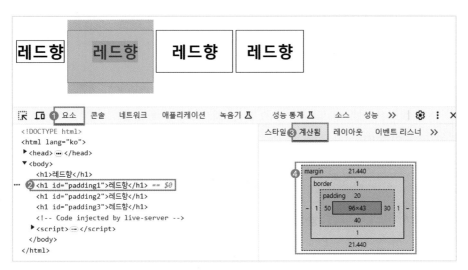

padding 속성값을 지정하고 개발자 도구 창에서 확인하기

[준비] 08\button.html   [결과 비교] 08\results\button.html

웹 페이지를 만들다 보면 자주 사용하는 요소로 버튼이 있습니다. 패딩값과 마진값을 잘 조절해 버튼을 더 보기 좋게 만드는 방법을 알아보겠습니다. 앞에서 공부한 border 관련 속성도 함께 응용해 보겠습니다.

1단계 버튼 만들기

VS Code에서 08\button.html을 열면 기본 구조만 있고 아무 내용도 없습니다. 다음과 같이 버튼 코드를 추가합니다.

```
<body>
  <button>버튼 1</button>
  <button>버튼 2</button>
</body>
```

웹 브라우저로 확인하면 기본 형태의 버튼이 나타납니다. 연회색 배경에 테두리가 있는 버튼이죠.

```
버튼 1  버튼 2
```

2단계 버튼에 스타일 추가하기

<head>와 </head> 사이에 버튼에 스타일을 추가해 보겠습니다. 버튼과 버튼 사이에 마진을 추가하고, 패딩값을 넣어 테두리와 텍스트 사이에 여백을 만들겠습니다. 테두리 색상과 radius값도 조절합니다.

```
<style>
  button {
    padding: 10px 20px;
    margin: 10px;
    border: 1px solid #ccc;
    border-radius: 25px;
  }
</style>
```

이제 브라우저로 확인해 보세요. 기본 버튼보다 훨씬 보기 좋아졌죠?

3단계 버튼을 중앙에 배치하기

버튼을 화면 중앙에 배치하고 싶다면 <div> 태그로 버튼을 묶어 한꺼번에 작성해야 합니다. 앞에서 작성한 <button> 태그 부분을 <div id="wrapper">로 묶겠습니다.

```
<body>
  <div id="wrapper">
    <button>버튼 1</button>
    <button>버튼 2</button>
  </div>
</body>
```

마진을 이용해서 가운데로 정렬하려면 너빗값이 필요합니다. #wrapper의 너비를 지정해야 하는데, 값을 어떻게 계산해야 할까요? 버튼 부분에서 웹 개발자 도구를 열어 보겠습니다. 그리고 [요소] 탭에서 <button> 태그 위로 마우스 포인터를 가져가면 해당 요소의 크기가 화면에 나타납니다. 너비가 약 80px 정도 되는군요.

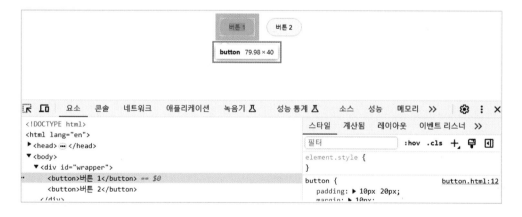

버튼의 너비가 각각 80px 정도이고, 버튼 주변에 마진이 각각 10px이므로 버튼 2개를 합한 너비는 200px 정도 됩니다. 그렇다면 버튼을 2개 담고 있는 #wrapper는 200px보다 약간 크게 지정하는 것이 좋습니다. 그리고 좌우 마진을 auto로 지정합니다. 위아래 마진은 필요한 만큼 값을 지정하면 됩니다.

```
<style>
  #wrapper {
    width: 210px;
    margin: 10px auto;
  }
  button {
    padding: 10px 20px;
    margin: 10px;
    border: 1px solid #ccc;
    border-radius: 25px;
  }
</style>
```

다시 웹 브라우저로 확인하면 버튼 2개가 화면 가운데 정렬된 것을 볼 수 있습니다.

TIP 전체 화면에서 세로로 가운데 정렬하는 방법은 07-3절에서 설명합니다.

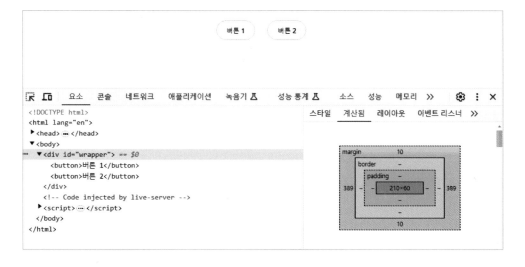

08-4 웹 문서의 레이아웃 만들기

박스 모델의 블록 레벨 특성과 인라인 레벨 특성을 이해했다면 이 2가지 특성을 필요할 때 바꿔서 사용할 수 있습니다. 웹 브라우저가 지정하는 기본 위치에서 벗어나 왼쪽이나 오른쪽으로 배치할 수도 있고요. 지금부터 웹 요소의 배치 방법을 알아보겠습니다.

블록 레벨과 인라인 레벨을 바꾸는 display 속성

display 속성을 사용하면 블록 레벨 요소와 인라인 레벨 요소를 서로 바꿔서 사용할 수 있습니다. display 속성은 웹 요소를 화면에 어떤 모양으로 보여 줄지 지정하는 속성입니다. display 속성에서 사용할 수 있는 값은 매우 많은데, 이 중에서 자주 사용하는 속성은 다음 표로 정리했습니다.

TIP 블록 레벨 요소와 인라인 레벨 요소가 잘 기억나지 않는다면 08-1절을 다시 살펴보세요.

display의 속성값

종류	설명
block	블록 레벨 요소로 표시합니다.
inline	인라인 레벨 요소로 표시합니다.
inline-block	인라인 레벨처럼 나란히 배치하지만 블록 레벨처럼 너비와 높이를 지정할 수 있습니다.
none	해당 요소를 화면에 표시하지 않습니다.

08\display.html을 웹 브라우저에서 열어 보면 순서 없는 목록을 사용해서 만든 메뉴가 나타납니다. li 요소는 블록 레벨이므로 한 줄에 항목 하나씩 표시되죠. 좀 더 진짜 메뉴처럼 보이고 싶다면 다음처럼 CSS 속성을 몇 가지 추가하세요.

```
메뉴 1
메뉴 2
메뉴 3
메뉴 4
```

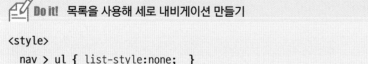

Do it! 목록을 사용해 세로 내비게이션 만들기　　　　　예제 파일 08\display.html

```
<style>
  nav > ul { list-style:none;  }
  nav ul li {
    width: 100px;  /* 너비 - 100px */
```

270 둘째마당 • CSS 다루기

```
    height: 40px;             /* 높이 - 40px */
    line-height: 40px;        /* 세로로 중앙 배치 */
    text-align: center;       /* 가로로 중앙 배치 */
    margin:10px;              /* 마진 - 10px */
    border:1px solid #222;    /* 테두리 - 1px 검은 실선 */
  }
  a { text-decoration: none; }
</style>
```

브라우저로 확인하면 오른쪽 그림처럼 버튼 형태로 표시될 것입니다. 그런데 사정이 생겨서 메뉴 항목을 가로로 배치해야 하는 상황이 생겼습니다. 이럴 때는 내용이 바뀐 것이 아니므로 마크업은 손댈 필요 없이 CSS에서 처리할 수 있습니다. display 속성을 사용하면 블록 레벨 요소를 인라인 레벨 요소로 바꿔서 가로로 배치할 수 있는데, 이때 너비나 높이, 마진의 값을 사용해야 하므로 inline-block으로 지정하면 됩니다. 앞의 CSS 코드에 한 줄 더 추가하세요.

세로 내비게이션 만들기

✍️ **Do it!** 목록을 사용해 가로 내비게이션 만들기   예제 파일 08\display.html

```
<style>
  nav > ul { list-style:none; }
  nav ul li {
    display:inline-block;     /* 블록 레벨 요소 성격을 가지면서 가로로 배치 */
    width: 100px;             /* 너비 - 100px */
    height: 40px;             /* 높이 - 40px */
    line-height: 40px;        /* 세로로 중앙 배치 */
    text-align: center;       /* 가로로 중앙 배치 */
    margin:10px;              /* 마진 - 10px */
    border:1px solid #222;    /* 테두리 - 1px 검은 실선 */
  }
  a { text-decoration: none; }
</style>
```

다시 브라우저로 확인하면 메뉴가 가로로 배치됩니다. 이렇게 display 속성을 사용하면 필요에 따라 블록 레벨과 인라인 레벨을 바꿔 사용할 수 있습니다.

메뉴 1   메뉴 2   메뉴 3   메뉴 4

가로 내비게이션 만들기

08 • CSS 박스 모델   271

왼쪽이나 오른쪽으로 배치하는 float 속성

웹 문서를 만들다 보면 단락의 왼쪽이나 오른쪽에 이미지를 나란히 표시해야 할 경우가 있습니다. 그런데 <p> 태그는 블록 레벨 요소이므로 이미지와 나란히 한 줄에 배치할 수 없습니다. 이럴 때는 float 속성을 사용하여 이미지를 왼쪽이나 오른쪽으로 배치하고 그 주변에 텍스트로 둘러싸도록 할 수 있습니다.

float 속성에서 사용할 수 있는 값을 표로 정리했습니다.

float의 속성값

종류	설명
left	해당 요소를 문서의 왼쪽에 배치합니다
right	해당 요소를 문서의 오른쪽에 배치합니다.
none	해당 요소를 좌우 어느 쪽에도 배치하지 않습니다. 기본값입니다.

08\float-1.html 파일을 예로 들어 float 속성을 살펴보겠습니다. 08\float-1.html에는 단락 3개와 이미지 1개가 있습니다.

Do it! 웹 브라우저에서 정상적인 흐름을 보여주는 텍스트와 이미지   예제 파일 08\float-1.html

```
<p>Ex et adipisicing ...</p>
<img src="images/tree.png">
<p>Lorem ipsum reprehenderit ...</p>
<p>Excepteur voluptate ...</p>
```

웹 문서는 위에서 아래로 코드 순서에 따라 웹 브라우저 화면에 내용을 보여 줍니다. 그래서 대략 다음과 같은 형태를 보입니다.

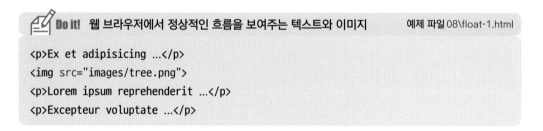

여기에서 float 속성을 사용하면 기본 흐름에서 빠집니다. 예를 들어 이미지에 float:left 속성을 지정하면 기본 흐름에서 두 번째 텍스트 단락을 표시할 곳에 이미지가 위치합니다. 그리고 내용이 겹쳐 보이지 않도록 이미지의 오른쪽에 텍스트가 표시됩니다.

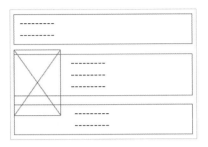

08\float-1.html을 VS Code로 불러와서 다음과 같이 코드를 추가해 보세요. 이미지를 왼쪽으로 플로팅시키고, 이미지 오른쪽에 텍스트가 바짝 붙지 않도록 오른쪽 마진도 추가했습니다.

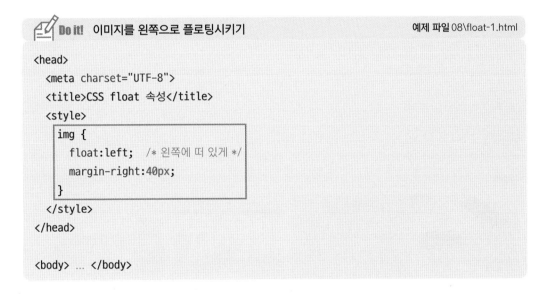

Do it! 이미지를 왼쪽으로 플로팅시키기 예제 파일 08\float-1.html

```
<head>
  <meta charset="UTF-8">
  <title>CSS float 속성</title>
  <style>
    img {
      float:left;   /* 왼쪽에 떠 있게 */
      margin-right:40px;
    }
  </style>
</head>

<body> ... </body>
```

웹 브라우저로 확인해 보면 왼쪽에 이미지가 배치되고 텍스트는 이미지 오른쪽으로 표시될 것입니다.
같은 방법으로 텍스트 오른쪽에 이미지를 배치할 수도 있겠죠? 이 경우에는 이미지 왼쪽에 마진을 추가하면 됩니다. 이미지를 텍스트 오른쪽에 배치한 예제는 08\float-2.html을 참고하세요.

Ex et adipisicing voluptate aliqua cupidatat nulla. Laboris est sint sit aliqua enim. Aute Lorem eu sint aute sunt proident. Do culpa consectetur elit duis laboris reprehenderit incididunt nulla. Irure exercitation tempor aliqua laboris cupidatat anim in non officia aliquip excepteur fugiat labore.

Lorem ipsum reprehenderit adipisicing exercitation enim velit veniam incididunt sit consectetur elit exercitation. Commodo veniam sit quis nisi ea. Ipsum do aliqua nostrud laboris elit duis adipisicing id Lorem qui. Labore dolor ipsum enim incididunt. Velit qui cillum sunt labore incididunt duis aute Lorem nulla et. Sint commodo aute amet laboris ullamco exercitation Lorem dolore veniam ut reprehenderit incididunt. Laborum nulla eiusmod cillum irure anim aute.

Excepteur voluptate ad irure ipsum duis. Deserunt cupidatat commodo proident eu mollit cillum commodo quis quis ad. Incididunt adipisicing enim laboris voluptate.

float 속성을 사용해 가로로 배치하기

float 속성을 사용하면 특정 요소를 문서의 기본 흐름과 상관없이 자유롭게 배치할 수 있어서 얼마 전까지만 해도 웹 문서의 전체 레이아웃을 float 속성으로 만들기도 했습니다. 하지만 최근에는 플렉스 박스 레이아웃이나 CSS 그리드 레이아웃같이 문서 레이아웃을 위한 표준이 등장하면서 float 속성으로 전체 레이아웃을 만드는 경우는 줄어들고 있습니다.

대부분의 사이트에서 가로 메뉴를 많이 사용하는데, 이 메뉴의 코드를 열어 보면 <ul>과 <li> 태그를 사용해서 목록을 작성한 후 float: left; 속성으로 가로로 배치한 것을 볼 수 있습니다.

가로 메뉴에서 사용한 float 속성

메뉴뿐만 아니라 웹 요소를 가로로 배치할 때도 float 속성은 매우 유용합니다.

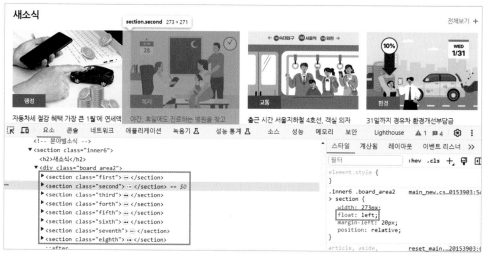

사이트 가로 메뉴에서 사용한 float 속성

08\float-3.html을 웹 브라우저에서 열면 2개의 박스 영역과 텍스트 단락이 나타납니다. 두

박스 영역을 텍스트의 좌우로 배치하려고 합니다. 노란색 박스는 왼쪽으로, 파란색 박스는 오른쪽으로 배치해 볼까요?

08\float-3.html의 코드에서 #box1과 #box2에 다음과 같이 float 속성을 추가합니다.

Do it! 박스 영역을 좌우로 배치하기
예제 파일 08\float-3.html

```
<head>
  <meta charset="UTF-8">
  <title>박스모델</title>
  <style>
    (... 생략 ...)
    #box1{
      background:#ffd800;
      float: left;
    }
    #box2 {
      background: #0094ff;
      float: left;
    }
  </style>
</head>
<body>
  <div class="wrapper">
    <div class="box" id="box1">박스1</div>
    <div class="box" id="box2">박스2</div>
    <p>Lorem, ipsum ...... </p>
  </div>
</body>
```

박스1   Lorem, ipsum dolor sit amet consectetur adipisicing elit. Maxime, deserunt.   박스2
        Lorem ipsum dolor sit amet. Lorem ipsum dolor sit amet.

float 속성을 해제하는 clear 속성

float 속성을 사용해 웹의 요소를 왼쪽이나 오른쪽에 배치하면 그다음에 넣는 다른 요소에도 똑같은 속성이 전달됩니다. float 속성으로 레이아웃을 만들다 보면 어느 부분에서는 기본 흐름으로 바꿔야 합니다. 따라서 float 속성이 더 이상 유용하지 않다고 알려 주는 속성이 필요한데, 그것이 바로 clear 속성입니다.

clear의 속성값

종류	설명
left	float: left를 해제합니다.
right	float: right를 해제합니다.
both	float: left와 float: right를 해제합니다.

float: left를 이용해 왼쪽으로 배치했다면 clear: left로 해제하고, float: right를 사용했다면 clear: right를 사용해 해제합니다. float 속성값이 left인지 right인지와 상관없이 무조건 기본 상태로 되돌리고 싶다면 clear: both라고 지정하면 됩니다.

좌우에 사이드 막대가 있고 중간에 텍스트가 나타나도록 웹 문서를 작성한다고 가정해 보겠습니다. 사이드 막대는 float:left와 float:right를 사용해서 양옆으로 배치할 수 있습니다. 그런데 새로운 텍스트 단락을 추가했을 때 두 번째 텍스트 단락도 플로팅된 사이드 막대의 영향을 받습니다. 플로팅한 요소가 차지하는 영역을 빼고 나머지 영역에 내용이 배치되기 때문이죠.

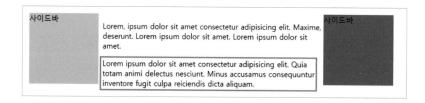

만일 두 번째 텍스트 단락을 플로팅된 요소와 상관없이 배치하려면 clear 속성을 사용합니다. 두 번째 텍스트 단락에서 clear: both를 사용하면 이제부터 플로팅에 영향을 받지 않고 정상적인 흐름으로 표시됩니다.

Do it! 플로팅 해제하기   예제 파일 08\float-4.html

```
<style>
    ......
    .clear {
```

```
        clear: both;
        padding-top: 20px;
    }
</style>

<div class="wrapper">
    <div class="sidebar" id="left">사이드바</div>
    <div class="sidebar" id="right">사이드바</div>
    <p>Lorem, ipsum …… </p>
    <p class="clear">Lorem ipsum …… </p>
</div>
```

Lorem, ipsum dolor sit amet consectetur adipisicing elit. Maxime, deserunt. Lorem ipsum dolor sit amet. Lorem ipsum dolor sit amet.

사이드바

Lorem ipsum dolor sit amet consectetur adipisicing elit. Quia totam animi delectus nesciunt. Minus accusamus consequuntur inventore fugit culpa reiciendis dicta aliquam.

(!) 알아 두면 좋아요! **display: inline-block과 float: left 속성은 어떻게 다른가요?**

08\display.html 예제 파일에서 가로 내비게이션을 만들 때 display: inline-block을 사용해서 목록에 메뉴 항목을 가로로 배치했습니다. 여기에서 display: inline-block 대신 float: left를 사용해도 결과 화면은 똑같을 것입니다. float: left 속성 역시 항목을 왼쪽으로 배치하므로 메뉴를 가로로 표시해 주니까요. 결과 화면은 똑같지만 약간 차이가 있습니다.

display: inline-block은 가로로 배치하면서도 기본 마진과 패딩이 있지만, float: left로 배치하면 가로로 배치될 때 요소에 기본 마진과 패딩이 없습니다. 그래서 필요하다면 요소마다 마진과 패딩을 지정해야 합니다. 그리고 float: left를 사용하면 clear 속성으로 플로팅을 해제해야 합니다.

08-5 웹 요소의 위치 지정하기

웹 문서에서 이미지나 글씨를 원하는 위치에 넣고 싶은데 생각만큼 쉽지 않습니다. position 속성을 사용하면 웹 문서에서 요소의 위치를 자유롭게 정할 수 있습니다. position 속성은 자주 사용하지만 그만큼 실수하기도 쉬운 부분이니 꼼꼼하게 살펴보세요.

웹 요소의 위치를 정하는 left, right, top, bottom 속성

position 속성보다 먼저 알아 두어야 할 속성이 있습니다. 웹 문서에서 요소를 원하는 곳에 갖다 놓으려면 위치를 지정할 수 있어야 하죠. 이때 사용하는 속성이 left, right, top, bottom 입니다. 즉, position 속성으로 기준 위치를 정한 뒤 요소의 위치를 left, right, top, bottom 속성에서 선택하고 속성값을 지정하면 됩니다.

left, right, top, bottom 속성

종류	설명
left	기준 위치와 요소 사이에 왼쪽으로 떨어져 있는 정도를 숫자로 지정합니다.
right	기준 위치와 요소 사이에 오른쪽으로 떨어져 있는 정도를 숫자로 지정합니다.
top	기준 위치와 요소 사이에 위쪽으로 떨어져 있는 정도를 숫자로 지정합니다.
bottom	기준 위치와 요소 사이에 아래쪽으로 떨어져 있는 정도를 숫자로 지정합니다.

다음 예제는 left, right, top, bottom 속성을 사용해서 텍스트 단락을 자유롭게 배치한 것입니다.

TIP 여기에서 기준 위치는 모두 position: absolute입니다. 이 속성값은 바로 다음에 나오는 position 속성에서 자세히 설명하겠습니다.

> **Do it!** 텍스트 요소 자유롭게 배치하기　　　　　　　　　　　예제 파일 08\left-top.html
>
> ```
> #pos1 {
>     position: absolute;    /* 포지셔닝 - absolute */
>     left: 50px;            /* 왼쪽에서 50px 떨어지게 */
>     top: 50px;             /* 위쪽에서 50px 떨어지게 */
> }
> #pos2 {
> ```

```
    position: absolute;    /* 포지셔닝 - absolute */
    right: 100px;          /* 오른쪽에서 100px 떨어지게 */
    top: 100px;            /* 위쪽에서 100px 떨어지게 */
  }
  #pos3 {
    position: absolute;    /* 포지셔닝 - absolute */
    left: 100px;           /* 왼쪽에서 100px 떨어지게 */
    bottom: 100px;         /* 아래쪽에서 100px 떨어지게 */
  }
  ......
<p id="pos1">Ex et adipisicing ......</p>
<p id="pos2">Lorem ipsum reprehenderit ......</p>
<p id="pos3">Excepteur voluptate ......</p>
```

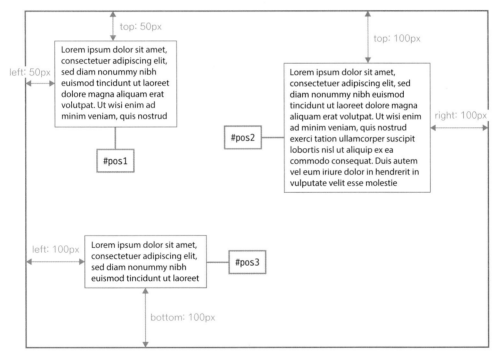

텍스트 요소 자유롭게 배치하기

배치 방법을 지정하는 position 속성

position 속성은 요소를 자유자재로 배치해 주므로 HTML과 CSS를 이용해 웹 문서를 만들 때 중요합니다.

position 속성을 이용하면 텍스트나 이미지 요소를 나란히 배치할 수도 있고 원하는 위치를 선택할 수 있습니다. 이렇게 요소를 다양하게 배치하려면 position 속성에서 사용하는 속성 값의 특성을 잘 이해해야 합니다. 다음 표는 position 속성에서 사용할 수 있는 값입니다. postion:static일 때만 제외하면 다른 속성값일 때 left, right, top, bottom 속성을 사용해서 위치를 지정할 수 있습니다.

position의 속성값

종류	설명
static	문서의 흐름에 맞춰 배치합니다. 기본값입니다.
relative	위칫값을 지정할 수 있다는 점을 제외하면 static과 같습니다.
absolute	relative값을 사용한 상위 요소를 기준으로 위치를 지정해 배치합니다.
fixed	브라우저 창을 기준으로 위치를 지정해 배치합니다.

다음 예제의 첫 번째 단락과 두 번째 단락의 position 속성값은 각각 static과 relative를 사용했으므로 웹 문서의 흐름에 따라 요소가 위에서 아래로 자연스럽게 배치됩니다. 세 번째 단락의 position 속성값은 relative이면서 left와 top 속성이 지정되었습니다. 원래는 두 번째 문단 밑에 위치해야 하지만 left, top 속성이 지정되었으므로 원래 위치에서 오른쪽으로 100px 이동하고 위로 50px 올라간 만큼 겹쳐서 배치됩니다.

마지막으로 오른쪽 위에 있는 검은색 상자는 fixed값을 사용했으므로 웹 브라우저에서 스크롤하더라도 항상 같은 위치에 나타납니다.

Do it! position 속성으로 요소 위치 지정하기   예제 파일 08\position-1.html

```
<style>
  #static { position: static; }
  #relative-1 { position: relative; }
  #relative-2 {
    p                : relative;    /* 포지셔닝 - relative */
    left: 100px;                    /* 왼쪽에서 100px 떨어지게 */
    top: -50px;                     /* 위쪽에서 -50px 떨어지게(위로 이동) */
  }
  #fixed {
    width: 100px;
    height: 100px;
    background-color: #222;
    position: fixed;                /* 포지셔닝 - fixed */
    right: 30px;                    /* 오른쪽에서 30px 떨어지게 */
```

```
    top: 30px;                        /* 위쪽에서 30px 떨어지게 */
  }
</style>
......
<p id="static">Ex et adipisicing ...... </p>
<p id="relative-1">Lorem ipsum reprehenderit ...... </p>
<p id="relative-2">Excepteur voluptate ad ...... </p>
<p id="fixed"></p>
```

정답: position

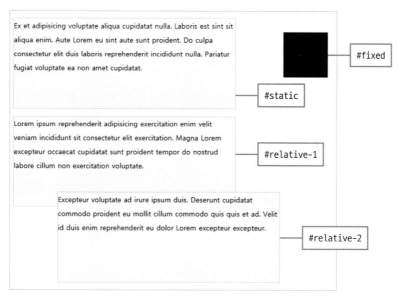

position 속성으로 요소 위치 지정하기

position 속성 중에서 absolute값을 사용할 때는 주의해야 합니다. 이 값은 부모 요소 중 position: relative를 사용한 요소를 기준으로 위치를 결정합니다. 만약 부모 요소 중에 없으면 상위 요소를 찾아보고, 그래도 없다면 더 위의 요소를 찾아봅니다. 다시 말해 어떤 요소에 position: absolute를 사용하려면 부모 요소에는 position: relative라고 지정해야 원하는 대로 배치할 수 있습니다. 다음 [Do it!] 실습에서 absolute 속성값을 사용하는 방법을 자세히 알아보겠습니다.

[준비] 08\position-2.html, 08\css\position-2.css　　**[결과 비교]** 08\results\position-2.html, 08\results\css\position-2.css

웹 브라우저에서 08\position-2.html 문서를 열어 보면 배경 이미지 왼쪽 위에 'CSS3'라는 글
자가 표시되어 있습니다. 이 글자가 배경 이미지 영역을 벗어나지 않으면서 화면 오른쪽 아래에
오도록 옮겨 보겠습니다.

1단계 HTML 파일과 CSS 파일 나란히 놓기

VS Code에서 08\position-2.html 문서를 엽니다. 코드를 보면 **<div>** 태그 안에 **<h1>** 태그를
사용했죠? 08\css\position-2.css 코드 파일도 다음 그림처럼 오른쪽에 나란히 열어 놓으세요.

2단계 CSS 파일 수정하기

position-2.css 파일에 있는 **h1** 타입 스타일에 다음처럼 3가지 속성을 추가하고 저장합니다.

```
h1 {
  color: #fff;
  font-size: 120px;
  text-shadow: 2px 3px 0 #000;
  position: absolute;
  right: 100px;
  bottom: 100px;
}
```

3가지 속성을
추가하세요.

3단계 HTML 파일 확인하기

VS Code 왼쪽에 있는 position-2.html 파일에서 마우스 오른쪽 버튼을 누른 후 [Open with Live Server]를 선택합니다. CSS 파일에 추가한 텍스트 'CSS3'가 브라우저 창의 오른쪽 아랫부분에 나타납니다. 텍스트가 원래 의도했던 배경 이미지 안쪽에 위치하려면 코드를 좀 더 수정해야 합니다.

4단계 부모 요소에 position 속성 추가하기

position: absolute를 사용한 요소는 relative값을 사용한 부모 요소를 기준으로 한다고 앞에서 설명했던 것 기억나죠? 즉, 기준이 되는 요소에는 position: relative 속성을 지정해야 합니다. 여기에서는 배경 이미지가 있는 요소가 기준 요소이므로 #contents 요소에 relative를 지정합니다. position-2.css 파일에서 #contents 스타일의 가장 하단에 다음처럼 코드 한 줄을 추가한 후 저장하세요.

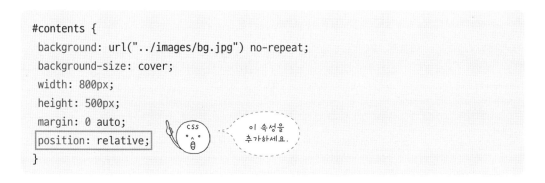

```
#contents {
  background: url("../images/bg.jpg") no-repeat;
  background-size: cover;
  width: 800px;
  height: 500px;
  margin: 0 auto;
  position: relative;
}
```

이 속성을 추가하세요.

다시 한번 웹 브라우저에서 position-2.html 파일을 열어 확인해 보세요. 이번에는 텍스트가 배경 이미지 안쪽으로 이동하여 원하는 위치에 나타납니다. 이렇듯 position: absolute를 사용해서 위치를 지정할 때에는 기준이 되는 요소에 position: relative를 사용해야 한다는 것을 꼭 기억해 두세요!

확인! 🔍

1 박스 모델에서 요소 간의 여백을 나타내는 속성은 (① margin / ② padding) 입니다.

2 position 속성 중 요소를 문서의 흐름에서 완전히 제거하고, 페이지의 상대적 위치에 따라 배치 되게 하는 값은 (① relative / ② absolute) 입니다.

3 CSS의 (① margin / ② padding) 속성은 테두리와 콘텐츠 사이의 여백을 생성합니다.

4 position 속성이 relative로 설정되어 있을 때, top: 10px;을 적용하면 어떻게 되는가?
① 원래 위치에서 10px 위로 이동한다.
② 원래 위치에서 10px 아래로 이동한다.
③ 변경 없음

5 CSS 박스 모델에서 요소의 실제 너비를 계산할 때 포함되지 않는 속성은?
① 마진(margin)
② 패딩(padding)
③ 테두리(border)

6 .example 요소를 원래 위치에서 상대적으로 오른쪽으로 20px 이동해서 배치하려고 합니다. CSS 코드를 작성하세요.

```
.example {
  position: [          ] ;
  [          ] : 20px;
}
```

7 CSS만 사용해서 다음 완성 화면과 같이 이미지를 표시하려 합니다. 〈힌트〉를 참고해 완성하세요.

완성 화면　　　　　　　　　　　　　　　　　　　　　　**문제 파일** 08\quiz-1.html

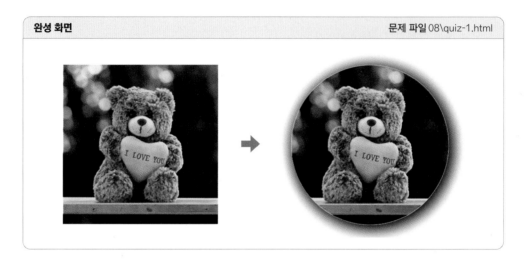

💬 힌트

1. 이미지 테두리에 1px짜리 회색(#ccc) 실선을 그립니다.

2. border-radius 속성을 사용해서 사각형 테두리를 원형으로 바꿉니다.

3. box-shadow 속성을 사용해서 이미지 주변에 그림자 효과를 추가합니다(가로 세로는 각각 5px씩, 흐림 정도 30px, 번짐 정도 2px, 그림자 색상 #000).

8 08\quiz-2.html에는 이미지와 제목, 내용으로 구성된 4개의 카드가 있습니다. 완성 화면과 〈힌트〉를 참고해 카드를 꾸며 보세요. 글자색과 글자 크기, 이미지 크기 등 CSS 코드는 미리 작성되어 있습니다.

완성 화면   문제 파일 08\quiz-2.html

> 여가 시간 즐기기
>
> Lorem ipsum dolor sit amet consectetur adipisicing elit. Non, in! Lorem ipsum dolor sit amet.
>
> 도심 투어
> Lorem ipsum dolor sit. Lorem ipsum dolor sit.
>
> 바다 즐기기
> Lorem ipsum dolor sit amet. Consectetur adipisicing elit.
>
> 등산 도전하기
> Lorem ipsum dolor sit amet. Lorem, ipsum dolor
>
> 관광지 투어
> Lorem, ipsum dolor. Lorem ipsum dolor sit amet.

🔍 힌트

1. 카드는 모두 class="travel-card" 속성을 사용했으므로 travel-card라는 클래스 스타일을 만들어야 합니다.

2. 카드의 너비는 250px, 높이는 340px로 지정하고 회색(#ccc) 테두리를 그립니다. 테두리는 20px 정도 둥글게, 패딩은 10px로 지정합니다.

3. 카드에 있는 이미지는 원형으로 바꿔서 표시합니다.

4. 카드의 텍스트는 가운데 정렬을 합니다.

5. float 속성을 사용해서 카드를 가로로 배치합니다. 카드의 오른쪽 마진값을 20px로 지정합니다.

정답: 1. ① 2. ② 3. ② 4. ② 5. ① 6. relative, left; 7. ※07\sol-1.html 참고 8. ※07\sol-2.html 참고

09

이미지와 그러데이션 효과로
배경 꾸미기

웹 문서에서는 내용 전체뿐만 아니라 특정 부분이나 글자 등 여러 요소에 배경을 넣을 수 있는데요. 배경에는 단순한 색상이나 이미지를 사용할 수 있습니다. 또한 그러데이션을 넣거나 색의 투명도도 조절하여 다양한 스타일을 적용할 수 있죠. 이번 장에는 웹의 바탕을 꾸며 주는 배경 스타일을 알아보겠습니다.

이 장을 다 공부하면!

• 웹 요소에 배경색을 지정할 수 있어요.
• 웹 요소에 배경 이미지를 지정할 수 있어요.
• 그러데이션을 사용해 배경을 꾸밀 수 있어요.

09-1 배경색과 배경 범위 지정하기

웹 문서의 전체 배경뿐만 아니라 텍스트, 목록 등 특정한 요소에도 배경을 지정할 수 있습니다. 먼저 배경색을 지정하는 방법을 알아봅시다.

배경색을 지정하는 background-color 속성

배경색을 지정하려면 배경을 넣고 싶은 요소의 스타일 규칙을 만들 때 background-color 속성을 사용합니다. background-color는 앞에서 설명한 16진수나 rgb 또는 색상 이름을 사용해서 지정합니다. 색상을 세밀히 조절하고 싶다면 16진숫값을, 투명도도 함께 조절하고 싶다면 rgba 표기법을 사용합니다.

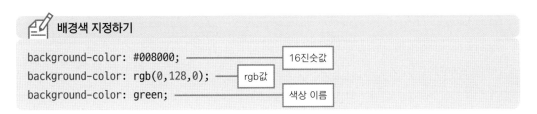

06-4절에서 배웠던 스타일 상속을 기억하나요? 글꼴이나 글자 크기 등은 <body> 태그 선택자에서 지정하면 문서 전체에 상속됩니다. 따라서 하위 요소에서 스타일을 수정하지 않는 한 문서 전체에 똑같이 적용되었죠. 하지만 background-color값은 예외로 상속되지 않습니다.
기본적으로 모든 웹 문서 요소의 배경은 투명하므로 body 스타일로 지정한 문서 배경이 그대로 비치는 것일 뿐 웹 요소에 배경색이 상속된 것은 아닙니다.
예를 들어 <body> 태그 선택자에 파란색 배경색 스타일을 넣으면, 그 안에 있는 <div>, <p> 등의 요소에도 마치 파란색이 적용된 것처럼 보입니다. 하지만 <div>, <p> 등의 요소는 기본적으로 투명하므로 그렇게 보이는 것일 뿐 <body> 태그 선택자의 배경 스타일이 상속된 것은 아닙니다.

배경색의 적용 범위를 조절하는 background-clip 속성

배경색을 넣고 싶은 요소마다 속성을 입력하면 되지만 박스 모델 관점에서 배경의 적용 범위를 조절할 수도 있습니다. 즉, 박스 모델의 가장 외곽인 테두리까지 적용할지, 테두리를 빼고 패딩 범위까지 적용할지, 아니면 내용 부분에만 적용할지 선택할 수 있습니다.

background-clip의 속성값

종류	설명
border-box	박스 모델의 가장 외곽인 테두리까지 적용합니다. 기본값입니다.
padding-box	박스 모델에서 테두리를 뺀 패딩 범위까지 적용합니다
content-box	박스 모델에서 내용(콘텐츠) 부분에만 적용합니다.

다음 예제는 너비가 350px인 박스 모델의 테두리를 5px짜리 점선으로 하고 패딩을 20px로 지정했습니다. 이때 background-clip 속성을 사용해서 각 속성값에 따라 배경색이 어디까지 표시되는지를 비교한 것입니다.

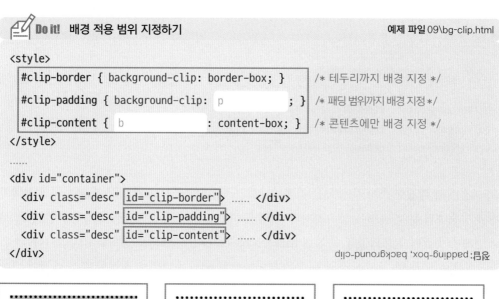

배경색의 적용 범위 조절하기

09-2 배경 이미지 지정하기

웹 요소에 이미지를 넣거나 목록의 불릿 이미지를 대신하여 아이콘과 같은 이미지를 넣을 때 배경 이미지를 사용합니다. 그만큼 배경 이미지는 관련된 속성이 많다는 것이므로 잘 기억해 두어야 합니다.

웹 요소에 배경 이미지를 넣는 background-image 속성

웹 요소에 배경 이미지를 넣을 때 기본으로 알아 둘 속성은 background-image입니다. 다음 기본형과 같이 url( )의 괄호 안에 이미지 파일 경로를 넣어서 사용합니다.

> 기본형   `background-image: url('이미지 파일 경로')`

이미지 파일은 *.jpg, *.gif, *.png 형식을 사용하며 파일 경로에는 작은따옴표(' ')나 큰따옴표("")를 붙입니다. 파일 경로는 현재 웹 문서를 기준으로 상대 경로를 지정할 수도 있고 http://로 시작하는 절대 경로를 사용할 수도 있습니다.

배경을 넣을 때 요소보다 이미지 크기가 작으면 이미지가 가로와 세로로 반복되면서 요소의 배경을 가득 채웁니다. 다음 예제는 body 스타일을 사용했으므로 bg1.jpg를 웹 문서 전체의 배경 이미지로 사용한 것입니다.

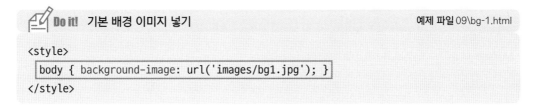

Do it! 기본 배경 이미지 넣기   예제 파일 09\bg-1.html

```
<style>
  body { background-image: url('images/bg1.jpg'); }
</style>
```

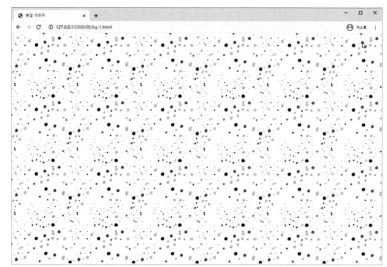

bg1.jpg 이미지

bg1.jpg 이미지를 기본 배경 이미지로 지정한 사이트 화면

배경 이미지의 반복 방법을 지정하는 background-repeat 속성

background-repeat 속성을 사용하면 배경 이미지를 가로와 세로 중에서 어떤 방향으로 반복할지를 지정하거나, 반복하지 않고 한 번만 나타나게 할 수도 있습니다.

background-repeat의 속성값

종류	설명
repeat	브라우저 화면에 가득 찰 때까지 가로와 세로로 반복합니다. 기본값입니다.
repeat-x	브라우저 화면 너비에 가득 찰 때까지 가로로 반복합니다.
repeat-y	브라우저 화면 높이에 가득 찰 때까지 세로로 반복합니다.
no-repeat	한 번만 표시하고 반복하지 않습니다.

배경 이미지의 위치를 조절하는 background-position 속성

background-position 속성을 이용하면 배경 이미지의 수평 위치 또는 수직 위치의 값을 지정할 수 있습니다.

```
기본형   background-position: <수평 위치> <수직 위치>;
        수평 위치: left | center | right | <백분율> | <길이의 값>
        수직 위치: top | center | bottom | <백분율> | <길이의 값>
```

속성값을 2개로 지정한다면 첫 번째 값은 수평 위치의 값이 되고 두 번째 값은 수직 위치의 값입니다. 속성값을 하나만 지정한다면 웹 브라우저에서는 지정한 값을 수평 위칫값으로 간주하고, 수직 위칫값은 50%나 center로 간주합니다. 지금부터 배경 이미지의 위치를 지정하는 3가지 방법을 살펴보겠습니다.

키워드

배경 이미지의 위치를 지정할 때 가장 많이 사용하는 속성값은 키워드입니다. 수평 위치는 left, center, right 중에서 선택할 수 있고 수직 위치는 top, bottom, center 중에서 선택합니다.

TIP 배경 이미지의 수직, 수평 위치를 모두 가운데로 지정한다면 background-position: center center;라고 쓸 텐데요. 이럴 땐 간단히 background-position: center;라고 줄여 쓸 수 있습니다.

백분율(%)

위치 속성값을 백분율로 표시한다는 것은 요소가 있는 해당 위치에 배경 이미지의 위치를 백분율로 계산하여 맞춘다는 뜻입니다. 예를 들어 background-position: 30% 60%;라면 배경 이미지를 넣을 요소의 왼쪽 모서리로부터 가로 30%, 세로 60%의 위치에 배경 이미지의 가로세로가 각각 30%, 60%인 위치를 맞춥니다.

크기

배경 이미지의 위치를 길이로 직접 지정할 수도 있습니다. 예를 들어 background-position: 30px 20px;이라고 지정하면 가로 30픽셀, 세로 20픽셀의 위치에 배경 이미지의 왼쪽 상단 모서리를 맞춥니다.

쉽게 이해할 수 있도록 배경 이미지의 위치를 지정하는 예제를 살펴보겠습니다. 다음 예제는 순서 없는 목록의 불릿을 없앤 후, 그 자리에 book-icon.jpg를 배경 이미지로 넣고 위치는 left center로 지정했습니다. 배경 이미지는 반복하지 않았습니다.

```
<style>
  ul {
    list-style-type: none; /* 불릿 없앰 */
    margin-left: -30px;    /* 왼쪽 여백 -30px */
  }
  li {
    background-image: u          ('images/book-icon.png'); /* 배경 이미지 삽입 */
    background-repeat: no-repeat;                    /* 배경 이미지 반복 안 함 */
    background- p          : left center; /* 배경 이미지 왼쪽 가운데 위치 */
    padding-left: 50px; /* 왼쪽 패딩 */
    line-height: 40px;  /* 줄 간격 */
  }
</style>
……
<h1>이지스퍼블리싱</h1>
<ul>
  <li>회사소개</li>
  <li>도서</li>
  <li>자료실</li>
  <li>동영상강의</li>
</ul>
```

정답: url, position

이지스퍼블리싱

📖 회사소개

📖 도서

📖 자료실

📖 동영상강의

불릿 자리에 배경 이미지 넣기

배경 이미지의 적용 범위를 조절하는 background-origin 속성

박스 모델에 패딩이나 테두리가 있다면 배경 이미지를 패딩까지 표시하거나 테두리까지 포함해서 표시할 수도 있습니다. 이렇게 배경 이미지를 적용할 범위는 background-origin 속성으로 지정합니다.

background-origin의 속성값

종류	설명
content-box	박스 모델에서 내용 부분에만 배경 이미지를 표시합니다.
padding-box	박스 모델에서 패딩까지 배경 이미지를 표시합니다. 기본값입니다.
border-box	박스 모델에서 테두리까지 배경 이미지를 표시합니다.

TIP background-origin의 속성값을 사용한 예제는 background-attachment 속성에서 함께 살펴보겠습니다.

배경 이미지를 고정하는 background-attachment 속성

배경 이미지가 있는 웹 문서를 웹 브라우저에서 열고 스크롤 막대를 위아래로 조절하면 문서 전체가 움직이므로 배경 이미지도 함께 이동합니다. 하지만 background-attachment 속성을 사용하면 배경 이미지를 고정할 수 있습니다.

background- attachment의 속성값

종류	설명
scroll	화면을 스크롤하면 배경 이미지도 스크롤됩니다. 기본값입니다.
fixed	화면을 스크롤하면 배경 이미지는 고정되고 내용만 스크롤됩니다.

다음 09\bg-3.html 예제는 background-origin과 background-attachment 속성의 여러 속성 값을 사용하여 비교한 것입니다. 3개 박스에서 background-origin 속성값에 따라 배경 이미 지가 어디서부터 시작되는지 잘 살펴보세요.

그리고 웹 브라우저에서 스크롤 막대를 위아래로 움직였을 때 문서 오른쪽 위에 있는 배경 이미 지는 움직이지 않고 고정되어 있는데, 그 이유는 body 선택자에서 배경 이미지의 background-attachment 속성값을 fixed로 지정했기 때문입니다.

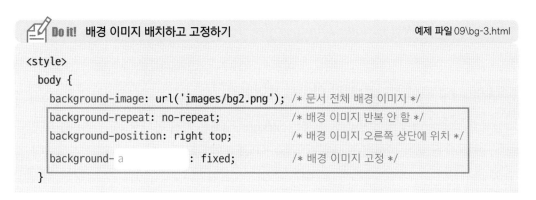

Do it! 배경 이미지 배치하고 고정하기   예제 파일 09\bg-3.html

```
<style>
  body {
    background-image: url('images/bg2.png');  /* 문서 전체 배경 이미지 */
    background-repeat: no-repeat;              /* 배경 이미지 반복 안 함 */
    background-position: right top;            /* 배경 이미지 오른쪽 상단에 위치 */
    background- a           : fixed;           /* 배경 이미지 고정 */
  }
```

```
div {
    ......
    background-image: url('images/bg3.png');   /* 텍스트 상자의 배경 이미지 */
    background-repeat: no-repeat;               /* 배경 이미지 반복 안 함 */
    background-position: right top;             /* 배경 이미지 오른쪽 상단에 위치 */
}
#bg1 { background-origin: padding-box; }        /* 패딩까지 배경 이미지 표시 */
#bg2 { background-origin: border-box; }         /* 테두리까지 배경 이미지 표시 */
#bg3 { background-  o        : content-box; }   /* 내용 영역에만 배경 이미지 표시 */
</style>
```

정답: attachment, origin

body: 고정된 배경 이미지로 표시

#bg1: 패딩까지 배경 이미지 표시

#bg2: 테두리까지 배경 이미지 표시

#bg3: 내용 영역에만 배경 이미지 표시

배경 이미지 배치하고 고정하기

background 속성 하나로 배경 이미지 제어하기

지금까지 설명한 배경 이미지 관련 속성을 background라는 속성 하나로 줄여 사용할 수 있습니다. 예를 들어 배경 이미지를 다음과 같이 정의했다면 background 속성 하나로 묶어서 쓸 수 있습니다.

```
body {
    background-image: url('images/bg4.png');
    background-repeat: no-repeat;
    background-position: center bottom;
    background-attachment: fixed;
}
```

```
background: url('images/bg4.png') no-repeat center bottom fixed;
```

TIP 속성값이 다르므로 입력 순서는 상관없습니다.

배경 이미지 크기를 조절하는 background-size 속성

배경을 채울 요소 크기에 비해 이미지가 너무 작거나 클 경우 background-size 속성을 사용
하여 배경 이미지의 크기를 조절할 수 있습니다. 이 속성은 특히 배경 이미지를 화면에 가득
채워야 할 경우에도 유용합니다.

속성값이 하나라면 그 값은 너비로 인식하고 높이는 원래 이미지의 너비와 높이 비율에 따라
자동 계산합니다.

background- size의 속성값

종류	설명
auto	원래 배경 이미지 크기만큼 표시합니다. 기본값입니다.
contain	요소 안에 배경 이미지가 다 들어오도록 이미지를 확대·축소합니다.
cover	배경 이미지로 요소를 모두 덮도록 이미지를 확대·축소합니다.
⟨크기⟩	이미지의 너비와 높이를 지정합니다. 값이 하나만 주어질 경우 너빗값으로 인식하며, 이미지의 너비와 너빗값에 맞춘 높잇값도 자동 계산합니다.
⟨백분율⟩	배경 이미지가 들어갈 요소의 크기를 기준으로 값을 백분율로 지정하고 그 크기에 맞도록 배경 이미지를 확대·축소합니다.

다음 예제는 박스의 너비와 높이가 각각 300px인데 배경 이미지의 너비는 600px, 높이는
400px입니다. 그래서 박스 크기에 맞춰 배경 이미지의 크기를 다양하게 지정했습니다.

특히 #bg2와 #bg3 선택자에서 크기를 지정하는 속성값은 하나뿐입니다. 이 속성값은 너비이
며, 높이는 원래 이미지 비율에 맞춰 자동으로 계산합니다.

```
<style>
  .box {

    ......

    width: 300px;
    height: 300px;
    margin: 20px;

     b                    : url('images/bg4.jpg') no-repeat left top; /* 배경 이미지를
반복하지 않고 왼쪽 상단에 위치 */

  }
```

#bg1 { background-size: auto; }	/* 원래 배경 이미지 크기로 표시 */	
#bg2 { background-size: 200px; }	/* 너비는 200px, 높이는 자동 계산 */	
#bg3 { background-size: 50%; }	/* 너비는 요소 기준으로 50%, 높이는 자동 계산 */	
#bg4 { background-size: 100% 100%; }	/* 요소의 너비와 높이를 100% 맞춤 */	
#bg5 { background- s : contain; }	/* 요소의 배경 이미지가 다 보이게 표시 */	
#bg6 { background-size: cover; }	/* 요소를 완전히 덮도록 배경 이미지 표시 */	

```
</style>
```

정답: background, size

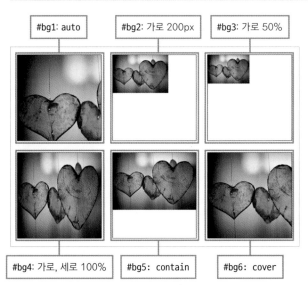

배경 이미지 크기를 다양하게 조절하기

[준비] 09\background.html, 09\images\bg5.jpg　　　　　[결과 비교] 09\results\background.html

지금까지 공부한 배경 이미지 속성을 사용해서 웹 문서에 멋진 배경 이미지를 넣어 볼까요?

1단계 배경 이미지 스타일 추가하기

웹 브라우저에서 09\background.html 문서를 열면 기본 배경색인 흰색 바탕에 검은색 글자가 보입니다. 이 안에 배경 이미지 bg5.jpg를 가득 채워 보겠습니다.

VS Code에서 09\background.html 파일을 열고 `<style>`, `</style>` 태그 사이에 다음 코드를 추가하고 저장합니다. 이제 수정한 파일을 웹 브라우저에서 확인해 보세요.

```
<style>
body {
  background: url('images/bg5.jpg') left top no-repeat fixed;
  background-size: cover;
}
h1 {
```

추가하세요!

배경 이미지 추가하기

웹 브라우저 창의 크기를 바꾸더라도 배경 이미지는 화면에 가득 찬 상태로 표시됩니다. 그런데 배경 이미지 때문에 글자가 잘 보이지 않네요. 배경 이미지에 어울리는 글자색으로 바꿔 볼까요?

2단계 글자색 바꾸고 그림자 효과 주기

VS Code로 돌아와 기존에 작성한 h1 스타일 코드에 다음과 같이 글자색을 흰색으로 바꾸고 그림자 효과를 주는 코드를 추가하고 저장합니다. 다시 한번 웹 브라우저에서 확인하면 배경 이미지와 어울리는 흰색 글자가 보입니다.

```
h1 {
    margin-top: 150px;
    font-size: 80px;
    text-align: center;
    color: #fff;
    text-shadow: 2px 2px #000;
}
```

CSS
코드를
추가하세요!

글자색 바꾸고 그림자 효과 주기

09-3 그러데이션 효과로 배경 꾸미기

웹 문서의 배경을 꾸밀 때는 배경색이나 이미지를 사용하는 것 외에 그러데이션 효과로 색다른 느낌을 줄 수도 있습니다.

선형 그러데이션

선형 그러데이션이란 색상이 수직, 수평 또는 대각선 방향으로 일정하게 변하는 것을 말합니다. 선형 그러데이션을 만들어 주는 함수는 `linear-gradient`인데, 색상이 어느 방향으로 바뀌는지 그리고 어떤 색상으로 바뀌는지를 알려 주어야 합니다. 선형 그러데이션의 기본형은 다음과 같이 지정합니다.

선형 그러데이션 구문에서 사용하는 옵션을 하나씩 살펴보겠습니다.

> 기본형   `linear-gradient(to <방향> 또는 <각도>, <색상 중지점>, [<색상 중지점>, ……]);`

방향

그러데이션 방향을 지시할 때는 to 예약어와 함께 사용합니다. to 다음에는 끝나는 방향을 나타내는 예약어를 최대 2개까지 사용할 수 있습니다. 이때 예약어는 수평 방향을 나타내는 left와 right, 수직 방향을 나타내는 top과 bottom을 사용합니다.

예를 들어 색상이 왼쪽에서 오른쪽으로 변하는 그러데이션이라면 to right로 사용합니다. 그리고 왼쪽 아래에서 오른쪽 위로 변하는 그러데이션이라면 to right top 또는 to top right로 사용합니다. 선형 그러데이션의 위치나 각도 옵션을 생략하면 to bottom으로 인식합니다.

TIP 예약어 2개를 사용할 경우 순서는 상관없습니다.

다음 예제의 그러데이션은 왼쪽 위에서 오른쪽 아래 방향으로, 색상은 파란색에서 점점 흰색으로 변합니다. CSS3를 지원하지 않는 웹 브라우저를 위해 배경색을 파란색으로 선택했습니다.

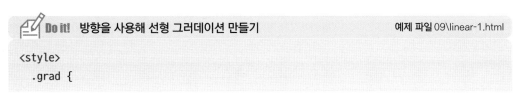

Do it! 방향을 사용해 선형 그러데이션 만들기   예제 파일 09\linear-1.html

```
<style>
  .grad {
```

```
    background: blue; /* CSS3를 지원하지 않는 웹 브라우저용 */
    background: linear-gradient(to right bottom, blue, white); /* 왼쪽 위에서 오른쪽
아래 방향으로, 파란색에서 흰색으로 */
  }
</style>
```

방향 ─ 시작색 ─ 끝색

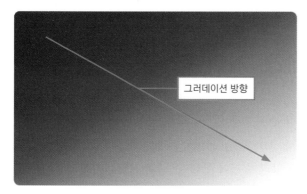

방향으로 선형 그러데이션 만들기

각도

각도는 선형 그러데이션에서 색상이 바뀌는 방향을 알려 주는 방법입니다. 이때 각도는 그러데이션이 끝나는 부분이고 값은 **deg**로 표기합니다. 다음 그림과 같이 CSS에서 각도는 맨 윗부분이 0deg이고, 시계 방향으로 회전하면서 90deg, 180deg가 됩니다.

다음 예제에서는 왼쪽 아래에서 오른쪽 위를 향해 빨간색에서 흰색으로 변하는 선형 그러데이션을 지정합니다. 왼쪽 아래에서 오른쪽 위 방향을 지정할 때 그러데이션이 끝나는 부분의 각도는 오른쪽 위 방향 부분이므로 0°와 90° 사이의 중간인 45° 정도로 값을 지정하면 됩니다.

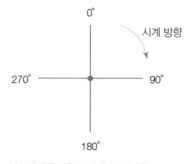

각도에 따른 선형 그러데이션의 방향

✍ Do it! 각도를 사용해 선형 그러데이션 만들기   예제 파일 09\linear-2.html

```
<style>
  .grad {
    background: #f00; /* CSS3를 지원하지 않는 웹 브라우저용 */
    background: linear-gradient(45deg, #f00, #fff); /* 45도 방향, 빨간색에서 흰색으로 */
  }
</style>
```

각도 ─ 시작색 ─ 끝색

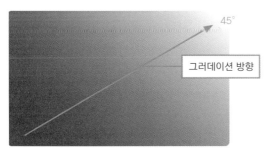

그러데이션 방향

45°

각도로 그러데이션 만들기

색상 중지점

2가지 색 이상으로 선형 그러데이션을 만들려면 색상이 바뀌는 부분을 지정해 주어야 합니다. 그러데이션에서 바뀌는 색을 **색상 중지점**^{color-stop}이라고 합니다. 색상 중지점을 지정할 때 쉼표(,)로 색상을 구분하는데, 색상만 지정할 수도 있고 색상과 함께 중지점의 위치도 함께 지정할 수 있습니다.

TIP 투명도를 함께 사용한 색상도 rgba 표기법을 이용해서 색상 중지점을 지정할 수 있습니다.

다음 예제는 시작 색상과 끝 색상을 파란색(#06f)으로 하고, 시작 위치에서 30% 되는 지점에 흰색을 두어 위에서 아래로 부드럽게 연결되는 그러데이션을 정의했습니다.

Do it! 선형 그러데이션의 색상 중지점 지정하기

예제 파일 09\linear-3.html

```
<style>
  .grad {
    background: #06f; /* CSS3를 지원하지 않는 웹 브라우저용 */
    background: linear-gradient(to bottom, #06f, white 30%, #06f); /* 위에서부터
30% 위치에 색상 중지점 지정 */
  }
</style>
```

시작 색상

끝 색상

중지점의 색상과 위치

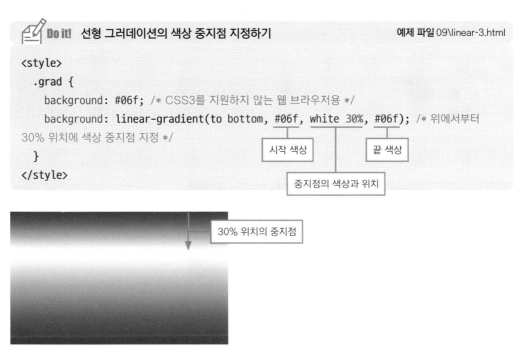

30% 위치의 중지점

색상 중지점을 지정하여 선형 그러데이션 만들기

CSS

원형 그러데이션

선형 그러데이션이 색상이 직선 형태로 점점 바뀌는 효과라면, 원형 그러데이션은 원 또는 타원의 중심에서부터 동심원을 그리며 바깥 방향으로 색상이 변합니다. 따라서 원형 그러데이션은 색상이 바뀌기 시작하는 원의 중심과 크기를 지정하고 그러데이션의 모양을 선택해야 합니다.

원형 그러데이션의 기본형에서 사용하는 옵션을 하나씩 살펴보겠습니다.

> 기본형   radial-gradient(<모양> <크기> at <위치>, <색상 중지점>, [<색상 중지점>, ...])

모양

원형 그러데이션 효과는 원형(circle)과 타원형(ellipse)으로 나타납니다. 모양을 따로 지정하지 않으면 타원형으로 인식합니다.

✏️ **Do it!** 원형 그러데이션의 모양 지정하기   예제 파일 09\radial-1.html

```
<style>
  .grad1 {
    background: red; /* CSS3를 지원하지 않는 웹 브라우저용 */
    background: radial-gradient(white, yellow, red); /* 모양을 지정하지 않으면 타원형 */
  }
  .grad2 {
    background: red; /* CSS3를 지원하지 않는 웹 브라우저용 */
    background: radial- g              (circle, white, yellow, red); /* 원형 */
  }
</style>
```

정답: gradient

타원형 그러데이션

원형 그러데이션

크기

원형 그러데이션을 사용할 때 원의 크기도 정할 수 있습니다. 원의 모양(circle 또는 ellipse)과 크기를 나타내는 키워드값을 함께 쓰면 되는데, 크기에서

> **TIP** 웹 브라우저에서 09\radial-2.html 예제 파일을 열어 같이 확인하세요.

사용할 수 있는 값은 다음과 같습니다.

원형 그러데이션의 크기 속성값

종류	설명	결과 화면
closest-side	• 원형이라면 그러데이션 가장자리가 그러데이션 중심에서 가장 가까운 요소의 측면에 닿을 때까지 그립니다. 타원형이라면 그러데이션 중심에서 가장 가까운 요소의 가로 측면이나 세로 측면에 닿을 때까지 그립니다. • 결과 화면은 그러데이션을 적용하는 요소의 변이 4개인 사각형입니다. 여기에서는 왼쪽 측면에 그러데이션의 가장자리가 닿을 때까지 그러데이션을 그립니다.	가장 가까운 측면
closest-corner	• 그러데이션 가장자리가 중심에서 가장 가까운 요소의 코너에 닿도록 그립니다. • 결과 화면은 그러데이션이 적용되는 사격형 요소에 꼭짓점(corner)이 4개 있는데, 그러데이션의 중심에서 가장 가까운 꼭짓점에 닿을 때까지 그러데이션을 그립니다.	가장 가까운 꼭짓점
farthest-side	• 원형이라면 그러데이션 가장자리가 그러데이션 중심에서 가장 멀리 떨어져 있는 측면에 닿을 때까지 그립니다. 타원형이라면 그러데이션 가장자리가 그러데이션 중심에서 가장 멀리 떨어져 있는 가로 또는 세로 측면에 닿을 때까지 그립니다.	가장 먼 측면
farthest-corner	• 그러데이션의 가장자리가 그러데이션의 중심에서 가장 멀리 떨어져 있는 꼭짓점에 닿을 때까지 그립니다. • 기본값입니다.	가장 먼 꼭짓점

위치

at 키워드와 함께 지정하면 그러데이션이 시작하는 원의 중심을 다르게 나타낼 수 있습니다. 사용할 수 있는 위치 속성값은 키워드(left, center, right 중 하나 또는 top, center, bottom 중 하나) 또는 30%, 20% 같은 백분율입니다. 속성값을 생략하면 가로와 세로 모두 중앙인 center로 인식합니다.

다음 예제에서는 20% 20% 위치에서 흰색에서 파란색으로 변하는 원형 그러데이션을 만듭니다.

Do it! 위치 키워드를 사용해 원형 그러데이션 만들기 　　　　예제 파일 09\radial-3.html

```
<style>
  .grad {
    background: blue; /* CSS3를 지원하지 않는 웹 브라우저용 */
    background: radial-gradient(circle at 20% 20%, white, blue); /* 원형 그러데이션,
20% 20% 위치, 흰색에서 파란색으로 */
  }
</style>
```

원의 중심 　시작색 　끝색

위치 키워드로 원형 그러데이션 만들기

색상 중지점

선형 그러데이션처럼 원형 그러데이션에서도 색상이 바뀌는 부분을 색상 중지점이라고 합니다. 그러데이션의 색상과 어느 부분에서 색상을 바꿀지 위치도 함께 지정할 수 있습니다.

다음 예제는 그러데이션이 중앙에서부터 노란색, 흰색을 거쳐 주황색으로 끝나는 원형 그러데이션입니다. 모양을 지정하지 않았으므로 타원형으로 표시되겠죠? 특히 색상 중지점의 위치 속성값을 지정할 때와 지정하지 않을 때 어떻게 다른지 비교해 보세요.

Do it! 원형 그러데이션의 색상 중지점 지정하기 　　　　예제 파일 09\radial-4.html

```
<style>
  .grad1 {
    background: orange; /* CSS3를 지원하지 않는 웹 브라우저용 */
    background: radial-gradient(yellow, white, orange); /* 색상 중지점 지정 */
  }
  .grad2 {
    background: orange;
    background: radial- g                    (yellow, white 10%, orange 60%); /* 색상
중지점의 위치까지 지정 */
  }
```

```
</style>
......
<div class="grad1"></div>
<div class="grad2"></div>
```

색상 중지점을 지정하여 원형 그러데이션 만들기

그러데이션을 사용한 패턴 만들기

선형 그러데이션과 원형 그러데이션은 반복해서 사용하면 패턴을 만들 수 있습니다. 선형 그러데이션을 반복할 때는 repeating-linear-gradient를 사용하고, 원형 그러데이션을 반복할 때는 repeating-radial-gradient를 사용합니다.

다음 예제는 노란색에서 빨간색으로 바뀌는 선형 그러데이션과 흰색에서 회색으로 바뀌는 원형 그러데이션을 반복해서 나타냅니다.

Do it! 그러데이션 반복하기
예제 파일 09\repeating.html

```
.grad1 {
  background: red; /* CSS3를 지원하지 않는 웹 브라우저용 */
  background: repeating-linear-gradient(yellow, red 20px); /* 선형 그러데이션 반복 */
}
.grad2 {
  background: #ccc;
  background: r          -radial-gradient(circle, white, #ccc 10%); /* 원형
그러데이션 반복 */
}
```

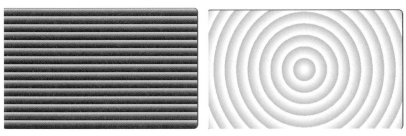

선형, 원형 그러데이션을 반복해서 나타내기

그런데 이렇게 선형 그러데이션을 반복하면 그러데이션끼리 만나는 부분이 자연스럽지 않습니다. 예를 들어 `yellow, red 20px` 옵션을 사용하면 노란색부터 빨간색까지 부드럽게 섞여 표시되지만, 다음 노란색이 시작되는 부분에서는 이전 빨간색과 노란색이 겹쳐 주황색처럼 보입니다.

노란색과 빨간색이 섞인 그러데이션

그래서 그러데이션을 반복해서 패턴을 만들 때는 각 색상 중지점의 위치를 적절하게 조절해야 합니다. 선형 그러데이션을 반복할 때는 다음 그림과 같이 시작 색상과 끝 색상을 명확히 구분해 줘야 중간에 색이 섞이지 않습니다. 원형 그러데이션에서는 같은 방법으로 반복하는 패턴을 만들 수 있습니다.

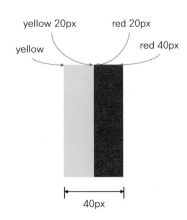

선형 그러데이션으로 패턴 만들기

다음 예제에서는 선형 그러데이션과 원형 그러데이션의 시작 색상과 끝 색상을 명확히 지정하여 패턴을 만듭니다.

Do it! 그러데이션을 사용해 패턴 만들기　　　　　　　　　　예제 파일 09\pattern.html

```css
.grad1 {
  background: red; /* CSS3를 지원하지 않는 웹 브라우저용 */
  background: repeating-linear-gradient(yellow, yellow 20px, red 20px, red 40px);
}
.grad2 {
  background: #ccc; /* CSS3를 지원하지 않는 웹 브라우저용 */
  background: repeating-radial-gradient(circle, white, white 10%, #ccc 10%, #ccc 20%);
}
```

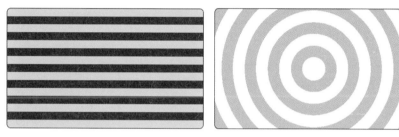

그러데이션으로 패턴 만들기

확인! 🔍

모르겠다면?		알겠다면!
← 289쪽	웹 문서에 배경색을 지정할 수 있나요?	✓
← 291쪽	웹 요소에 배경 이미지를 넣고 위치를 지정할 수 있나요?	☐
← 297쪽	웹 문서 전체가 배경 이미지로 가득 차도록 지정할 수 있나요?	☐
← 301쪽	선형 그러데이션을 사용해 배경을 꾸밀 수 있나요?	☐
← 304쪽	원형 그러데이션을 사용해 배경을 꾸밀 수 있나요?	☐
← 307쪽	그러데이션을 사용해 패턴을 만들 수 있나요?	☐

1 CSS에서 배경색을 설정하는 속성은 (① color / ② background-color) 입니다.

2 선형 그러데이션에서 방향을 지정할 때 사용하는 키워드는 (① to / ② at) 입니다.

3 배경 이미지가 요소의 전체 크기를 다 덮도록 확장하려면 다음 코드에서 빈칸 안에 들어갈 값은 무엇입니까?

```
background-size:              ;
```

① cover

② contain

③ auto

4 배경 이미지를 요소의 왼쪽 상단에 위치시키려고 할 때 사용할 속성은 무엇입니까?

```
              : top left;
```

① background-size

② background-fixed

③ background-position

5 오른쪽에서 왼쪽으로 색상이 변하는 선형 그러데이션을 만들려고 합니다. 다음 코드에서 빈칸에 들어갈 속성을 작성하세요.

```
background-image: linear-gradient(              , red, blue);
```

6 09\quiz-1.html 문서에는 〈div〉 영역에 텍스트가 표시되어 있습니다. 완성 화면과 〈힌트〉를 참고해 〈div〉 영역에 스타일 속성을 추가하세요.

완성 화면	문제 파일 09\quiz-1.html

웹 디자인 트렌드를 따라잡는 비법 대공개!

그래픽 프로그램으로 웹 디자인 요소를 일일이 만들어 웹사이트를 제작하는 시대는 지났다. 이제 모바일, 태블릿, PC 등 멀티 디바이스에 한 번에 적용할 수 있는 웹 디자인 방법을 알아야 한다. 바로 **코딩을 이용한 웹 디자인**이다.

웹 디자인 트렌드를 따라잡는 비법 대공개!

그래픽 프로그램으로 웹 디자인 요소를 일일이 만들어 웹사이트를 제작하는 시대는 지났다. 이제 모바일, 태블릿, PC 등 멀티 디바이스에 한 번에 적용할 수 있는 웹 디자인 방법을 알아야 한다. 바로 **코딩을 이용한 웹 디자인**이다.

> 힌트

1. 문서 안에 있는 .container 요소의 배경색을 검은색으로, 글자색은 흰색으로 변경합니다.

2. 색상을 지정할 때 rgb 표기법을 사용합니다.

7 09\quiz-2.html 문서를 완성 화면과 같이 수정하려 합니다. 〈힌트〉를 참고해 배경색과 배경 이미지를 추가하세요.

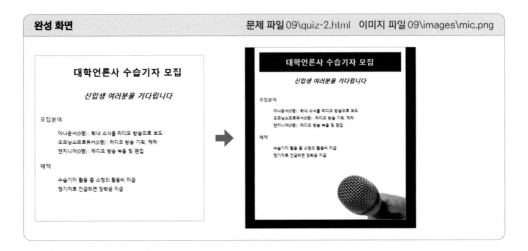

| 완성 화면 | 문제 파일 09\quiz-2.html 이미지 파일 09\images\mic.png |

🔍 힌트

1. 문서 전체의 배경색을 #02233b로 지정합니다.

2. #container의 배경색은 흰색으로 지정합니다.

3. #container의 배경 이미지는 images\mic.png로 지정하는데, 배경 이미지는 반복하지 않고 오른쪽 아래에 고정합니다.

4. 〈h1〉 태그를 사용한 제목의 배경색을 #004344로 지정하고, 글자색은 흰색으로 바꿉니다.

셋째
마당

반응형 웹 만들기

웹은 이제 플랫폼으로 사용되고 있습니다. 따라서 손바닥 만한 휴대폰부터 커다란 화면의 스마트 TV에 이르기까지 대응할 수 있도록 웹 사이트를 제작하는 것이 중요합니다. 이렇게 유연하게 동작하는 웹을 '반응형 웹^responsive web' 이라고 합니다. 최근에 웹 문서 레이아웃을 만드는 새로운 표준이 등장했고 이미 많이 사용되고 있습니다. 반응형 웹의 기본인 미디어 쿼리를 살펴보고, 최신 레이아웃 기법인 플렉스 박스 레이아웃과 CSS 그리드 레이아웃을 웹에서 다양하게 활용하는 방법도 알아보겠습니다.

10

반응형 웹과 미디어 쿼리

반응형 웹 디자인은 PC이든 모바일이든 사용자의 접속 환경에 맞추어 사이트
의 레이아웃을 자연스럽게 바꾸어 브라우저에 보여 주는 것을 말합니다. 사이
트를 하나 제작해 여러 기기에서 볼 수 있도록 하는 것이죠. 이번 장에서는 반
응형 웹 디자인이란 무엇인지 알아보고, 반응형 웹 사이트를 만드는 기본기인
미디어 쿼리를 살펴보겠습니다.

10-1 반응형 웹 알아보기
10-2 반응형 요소 만들기
10-3 미디어 쿼리 알아보기

이 장을 다 공부하면!

• 반응형 웹이란 무엇인지 알 수 있어요.
• 웹 브라우저의 디바이스 모드를 활용할 수 있어요.
• 미디어 쿼리의 개념을 이해하고 작성할 수 있어요.

10-1 반응형 웹 알아보기

화면 크기가 다양한 모바일이 계속 쏟아져 나오는데 그때마다 사이트를 따로따로 제작하는 것은 매우 비효율적입니다. 이런 점을 고려해서 화면 크기에 '반응'하는 화면 요소를 자동으로 바꾸어 사이트를 구현하는 것이 바로 반응형 웹 디자인입니다.

반응형 웹 디자인이란

요즘은 PC나 노트북보다 더 작은 스마트폰에서 웹 사이트에 접속하는 경우가 많습니다. 그런데 PC와 스마트폰의 화면 크기는 다르므로 PC용으로 만든 웹 사이트를 스마트폰에서 접속하면 글자가 매우 작게 표시됩니다. 데스크톱에서 보여 주던 내용을 스마트폰의 작은 화면 안에다 보여 줘야 하기 때문이죠. 그래서 포털 사이트나 쇼핑몰 사이트에서는 모바일 기기의 특성을 충분히 활용할 수 있도록 모바일 사이트를 별도로 제작합니다.

하지만 스마트폰이나 태블릿, 스마트 TV 등 브라우저 환경이 다양하게 바뀌는데 그때마다 웹 사이트를 각각 제작하는 것은 쉬운 일이 아닙니다. 그렇다면 기존 웹 사이트의 내용을 그대로 유지하면서 다양한 화면 크기에 맞게 표시할 수는 없을까요? 그 해답은 바로 **반응형 웹 디자인** responsive web design입니다. 반응형 웹 디자인은 웹 요소를 화면 크기에 맞게 재배치하고 표시 방법만 바꾸어 사이트를 구현해 줍니다.

EBS 사이트(ebs.co.kr)에 접속해 보세요. 마치 레고 블록을 맞춰 놓은 것처럼 브라우저 화면에 여러 내용이 배치되어 있습니다. 메뉴는 맨 위에 가로로 배치되어 있고, [주요 구독·방송 서비스]와 [주요 학습 서비스]는 좌우로 배치되어 있죠. [주요 구독·방송 서비스] 영역도 내용이 한 줄에 5개씩 나열되어 있고요.

브라우저 화면 너비를 줄이면 어떻게 될까요? 화면이 좁아 가로로 배치한 메뉴는 사라지고 아이콘(☰)이 나타납니다. 이 아이콘을 클릭하면 메뉴를 사용할 수 있습니다. 또한 화면 좌우에 배치되었던 [주요 구독·방송 서비스] 영역과 [주요 학습 서비스] 영역은 이제 위아래로 배치됩니다. 이 외에도 많은 부분에서 배치가 달라집니다.

넓은 화면일 때(PC 브라우저)   좁은 화면일 때(모바일 브라우저)

모바일 기기를 위한 뷰포트

반응형 웹 디자인에서 기본적으로 알아 둬야 할 것이 **뷰포트**^{viewport}입니다. PC에 맞게 제작한 웹 사이트를 모바일 기기에서 접속해서 보면 모든 내용이 작게 표시됩니다. 그 이유는 PC 화면과 모바일 화면에서 표시되는 픽셀의 차이 때문인데, 뷰포트를 지정하면 접속한 기기의 화면에 맞추어 확대하거나 축소해서 표시할 수 있습니다. 이때 '뷰포트'란 스마트폰 화면에서 실제 내용이 표시되는 영역입니다.

뷰포트는 <meta> 태그를 이용해 <head>와 </head> 태그 사이에 작성합니다. 뷰포트를 지정하는 기본형은 다음과 같습니다.

기본형   `<meta name="viewport" content="속성1=값1, 속성2=값2, ......">`

<meta> 태그에서는 content 속성을 이용해 뷰포트 속성과 속성값을 지정하는데, content 안에서 사용하는 뷰포트의 속성을 표로 정리했습니다.

뷰포트의 속성

종류	설명	사용할 수 있는 값	기본값
width	뷰포트 너비	device-width 또는 크기	브라우저 기본값
height	뷰포트 높이	device-height 또는 크기	브라우저 기본값
user-scalable	확대·축소 가능 여부	yes 또는 no (yes는 1로, device-width와 device-height의 값은 10으로 간주)	yes
initial-scale	초기 확대·축소한 값	1~10	1

다음은 가장 많이 사용하는 뷰포트 속성으로 웹 페이지 뷰포트의 너비를 스마트폰 화면 너비에 맞추고 초기 화면 배율을 1로 지정합니다. VS Code에서 자동으로 입력한 기본 코드에는 뷰포트 관련 코드가 자동으로 들어 있습니다. 이 코드가 어떤 의미인지 이제 이해할 수 있겠죠?

```
<meta name="viewport" content="width=device-width, initial-scale=1">
```

뷰포트 개념이 등장하기 전까지는 CSS에서 크기를 지정할 때 주로 px, %의 단위를 사용했지만 이제는 다음과 같이 뷰포트를 기준으로 하는 단위를 사용할 수도 있습니다.

- vw(viewport width): 1vw는 뷰포트 너비의 1%와 같습니다.
- vh(viewport height): 1vh는 뷰포트 높이의 1%와 같습니다.
- vmin(viewport minimum): 뷰포트의 너비와 높이 중에서 작은 값의 1%와 같습니다.
- vmax(viewport maximum): 뷰포트의 너비와 높이 중에서 큰 값의 1%와 같습니다.

웹 요소를 뷰포트에 가득 채우려면 너비를 100vw, 높이를 100vh로 하면 됩니다.

Do it! 실습 ▸ **크롬 브라우저의 디바이스 모드 활용하기**

반응형 웹 사이트를 만들 때 여러 기기에서 제대로 보이는지 테스트해야 하는데, 모든 기기를 다 갖추고 직접 확인하는 게 쉽지 않습니다. 이럴 때는 크롬 개발자 도구의 **디바이스 모드**를 활용하면 도움이 됩니다. 크롬 개발자 도구의 디바이스 모드는 반응형 웹 사이트를 제작하는 동안이나 제작이 끝난 사이트를 살펴볼 때도 활용할 수 있습니다.

1단계 디바이스 모드 시작하기

크롬 브라우저에서 developers.naver.com 사이트에 접속한 후 Ctrl+Shift+I를 눌러 개발자 도구 창을 엽니다. 개발자 도구 창의 맨 왼쪽 위에 있는 기기 툴 바 전환 아이콘(🔲)을 클릭합니다.

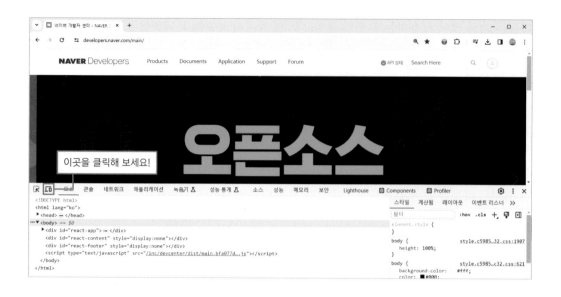

2단계 화면 크기에 따라 확인하기

브라우저 창의 윗부분 [크기] 항목에 '반응형'이라고 나타나면서 현재 화면의 너비와 높이 값이 나타납니다. 이 부분을 **기기 툴 바**라고 합니다. 다음 그림처럼 브라우저에서 개발자 도구 영역을 줄여서 사이트 화면을 잘 보이도록 만드세요.

TIP '반응형'에 보이는 너비, 높이는 현재 화면과 개발자 도구의 영역 크기에 따라 달라집니다.

3단계 작은 화면 크기로 바꾸기

반응형 웹 디자인을 확인해 볼 수 있는 부분은 너비, 높이의 값 아래에 있는 막대 부분입니다. 막대에는 세로선이 희미하게 그려져 있는데, 크기에 따라 기기를 구별한 것입니다. 막대 위로 마우스 포인터를 올리면 어떤 기기 기준으로 볼 수 있는지 나타납니다. 다음 그림처럼 막대의 가운데 부분 위로 마우스 포인터를 올리면 '소형 기기 – 320px'이라고 나타납니다. 최대 너비가 320px인 소형 기기에 맞는 화면을 보여준다는 뜻입니다. 클릭해 보세요. 모바일 중에서 가장 작은 화면 크기의 디자인을 볼 수 있습니다.

'태블릿–768px'이나 '대형 노트북–1440px', '4k–2550' 등을 클릭하면서 레이아웃이 어떻게 바뀌는지 살펴보세요.

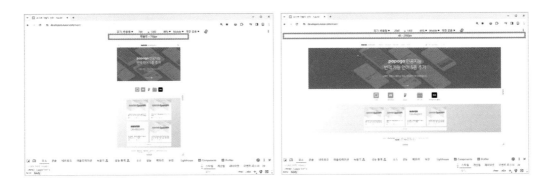

화면에 있는 기기 툴 바를 감추고 싶다면 웹 개발자 도구 창의 아이콘(█)을 클릭합니다. 아이콘을 클릭할 때마다 기기 툴 바가 나타났다 사라지기를 반복합니다.

10-2 반응형 요소 만들기

반응형 웹은 화면 크기에 따라 문서에 있는 여러 요소의 배치도 바뀌고 크기도 달라집니다. 그렇다면 크기가 고정되어 있는 글자 크기나 이미지는 어떻게 조절해야 할까요? 웹에서 자주 사용하는 요소들을 반응형으로 만드는 방법을 알아보겠습니다.

상댓값으로 글자 크기 지정하기 — em 단위, rem 단위

글자 크기를 지정할 때는 픽셀px 단위를 많이 사용합니다. 그런데 글자 크기를 픽셀값으로 지정하면 글자 크기가 고정됩니다. 반응형으로 제작된 사이트에서 화면 크기에 따라 글자 크기가 달라지게 만들고 싶다면 px 단위는 적합하지 않겠죠? 이럴 때는 em이나 rem 같은 상대적인 글자 크기 단위를 사용하는 것이 좋습니다. 상대적이라는 말에는 기준 요소가 있다는 뜻이 포함되어 있습니다. em과 rem은 어떤 요소를 기준으로 하느냐의 차이가 있습니다.

em 단위

em은 부모 요소에서 지정한 글꼴의 대문자 M의 너비를 1em으로 놓고 상대적으로 값을 계산합니다. 부모 요소에서 글자 크기를 지정하지 않았다면 body 요소의 기본 크기를 사용합니다. 웹 문서에서 body의 기본 글자 크기는 16px이고 이 값이 1em에 해당합니다.

예를 들어 10\em.html 문서에는 p 요소가 3개 있는데, 텍스트 단락 2개는 .content 요소 안에 포함되어 있습니다. 그리고 p 요소의 글자 크기는 1em으로 지정했습니다.

✎ Do it! em 단위 사용하기　　　　　　　　　　　　　　예제 파일 10\em.html

```
<style>
  p { font-size: 1em; }
</style>
......
<h1>레드향</h1>
<p>껍질에 붉은 빛이 돌아 레드향이라 불린다.</p>
<div class="content">
   <p>레드향은 한라봉과 귤을 교배한 것으로</p>
   <p>일반 귤보다 2~3배 크고, 과육이 붉고 통통하다.</p>
</div>
```

웹 개발자 도구 창에서 아무 p 요소나 선택한 후 CSS 창에서 [계산됨] 탭을 누르고 `font-size` 속성을 찾아보면 값이 16px인 걸 확인할 수 있습니다.

웹 문서에서 요소 포함 관계가 복잡하거나 중간에 글자 크기가 바뀌는 것을 예상하지 못할 경우 em 단위가 불편할 수 있습니다. 10\em.html 코드에서 .content 요소의 글자 크기를 지정해 보겠습니다.

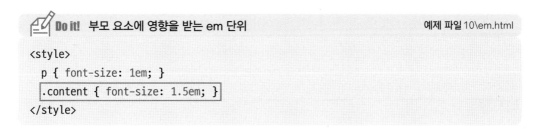

예제 파일 10\em.html

```html
<style>
  p { font-size: 1em; }
  .content { font-size: 1.5em; }
</style>
```

이렇게 하면 2번째, 3번째 p 요소는 1번째 p 요소와 다른 크기로 나타납니다. 부모 요소가 다르기 때문이죠. 웹 개발자 도구 창에서 확인해 보면 1번째 p 요소는 16px로 계산되지만 2번째나 3번째 p 요소는 24px(1.5em * 16px)로 계산됩니다.

em 단위를 사용했을 때

rem 단위

em에서 부모 요소의 글자 크기 때문에 예상하지 못한 결과가 나오는 것을 막기 위해 새로 생긴 단위가 rem^root em입니다. rem은 루트^root에서 지정한 크기를 기준값으로 사용합니다. 중간에 값이 바뀔 염려가 없으니까요.

10\rem.html 문서에 rem 단위로 글자 크기를 지정해 보세요. html 선택자를 사용해서 문서

전체의 기본 글꼴을 16px로 지정합니다. p 요소의 글자 크기 1rem은 html 선택자에서 지정한 크기 16px을 기준으로 하므로 p 요소 3개의 글자 크기가 똑같이 표시됩니다.

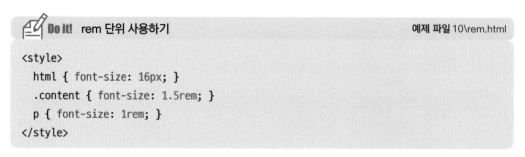

```
<style>
  html { font-size: 16px; }
  .content { font-size: 1.5rem; }
  p { font-size: 1rem; }
</style>
```

rem 단위를 사용했을 때

em 단위가 부모 요소를 기준으로 한다는 점만 기억한다면 em 단위나 rem 단위는 상황에 따라 어떤 것을 사용해도 무방합니다.

반응형 이미지 만들기

반응형 이미지란 부모 요소 너비에 따라 너비와 높이가 바뀌는 이미지를 말합니다. 이미지는 웹 문서에 삽입할 때부터 크기가 정해져 있으므로 브라우저 화면이 작아지면 이미지의 일부만 보입니다.

width: 100% 사용

이미지의 너비를 100%로 지정하면 이미지가 부모 요소의 너비에 맞춰 항상 100%가 됩니다.

부모 요소의 너비가 너무 크면 이미지가 원본보다 커져서 화질이 떨어질 수 있습니다.

max-width: 100% 사용

`width` 속성과 함께 `max-width` 속성을 사용하면 부모 요소의 크기에 따라 이미지가 커질 때 원본 이미지만큼만 커집니다. 화질이 너무 떨어질 만큼 이미지가 커지지 않아 다양한 크기의 화면에서도 이미지가 자연스럽고 깔끔하게 보입니다. 그래서 반응형 이미지를 만들 때 `width` 속성과 `max-width` 속성을 함께 사용하는 경우가 많습니다.

10\image.html 문서에는 크기가 꽤 큰 이미지가 삽입되어 있습니다. 반응형으로 지정하지 않아서 브라우저 너비에 따라 이미지가 일부만 보이거나 전체를 보여 주죠.

창의 너비를 줄였을 때   창의 너비를 넓혔을 때

10\image.html을 VS Code에서 열고 다음과 같이 이미지의 `max-width`값을 100%로 지정해 보세요. 화면 너비가 작더라도 이미지를 줄여서 표시합니다. 화면 너비가 아주 커지더라도 이미지는 더 이상 커지지 않습니다.

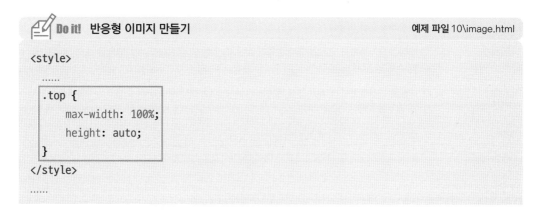

Do it! 반응형 이미지 만들기   예제 파일 10\image.html

```
<style>
    ......
    .top {
        max-width: 100%;
        height: auto;
    }
</style>
    ......
```

```
<div>
  <p>브라우저 창의 크기를 조절해보세요.</p>
  <img src="images/kitten.jpg" alt="베개 뒤에 숨어 있는 고양이" class="top">
</div>
```

창의 너비를 줄였을 때   창의 너비를 넓혔을 때

object-fit 속성 사용하기

웹 문서에서 이미지나 비디오 같은 시각 요소는 사용자의 시선을 쉽게 끌 수 있어 중요합니다. 하지만 반응형으로 크기가 바뀌면 원래 이미지나 비디오의 가로세로 비율을 그대로 유지하는 게 쉽지 않죠. 이럴 때 object-fit 속성을 사용하면 콘텐츠(이미지나 비디오)의 가로세로 비율을 유지하면서 해상도에 맞게 크기를 조절할 수 있습니다.

object-fit 속성에서 사용할 수 있는 속성값은 다음과 같습니다.

object-fit의 속성값

종류	설명
fill	콘텐츠의 원래 비율을 무시하고 요소의 전체 영역을 채웁니다. 기본값입니다.
contain	비율을 유지하면서 요소의 전체 영역에 맞출 수 있을 만큼 확대합니다. 영역을 모두 채우지 못할 수도 있습니다.
cover	비율을 유지하면서 요소의 전체 영역을 채울 수 있을 만큼 확대합니다. 영역을 채울 때 콘텐츠의 일부를 자를 수 있습니다.
none	콘텐츠의 원래 크기를 유지합니다.
scale-down	none과 contain 중 콘텐츠 크기가 더 작아지는 값을 선택합니다.

10\object-fit.html에는 5개의 영역이 있고 그 안에 cat.png 이미지가 들어 있습니다. 아직

object-fit 속성을 사용하지 않았으므로 이미지가 가로세로 비율을 유지하지 못한 채 요소 안에 들어 있습니다.

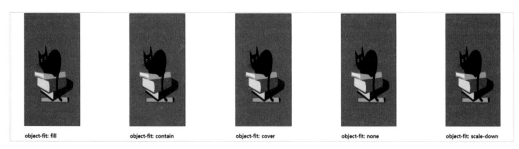

object-fit 속성을 사용하기 전

VS Code에서 10\object-fit.html 파일을 열고 CSS 코드에 object-fit값을 다양하게 지정해 보세요.

Do it! object-fit 속성으로 이미지 크기 조절하기　　　예제 파일 10\object-fit.html

```
<style>
    ......
    .fill { object-fit: fill; }            /* 이미지 비율 유지 안 함. 요소에 꽉 차게 채움 */
    .contain { object-fit: contain; }      /* 이미지 비율 유지. 요소 크기에 맞춤 */
    .cover { object-fit: cover; }          /* 이미지 비율 유지. 요소에 꽉 차게 채움 */
    .none { object-fit: none; }            /* 이미지 원래 크기 유지 */
    .scale-down { object-fit: scale-down; }  /* none과 contain 중 작은 이미지로 */
</style>
```

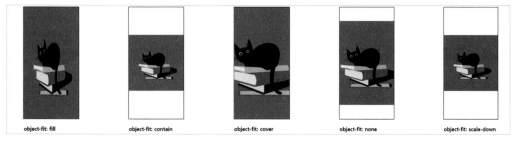

object-fit으로 이미지 크기 조절하기

반응형 레이아웃 만들기

사이트가 반응형으로 동작하려면 레이아웃이 유연해야 합니다. 넓은 화면일 때는 열을 여러 개 배치했다가 좁은 화면일 때는 1개씩 배치하는 것처럼 레이아웃을 자유롭게 조절할 수 있어야 하죠. 이런 레이아웃을 만들려면 최근에 등장한 '플렉스 박스 레이아웃'과 'CSS 그리드 레이아웃'을 사용합니다.

TIP 반응형 레이아웃을 만드는 '플렉스 박스 레이아웃'과 'CSS 그리드 레이아웃'은 앞으로 하나씩 공부할 것입니다.

다음 화면은 플렉스 박스 레이아웃을 사용해 여러 아이콘을 가로로 배치한 모습입니다.

플렉스 박스 레이아웃을 사용한 웹 요소 배치

반응형 웹을 만들려면 또 하나 공부해야 할 것이 있습니다. 바로 '미디어 쿼리'입니다. 미디어 쿼리는 사이트에 접속하는 기기의 화면 가로 너비에 따라 레이아웃을 다르게 표시합니다. 다음 화면은 <li> 태그에 미디어 쿼리를 사용한 모습입니다. <li> 태그를 선택했을 때 오른쪽 [스타일] 창에 @media로 시작하는 코드가 보입니다. 이 부분이 미디어 쿼리죠.

미디어 쿼리를 사용하여 웹 요소 배치하기

10-3 미디어 쿼리 알아보기

미디어 쿼리는 반응형 웹 디자인에서 가장 기본적인 개념입니다. 사이트에 접근하는 기기의 해상도에 따라 서로 다른 스타일 시트를 적용해 주는 기능을 하죠. 미디어 쿼리가 무엇인지 자세히 알아보고, 미디어 쿼리를 사용할 때 고려해야 할 여러 조건도 함께 살펴보겠습니다.

미디어 쿼리 알아보기

CSS 모듈인 **미디어 쿼리**^{media queries}는 사이트에 접속하는 장치에 따라 특정한 CSS 스타일을 사용하는 방법입니다. 미디어 쿼리를 사용하면 접속하는 기기의 화면 크기에 따라 레이아웃이 달라지죠.

예를 들어 설명해 보겠습니다. 웹 브라우저에서 10\card.html 문서를 열어 보세요. 웹 브라우저의 창을 최대로 하면 카드 2장이 텍스트와 함께 한 줄로 나열됩니다. 그리고 웹 브라우저 창의 너비를 줄이면 카드가 한 줄에 하나씩 두 줄로 표시됩니다. 이 상태에서 브라우저 창의 너비를 더 줄이면 카드 이미지는 위에, 텍스트는 아래에 표시됩니다. 즉, 사이트 레이아웃이 웹 브라우저의 화면 크기에 따라 바뀝니다.

이렇게 사용자가 어떤 미디어를 사용하는가에 따라 사이트의 형태가 바뀌도록 CSS를 작성하는 방법을 미디어 쿼리라고 합니다.

웹 브라우저 창의 크기에 따라 바뀌는 사이트 레이아웃

방금 살펴본 것처럼 미디어 쿼리는 다양한 기기와 화면 크기에 대응하여 웹 사이트를 더 효과적으로 표현할 수 있게 해줍니다. 예를 들어 모바일 화면에서는 내비게이션을 감추도록 스타일을 변경하는 것도 가능하죠. 그리고 접속한 기기에 따라 필요한 스타일만 적용해서 페이지 로딩 시간을 줄일 수 있습니다. 이런 이유로 반응형 웹 디자인에서 미디어 쿼리는 중요한 요소로 여깁니다.

미디어 쿼리 구문

미디어 쿼리는 @media 속성을 사용해 특정 미디어에서 어떤 CSS를 적용할 것인지를 지정해 줍니다. 미디어 쿼리의 기본형은 다음과 같습니다.

기본형 @media [only ¦ not] 미디어 유형 [and 조건] * [and 조건]
                     ❶   ❷   ❸

❶ only: 미디어 쿼리를 지원하지 않는 웹 브라우저에서는 미디어 쿼리를 무시하고 실행하지 않습니다.

❷ not: not 다음에 지정하는 미디어 유형을 제외합니다. 예를 들어 not tv라고 지정하면 TV를 제외한 미디어 유형에만 적용합니다.

❸ and: 조건을 여러 개 연결해서 추가할 수 있습니다.

TIP 조건이 같은 미디어 유형이 여러 개라면 쉼표(,)로 구분해서 추가합니다.

미디어 쿼리 구문은 <style>과 </style> 사이에 사용하며 대소문자를 구별하지 않습니다. 기본적으로 미디어 유형을 지정하고 필요할 경우에는 and 연산자로 조건을 적용합니다. 예를 들어 다음 코드는 미디어 유형이 screen이면서 최소 너비가 768px이고 최대 너비는 1439px일 경우에 적용할 CSS를 정의하는 구문입니다. TIP and로 여러 조건을 연결할 때 조건 순서는 상관없습니다.

```
@media screen and (min-width: 768px) and (max-width: 1439px) {
  (... 생략 ...)
}
```

미디어 유형의 종류

미디어 쿼리는 미디어별로 적용할 CSS를 따로 작성하므로 @media 속성 다음에 미디어 유형을 알려 줘야 합니다. @media 속성의 미디어 유형을 표로 정리했습니다.

@media 속성의 미디어 유형

미디어 유형	설명
all	모든 미디어 유형에서 사용할 CSS를 정의합니다. 기본값입니다.
print	인쇄 장치에서 사용할 CSS를 정의합니다.
screen	컴퓨터 스크린에서 사용할 CSS를 정의합니다. 스마트폰의 스크린도 포함됩니다.
tv	음성과 영상이 동시에 출력되는 TV에서 사용할 CSS를 정의합니다.
aural	음성 합성 장치(주로 화면을 읽어 소리로 출력해 주는 장치)에서 사용할 CSS를 정의합니다.
braille	점자 표시 장치에서 사용할 CSS를 정의합니다.
handheld	패드(pad)처럼 손에 들고 다니는 장치를 위한 CSS를 정의합니다.
projection	프로젝터를 위한 CSS를 정의합니다.
tty	디스플레이 기능이 제한된 장치에 맞는 CSS를 정의합니다. 이런 장치에서는 픽셀(px) 단위를 사용할 수 없습니다.
embossed	점자 프린터에서 사용할 CSS를 정의합니다.

CSS

예를 들어 화면용 스타일과 인쇄용 스타일을 따로 만든다면 다음과 같이 미디어 쿼리를 지정할 수 있습니다.

```
@media screen {   /* 화면용 스타일 작성 */
   (... 생략 ...)
}
@media print {   /* 인쇄용 스타일 작성 */
   (... 생략 ...)
}
```

웹 문서의 가로 너비와 세로 높이 속성

실제 웹 문서 내용이 화면에 나타나는 영역을 뷰포트라고 하는데, 뷰포트의 가로 너비와 세로 높이를 미디어의 쿼리의 조건으로 사용할 수 있습니다. 이때 높잇값은 미디어에 따라 달라지므로 주의해야 합니다.

TIP screen이 아닌 미디어에서는 스크롤을 포함한 전체 문서를 height로 지정해야 합니다. print에서는 한 페이지 높이를 기준으로 합니다.

웹 문서의 가로 너비와 세로 높이를 지정할 때 사용하는 속성을 표로 정리했습니다.

웹 문서의 가로 세로 속성

속성	설명
width, height	웹 페이지의 가로 너비, 세로 높이를 지정합니다.
min-width, min-height	웹 페이지의 최소 가로 너비, 최소 세로 높이를 지정합니다.
max-width, max-height	웹 페이지의 최대 가로 너비, 최대 세로 높이를 지정합니다.

예를 들어 가로 너비가 1440px 이상일 때 미디어 쿼리는 다음과 같이 정의합니다.

```
@media screen and (min-width: 1440px) {  /* 가로 너비가 최소 1440px인 화면용 스타일 */

   ......

}
```

화면 회전 속성

스마트폰이나 태블릿에서는 화면을 세로로 보거나 가로로 돌려서 볼 수 있죠? 미디어 쿼리에서 orientation 속성을 사용하면 기기의 방향을 확인할 수 있고, 그에 따라서 웹 사이트의 레이아웃을 바꿀 수 있습니다. orientation 속성값으로는 portrait와 landscape가 있습니다. 가로 모드는 기본값인 landscape이고, 세로 모드는 portrait입니다.

화면 회전 속성

속성	설명
orientation: portrait	단말기의 세로 모드를 지정합니다.
orientation: landscape	단말기의 가로 모드를 지정합니다. 기본값입니다.

이 외에도 화면 비율이나 단말기 화면 비율, 색상당 비트 수 같은 여러 가지 미디어 쿼리 조건이 있습니다.

TIP 미디어 쿼리의 여러 가지 조건을 자세히 알고 싶다면 미디어 쿼리 표준 명세 부분(drafts.csswg.org/mediaqueries-5)을 참고하세요.

미디어 쿼리의 중단점

미디어 쿼리를 작성할 때 화면 크기에 따라 서로 다른 CSS를 적용할 분기점을 **중단점**break point 이라고 합니다. 이 중단점을 어떻게 지정하느냐에 따라 CSS가 달라지고 화면 레이아웃이 바뀌는데, 대부분 기기의 화면 크기를 기준으로 합니다. 하지만 시중에 나온 모든 기기를 반영할 수는 없으므로 모바일과 태블릿, 데스크톱 정도로만 구분하는 것이 좋습니다.

그리고 처리 속도나 화면 크기 등에서 다른 기기보다 모바일의 제약 조건이 더 많으므로 모바일의 레이아웃을 기본으로 하여 CSS를 만듭니다(모바일용 CSS는 태블릿과 데스크톱에도 기본으로 적용됩니다). 그리고 나서 사양이 좀 더 좋고 화면이 큰 태블릿과 데스크톱에 맞춰 더 많은 기능과 스타일을 추가합니다. 이렇게 모바일을 먼저 고려하여 미디어 쿼리를 작성하는 것을 **모바일 퍼스트** mobile first 기법이라고 합니다.

TIP 디자이너에 따라 데스크톱을 기준으로 디자인한 뒤 모바일에 맞춰 기능을 줄이고 스타일을 바꿔 가는 방법을 선택하기도 합니다.

미디어 쿼리를 작성할 때 주어진 조건에 따라 여러 중단점을 만들 수 있지만 크게 다음과 같이 모바일(스마트폰)과 태블릿, 데스크톱(PC)으로 구분합니다. 하지만 이 중단점 역시 개발자나 작업 조건에 따라 달라질 수 있습니다.

- **스마트폰**: 모바일 페이지는 미디어 쿼리를 사용하지 않고 기본 CSS로 작성합니다. 만일 스마트폰의 방향까지 고려해서 제작한다면 `min-width`의 세로와 가로를 각각 `portrait 320px`, `landscape 480px`로 지정합니다.
- **태블릿**: 세로 높이가 768px 이상이면 태블릿으로 지정합니다. 가로 너비는 데스크톱과 똑같이 1024px 이상으로 지정합니다.
- **데스크톱**: 화면 크기가 1024px 이상이면 데스크톱으로 설정합니다.

(!) 알아 두면 좋아요!   **모바일 기기의 뷰포트 크기는 어디에서 알 수 있나요?**

새로운 모바일 기기가 계속해서 등장하는데 모든 기기의 해상도와 뷰포트 크깃값을 다 기억할 수는 없습니다. 특정한 기기에 맞는 미디어 쿼리를 작성하는 데 필요한 뷰포트의 크깃값이 정리되어 있는 사이트가 있습니다. yesviz.com/devices.php에 접속해 보세요.

모바일 기기의 뷰포트 크깃값이 정리되어 있는 사이트

이 사이트에 접속한 뒤 목록에서 기기를 선택하면 화면 크기뿐만 아니라 뷰포트 크기 등 미디어 쿼리를 작성하는 데 필요한 정보를 확인할 수 있습니다. 그리고 여러 상황에 맞는 미디어 쿼리 코드도 제공하므로 참고할 수 있습니다.

미디어 쿼리 적용하기

미디어 쿼리가 어떻게 구성되는지 알았으니 이제 웹 문서에 적용해 보겠습니다. 적용하는 방법은 크게 **외부 CSS 파일로 연결하는 방법**과 **웹 문서에 직접 정의하는 방법**이 있습니다.

외부 CSS 파일 연결하기

외부 CSS 파일을 따로 저장해서 웹 문서에 연결하는 방법을 알아보겠습니다. 이 방법은 조건별로 CSS 파일을 따로 저장한 뒤 `<link>` 태그나 `@import` 문을 사용해서 연결합니다.

먼저 외부 CSS 파일을 연결할 때 가장 많이 사용하는 `<link>` 태그를 알아보겠습니다. `<link>` 태그는 `<head>`와 `</head>` 태그 사이에 넣습니다. 다음 기본형의 의미는 미디어 쿼리 조건이 맞다면 지정한 CSS 파일을 가져와서 적용하라는 것입니다. 속성의 순서는 상관없습니다.

> 기본형　`<link rel="stylesheet" media="미디어 쿼리 조건" href="css 파일 경로">`

예를 들어 인쇄용 스타일을 정의한 css\print.css 파일을 만들어 놓았다면 다음과 같은 코드를 작성하여 웹 문서와 연결하면 됩니다.

```
<link rel="stylesheet" media="print" href="css/print.css">
```

외부 CSS 파일을 연결하는 또 다른 방법으로 `<link>` 태그 대신 `@import` 문을 사용할 수 있습니다. `@import` 문은 CSS를 정의하는 `<style>`과 `</style>` 태그 사이에서 다음과 같이 사용합니다.

> 기본형　`@import url(css 파일 경로) <미디어 쿼리 조건>`

예를 들어 태블릿용 스타일을 정의한 css\tablet.css 파일을 만들고, 너빗값이 321px 이상이면서 768px 이하일 때에 미디어 쿼리를 적용하려면 다음과 같이 지정할 수 있습니다.

```
@import url("css/tablet.css") only screen and (min-width: 321px) and (max-width: 768px);
```

웹 문서에 직접 정의하기

이번에는 외부 CSS 파일을 만들지 않고 웹 문서에서 미디어 쿼리를 직접 지정하는 방법을 알아보겠습니다. 웹 문서에 미디어 쿼리를 직접 정의하는 방법은 다음 2가지입니다.

첫 번째 방법은 <style> 태그 안에서 media 속성을 사용하여 조건을 지정하고, 그 조건에 맞는 스타일 규칙을 정의하는 것입니다.

기본형
```
<style media="<조건>"> {
    <스타일 규칙>
}
</style>
```

예를 들어 다음은 media 속성을 사용해 화면의 가로 너비가 320px 이하일 때 배경색을 주황색으로 바꾸는 미디어 쿼리입니다.

```
<style media="screen and (max-width: 320px)">
  body {
    background-color: orange;
  }
</style>
```

두 번째 방법은 스타일을 선언할 때 @media 문을 사용해 조건별로 스타일을 지정해 놓고 그중에 선택해서 적용하는 것입니다. @media 문을 사용하는 기본형은 다음과 같습니다.

기본형
```
<style>
  @media <조건> {
    <스타일 규칙>
  }
</style>
```

예를 들어 @media 문을 사용해 화면 너비가 320px 이하일 경우 배경색을 주황색으로 바꾸는 미디어 쿼리는 다음과 같이 사용합니다.

```
<style>
  @media screen and (max-width: 320px) {
    body {
      background-color: orange;
    }
```

```
    }
</style>
```

웹 개발자 도구 창에서 미디어 쿼리 표시하기

웹 개발자 도구 창에는 반응형 사이트의 미디어 쿼리를 시각적으로 확인할 수 있는 도구가 있습니다. 다른 사이트는 미디어 쿼리를 어떻게 구성하고 어떤 코드를 사용했는지 공부할 때 많은 도움이 됩니다.

네이버의 개발자 센터 사이트를 확인해 볼까요? developers.naver.com로 접속한 후 웹 개발자 도구 창을 열고 🔲 아이콘을 클릭해서 기기 툴 바를 표시하세요. 그리고 기기 툴 바 오른쪽 끝에 있는 ⋮ 아이콘을 클릭한 후 [미디어 쿼리 표시]를 선택합니다.

네이버 개발자 센터 웹 사이트(developers.naver.com)

[미디어 쿼리 표시]를 실행하면 현재 사이트의 CSS 코드를 분석해서 미디어 쿼리를 색상별로 구분해서 보여 줍니다. 사이트에 따라 미디어 쿼리 막대가 1개인 곳도 있고, 2개나 3개인 곳도 있습니다. 그리고 미디어 쿼리 막대의 색상은 다음처럼 각각 다른 의미가 있습니다.

미디어 쿼리 막대의 색상별 의미

‖1160px ‖	최대 너비max-width를 기준으로 중단점을 나눈 미디어 쿼리를 나타냅니다.
540px‖ ‖360px	최소 너비와 최대 너비를 기준으로 중단점을 나눈 미디어 쿼리를 나타냅니다.
650px	최소 너비min-width를 기준으로 중단점을 나눈 미디어 쿼리를 나타냅니다.

미디어 쿼리 막대 위로 마우스 포인터를 가져가면 사용한 중단점이 표시되는데, 중단점과 중단점 사이의 공간을 클릭하면 미디어 쿼리의 조건에 따라 사이트가 어떻게 바뀌는지 확인할 수 있습니다.

TIP 미디어 쿼리 막대에 있는 수직선이 중단점을 나타냅니다.

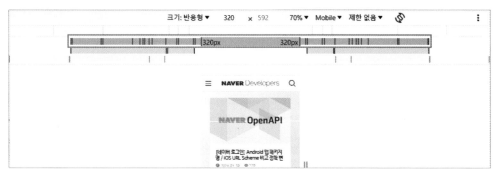

미디어 쿼리 막대 살펴보기

사용한 미디어 쿼리 코드도 직접 확인할 수 있습니다. 코드를 보고 싶은 미디어 쿼리 막대 부분을 마우스 오른쪽 버튼으로 클릭한 후 [소스 코드에서 보기] 위로 마우스 포인터를 올리면 미디어 쿼리가 정의된 CSS 파일 경로를 알려 줍니다. 파일 하나에서만 사용했을 수도 있고 여러 개에서 사용했을 수도 있습니다. 코드를 확인할 CSS 파일을 선택합니다.

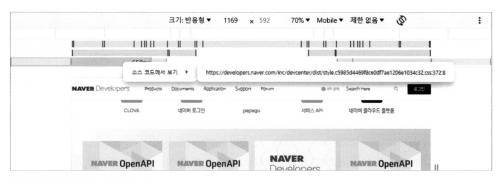

미디어 쿼리 막대에서 소스 코드 보기

개발자 도구 창의 [코드] 탭이 열리면서 미디어 쿼리 코드 부분으로 이동합니다.

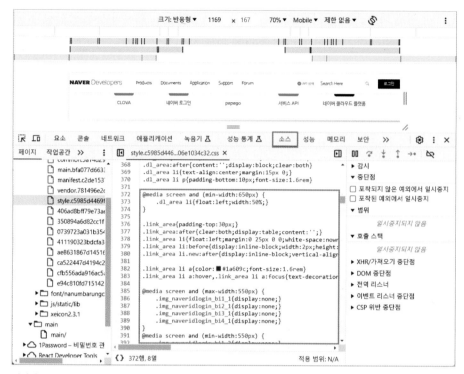

미디어 쿼리 소스 코드 확인하기

[준비] 10\mq.html   [결과 비교] 10\results\mq.html

접속하는 화면 너비에 따라 다른 배경 이미지가 바뀌는 코드를 미디어 쿼리를 사용해 작성해 보겠습니다. 그리고 웹 개발자 도구 창에서 미디어 쿼리를 확인하는 방법도 함께 살펴봅니다.

1단계 미디어 쿼리 작성하기

10\mq.html에는 밝은색 배경 이미지와 간단한 텍스트가 들어 있습니다. 브라우저에서 확인하면 다음과 같은 모습이죠.

여기에서는 중단점을 768px과 1024px로 지정하겠습니다. 중단점에 따라 사용하는 배경 이미지와 글자색을 표로 정리했습니다.

화면 너비	배경 이미지	글자색
1024px 이상	현재 이미지	현재 글자색
768px ~ 1023px	images₩bg-dark.jpg	흰색
767px 이하	images₩bg-small.jpg	흰색

10\mq.html 문서의 스타일 시트 부분에 다음처럼 코드를 추가합니다.

```
<style>
  ......
  body {
    background: url(images/bg-light.jpg) no-repeat fixed;
    background-size: cover;
  }

  /* 768px ~ 1023px이면 images/bg-dark.jpg 사용 */
  @media screen and (min-width: 768px) and (max-width: 1023px) {
    body {
      background: url(images/bg-dark.jpg) no-repeat fixed;
      background-size: cover;
      color: #fff;
    }
  }

  /* 768px 미만이면 images/bg-small.jpg 사용 */
  @media screen and (max-width: 767px) {
    body {
      background: url(images/bg-small.jpg) no-repeat fixed;
      background-size: cover;
      color: #fff;
    }
  }
</style>
```

추가하세요!

2단계 수정 결과 확인하기

수정한 코드를 저장한 후 웹 브라우저로 확인해 보세요. 브라우저 창의 너비를 늘이거나 줄일 때마다 배경 이미지가 바뀌는 것을 확인할 수 있습니다.

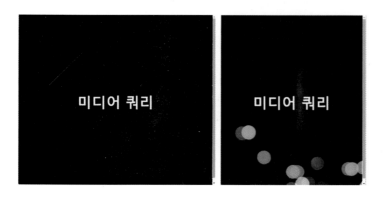

10장 되새김 문제

1 CSS에서 '반응형 웹 디자인'이란 무엇을 의미할까요?

① 웹 사이트가 화면에 빠르게 뜨도록 만듭니다.

② 다양한 기기에서 웹 사이트가 잘 보이도록 조절합니다.

③ 웹 사이트에 애니메이션 효과를 추가합니다.

2 미디어 쿼리란 무엇인가요?

① 웹 페이지의 내용을 변경하는 자바스크립트 코드입니다.

② 디바이스의 화면 크기에 따라 스타일을 적용하는 CSS 규칙입니다.

③ 웹 페이지의 속도를 향상시키는 기술입니다.

3 `@media` 규칙을 사용하는 이유는 무엇인가요?

① HTML 요소를 숨기기 위해

② 자바스크립트 함수를 호출하기 위해

③ 조건에 따라 스타일을 적용하기 위해

4 CSS에서 em 단위는 항상 부모 요소의 크기에 상대적입니다. (O / X)

5 모든 웹 사이트는 반응형 디자인을 사용해야 합니다. (O / X)

6 '화면의 최대 너비가 600px 이하일 때, 본문 텍스트의 크기를 14px로 조절'하는 미디어 쿼리 코드를 작성하려고 합니다. 빈칸에 알맞은 코드를 작성하세요.

```
@media ( m            : 600px) {
  body {
      f            : 14px;
  }
}
```

7 10\quiz.html에는 간단한 텍스트가 입력되어 있습니다. 미디어 쿼리를 사용해서 다음 그림과 같이 화면 너비가 768px 이상, 1024px 미만일 때 문서의 배경색과 글자색을 바꾸세요.

🔍 **힌트**

1. 미디어 쿼리를 사용해 min-width: 768px, max-width: 1023px일 때 스타일을 지정합니다.

2. 위 조건일 때 배경색은 gray, 글자색은 white로 바꿉니다.

정답: 1. ② 2. ② 3. ③ 4. ○ 5. × 6. max-width, font-size 7. ×10\sol.html 참고

11

플렉스 박스 레이아웃으로 배치하기

반응형 레이아웃을 만들 때 사용하는 방법 중에서 플렉스 박스 레이아웃을 알아보겠습니다. 웹 문서에 여러 요소가 있을 때 플렉스 박스 레이아웃을 사용하면 요소를 배치하기도 쉽고 반응형으로 동작하게 할 수 있습니다. 먼저 플렉스 박스와 플렉스 컨테이너의 개념을 살펴보고 배치할 때 사용하는 속성을 살펴보겠습니다. 마지막으로 반응형으로 만들 때 유용한 속성도 알아볼게요. 웹 문서에서 플렉스 박스 레이아웃을 사용한 예제를 함께 살펴보면서 사용법을 확실히 배워 보겠습니다.

11-1   배치를 위한 기본 속성 살펴보기
11-2   반응형 웹을 위한 속성 살펴보기

이 장을 다 공부하면!

• 주축과 교차축을 활용한 플렉스 박스 레이아웃의 배치 방법을 알 수 있습니다.
• 주축과 교차축에서 사용하는 다양한 속성을 알 수 있습니다.
• 반응형으로 동작하도록 플렉스 항목을 늘리거나 줄이는 방법을 알 수 있습니다.

11-1 배치를 위한 기본 속성 살펴보기

플렉스 박스 레이아웃은 기본적으로 웹 요소를 가로로 배치하다가 화면에 가득 차면 아래로 내려서 다시 옆으로 배치하는 방식입니다. 이때 배치 방향을 세로로 바꿀 수도 있고, 정렬 방법도 지정할 수 있습니다. 또한 웹 요소 사이의 간격도 조절할 수 있죠. 플렉스 박스 레이아웃에서 웹 요소를 배치하는 방식을 알아보겠습니다.

플렉스 박스 레이아웃에서 사용하는 용어

플렉스 박스 레이아웃^{flex box layout}은 새로 등장한 개념이므로 알아 둬야 할 새로운 용어가 많습니다. 이제부터 다음 그림을 참고해 플렉스 박스 레이아웃에서 사용하는 용어를 살펴보겠습니다.

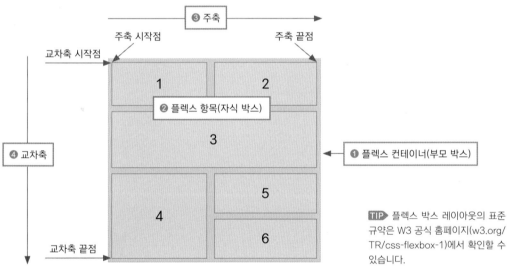

플렉스 박스 레이아웃의 용어

❶ 플렉스 컨테이너(부모 박스): 플렉스 박스 레이아웃을 적용할 대상을 묶는 요소입니다.

❷ 플렉스 항목(자식 박스): 플렉스 박스 레이아웃을 적용할 대상으로 1~6까지 작은 박스들이 모두 해당합니다.

❸ 주축(main axis): 플렉스 컨테이너 안에서 플렉스 항목을 배치하는 기본 방향입니다. 기본적으로 왼쪽에서

오른쪽으로 수평 방향으로 배치합니다. 플렉스 항목의 배치가 시작되는 위치를 '주축 시작점', 끝나는 위치를 '주축 끝점'이라고 합니다.

❹ 교차축(cross axis): 주축으로 배치하다가 끝점까지 닿았을 때 어떻게 배치할지 결정하는 속성입니다. 기본적으로 위에서 아래로 배치합니다. 플렉스 항목의 배치가 시작되는 위치를 '교차축 시작점', 끝나는 위치를 '교차축 끝점'이라고 합니다.

> **TIP** 플렉스 박스 레이아웃의 표준 규약은 W3 공식 홈페이지(w3.org/TR/css-flexbox-1)에서 확인할 수 있습니다.

플렉스 박스 레이아웃을 만드는 순서를 정리해 보면 다음과 같습니다.

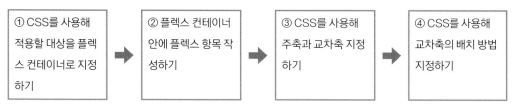

TIP 주축을 가로로 지정했다면 교차축은 세로가 되고, 주축을 세로로 지정했다면 교차축은 가로가 됩니다.

플렉스 컨테이너에서 사용하는 속성

플렉스 박스 레이아웃에는 플렉스 컨테이너에서 사용하는 속성과 컨테이너 안의 플렉스 항목에서 사용하는 속성이 있습니다. 플렉스 컨테이너의 주축에서 또는 교차축에서 요소를 어떻게 정렬하는지에 따라 플렉스 항목이 배치됩니다.

플렉스 컨테이너의 배치 관련 속성

속성값	설명
justify-content	주축의 정렬 방법입니다.
align-items	교차축의 정렬 방법입니다.
align-content	교차축에 여러 줄로 표시할 때 사용하는 정렬 방법입니다.

컨테이너에서 지정한 정렬 방법은 플렉스 항목 전체에 똑같이 적용됩니다. 그런데 플렉스 항목 중에서 특정 항목만 다르게 배치하고 싶다면 다음 속성을 사용해서 지정할 수 있습니다.

플렉스 항목의 배치 관련 속성

속성값	설명
align-self	플렉스 항목을 각각 따로 정렬합니다.

플렉스 컨테이너를 지정하는 display 속성

플렉스 박스 레이아웃을 만들려면 먼저 배치할 요소를 플렉스 컨테이너로 묶어 주어야 합니다. 즉, 배치할 웹 요소가 있다면 그 요소를 감싸는 부모 요소를 만들고, 그 부모 요소를 플렉스 컨테이너로 만들어야 하죠. 특정 요소가 플렉스 컨테이너로 동작하려면 display 속성을 이용해 이 부분에 플렉스 박스 레이아웃을 적용하겠다고 지정합니다. 플렉스 컨테이너를 지정하는 display의 속성값을 표로 정리했습니다.

TIP 플렉스 박스 레이아웃은 최신 모던 브라우저에서는 모두, 그리고 구 버전에서도 거의 대부분 지원합니다.

display의 속성값

속성값	설명
flex	플렉스 컨테이너를 블록 레벨로 만듭니다.
inline-flex	플렉스 컨테이너를 인라인 레벨로 만듭니다.

플렉스 방향을 지정하는 flex-direction 속성

플렉스 컨테이너의 주축과 방향을 지정하는 속성입니다. 사용할 수 있는 속성값을 표로 정리했습니다.

flex-direction의 속성값

속성값	설명
row	주축을 가로로 지정하고 왼쪽에서 오른쪽으로 정렬합니다. 기본값입니다.
row-reverse	주축을 가로로 지정하고 오른쪽에서 왼쪽으로 정렬합니다.
column	주축을 세로로 지정하고 위쪽에서 아래쪽으로 정렬합니다.
column-reverse	주축을 세로로 지정하고 아래쪽에서 위쪽으로 정렬합니다.

다음은 1, 2, 3이라는 숫자가 써 있는 박스 3개를 플렉스 컨테이너로 묶고, 컨테이너 안에 있는 플렉스 항목을 여러 방법으로 배치한 예제입니다.

TIP #opt1 ~ #opt4 스타일은 플렉스 컨테이너에 적용합니다.

> **Do it!** 플렉스 컨테이너의 주축 방향 지정하기　　　　　예제 파일 11\flex-1.html
>
> ```
> <style>
>   .container {
>     width:700px;
>     display:flex; /* 플렉스 컨테이너 지정 */
>     background-color:#eee;
>     border:1px solid #222;
>     margin-bottom:30px;
>   }
>   ......
>   #opt1{ flex-direction: row; }              /* 왼쪽에서 오른쪽으로 */
>   #opt2{ flex-direction: row-reverse; }      /* 오른쪽에서 왼쪽으로 */
>   #opt3{ flex-direction: column; }           /* 위에서 아래로 */
>   #opt4{ flex-direction: column-reverse; }   /* 아래에서 위로 */
> </style>
> ```

```
<div class="container" id="opt1"> ...... </div>
<div class="container" id="opt2"> ...... </div>
<div class="container" id="opt3"> ...... </div>
<div class="container" id="opt4"> ...... </div>
```

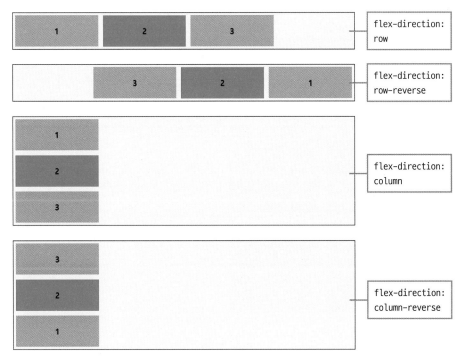

플렉스 컨테이너의 주축 방향 지정하기

플렉스 항목의 줄을 바꾸는 flex-wrap 속성

flex-wrap 속성은 플렉스 컨테이너 너비보다 플렉스 항목이 많은 경우 줄을 바꿀지 여부를 지정합니다. 속성값으로 wrap이나 wrap-reverse로 지정한 후 웹 브라우저 화면의 너비를 늘리거나 줄여 보면 플렉스 컨테이너의 너비에 따라 줄이 여러 개로 표시되는 것을 볼 수 있습니다. flex-wrap에서 사용할 수 있는 속성값을 표로 정리했습니다.

flex-wrap의 속성값

속성값	설명
nowrap	플렉스 항목을 한 줄로 표시합니다. 기본값입니다.
wrap	플렉스 항목을 여러 줄로 표시합니다.
wrap-reverse	플렉스 항목을 여러 줄로 표시하되, 교차축의 시작점과 끝점이 바뀝니다.

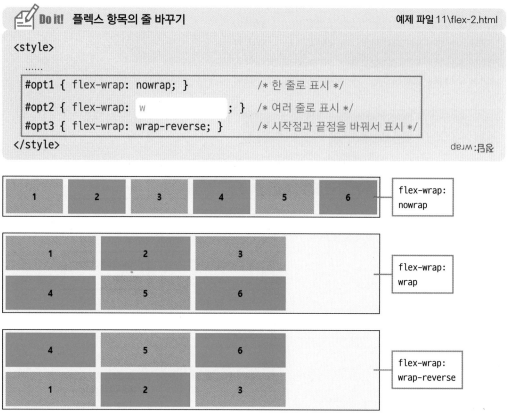

플렉스 항목의 줄 바꾸기

배치 방향과 줄 바꿈을 한꺼번에 지정하는 flex-flow 속성

flex-flow 속성은 flex-direction 속성과 flex-wrap 속성을 한꺼번에 지정합니다. 기본 속성값은 row nowrap입니다.

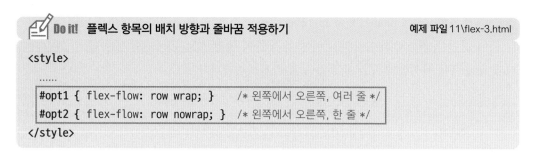

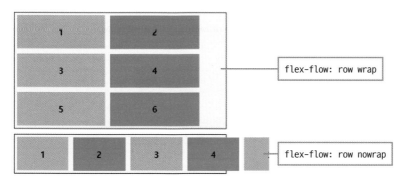

플렉스 항목의 배치 방향과 줄 바꿈 지정하기

주축 정렬 방법을 지정하는 justify-content 속성

justify-content 속성은 주축에서 플렉스 항목 간의 정렬 방법을 지정합니다. 사용할 수 있는 justify-content의 속성값을 표로 정리했습니다.

justify-content의 속성값

속성값	설명
flex-start	주축의 시작점에 맞춰 정렬합니다. 기본값입니다.
flex-end	주축의 끝점에 맞춰 정렬합니다.
center	주축의 중앙에 맞춰 정렬합니다.
space-around	항목을 고르게 정렬합니다. 각 항목은 양쪽 여백의 절반만큼 자리를 차지합니다.
space-between	첫 번째 항목은 주축 시작점에, 마지막 항목은 주축 끝점에 배치한 후 나머지 항목은 같은 간격으로 정렬합니다.
space-evenly	항목을 고르게 정렬합니다. 각 항목의 여백은 모두 동일합니다.

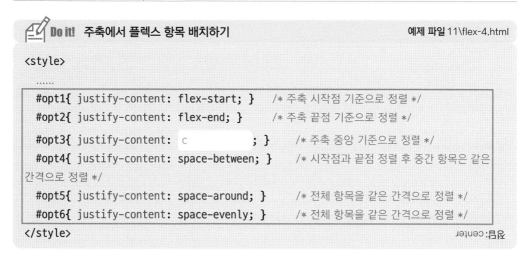

Do it! 주축에서 플렉스 항목 배치하기 예제 파일 11\flex-4.html

```
<style>
    ......
  #opt1{ justify-content: flex-start; }    /* 주축 시작점 기준으로 정렬 */
  #opt2{ justify-content: flex-end; }      /* 주축 끝점 기준으로 정렬 */
  #opt3{ justify-content:  c         ; }    /* 주축 중앙 기준으로 정렬 */
  #opt4{ justify-content: space-between; }    /* 시작점과 끝점 정렬 후 중간 항목은 같은
간격으로 정렬 */
  #opt5{ justify-content: space-around; }    /* 전체 항목을 같은 간격으로 정렬 */
  #opt6{ justify-content: space-evenly; }    /* 전체 항목을 같은 간격으로 정렬 */
</style>
```
정답: center

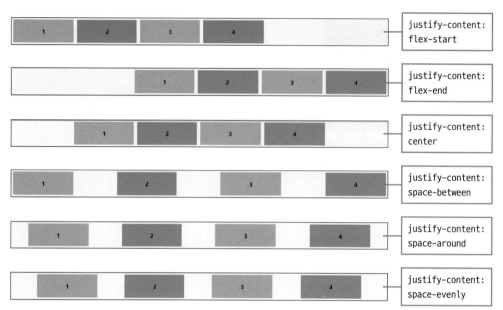

주축에서 플렉스 항목 간의 간격 적용하기

justify-content 속성과 marign 속성 함께 사용하기

주축에 플렉스 항목을 한 줄로 정렬할 때 justify-content 속성과 margin 속성을 함께 사용하면 좀 더 다양하게 적용할 수 있습니다. 이때 justify-content 속성은 플렉스 컨테이너에 사용하고 margin 속성은 플렉스 항목에 사용합니다.

주축을 row로 지정해서 가로로 배치하는 경우를 살펴보겠습니다. 예를 들어 11\margin-1. html은 주축의 정렬 방법을 flex-end로 지정해 놓았습니다. 즉, 주축의 끝점에 맞춰서 정렬되죠.

```
<style>
  .container {
    width:700px;
    display:flex;      /* 플렉스 컨테이너 지정 */
    justify-content: flex-end; /* 주축 정렬 방법 - 끝점에 맞춰서 */
    ......
  }
</style>

<div class="container">
  <div class="box" id="box1"><p>1</p></div>
  <div class="box" id="box2"><p>2</p></div>
```

```
<div class="box" id="box3"><p>3</p></div>
</div>
```

그래서 브라우저로 확인하면 다음과 같이 나타납니다.

마진을 지정하지 않았을 때

이때 '1' 박스만 왼쪽으로 배치하고 싶다면 '1' 박스의 오른쪽 마진을 auto로 지정합니다. 11\
margin-1.html에 다음과 같이 코드를 추가한 후 브라우저로 확인해 보세요.

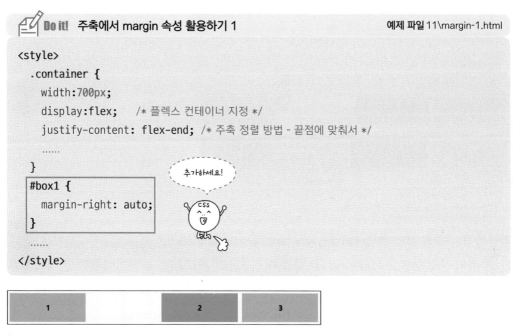

Do it! 주축에서 margin 속성 활용하기 1 예제 파일 11\margin-1.html

```
<style>
  .container {
    width:700px;
    display:flex;    /* 플렉스 컨테이너 지정 */
    justify-content: flex-end; /* 주축 정렬 방법 - 끝점에 맞춰서 */
    ......
  }
  #box1 {
    margin-right: auto;
  }
  ......
</style>
```

추가하세요!

'1' 박스의 오른쪽 마진을 auto로 지정했을 때

웹 개발자 도구 창으로 확인해 보면 '1' 박스가 플렉스 컨테이너의 남은 영역을 자동으로 오른쪽 마진으로 사용하는 걸 볼 수 있습니다. 다음 그림에서 주황색 부분이 마진 영역입니다.

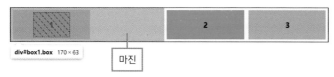

div#box1.box 170 × 63

마진

'1' 박스의 오른쪽 마진을 auto로 지정했을 때 마진 영역

이것을 응용하면 '3' 박스에서 왼쪽 마진을 auto로 했을 때 어떻게 될지 생각할 수 있겠죠? 플

렉스 컨테이너의 빈 공간을 '3' 박스의 왼쪽에 사용하므로 다음 그림과 같이 바뀝니다.

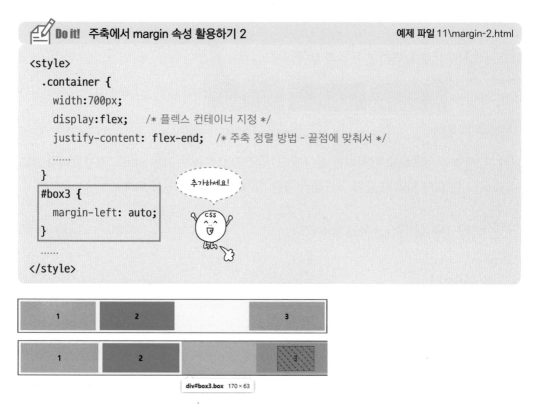

'3' 박스의 왼쪽 마진을 auto로 지정했을 때

지금까지 주축의 정렬 방법(justify-content)을 flex-end로 지정하는 경우를 살펴보았습니다. 주축의 정렬 방법을 flex-start로 했을 때도 마찬가지로 마진을 어디에 둘지만 생각하면 됩니다.

> TIP 주축을 column으로 지정해서 세로로 배치할 때의 예제는 11\margin-3.html 문서를 참고하세요.

교차축 정렬 방법을 지정하는 align-items 속성

justify-content 속성이 주축에서 항목을 정렬하는 방법이라면, align-items 속성은 교차축의 정렬 방법을 지정합니다. align-items의 속성값을 표로 정리했습니다.

align-items의 속성값

속성값	설명
flex-start	교차축의 시작점에 맞춰 정렬합니다.
flex-end	교차축의 끝점에 맞춰 정렬합니다.

표 계속 ➡

center	교차축의 중앙에 정렬합니다.
baseline	교차축의 문자 기준선에 맞춰 정렬합니다.
stretch	플렉스 항목을 늘려 교차축에 가득 차게 정렬합니다. 기본값입니다.

Do it! 플렉스 박스에서 교차축 정렬 방법 지정하기

예제 파일 11\flex-5.html

```
<style>
  #opt1{ align-items: flex-start; }   /* 교차축 시작점 기준으로 정렬 */
  #opt2{ align-items: flex-end; }     /* 교차축 끝점 기준으로 정렬 */
  #opt3{ align-items: center; }       /* 교차축 중앙 기준으로 정렬 */
  #opt4{ align-items: baseline; }     /* 문자 기준선에 맞춰 정렬 */
  #opt5{ align-items: s        ; }    /* 항목을 늘려 교차축에 가득 차게 정렬 */
  ......
</style>
```

정답: stretch

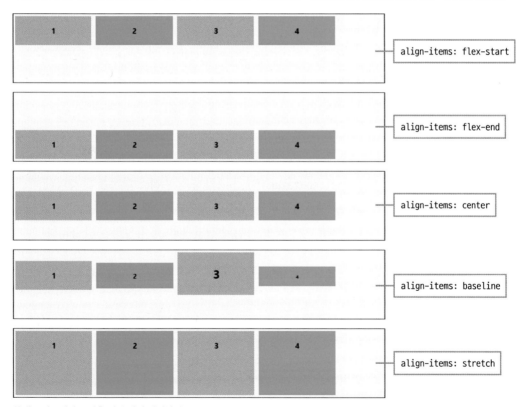

플렉스 박스에서 교차축 정렬 방법 지정하기

CSS

특정 항목만 정렬 방법을 지정하는 align-self 속성

align-self 속성은 특정 플렉스 항목만 정렬 방법을 지정할 때 사용합니다. 예를 들어 여러 이미지가 플렉스 컨테이너 안에 있을 때 align-self 속성을 사용해서 특정 이미지만 다르게 배치할 수 있습니다. align-self 속성에서 사용할 수 있는 값은 다음과 같습니다.

align-self의 속성값

속성값	설명
auto	부모 요소의 align-items값을 사용해서 정렬합니다. 기본값입니다.
normal	레이아웃 형태나 사용하는 브라우저에 따라 다르게 정렬합니다.
flex-start	플렉스 컨테이너의 시작점에 맞춰 정렬합니다.
flex-end	플렉스 컨테이너의 끝점에 맞춰 정렬합니다.
self-start	플렉스 항목의 시작 위치에 맞춰 정렬합니다. 텍스트를 포함하고 있을 경우 언어의 방향에 따라 시작 위치가 결정됩니다.
self-end	플렉스 항목 자체의 끝에 맞춰 정렬합니다. 텍스트를 포함할 경우 언어의 방향에 따라 끝 위치가 결정됩니다.
baseline	플렉스 항목의 텍스트 기준선에 맞춰 정렬합니다.
center	플렉스 컨테이너의 중앙에 정렬합니다.
stretch	플렉스 컨테이너의 높이에 가득 차게 늘려서 정렬합니다.

TIP **언어의 방향**이란 한국어나 영어처럼 왼쪽에서 오른쪽으로 작성하거나, 아랍어나 히브리어처럼 오른쪽에서 시작해서 왼쪽으로 작성하는 방향을 말합니다.

다음 예제를 보면 플렉스 컨테이너(.container)에서 교차축의 플렉스 항목들을 중앙에 배치했습니다. 여기에서 '1' 박스(#box1)는 별도로 교차축의 시작점에 배치하고 '3' 박스(#box3)는 교차축에 가득 차도록 늘려 보세요. '2', '4' 박스는 속성값을 따로 지정하지 않습니다.

Do it! 플렉스 박스에서 특정 항목만 정렬 방법 지정하기　　　　　예제 파일 11\flex-6.html

```
<style>
  .container {
    ......
  }
  #box1 { align-self: flex-start; }   /* 교차축의 시작점에 배치 */
  #box3 { align-self: stretch; }      /* 교차축에 가득 차게 늘림 */
  ......
```

```
<div class="container">
    <div class="box" id="box1"><p>1</p></div>
    <div class="box"><p>2</p></div>
    <div class="box" id="box3"><p>3</p></div>
    <div class="box"><p>4</p></div>
</div>
```

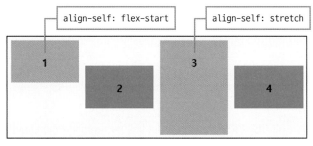

플렉스 박스에서 특정 항목만 정렬 방법 지정하기

여러 줄일 때 교차축 정렬 방법을 지정하는 align-content 속성

주축에서 줄 바꿈이 생겨서 플렉스 항목을 여러 줄로 표시할 때 align-content 속성을 사용하면 교차축에서 플렉스 항목의 정렬 방법을 지정합니다.

TIP 줄 바꿈이 없을 경우에는 적용되지 않습니다.

align-content의 속성값

속성값	설명
flex-start	교차축의 시작점에 맞춰 정렬합니다.
flex-end	교차축의 끝점에 맞춰 정렬합니다.
center	교차축의 중앙에 맞춰 정렬합니다.
space-between	첫 번째 항목과 끝 항목을 교차축의 시작점과 끝점에 맞추고, 나머지 항목은 그 사이에 같은 간격으로 정렬합니다.
space-around	모든 항목을 교차축에 같은 간격으로 정렬합니다.
stretch	플렉스 항목을 늘려서 교차축에 가득 차게 정렬합니다. 기본값입니다.

다음은 align-content 속성의 다양한 속성값을 사용해서 플렉스 항목을 배치한 예제입니다.

```
<style>
  .container {
    ......
    display: flex;          /* 플렉스 컨테이너 지정 */
    flex-flow: row wrap;    /* 왼쪽에서 오른쪽, 여러 줄 표시 */
  }
  #opt1 { align-content: flex-start; }       /* 교차축 시작점 기준 */
  #opt2 { align-content: flex-e      ; }  /* 교차축 끝점 기준 */
  #opt3 { align-content: center; }           /* 교차축 중앙 기준 */
  #opt4 { align-content: space-between; }    /* 시작점과 끝점에 배치한 뒤 중간 항목은
  같은 간격으로 배치 */
  #opt5 { align-content: space-around; }  /* 전체 항목을 같은 간격으로 배치 */
  #opt6 { align-content: stretch; }          /* 항목을 늘려 교차축에 가득 차게 배치 */
```

정답:end

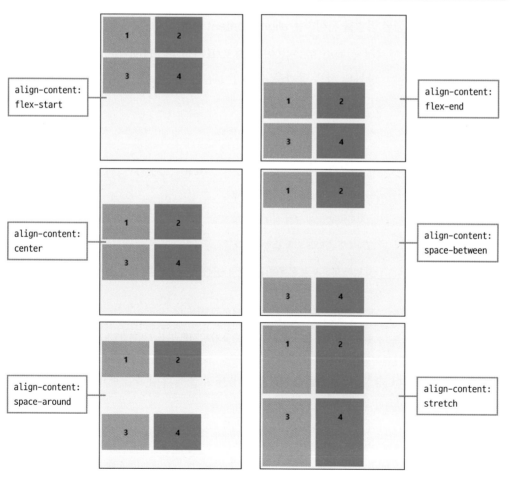

여러 줄일 때 교차축에서 플렉스 항목 간의 간격 지정하기

플렉스 레이아웃을 활용해 항상 중앙에 표시하기

그동안 CSS를 사용해서 화면 요소를 세로 방향으로 중앙에 배치하는 것이 까다로웠는데 플렉스 박스 레이아웃을 사용하면 간단해집니다. 다음 예제는 플렉스 박스 레이아웃을 사용해서 버튼을 화면 중앙에 배치한 것입니다.

버튼을 중앙에 배치하려면 버튼의 부모 요소를 플렉스 컨테이너로 만듭니다. 플렉스 컨테이너에서 주축과 교차축의 정렬 방법을 중앙(center)으로 정렬합니다. 이때 플렉스 컨테이너의 높이는 내용만큼만 인식하므로 화면 중앙에 배치하려면 플렉스 컨테이너의 높이를 뷰포트 높이로 지정해야 합니다. 그래서 최소 높이를 뷰포트 높이 전체로 지정했습니다. 이 코드는 자주 사용하므로 꼭 기억해 두세요.

TIP 1vh는 뷰포트 높이의 1/100 크기이므로 100vh라고 하면 전체 높잇값이 됩니다.

Do it! 플렉스 박스 레이아웃을 사용해 화면 중앙에 배치하기
예제 파일 11\center.html

```
<style>
  ......
  body {
    background:url('images/bg5.jpg') no-repeat left top fixed;
    background-size:cover;
    display: flex;             /* 플렉스 컨테이너 지정 */
    justify-content: center;   /* 주축 정렬 방법 - 중앙 정렬 */
    align-items: center;       /* 교차축 정렬 방법 - 중앙 정렬 */
    min-height:100vh;          /* 브라우저 높이의 100% */
  }
</style>
```

플렉스 박스 레이아웃을 사용하지 않았을 때

플렉스 박스 레이아웃으로 화면 중앙에 배치했을 때

플렉스 항목 간에 여백을 두는 gap 속성

플렉스 컨테이너 안에 있는 여러 플렉스 항목의 간격을 조절할 때 gap 속성을 사용합니다. 이 속성은 플렉스 컨테이너에 적용하므로 컨테이너 안에 있는 항목에 모두 똑같이 적용됩니다. 가로세로 간격을 따로 조절하고 싶다면 row-gap과 colum-gap으로 값을 따로 지정하면 됩니다. 예제로 살펴볼까요? 11\flex-8.html 문서를 웹 브라우저에서 확인하면 플렉스 항목 사이에 여백이 없어서 모두 바짝 붙어 있습니다. 플렉스 항목의 간격을 10px로 지정해 보겠습니다. 플렉스 항목이 여러 줄로 배치될 경우 가로세로 모두 똑같이 10px만큼 간격을 둡니다.

TIP 항목이 여러 줄로 정렬되는 경우는 11\results\flex-8-2.html를 참고하세요.

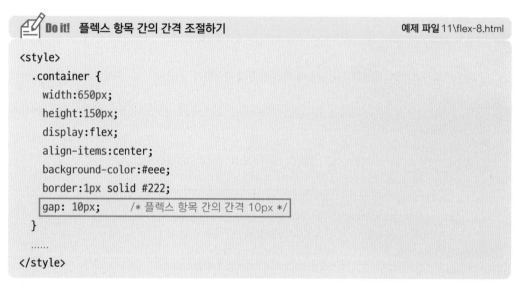

```
<style>
  .container {
    width:650px;
    height:150px;
    display:flex;
    align-items:center;
    background-color:#eee;
    border:1px solid #222;
    gap: 10px;          /* 플렉스 항목 간의 간격 10px */
  }
  ......
</style>
```

Do it! 플렉스 항목 간의 간격 조절하기   예제 파일 11\flex-8.html

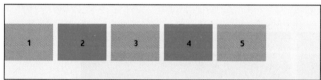

플렉스 항목 간에 간격을 지정했을 때

> **알아 두면 좋아요!   margin 속성과 gap 속성은 어떻게 다른가요?**
>
> margin은 플렉스 항목마다 외부 간격을 지정하고, gap은 플렉스 컨테이너 안에 있는 항목 모두에 동일한 간격을 지정합니다. 플렉스 박스 레이아웃에서 gap 속성을 사용하면 코드가 훨씬 간결하고 일관성이 있겠죠? 또한 margin으로 간격을 설정할 경우 마진 병합margin collapsing을 고려해서 계산해야 하지만 gap에서는 병합이 일어나지 않습니다. 또 다른 차이는 margin을 사용하면 옆에 다른 요소가 없더라도 요소 주변에 간격이 적용됩니다. 반면에 gap을 사용하면 인접한 요소가 있을 때만 간격이 적용됩니다.

다음 그림은 margin과 gap을 사용해 간격을 10px만큼 지정한 것입니다. '1' 박스와 '4' 박스를 살펴보세요. margin을 사용하면 왼쪽에 다른 요소가 없어도 간격이 생기지만, gap을 사용하면 인접한 요소가 없을 경우 간격이 생기지 않습니다.

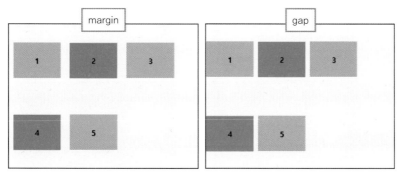

인접한 요소가 없어도 간격이 적용되는 margin   인접한 요소가 없으면 간격이 생기지 않는 gap

11-2 반응형 웹을 위한 속성 살펴보기

플렉스 박스 레이아웃은 웹 요소를 배치하기도 쉽지만 화면 너비에 따라 웹 요소의 크기를 자동으로 바꿀 수 있어서 더욱 편리합니다. 반응형 웹을 만들기에 적합하죠. 지금까지 살펴본 속성 외에 반응형 웹을 만들 때 사용하는 속성을 추가로 살펴보겠습니다.

플렉스 박스는 유연하다

플렉스 박스 레이아웃의 공식 명칭은 플렉서블 박스 레이아웃^{flexible box layout}입니다. 화면 크기가 달라지면 그에 맞춰 플렉스 항목을 늘리거나 줄일 수 있는 유연한 상자^{flexible box}를 활용해 레이아웃을 만든다는 의미입니다.

항목마다 크기를 조절하려면 다음 4가지 속성을 플렉스 항목에 사용해야 합니다.

플렉스 박스 레이아웃의 속성

속성	설명
flex-basis	플렉스 항목의 기본 크기를 지정합니다.
flex-grow	공간이 남으면 플렉스 항목을 늘립니다.
flex-shrink	공간이 부족하면 플렉스 항목을 줄입니다.
flex	flex-basis, flex-grow, flex-shrink의 속성을 한꺼번에 지정합니다.

이제 플렉스 박스 레이아웃의 4가지 속성을 하나씩 살펴보겠습니다.

기본 크기를 지정하는 flex-basis 속성

flex-basis 속성은 플렉스 항목의 기본 크기를 지정합니다. 플렉스 항목을 가로로 배치한다면(flex-direction: row) 이 값은 플렉스 항목의 너비이고, 세로로 배치한다면(flex-direction: column) 높이가 됩니다.

flex-basis 속성의 기본값은 auto인데 이 값에는 여러 의미가 있습니다. 플렉스 항목에 width 속성이 지정되어 있다면 그 값을 flex-basis값으로 사용합니다. 만일 width값이 없다면 콘텐츠 영역만큼만 크기를 차지하죠. 세로로 배치할 경우에는 height값을 사용하고, height값이 없다면 역시 콘텐츠 영역만큼 크기를 차지합니다.

> **TIP** flex-basis 속성에서 정확한 크기를 지정할 때는 px이나 %, vw 등 다양한 단위를 사용할 수 있습니다.

11\flex-9.html에는 플렉스 컨테이너 안에 플렉스 항목이 3개

있는데, 배치 방향은 가로이고 기본 크기(flex-basis)와 width값을 지정하지 않았으므로 플렉스 항목의 가로 크기는 콘텐츠가 들어갈 만큼만 설정됩니다.

기본 크기를 지정하지 않았을 때

이번에는 flex-basis 속성을 사용해서 기본 크기를 150px로 지정해 보겠습니다. 플렉스 항목의 크기가 각각 150px로 맞춰집니다.

TIP .box 스타일에서 width: 150px로 지정해도 같은 결과가 나타납니다.

✏️ Do it! 플렉스 항목의 기본 크기 지정하기 예제 파일 11\flex-9.html

```
<style>
  .box {
    background-color:#222;
    flex-basis: 150px;   /* 플렉스 항목의 기본 크기 150px */
  }
</style>
```

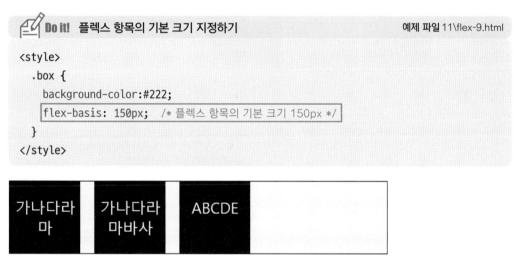

기본 크기를 150px로 지정했을 때

플렉스 항목을 확장하는 flex-grow 속성

화면 너비가 큰 환경에서 접속할 경우 플렉스 컨테이너에 플렉스 항목을 채우고도 남는 공간이 생깁니다. 이때 남은 공간을 어떻게 나눌지를 flex-grow 속성이 지정합니다.

flex-grow의 기본값은 0입니다. 확장하지 않는다는 의미죠. 그리고 음숫값은 사용할 수 없습니다.

예제로 살펴보면 빠르게 이해할 수 있겠죠? 11\flex-10.html에는 플렉스 컨테이너 안에 플렉스 항목이 4개 들어 있습니다. 플렉스 컨테이너의 너비는 800px이고 플렉스 항목들은 width: 150px로 지정되어 있습니다.

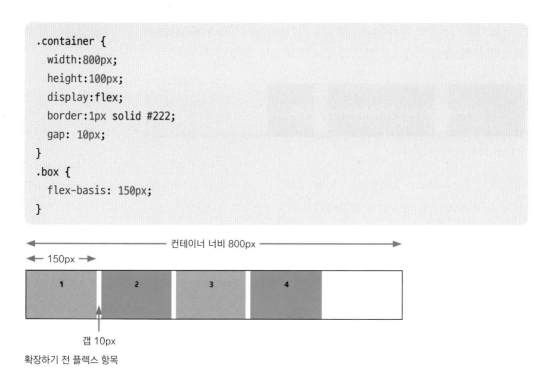

```
.container {
  width:800px;
  height:100px;
  display:flex;
  border:1px solid #222;
  gap: 10px;
}
.box {
  flex-basis: 150px;
}
```

← 컨테이너 너비 800px →

← 150px →

| 1 | 2 | 3 | 4 | |

갭 10px

확장하기 전 플렉스 항목

VS Code에서 11\flex-10.html의 스타일 시트를 수정해 보겠습니다. #box1과 #box2는 flex-grow를 1로 지정하고, #box4는 2로 지정합니다. 따로 값을 지정하지 않은 #box3에는 기본값 0이 적용됩니다.

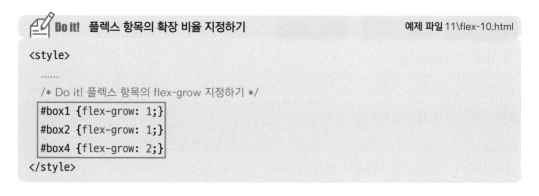

Do it! 플렉스 항목의 확장 비율 지정하기   예제 파일 11\flex-10.html

```
<style>
  ......
  /* Do it! 플렉스 항목의 flex-grow 지정하기 */
  #box1 {flex-grow: 1;}
  #box2 {flex-grow: 1;}
  #box4 {flex-grow: 2;}
</style>
```

플렉스 컨테이너의 너비는 800px이므로 플렉스 항목을 배치하고도 170px만큼의 공간이 남습니다(800 - 600 - 30 = 170). 남는 공간을 1:1:2의 비율로 나눠서 확장할 것이므로 플렉스 컨테이너에 남는 여백을 기준으로 다음과 같이 계산하면 됩니다.

#box1의 너비 = 기본 크기 + 1/4

#box2의 너비 = 기본 크기 + 1/4

#box3의 너비 = 기본 크기

#box4의 너비 = 기본 크기 + 2/4

남는 공간 170px의 1/4은 42.5px이죠. 따라서 다음과 같은 계산합니다.

#box1의 너비 = 150 + 42.5 = 192.5px

#box2의 너비 = 150 + 42.5 = 192.5px

#box4의 너비 = 150 + 85 = 235px

flex-grow 속성을 추가했다면 저장한 후 웹 브라우저로 확인해 보세요. 정말 우리가 계산했던 크기만큼 확장되었을까요? '1' 박스에서 웹 개발자 도구 창을 열고 CSS 창에서 [계산됨] 탭을 클릭해 보면 192.5px이라는 너빗값이 보일 것입니다. 마찬가지로 '4' 박스 플렉스 항목은 너비를 235px만큼 차지한 걸 확인할 수 있습니다.

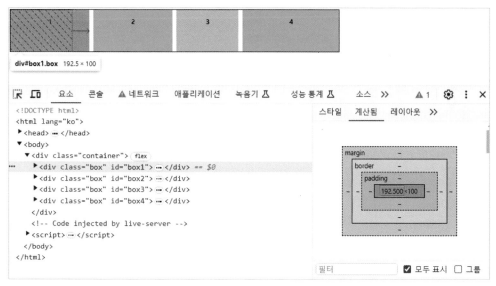

플렉스 항목 확장하기 1

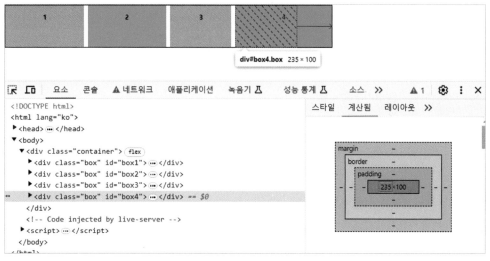

플렉스 항목 확장하기 2

플렉스 항목을 축소하는 flex-shrink 속성

플렉스 컨테이너의 너비가 줄어들 경우 그 안에 있는 플렉스 항목의 너비도 자연스럽게 줄어들도록 설정할 수 있는데, 이때 flex-shrink 속성을 사용합니다. flex-shrink의 기본값은 1입니다. 1은 컨테이너에 맞춰 플렉스 항목을 축소하죠. 0으로 지정하면 플렉스 항목을 축소하지 않습니다.

만일 플렉스 항목마다 flex-shrink값이 다르다면 앞에서 살펴본 flex-grow 예제처럼 비율대로 공간을 계산합니다.

11\flex-11.html에는 플렉스 컨테이너 너비가 800px이고, 플렉스 항목의 기본 크기가 300px입니다. flex-shrink 속성을 따로 지정하지 않았으므로 기본값 1이 적용되고, 플렉스 컨테이너에 맞춰 플렉스 항목을 축소해 배치합니다.

```
.container {
  width:800px;
  height:100px;
  display:flex;
  border:1px solid #222;
  gap: 10px;
}
.box {
  flex-basis: 300px;
}
```

flex-shrink 속성을 사용하지 않았을 때

이번에는 플렉스 항목마다 크기를 축소하지 않고 축소 비율을 자동으로 지정해 보겠습니다. 11\flex-11.html의 CSS 코드에 다음과 같이 플렉스 항목별로 `flex-shrink` 속성을 지정합니다.

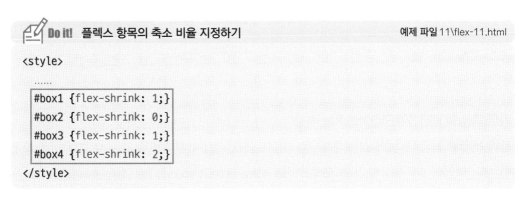

너비가 300px인 플렉스 항목 4개와 간격 10px씩 3개, 그래서 플렉스 컨테이너에 필요한 너비는 1230px입니다. 그런데 컨테이너 너비는 800px이죠. 부족한 너비는 430px입니다 (1230 - 800 = 800). 부족한 공간을 1:1:2 비율로 줄여야 합니다. 부족한 공간 430px의 1/4 은 107.5px입니다.

#box1의 너비 = 300 - 107.5 = 192.5px

#box3의 너비 = 300 - 107.5 = 192.5px

#box4의 너비 = 300 - 215 = 85px

웹 브라우저에서 결과를 확인해 보세요. 우리가 계산한 대로 항목의 크기가 줄었는지 확인하는 것도 잊지 마세요.

플렉스 항목 축소하기

확장, 축소를 한꺼번에 지정하는 flex 속성

flex 속성은 flex-grow와 flex-shrink, flex-basis 속성을 한꺼번에 줄여서 표현할 때 사용합니다. 그런데 3개 속성의 값을 지정할 때는 flex-grow, flex-shrink, flex-basis 순서를 지켜야 합니다. 3개 속성의 기본값은 각각 0, 1, auto입니다.

flex: 숫자

flex 속성에 값으로 숫자 하나만 지정한다면 flex-grow의 값으로 사용합니다. 나머지 속성인 flex-shrink는 1, flex-basis는 0의 값을 사용하죠. flex-basis의 기본값은 auto지만 이때는 0의 값을 사용합니다. flex-basis의 값이 0이면 확장, 축소하는 상황에 따라 항목의 기본 크기가 결정됩니다.

flex 속성에 값이 2개라면 첫 번째 값은 flex-grow이고, 두 번째 값에 단위가 없다면 flex-shrink, 단위(px이나 %)가 있다면 flex-basis의 값이 됩니다.

```
flex: 1;          /* flex-grow: 1, flex-shrink: 1, flex-basis: 0 */
flex: 3;          /* flex-grow: 3, flex-shrink: 1, flex-basis: 0 */
flex: 0 1 auto;   /* flex-grow: 0, flex-shrink: 1, flex-basis: auto */
flex: 1 300px;    /* flex-grow:1, flex-shring: 1, flex-basis: 300px */
```

flex: none

flex: none으로 설정하면 플렉스 컨테이너 안에서 플렉스 항목이 확장하거나 축소되지 않습니다. 크기는 미리 정해 놓은 width, height 값을 사용하거나, 값이 없다면 내용의 크기에 따라 결정됩니다. flex: 0 0 auto와 같죠. 플렉스 박스 레이아웃에서 특정 부분만 확장, 축소하지 않도록 만들고 싶을 때 이 값을 사용합니다.

flex: auto

flex: auto로 지정하면 플렉스 항목의 크기를 auto로 설정합니다. 플렉스 항목에 width나 height 값이 있다면 그 값을 크기로 사용하고, 값이 없다면 내용만큼 영역을 차지하죠. 그리고 flex-grow와 flex-shrink는 각각 1로 설정합니다. 공간이 남는다면 모든 플렉스 항목을 똑같은 비율로 확장하고, 공간이 부족하다면 모든 플렉스 항목을 똑같은 비율로 축소합니다. flex: 1 1 auto로 지정한 것과 같습니다.

Do it! 실습 ▶ 플렉스 박스를 사용한 반응형 페이지 만들기

[준비] 11\out-team.html　　　　　　　　　　[결과 비교] 11\results\our-team.html

지금까지 공부한 플렉스 박스 레이아웃을 사용해서 웹 요소(카드)를 배치해 보겠습니다. 카드 요소는 모두 3개인데, 화면 너비가 768px보다 작으면 한 줄에 1개씩 표시하고, 768px보다 크면 3개 모두 표시하겠습니다.

1단계 마크업 살펴보기

11\our-team.html 문서를 열어 보면 필요한 마크업이 작성되어 있는데, .column을 기준으로 카드를 배치할 것입니다. .column 스타일은 카드를 배치할 때 사용하고, .card 스타일은 칼럼 안의 내용을 묶어서 다른 스타일을 적용할 수 있도록 분리해 두었습니다.

TIP ▶ 실제로 마크업 단계부터 시작하는 것이 좋지만, 여기에서는 플렉스 박스 레이아웃 부분만 다루겠습니다.

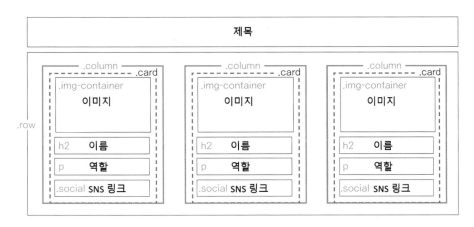

현재 문서를 웹 브라우저에서 확인해 보면 .column이 한 줄에 하나씩 배치되어 있습니다. 그리고 .column마다 이미지(.img-container)와 이름(h2), 역할(p), 소셜 미디어 링크(.social)가 나열되어 있죠. 여기에 플렉스 박스 컨테이너를 적용해서 보기 좋게 배치해 보겠습니다. 11\our-team.html에는 11\css\out-team.css가 연결되어 있으니 이 CSS 파일을 수정하면 됩니다.

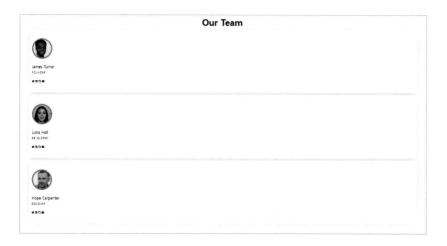

2단계 카드 안에 내용 배치하기

가장 먼저 .card 안에 있는 이미지와 이름, 역할, 소셜 미디어 링크를 가운데에 보기 좋게 배치하겠습니다. 11\css\our-team.css 파일을 열고 다음처럼 코드를 추가합니다.

```
.card {
  background-color: #fff;
  color: #222;
  padding: 3.5em 1em;
  border-radius: 0.6em;
  box-shadow: 0 0 2.4em rgba(25, 0, 58, 0.1);
  cursor: pointer;
  display: flex;
  flex-direction: column;
  justify-content: center;
  align-items: center;
}
```

추가하세요!

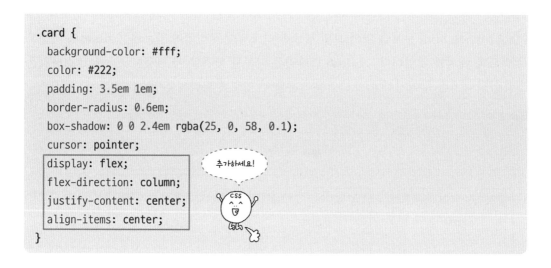

소셜 미디어 아이콘은 가로로 배치할 것입니다. 소셜 미디어 아이콘을 묶은 .social 요소의
CSS를 다음처럼 추가합니다.

```css
.card p {
  font-weight: 300;
  text-transform: uppercase;
  margin: 0.5em 0 2em 0;
  letter-spacing: 2px;
}
.social {
  width: 50%;
  margin: auto;
  display: flex;
  justify-content: space-between;
}
```

추가하세요!

웹 브라우저에서 확인하면 .card 안에 있는 이미지와 이름, 역할, 소셜 미디어는 세로로 배치
되고, 다시 소셜 미디어 안에서는 아이콘들이 가로로 보기 좋게 배치된 것을 볼 수 있습니다.

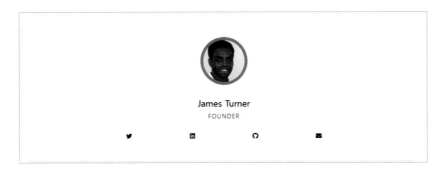

3단계 카드를 가로로 배치하기

이번에는 화면 너비가 1024px 이상일 경우에 각 .column을 3개씩 배치해 보겠습니다. .column
을 감싸고 있는 요소는 .row이므로 .row 요소에 다음과 같이 플렉스 박스 레이아웃을 적용합니
다. 그리고 각 .column의 기본 너비는 33% 정도로 지정해서 1/3씩 차지하도록 합니다. CSS 파
일 마지막에 다음 코드를 추가합니다.

```
@media screen and (min-width: 1024px) {
  #container {
    padding: 1em;
  }
  .row {
    display: flex;
    flex-wrap: wrap;
    padding: 2em 1em;
    text-align: center;
  }
  .card {
    padding: 5em 1em;
  }
  .column {
    flex: 0 0 33.33%;
    max-width: 33.33%;
    padding: 0 1em;
  }
}
```

다시 한번 웹 브라우저로 확인해 볼까요?

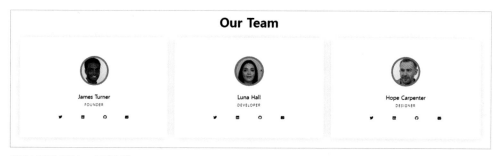

화면 너비가 1024px 이상일 때

플렉스 박스 레이아웃은 반응형 웹을 만들 때 자주 사용해서 꼭 익혀 두는 것이 좋습니다. 하지만 책은 지면에 한계가 있어 예제를 많이 다룰 수가 없어요. 그 대신 플렉스 박스 레이아웃을 연습해 볼 수 있는 곳을 알려드릴게요.

FLEXBOX FROGGY(flexboxfroggy. com/) 사이트를 방문하면 플렉스 박스 레이아웃의 여러 속성을 한 단계씩 공부해 볼 수 있습니다. 정답을 맞혀야 다음 단계로 진행할 수 있어요. 사이트에서 정답을 알려 주지 않으니 답을 도저히 모르겠다면 구글에서 'flexfroggy 정답'을 검색해 보세요.

FLEXBOX FROGGY 웹 사이트

확인! 🔍

모르겠다면?		알겠다면!
← 342쪽	플렉스 컨테이너와 플렉스 항목, 주축, 교차축 개념을 이해했나요?	☑
← 347쪽	주축의 정렬 방법을 이해했나요?	☐
← 348쪽	주축 정렬과 마진을 활용할 수 있나요?	☐
← 353쪽	교차축의 정렬 방법을 이해했나요?	☐
← 355쪽	플렉스 박스 레이아웃을 사용해 화면 중앙에 배치할 수 있나요?	☐
← 364쪽	flex 속성을 사용해 반응형 레이아웃을 만들 수 있나요?	☐

1 플렉스 컨테이너 안의 플렉스 항목은 기본적으로 어느 방향으로 배치되나요?

① 수직으로 배치됩니다.

② 수평으로 배치됩니다.

③ 무작위로 배치됩니다.

2 플렉스 컨테이너를 정의하는 속성은 무엇인가요?

① display: block;

② display: flex;

③ flex-direction: row;

3 플렉스 항목이 수평 방향으로 나열되게 하는 속성의 기본값은 무엇인가요?

① flex-wrap: wrap;

② flex-direction: column;

③ flex-direction: row;

4 플렉스 항목을 컨테이너의 세로축 중앙으로 정렬하는 속성은 무엇인가요?

① align-items: center;

② justify-content: center;

③ align-self: center;

5 align-content 속성이 조절하는 것은 무엇인가요?

① 여러 줄로 이루어진 플렉스 항목 사이의 간격을 지정합니다.

② 플렉스 항목의 세로 정렬을 지정합니다.

③ 플렉스 항목의 크기를 지정합니다.

6 align-self 속성을 사용하면 특정 플렉스 항목의 (가로 / 세로) 정렬을 지정할 수 있습니다.

7 flex-shrink 속성의 기본값은 (0 / 1)입니다.

8 모든 플렉스 항목은 동일한 크기로 설정됩니다. (O / X)

9   11\quiz.html에는 이미지 3개가 있습니다. 플렉스 박스 레이아웃을 사용해 이미지를 다음 그림과 같이 배치해 보세요. [힌트]도 참고하세요.

○ 힌트

1. `flex-wrap` 속성을 사용해 여러 줄로 표시할 수 있도록 합니다.

2. 여기에서는 1025px 이상일 경우를 기본으로 놓고, 미디어 쿼리를 사용해 768px 이하일 경우와 769 ~1024px일 경우 배치 방법을 지정했습니다.

3. 768px 이하일 경우를 기본으로 놓고, 나머지 2가지 경우를 미디어 쿼리로 지정해도 됩니다.

4. 플렉스 항목 사이에 간격을 고려해서 플렉스 항목의 너비를 약간 줄여서 지정합니다.

정답: 1. ② 2. ② 3. ③ 4. ① 5. ① 6. 세로 7. 1 8. X 9. ※11\sol.html 참고

12

CSS 그리드 레이아웃으로 배치하기

플렉스 박스 레이아웃을 사용하면 웹 요소를 쉽게 배치할 수 있습니다. 하지만 레이아웃이 복잡해지면 플렉스 박스 레이아웃만으로 이 작업을 하려면 까다롭습니다. 그래서 등장한 것이 CSS 그리드 레이아웃입니다. CSS 그리드 레이아웃은 격자 형태로 요소를 배치할 수 있어서 웹 문서에서 다양한 레이아웃 패턴도 만들고 반응형 웹도 구현할 수 있죠.

플렉스 박스 레이아웃과 CSS 그리드 레이아웃은 둘 중에 하나만 사용해야 하는 것이 아닙니다. 필요에 따라 1가지만 사용할 수도 있지만 2가지를 함께 사용할 수도 있습니다.

이 장을 다 공부하면!

• 플렉스 박스 레이아웃과 CSS 그리드 레이아웃의 차이를 알 수 있어요.
• 행과 열을 사용해 그리드 항목을 배치할 수 있어요.
• 그리드 라인과 템플릿 영역을 사용해 항목을 배치할 수 있어요.

12-1 CSS 그리드 레이아웃 사용하기

CSS 그리드 레이아웃 역시 최신 기법이라서 낯선 용어들이 나오는데요. 먼저 관련 용어를 살펴보고 레이아웃을 만들 때 필요한 속성을 알아보겠습니다.

CSS 그리드 레이아웃에서 사용하는 용어

플렉스 박스 레이아웃에서는 플렉스 항목을 배치할 때 가로나 세로 방향 중에서 하나를 주축으로 정해 놓고 배치했죠. 반면에 CSS 그리드 레이아웃에서는 그리드 항목을 배치할 때 가로와 세로 방향을 모두 사용합니다. 그래서 플렉스 항목은 1차원이고 CSS 그리드 레이아웃은 2차원이라고 말합니다.

CSS 그리드 레이아웃을 만들 때도 배치할 항목을 컨테이너로 묶어 주어야 합니다. 그리드 컨테이너 안에 있는 항목에 CSS 그리드 레이아웃이 적용되는 거죠. 부모 요소를 그리드 컨테이너, 자식 요소를 그리드 항목 또는 셀cell이라고 합니다.

CSS 그리드 레이아웃은 가로 방향을 가리키는 행row과 세로 방향을 가리키는 열column로 항목을 배치하고, 필요할 경우 그리드 항목 사이에 간격을 둘 수 있습니다.

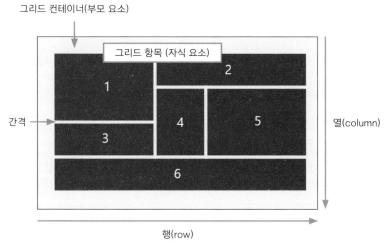

CSS 그리드 레이아웃의 구조

CSS 그리드 레이아웃에서 항목을 배치하는 속성

CSS 그리드 레이아웃은 가장 최근에 제안된 그리드 레이아웃 제작 방법입니다. CSS 그리드 레이아웃을 만들 때 사용하는 속성을 하나하나 살펴보겠습니다.

그리드 컨테이너를 지정하는 display 속성

그리드 레이아웃을 지정할 때에는 가장 먼저 그리드를 적용할 요소를 묶는 그리드 컨테이너로 만들어야 합니다. 그리드 컨테이너를 만들 때는 display 속성을 grid나 inline-grid로 지정합니다.

display의 속성값

속성값	설명
grid	블록 레벨의 그리드 컨테이너를 만듭니다.
inline-grid	인라인 레벨의 그리드 컨테이너를 만듭니다.

열과 행을 지정하는 grid-template-columns, grid-template-rows 속성

그리드 컨테이너 안에 항목을 배치할 때 열과 행을 이용한다고 했죠? 이때 열과 행의 크기나 개수를 지정하는 속성이 grid-template-column과 grid-template-rows입니다.

grid-template-columns 속성은 그리드의 열 크기(너비)와 개수를 지정하는데 각 열의 너비를 순서대로 나열하면 됩니다. 예를 들어 그리드 항목 3개를 각각 100px, 200px, 300px 너비로 설정하고 싶다면 다음과 같이 작성합니다.

TIP 값을 나열할 때는 쉼표 없이 공백으로 구별합니다.

```
grid-template-columns: 100px 200px 300px;
```

grid-template-rows 속성은 그리드의 행 크기(높이)와 개수를 지정하는데 이때 지정한 순서대로 높이가 결정됩니다. 예를 들어 행을 2개 사용하고 각각 50px, 100px 높이로 설정하고 싶다면 다음과 같이 작성합니다.

```
grid-template-rows: 50px 100px;
```

예제로 살펴보겠습니다. 12\grid-1.html에는 div 요소가 6개 있는데 특별히 배치 방법을 지정하지 않았으므로 블록 레벨로 1줄에 1개씩 배치되어 있습니다.

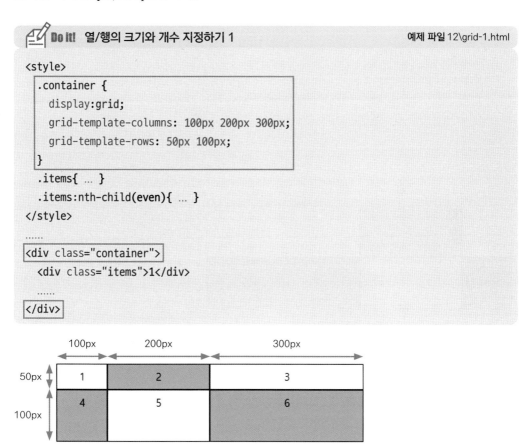

CSS 그리드 레이아웃을 사용하지 않았을 때

이 6가지 요소에 CSS 그리드 레이아웃을 사용하려면 먼저 컨테이너를 만들어야겠죠? 그리고
방금 공부한 grid-template-columns 속성과 grid-template-rows 속성을 사용해서 배치합니
다. 열은 3개 만들고 너비는 각각 100px, 200px, 300px로 지정합니다. 행은 2개를 만들고
높이는 각각 50px, 100px입니다.

Do it! 열/행의 크기와 개수 지정하기 1　　　예제 파일 12\grid-1.html

```
<style>
  .container {
    display:grid;
    grid-template-columns: 100px 200px 300px;
    grid-template-rows: 50px 100px;
  }
  .items{ … }
  .items:nth-child(even){ … }
</style>
......
<div class="container">
  <div class="items">1</div>
  ......
</div>
```

CSS 그리드 레이아웃으로 배치했을 때

동적으로 만들어진 행의 높이를 지정하는 grid-auto-rows 속성

최근 웹 사이트는 대부분 동적으로 내용이 바뀝니다. 동적으로 바뀐다는 것은 사용자가 어떤 선택을 하느냐에 따라 화면에 표시할 행이 5개일 수도, 10개일 수도 있다는 뜻입니다. 그래서 등장한 것이 grid-auto-rows 속성입니다. grid-auto-rows 속성은 동적으로 추가된 행의 높이를 지정합니다.

동적인 웹 사이트는 행의 개수를 미리 정할 수 없는 경우가 대부분입니다. 그래서 CSS 그리드 레이아웃에서 행의 높이를 지정할 때는 grid-template-rows 속성보다 grid-auto-rows 속성을 사용하는 것이 효율적입니다.

12\grid-2.html은 grid-auto-rows를 사용해서 행의 높이를 100px로 지정했으므로 동적으로 행이 추가되더라도 같은 높이로 표시할 수 있습니다.

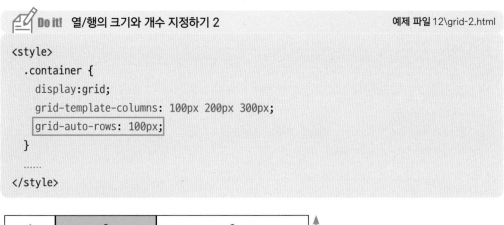

```
<style>
  .container {
    display:grid;
    grid-template-columns: 100px 200px 300px;
    grid-auto-rows: 100px;
  }
  ......
</style>
```

Do it! 열/행의 크기와 개수 지정하기 2 · 예제 파일 12\grid-2.html

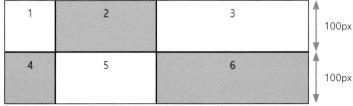

동적인 웹 사이트에서 같은 높이로 행 표시하도록 지정하기

상대적인 크기를 지정하는 fr 단위

그리드 레이아웃에서 열이나 행의 크기를 지정할 때 픽셀(px)을 이용하면 항상 크기가 고정되므로 반응형 웹 디자인에는 적합하지 않습니다. 그래서 그리드 레이아웃에서는 상대적인 크기를 지정할 수 있도록 fr^{fraction} 단위를 사용합니다.

예를 들어 너비가 같은 열을 3개 배치한다면 fr 단위를 사용해 다음과 같이 지정합니다.

```
grid-template-columns: 1fr 1fr 1fr;
```

또는 열 너비를 2:1:2 비율로 배치하고 싶다면 다음과 같이 지정합니다.

```
grid-template-columns: 2fr 1fr 2fr;
```

값이 반복될 때 줄여서 표현할 수 있는 repeat() 함수

px이나 fr 단위를 사용하면 똑같은 값을 여러 번 반복해야 할 때가 있습니다. CSS 그리드 레이아웃에는 repeat()이라는 함수가 내장되어 있는데 이 함수를 사용하면 반복하지 않고 간단하게 표현할 수 있습니다.

예를 들어 너비가 같은 열을 3개 배치하려면 1fr을 3번 사용하는데, repeat() 함수를 사용하면 다음과 같이 간단하게 작성할 수 있습니다.

```
grid-template-columns: 1fr 1fr 1fr;      ➡      grid-template-columns: repeat(3, 1fr);
```

최솟값과 최댓값을 지정하는 minmax() 함수

행의 높이를 px값으로 고정하면 내용이 행 높이보다 많을 경우 가려져 보이지 않습니다. 이럴 때 minmax() 함수를 사용하면 행 높이를 고정하지 않고 최솟값과 최댓값을 사용해서 유연하게 지정할 수 있습니다.

다음 예제는 너비가 같은 열 3개를 반복하는데, 열의 너비는 그리드 컨테이너의 너비에 따라 달라집니다. 그리고 행 높이는 최소 100px로 지정하고, 최대 높이를 auto로 지정해서 내용이 많아도 다 표시할 수 있을 만큼 높이가 늘어나도록 했습니다.

> **Do it! 행의 높이를 자동으로 지정하기**   예제 파일 12\grid-3.html
>
> ```
> <style>
>   .container {
>     width:600px;
>     border: 1px solid #ccc;
>     display:grid;                            /* 그리드 컨테이너 지정 */
>     grid-template-columns:repeat(3, 1fr);    /* 너비가 같은 열 3개 */
>     grid-template-rows: minmax(100px, auto); /* 행 높이 최소 100px, 최대 auto */
>   }
> ```

```
      ......
</style>
```

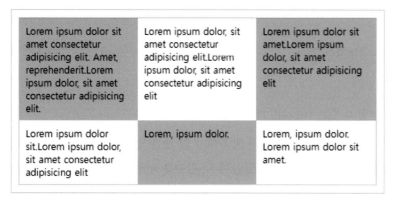

열과 행 크기를 자동으로 지정하기

빈 공간을 자동으로 채우는 auto-fit 속성과 auto-fill 속성

앞에서 살펴본 repeat 함수와 minmax 함수를 사용하면 화면에 몇 개의 열을 표시할지 지정할
수 있습니다. 예를 들어 다음 코드는 최소 크기가 100px인 그리드 항목을 5번 반복해서 표시
하죠.

```
grid-template-columns: repeat(5, minmax(100px, 1fr));
```

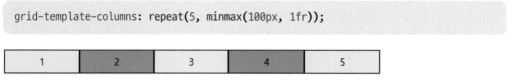

5번 반복해서 표시한 그리드 항목

이 방법을 사용하려면 한 행에 열을 몇 개 배치할지 개수를 지정해야 합니다. 개수를 처음부
터 고정할 수 없다거나 매번 지정하는 것이 번거롭다면 반복 횟수를 지정하는 대신 auto-fit
이나 auto-fill을 사용할 수도 있습니다. auto-fit 속성은 그리드 컨테이너 너비를 가득 채
우도록 그리드 항목을 확장시키는 반면, auto-fill은 그리드 항목 너비를 지정한 크기인
100px만큼만 유지하고 남는 공간이 있을 경우 그대로 유지합니다.

auto-fit을 사용할 경우 내용이 많지 않은 그리드 항목도 넓게 확장시키므로 반응형으로 동
작하도록 할 때 유의해서 사용해야 합니다.

12\grid-4.html에는 그리드 항목이 5번 반복하도록 지정되어 있는데 코드를 다음과 같이 수
정해 보세요. 기존에 .container에 있던 grid-template-columns 속성을 삭제한 후
.container-1과 .container-2에 각각 auto-fit과 auto-fill을 사용해서 비교해 보세요.

Do it! auto-fit과 auto-fill 비교하기

```
<style>
  .container {
    width:800px;
    border: 1px solid #ccc;
    display:grid;
    grid-template-columns: repeat(5, minmax(100px, 1fr));  ──── 삭제
    margin-bottom: 20px;
  }
  .container-1 {
    grid-template-columns:repeat(auto-fit, minmax(100px, 1fr));
  }
  .container-2 {
    grid-template-columns:repeat(auto-fill, minmax(100px, 1fr));
  }
  ......
</style>
```

auto-fit일 때

1	2	3	4	5

auto-fill일 때

1	2	3	4	5	

auto-fit과 auto-fill 비교하기

그리드 항목의 간격을 조절하는 gap 속성

그리드 컨테이너 안에 그리드 항목을 배치할 때 간격을 따로 지정하지 않으면 항목들끼리 서로 붙습니다. 항목 간에 간격이 필요하다면 gap 속성을 사용해 지정할 수 있습니다. gap 속성은 플렉스 박스 레이아웃에서도 똑같이 사용합니다.

TIP CSS 그리드 레이아웃 초기에는 grid-column-gap, grid-row-gap처럼 속성 이름이 길었지만 지금은 gap 속성 하나로 통일해서 사용합니다.

값이 1개일 때는 gap 속성에 열 간격과 행 간격을 똑같이 사용합니다. 값을 2개 지정하면 첫 번째 값은 행 간격(row-gap), 두 번째 값은 열 간격(column-gap)으로 적용됩니다.

12\grid-5.html에는 div 요소가 6개 있는데, CSS 그리드 레이아웃을 사용해서 열 3개로 배치할 수 있습니다. 이때 열의 너비는 각각 1fr씩 지정하고, gap 속성을 사용해서 행 간격은 20px, 열 간격은 30px로 지정해 보세요.

```
<style>
  .container {
    width: 600px;
    border: 2px solid #222;
    display:grid;
    grid-template-columns:repeat(3, 1fr);  /* 열 3개 */
    gap:20px 30px;    /* 행 간격 20px, 열 간격 30px */
  }
  ......
</style>
```

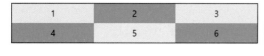

간격을 지정하지 않았을 때

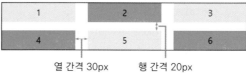

열 간격 30px   행 간격 20px

간격을 지정했을 때

12-2 그리드 라인과 템플릿 영역으로 배치하기

열과 행을 지정해서 그리드 항목을 배치할 수도 있지만, 지금부터 설명하는 그리드 라인이나 템플릿 영역을 사용해서 배치하면 복잡한 레이아웃도 쉽게 만들 수 있습니다.

그리드 라인을 사용해 배치하기

그리드 레이아웃에는 눈에 보이지 않는 그리드 라인이 포함되어 있습니다. 웹 브라우저에서 확인해 볼까요? 앞에서 작성한 12\grid-5.html 문서를 웹 브라우저에서 열고 그리드 항목 부분에서 웹 개발자 도구 창을 엽니다. 그리드 레이아웃을 적용한 부분에 `grid` 라고 표시되어 있을 것입니다. `grid` 를 클릭하면 브라우저 화면에 그리드 라인과 번호가 함께 표시됩니다. 열 번호는 왼쪽에서 오른쪽으로 1, 2, … 순으로 번호를 붙이고 오른쪽부터 시작한다면 −1, −2, … 순으로 번호가 붙습니다. 행 번호는 위에서 아래로 1, 2, … 순으로 번호가 붙고 아래에서 위로 진행할 경우에는 −1, −2, … 순으로 번호가 붙습니다.

12\grid-5.html 문서를 웹 브라우저와 웹 개발자 도구 창에서 열기

이 그리드 라인을 이용해서 그리드 항목을 배치할 수 있는데, 이때 사용하는 속성은 다음과 같습니다.

그리드 라인에서 항목을 배치할 때 사용하는 속성

속성	설명	예시
grid-column-start	열의 시작 번호를 지정합니다.	grid-column-start: 1;
grid-column-end	열의 끝 번호를 지정합니다.	grid-column-end: 4
grid-column	열의 시작과 끝 번호를 함께 지정합니다. 시작과 끝 번호는 슬래시(/)로 구분합니다.	grid-column: 1 / 4;
grid-row-start	행의 시작 번호를 지정합니다.	grid-row-start: 2;
grid-row-end	행의 끝 번호를 지정합니다.	grid-row-end: 4;
grid-row	행의 시작과 끝 번호를 함께 지정합니다. 시작과 끝 번호는 슬래시(/)로 구분합니다.	grid-row: 2 / 4;

12\grid-6.html에는 영역이 5개 있습니다. 그리드 라인을 활용해서 다음과 같이 배치해 보겠습니다.

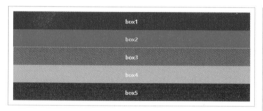

그리드 라인은 사용하지 않았을 때

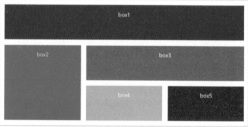

그리드 라인을 사용해 배치했을 때

먼저 CSS 그리드 레이아웃을 사용한다고 알려야 합니다. 12\grid-6.html에서 .container에 다음처럼 코드를 추가합니다.

Do it! CSS 그리드 레이아웃 지정하기
예제 파일 12\grid-6.html

```
<style>
  .container{
    width:700px;
    display:grid;
    grid-template-columns:repeat(3, 1fr);
    grid-template-rows:repeat(3, 100px);
    gap: 1rem;
  }
  ......
</style>
```

그리드 라인을 생각해 보겠습니다.

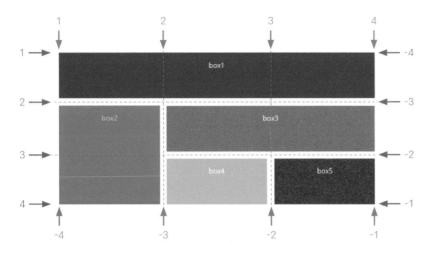

box1 영역은 열 라인 1번에서 4번까지 차지합니다. 그래서 grid-column 속성을 다음과 같이 지정하면 됩니다.

```
grid-column: 1 / 4;
```

라인 번호는 끝에서부터 –1, –2, ··· 순으로 번호를 붙일 수도 있다고 했죠? 이 코드를 다음과 같이 작성할 수도 있습니다. 열의 개수가 3개라는 걸 모르는 상태에서도 끝까지 차지하도록 할 수 있습니다.

```
grid-column: 1 / -1;
```

box1 영역에서 행은 얼마나 차지할까요? 행 라인 1번에서 2번까지 차지합니다. 열이나 행에서 1줄만 차지한다면 시작 번호만 지정해도 되고, 아예 해당 속성을 빼도 기본적으로 열 1개나 행 1개를 차지합니다.

```
grid-row-start: 1;
```

이런 식으로 계산해서 다음과 같이 지정할 수 있습니다.

box1 영역	열은 처음부터 끝까지, 행은 1에서 2까지
box2 영역	열은 1에서 2까지, 행은 2에서 끝까지
box3 영역	열은 2에서 끝까지, 행은 2에서 3까지
box4 영역	열은 2에서 3까지, 행은 3에서 4까지
box5 영역	열은 3에서 끝까지, 행은 3에서 끝까지

이 내용을 코드로 옮겨 볼까요?

Do it! 그리드 라인을 사용해 배치하기   예제 파일 12\grid-6.html

```
<style>
  ......
  .box1 {
    background-color:#3689ff;
    grid-column: 1 / -1;    /* grid-column:1 / 4; */
    grid-row-start: 1;      /* grid-row: 1 / 2; */
  }
  .box2 {
    background-color:#00cf12;
    grid-column-start: 1;   /* grid-column: 1 / 2; */
    grid-row: 2 / -1;       /* grid-row: 2 / 4; */
  }
  .box3 {
    background-color:#ff9019;
    grid-column:2 / -1;    /* grid-column: 2 / 4; */
    grid-row-start: 2;     /* grid-row: 2 / 3; */
  }
  .box4 {
    background-color:#ffd000;
    grid-column-start:2;    /* grid-column: 2 / 3; */
    grid-row-start:3;       /* grid-row: 3 / 4; */
  }
  .box5 {
    background-color:#ff3f3f;
    grid-column: 3 / -1;    /* grid-column: 3 / 4; */
    grid-row: 3 / -1;       /* grid-row: 3 / 4; */
  }
</style>
```

[준비] 12\responsive.html   [결과 비교] 12\results\responsive.html

앞에서 그리드 라인을 이용해 영역 5개를 자유롭게 배치할 수 있다는 것을 배웠습니다. 여기에 미디어 쿼리를 추가하면 화면 너비에 따라 레이아웃을 자유롭게 변경할 수 있습니다.

1단계 준비 파일 살펴보기

12\responsive.html을 웹 브라우저에서 확인하면 1번부터 5번까지 여러 영역이 배치되어 있습니다. 그런데 화면 너비를 줄이면 같은 레이아웃을 유지하므로 일부 내용이 가려 버립니다.

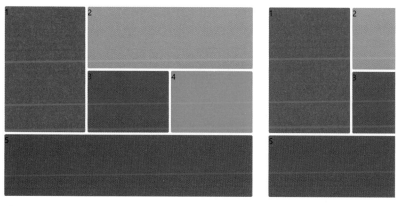

넓은 화면일 때   좁은 화면일 때

그리드 레이아웃을 사용해서 화면 너비가 좁아지면 각 영역을 한 줄에 1개씩 배치해 보겠습니다.

2단계 미디어 쿼리 중단점 지정하기

VS Code에서 12\responsive.html 코드를 열어 보면 .container의 너비가 1000px로 되어 있습니다. 미디어 쿼리를 사용해서 중단점을 지정하고, 그때마다 .container의 너비도 조절하면 됩니다. 여기에서는 중단점을 768px로 지정하겠습니다.

12\responsive.html에서 스타일 시트 코드 끝부분에 다음과 같이 추가합니다.

```
<style>
......
  @media (max-width: 768px) {
    .container {
      width: 720px;
```

```
      margin:10px auto;
      display: block;
    }
    .item {
      height: 200px;
      margin-bottom: 10px;
    }
  }

  @media (max-width: 320px) {
    .container {
      width: 300px;
      margin:10px auto;
      display: block;
    }
    .item {
      height: 200px;
      margin-bottom: 10px;
    }
  }
</style>
```

3단계 개발자 도구 창에서 확인하기

다시 웹 브라우저에서 확인해 보겠습니다. 이번에는 웹 개발자 도구 창을 열고 맨 왼쪽 위에 있는 기기 툴 바 전환 아이콘(▢)을 눌러서 반응형 웹을 확인할 수 있도록 합니다. 가장 먼저 [대형 노트북 - 1440px]을 클릭해서 레이아웃을 확인해 봅니다.

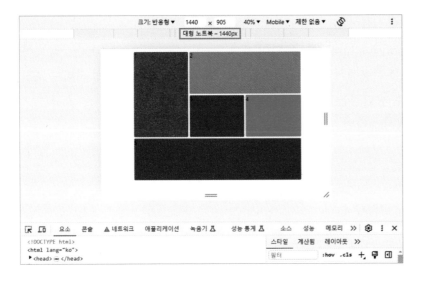

이번에는 [태블릿 - 768px]을 클릭해서 레이아웃이 바뀌는지 확인합니다. 각 영역의 너비도 줄어들죠. [소형 휴대기기 - 320px]을 클릭하면 레이아웃은 그대로지만 각 영역의 너비가 줄어드는지 확인합니다.

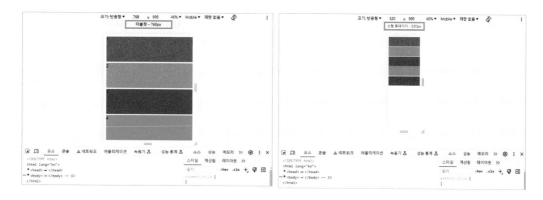

템플릿 영역을 사용해 배치하기

앞쪽에서 살펴본 그리드 라인은 시작 번호와 끝 번호를 일일이 지정해서 레이아웃을 만들어야 하므로 불편합니다. 그리드 라인보다 쉽게 그리드 항목을 배치하는 방법이 있습니다. 바로 템플릿 영역을 만들어서 배치하는 것입니다. 지금부터 템플릿 영역을 사용해서 앞쪽에서 배치한 항목과 똑같은 레이아웃을 만들어 보겠습니다.

다음 그림처럼 첫 번째 행에는 box1 영역을 3개 배치하고 두 번째 행에는 box2 영역 1개와 box3 영역 2개, 그리고 마지막 줄에는 box2 영역 1개와 box4 영역 1개, box5 영역 1개를 배치하면 됩니다.

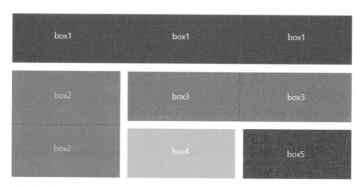

템플릿 영역 미리 생각하기

템플릿 영역을 사용하려면 우선 **grid-area** 속성을 사용해서 템플릿 영역의 이름을 지정해야 합니다. 12\grid-7.html 코드를 불러와 CSS 그리드 레이아웃을 사용하겠다고 지정한 후

box1에서 box5까지 템플릿 영역도 만듭니다.

```css
<style>
  .container{
    width:700px;
    display:grid;
    grid-template-rows:repeat(3, 100px);
    gap: 1rem;
  }
  ......
  .box1 {
    background-color:#3689ff;
    grid-area:box1;
  }
  .box2 {
    background-color:#00cf12;
    grid-area:box2;
  }
  .box3 {
    background-color:#ff9019;
    grid-area:box3;
  }
  .box4 {
    background-color:#ffd000;
    grid-area:box4;
  }
  .box5 {
    background-color:#ff3f3f;
    grid-area:box5;
  }
</style>
```

템플릿 영역을 만들었으니 이제부터 원하는 형태로 배치할 수 있습니다. 여기에서는 앞쪽에서 생각한 형태로 배치하겠습니다. 이때 한 행에 들어갈 그리드 항목을 큰따옴표("")안에 나열합니다. 읽기 쉽도록 코드 한 줄에 행 하나를 입력하면 편리합니다. 세미콜론(;)은 가장 마지막 행에만 붙인다는 점에 주의하세요.

```
<style>
  .container {
    width:700px;
    display:grid;
    grid-template-rows:repeat(3, 100px);
    grid-template-areas:
      "box1 box1 box1"
      "box2 box3 box3"
      "box2 box4 box5";
    gap: 1rem;
  }
  ......
</style>
```

이제 웹 브라우저로 확인해 보면 예상한 대로 box1에서 box5까지 배치된 것을 볼 수 있습니다.

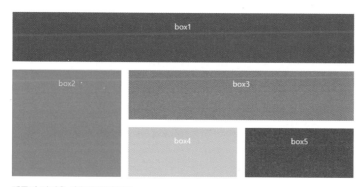

템플릿 영역을 사용해 배치하기

Do it! 실습   CSS 그리드 레이아웃을 사용해 갤러리 만들기

[준비] 12\gallery.html   [결과 비교] 12\results\gallery.html

CSS 그리드 레이아웃을 사용해 미리 준비한 사진 6개를 자유롭게 배치해 보겠습니다. 준비
파일에는 준비한 사진들이 하나씩 세로로 나열되어 있는데 템플릿 영역을 사용해 오른쪽 형
태로 배치할 것입니다.

1단계 준비 파일 살펴보기

12\gallery.html 문서를 열어 보면 사진이 6개 준비되어 있고, 사진마다 .photo1에서 .photo6 까지 클래스 이름을 사용했습니다.

```
22    <div class="gallery">
23      <img class="photo1" src="images/photo-1.jpg" alt="따뜻한 차가 있는 겨울 풍경">
24      <img class="photo2" src="images/photo-2.jpg" alt="남극 펭귄">
25      <img class="photo3" src="images/photo-3.jpg" alt="눈이 가득 쌓인 시골 풍경">
26      <img class="photo4" src="images/photo-4.jpg" alt="오로라가 보이는 밤 풍경">
27      <img class="photo5" src="images/photo-5.jpg" alt="눈 쌓인 배경">
28      <img class="photo6" src="images/photo-6.jpg" alt="나뭇가지에 앉아 있는 빨간 새">
29    </div>
```

2단계 템플릿 영역 만들기

우선 부모 요소인 .gallery에서 CSS 그리드 레이아웃을 사용하겠다고 지정합니다.

```
<style>
  .gallery{
    width:700px;
    margin: 20px auto;
    display: grid;
    gap: 5px;
  }
  ......
</style>
```

여기에서는 템플릿 영역을 사용할 것이므로 사진마다 템플릿 이름을 지정합니다.

```
<style>
  ......
  .photo1 { grid-area: photo1 }
  .photo2 { grid-area: photo2 }
  .photo3 { grid-area: photo3 }
  .photo4 { grid-area: photo4 }
  .photo5 { grid-area: photo5 }
  .photo6 { grid-area: photo6 }
</style>
```

3단계 템플릿 영역을 사용해 배치하기

이제 원하는 형태로 템플릿 영역을 배치합니다. 여기에서는 photo1을 열 2개와 행 2개를 차지하도록 배치하겠습니다.

```
<style>
  .gallery{
    width:700px;
    margin: 20px auto;
    display: grid;
    gap: 5px;
    grid-template-areas:
      "photo1 photo1 photo2"
      "photo1 photo1 photo3"
      "photo4 photo5 photo6";
  }
  ......
</style>
```

4단계 웹 브라우저에서 확인하기

웹 브라우저에서 확인하면 의도한 형태로 사진이 배치된 것을 볼 수 있습니다. 템플릿 영역을 만들어 놓았으므로 grid-template-areas 속성을 이용해서 사진을 얼마든지 다양하게 배치해 볼 수 있습니다.

확인! 🔍

모르겠다면?		알겠다면!
← 373쪽	플렉스 박스 레이아웃과 CSS 그리드 레이아웃의 차이를 이해했나요?	☑
← 374쪽	행과 열을 사용해 그리드 항목을 배치할 수 있나요?	☐
← 377쪽	repeat() 함수나 minmax() 함수를 사용해 그리드 항목을 제어할 수 있나요?	☐
← 381쪽	그리드 라인을 사용해 그리드 항목을 배치할 수 있나요?	☐
← 387쪽	템플릿 영역을 사용해 그리드 항목을 배치할 수 있나요?	☐

1 그리드 템플릿 열을 정의하는 속성은 무엇인가요?

   ① grid-template-rows

   ② grid-template-columns

   ③ grid-template-areas

2 repeat() 함수의 역할은 무엇입니까?

   ① 정의된 횟수만큼 열이나 행을 반복하여 생성합니다.

   ② 컨테이너 내의 모든 항목을 반복합니다.

   ③ 텍스트 요소를 반복합니다.

3 그리드 항목을 템플릿 영역에 배치할 때 사용하는 속성은 무엇인가요?

   ① grid-template

   ② grid-area

   ③ grid-line

4 gap 속성은 그리드 레이아웃에서 어떤 역할을 하나요?

   ① 항목 간의 간격을 설정합니다.

   ② 그리드의 전체 크기를 조절합니다.

   ③ 그리드의 경계를 정의합니다.

5 CSS 그리드 레이아웃에서 minmax() 함수의 목적은 무엇인가요?

   ① 열이나 행의 최소 및 최대 크기를 설정하기 위해

   ② 그리드 항목의 최소 및 최대 크기를 설정하기 위해

   ③ 그리드 컨테이너의 최소 및 최대 크기를 설정하기 위해

6 CSS 그리드 레이아웃을 사용하려면 display 속성에 (flex / grid)값을 설정해야 합니다.

7 CSS 그리드 레이아웃에서 (auto-fit / auto-fill)은 빈 공간을 남기고, (auto-fit / auto-fill)
   은 빈 공간을 채웁니다.

8 12\quiz-1.html에는 div 영역이 9개 있습니다. CSS 그리드 레이아웃을 사용해 3행 3열의 레이아웃을 만들려고 합니다. 다음 [조건]에 맞게 CSS 코드를 작성해 보세요.

완성 화면   문제 파일 12\quiz-1.html

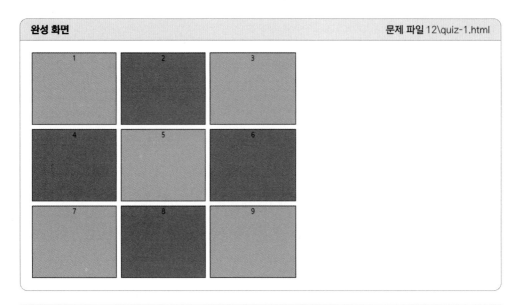

🔎 **조건**

1. fr 단위를 사용하세요.

2. 각 항목(셀) 간의 간격은 10px로 지정합니다.

3. 홀수 번째 항목과 짝수 번째 항목의 배경색을 다르게 지정합니다.

💬 **힌트**

1. 열 3개와 행 3개는 같은 크기로 반복하므로 repeat() 함수와 fr 단위를 사용합니다.

2. div 영역 9개에 클래스 이름이 따로 없으므로 자식 선택자(>)를 사용해 스타일을 지정합니다.

3. 홀수 번째와 짝수 번째를 선택하려면 :nth-child() 선택자를 사용합니다.

9 그리드 항목을 특정 위치에 배치하기 위해 그리드 줄 번호를 사용하려고 합니다. 12\quiz-2.html 문서를 불러와 다음 그림과 같은 형태가 되도록 CSS 코드를 작성하세요. 각 항목 간의 간격은 20px입니다.

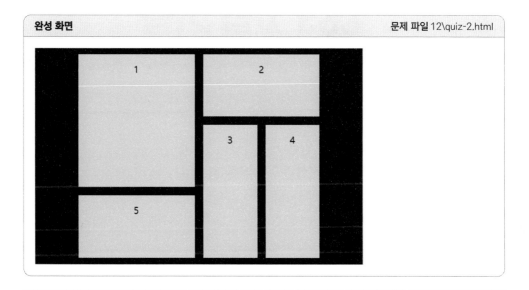

| 완성 화면 | 문제 파일 12\quiz-2.html |

💡 힌트

1. 몇 개의 열과 행으로 구성할지 결정하고 가상의 열 번호와 행 번호를 생각해 둡니다.

2. 항목별로 열 시작 번호와 끝 번호, 행 시작 번호와 끝 번호를 지정합니다.

CSS 고급 기능

CSS는 공부할 내용이 꽤 많은 분야입니다. 새롭게 등장하는 기기에도 웹
사이트와 애플리케이션을 표현하기 위해 새로운 CSS 기능과 속성이 계
속 추가되기 때문이죠. 요즘에는 CSS 개발자라는 말이 생길 정도입니다.
물론 지금까지 공부한 내용만으로도 웹 사이트를 디자인할 수 있습니다.
하지만 CSS의 고급 기능을 활용하면 더 효율적으로 일할 수 있습니다.
예를 들어 규모가 큰 사이트를 만들면서 CSS 기본 기능만으로 작성하면
코드가 너무 길어집니다. 이럴 때 CSS 고급 기능을 쓰면 아주 긴 CSS
기본 코드나 자바스크립트로 구현해야 했던 효과를 코드 몇 줄로 작성
할 수 있습니다. 이와 같이 여러분이 알아 두면 두고두고 활용하기 좋은
CSS 고급 기능을 살펴보겠습니다.

13

CSS 고급 선택자

06장에서 다룬 CSS 기본 선택자를 기억하나요? 간단한 웹 문서는 기본 선택자만으로도 스타일을 적용할 수 있지만, 코드가 길어지면 스타일을 지정할 때마다 id와 class가 계속 늘어나므로 그 이름을 모두 기억하기는 쉽지 않습니다. 여기에서는 연결 선택자와 속성 선택자를 사용하여 코드의 위치나 속성값에 따라 특정 요소를 쉽게 선택하는 방법을 알아보겠습니다. CSS에서 다재다능한 역할을 하는 고급 선택자를 하나씩 알아볼까요?

이 장을 다 공부하면!
- 둘 이상의 선택자를 연결한 선택자를 만들 수 있어요.
- 속성을 활용한 선택자를 만들 수 있어요.
- 가상 클래스 스타일과 가상 요소를 사용할 수 있어요.

13-1 연결 선택자

연결 선택자는 둘 이상의 선택자를 연결해서 스타일이 적용될 요소가 어느 부분인지 지정합니다. 선택자를 둘 이상 조합하므로 '조합 선택자', '콤비네이션 선택자', '콤비네이션 셀렉터'라고도 합니다.

하위 요소에 스타일을 적용하는 하위 선택자와 자식 선택자

특정 요소를 기준으로 그 안에 포함된 요소를 **하위 요소**라고 합니다. 그리고 현재 요소를 기준으로 바로 한 단계 아래 요소는 **자식 요소**라고 하며, 그 자식 요소의 한 단계 아래는 **손자 요소**라고 합니다.

하위 선택자

하위 선택자^{descendant selector}를 사용하면 부모 요소에 포함된 하위 요소를 모두 선택하며 **자손 선택자**라고도 합니다. 즉, 자식 요소뿐만 아니라 손자 요소, 손자의 손자 요소 등 모든 하위 요소까지 적용됩니다. 하위 선택자는 상위 요소와 하위 요소를 공백으로 구분합니다.

> 기본형   **상위요소 하위요소**

먼저 하위 선택자를 사용하는 방법을 알아보겠습니다. 다음과 같이 section 요소 안에 포함된 p 요소를 모두 선택하려면 section과 p 사이에 **공백 한 칸**을 두고 나란히 써줍니다. 그리고 중괄호 안에 스타일 규칙을 써줍니다.

다음 예제는 하위 선택자를 사용해 section 요소의 p 요소를 모두 파란색으로 지정합니다.

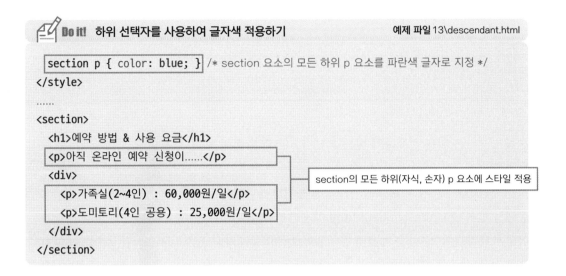

```
section p { color: blue; } /* section 요소의 모든 하위 p 요소를 파란색 글자로 지정 */
</style>
......
<section>
    <h1>예약 방법 & 사용 요금</h1>
    <p>아직 온라인 예약 신청이......</p>
    <div>
        <p>가족실(2~4인) : 60,000원/일</p>
        <p>도미토리(4인 공용) : 25,000원/일</p>
    </div>
</section>
```

section의 모든 하위(자식, 손자) p 요소에 스타일 적용

예약 방법 & 사용 요금

아직 온라인 예약 신청이 준비되지 않았습니다.

전화(xxx-xxxx-xxxx)로 문의하시기 바랍니다.

가족실(2~4인) : 60,000원/일

도미토리(4인 공용) : 25,000원/일

하위 선택자를 사용하여 글자색 적용하기

자식 선택자

자식 선택자child selector는 하위 선택자와 다르게 자식 요소에만 스타일을 적용하며, 다음과 같이 두 요소 사이에 '>' 기호를 표시해 부모 요소와 자식 요소를 구분합니다.

> 기본형   **부모요소 > 자식요소**

다음과 같이 section 요소에 포함된 p 요소 중에서 자식 요소만 선택하려면 section과 p 사이에 자식 선택자 기호인 '>'를 넣습니다.

```
부모 요소

section > p { ...... }

        자식 요소
```

자식 선택자는 하위 선택자와 비슷해 보이지만 다른 점이 있습니다. 하위 선택자에서는 자식 요소뿐만 아니라 자식의 자식, 즉 손자 요소까지 적용되지만, 자식 선택자에서는 바로 한 단계 아래의 요소, 즉 자식 요소에만 스타일이 적용됩니다.

앞에서 살펴본 10\descendant.html 예제에서 하위 선택자를 자식 선택자로 바꾸면 결과는 어떻게 달라질까요? 다음 예제와 같이 section 요소의 자식 요소인 p 요소만 글자색이 파란색으로 적용되는 것을 확인할 수 있습니다.

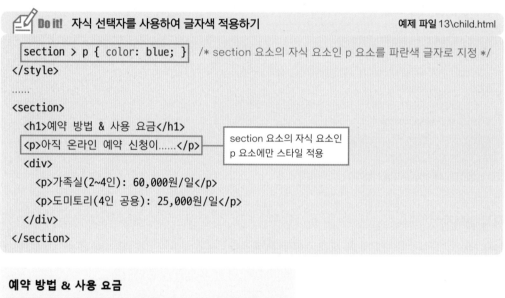

Do it! 자식 선택자를 사용하여 글자색 적용하기   예제 파일 13\child.html

```
section > p { color: blue; }   /* section 요소의 자식 요소인 p 요소를 파란색 글자로 지정 */
</style>
......
<section>
    <h1>예약 방법 & 사용 요금</h1>
    <p>아직 온라인 예약 신청이......</p>        section 요소의 자식 요소인
    <div>                                      p 요소에만 스타일 적용
        <p>가족실(2~4인): 60,000원/일</p>
        <p>도미토리(4인 공용): 25,000원/일</p>
    </div>
</section>
```

예약 방법 & 사용 요금

아직 온라인 예약 신청이 준비되지 않았습니다.
전화(xxx-xxxx-xxxx)로 문의하시기 바랍니다.

가족실(2~4인) : 60,000원/일

도미토리(4인 공용) : 25,000원/일

자식 선택자를 사용하여 글자색 적용하기

형제 요소에 스타일을 적용하는 인접 형제 선택자와 형제 선택자

웹 문서에서 부모 요소가 같을 경우 형제 관계라고 하고, 형제 관계인 요소에서 먼저 나오는 요소를 **형 요소**, 나중에 나오는 요소를 **동생 요소**라고 합니다.

인접 형제 선택자

형제 요소 중에서 첫 번째 동생 요소만 선택하는 것을 **인접 형제 선택자**adjacent selector라고 합니다. 인접 형제 선택자를 정의할 때는 다음 기본형과 같이 요소1과 요소2 사이에 '+' 기호를 표시합니다. 요소1과 요소2는 같은 레벨이면서 요소1 이후 가장 먼저 오는 요소 2를 선택합니다.

> 기본형   **요소1 + 요소2**

예를 들어 h1 요소와 형제인 p 요소 중에서 첫 번째 p 요소만 선택하여 글자를 파란색으로 적용하려면 다음과 같이 사용합니다.

> h1의 형제인 p 요소 중 첫 번째 p
>
> `h1 + p` { color: blue; }

다음은 h1 요소의 형제인 p 요소 중에서 첫 번째 p 요소의 배경색과 글자색을 바꾸는 예제입니다.

Do it! 인접 형제 요소에 스타일 적용하기   **예제 파일** 13\adj.html

```
h1 + p {
    background-color: #222;    /* 배경색은 검은색으로 */
    color: #fff;               /* 글자색은 흰색으로 */
}
</style>
......
    <h1>예약 방법 & 이용 요금</h1>
    <p>아직 온라인 예약......</p>    ← h1 요소의 형제 요소 중에서 첫 번째 형제인 p 요소에 적용
    <p>가족실(2~4인) : 60,000원/일</p>
    <p>도미토리(4인 공용) : 25,000원/일</p>
```

예약 방법 & 이용 요금

아직 온라인 예약 신청이 준비되지 않았습니다.
전화(xxx-xxxx-xxxx)로 문의하시기 바랍니다.

가족실(2~4인) : 60,000원/일

도미토리(4인 공용) : 25,000원/일

인접 형제 선택자로 배경색과 글자색 바꾸기

형제 선택자

형제 선택자^{sibling selector}는 형제 요소의 스타일을 정의하는데 인접 형제 선택자와 달리 모든
형제 요소에 적용됩니다. 형제 선택자를 정의할 때는 첫 번째 요소와 두 번째 요소 사이에 '~'
기호를 표시합니다. 요소1과 형제인 요소2를 모두 선택하는 것이죠.

기본형   요소1 ~ 요소2

예를 들어 h1 요소 뒤에 오는 모든 형제 p 요소의 글자에 파란색을 적용하려면 코드를 다음과
같이 작성합니다.

h1의 형제인 모든 p 요소

```
h1 ~ p { color: blue; }
```

다음은 h1 요소의 형제인 p 요소를 모두 선택해 배경색과 글자색을 바꾸는 예제입니다.

Do it! 모든 형제 요소의 스타일 지정하기   예제 파일 13\sibling.html

```
h1 ~ p {
  background-color: #222;  /* 배경색은 검은색으로 */
  color: #fff;             /* 글자색은 흰색으로 */
}
</style>
......
  <h1>예약 방법 & 이용 요금</h1>
```

```
<p>아직 온라인 예약......</p>
<p>가족실(2~4인) : 60,000원/일</p>
<p>도미토리(4인 공용) : 25,000원/일</p>
```
h1 요소의 형제인 p 요소에 모두 적용

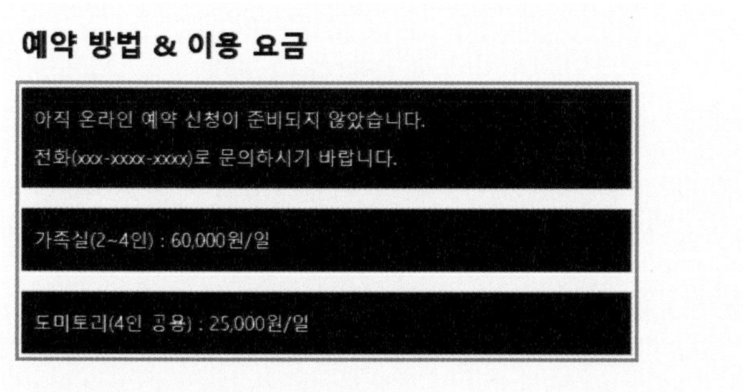

예약 방법 & 이용 요금

아직 온라인 예약 신청이 준비되지 않았습니다.
전화(xxx-xxxx-xxxx)로 문의하시기 바랍니다.

가족실(2~4인) : 60,000원/일

도미토리(4인 공용) : 25,000원/일

모든 형제 요소의 배경과 글자색 바꾸기

Do it! 실습 ▶ 폼에서 레이블 요소 정렬하기

[준비] 13\register1.html, 13\css\register1.css   [결과 비교] 13\results\register1.html, 13\results\css\register1.css

여기에서는 회원 가입 양식의 요소를 연결 선택자로 사용하여 스타일을 지정해 보겠습니다.

1단계 VS Code 열고 HTML 파일 확인하기

VS Code에서 13\register1.html 문서를 열고,
13\css\register1.css 문서는 오른쪽에 열어서
나란히 배치합니다. 그리고 웹 브라우저에서
register1.html 파일을 확인해 보세요.

오른쪽 그림처럼 레이블은 왼쪽에, 입력 필드는
오른쪽에 배치되어 있는데 입력 필드 위치가 들
쭉날쭉해서 좋아 보이지 않습니다. 입력 필드를
깔끔하게 정리해 보겠습니다. 웹 브라우저 창은
그대로 열어 두세요.

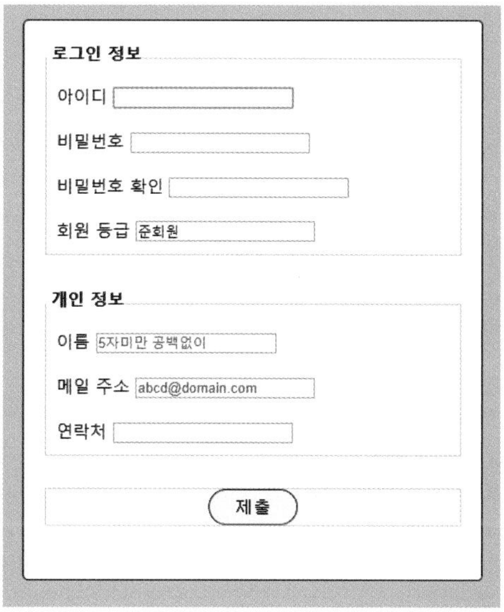

로그인 정보

아이디 [   ]

비밀번호 [   ]

비밀번호 확인 [   ]

회원 등급 [준회원   ]

개인 정보

이름 [5자미만 공백없이   ]

메일 주소 [abcd@domain.com   ]

연락처 [   ]

[제출   ]

TIP 모니터 화면이 넓다면 웹 브라우저 창도 옆에 나란히 열어 두세
요. 결과를 바로 확인할 수 있어서 편리합니다.

2단계 CSS 파일 수정하기

VS Code로 돌아와 오른쪽에 열어 놓은 register1.css 파일을 수정해 보겠습니다. 입력 필드 왼쪽에 있는 레이블은 `<label>` 태그를 사용한 것이므로 타입 스타일로 지정하면 되겠군요. 이때 `id="signup"`인 `<form>` 태그 안에 있는 `<label>` 태그에 적용할 것이므로 하위 선택자를 사용해서 지정합니다.

CSS 코드에 다음처럼 새로운 스타일 규칙을 추가하겠습니다. `float` 속성을 사용해서 레이블을 왼쪽으로 배치하고, `width` 속성을 사용해서 레이블이 차지할 너비를 지정합니다. register1.css 파일의 끝에 다음 코드를 추가하고 저장하세요. 웹 브라우저 창에서 register1.html 파일을 확인해 보면 다음 그림과 같이 레이블이 깔끔하게 정렬됩니다.

```
#signup label {
   float: left;        /* 왼쪽으로 배치 */
   font-size: 13px;
   width: 110px;       /* 너비를 110px로 지정 */
}
```

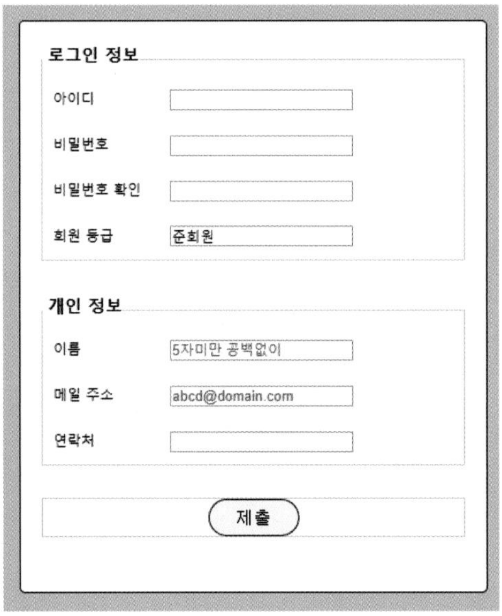

레이블을 보기 좋게 정렬하기

13-2 속성 선택자

여기에서 살펴볼 속성 선택자는 태그 안에서 사용하는 속성값에 따라 요소를 선택하는 역할을 합니다. 속성 선택자는 속성값의 조건에 따라 특정 부분만 선택하기 쉬우므로 상황에 맞는 스타일을 지정하기도 쉽습니다.

특정 속성이 있는 요소를 선택하는 [속성] 선택자

HTML 태그를 작성할 때 여러 가지 속성을 함께 사용하죠? 그 속성값에 따라 원하는 요소를 선택할 수도 있습니다. 이때 사용하는 것이 [속성] 선택자인데, 대괄호([ ]) 사이에 원하는 속성을 입력하면 됩니다. 예를 들어 a 요소 중에서 href 속성이 있는 요소를 선택하려면 다음과 같이 작성합니다.

> 찾으려고 하는 속성 이름
>
> a[href] { ...... }

다음은 a 요소 5개 중에서 href 속성이 있는 요소를 찾아내어 배경색을 지정한 예제입니다. 첫 번째 a 요소에는 href 속성이 없으므로 스타일이 적용되지 않습니다.

Do it! 요소 중에서 링크가 있는 요소만 스타일 적용하기   예제 파일 13\attr-1.html

```
a[ h          ] {            /* href 속성이 있는 a 요소를 찾는 선택자 */
    background: yellow;      /* 배경색을 노란색으로 */
    border: 1px solid #ccc;  /* 테두리 지정 */
    font-weight: normal;     /* 글꼴 굵기 지정 */
}
</style>
......
<ul>
    <li><a>메인 메뉴 : </a></li>
    <li><a href="#">메뉴 1</a></li>
    <li><a href="#">메뉴 2</a></li>
    <li><a href="#">메뉴 3</a></li>
    <li><a href="#">메뉴 4</a></li>
```

> a 요소 중에서 href 속성값이 있는 요소에만 스타일 적용

```
</ul>
```
정답: href

| 메인 메뉴 : | 메뉴 1 | 메뉴 2 | 메뉴 3 | 메뉴 4 |

a 요소 중에서 링크가 있는 요소에만 스타일 적용하기

특정 속성값이 있는 요소를 선택하는 [속성 = 속성값] 선택자

[속성 = 속성값] 선택자는 주어진 속성과 속성값이 일치하는 요소를 찾아 스타일을 지정할 때 사용합니다. 이 형식은 대괄호([ ]) 안에 속성과 속성값을 넣고 그 사이에 '=' 기호를 표시합니다. 예를 들어 a 요소 중에서 target 속성값이 _blank인 것만 선택하고 싶다면 다음과 같이 작성합니다.

```
<a target="_blank">인 요소
a[target = _blank] { ...... }
```

다음은 target 속성값이 _blank인 링크를 찾아서 newwindow.png라는 아이콘 이미지를 추가하는 예제입니다.

Do it! 새 탭으로 열리는 링크에만 아이콘 추가하기   예제 파일 13\attr-2.html

```
a[ t            ="_blank"] {   /* target 속성값이 _blank인 a 요소를 선택하는 선택자 */
   padding-right: 30px;            /* 오른쪽에 패딩 지정 */
   background: url(images/newwindow.png) no-repeat center right;   /* 배경 이미지 지정 */
}
</style>
......
                    a 요소 중에서 target 속성값이 _blank인 요소에만 스타일 적용
<ul>
   <li><a href="https://html.spec.whatwg.org" target="_b           ">HTML</a></li>
   <li><a href="https://www.w3.org/TR/selectors">CSS Selector Level 3</a></li>
   <li><a href="https://www.w3.org/TR/css3-mediaqueries">미디어쿼리</a></li>
</ul>
```
정답: target, _blank

여러 값 중에서 특정 속성값이 포함된 속성 요소를 선택하는 [속성 ~= 값] 선택자

[속성 ~= 값] 선택자는 여러 속성값 중에서 해당 속성값이 포함된 요소를 선택합니다. 이 선택자는 속성이 하나면서 속성값이 여러 개일 때 특정 속성값을 찾는 데 편리합니다.

예를 들어 하나의 요소에 클래스 스타일을 여러 개 적용할 수 있는데, 그중에 button 스타일이 있는 요소를 찾으려면 다음과 같이 작성합니다.

> class값 중에 button 스타일이 있는 요소
>
> [class ~= button] { ...... }

여기서 주의할 점은, [속성 ~= 값] 선택자는 값과 정확하게 일치하는 요소를 선택한다는 것입니다. [class ~= button] 선택자는 flat-button이나 buttons처럼 button 외에 다른 글자가 속성값에 포함되어 있으면 선택하지 않습니다.

다음은 class 속성값에 button이 포함되어 있을 경우에만 메뉴 항목에 그림자가 나타나는 예제입니다.

✏️ **Do it!** 특정 속성값이 포함된 요소에 스타일 적용하기   예제 파일 13\attr-3.html

```
[class ~= "b        ] {   /* class 속성값에 button이 포함된 요소를 찾는 선택자 */
  box-shadow: rgba(0, 0, 0, 0.4) 4px 4px;   /* 그림자 지정 */
  border-radius: 5px;                        /* 모서리 둥글게 지정 */
}
</style>
......
<ul>
  <li><a href="#" class="flat">메뉴 1</a></li>
  <li><a href="#" class="flat">메뉴 2</a></li>
  <li><a href="#" class="button">메뉴 3</a></li>
  <li><a href="#" class="flat button" >메뉴 4</a></li>
</ul>
```

속성값이 button인 요소에 적용

속성값으로 button을 포함하는 요소에 적용

정답: "button"

특정 속성값이 포함된 요소에 스타일 적용하기

특정 속성값이 포함된 속성 요소를 선택하는 [속성 ¦= 값] 선택자

[속성 ¦= 값] 선택자는 특정 속성값이 포함된 속성에 스타일을 적용 **TIP** '¦' 기호는 키보드에서 `Shift`와
합니다. 이때 속성값은 한 단어로 일치해야 합니다. `W`를 함께 누르면 쓸 수 있습니다.

앞에서 다룬 [속성 ~= 값] 선택자와 비슷해 보이지만, [속성 ¦= 값] 선택자는 지정한 값과 정
확하게 일치하는 값을 선택하는 것 말고도 하이픈(-)으로 연결된 단어도 선택합니다.

예를 들어 title 속성값에 us가 있거나 us-로 연결된 속성값이 있는 a 요소를 찾는다면 다음
과 같이 작성합니다.

```
a[title ¦= us] { ...... }
```

지금까지 설명한 내용을 쉽게 이해할 수 있도록 예제로 살펴볼까요? 다음은 [속성 ¦= 값] 선
택자를 사용해 title의 속성값을 체크하는 예제입니다.

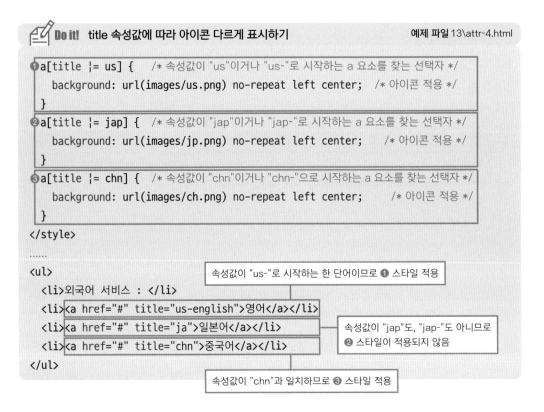

외국어 서비스 :   ▆▆ 영어   일본어   ▆▆ 중국어

속성값에 따라 아이콘 다르게 표시하기

특정 속성값으로 시작하는 속성 요소를 선택하는 [속성 ^= 값]

속성값이 정확하게 일치하지 않더라도 지정한 속성값으로 시작하는 요소를 찾으려면 [속성
^= 값] 선택자를 사용합니다.
예를 들어 title 속성값이 eng로 시작하는 a 요소를 찾는다면 다음과 같이 작성합니다.

```
a[title ^= eng] { …… }
```

다음 예제는 a 요소의 title 속성값을 살펴보고 시작 글자를 비교해 스타일을 정의했습니다.
a[title ^= eng]로 지정하면 속성값이 eng뿐만 아니라 english인 요소도 선택할 수 있습니다.

Do it! 속성값의 시작 부분이 일치하는 요소에 스타일 적용하기　　　　예제 파일 13\attr-5.html

```
❶a[title ^="eng"] {              /* 속성값이 "eng"로 시작하는 a 요소를 찾는 선택자 */
    background: url(images/us.png) no-repeat left center;   /* 아이콘 적용 */
    padding: 5px 25px;                                      /* 패딩 지정 */
}
❷a[title ^="jap"] {              /* 속성값이 "jap"로 시작하는 요소를 찾는 선택자 */
    background: url(images/jp.png) no-repeat left center;   /* 아이콘 적용 */
    padding: 5px 25px;                                      /* 패딩 지정 */
}
❸a[title ^="chin"] {            /* 속성값이 "chin"으로 시작하는 요소를 찾는 선택자 */
    background: url(images/ch.png) no-repeat left center;   /* 아이콘 적용 */
    padding: 5px 25px;                                      /* 패딩 지정 */
}
</style>
……
<ul>
    <li>외국어 서비스 : </li>
    <li><a href="#" title="english">영어</a></li>
    <li><a href="#" title="japanese">일본어</a></li>
    <li><a href="#"   t          ="chinese">중국어</a></li>
</ul>
```

속성값이 "eng"로 시작하므로 ❶ 스타일 적용

속성값이 "jap"로 시작하므로
❷ 스타일 적용

속성값이 "chin"으로 시작하므로 ❸ 스타일 적용

HTML :문답

외국어 서비스 :　■ 영어　　　◉ 일본어　　　■ 중국어

속성값의 시작 부분이 일치하는 요소에 스타일 적용하기

특정한 값으로 끝나는 속성의 요소를 선택하는 [속성 $= 값] 선택자

[속성 ^= 값]이 지정한 속성값으로 시작하는 요소를 선택했다면, [속성 $= 값] 선택자는 지정한 속성값으로 끝나는 요소를 선택합니다.
예를 들어 링크한 파일 이름의 마지막 단어가 xls인 요소를 찾는다면 다음과 같이 작성합니다.

```
[href $= xls] { ...... }
```

다음 예제는 [속성 $= 값] 선택자를 사용해 href에 링크된 파일의 확장자, 즉 파일 이름의 마지막 속성값을 체크한 후 파일 형식에 맞는 아이콘을 파일 이름 옆에 표시합니다.

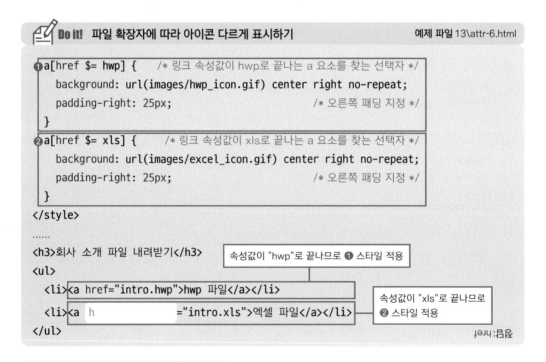

Do it! 파일 확장자에 따라 아이콘 다르게 표시하기　　　　　예제 파일 13\attr-6.html

```
❶a[href $= hwp] {      /* 링크 속성값이 hwp로 끝나는 a 요소를 찾는 선택자 */
    background: url(images/hwp_icon.gif) center right no-repeat;
    padding-right: 25px;                    /* 오른쪽 패딩 지정 */
}
❷a[href $= xls] {      /* 링크 속성값이 xls로 끝나는 a 요소를 찾는 선택자 */
    background: url(images/excel_icon.gif) center right no-repeat;
    padding-right: 25px;                    /* 오른쪽 패딩 지정 */
}
</style>
......
<h3>회사 소개 파일 내려받기</h3>
<ul>
  <li><a href="intro.hwp">hwp 파일</a></li>
  <li><a h          ="intro.xls">엑셀 파일</a></li>
</ul>
```

속성값이 "hwp"로 끝나므로 ❶ 스타일 적용

속성값이 "xls"로 끝나므로 ❷ 스타일 적용

정답: href

회사 소개 파일 내려받기

- hwp 파일 🗐
- 엑셀 파일 📊

파일 확장자에 따라 아이콘 다르게 표시하기

일부 속성값이 일치하는 요소를 선택하는 [속성 *= 값] 선택자

[속성 *= 값] 선택자는 속성값이 어느 위치에 있든지 지정한 속성값이 포함되어 있다면 해당 요소를 선택합니다.

예를 들어 href 속성값 중에 w3가 포함된 요소를 선택한다면 다음과 같이 작성합니다.

```
[href *= w3] { ...... }
```

다음은 여러 링크 중에서 w3c 사이트로 연결하는 링크를 찾아 배경색과 글자색을 바꾸는 예제입니다. [속성 *= 값] 선택자를 사용해서 href 속성값을 찾아보면 되겠죠?

Do it! 속성값의 일부가 일치하는 요소에 스타일 적용하기　　예제 파일 13\attr-7.html

```
a[href *= w3] {       /* 속성값 중 일부에 w3가 있는 a 요소를 찾는 선택자 */
    background: blue;
    color: white;
}
</style>
......
<p>(아래 링크 중에서 배경색이 파란색인 링크는 W3C 사이트로 연결됩니다.)</p>
<ul>
    <li><a href="https://html.spec.whatwg.org/">HTML 표준안 사이트</a></li>
    <li><a href="https://caniuse.com/">HTML 지원 여부 체크</a></li>
    <li><a href="https://www.w3.org/TR/css3-mediaqueries">미디어쿼리</a></li>
</ul>
```

href의 속성값 중에서 "w3"가 일치하므로 스타일을 적용

HTML5 참고 사이트

(아래 링크 중에서 배경색이 파란색인 링크는 W3C 사이트로 연결됩니다.)

- HTML 표준안 사이트
- HTML 지원 여부 체크
- 미디어쿼리

속성값의 일부가 일치하는 요소에 스타일 적용하기

지금까지 배운 속성 선택자를 정리해 보겠습니다. 기호가 비슷해서 기억하기 힘들죠? 보기 쉽게 표로 정리했으니 헷갈릴 때마다 펼쳐서 보세요.

속성 선택자 7가지

선택자	선택 요소	예시
[속성]	해당 속성이 있는 요소	[required]
[속성 = 값]	지정한 속성값이 있는 요소	[target = _blank]
[속성 ~= 값]	지정한 속성값이 포함된 요소(단어별)	[class ~= button]
[속성 ¦= 값]	지정한 속성값이 포함된 요소(하이픈 포함, 단어별)	[title ¦= us]
[속성 ^= 값]	지정한 속성값으로 시작하는 요소	[title ^= eng]
[속성 $= 값]	지정한 속성값으로 끝나는 요소	[href $= xls]
[속성 *= 값]	지정한 속성값의 일부가 일치하는 요소	[href *= w3]

Do it! 실습 ▶ 폼 요소에 스타일 적용하기

[준비] 13\register2.html, 13\css\register2.css   **[결과 비교]** 13\results\register2.html, 13\results\css\register2.css

폼 요소에는 여러 종류의 입력 필드가 있죠. 그중에서 필수 필드를 좀 더 강조하고, 텍스트를 입력할 수 있는 부분은 기본 크기보다 조금 더 보기 좋게 조절할 수도 있습니다. 이때 속성 선택자를 사용하면 간단합니다. 여기에서는 앞에서 만든 '[Do it! 실습] 폼에서 레이블 요소 정렬하기'에 이어서 폼 요소에 스타일을 적용해 보겠습니다.

1단계 속성 선택자로 필수 입력 필드와 읽기 전용 필드의 스타일 지정하기

13\register2.html 파일의 폼 요소 중에서 필수 입력 필드(required)는 빨간색 테두리로 수정하고, 읽기 전용 필드(readonly)는 테두리를 제거하겠습니다. 13\css\register2.css 파일 끝에 다음 코드를 추가한 후 저장하세요.

```
#signup input[required] {
  border: 1px red solid;   /* 필수 입력 필드에 빨간색 테두리 지정 */
}
#signup input[readonly] {
  border: none;            /* 읽기 전용 필드의 테두리 없애기 */
}
```

이제 register2.html 파일을 웹 브라우저에서 확인해 볼까요? 그러면 필수 입력 필드의 테두리가 빨간색으로 그려지고, 회원 등급이 있는 읽기 전용 필드에는 테두리가 사라졌을 것입니다.

필수 입력과 읽기 전용 필드의 스타일 바꾸기

2단계 입력 필드를 넓게 바꾸기

이번에는 텍스트 입력 필드를 좀 더 넓게 바꿔 보겠습니다. register2.html 문서를 확인해 보니 텍스트(text)와 비밀번호(password), 전화번호(tel), 이메일(email)의 입력 필드를 = 속성 선택자로 지정하면 되겠네요.

register2.css 파일에 다음 코드를 추가합니다. 이때 추가할 위치는 앞에서 필수 입력 필드 스타일을 지정했던 코드 앞이어야 합니다. 나중에 작성한 스타일이 먼저 지정되기 때문이죠. 기존 CSS 코드에 다른 코드를 추가할 때는 스타일 우선순위를 잘 생각해야 합니다.

```
#signup input[type=text], #signup input[type=password], #signup input[type=tel],
#signup input[type=email] {
  border: 1px solid #ccc;    /* 테두리 지정 */
  border-radius: 3px;        /* 테두리 모서리를 둥글게 지정 */
  font-size: 13px;           /* 글자 크기 지정 */
  padding: 5px;              /* 패딩 지정 */
  width: 200px;              /* 너비 지정 */
}
```

```
#signup input[required] {
  border: 1px red solid;
}
```

> 필수 입력 필드 앞에 이 코드를 추가합니다.

13 · CSS 고급 선택자 **413**

수정한 register2.html 파일을 저장하고 웹 브라우저에서 확인해 보면 텍스트 입력란이 좀 더 넓어지고, 테두리도 둥글게 처리되었습니다.

입력란의 스타일 바꾸기

13-3 가상 클래스와 가상 요소

지금까지 여러 가지 선택자를 살펴보았습니다. 그런데 이러한 선택자로도 스타일을 지정하기 어려운 대상이 있습니다. 예를 들어 메뉴의 몇 번째 항목을 지정하거나, 단락의 첫 번째 글자만 지정할 경우입니다. 이럴 때는 클래스 이름 앞에 콜론(:)을 1개만 붙여 표시하는 가상 클래스와 2개(::)를 붙여 표시하는 가상 요소를 사용하면 해결할 수 있습니다.

사용자 동작에 반응하는 가상 클래스

사용자가 웹 요소를 클릭하거나 마우스 포인터를 올려놓는 등 특정 동작을 할 때 스타일이 바뀌도록 만들고 싶다면 가상 클래스 선택자를 사용하세요.
다음은 자주 사용하는 가상 클래스 선택자입니다.

① 방문하지 않은 링크에 스타일을 적용하는 ':link 가상 클래스 선택자'

웹 문서의 링크 중에서 사용자가 아직 방문하지 않은 링크에 스타일을 적용합니다. 텍스트 링크는 기본적으로 파란색 글자와 밑줄로 표시됩니다. 이때 링크의 밑줄을 없애거나 색상을 바꾸려면 :link 선택자를 사용합니다.

② 방문한 링크에 스타일을 적용하는 ':visited 가상 클래스 선택자'

웹 문서의 링크 중에서 한 번 이상 방문한 링크에 스타일을 적용합니다. 한 번 이상 방문한 텍스트 링크는 보라색이 기본값입니다. 이때 사용자가 방문한 텍스트 링크와 색상이 달라지지 않게 하려면 :visited 선택자를 사용해 조절합니다.

③ 특정 요소에 마우스 포인터를 올려놓으면 스타일을 적용하는 ':hover 가상 클래스 선택자'

:hover 선택자는 웹 요소 위로 마우스 포인터를 올려놓을 때 스타일을 적용합니다. 즉, 이 가상 클래스 선택자를 응용하면 이미지 위로 마우스 포인터를 올려놓았을 때 다른 이미지로 바뀌거나, 메인 메뉴 위로 마우스 포인터를 올려놓았을 때 서브메뉴가 나타나는 효과를 만들 수 있습니다.

④ 웹 요소를 활성화했을 때 스타일을 적용하는 ':active 가상 클래스 선택자'

:active 선택자는 웹 요소의 링크나 이미지 등을 활성화했을 때, 즉 클릭했을 때 스타일을 지정합니다. 예를 들어 어떤 웹 요소의 링크를 클릭하는 순간의 스타일을 지정할 수 있습니다.

⑤ 웹 요소에 초점이 맞추어졌을 때 스타일을 적용하는 ':focus 가상 클래스 선택자'

:focus 선택자는 웹 요소에 초점이 맞추어졌을 때 스타일을 적용합니다. 예를 들어 텍스트 필드 안에 마우스 포인터를 올려놓거나, 웹 문서에서 Tab 을 눌러 입력 커서를 이동했을 때 스타일을 지정합니다.

> TIP 여기에서는 focus를 초점이라고 했지만, 주로 '포커스'라는 용어를 사용합니다.

지금까지 설명한 ① ~ ④의 가상 클래스 선택자는 메뉴 링크에서 자주 사용하는데, 이때 다음 순서로 정의해야 합니다. 이 순서가 바뀌면 스타일을 정의하더라도 제대로 적용되지 않습니다.

① :link ② :visited ③ :hover ④ :active

> TIP 'LoVe HAte'로 외우면 쉽습니다.

다음은 가상 클래스 선택자를 사용해서 메뉴의 텍스트를 상황에 따라 다르게 표현하는 예제입니다. 먼저 링크(a:link)와 방문한 링크의 텍스트(a:visited)는 밑줄을 없앱니다. 그리고 링크 위로 마우스 포인터를 올려놓으면(a:hover) 짙은 회색 배경에 흰색 글자로 바뀌고, 클릭하는 순간 (a:active) 배경이 빨간색으로 바뀝니다.

> TIP :hover와 :active에서 따로 지정하지 않은 스타일은 먼저 지정한 :link나 :visited 선택자의 스타일을 사용합니다.

Do it! 가상 클래스 선택자를 사용해 링크 스타일 적용하기 예제 파일 13\navi.html

```
.navi ul li {
  float: left;
  width: 150px;
  padding: 10px;
}
.navi a:link, .navi a:visited {  /* 방문한 링크와 방문하지 않은 링크 설정 */
  display: block;
  font-size: 14px;
  color: #000;
  padding: 10px;
  text-decoration: none;  /* 밑줄을 없앰 */
  text-align: center;
```

```
    }
    .navi a:hover, .navi a:focus {    /* 마우스 포인터를 올렸을 때와 초점을 맞췄을 때 설정 */
      background-color: #222;         /* 배경색을 짙은 회색으로 변경 */
      color: #fff;
    }
    .navi a:active {                  /* 마우스 포인터로 클릭했을 때 지정 */
      background-color: #f00;         /* 배경색을 빨간색으로 변경 */
    }
</style>
```

| 이용 안내 | **객실 소개** | 예약 방법 및 요금 | 예약하기 |

마우스 포인터를 위로 올렸을 때

| 이용 안내 | 객실 소개 | **예약 방법 및 요금** | 예약하기 |

클릭했을 때

요소 상태에 따른 가상 클래스

웹 사이트나 애플리케이션 화면에서 요소의 상태에 따라 스타일을 적용할 수 있는데, 이때 가상 클래스 선택자를 사용합니다.

앵커 대상에 스타일을 적용하는 ':target 가상 클래스 선택자'

문서에서 같은 사이트나 다른 사이트의 페이지로 이동할 때에는 링크를 이용하고, 같은 문서 안에서 다른 위치로 이동할 때에는 앵커anchor를 이용합니다. 이때 :target 선택자를 사용하면 앵커로 연결된 부분, 즉 앵커의 목적지가 되는 부분의 스타일을 쉽게 적용할 수 있습니다.

> **TIP** '앵커'는 페이지가 긴 웹 문서에서 특정 요소를 클릭하면 그 위치로 한번에 이동하도록 도와주는 기능입니다.

요소의 사용 여부에 따라 스타일을 적용하는 ':enabled와 :disabled 가상 클래스 선택자'

해당 요소가 사용할 수 있는 상태일 때 스타일을 지정하려면 :enabled 선택자를 사용하고, 반대로 사용할 수 없는 상태일 때 스타일을 지정하려면 :disabled 선택자를 사용합니다.
예를 들어 텍스트 영역 필드(textarea)를 사용해 회원 약관을 보여 줄 때는 사용자가 입력할 수 없도록 disabled 속성을 지정해야 합니다. 이때 :disabled 선택자를 사용하면 이런 텍스트 영역 필드의 스타일을 쉽게 적용할 수 있습니다.

선택한 항목의 스타일을 적용하는 ':checked 가상 클래스 선택자'

폼의 라디오 버튼이 체크 박스 버튼에서 선택된 항목에는 checked라는 속성이 추가됩니다.
이렇게 checked 속성이 있는 요소의 스타일을 지정힐 때 :checked 선택자를 사용하면 편리합
니다.

예를 들어 라디오 버튼을 클릭했을 때 레이블을 빨간색 굵은 글자로 바꾸려면 다음과 같이 입
력합니다. 여기에서는 `<input>`과 `<label>` 태그가 형제 관계이므로 + 선택자를 사용합니다.

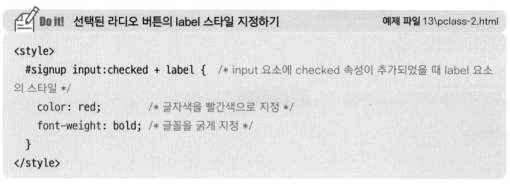

```
<style>
  #signup input:checked + label {  /* input 요소에 checked 속성이 추가되었을 때 label 요소
의 스타일 */
    color: red;          /* 글자색을 빨간색으로 지정 */
    font-weight: bold; /* 글꼴을 굵게 지정 */
  }
</style>
```

라디오 버튼을 선택했을 때 스타일 지정하기

문서 구조를 사용하는 가상 클래스

웹 문서의 구조를 기준으로 특정 위치에 있는 요소를 찾을 때 사용하는 가상 클래스도 있습니
다. 예를 들어 여러 항목이 있을 때 2번째, 4번째처럼 짝수 번째에 있는 항목의 스타일을 지정
할 수 있죠.

여러 항목이 나열된 웹 문서에서 항목마다 클래스나 id를 지정해 놓고 클래스 선택자나 id 선
택자를 사용할 수도 있습니다. 하지만 항목이 많으면서 그중 일부만 스타일을 적용한다면 굳
이 클래스나 id를 지정하지 않고 위치를 사용해서 항목을 선택할 수 있습니다.

다음 표는 구조 가상 클래스 선택자의 종류를 정리한 것입니다.

구조 가상 클래스의 선택자

선택자	설명
:first-child	여러 요소 중에서 첫 번째 자식 요소를 선택합니다.
:last-child	여러 요소 중에서 마지막 자식 요소를 선택합니다.
:only-child	여러 요소 중에서 자식 요소가 하나일 때 선택합니다.
:nth-child(숫자 또는 수식)	지정한 위치의 자식 요소를 선택합니다.
A:nth-of-type(숫자 또는 수식)	A 요소를 기준으로 지정한 위치의 자식 요소를 선택합니다.

구조 가상 클래스의 이름이 꽤 복잡해 보입니다. 특히 비슷한 :nth-child와 :nth-of-type은 이름이 비슷해서 헷갈리기도 쉽죠. 하지만 이 가상 클래스를 잘 활용하면 원하는 요소에 편하게 스타일을 지정할 수 있으므로 이번 기회에 잘 기억해 두세요.

:first-child, :last-child, :only-child

클래스 이름에서 알 수 있듯이 첫 번째 요소, 마지막 요소, 그리고 유일한 요소일 때 선택합니다. 웹 사이트에서 뉴스나 상품 목록을 제공할 때 첫 번째 항목이나 마지막 항목을 선택해서 강조하고 싶다면 이런 클래스가 유용합니다.

예제로 알아보는 게 쉽겠네요. 13\pclass-3.html에는 .container 요소가 2개 있고, 각 컨테이너 안에 p 요소와 div 요소가 들어 있습니다.

```
<div class="container">
  <p>첫 번째</p>
  <div>두 번째</div>
  <p>세 번째</p>
  <div>네 번째</div>
</div>
<div class="container">
  <div>혼자~</div>
</div>
```

이 문서의 스타일 시트 코드에 다음과 같이 .container 요소의 첫 번째 자식 요소인 p 요소의 배경색을 바꾸는 코드를 추가해 보세요.

```
<style>
  ......
  .container :first-child {    /* 첫 번째 자식 요소 선택 */
      background-color: #fc2;
  }
</style>
```

어떤 결과가 나올지 예상되나요? `.container` 요소의 첫 번째 자식 요소인 p 요소와 `.container` 의 첫 번째 자식 요소인 div 요소가 선택되어 배경색이 바뀔 것입니다.

가상 클래스를 사용하기 전   컨테이너에서 첫 번째 자식 요소 선택하기

이때 `:first-child` 앞에 특정 요소를 지정하면 좀 더 세밀하게 선택할 수 있습니다. 태그를 사용할 수도 있고 클래스 이름이나 id 이름을 쓸 수도 있습니다.

```
p:first-child        /* 첫 번째 자식 요소가 p 요소일 경우 선택 */
.item:first-child    /* 첫 번째 자식 요소가 .item일 경우 선택 */
```

❶ .container의   ❷ 첫 번째 자식 요소가

.container p:first-child { … }

❸ p라면 선택

이번에는 `:last-child` 클래스와 `:only-child` 클래스를 사용해 볼까요? `:only-child`라고 하면 `.container` 안에 어떤 요소가 있든 자식 요소가 하나일 경우에만 해당 자식 요소를 선택하고, 만일 `div:only-child`라고 지정하면 유일한 자식 요소가 div일 경우에만 선택합니다.

TIP 두 번째 `.container`에는 자식 요소가 1개뿐이므로 첫 번째 자식 요소가 되기도 하고 마지막 자식 요소가 되기도 합니다.

Do it! 마지막 자식 요소와 유일 요소 선택하기   예제 파일 13\pclass-3.html

```
<style>
  ......
  .container p:first-child {
    background-color: #fc2;
  }
  .container :last-child {    /* 마지막 자식 요소 선택*/
    background-color: #2cf;
  }
  .container div:only-child {    /* 유일한 자식 요소가 div일 때 선택 */
    background-color: #f0c8fc;
  }
</style>
```

첫 번째

두 번째

세 번째

네 번째

혼자~

마지막 자식 요소와 유일 요소 선택하기

TIP '혼자~'라는 텍스트 부분에는 앞에서 사용한 .container :last-child 클래스도 적용되지만, CSS의 우선 순위에 따라 가장 마지막에 지정한 스타일이 적용됩니다.

:nth-child 클래스

앞에서 살펴본 클래스는 자식 요소 중에서 첫 번째나 마지막일 때, 유일한 자식 요소일 때 사용하기 편리합니다. 자식 요소가 여러 개이고 그중에서 특정한 위치의 요소를 선택할 때는 :nth-child 클래스를 사용합니다. :nth-child 클래스는 복잡한 패턴을 처리하기에도 좋아서 자주 사용합니다.

:nth-child() 클래스의 괄호 안에는 위칫값을 숫자로 지정할 수 있습니다.

```
:nth-child(1) { ... }    /* 첫 번째 자식 요소 선택 */
:nth-child(3) { ... }    /* 세 번째 자식 요소 선택 */
```

일정한 반복 패턴이 있는 여러 자식 요소를 한꺼번에 선택할 수도 있습니다. 예를 들어 짝수 번째 자식 요소만 선택하겠다면 :nth-child(2n)처럼 지정하죠. 짝수, 홀수의 경우 even(짝수)이나 odd(홀수) 키워드를 사용할 수도 있습니다.

```
:nth-child(even) { ... }, :nth-child(2n) { ... }    /* 짝수 번째 자식 요소 선택 */
:nth-child(odd) { ... }, :nth-child(2n+1) { ... }   /* 홀수 번째 자식 요소 선택 */
```

또한 특정 위치부터 끝까지, 혹은 처음부터 특정 위치까지 한꺼번에 선택할 수도 있습니다. 처음부터 특정 위치까지 선택할 때는 -n을 사용합니다. 예를 들어 다음 코드는 네 번째 자식 요소부터 끝까지 선택하거나, 처음부터 네 번째 자식 요소까지 선택합니다.

```
:nth-child(n+4) { ... }     /* 네 번째 자식 요소부터 선택 */
:nth-child(-n+4) { ... }    /* 네 번째 자식 요소까지 선택 */
```

13\pclass-4.html에는 .item이 모두 8개 있습니다. 여기에 다양한 :nth-child 클래스를 사용해 보면서 결과가 어떻게 달라지는지 확인해 보세요.

Do it! 위치를 사용해 자식 요소 선택하기   예제 파일 13\pclass-4.html

```
<style>
  ......
  .container :nth-child(3) {     /* 세 번째 자식 요소 선택 */
    background-color: #fc2;
  }
</style>
```

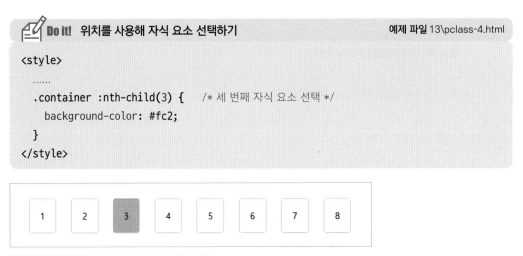

위치를 사용해 세 번째 자식 요소를 선택한 결과 화면

클래스	결과 화면
:nth-child(2n) 또는 :nth-child(even)	1 **2** 3 **4** 5 **6** 7 **8**
:nth-child(2n+1) 또는 :nth-child(odd)	**1** 2 **3** 4 **5** 6 **7** 8
:nth-child(3n)	1 2 **3** 4 5 **6** 7 8

표 계속 ▶

:nth-child(n+4)	
:nth-child(-n+4)	

:nth-child 클래스는 여러 요소 중에서 중간 범위의 자식 요소를 선택할 때도 사용할 수 있는데, 이 경우에는 약간의 팁이 필요합니다. 예를 들어 세 번째부터 다섯 번째까지 선택해 보겠습니다. 중간 범위를 선택하려면 다음과 같이 :nth-child 클래스를 2번 사용해야 합니다.

(1) :nth-child(n+3)는 세 번째 요소부터 모든 요소를 선택합니다.

(2) :nth-child(-n+5)는 첫 번째 요소부터 시작해 다섯 번째 요소까지 선택합니다.

이 2가지 클래스를 함께 사용하면 중간에 겹쳐지는 범위만 선택할 수 있습니다. 이때 2개의 :nth-child 클래스 사이에 공백이 있으면 안 됩니다.

> **Do it!** 위치를 사용해 중간 범위 선택하기
> 예제 파일 13\pclass-4.html
>
> ```
> <style>
>   ......
>   /* 세 번째 자식 요소부터 다섯 번째 자식 요소까지 선택 */
>   .container :nth-child(n+3):nth-child(-n+5) {
>     background-color: #fc2;
>   }
> </style>
> ```

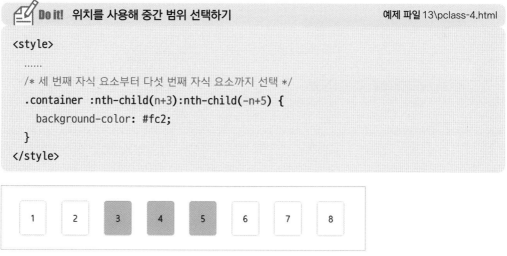

위치를 사용해 중간 범위 선택하기

:nth-of-type 클래스

:nth-of-type 클래스는 같은 타입의 요소들 사이에서 순서를 지정합니다. 부모 요소 안에 여

러 태그를 사용했을 때 태그를 기준으로 원하는 요소를 찾을 수 있습니다.

예를 들어 13\pclass-5.html에는 .container 요소 안에 <p> 태그도 있고 <div> 태그도 있습니다. 이때 p 태그를 사용한 요소 중에서 첫 번째를 선택하고 싶다면 다음과 같이 지정할 수 있습니다. 같은 방법으로 div 요소 중에서 두 번째를 선택할 수도 있습니다.

그냥 :nth-child(3)이라고 해도 되지 않냐고요? 물론 이 코드의 경우에는 같은 결과가 나올 것입니다. 하지만 최근의 웹 사이트는 동적으로 만들어져 상황에 따라, 시간에 따라 다른 내용이 나타날 수 있죠. 그럴 때는 정확하게 몇 번째로 지정하는 것보다 제목 태그를 사용한 요소 중에서 몇 번째, 단락 태그를 사용한 요소 중에서 몇 번째로 선택하면 편리합니다.

Do it! 특정 타입 중에서 위치로 선택하기 예제 파일 13\pclass-5.html

```
<style>
  ......
  .container p:nth-of-type(1) {      /* p 요소 중 첫 번째 요소 선택 */
    background-color: #fc2;
  }
  .container div:nth-of-type(2) {   /* div 요소 중 두 번째 요소 선택 */
    background-color: #2cf;
  }
</style>
```

특정 타입 중에서 위치로 선택하기

논리적으로 조합하는 가상 클래스

지금까지 공부한 여러 선택자와 가상 클래스 등을 사용하면 웹 문서의 특정 부분에 스타일을 적용할 수 있습니다. 웹 요소가 많을수록 선택자도 많아지고 CSS 코드가 길어질 수밖에 없겠죠? 그래서 CSS 선택자 부분을 최대한 간결하게 표현할 수 있도록 특정 조건의 코드를 묶어서 표현하는 가상 클래스가 등장했습니다.

특정 요소를 제외하고 스타일을 적용하는 ':not 가상 클래스 선택자'

:not 선택자는 이름에서도 알 수 있듯이 부정의 의미가 있습니다. 여기서 not은 '괄호 안에 있는 요소를 제외한'이라는 의미입니다. 다음 예제 2개를 비교하여 쉽게 설명해 보겠습니다.

다음 폼에는 텍스트 필드와 전화번호 필드 그리고 라디오 버튼이 있는데, 이 중에서 텍스트 필드와 전화번호 필드에 스타일을 적용하려고 합니다.

폼의 텍스트, 전화번호 필드 스타일

간단하게 `<input>` 태그의 type 속성값이 text인 것과 tel인 것을 찾아서 스타일 규칙을 지정하는 방법이 있겠죠? 13\ps-2.html에서는 다음 코드를 사용해서 텍스트 필드에 스타일을 지정했습니다.

```
#signup input[type=text], input[type=tel] {
    border: 1px solid #ccc;
    border-radius: 3px;
    padding: 5px;
    width: 200px;
}
```

그런데 이번 예제에서는 스타일을 적용한 필드를 나열하는 것보다 적용하지 않는 필드가 더 적으므로 :not 선택자를 사용하면 더 편리합니다. 즉, '텍스트 필드와 전화번호 필드를 선택'하는 것보다 '라디오 필드가 아닌 필드를 선택'하는 것이죠. 어떤 선택자를 사용할지는 작성한 HTML 태그에 따라 편리한 쪽으로 선택하면 됩니다.

Do it! not 선택자로 라디오 필드를 제외한 텍스트 필드 선택하기   예제 파일 13\ps-2.html

```
#signup input:not([type= r            ]) {
    border: 1px solid #ccc;
    border-radius: 3px;
    padding: 5px;
    width: 200px;
}
```

정답: radio

Do it! 실습   가상 클래스를 사용해 폼 꾸미기

[준비] 13\register3.html, 13\css\register3.css   [결과 비교] 13\results\register3.html, 13\results\css\register3.css

13-2절에서 다룬 '[Do it! 실습] 폼 요소에 스타일 적용하기'를 조금 더 보완하여 만들어 보겠습니다. 가상 클래스를 사용하면 기본 선택자나 속성 선택자로 선택하기 어려운 요소에도 스타일을 쉽게 적용할 수 있습니다.

1단계 CSS 파일 수정하기

CSS 파일을 수정하기 전에 웹 브라우저에서 13\register3.html 파일을 살펴보세요. [제출] 버튼이 있는 부분에도 기본 필드셋 스타일인 테두리와 하단 마진이 그대로 적용되어 어색해 보이죠? CSS 파일에서 이 부분을 먼저 수정해 보겠습니다.

register3.html 파일을 보면 `<fieldset>` 태그를 3개 사용했는데, 버튼이 있는 마지막 `fieldset` 요소의 테두리를 없애고 아래 마진을 없애겠습니다. register3.css 파일 끝에 다음 코드를 추가한 후 저장합니다.

```
#signup fieldset:last-of-type {
  border: none;
  margin-bottom: 0;
}
```

웹 브라우저에서 수정한 HTML 파일을 열어 보면 [제출] 버튼 주변의 테두리가 사라지고 아랫부분의 여백도 줄어들었습니다.

2단계 마우스 포인터를 올렸을 때 버튼 스타일 바꾸기

이번에는 [제출] 버튼 위로 마우스 포인터를 올리면 버튼 스타일이 바뀌도록 해보겠습니다. register3.css 파일 끝에 다음 코드를 추가한 후 저장합니다.

```
#signup button:hover {
  background-color: #222;
  color: #fff;
}
```

다음과 같이 [제출] 버튼 위로 마우스 포인터를 가져가면 버튼의 배경색과 글자색이 바뀌는 것을 확인할 수 있습니다.

3단계 :not 선택자를 사용해서 코드 줄이기

register3.css에 있는 코드 중에서 텍스트 필드와 비밀번호 필드, 전화번호 필드, 이메일 필드의 스타일을 지정한 부분을 찾아보세요. 각 필드의 속성 선택자를 모두 적어야 해서 코드가 꽤 길었죠?

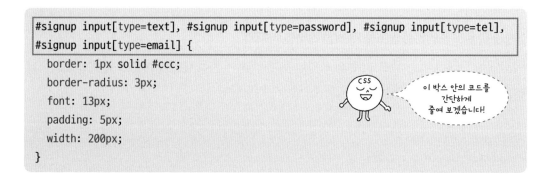

```
#signup input[type=text], #signup input[type=password], #signup input[type=tel],
#signup input[type=email] {
    border: 1px solid #ccc;
    border-radius: 3px;
    font: 13px;
    padding: 5px;
    width: 200px;
}
```

이 박스 안의 코드를 간단하게 줄여 보겠습니다!

:not 선택자를 사용해서 이 코드를 간단히 줄여 보겠습니다. 현재 이 폼에 없는 요소를 하나 골라서 그 필드가 아닌 것으로 묶어서 표현하면 어떨까요?

예를 들어 이 문서에는 라디오 버튼이 없는데, 라디오 버튼이 아닌 input 요소로 묶어서 다음과 같이 작성할 수 있습니다.

```
#signup input:not([type=radio]) {
    border: 1px solid #ccc;
    border-radius: 3px;
```

박스 안의 코드만 바꿔서 입력해 보세요.

```
font: 13px;
padding: 5px;
width: 200px;
}
```

수정한 코드를 저장한 후 HTML 파일을 웹 브라우저로 확인하면 :not 선택자를 사용하지 않았을 때 결과 화면이 같은 것을 볼 수 있습니다.

TIP :not 선택자를 반드시 사용하라는 것은 아닙니다. 이런 방법도 있다는 것만 알아 두면 됩니다.

같은 스타일을 여러 요소에 적용하는 :is 가상 클래스

:is 클래스는 최근에 발표된 선택자로, 복잡한 선택자를 조금 더 간단하게 바꿔 줍니다. 같은 스타일을 여러 요소에 적용할 때 :is 가상 선택자로 묶어서 표현할 수 있습니다.

예를 들어 다음 코드는 h1 요소를 비롯해 h2, h3 요소 위로 마우스 포인터를 올려놓았을 때 글자색을 바꿉니다.

```
h1:hover, h2:hover, h3:hover {
  color: red;
}
```

:is 클래스를 사용하면 다음과 같이 작성할 수 있습니다. 코드가 한결 간단하죠?

```
:is(h1, h2, h3):hover {
  color: red;
}
```

:has 가상 클래스

:has 클래스는 A 요소가 괄호 안의 B 요소를 가지고 있는지 체크합니다.

```
A:has(B)
```

예제로 살펴보는게 이해하기 쉽겠죠? 13\pclass-7.html을 웹 브라우저에서 열어 보세요. 메뉴 위로 마우스 포인터를 올리면 글자색이 바뀝니다.

여기에서 조금 더 효과를 추가해 보겠습니다. 메뉴 위로 마우스 포인터를 올렸을 때 해당 메뉴 항목은 글자색이 바뀌고 다른 메뉴 항목은 약간 희미해지게 처리해 보겠습니다. 이렇게 하면 마우스 포인터가 올라간 항목을 조금 더 눈에 띄게 할 수 있겠죠?

이때 :has 가상 클래스를 사용할 수 있습니다. 우선 13\pclass-7.html 코드를 살펴보면 다음과 같이 <nav> 태그와 <a> 태그를 사용해 마크업했고, CSS 코드에는 a:hover 스타일이 만들어져 있습니다.

```
<style>
  ......
  nav a:hover {
    color: #ff7a18;
  }
</style>

<nav>
  <a href="#">home</a>
  <a href="#">about</a>
  <a href="#">portfolio</a>
  <a href="#">contact</a>
</nav>
```

:has 가상 선택자를 사용하기 위해 다음과 같은 순서로 생각해 보겠습니다.

① nav 요소에 a:hover 스타일이 있다면

② :hover 선택자가 적용되지 않는 요소를 선택합니다.

② :hover 선택자가 적용되지 않는 링크에 스타일 적용

nav:has(a:hover) a:not(:hover)

① nav 요소에 a:hover 선택자가 있다면

13\pclass-7.html 코드에서 CSS 부분에 다음처럼 선택자를 추가합니다.

Do it! :has 가상 클래스를 사용해 메뉴에 스타일 적용하기　　　　예제 파일 13\pclass-7.html

```
<style>
  ......
  nav a:hover {
    color: #ff7a18;
  }
  nav:has(a:hover) a:not(:hover) {
    opacity: 0.3;
  }
</style>
```

다시 웹 브라우저에서 확인해 볼까요? 메뉴 항목 위로 마우스 포인터를 올리면 해당 항목 외 다른 항목에는 opacity: 0.3이 적용되어 흐리게 처리됩니다.

알아 두면 좋아요!　가상 클래스 표준 명세가 궁금해요

:is 가상 클래스나 :has 가상 클래스는 최근에 등장했고, 이 외에도 다양한 가상 클래스가 계속 생기고 있습니다. 기존의 가상 클래스를 비롯해 최신 가상 클래스를 좀 더 자세히 공부하고 싶다면 drafts.csswg.org/selectors 사이트를 참고하세요.

가상 클래스 모음 사이트(drafts.csswg.org/selectors)

가상 요소

가상 요소는 문서의 특정 부분에 가상으로 요소를 만들어 추가합니다. 가상 요소는 실제 내용에는 영향을 주지 않으면서 눈에 띄게 꾸며 줄 때 사용합니다. 따라서 태그를 사용하지 않고 필요할 때마다 만들어서 사용합니다.

가상 요소는 가상 클래스와 구별하도록 이름 앞에 콜론 2개(::)를 붙여서 표시합니다.

첫 번째 줄, 첫 번째 글자에 스타일을 적용하는 ::first-line 요소와 ::first-letter 요소

::first-line 요소와 ::first-letter 요소를 사용하면 첫 번째 줄이나 첫 번째 글자에 스타일을 적용할 수 있습니다. ::first-letter 요소는 해당 요소의 첫 번째 글자를 가리키는 데, 이때 첫 번째 글자는 반드시 첫 번째 줄에 있어야 합니다.

TIP 만약 `<p>` 태그 안에 `<br>` 태그가 있어서 첫 번째 글자가 첫 번째 줄에 없을 경우에는 적용할 수 없습니다.

13\pelement-1.html 에는 텍스트 단락이 있는데, 이 단락의 첫 번째 글자를 조금 더 크고 굵게 표시하려면 다음과 같이 ::first-letter 가상 요소를 사용합니다.

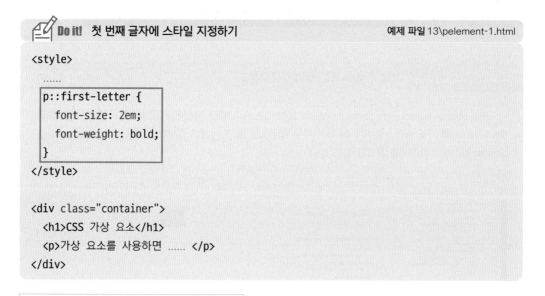

단락의 첫 번째 글자에 스타일 지정하기

내용 앞뒤에 콘텐츠를 추가하는 ::before 요소와 ::after 요소

::before 요소와 ::after 요소를 사용하면 웹 문서에 새로운 요소를 추가하지 않고도 선택한 요소의 앞이나 뒤에 내용이나 스타일을 넣을 수 있습니다. 이 두 가상 요소를 사용하면 마크업을 추가하지 않고도 꾸미는 요소를 만들거나 시각적인 힌트를 추가할 수 있어서 편리합니다.

이름에서 알 수 있듯 ::before는 선택한 요소의 앞에, ::after는 선택한 요소의 뒤에 가상 요소를 추가합니다. 그리고 ::before와 ::after를 사용할 때는 항상 content 속성을 사용해야 합니다. 실제 내용 없이 스타일만 지정할 경우에도 content를 사용합니다.

13\pelement-2.html에는 제목과 텍스트 단락이 있습니다. 여기에 ::before와 ::after를 사용해 h1 요소의 앞뒤에 내용이나 스타일을 추가할 수 있습니다.

TIP 이모티콘(이모지)를 삽입하려면 윈도우는 Win + . 를 누르고 맥은 Command + Control + Space 를 누른 후 선택합니다.

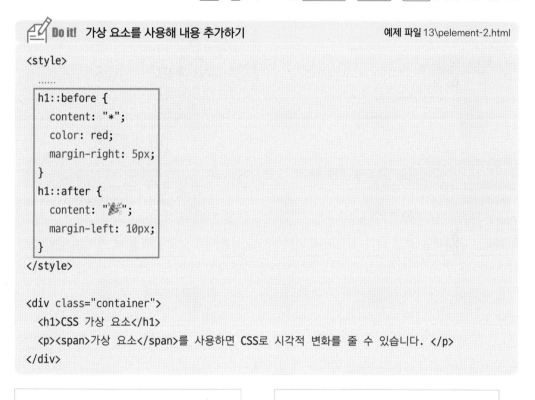

```
<style>
  ......
  h1::before {
    content: "*";
    color: red;
    margin-right: 5px;
  }
  h1::after {
    content: "🎉";
    margin-left: 10px;
  }
</style>

<div class="container">
  <h1>CSS 가상 요소</h1>
  <p><span>가상 요소</span>를 사용하면 CSS로 시각적 변화를 줄 수 있습니다. </p>
</div>
```

Do it! 가상 요소를 사용해 내용 추가하기   예제 파일 13\pelement-2.html

가상 요소를 사용해 콘텐츠 추가하기

13\ps-7.html 문서를 웹 브라우저에서 확인할 때 웹 개발자 도구 창을 열어 보면 * 기호나 🎉

는 태그를 별도로 사용하지 않습니다. ::before나 ::after로 표시되어 있죠. 이렇게 가상 요소 ::before나 ::after를 사용하면 필요할 때만 특정 요소의 앞이나 뒤에 시각적인 내용을 추가할 수 있습니다.

가상 요소를 웹 브라우저에서 인식하는 방법

Do it! 실습 가상 요소를 사용해 배지 표시하기

[준비] 13\badge.html   [결과 비교] 13\results\badge.html

회원제로 운영하는 소셜 미디어 등의 사이트에서는 사용자가 로그인했을 때 새로운 알림이 있다면 아이콘 위에 알림 개수를 숫자로 표시하는데 이를 배지[badge]라고 합니다. 배지는 내용에 영향을 주지 않고 시각적으로 보여 주기만 하므로 가상 요소를 사용합니다.

실제 웹 개발에서는 배지에 나타나는 숫자가 동적으로 바뀝니다. 예를 들어 사용자가 로그인하면 데이터베이스에서 사용자 정보를 찾아 새로운 게시물이나 알림 내용이 몇 개 있는지 확인한후 숫자를 표시하죠. 이런 과정은 백엔드 개발에서 이루어지므로 여기에서는 간단한 배지로 아이콘 위에 숫자를 표시하는 방법만 알아보겠습니다.

1단계 아이콘 검사하기

13\badge.html 문서를 웹 브라우저에서 열면 화면 중앙에 종 모양 아이콘이 보입니다. 폰트어썸을 활용해 삽입한 아이콘 폰트죠. 아이콘을 검사해 보겠습니다. <i> 태그를 확장해 보면 이미 ::before 가 포함되어 있죠? 폰트어썸 아이콘은 내부에서 ::before 가상 요소를 사용해 문서에 삽입된다는 것을 여기서 알 수 있습니다.

2단계 ::after 사용하기

VS Code에서 13\badge.html 코드를 열고 ::after를 사용해 보겠습니다. 가상 요소를 적용할 대상은 종 모양 아이콘입니다. 즉, .icon 요소 안에 있는 i 태그에 적용할 것입니다. 기존 스타일 시트 코드 아래에 다음과 같이 선택자를 작성합니다.

```
<style>
  ......
  .icon {
    width:30px;
    height: 30px;
  }
  .icon i::after {
    content: "4";
    font-size: 10px;
    text-align: center;
    background-color: red;
    color: white;
    border-radius: 50%;
    padding: 5px;
  }
</style>
```

여기까지 작성한 후 웹 브라우저로 확인해 볼까요? 종 모양 아이콘 오른쪽에 ❹가 표시됩니다. ::after 가상 요소를 사용해 정보를 표시하는 데 성공했네요.

3단계 가상 요소 위치 조절하기

그런데 알림 숫자의 위치가 적절하지 않습니다. 현재 위치에서 조금 더 위쪽으로, 그리고 왼쪽으로 옮기겠습니다. .icon i에서 position:absolute를 사용하기 위해 .icon에 position:relative를 추가했다는 점을 주의하세요.

```
<style>
  ......
  .icon {
    width:30px;
    height: 30px;
    position: relative;
  }
  .icon i::after {
    content: "4";
    font-size: 10px;
    text-align: center;
    background-color: red;
    color: white;
    border-radius: 50%;
    padding: 5px;
    position: absolute;
    top: -5px;
    right: -3px;
  }
</style>
```

다시 한번 웹 브라우저로 확인해 보세요. 이번에는 종 모양 아이콘의 오른쪽 위에 배지가 표시됩니다.

13-4 CSS 함수 살펴보기

CSS가 처음 등장했을 때는 단순한 스타일링 기능만 제공했습니다. 예를 들어 색상이나 글꼴, 줄 간격 등 사이트의 겉모습을 제어하는 속성만 제공했죠. 그런데 웹 페이지와 애플리케이션 디자인이 점점 더 복잡해지면서 스타일을 더 세밀하게 제어할 방법이 필요해졌죠. 그렇게 등장한 것이 CSS 함수입니다. CSS 함수는 앞에서 잠깐 살펴본 CSS 변수와 더불어 복잡하고 다양한 디자인을 처리하는 데 효율적인 방법입니다.

:root 가상 클래스와 var() 함수

:root 가상 클래스는 문서의 최상위 요소를 선택합니다. 웹 문서에서 `<html>` 태그에 해당하죠. :root 가상 클래스를 사용하는 가장 큰 이유는 CSS에서 변수를 사용하기 위해서입니다.

CSS 변수

변수^{variable}란 필요할 때마다 값을 바꿔서 사용할 수 있도록 이름을 붙인 것을 말합니다. CSS 변수는 웹 문서의 CSS 코드 어디에서나 사용할 수 있습니다. 예를 들어 문서의 배경색을 지정하는 `--bg-color`라는 변수를 다음과 같이 만들 수 있습니다. 그리고 `--bg-color`라는 변수를 사용하면 그 값은 #222로 적용됩니다.

```
:root {
  --bg-color: #222;
}
```

CSS 변수 이름 앞에는 반드시 하이픈(-) 2개를 붙여야 합니다. CSS 속성 이름과 구별하기 위해서죠. 그리고 변수 이름은 대소문자를 구별합니다. 그래서 대소문자를 섞어 쓰기보다 단순하게 소문자로만 사용하는 경우가 많습니다. 변수 이름에는 문자와 숫자, 하이픈(-), 밑줄(_)을 포함할 수 있습니다. 공백은 사용할 수 없고요.

변수는 여러 선택자에서 사용하므로 이름만으로도 변수의 용도를 알 수 있도록 이름을 지어야 합니다. `--bg-color`는 이름만 봐도 배경색을 지정하는 변수라는 것을 유추할 수 있죠.

:root 가상 클래스는 이렇게 CSS 변수를 선언하기 위한 용도로 사용하고, CSS 코드의 다른 선택자보다 위에 작성합니다.

TIP :root가 아닌 다른 요소에서도 CSS 변수를 선언할 수 있지만, 이 경우에는 해당 요소와 그 하위 요소에서만 사용할 수 있습니다.

CSS 변수는 왜 필요할까요? 웹 사이트를 기획할 때 주 색상과 부 색상, 강조 색상 등을 미리 정해 놓고 디자인하는 경우를 예로 들어 봅시다. 이렇게 여러 색상을 사용하면서 매번 16진수 색상값을 입력하려면 번거롭겠죠. 그래서 먼저 입력한 색상값을 복사해서 사용하곤 합니다. 이럴 때 :root 클래스에 변수 형태로 색상을 지정해 놓으면 CSS에 있는 선택자에서는 변수 이름만 가져다 사용하면 됩니다. 이렇게 변수 이름을 사용할 때 필요한 함수가 var()입니다.

var() 함수

var() 함수는 사용자가 미리 만들어 놓은 CSS 변수의 값을 가져올 때 사용합니다. var() 함수 괄호 안에 변수 이름을 넣으면 됩니다.

다음 코드는 웹 문서의 배경색과 글자색을 --main-bg-color와 --main-text-color라는 변수로 지정해 놓고 body 선택자에서 변수를 가져와서 사용합니다.

```
:root {
  --main-bg-color: #222;
  --main-text-color: #fff;
}
body {
  background-color: var(--main-bg-color);
  color: var(--main-text-color);
}
```

이렇게 CSS 변수로 색상값을 지정해 놓으면 나중에 배경색과 글자색을 바꾸고 싶을 때 :root 클래스의 변숫값만 수정하면 됩니다. 색상뿐만 아니라 글꼴이나 글자 크기 등 다른 값도 CSS 변수에 지정할 수 있어서 CSS 변수를 잘 활용하면 사이트 디자인을 일관되게 유지할 수 있습니다.

계산식으로 값을 결정하는 calc() 함수

calc() 함수는 계산을 뜻하는 calculation의 줄임말로, 이름 그대로 계산식을 사용해서 속성 값을 사용하게 해줍니다. calc() 함수의 괄호 안에는 크깃값이나 각도, 시간, 백분율, 숫자 등 다양한 단위의 값을 사용한 계산식이 들어갑니다.

calc(계산식)

예를 들어 다음 코드는 nav 요소의 너비를 전체 너비에서 80px만큼 뺀 값으로 결정합니다.

```
nav {
  width: calc(100% - 80px);
}
```

계산식에는 더하기(+)나 빼기(−)뿐만 아니라 곱하기(*), 나누기(/) 연산자도 사용할 수 있는데 몇 가지 주의할 점이 있습니다. 더하기나 빼기 연산자를 사용할 때는 반드시 연산자 앞뒤에 공백을 두어야 합니다. 이렇게 하는 이유는 +, − 같은 기호와 연산자 기호를 구별하기 위해서입니다.

```
nav {
  width: calc(100% - -80px);
}
```

또한 곱하기 연산에서는 2개의 피연산자가 모두 숫자여야 하고, 나누기 연산에서는 오른쪽 피연산자가 0이 아닌 숫자여야 합니다.

다음 코드는 `.heading` 요소를 항상 전체 너비에서 80px을 뺀 값으로 지정합니다. 즉, `.heading` 요소는 화면 너비에 상관없이 여백을 항상 80px 가집니다. 좌우 마진을 `auto`로 지정했으니 여백이 왼쪽과 오른쪽에 각각 40px만큼씩 생기겠죠?

Do it! calc() 함수로 너비 지정하기   예제 파일 13\calc.html

```
<style>
  ......
  .heading {
    width: calc(100% - 80px);
    margin: auto;
    background-color: #222;

    ......
  }
</style>
```

화면 너비와 상관없이 왼쪽과 오른쪽에 일정한 여백 유지하기

최솟값, 최댓값을 적용하는 min() 함수, max() 함수

화면 너비에 따라 속성값을 다르게 적용할 때 최솟값과 최댓값을 고려할 수 있습니다. 이번에는 최솟값이나 최댓값을 찾는 함수를 살펴보겠습니다.

이름에서 알 수 있듯 min() 함수는 괄호 안에 나열된 값 중에서 가장 작은minimum 값을 반환하고, max() 함수는 가장 큰maximum 값을 반환합니다.

기본형   min(값1, 값2, ...)
　　　　　max(값1, 값2, ...)

다음 코드는 .heading 요소의 너비를 100%와 700px 중에서 작은 값으로 적용합니다. 화면 너비가 700px보다 작다면 width: 100%;가 적용되고 700px보다 크다면 width: 700px이 적용됩니다. 또한 글자 크기에는 max() 함수를 사용해서 3vw 와 2em 중에서 큰 값을 적용합니다. 미디어 쿼리를 따로 사용하지 않더라도 화면 너비에 따라 글자 크기를 다르게 표시할 수 있습니다.

Do it! min() 함수, max() 함수 활용하기　　　　　　　예제 파일 13\minmax.html

```
<style>
  ......
  .heading {
    width: min(100%, 700px);
    margin: auto;

    ......
  }
  .heading h1 {
    font-size: max(3vw, 2em);  /* 3vw, 2em 중 큰 값 */
  }
</style>
```

CSS 함수 - min()

CSS 함수 - min()

min(), max() 함수를 사용해 글자 크기 스타일 적용하기

값의 범위를 제한하는 clamp() 함수

클램프clamp는 대상 2개를 물리적으로 고정하는 장치입니다. 이 단어를 이름으로 쓴 CSS 함수 clamp()는 특정 값의 범위를 '고정'하거나 '제한'하는 역할을 합니다.

clamp() 함수에서는 최솟값과 최적값, 최댓값, 이렇게 3가지 매개변수를 사용합니다. clamp() 함수에서 3가지 매개변수를 지정하면 화면 크기에 따라 값을 바꿀 수 있는데, 최솟값보다 작아 질 수 없고 최댓값보다 커질 수 없습니다.

> 기본형   clamp(최솟값, 최적값, 최댓값)

예를 들어 다음 코드는 h1 요소의 글자 크기를 2vw로 지정합니다. vw 단위는 뷰포트 너비를 기 준으로 한다는 것, 알고 있죠? 그래서 뷰포트 너비에 따라 글자 크기가 바뀌는데, 최소 1rem보 다 작을 수 없고 최대 2rem보다 커질 수 없습니다.

Do it! clamp() 함수로 범위 지정하기

예제 파일 13\clamp.html

```
<style>
  ......
  .heading h1 {
    font-size: clamp(1rem, 2vw, 2rem);
  }
</style>
```

13\clamp.html 문서를 웹 브라우저에 표시한 후 웹 개발자 도구 창에서 기기 툴바 전환 아이 콘(🔲)을 눌러서 화면 너비를 다양하게 조절해 보세요. 그리고 스타일 창에서 [계산됨]을 클 릭해서 [font-size]가 어떻게 바뀌는지 확인해 보세요. 글자 크기는 아무리 좁은 화면에서도 16px보다 작아지지 않고, 아무리 넓은 화면이라도 32px보다 커지지 않습니다.

clamp( ) 함수로 글자 크기 범위 지정하기

다양한 시각 효과를 추가하는 filter 속성과 함수

CSS를 사용하면 포토샵 없이 코드만으로 여러 시각 효과를 추가할 수 있습니다. 예를 들어 filter 속성의 다양한 함수를 이용하면 필터 효과를 쉽게 추가할 수 있죠. 필터 함수를 2개 이상 사용할 때는 공백으로 구별합니다.

기본형   filter: 함수

filter 속성은 적용할 효과에 따라 함수를 골라 사용할 수 있습니다. 다양한 필터 함수를 직접 사용하면서 어떤 효과가 있는지 확인해 보겠습니다.

blur( )

선택한 이미지에 블러(흐림) 효과를 적용합니다. 매개변수는 흐림의 정도를 지정하는 값으로 픽셀 단위를 사용합니다.

기본형   filter: blur(흐림 정도)

13\filter.html에는 cat.jpg와 함께 필터 함수를 연습해 볼 수 있는 이미지가 삽입되어 있습니다. CSS 코드에 다음과 같이 코드를 작성해 블러 필터를 적용해 보세요. 앞으로 설명하는 다른 함수도 같은 방법으로 코드를 작성한 후 결과를 확인해 보세요.

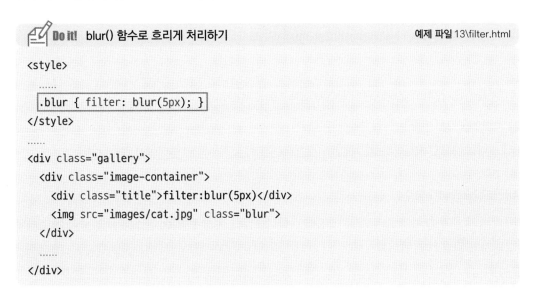

Do it! blur() 함수로 흐리게 처리하기   예제 파일 13\filter.html

```
<style>
  ......
  .blur { filter: blur(5px); }
</style>
......
<div class="gallery">
  <div class="image-container">
    <div class="title">filter:blur(5px)</div>
    <img src="images/cat.jpg" class="blur">
  </div>
  ......
</div>
```

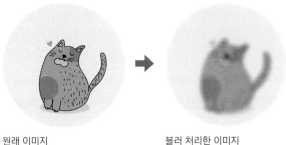

원래 이미지   블러 처리한 이미지

brightness() 함수

선택한 이미지를 좀 더 밝게 표시합니다. 매개변수는 밝기 정도를 나타내는 백분율이나 숫자를 사용합니다.

기본형   filter: brightness(밝기 정도)

- brightness(0%) 또는 brightness(0): 완전히 검은색으로 바꿉니다.
- brightness(100%) 또는 brightness(1): 아무 변화가 없습니다.
- brightness(200%) 또는 brightness(2): 밝기를 2배로 증가시킵니다.

contrast() 함수

contrast() 함수는 요소의 대비contrast를 조절합니다. 매개변수는 대비 정도를 나타내는 백분율을 사용합니다.

> 기본형   `filter: contrast(대비 정도)`

- contrast(0%): 대비가 전혀 없어서 회색으로 표시됩니다.
- contrast(100%): 아무 변화가 없습니다.
- contrast(200%): 대비를 2배로 증가시켜 색상 간의 차이를 더 뚜렷하게 만듭니다.

drop-shadow() 함수

이미지의 윤곽을 따라 그림자를 적용합니다. 11장에서 공부한 box-shadow 속성과 비슷하게 그림자를 적용하면 됩니다.

> 기본형   `filter: drop-shadow(가로 오프셋, 세로 오프셋, 흐림 정도, 번짐 정도,`
>   `그림자 색)`

grayscale() 함수

grayscale() 함수는 이미지를 회색조로 변경해서 표시합니다. 매개변수는 얼마나 회색조로 변경할지 0%와 100% 사이의 값을 적절히 조절해서 사용합니다.

> 기본형   `filter: grayscale(회색조 강도)`

- grayscale(0%): 아무 변화가 없습니다.
- grayscale(100%): 완전히 회색조로 표현합니다.

invert() 함수

invert() 함수는 이미지의 색상을 반전시킵니다. 매개변수는 0%와 100% 사이의 값을 사용해 반전 정도를 지정합니다.

기본형   filter: invert(반전 정도)

- invert(0%): 아무 변화가 없습니다.
- invert(100%): 이미지의 모든 색상이 반전됩니다(검은색은 흰색으로, 흰색은 검은색으로).

sepia() 함수

sepia() 함수는 이미지를 세피아 톤으로 변경해서 표시합니다. 세피아 톤이란 이미지나 사진에 색조를 추가해서 빈티지하거나 고풍스러운 느낌을 주는 효과입니다. 매개변수는 세피아에 얼마나 가깝게 변경할지 0%와 100% 사이의 값을 적절히 조절해서 사용합니다.

기본형   filter: sepia(세피아 강도)

TIP 세피아 톤 효과는 이미지에 강한 색상이 있거나 특정 색상이 지배적일 경우에는 잘 드러나지 않습니다

opacity() 함수

opacity() 함수는 이미지의 투명도를 조절합니다. 매개변수는 0%에서 100% 사이의 값으로 표시하며, 0%는 이미지를 완전히 투명하게 하고 100%는 아무것도 변경하지 않습니다. 그러므로 0%와 100% 사이의 값을 적절하게 사용해서 투명도를 조절합니다.

기본형   filter: opacity(불투명도)

hue-rotate() 함수

07-3절에서 CSS 색상 표기법 가운데 HSL을 설명했죠? HSL은 색상hue, 채도saturation, 명도lightness의 3가지 요소로 색상을 표현합니다. 여기에서 색상은 색상환의 각도로 특정 색상을 나타냅니다. 예를 들어 0°는 빨강, 120°는 초록, 240°는 파랑을 나타내죠. hue-rotate() 함수에서 각도를 지정하면 이미지에 있는 모든 색상의 hue값을 회전시킵니다. 매개변수는 0°에서 360°까지 지정할 수 있습니다.

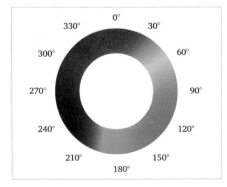

HSL의 색상환

기본형 filter: hue-rotate(각도)

hue-rotate() 함수를 사용해 색상을 변경하면 전체 색상은 바꾸더라도 색상 간의 상대적인 관계는 유지되겠죠? 이 함수는 특정 계절이나 시간대에 맞는 색상을 부여하는 데 활용할 수 있습니다.

saturate() 함수

saturate() 함수는 이미지의 채도를 변경합니다. 매개변수는 색상의 채도를 백분율로 지정합니다.

기본형 filter: saturate(채도)

- saturate(0%): 이미지의 색상이 완전히 무채색이 되어 회색조로 바뀝니다..
- saturate(100%): 아무 변화가 없습니다.
- saturate(200%): 색상 채도가 2배가 되어 더 선명하고 강렬한 색상으로 표시됩니다.

Do it! 이미지에 다양한 필터 적용하기　　　　　　　　　예제 파일 13\filter.html

```
<style>
  ......
  .blur { filter: blur(5px); }                              /* 흐리게 */
  .brightness { filter: brightness(2); }                    /* 밝기 2배로 */
  .contrast { filter: contrast(200%); }                     /* 대비 2배로 */
  .drop-shadow { filter: drop-shadow(16px 16px 10px black); } /* 그림자 추가 */
  .grayscale { filter: grayscale(100%); }                   /* 회색조 */
  .invert { filter: invert(100%); }                         /* 전체 색상 반전 */
  .sepia { filter: sepia(100%) }                            /* 세피아 톤으로 변경 */
  .opacity { filter: opacity(50%); }                        /* 반투명하게 */
  .hue-rotate { filter: hue-rotate(90deg); }                /* 모든 hue값을 90° 이동 */
  .saturate { filter: saturate(200%); }                     /* 채도 2배로 */
</style>
```

 filter:blur(5px)

 filter:brightness(2)

 filter:contrast(200%)

 filter:drop-shadow(16px 16px 10px black)

 filter:grayscale(100%)

filter:invert(100%)

filter:sepia(100%)

filter:opacity(50%)

filter:hue-rotate(90deg)

filter:saturate(200%)

이미지에 다양한 필터를 적용한 모습

CSS

확인! 🔍

모르겠다면?		알겠다면!
← 398쪽	하위 선택자와 자식 선택자를 구별해서 사용할 수 있나요?	☑
← 401쪽	형제 선택자와 인접 형제 선택자를 구별해서 사용할 수 있나요?	☐
← 405쪽	속성과 속성값을 활용한 선택자를 사용할 수 있나요?	☐
← 415쪽	텍스트 링크에 가상 클래스 선택자를 사용할 수 있나요?	☐
← 418쪽	특정 위치의 요소를 지정하는 선택자를 사용할 수 있나요?	☐
← 433쪽	::before, ::after 등의 가상 요소를 활용할 수 있나요?	☐

13장 되새김 문제

1 연결 선택자 중에서 자식 선택자를 나타내는 기호는 무엇인가요?

① { }

② 〉

③ +

2 속성 선택자로, href 속성이 정확히 "https://example.com"인 요소를 선택하려면 어떻게 해야 할까요?

① a[href^="https://example.com"]

② a[href*="https://example.com"]

③ a[href="https://example.com"]

3 <p> 태그의 첫 번째 자식인 <span> 태그를 선택하는 CSS 선택자는 무엇입니까?

① p 〉 span:first-child

② p + span

③ p span:first-child

4 사용자가 링크 위에 마우스 포인터를 올렸을 때 적용할 스타일을 만들려면 (① :hover / ② :active) 선택자를 사용합니다.

5 ul li 선택자는 ul 요소의 (① 모든 자손 / ② 직계 자식) li 요소를 선택합니다.

6 13\quiz-1.html에는 열이 1개이고 행이 5개인 표가 있습니다. 표의 행을 번갈아 회색 배경색을 넣는 코드를 다음 [힌트]를 참고해 작성하세요.

💬 힌트

1. 가상 클래스를 사용해 첫 번째 행부터 시작해서 홀수 번째 행을 선택합니다.
2. 선택한 행에 있는 `<td>` 태그에 배경색을 지정하는 스타일을 정의합니다.

7 13\quiz-2.html에는 `article` 요소가 2개 있습니다. 그리고 각 `<article>` 태그 안에는 <h2> 태그와 <p> 태그가 있고, <h2>와 <p>는 형제 관계입니다. `<article>` 태그 안에 있는 모든 <h2> 태그 바로 다음에 오는 <p> 태그에만 배경색을 노란색(#ffee00)으로 설정하는 스타일을 정의하세요.

완성 화면 **문제 파일** 13\quiz-2.html

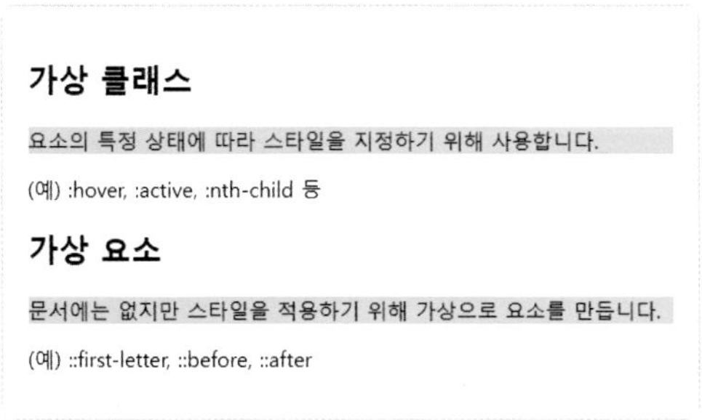

가상 클래스
요소의 특정 상태에 따라 스타일을 지정하기 위해 사용합니다.
(예) :hover, :active, :nth-child 등
가상 요소
문서에는 없지만 스타일을 적용하기 위해 가상으로 요소를 만듭니다.
(예) ::first-letter, ::before, ::after

💬 힌트

1. <h2> 태그와 <p> 태그는 형제 관계입니다.
2. <h2> 태그 바로 다음에 오는 <p> 태그를 선택하려면 '인접 형제 선택자'를 사용합니다.

정답: 1. ② 2. ③ 3. ① 4. ① 5. ① 6. ※13\sol-1.html 참고 7. ※13\sol-2.html 참고

14

트랜지션과 애니메이션

지금까지 살펴본 CSS 기능은 웹 문서를 꾸미거나 특정 요소를 선택해서 스타일을 적용하는 역할이었습니다. 여기에서 한발 더 나아가 웹 요소를 움직이는 데도 CSS를 사용할 수 있습니다. CSS 트랜스폼이나 트랜지션, 애니메이션을 사용하면 웹 사이트의 메뉴를 부드럽게 열 수 있고, 웹 요소를 이동할 수도 있습니다. 예전에는 이런 기능을 자바스크립트로 처리했지만 이제는 CSS만으로도 얼마든지 가능하답니다.

이 장을 다 공부하면!

• 다양한 트랜스폼 함수를 이해할 수 있어요.
• 트랜지션이 필요한 이유와 다양한 속성을 알 수 있어요.
• CSS로 애니메이션을 만들 수 있어요.

14-1 트랜스폼 알아보기

일반적으로 물체의 크기나 형태의 위치를 바꾸는 것을 트랜스폼(transform)이라고 합니다. 웹 문서에서 CSS 트랜스폼을 이용하면 사용자의 동작에 반응해 텍스트나 이미지 등을 움직이게 할 수 있습니다. 이런 트랜스폼을 이용하면 사용자가 웹 요소를 좀 더 흥미롭게 느끼겠죠?

transform과 트랜스폼 함수

CSS에서 트랜스폼을 적용하려면 transform 속성과 트랜스폼 함수 이름을 함께 작성해야 합니다.

> 기본형 **transform: 함수**

웹 요소를 이동시키는 함수는 translate( )입니다. 웹 요소를 x축으로 50px, y축으로 100px 이동하는 클래스 선택자 .photo를 정의하려면 다음과 같이 작성합니다.

```
.photo { transform: translate(50px,100px); }
```

2차원 트랜스폼과 3차원 트랜스폼

2차원 트랜스폼은 웹 요소를 평면에서 변형합니다. 예를 들어 수평 방향으로 이동하거나 수직 방향으로 왜곡하죠. 이렇게 평면에서 변형할 때는 2차원 좌표를 사용하는데, x축은 오른쪽으로 갈수록 값이 커지고 y축은 아래로 내려갈수록 값이 커집니다.

반면에 **3차원 트랜스폼**은 x축과 y축에 원근감을 주는 z축을 추가해서 변형합니다. 3차원 트랜스폼에서 z축은 앞뒤로 이동하며, 보는 사람 쪽으로 다가올수록 값이 커지고 뒤로 갈수록 값이 작아집니다.

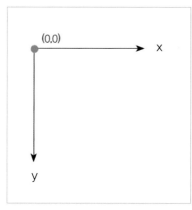

2차원 좌표계

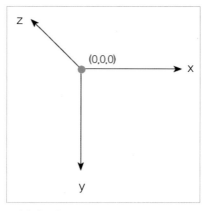

3차원 좌표계

웹 요소를 이동시키는 translate( ) 함수

translate() 함수는 x축이나 y축 또는 양쪽 방향으로 이동할 거리를 지정하면 해당 요소가 지정한 크기만큼 이동합니다. translate() 함수에서 사용하는 형식은 다음과 같습니다.

기본형
```
transform: translate(tx, ty) ❶
transform: translate3d(tx, ty, tz) ❷
transform: translateX(tx) ❸
transform: translateY(ty) ❹
transform: translateZ(tz) ❺
```

❶ transform: translate(tx, ty): x축으로 tx만큼, y축으로 ty만큼 이동합니다. tx와 ty 2가지 값을 사용하지만 ty값이 주어지지 않으면 0으로 간주합니다.

❷ transform: translate3d(tx, ty, tz): x축으로 tx만큼, y축으로 ty만큼, 그리고 z축(앞뒤)으로 tz만큼 이동합니다.

❸ transform: translateX(tx): x축으로 tx만큼 이동합니다.

❹ transform: translateY(ty): y축으로 ty만큼 이동합니다.

❺ transform: translateZ(tz): z축으로 tz만큼 이동합니다.

14\translate-1.html을 브라우저에서 열면 주황색 사각형 3개가 나타납니다. 마우스 포인터를 사각형 위로 올리면 가로, 세로, 대각선 방향으로 이동하도록 해보겠습니다.

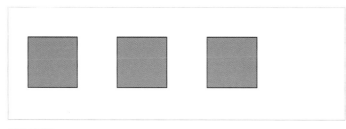

원래 이미지

VS Code에서 14\translate.html 코드를 살펴보면 사각형 영역이 .orgin 요소 안에 들어 있습니다. 원래 위치와 옮겨진 위치를 쉽게 구별할 수 있도록 작성한 것입니다. .orgin 요소 안에 있는 div 위에 마우스 커서를 올리면 안에 있는 div가 옮겨지죠. 이때 영역 3개를 구별할 수 있도록 id 선택자를 이용해 각각 다른 이름을 지정했습니다.

14\translate.html에서 스타일 시트에 다음 코드를 추가해 보세요.

Do it! translate 함수로 웹 요소 이동하기   예제 파일 14\translate.html

```
<style>
    ......
    #movex:hover {
        transform: translateX(50px);   /* x축으로(가로) 50px 이동 */
    }
    #movey:hover {
        transform: translateY(20px);   /* y축으로(세로) 20px 이동 */
    }
    #movexy:hover {
        transform: translate(10px, 20px);   /* x축으로(가로) 10px, y축으로(세로) 20px 이동 */
    }
</style>
```

translate 함수로 웹 요소 이동하기

14\translate.html의 CSS 코드에 다음과 같이 트랜지션 코드를 추가해 보세요. 웹 요소가 이동하는 움직임이 훨씬 자연스러워집니다.

TIP 트랜지션은 14-2절에서 자세히 설명합니다.

Do it! 트랜지션 효과 추가하기

```
<style>
  ......
  .origin > div {
    width:100px;
    height:100px;
    background-color:orange;
    transition: 1s;   /* 부드럽게 움직이게 하려면 */
  }
  ......
</style>
```

알아 두면 좋아요! translate() 함수로 중앙에 배치하기

translate() 함수는 플렉스 박스나 CSS 그리드 레이아웃 개념이 등장하기 전에 웹 요소를 중앙에 배치할 때 자주 사용했습니다. 혹시 다른 사람이 다음 코드를 작성했다면 "웹 요소를 가로 방향으로 중앙에 배치하겠다는 것이구나!"라고 이해하면 됩니다.

```
.parent {
  ......
  position:relative;
}
.child {
  position:absolute;
  left:50%;
  transform: translateX(-50%);
}
```

이 코드는 웹 요소를 어떻게 가로 방향으로 중앙에 배치할 수 있을까요? 우선 중앙에 배치할 요소를 부모 요소 너비의 50% 되는 위치에 놓습니다. 그리고 자식 요소 너비의 50%만큼 왼쪽으로 이동시키면 됩니다. 이때 translateX(-50%) 함수를 이용하는 것이죠.

부모 요소 너비의 50% 위치에 놓기   자식 요소 너비의 50%만큼 왼쪽으로 옮기기

만일 요소를 가로와 세로 방향으로 모두 중앙에 배치한다면 다음 코드를 사용합니다.

```
.parent {
  ......
  position:relative;
}
.child {
  position:absolute;
  left:50%;
  top:50%;
  transform: translate(-50%, -50%);
}
```

요소를 확대·축소하는 scale( ) 함수

scale( ) 함수는 웹 요소를 지정한 크기만큼 확대하거나 축소합니다. scale( ) 함수를 사용하는 형식은 다음과 같습니다. 괄호 안의 값(sx, sy, sz)이 1보다 크면 확대되고 1보다 작으면 축소됩니다.

기본형
```
transform: scale(sx, sy) ❶
transform: scale3d(sx, sy, sz) ❷
transform: scaleX(sx) ❸
transform: scaleY(sy) ❹
transform: scaleZ(sz) ❺
```

❶ transform: scale(sx, sy): x축으로 sx만큼, y축으로 sy만큼 확대합니다. 값이 하나뿐일 경우에는 x, y에 같은 값을 적용합니다. 예를 들어 scale(2)는 scale(2, 2)와 같은 함수이며, 요소를 2배로 확대합니다.

❷ transform: scale3d(sx, sy, sz): x축으로 sx만큼, y축으로 sy만큼, 그리고 z축으로 sz만큼 확대합니다.

❸ transform: scaleX(sx): x축으로 sx만큼 확대합니다.

❹ transform: scaleY(sy): y축으로 sy만큼 확대합니다.

❺ transform: scaleZ(sz): z축으로 sz만큼 확대합니다.

다음은 scale( ) 함수를 사용하여 도형 위로 마우스 포인터를 올려놓으면 크기가 변형되는 예제입니다. scaleX( ) 함수를 사용해서 x축으로 2배, scaleY( ) 함수를 사용해서 y축으로 1.5
배, 그리고 scale( ) 함수를 적용해서 x축과 y축으로 0.7배 확대합니다. scale( ) 함수에는 값
을 하나만 사용했으므로 x축과 y축에 똑같은 값이 적용됩니다.

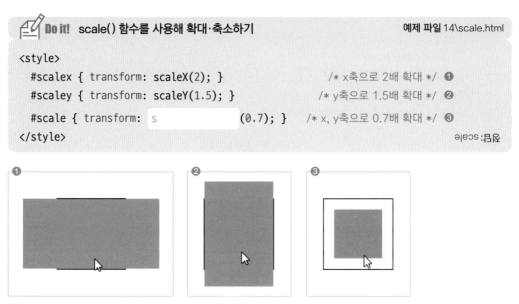

scale( ) 함수로 확대·축소하기

요소를 회전시키는 rotate( ) 함수

2차원 rotate( ) 함수

요소를 회전시키는 rotate( ) 함수는 2차원 회전과 3차원 회전에서 모두 사용할 수 있습니다.
rotate( ) 함수를 2차원에서 사용할 때는 각도만 지정하면 됩니다. 함수는 웹 요소를 지정한
각도만큼 오른쪽(시계 방향)이나 왼쪽(시계 반대 방향)으로 회전시킵니다.

> 기본형   transform: rotate(각도)

rotate( ) 함수에서 지정할 수 있는 각도의 값은 일반적인 각도^{degree}나 래디안^{radian}을 사용하
는데, 이때 1래디안은 180°/π를 의미합니다. 회전 각도가 양수면 오른쪽으로 회전하고, 음수
면 왼쪽으로 회전합니다.
다음은 rotate( ) 함수를 사용하여 이미지를 오른쪽으로 40°, 왼쪽으로 40°만큼 회전한 예제
입니다.

```
<style>
  #rotate1:hover { transform: rotate(40deg); }            /* 오른쪽으로 40도 회전 */ ❶
  #rotate2:hover { transform:  r                (-40deg); } /* 왼쪽으로 40도 회전 */ ❷
</style>
```
정답: rotate

rotate( ) 함수로 2차원에서 회전하기

3차원 rotate( ) 함수와 perspective 속성

이번에는 3차원에서 요소를 회전시키는 방법을 알아보겠습니다. 3차원 rotate( ) 함수는 다음과 같이 x축이나 y축, z축을 기준으로 회전시킵니다.

기본형   transform: rotate(rx, ry, 각도)
        transform: rotate3d(rx, ry, rz, 각도)
        transform: rotateX(각도)
        transform: rotateY(각도)
        transform: rotateZ(각도)

이때 perspective 속성을 함께 사용해서 원근감을 추가해 주면 회전 형태를 입체적으로 표현할 수 있습니다. perspective 속성은 3차원 트랜스폼에서 사용하는데, 원래 있던 위치에서 사용자가 있는 방향이나 혹은 반대 방향으로 잡아당기거나 밀어내어 원근감을 표현합니다.

perspective 속성에서 사용하는 값은 0보다 커야 하며, 원래 있던 위치에서 사용자가 있는 쪽으로 얼마나 이동하는지를 픽셀 크기로 나타냅니다. 값이 클수록 사용자로부터 멀어집니다. 여기에서 주의할 점은 perspective 속성은 변형하는 요소가 아니라 변형하는 요소의 부모 요소에 정의해야 한다는 것입니다.

다음 코드에서 .origin 요소 안에 있는 #rotatex 요소를 x축으로 회전시키고 그 요소에 입체감을 주고 싶다면 .origin 요소에 perspective 속성을 사용해야 합니다.

```
<div class="origin">
  <div id="rotatex"></div>
</div>
```

perspective를 사용한 예제를 확인해 볼까요? 14\perspective.html에는 이미지가 2개 있고, 이미지 위로 마우스 포인터를 올리면 x축 기준으로 회전시킬 것입니다. 단, 2번째 이미지에는 원근감을 주도록 할게요. 2번째 이미지의 부모 요소(#pers)에 perspective 속성을 추가합니다. 크기는 300px 정도로 하겠습니다.

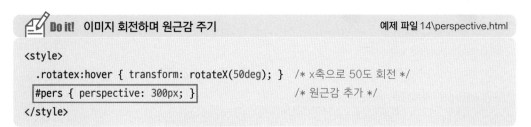

<style>
  .rotatex:hover { transform: rotateX(50deg); }   /* x축으로 50도 회전 */
  #pers { perspective: 300px; }   /* 원근감 추가 */
</style>

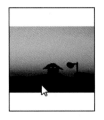 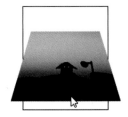

perspective를 지정하지 않았을 때   perspective를 지정했을 때

다음 예제는 도형 위에 마우스 포인터를 올리면 x축, y축, z축으로 각각 55°씩 회전하거나 x, y, z 축에 방향 벡터를 지정하고 55°를 회전합니다. 이때 x축, y축, z축으로 회전하는 것을 천천히 확인할 수 있도록 트랜지션 효과를 주었습니다.

마지막으로 각 요소에 원근감을 주기 위해 #rotatex, #rotatey, #rotatez, #rotatexyx의 부모 요소인 .origin에 perspective 속성을 정의합니다.

TIP 벡터(vector)란 크기와 방향을 나타내는 물리량을 말합니다. 예를 들어 '가속도'는 크기와 방향이 모두 있는 벡터입니다. 벡터 중에서 방향을 가리키는 벡터를 '방향 벡터'라고 합니다. 그리고 트랜지션 효과는 14-2절에서 다룹니다.

Do it! rotate( ) 함수를 사용해 3차원에서 회전하기 　　　　　　　예제 파일 14\rotate3d.html

```
.origin {
  ......
  perspective: 200px;  /* 원근감 추가 */
}
.origin > div {
  ......
  transition: all 3s;  /* 3초 동안 회전하도록 트랜지션 적용 */
}
#rotatex:hover { transform: rotateX(55deg); }          /* x축으로 55도 회전 */ ❶
#rotatey:hover { transform: rotateY(55deg); }          /* y축으로 55도 회전 */ ❷
#rotatez:hover { transform:  r            (55deg); }   /* z축으로 55도 회전 */ ❸
#rotatexyz:hover {transform: rotate3d(2.5, 1.2, -1.5, 55deg); } /* x, y, z축에 방향
벡터를 지정하고 55도 회전 */ ❹
</style>
```

> #rotatex, #rotatey, #rotatez, #rotatexyz의 부모 요소인 .origin에 perspective 속성을 적용합니다!

정답: rotateZ

❶ 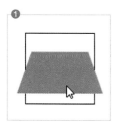 ❷  ❸ 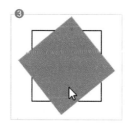 ❹

rotate( ) 함수를 사용해 3차원에서 회전하기

요소를 비틀어 왜곡하는 skew( ) 함수

skew( ) 함수는 지정한 각도만큼 요소를 비틀어 왜곡합니다. 이때 양쪽 방향으로 비틀거나 한쪽 방향으로만 비틀 수도 있습니다.

기본형　　transform: skewX(x각도) ❶
　　　　　transform: skewY(y각도) ❷
　　　　　transform: skew(x각도, y각도) ❸

> ❶ transform: skewX(각도): x축을 기준으로 주어진 각도만큼 비틉니다.
> ❷ transform: skewY(각도): y축을 기준으로 주어진 각도만큼 비틉니다.
> ❸ transform: skew(x각도, y각도): 첫 번째 값은 x축을 기준으로 비트는 각도이고, 두 번째 값은 y축을 기준으로 비트는 각도입니다. 두 번째 값이 주어지지 않으면 y축 각도를 0으로 간주합니다.

CSS

다음 예제에서는 각각의 도형 위에 마우스 포인터를 올리면 x축으로 30° 비틀고, y축으로 15° 비틉니다. 그리고 마지막은 x축으로 -25°, y축으로 -15°를 비틀었습니다.

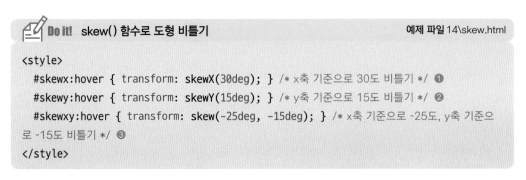

```
<style>
  #skewx:hover { transform: skewX(30deg); } /* x축 기준으로 30도 비틀기 */ ❶
  #skewy:hover { transform: skewY(15deg); } /* y축 기준으로 15도 비틀기 */ ❷
  #skewxy:hover { transform: skew(-25deg, -15deg); } /* x축 기준으로 -25도, y축 기준으
로 -15도 비틀기 */ ❸
</style>
```

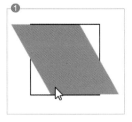

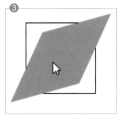

skew() 함수로 도형 비틀기

이처럼 skewX() 함수는 각돗값이 양수면 왼쪽이 올라가고 오른쪽이 내려가는 형태가 됩니다. 반대로 skewY() 함수는 각돗값이 양수면 오른쪽이 올라가고 왼쪽이 내려가는 형태입니다.

14-2 트랜지션 알아보기

앞에서는 요소를 이동하거나 회전, 왜곡시키는 등 비교적 단순한 트랜스폼을 배웠습니다. 이번에 배울 트랜지션은 스타일 하나를 완전히 다른 스타일로 바꿉니다. 트랜지션에서는 스타일이 바뀌는 시간을 조절하면 자바스크립트를 사용하지 않고도 애니메이션 효과를 낼 수 있습니다.

트랜지션이란

트랜지션transition은 웹 요소의 배경색을 바꾸거나 도형의 테두리를 사각형에서 원형으로 바꾸는 것처럼 스타일 속성이 바뀌는 것을 말합니다. 쉽게 이해할 수 있는 예제를 살펴보겠습니다.

먼저 14\tr-samples.html 파일을 웹 브라우저에서 열어 보세요. 그리고 하늘색 사각형 위로 마우스 포인터를 올리면 배경색이 파란색으로 바뀌죠? 이번에는 주황색 사각형 위에 마우스 포인터를 올리면 사각형이 원형으로 바뀌면서 테두리가 검은색에서 빨간색으로 변합니다. 반대로 마우스 포인터를 내리면 모두 원래 형태로 되돌아갑니다. 이렇게 웹 요소의 스타일 속성이 시간에 따라 바뀌는 것을 **트랜지션**이라고 합니다.

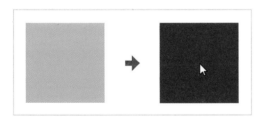

사각형의 배경색이 바뀌는 트랜지션

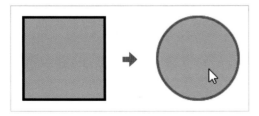

도형의 모양과 테두리색이 바뀌는 트랜지션

트랜지션과 속성

CSS3 트랜지션을 실행하려면 다음 표로 정리한 여러 가지 속성을 사용해야 합니다. 이제부터 트랜지션의 속성을 하나하나 알아보겠습니다.

트랜지션의 속성

종류	설명
transition-property	트랜지션의 대상을 지정합니다.
transition-duration	트랜지션의 진행 시간을 지정합니다.
transition-timing-function	트랜지션의 속도 곡선을 지정합니다.
transition-delay	트랜지션의 지연 시간을 지정합니다.
transition	트랜지션 관련 속성을 한꺼번에 정합니다.

트랜지션의 대상을 지정하는 transition-property 속성

트랜지션을 만들려면 맨 먼저 transition-property 속성을 사용하여 어떤 속성에 트랜지션을 적용할 것인지 대상을 지정해야 합니다.

기본형 `transition-property: all | none | <속성 이름>`

transition-property 속성에서 사용할 수 있는 속성값은 다음과 같습니다.

transition-property의 속성값

종류	설명
all	all값을 사용하거나 transition-property를 생략할 경우 요소의 모든 속성이 트랜지션 대상이 됩니다. 기본값입니다.
none	트랜지션을 하는 동안 아무 속성도 바뀌지 않습니다.
속성 이름	트랜지션 효과를 적용할 속성을 지정합니다. 속성이 여럿일 경우 쉼표(,)로 구분하여 나열합니다.

예를 들어 transition-property 속성을 이용해 다음과 같이 트랜지션 대상을 지정할 수 있습니다.

```
transition-property: all;                /* 해당 요소의 모든 속성에 트랜지션 적용 */
transition-property: background-color;   /* 해당 요소의 배경색에 트랜지션 적용 */
transition-property: width, height;      /* 해당 요소의 너비와 높이에 트랜지션 적용 */
```

트랜시션의 진행 시간을 지정하는 transition-duration 속성

트랜지션 대상을 지정했다면 다음으로 진행 시간을 지정해야 속성이 자연스럽게 바뀌는 애니메이션 효과를 만들 수 있습니다. 진행 시간은 transition-duration 속성으로 지정하고, 시간 단위는 초^{second} 또는 밀리초^{millisecond}입니다. 트랜지션의 대상 속성이 여러 개라면 진행 시간도 쉼표(,)로 구분해서 여러 개를 지정할 수 있습니다.

TIP 음숫값을 지정하면 0으로 간주합니다.

기본형   `transition-duration: <시간>`

트랜지션의 속도 곡선을 지정하는 transition-timing-function 속성

transition-timing-function 속성을 사용하면 트랜지션 효과의 시작, 중간, 끝에서 속도를 지정해 전체 속도 곡선을 만들 수 있습니다. 속도 곡선은 미리 정해진 키워드나 베지에 곡선을 이용해 표현합니다.

TIP 베지에 곡선은 n개의 점을 이용해 (n-1)차 곡선을 만들어 내는 함수입니다.

기본형   `transition-timing-function: linear | ease | ease-in | ease-out | ease-in-out | cubic-bezier(n, n, n, n)`

transition-timing-function의 속성값

종류	설명
ease	처음에는 천천히 시작하고 점점 빨라지다가 마지막엔 천천히 끝냅니다. 기본값입니다.
linear	시작부터 끝까지 똑같은 속도로 진행합니다.
ease-in	느리게 시작합니다.
ease-out	느리게 끝냅니다.
ease-in-out	느리게 시작하고 느리게 끝냅니다.
cubic-bezier(n, n, n, n)	베지에 함수를 정의해서 사용합니다. 이때 n값은 0~1 사이만 사용할 수 있습니다.

예를 들어 트랜지션을 처음부터 끝까지 일정한 속도로 진행하려면 다음과 같이 속성값을 linear로 지정합니다.

```
transition-timing-function: linear;
```

속도 곡선의 속성값을 비교해서 볼 수 있는 14\tr-function.html 파일을 열어 보세요. 파란색 사각형 위로 마우스 포인터를 올리면 아래로 움직이면서 트랜지션의 시작 속도와 끝나는 속도가 다르게 진행되는 것을 볼 수 있습니다.

트랜지션 속도 곡선의 속성값 비교하기

트랜지션의 지연 시간을 설정하는 transition-delay 속성

transition-delay 속성은 트랜지션 효과를 언제부터 시작할 것인지를 설정합니다. 이 속성을 사용하면 지정한 시간만큼 기다렸다가 트랜지션이 시작됩니다. 사용할 수 있는 값은 초(s)나 밀리초(ms)이며, 기본값은 0입니다.

기본형   `transition-delay: <시간>`

트랜지션의 속성을 한꺼번에 표기하는 transition 속성

지금까지 여러 가지 트랜지션 속성을 알아보았습니다. 그런데 transition 속성을 전체 대상에 적용하고 각각의 진행 시간이 같을 경우 한꺼번에 지정하면 편리합니다.

기본형   `transition: <transition-property값> | <transtion-duration값>`
          `| <transition-timing-function값> | <transition-delay값>`

속성값을 작성하는 순서는 상관이 없습니다. 다만 시간값을 사용하는 속성이 2개(진행 시간, 지연 시간)이므로 시간값이 2개 있다면 앞에 오는 시간값을 transition-duration 속성으로,

뒤에 오는 시간값은 transition-delay 속성으로 간주합니다.

다음은 2초 동안 ease-in 트랜지션을 실행하는 예제입니다. 트랜지션 대상을 지정하지 않았으므로 기본값인 all이 적용됩니다. CSS에서 지정한 모든 속성, 즉 여기에서는 width와 height, background-color, transform이 트랜지션 대상입니다. 사각형 위로 마우스 포인터를 올리면 270° 회전하면서 2초 동안 너빗값과 높잇값이 커지고 배경색이 바뀝니다.

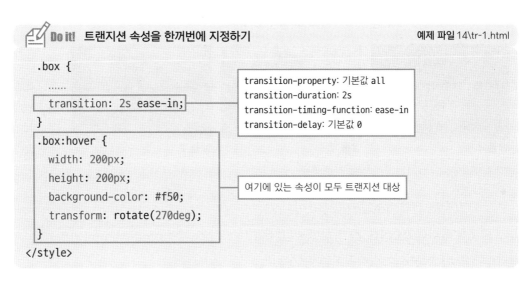

Do it! 트랜지션 속성을 한꺼번에 지정하기   예제 파일 14\tr-1.html

```
.box {
    ......
    transition: 2s ease-in;
}
.box:hover {
    width: 200px;
    height: 200px;
    background-color: #f50;
    transform: rotate(270deg);
}
</style>
```

transition-property: 기본값 all
transition-duration: 2s
transition-timing-function: ease-in
transition-delay: 기본값 0

여기에 있는 속성이 모두 트랜지션 대상

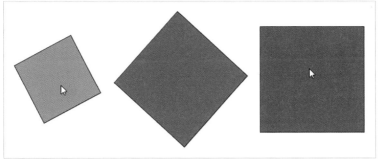

트랜지션 속성을 한꺼번에 지정하기

Do it! 실습 ▷ 마우스 오버하면 상품 정보 표시하기

[준비] 14\product.html, 14\css\product.css   [결과 비교] 14\results\product.html, 14\results\css\product.css

쇼핑몰 사이트에서 상품 이미지 위로 마우스 포인터를 올리면 상품의 상세 정보 페이지로 이동하지 않고도 간단한 상품 정보를 알 수 있습니다. 이러한 기능은 쇼핑몰 사이트는 물론 포

트폴리오 등에도 다양하게 활용할 수 있습니다. 먼저 HTML 파일부터 살펴볼까요?

1단계 HTML 파일 살펴보기

14\product.html 파일을 웹 브라우저에서 열어 보세요. 다음 그림처럼 상품 이미지 아래에 상품 설명 글이 간단히 표시되어 있습니다.

문서 구조를 알아야 CSS 코드를 작성할 수 있겠죠? VS Code에서 product.html 파일을 열고 다음 코드를 살펴보세요.

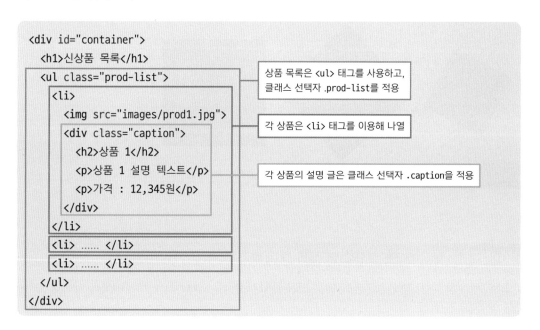

2단계 CSS 파일 수정하고 저장하기

먼저 상품 설명 글이 처음에는 보이지 않도록 .caption 스타일의 불투명도를 0으로 지정합니다. 그리고 나중에 설명 글이 표시될 때 자연스럽게 나타나도록 트랜지션을 사용합니다. 다음 코드를 14\css\ product.css 파일 하단에 추가하세요.

```css
.prod-list img {
  ......
}
.prod-list .caption {
  position: absolute;
  top: 200px;                      /* 기준 위치보다 200px 아래로 */
  width: 300px;
  height: 200px;
  padding-top: 20px;
  background: rgba(0,0,0,0.6);     /* 반투명한 검정 배경 */
  opacity: 0;                      /* 화면에 보이지 않게 */
  transition: all 0.6s ease-in-out; /* 부드럽게 나타나도록 트랜지션 추가 */
  z-index: 10;                     /* 다른 요소보다 위에 있도록 */
}
```

이때 중요한 점이 있습니다. position: absolute를 정확하게 적용하려면 부모 요소에 position: relative를 추가해야 합니다. 여기에서 .caption 요소의 부모 요소는 <li> 태그죠. 그러므로 product.css 파일에서 다음과 같이 li에 position: relative 속성을 추가해야 합니다.

```css
.prod-list li {
  ......
  position: relative;
}
```

코드를 꼭 추가하세요!

수정한 CSS 파일을 저장하고 웹 브라우저에서 product.html 파일을 확인해 볼까요? 이제 상품의 설명 글이 보이지 않습니다. 하지만 설명 글은 화면에서만 보이지 않을 뿐 실제로는 브라우저에 남아 있습니다. 크롬 개발자 도구 창에서 <div class="caption"> 부분을 검사하면 다음 그림처럼 설명 글 영역이 보입니다.

크롬 개발자 도구 창에서 .caption 요소 확인하기

3단계 마우스 포인터를 올리면 상품 설명 글 보여 주기

이제 상품 항목 위에 마우스 포인터를 올리면 상품의 설명 글이 이미지 위로 이동하도록 만들어 보겠습니다. 변형 함수 translateY( )를 이용해 상품 설명 글을 위로 이동하고, opacity 속성값을 1로 수정하여 감췄던 텍스트를 보여 줍니다. 다음 코드를 product.css 파일 하단에 추가하세요.

```css
.prod-list .caption {
  ......
}
.prod-list li:hover .caption {
  opacity: 1;                    /* 설명 글을 화면에 나타나게 */
  transform: translateY(-200px); /* 설명 글을 위쪽으로 200px 이동 */
}
```

그런데 설명 글의 배경색이 어두우므로 .caption 요소의 글자색을 흰색으로 바꾸는 것이 좋겠습니다. 그리고 텍스트를 가운데로 정렬하겠습니다. 다음 코드를 product.css 파일 하단에 추가하세요.

```
.prod-list li:hover .caption {
  ......
}
.prod-list .caption h2, .prod-list .caption p {
  color: #fff;
  text-align: center;
}
```

수정한 CSS 코드를 저장하고 웹 브라우저에서 product.html 파일을 확인해 보세요. 상품 이미지 위로 마우스 포인터를 올려놓으면 반투명한 검은색 배경에 설명 글이 나타나고, 마우스 포인터를 내리면 설명 글도 사라집니다.

마우스 포인터를 올리면 상품 설명 글 나타내기

14-3 애니메이션 알아보기

앞에서 배운 CSS 트랜지션을 잘 활용해도 부드러운 애니메이션 효과를 만들 수 있지만, CSS의 animation 속성을 이용하면 트랜지션보다 더 쉽게 애니메이션을 만들 수 있습니다. 이번 절에서는 animation 속성을 이용해 애니메이션을 만들어 보겠습니다.

CSS 애니메이션에서 사용하는 속성

CSS의 animation 속성을 사용하면 자바스크립트를 사용하지 않고도 웹 요소에 애니메이션을 추가할 수 있습니다. animation 속성은 특정 지점에서 스타일을 바꾸면서 애니메이션을 만드는데, 이렇게 애니메이션 중간에 스타일이 바뀌는 지점을 **키프레임**keyframe이라고 합니다.

키프레임은 @keyframes 속성으로 정의하고, animation 속성과 그 하위 속성을 이용해서 애니메이션의 실행 시간이나 반복 여부 등을 지정합니다.

animation 관련 속성을 표로 정리했습니다. 이 중에서 자주 사용하는 속성을 하나하나 살펴보겠습니다.

animation의 속성

종류	설명
@keyframes	애니메이션이 바뀌는 지점을 지정합니다.
animation-delay	애니메이션의 지연 시간을 지정합니다.
animation-direction	애니메이션을 종료한 뒤 처음부터 시작할지, 역방향으로 진행할지를 지정합니다.
animation-duration	애니메이션의 실행 시간을 지정합니다.
animation-iteration-count	애니메이션의 반복 횟수를 지정합니다.
animation-name	@keyframes로 설정해 놓은 애니메이션을 지정합니다.
animation-timing-function	키프레임의 전환 형태를 지정합니다.
animation	animation 속성을 한꺼번에 묶어서 지정합니다.

애니메이션의 지점과 이름을 설정하는 @keyframes 속성, animation-name 속성

애니메이션의 시작과 끝을 비롯하여 상태가 바뀌는 부분이 있다면 @keyframes 속성을 이용해 그 지점을 설정합니다.

기본형   @keyframes   <이름> {

      <키프레임선택자> { <스타일> }

    }

@keyframes 규칙에서 <키프레임선택자>는 애니메이션의 중간 단계를 정의합니다. 속성이 어느 위치에서 바뀔 것인지를 작성하죠. 애니메이션의 시작 위치는 0%, 끝 위치는 100%로 놓고 속성값이 바뀌는 위치를 퍼센트(%)값으로 지정합니다. 중간 단계 없이 시작과 끝 부분만 속성값을 지정하고 싶다면 from과 to라는 키워드를 사용해도 됩니다.

예를 들어 14\ani-1.html에 있는 .box 요소를 왼쪽에서 오른쪽으로 부드럽게 움직이는 애니메이션을 만들어 보겠습니다. 애니메이션 이름은 slideRight로 하고, 첫 위치는 0, 마지막 위치는 500px로 지정합니다. **TIP** 여기에서 from 대신 0%를, to 대신 100%를 사용해도 됩니다.

Do it! 애니메이션 정의하기   예제 파일 14\ani-1.html

```
<style>
  ......
@keyframes slideRight {
  from { transform: translateX(0); }
  to {transform: translateX(500px); }
}
</style>
```

애니메이션을 만들기만 해서는 안 되겠죠? animation-name 속성을 사용해 어떤 애니메이션을 적용할 것인지를 지정해야 합니다. 이때 animation-name 속성은 애니메이션을 적용할 웹 요소 선택자에 추가합니다.

기본형   animation-name: <키프레임 이름> ¦ none

예를 들어 앞에서 만든 slideRight 애니메이션을 .box라는 요소에 적용하겠다면 다음과 같이 animation-name 속성을 추가합니다.

```
<style>
  .box {
    width: 100px;
    height: 100px;
    background-color: #fa0;
    animation-name: slideRight;
  }

  @keyframes slideRight {
    from { transform: translateX(0); }
    to { transform: translateX(500px); }
  }
</style>
```

웹 브라우저에서 확인해 보면 애니메이션은 아직 실행되지 않습니다. animation-duration 속성을 지정해야 하거든요.

애니메이션의 실행 시간을 지정하는 animation-duration 속성

animation-duration 속성은 애니메이션을 얼마 동안 재생할 것인지를 설정합니다. 즉, 애니메이션 효과가 얼마나 빨리 또는 느리게 재생될지를 제어합니다. 이 속성값(시간)이 길면 애니메이션은 더 천천히 진행되어 부드러운 느낌을 줄 수 있고, 짧으면 빠르게 진행되어 활기찬 느낌을 줄 수 있습니다.

> 기본형　　**animation-duration: <시간>**

animation-duration 속성의 기본값은 0이므로 값을 정하지 않으면 애니메이션은 실행되지 않습니다. aninmation-duration에서 사용할 수 있는 값은 초(s)나 밀리초(ms) 같은 시간 단위입니다. 예를 들어 2s는 애니메이션이 시작해서 끝날 때까지 총 2초 걸리는 것을 의미하고, 500ms는 500밀리초, 즉 0.5초 걸린다는 뜻입니다.

TIP 1초는 1,000밀리초입니다.

앞에서 작성하던 14\ani-1.html 코드를 마무리해 보겠습니다. 다음과 같이 .box 요소에 animation-duration 속성을 추가합니다.

Do it! **animation-duration 속성 지정하기**   예제 파일 14\ani-1.html

```
<style>
 .box {
  width: 100px;
  height: 100px;
  background-color: #fa0;
  animation-name: slideRight;
  animation-duration: 2s;
 }

 @keyframes slideRight {
  from { transform: translateX(0); }
  to { transform: translateX(500px); }
 }
</style>
```

웹 브라우저에서 확인하면 주황색 사각 영역이 브라우저 창 왼쪽에서부터 오른쪽으로 2초 동안 이동했다가 다시 원래 위치로 되돌아오는 것을 볼 수 있습니다.

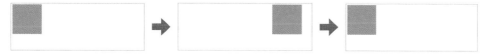

지정한 시간 동안 실행되는 애니메이션

반복 횟수를 지정하는 animation-iteration-count 속성

애니메이션을 반복해서 보여 줘야 할 때는 **animation-iteration-count** 속성을 사용해 반복 횟수를 정합니다.

기본형   animation-iteration-count: <숫자> ¦ infinite

animation-iteration-count의 속성값

종류	설명
숫자	애니메이션의 반복 횟수를 정합니다.
infinite	애니메이션을 무한 반복합니다.

애니메이션의 방향을 지정하는 animation-direction 속성

애니메이션은 keyframes에서 정의한 from에서 to 순서로 진행하는데, animation-direction 속성을 사용해서 진행 방향을 바꿀 수 있습니다.

> 기본형   animation-direction: normal | reverse | alternate | alternate-reverse

animation-direction의 속성값

종류	설명
normal	애니메이션을 from에서 to로 진행합니다. 기본값입니다.
reverse	애니메이션을 원래 방향과는 반대로 to에서 from으로 진행합니다.
alternate	홀수 번째는 normal로, 짝수 번째는 reverse로 진행합니다.
alternate-reverse	홀수 번째는 reverse로, 짝수 번째는 normal로 진행합니다.

14\ani-2.html 문서의 .box 요소에는 왼쪽에서 오른쪽으로 이동하는 slideRight 애니메이션이 적용되어 있습니다. 웹 브라우저에서 확인해 보면 .box 요소 애니메이션이 한 번만 실행하고 끝나 버리죠.

코드를 수정해서 .box 요소가 끝없이 왕복하는 애니메이션을 만들어 보겠습니다. animation-direction의 속성값 중에서 alternate를 사용하면 됩니다. 만일 끝 위치부터 시작 위치로 실행하고 싶다면 alternate-reverse를 사용하면 되고요. 다음처럼 animation-iteration-count 속성과 animation-direction 속성을 추가해 보세요.

✍️ **Do it!** 왕복하는 애니메이션 만들기   예제 파일 14\ani-2.html

```
<style>
  .box {
    ......
    animation-name: slideRight;
    animation-duration: 2s;
    animation-iteration-count: infinite;
    animation-direction: alternate;
  }
  ......
</style>
```

웹 브라우저로 확인하면 시작 위치와 끝 위치 사이에서 사각 영역이 왕복하는 것을 볼 수 있습니다.

사각 영역이 시작 위치에서 끝 위치를 왕복하는 애니메이션

애니메이션의 속도 곡선을 지정하는 animation-timing-function 속성

트랜지션과 마찬가지로 animation에서도 애니메이션의 시작, 중간, 끝에서 속도를 지정하여 전체 속도 곡선을 만들 수 있습니다.

> 기본형   `animation-timing-function: linear | ease | ease-in | ease-out`
>   `| ease-in-out | cubic-bezier(n, n, n, n)`

TIP animation-timing-function 속성에서 사용할 수 있는 값은 14-2절에서 배운 transition-timing-function의 속성값과 같으니 참고하세요.

애니메이션의 속성을 한꺼번에 표기하는 animation 속성

지금까지 배운 animation 관련 속성을 한 줄씩 따로따로 작성하지 않고 한꺼번에 표기하는 방법을 알아보겠습니다. 주의할 점은, 애니메이션 속성을 사용할 때 **animation-duration** 속성을 반드시 표기해야 한다는 것입니다. 애니메이션 실행 시간을 지정하지 않으면 기본값 0이 적용되어 애니메이션 효과를 볼 수 없기 때문이죠.

> 기본형   `animation: <animation-name> | <animation-duration> |`
>   `<animation-timing-function> | <animation-delay> |`
>   `<animation-iteration-count> | <animation-direction>`

예를 들어 moving이라는 이름의 애니메이션을 정의하려면 다음과 같이 코드를 여러 줄로 작성해야 했습니다.

```
.box {
  animation-name: moving;
  animation-duration: 3s;
  animation-timing-function: ease-in;
  animation-direction: alternate;
  animation-iteration-count: infinite;
}
```

하지만 animation 속성을 사용하면 다음과 같이 코드를 한 줄로 간단하게 줄일 수 있습니다.

```
.box { animation: moving 3s alternate infinite ease-in; }
```

다음 예제는 rotate와 background 애니메이션을 동시에 실행합니다. animation 속성을 사용하면 간단하게 표현할 수 있으므로 쉼표(,)로 구분하여 애니메이션을 2개 이상 실행할 수 있습니다. rotate와 background 애니메이션의 실행 시간은 모두 1.5초 동안이고 무한 반복합니다. background 애니메이션에는 alternate 속성값이 있어서 반대 방향으로도 실행됩니다. rotate 애니메이션은 중간 지점(50%)에서 x축 기준으로 회전하고, 끝나는 지점(100%)에서 y축 기준으로 회전합니다. background 애니메이션은 처음에는 빨간색 배경으로, 중간에는 초록색 배경으로, 마지막에는 파란색 배경으로 바뀝니다.

Do it! 애니메이션 2개를 한꺼번에 지정하기   예제 파일 14\ani-3.html

```
.box {
    width: 100px;
    height: 100px;
    margin: 60px auto;
    animation: rotate 1.5s infinite, background 1.5s infinite alternate;
}
```
rotate 애니메이션 정의, 1.5초 진행, 무한 반복   background 애니메이션 정의, 1.5초 진행, 무한 반복
```
@keyframes rotate { /* 0도 -> x축 -180도 회전 -> y축 -180도 회전 */
    0% { transform: perspective(120px) rotateX(0deg) rotateY(0deg); }
    50% { transform: perspective(120px) rotateX(-180deg) rotateY(0deg); }
    100% { transform: perspective(120px) rotateX(-180deg) rotateY(-180deg); }
}

@k            background {
    0% { background-color: red; }       /* 시작 배경색은 빨강 */
    50% { background-color: green; }     /* 중간(50%) 배경색은 초록 */
    100% { background-color: blue; }     /* 마지막(100%) 배경색은 파랑 */
}
</style>
```
정답: @keyframes

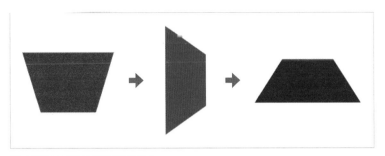

애니메이션 2개를 한꺼번에 지정하기

Do it! 실습   트랜스폼과 트랜지션을 사용해 버튼 효과 만들기

[준비] 14\button.html   **[결과 비교]** 14\results\button.html

트랜스폼과 트랜지션은 ::after나 ::before 가상 클래스와 함께 시각 효과를 만드는 데 자주
사용합니다. 이번 실습에서는 다음과 같이 버튼 위로 마우스 포인터를 올리면 왼쪽부터 오른
쪽으로 배경색과 글자색이 바뀌는 효과를 만들어 보겠습니다.

1단계 동적인 효과가 완료됐을 때 스타일 만들기

흰색 배경이 왼쪽에서 오른쪽으로 움직이면서 펼쳐지는 효과부터 만들어 보겠습니다. 이때
동적인 효과가 완료됐을 때의 스타일을 가장 먼저 만들어야 합니다. 그래야 처음 스타일에서
완료됐을 때의 스타일로 조금씩 바꿀 수 있거든요.

VS Code에서 14\button.html 문서를 불러옵니다. 마크업을 보면 버튼 부분에 .button 스타
일을 사용했네요. ::before 클래스를 사용해서 배경색을 지정하고 :hover 클래스를 사용해
서 글자색도 바꿔 주세요.

```
<style>
  ......
  .button {
    ......
    padding:20px 60px;
    position: relative;    /* 부모 요소에 상대적으로 배치 */
```

```
    }
    .button::before {
        content: "";
        position:absolute;          /* 부모 요소에 상대적으로 배치 */
        top:0;                       /* 부모 요소의 상단에 배치 */
        left: 0;                     /* 부모 요소의 왼쪽에 배치 */
        width: 100%;                 /* 부모 요소의 너비와 같게 설정 */
        height: 100%;                /* 부모 요소의 높이와 같게 설정 */
        background-color: #fff;    /* 배경색을 흰색으로 설정 */
    }
    .button:hover {
        color: #ff5e62;              /* 마우스를 올렸을 때 글자색을 빨간색으로 변경 */
    }
</style>
```

2단계 배경과 글자 나타내기

웹 브라우저에서 확인하면 버튼 안에 흰색 배경이 가득 찰 것입니다. 그런데 마우스 포인터를
버튼 위로 올려도 글자색이 바뀌지 않네요. 이것은 ::before에서 지정한 스타일이 글자를 덮
고 있기 때문입니다. z-index 속성을 사용해 배경색을 글자보다 아래에 깔아 주어야 합니다.
z-index값을 음수로 지정해 주세요.

TIP 이때 z-index값은 -5 정도만 해도 됩니다. 배경색은 글자의 z-index값보다 작으면 되거든요.

```
<style>
    ......
    .button::before {
        ......
        width: 100%;
        height: 100%;
        background-color: #fff;
        z-index: -5;   /* 다른 요소보다 뒤에(아래에) 배치 */
    }
    ......
</style>
```

이제 다시 웹 브라우저로 확인하면 버튼 위로 마우스 포인터를 올려놓았을 때 글자색이 바뀌
어 나타날 것입니다.

3단계 동적 효과의 모양 개선하기

이제 배경색이 바뀌는 경계선을 사선으로 바꿔 보겠습니다. skew() 함수를 사용해 버튼의 배경색 모양을 살짝 뒤틀면 됩니다. 버튼의 배경색 모양이 직사각형에서 사다리꼴로 바뀌므로 버튼을 다 채우려면 배경색의 left값을 왼쪽으로 옮기고 width값도 좀 더 키워야 합니다.

```
<style>
  ......
  .button::before {
    content: "";
    position:absolute;
    top:0;
    left: -50px;   /* 부모 요소의 왼쪽에서 -50px만큼 떨어져 배치 */
    width: 150%;   /* 부모 요소 너비의 150%만큼 설정 */
    height: 100%;
    background-color: #fff;
    z-index: -5;
    transform: skewX(35deg);   /* X축으로 35도 기울임 */
  }
  ......
</style>
```

웹 브라우저로 확인해 볼까요? 배경 모양이 직사각형에서 사다리꼴로 변했습니다. 마우스 포인터를 올리면 글자도 잘 나타나죠.

그런데 배경이 버튼 영역을 벗어나 버렸네요. 버튼을 벗어나는 부분은 화면에 보이지 않게 처리해야 합니다. 이때 사용하는 속성이 overflow입니다. overflow 속성값을 hidden으로 지정하면 버튼 영역을 벗어난 부분은 화면에서 사라집니다. 버튼 영역을 기준으로 하므로 .button 스타일에 overflow 속성 코드를 추가합니다.

```
<style>
    ......
    .button {
        ......
        padding:20px 60px;
        position: relative;
        overflow: hidden;  /* 현재 요소의 내용이 넘치면 숨김 */
    }
    ......
</style>
```

4단계 동적 효과 구현하기

이제 트랜지션을 적용하겠습니다. 먼저 어떤 부분에 변화를 줘야 동적인 효과가 생길지 파악해야 합니다. 우리가 원하는 건 흰색 배경이 왼쪽에서 오른쪽으로 조금씩 채워져 가는 효과였죠? 따라서 ::before에서 처음 배경을 지정할 때는 width값을 0으로 하고, 마우스 포인터를 올리면 값이 150%가 되도록 하면 됩니다. 그리고 이 과정이 부드럽게 진행되도록 트랜지션을 지정합니다.

```
<style>
    ......
    .button {
        ......
        padding:20px 60px;
        position: relative;
        overflow: hidden;        /* 현재 요소의 내용이 넘치면 숨김 */
        transition: color 1s;   /* 글자색 변화를 1초 동안 부드럽게 처리 */
    }
    .button::before {
        content: "";
        position:absolute;      /* 부모 요소에 상대적으로 배치 */
        top:0;                  /* 부모 요소의 상단에 배치 */
        left: -50px;            /* 부모 요소의 왼쪽에서 -50px만큼 떨어져 배치 */
```

```
  width: 0;              /* 너비를 0으로 설정하여 숨김 */
  height: 100%;          /* 부모 요소의 높이와 같게 설정 */
  background-color: #fff;   /* 배경색을 흰색으로 설정 */
  z-index: -10;          /* z-index를 -10으로 설정하여 다른 요소보다 뒤에 배치 */
  transform: skewX(35deg);   /* X축으로 35도 기울임 */
  transition: width 1s;      /* 너비 변화를 1초 동안 부드럽게 처리 */
  }
.button:hover {
  color: #ff5e62;   /* 마우스를 올렸을 때 글자색을 빨간색으로 변경 */
  }
.button:hover::before {
  width: 150%;      /* 마우스를 올렸을 때 너비를 150%로 변경 */
  }
</style>
```

웹 브라우저로 확인해 보세요. 처음에 계획했던 대로 버튼 위에 마우스 포인터를 올리면 사다리꼴 형태로 흰색 배경이 펼쳐지며 글자색도 바뀝니다. 트랜지션을 사용해서 배경색과 글자색이 천천히 변하는 것도 볼 수 있습니다.

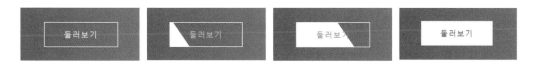

확인!

모르겠다면?		알겠다면!
← 451쪽	트랜스폼을 활용해 웹 요소를 움직일 수 있나요?	☑
← 461쪽	트랜지션을 활용해 웹 요소를 부드럽게 변화하도록 만들 수 있나요?	☐
← 470쪽	자바스크립트를 사용하지 않고 CSS의 animation 속성만으로도 애니메이션을 만들 수 있나요?	☐

14장 되새김 문제

1   CSS의 transform 속성에서 사용할 수 있는 함수는 (① translate / ② transition)입니다.

2   CSS에서 @keyframes 규칙은 애니메이션의 (① 실행 시간 / ② 이름과 각 단계의 스타일)을
    정의할 때 사용합니다.

3   웹 요소를 45° 회전시키려고 합니다. 맞는 코드를 선택하세요.
    ① transform: rotate(45%)
    ② transform: rotateX(45%)
    ③ transform: rotate(45deg)

4   transition-property 속성이 지정하는 것은 무엇입니까?
    ① 지속 시간
    ② 변화를 줄 속성
    ③ 속도 곡선

5   CSS에서 perspective 속성은 어떤 효과에 영향을 줍니까?
    ① 요소의 크기
    ② 요소의 투명도
    ③ 요소의 시각적 깊이

6   14\quiz-1.html에 있는 열면 농구공 이미지가 360° 회전하도록 [힌트]를 참고해서 애니메이션
    효과를 구현하세요. 실행 시간은 2초로 지정하고 무한 반복하며, 처음부터 끝까지 일정한 속도를
    유지해야 합니다.

완성 화면	문제 파일 14\quiz-1.html

힌트

1. 이미지는 `.spinner` 요소에 배경으로 들어 있습니다.
2. 애니메이션 이름은 원하는 것으로 지정합니다.
3. 트랜스폼 `rotate()` 함수를 사용해서 0°에서 360°까지 회전시킵니다.
4. `.spinner` 요소에 애니메이션을 적용합니다.
5. 애니메이션 진행 속도를 일정하게 유지하려면 `linear`로 지정합니다.

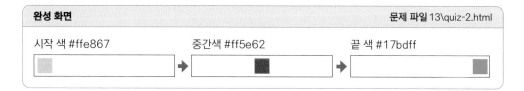

7 14\quiz-2.html를 이용해 다음 [조건]에 맞는 애니메이션을 만들고 적용하세요.

완성 화면 **문제 파일** 13\quiz-2.html

시작 색 #ffe867 → 중간색 #ff5e62 → 끝 색 #17bdff

조건

1. 요소 위치를 옮기는 `translate` 애니메이션은 400px 위치까지 오른쪽으로 이동합니다.
2. `changeColor` 애니메이션은 3초 동안 실행하고 무한 반복합니다.
3. `translate` 애니메이션은 3초 동안 실행하고 무한 반복하는데, 원래 방향과 반대로 번갈아 실행합니다.

힌트

1. `changeColor` 애니메이션은 0%, 50%, 100%의 세 지점에서 배경색을 바꿉니다.
2. `translate` 애니메이션은 0%와 100%, 또는 `from`과 `to` 이렇게 두 군데에서 위치를 지정합니다.
3. 무한 반복할 때는 `infinite` 속성값을 사용하고, 원래 방향과 반대 방향으로 번갈아 반복하려면 `alternate` 속성값을 사용합니다.

정답: 1. ① 2. ② 3. ③ 4. ② 5. ③ 6. ※14\sol-1.html 참고 7. ※14\sol-2.html 참고

자바스크립트 기초

웹 문서의 뼈대는 HTML로 만듭니다. 여기에 CSS를 사용하면 웹 문서를 일목요연하게 정리하고 미적인 효과를 추가할 수도 있죠. 하지만 다른 사이트보다 내용을 강조하고 사용자의 동작에 즉시 반응하려면 자바스크립트를 사용해야 합니다.

유튜브나 페이스북 같은 규모가 큰 웹 서비스를 개발하려면 리액트(React)나 앵귤러(Angular)와 같은 도구를 사용해야 합니다. 둘 다 자바스크립트를 기본으로 하죠. 이렇듯 자바스크립트는 웹 개발에서 반드시 배워야 하는 언어가 되었습니다.

자바스크립트로 기본을 다진 후에는 고급 기능을 공부하거나 리액트, 앵귤러 같은 도구를 다룬다면 웹 개발이 더 수월할 것입니다.

15

자바스크립트와 첫 만남

자바스크립트는 원래 웹 사이트에 움직이는 효과를 줄 때 사용하는 간단한 언어였습니다. 하지만 이제 자바스크립트는 서버나 웹에서 작동하는 프로그램을 만드는 등 웹의 모든 부분을 다룰 수 있는 핵심 언어가 되었습니다. 프로그래밍을 본격적으로 배우기 전에 자바스크립트가 어떤 언어인지, 어떤 역할을 하는지 살펴보겠습니다.

이 장을 다 공부하면!

- 웹 개발에서 자바스크립트의 역할을 이해할 수 있어요.
- 자바스크립트의 기본 입출력 방법을 알 수 있어요.
- 자바스크립트의 코드 작성 방법을 이해할 수 있어요.

15-1 자바스크립트로 무엇을 할까

자바스크립트는 웹 브라우저가 몇 개밖에 없던 웹 시절 초기부터 지금까지 웹 브라우저에서 꾸준히 사용해 온 언어입니다. 자바스크립트는 앞으로 더 많은 기능을 지원할 것으로 보입니다. 자바스크립트는 웹에서 어떤 일을 할 수 있는지 알아보겠습니다.

웹의 요소를 제어합니다

지금까지 공부한 것처럼 HTML은 웹 문서의 내용을 구성하고, CSS는 웹 문서의 레이아웃이나 색상, 스타일 등을 지정했습니다. 여기에 자바스크립트를 추가하면 웹 문서의 각 요소를 가져와서 필요에 따라 스타일을 변경하거나 움직이게 할 수 있습니다. 자바스크립트는 HTML이나 CSS와 함께 사용해서 웹의 요소를 움직이거나 포토 갤러리를 펼쳐 놓는 것처럼 웹 사이트 UI 부분에 많이 활용합니다.

> **TIP** 웹 사이트 UI(user interface)란 메뉴, 텍스트, 팝업 창 등 사용자가 사이트를 편리하게 둘러볼 수 있도록 만드는 모든 디자인 요소입니다.

예를 들어 다음 왼쪽 사이트에서 메인 메뉴 위로 마우스 포인터를 올리면 오른쪽 그림처럼 숨어 있는 하위 메뉴가 펼쳐지죠. 이러한 동작은 자바스크립트를 사용하여 만들 수 있습니다.

> **TIP** 마우스 포인터를 올릴 때 하위 메뉴가 나타나는 간단한 메뉴는 CSS만으로도 만들 수 있습니다.

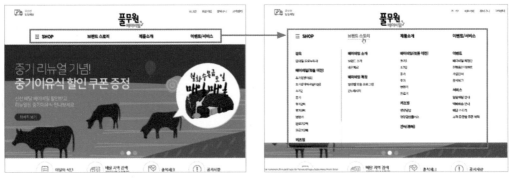

자바스크립트로 만든 웹 사이트의 메뉴　　　　　　　하위 메뉴

포털 사이트처럼 한 화면에 많은 정보를 제공하는 웹 사이트에 접속하면 같은 위치에 여러 가지 정보가 나타납니다. 예를 들어 포털 사이트에서 [주요 뉴스]나 [경제]와 같은 분야를 클릭하면 같은 위치에 서로 다른 내용을 보여 줍니다.

같은 위치에 서로 다른 내용이 나타나는 포털 사이트

이와 비슷한 기능을 하는 탭이 있습니다. 탭을 클릭하면 그에 해당하는 콘텐츠만 바뀌어 그대로 나타납니다. 탭은 공간을 절약하면서 필요한 내용만 골라서 볼 수 있어서 최근에 많이 사용하는데, 이런 방법을 사용하려면 자바스크립트가 필요합니다.

탭을 선택하면 내용이 바뀌는 사이트

회원 가입 양식이나 상품 주문서처럼 서버로 전송하는 폼에서 사용자가 입력한 정보가 형식에 맞는지도 자바스크립트가 체크해 줍니다. 또한 마우스의 동작이나 키보드에서 어떤 키를 눌렀을 때 반응하는 기능에 이르기까지 웹에서 자바스크립트의 역할은 다양합니다.

입력된 정보가 맞는지 확인하는 양식

웹 애플리케이션을 만듭니다

과거 웹은 단순히 정보를 나열하고 검색했다면, 최근 웹은 사용자와 실시간으로 정보를 주고 받으며 마치 애플리케이션처럼 동작합니다. 웹 브라우저에서 문서도 작성할 수 있고 그림을 그릴 수도 있으며 게임도 할 수 있죠.

낯선 곳을 찾아갈 때 검색하는 온라인 지도의 길 찾기 서비스도, 사회에서 특별한 이슈가 있을 때 중요한 정보를 시각화해서 국민에게 보여 주는 사이트도 모두 자바스크립트로 만듭니다. 이러한 사이트를 만들려면 지도 API나 데이터 시각화 라이브러리를 사용해야 하는데 모두 공개되어 있으므로 누구나 사용할 수 있습니다.

> **TIP** 지도 API(application progamming interface)란 지도 정보를 프로그램에서 가져다 사용할 수 있도록 미리 약속해 놓은 규칙이라고 생각하면 됩니다.

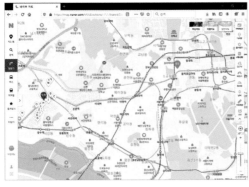

길 찾기 서비스

공개 API를 제공하는 사이트

다양한 라이브러리를 사용할 수 있습니다

웹 플랫폼을 중심으로 하는 서비스가 점점 늘어나면서 그만큼 웹 브라우저를 통한 상호 작용이 더욱 중요해지고 있습니다. 과거에는 서버에서 했던 일을 이제는 클라이언트에서도 할 수 있죠. 클라이언트에서 처리해야 할 기능이 많아지면서 자바스크립트 기능은 더욱 강력해지고 있습니다. 웹 애플리케이션을 개발할 때 사용하는 리액트^{React}나 앵귤러^{Angular}, 뷰^{Vue.js} 같은 프레임워크도 있고, 그래픽 활용을 위한 D3.js나 DOM을 쉽게 조작할 수 있게 해주는 제이쿼리^{jQuery} 같은 라이브러리도 있습니다. 이 밖에도 다양한 자바스크립트 라이브러리가 계속 등장해서 웹 개발을 도와주고 있죠.

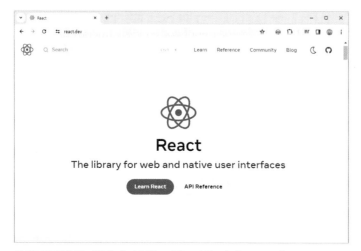

웹 애플리케이션을 개발할 때 사용하는 리액트 라이브러리(react.dev)

서버 개발을 할 수 있습니다

자바스크립트에 관심 있는 독자라면 Node.js를 한번쯤 들어 보았을 것입니다. Node.js는 그동안 프런트엔드 개발에서 사용하던 자바스크립트를 백엔드 개발에서 사용할 수 있도록 만든 실행 환경입니다. 흔히 백엔드 개발 언어라고 하면 PHP, 자바, 닷넷을 생각하지만 이제는 자바스크립트만 알아도 서버 개발까지 영역을 확대할 수 있습니다.

> TIP 프런트엔드와 백엔드 개발 모두 할 수 있는 사람을 '풀스택 개발자'라고 합니다.

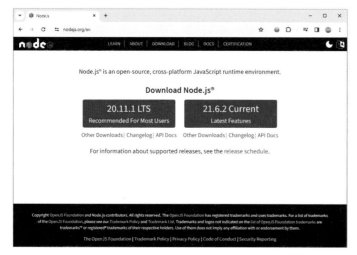

백엔드 개발을 할 수 있도록 도와주는 Node.js(nodejs.org/ko)

15-2 웹 브라우저가 자바스크립트를 만났을 때

웹 브라우저에는 자바스크립트 코드를 읽고 처리하는 해석기(JavaScript interpreter)가 있습니다. 자바스크립트 코드는 웹 문서에서 <script> 태그를 이용해 작성할 수 있습니다. 또는 자바스크립트 코드만 별도 스크립트 파일로 작성한 후 웹 문서와 연결해서 사용할 수도 있습니다.

웹 문서 안에 <script> 태그로 자바스크립트 작성하기

자바스크립트 코드가 짧으면 웹 문서에서 자바스크립트를 실행할 위치에 바로 코드를 작성할 수 있습니다. 웹 문서에서 <script>와 </script> 태그 사이에 실행할 자바스크립트 코드를 작성하는 것이죠. <script> 태그는 웹 문서 안의 어디든 위치할 수 있고, 삽입된 위치 그 자리에서 바로 스크립트가 실행됩니다. 또한 <script> 태그는 하나의 문서에서 여러 개 사용할 수도 있습니다.

자바스크립트는 웹 문서에서 이미지나 텍스트 등의 요소를 제어하는 경우가 많으므로 되도록이면 이미지나 텍스트 등을 다 표시한 후에 실행하는 것이 좋습니다. 그래서 </body> 태그 직전에 자바스크립트 코드를 삽입합니다.

HTML, CSS와 달리 자바스크립트에서는 영어 대소 문자를 구별하므로 코드를 작성할 때 주의해야 합니다. 예를 들어 sum이나 Sum, SUM은 모두 다르게 인식합니다. 따라서 변수 이름이나 함수를 지정할 때에는 영어 대소 문자를 정확하게 구별해야 합니다.

다음은 텍스트를 클릭했을 때 글자색을 바꾸는 예제입니다. <script>와 </script> 태그 사이에 자바스크립트 코드를 작성해서 </body> 태그 바로 앞에 삽입하면 됩니다.

Do it! 내부 스크립트 — 클릭하면 글자색 바꾸기 예제 파일 15\script-1.html

```
<body>
  <h1 id="heading">자바스크립트</h1>
  <p id="text">위 텍스트를 클릭해 보세요</p>
```

```
<script>
  let heading = document.querySelector('#heading');
  heading.onclick = function() {
    heading.style.color = "red";
  }
</script>
</body>
```

이곳에 자바스크립트
코드를 작성합니다!

자바스크립트	자바스크립트
위 텍스트를 클릭해 보세요	위 텍스트를 클릭해 보세요

클릭하면 글자색이 바뀌는 자바스크립트

이렇게 HTML 문서 안에 자바스크립트 코드를 작성하면 웹 문서에서 바로 확인할 수 있지만 단점이 더 많습니다. 우선 HTML 태그와 자바스크립트 코드가 섞여 있어서 웹 문서가 복잡해 보입니다. 특히 수정해야 할 코드를 찾기가 쉽지 않죠.

그리고 여러 웹 문서에서 같은 자바스크립트 코드를 사용하는 경우에 똑같은 코드를 반복해서 삽입해야 합니다. 이때 자바스크립트 코드를 수정해야 한다면 이 코드가 포함된 모든 웹 문서를 찾아다니며 수정해야 합니다. 생각만 해도 머리가 지끈거리는 일이죠.

그래서 자바스크립트 코드를 작성할 때 외부 스크립트 파일로 저장해서 웹 문서와 연결하는 방법을 많이 사용합니다. 지금부터 그 방법을 알아볼까요?

외부 스크립트 파일로 연결해서 자바스크립트 작성하기

CSS와 마찬가지로 자바스크립트 코드도 따로 파일로 저장한 후 웹 문서에 연결해서 사용할 수 있습니다. 이렇게 하면 웹 문서 안에는 자바스크립트 코드가 드러나지 않고 HTML 태그와 CSS만 유지할 수 있어서 코드가 한결 깔끔합니다.

외부 자바스크립트 파일은 <script> 태그 없이 자바스크립트 코드만 작성하고 확장자는 *.js 파일로 저장합니다. 그리고 HTML 문서에서 <script> 태그의 src 속성을 이용해서 자바스크립트 파일을 연결하면 됩니다. 이때 연결한 자바스크립트 파일은 마치 웹 문서에서 직접 작성한 자바스크립트 코드처럼 사용할 수 있습니다. 이 방법을 이용하면 JS 파일만 간단히 수정해도 연결된 모든 HTML 문서에 바로 적용됩니다.

TIP 이렇게 자바스크립트 코드를 따로 작성하여 HTML 문서에 연결하는 것을 '외부 스크립트 파일을 연결한다'고 말합니다.

기본형   `<script src="외부 스크립트 파일 경로"></script>`

외부 스크립트 파일을 사용해 15\script-2.html에서 글자색을 바꾸는 스크립트 코드를 추가
하려고 합니다. 먼저 필요한 자바스크립트 코드를 외부 파일로 저장해야 합니다. 15 폴더에
change-color.js 파일을 새로 만든 후 다음과 같이 작성하고 저장하세요. 이때 외부 스크립
트 파일에는 `<script>` 태그가 없다는 점을 기억하세요.

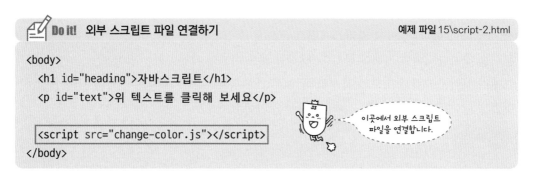

Do it! 외부 스크립트 파일 작성하기   예제 파일 15\change-color.js

```javascript
let heading = document.getElementById("heading");
heading.onclick = function () {
  heading.style.color = "red";
};
```

이제 스크립트 코드가 필요한 15\script-2.html로 돌아와서 다음과 같이 외부 스크립트 파일
을 연결합니다. `</body>` 태그 앞에 `<script>` 태그와 src 속성을 사용해서 연결합니다.

Do it! 외부 스크립트 파일 연결하기   예제 파일 15\script-2.html

```html
<body>
  <h1 id="heading">자바스크립트</h1>
  <p id="text">위 텍스트를 클릭해 보세요</p>

  <script src="change-color.js"></script>
</body>
```

이곳에서 외부 스크립트 파일을 연결합니다.

웹 브라우저에서 스크립트를 해석하는 과정

웹 문서에 자바스크립트 코드가 포함되어 있으면 웹 브라우저는 어떤 과정으로 해석하고 그
결과를 보여 줄까요? 앞에서 작성한 15\script-1.html 파일로 알아보겠습니다.

```
1   <!DOCTYPE html>
2   <html lang="ko">          ◄─── HTML 분석기
3   <head>
4     <meta charset="UTF-8">
5     <meta name="viewport" content="width=device-width, initial-scale=1.0">
6     <title>글자색 바꾸기</title>
7     <style>
8       body { text-align: center; }        ◄─── CSS 분석기
        (... 생략 ...)
14    </style>
15  </head>
16  <body>
17    <h1 id="heading">자바스크립트</h1>
18    <p id="text">위 텍스트를 클릭해 보세요</p>
19
20    <script>
21      let heading = document.querySelector('#heading');
22      heading.onclick = function() {           ◄─── 자바스크립트 해석기
23        heading.style.color = "red";
24      }
25    </script>
26  </body>
27  </html>
```

① 웹 브라우저는 1행에 있는 `<!DOCTYPE html>`를 보고 이 문서가 웹 문서라는 것을 알게 됩니다. 그리고 `<html>`과 `</html>` 태그 사이의 내용을 HTML 표준에 맞춰 읽기 시작합니다.

② 웹 문서에서 HTML 태그의 순서와 포함 관계를 확인합니다. `<head>`와 `</head>` 태그, `<body>`와 `</body>` 태그 사이에 각각 어떤 태그가 있는지 확인하죠. 그리고 태그 간의 관계는 어떻게 되어 있는지 등을 분석합니다.

③ 태그 분석이 끝나면 7~14행의 스타일 정보를 분석합니다.

④ 20행에 있는 `<script>` 태그를 만나면 웹 브라우저 안에 포함된 자바스크립트 해석기에게 스크립트 코드를 넘깁니다. 자바스크립트 해석기는 `<script>`와 `</scirpt>` 사이의 코드를 해석합니다.

⑤ ②에서 분석한 HTML과 ③에서 분석한 CSS 정보에 따라 웹 브라우저 화면에 표시합니다.

⑥ 이제 웹 브라우저에서 '자바스크립트' 텍스트를 클릭하면 분석해 놓은 자바스크립트를 실행해서 그 결과를 화면에 표시합니다.

15-3 자바스크립트 용어와 기본 입출력 방법

자바스크립트를 본격적으로 공부하기 전에 프로그래밍과 관련된 몇 가지 기본 용어를 알아보겠습니다. 그리고 자바스크립트 문법을 배우기 전에 프로그램을 실행하는 데 필요한 자료를 입력하고 결과를 출력하는 간단한 방법도 알아보겠습니다.

식과 문

자바스크립트 언어의 큰 줄기는 **식**expression과 **문**statement입니다. 자바스크립트에서 식은 **표현식**이라고도 하는데, 연산식뿐만 아니라 실제 값도, 함수를 실행하는 것도 식이 됩니다. 즉, 어떤 값을 만들어 낼 수 있다면 모두 식이 될 수 있으며, 식은 변수에 저장됩니다. 다음은 자바스크립트의 여러 가지 식을 나타내는 예제입니다.

> **✍ 자바스크립트의 다양한 식 나타내기**
>
> ```
> inch * 2.54    // 연산식은 식입니다.
> "안녕하세요?";   // 문자열도 식입니다.
> 5              // 숫자도 식입니다.
> ```

이에 비해 **문**은 **명령**이라고 할 수 있습니다. 문의 끝에는 세미콜론(;)을 붙여서 구분하죠. 앞으로 배울 '조건문'이나 '제어문' 등을 예로 들 수 있습니다.

> TIP 넓은 의미에서 '문'은 값이나 식까지 포함합니다.

간단한 입출력 방법

코드를 입력하다 보면 사용자에게 입력받아야 하거나 자바스크립트 실행 결과를 웹 브라우저에 표시해야 할 때가 있죠. 여기에서는 앞으로 이 책의 예제 코드를 따라 하려면 알아야 할 자바스크립트의 기본 입출력 방법을 살펴보겠습니다.

알림 창 출력하기

알림 창alert은 가장 많이 사용하는 간단한 대화상자입니다. 웹 브라우저에서는 작은 알림 창을 열어 메시지를 표시할 수 있으므로 이 책의 예제에서도 간단한 실행 결과를 표시할 때 사용합니다.

> 기본형   `alert(메시지)`

TIP 웹 브라우저에서 간단한 알림 내용을 표시하거나 사용자에게 어떤 값을 입력하게 하는 창을 '대화상자(dialogue box)'라고 합니다

알림 창을 만드는 방법은 다음과 같이 alert()를 입력하고 괄호 안에 따옴표(" " 또는' ')와 함께 메시지를 넣어 주면 됩니다. 아주 간단하죠?

Do it! 알림 창 만들기   **예제 파일** 15\alert.html

```
alert("안녕하세요?")
```

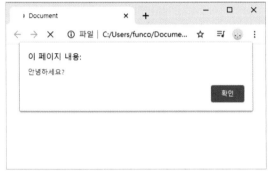

알림 창 만들기 결과 화면

확인 창 출력하기

알림 창은 단순히 메시지를 보여 주는 기능만 하지만 **확인 창**confirm은 사용자가 [확인]이나 [취소] 버튼 중에서 직접 클릭할 수 있습니다. 그러면 선택한 결과에 맞게 프로그램이 동작합니다.

> 기본형   `confirm(메시지)`

확인 창은 다음 그림처럼 버튼이 2개 있습니다. 사용자가 어떤 버튼을 눌렀는지 결과를 변수에 저장한 후 그 값에 따라 프로그램에서 처리합니다.

TIP 변수는 16-1절에서 자세히 설명합니다.

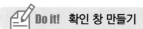 **Do it!** 확인 창 만들기 예제 파일 15\confirm.html

```
let reply = confirm("정말 배경 이미지를 바꾸겠습니까?");
```

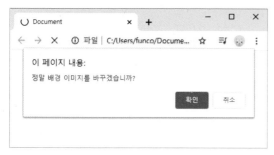

확인 창 만들기 결과 화면

프롬프트 창에서 입력받기

프롬프트 창prompt은 텍스트 필드가 있는 작은 창입니다. 텍스트 필드 안에 간단한 메시지를 입력할 수 있으며 그 내용을 가져와 프로그램에서 사용할 수 있습니다.

> 기본형   prompt(메시지) 또는 prompt(메시지, 기본값)

프롬프트 창을 만들 때는 기본값을 지정하거나 지정하지 않을 수 있습니다. 기본값을 지정하면 다음 그림처럼 텍스트 필드 안에 기본값이 표시됩니다. 기본값을 지정하지 않으면 빈 텍스트 필드로 표시됩니다.

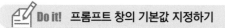 **Do it!** 프롬프트 창의 기본값 지정하기 예제 파일 15\prompt-1.html

```
let name = prompt("이름을 입력하세요.", "아무개");
```

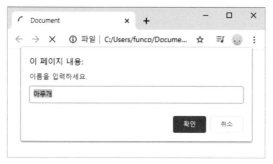

기본값을 지정한 프롬프트 창

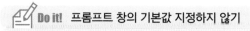

Do it! 프롬프트 창의 기본값 지정하지 않기   예제 파일 15\prompt-2.html

```
var name = prompt("이름을 입력하세요.");
```

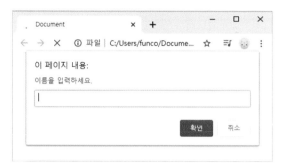

기본값을 지정하지 않은 프롬프트 창

웹 브라우저 화면에 출력을 담당하는 document.write() 문

이 책의 예제 코드를 따라 하다 보면 document.write()라는 명령문을 자주 만날 것입니다. 자바스크립트의 실행 결과는 텍스트나 이미지로 출력하거나, 따로 지정한 영역에 내용을 표시하는 경우가 많습니다. 하지만 우리는 아직 문서 안의 요소를 선택하는 방법을 공부하지 않았으므로 document.write() 문을 사용할 것입니다.

document.write() 문은 웹 문서(document)에서 괄호 안의 내용을 표시(write)하는 명령문이라는 정도로만 알아 두세요.

document.write()의 괄호 안에는 실제 웹 브라우저 화면에 표시할 내용이나 어떤 결괏값이 저장된 변수를 넣을 수도 있습니다. 괄호 안에서 큰따옴표(" ")나 작은 따옴표(' ') 사이에 입력한 내용은 웹 브라우저 화면에 그대로 표시됩니다. 물론 따옴표 안에는 HTML 태그도 함께 사용할 수 있습니다.

다음은 document.write() 문에 <h1> 태그와 출력할 내용을 입력해서 웹 브라우저에 제목을 표시하는 예제입니다.

Do it! document.write() 문으로 제목 표시하기   예제 파일 15\dwrite.html

```
<script>
  document.write("<h1>어서오세요</h1>");
</script>
```

document.write( ) 문으로 제목 표시하기

웹 브라우저 화면에 표시할 내용과 변수를 섞어서 나타낼 수도 있습니다. 이때 + 연산자를 사용해서 연결해 줍니다. 여기에서 + 연산자는 더하기 기호가 아니라 **연결 연산자**입니다. 내용과 변수를 연결해 주는 역할을 하죠.

다음은 name 변수에 저장된 값과 텍스트를 연결해서 표시하는 예제입니다. 여기에서도 `<big>` 태그와 `<b>` 태그를 함께 사용하고 있습니다.

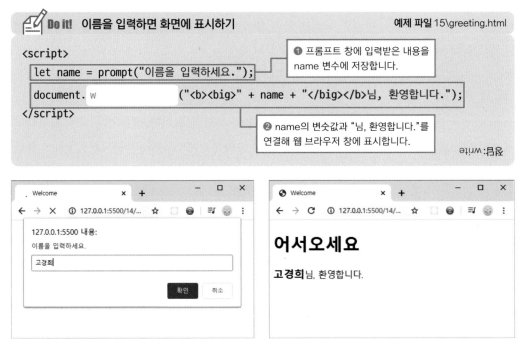

이름을 입력하면 화면에 표시하기

콘솔 창에 출력하는 console.log( ) 문

console.log( ) 문은 괄호 안의 내용을 콘솔 창에 표시합니다. 콘솔 창은 웹 브라우저의 개발자 도구 창에 포함되어 있는 공간입니다. 콘솔 창에서 코드의 오류를 발견하거나 변숫값을 확인할 수도 있습니다. console.log( ) 문의 괄호 안에는 변수가 들어갈 수도 있고 따옴표 사이에 표시할 텍스트를 넣을 수도 있습니다. 이때 따옴표 안에 HTML 태그는 사용할 수 없습니다.

다음은 프롬프트 창에서 이름을 입력받아 콘솔 창에 표시하는 예제입니다. 15\clog.html 파일을 웹 브라우저에서 열어 보세요. 그러면 웹 브라우저에 프롬프트 창이 뜨는데 여기에 이름을 입력하고 [확인]을 클릭하세요. 웹 브라우저 화면에는 아무런 변화가 보이지 않죠? 하지만 그 상태에서 Ctrl+Shift+J를 눌러 콘솔 창을 열어 보세요. 다음 그림의 오른쪽 화면처럼 실행 결과가 콘솔 창에 표시됩니다.

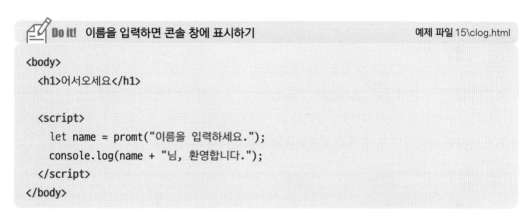

콘솔 창에서 입력 내용 확인하기

Do it! 실습 **콘솔 창에서 오류를 찾아 수정하기**

[준비] 15\js-time.html   **[결과 비교]** 15\results\js-time.html

자바스크립트 코드를 작성한 후 웹 브라우저에서 실행하면 원하는 결과가 나오지 않거나 아예 실행되지 않는 경우가 있습니다. 분명히 책에 있는 코드 그대로 입력했는데도 말이죠. 이런 경우는 대부분 오타 때문에 발생할 확률이 높습니다. 아무리 들여다봐도 찾지 못했던 오타를 콘솔 창에서 쉽게 찾아보는 방법을 알아보겠습니다.

1단계 웹 브라우저에서 콘솔 창 열어서 확인하기

웹 브라우저에서 15\js-time.html 문서를 열어 보세요. 정상으로 작동한다면 현재 시각이 나타나야 합니다. 하지만 자바스크립트 코드가 제대로 작동되지 않아 아무것도 보이지 않네요. 이 상태에서 Ctrl+Shift+J를 눌러 콘솔 창을 열어 봅니다. 다음 그림처럼 빨간색 기호로 오류가 났음을 보여 줍니다.

개발자 도구 창 오른쪽 위에는 ⊗1 처럼 오류 개수가 표시됩니다. 여기에서는 오류가 1개 있다는 뜻입니다. 오류 내용은 Uncaught TypeError: … 처럼 간단한 영어 문장으로 나타납니다. 하지만 이 문장을 해석하지 못하더라도 걱정하지 마세요. 오류 문장의 오른쪽을 살펴보면 오류가 발생한 파일명과 행 번호로 **오류 발생 위치**를 표시해 주니까요.

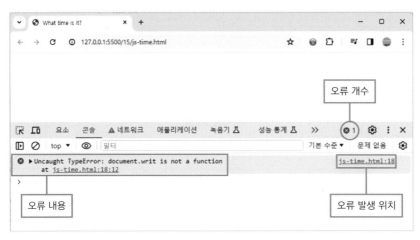

콘솔 창에서 오류 확인하기

2단계 오류 발생 위치를 클릭해 코드에서 오류 찾기

콘솔 창에서 오류 발생 위치를 클릭하면 [콘솔]에서 [코드] 탭으로 이동해서 오류가 발생한 파일과 행이 바로 표시됩니다. 다음 그림처럼 오류 부분에 빨간 밑줄이 나타나므로 오류를 찾기 쉽죠. 여기에서는 `document.write()` 문이 있는 행에 오류가 발생했습니다. 영문자 write 에서 'e'를 빠트렸네요! 이제 VS Code를 열어서 코드를 수정해야겠죠?

[소스] 탭으로 이동해 코드에서 오류 확인하기

3단계 VS Code에서 HTML 파일 수정하기

VS Code에서 15\js-time.html 문서를 열고 코드를 수정해야 합니다. 아까 콘솔 창에서 오류를 찾았던 18행으로 이동합니다. `document.writ`를 `document.write`로 수정해야 합니다.

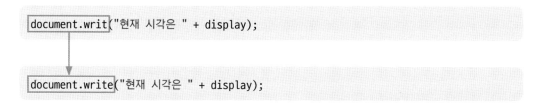

오류가 있는 코드를 수정했으니 저장하고 HTML 파일을 웹 브라우저에서 확인해 볼까요? 처음에는 오류 때문에 보이지 않았던 현재 시각이 제대로 보입니다.

오류를 수정하여 제대로 작동하는 화면

15-4 자바스크립트 스타일 가이드

자바스크립트는 문법에 맞게 코딩하는 것도 중요하지만 좀 더 읽기 쉽고 오류를 줄일 수 있도록 코드를 작성하는 것도 중요합니다. 코드를 작성하고 효율적으로 유지하려면 몇 가지 코딩 규칙을 지켜야 합니다. 이런 규칙이 왜 필요한지 그리고 어떤 규칙이 있는지 살펴보겠습니다.

코딩 규칙이 왜 필요할까요?

자바스크립트 코딩 규칙은 **스타일 가이드**나 **코딩 컨벤션**, **코딩 스타일**, **표준 스타일**이라고도 합니다. 이 책에서는 '스타일 가이드'라고 하겠습니다.

TIP 컨벤션(convention)이란 단어에는 관습이나 규칙이라는 뜻이 담겨 있습니다.

자바스크립트는 웹 문서에 동적인 효과를 주기 위해 출발한 언어이므로 다른 프로그래밍 언어에 비해 데이터 유형type이 유연해서 곳곳에 사용자가 주의를 기울이지 않으면 오류가 발생할 수 있습니다.

게다가 오픈코드에 기여하거나 누군가와 공유한다면 코드를 더욱 깔끔하게 작성해야 하죠. 이때 스타일 가이드를 따라서 작성하면 코드의 오류도 줄이고 일관성이 생겨 읽기가 쉬워집니다.

회사에서 자바스크립트를 사용하여 웹 개발 프로젝트를 진행한다면 통일된 코딩 스타일이 꼭 필요합니다. 그래야 여러 사람이 작성한 프로그램도 마치 한 사람이 작성한 것처럼 보일 것입니다. 또한 스타일 가이드에 따라 작성된 웹 사이트나 애플리케이션은 유지·보수할 때도 수월하고 비용도 훨씬 줄어듭니다.

자바스크립트 스타일 가이드

자바스크립트 스타일 가이드는 회사 프로젝트를 맡은 팀에서 따로 만들어서 사용할 수도 있습니다. 하지만 보통은 구글(google.github.io/styleguide/jsguide.html)이나 에어비앤비(github.com/airbnb/javascript)에서 배포한 것을 기준으로 작성합니다.

이 책은 자바스크립트의 아주 기초적인 문법을 다루므로 스타일 가이드의 일부만 사용했습니다. 하지만 앞으로 자바스크립트를 더 깊게 공부하고 싶다면 구글과 에어비앤비의 자바스크립트 스타일 가이드를 참고하여 작성해 보세요.

구글의 스타일 가이드

에어비앤비의 스타일 가이드

1. 코드를 보기 좋게 들여쓰기합니다

HTML 태그와 CSS를 작성했던 것처럼 자바스크립트 코드를 작성할 때도 **들여쓰기**를 해야 합니다. 들여쓰기를 해서 작성하면 코드 간의 포함 관계를 알아보기가 쉽습니다.

VS Code를 비롯한 일반적인 웹 편집기에서는 줄을 바꿀 때 Enter 를 누르면 새로운 줄에서 자동으로 들여쓰기가 됩니다.

TIP VS Code에서는 기본적으로 공백 4칸으로 들여쓰기를 합니다. 이때 설정에서 2칸 들여쓰기로 바꿀 수 있는데 02-2절 마지막에 나오는 'Do it! 실습'의 4단계에서 배웠습니다.

2. 세미콜론으로 문장을 구분합니다

자바스크립트에서 **세미콜론(;)**은 문장의 끝을 나타내며 문장과 문장을 구분하는 역할도 합니다. 사실 자바스크립트에서는 문장이 끝날 때 세미콜론을 붙이지 않아도 실행됩니다. 하지만 자바스크립트 스타일 가이드에서는 문장을 끝낼 때 반드시 세미콜론을 붙이도록 권장합니다. 이렇게 문장을 명확하게 표시해 주면 코드를 디버깅하기 쉽기 때문입니다.

TIP 자바스크립트에서는 문장을 한 줄에 2개 이상 세미콜론으로 구분하여 쓸 수도 있지만 코드 가독성이 떨어지고 디버깅하기도 어렵습니다. 그러므로 코드는 한 줄에 한 문장만 작성하는 것이 좋습니다.

```
세미콜론 규칙

// 권장하지 않음
let n = 10


// 권장함
let n = 10;
```

3. 공백을 넣어 읽기 쉽게 작성합니다

예약어나 연산자, 값 사이에는 공백을 넣어서 코드를 읽기 쉽게 작성합니다. 공백이 없어도 자바스크립트는 잘 실행되지만, 실제로 개발자가 코드를 읽거나 디버깅을 할 때는 공백이 있어야 가독성이 좋습니다.

공백 규칙

```
let num = 2;
let sum = num + 10;
```

4. 코드를 잘 설명하는 주석을 작성합니다

프로그래밍의 **주석**^{comment}은 코드를 살펴볼 때 꼭 필요한 요소입니다. 자바스크립트의 주석은 다음 2가지 형태로 사용할 수 있습니다.

① **한 줄 주석**: 주석 기호로 슬래시 2개(//)를 붙이고 내용을 작성합니다. // 바로 뒤에 작성한 내용만 주석으로 인식합니다. 만약 주석 내용이 한 줄을 넘으면 오류가 생기므로 주의해야 합니다.

한 줄 주석 작성 규칙

```
let today = new Date();    // 현재 날짜 가져오기
```

② **여러 줄 주석**: 주석 내용이 여러 줄이면 여는 주석 기호(/*)를 맨 앞에, 닫는 주석 기호(*/)를 맨 뒤에 넣습니다. 그리고 /*과 */ 사이에 주석 내용을 작성합니다. 이때 /* 와 */ 사이에는 또 다른 주석을 넣을 수 없습니다.

여러 줄 주석 작성 규칙

```
/* 현재 날짜를 가져와
   시와 분, 초로 추출하고
   화면에 표시하는 스크립트
*/
function startTime() { ...... }
```

5. 식별자는 정해진 규칙을 지켜 작성합니다

식별자^{identifier}는 개발자가 자바스크립트의 변수, 함수, 속성 등을 구별하려고 이름 붙인 특정 단어를 의미합니다. 예를 들어 다음과 같이 프롬프트 창에 입력받은 사용자 이름을 name이라는 변수에 저장하는데, 여기에서 바로 name이 식별자입니다.

```
let name = prompt("이름을 입력하세요.");
```

식별자의 첫 글자는 반드시 영문자나 언더스코어(_), 또는 달러 기호($)로 시작해야 합니다. 그다음에는 영문자나 언더스코어, 달러 기호, 숫자를 작성할 수 있습니다. 두 단어 이상이 모여 하나의 식별자를 만들 경우 단어 사이에 공백을 둘 수 없고, 단어와 단어 사이를 하이픈(-)이나 언더스코어(_)로 연결해서 사용합니다. 하이픈이나 언더스코어 없이 두 단어를 붙여 사용할 경우 첫 번째 단어는 소문자로 시작하고 두 번째 단어는 대문자로 시작하는 것이 일반적입니다. 예를 들어 다음과 같이 작성할 수 있습니다.

```
num1            // 영문자로 시작하는 식별자
_doSomething    // 언더스코어(_)로 시작하는 식별자
checkTime()     // 두 단어로 만든 식별자
```

6. 예약어는 식별자로 사용할 수 없습니다.

예약어keyword는 키워드라고도 하는데, 식별자로 사용할 수 없도록 자바스크립트에 미리 정해 놓은 단어를 가리킵니다. 예를 들어 var는 변수를 선언할 때 쓰는 예약어이며 식별자 이름으로는 사용할 수 없습니다. TIP ECMAScript에서 미리 정해 놓은 예약어는 developer.mozilla.org/ko/docs/Web/JavaScript/Reference/Reserved_Words에서 볼 수 있습니다.

JavaScript

확인!

모르겠다면?		알겠다면!
← 486쪽	웹 개발에서 자바스크립트의 역할을 이해했나요?	✓
← 490쪽	웹 문서에 자바스크립트 코드를 내장하거나 외부 파일로 연결할 수 있나요?	☐
← 494쪽	알림 창과 확인 창, 프롬프트 창을 사용해 입출력을 처리할 수 있나요?	☐
← 504쪽	자바스크립트 코드에서 주석을 삽입할 수 있나요?	☐

1 웹 개발에서 자바스크립트의 주요 역할은 무엇입니까?

① 웹 페이지의 내용을 구성합니다.

② 웹 페이지의 스타일을 지정합니다.

③ 웹 페이지의 동작을 제어합니다.

2 자바스크립트로 작성한 파일의 확장자는 무엇입니까?

① .js

② .css

③ .html

3 자바스크립트를 HTML 문서 안에서 실행시키는 태그는 무엇입니까?

① ⟨script⟩

② ⟨js⟩

③ ⟨javascript⟩

4 자바스크립트에서 주석을 추가하는 올바른 방법은 무엇입니까?

① /* 이것은 주석입니다. */

② ⟨!--이것은 주석입니다. --⟩

5 웹 페이지에서 알림 창을 보여 줄 때 자바스크립트에서 사용하는 함수는 (① alert / ② prompt) 입니다.

6 자바스크립트에서 사용자로부터 입력을 받을 때 사용하는 함수는 (① confirm / ② prompt) 입니다.

정답: 1. ③ 2. ① 3. ① 4. ① 5. ① 6. ②

16

자바스크립트 기본 문법

여기에서는 자바스트립트의 기본 문법을 알아보겠습니다. 자바스크립트에서 데이터를 어떻게 분류하고 저장하는지, 조건에 따라 데이터를 어떻게 처리하는지 살펴봅니다. 복잡하게 반복되는 과정을 간단하게 몇 줄 코드로 처리하는 방법도 함께 알아보겠습니다.

이 장을 다 공부하면!
- 자바스크립트에서 변수 개념을 이해할 수 있어요.
- 자료형과 연산자 개념을 이해할 수 있어요.
- 조건문과 반복문을 사용해 기본 코드를 작성할 수 있어요.

16-1 변수 알아보기

사람끼리 소통할 때에는 말이나 눈짓, 손짓 등 다양한 방법을 이용하지만 컴퓨터에서 프로그램과 사람 사이의 소통은 데이터로만 가능합니다. 데이터를 다루려면 가장 먼저 '변수' 개념을 알아야 합니다.

변수란

변수^{variable}는 프로그램에서 자료를 담아 두는 공간입니다. 변수에 필요한 자료를 저장해 두면 프로그램을 실행하는 동안 언제든지 꺼내어 사용할 수 있습니다. 그렇다면 프로그램에서는 변수를 왜 사용할까요? 다음 2가지 때문입니다.

① **재사용성**: 한 번 저장한 값을 여러 번 재사용할 수 있어요. 예를 들어 한 학생의 점수를 변수에 저장하면, 그 점수를 계산하거나 출력할 때마다 다시 입력할 필요가 없습니다.

② **가독성**: 프로그램에서 변수를 사용하면 코드를 읽기가 쉽습니다. 예를 들어 `let student Score = 90;`이라고 쓰면, 이 코드를 보는 사람은 studentScore가 학생의 점수를 의미한다는 것을 쉽게 알 수 있으니까요.

변수 선언하기와 값 할당하기

프로그램 안에는 여러 개의 변수가 있어서 변수마다 이름을 붙이고 이것이 변수라고 알려 주어야 합니다. 이를 '변수를 선언한다'라고 합니다. 변수에는 특정 값을 지정할 수도 있고 식이나 문을 할당할 수도 있습니다.
변수를 선언할 때는 let이라는 예약어를 사용합니다.

> 기본형   `let 변수명`

사각형의 넓이를 구하는 간단한 프로그램을 작성해 보겠습니다. 먼저 가로와 세로 크기를 저장할 변수를 다음과 같이 선언한 후 값을 저장합니다. 이를 '변수에 값을 할당한다', 또는 '값을 대입한다'라고 합니다. 다음 코드에서 area는 넓이 계산값을 저장하는 변수인데, 변수를 선언하면서 동시에 값도 할당했습니다.

Do it! 변수 사용하기

```
let width;      /* 너비를 저장할 변수 선언 */
let height;     /* 높이를 저장할 변수 선언 */

width = 200;    /* 변수에 값 대입 */
height = 50;    /* 변수에 값 대입 */
let area = width * height;   /* 변수 선언과 동시에 계산 결괏값 대입 */
console.log(area);            /* 사각형의 넓이를 콘솔에 출력 */
```

16\var-1.html을 웹 브라우저에서 열고 웹 개발자 도구 창을 열어 보세요. 가로와 세로를 곱한 값이 [콘솔] 창에 표시될 것입니다.

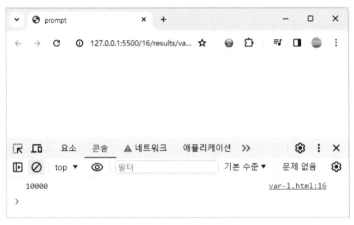

사각형의 넓이를 표시한 [콘솔] 창

상수 선언하기

const는 변수 중에서도 상수^{constant}를 선언하는 예약어입니다. 상수란 한번 값을 할당하면 프로그램 안에서 그 값을 변경할 수 없다는 특성이 있습니다. 프로그램 안에서 값이 바뀌지 않는다면 const로 지정합니다.

기본형   const 변수명

반지름값이 주어졌을 때 원의 넓이를 구하는 프로그램을 작성해 보겠습니다. 프롬프트 창에서 사용자가 입력한 값은 사용자에 따라 계속 달라지므로 raidus라는 변수로 지정합니다. 하지만 원주율 π는 변하지 않는 값이므로 const를 사용해서 상수로 선언합니다.

✎ Do it! 상수 사용하기

예제 파일 16\var-2.html

```
const PI = 3.14;                             /* 원주율을 상수로 선언 */
let radius = prompt("반지름을 입력하세요.");    /* 반지름값 입력 받기 */
let area = PI * radius * radius;             /* 변수를 사용해 원의 넓이 계산 */
console.log(area);                           /* 원의 넓이를 알림 창에 출력 */
```

16\var-2.html을 웹 브라우저에서 열면 프롬프트 창이 나타날 것입니다. 반지름값을 입력하고 [확인]을 눌러 보세요. 그리고 [콘솔] 창을 열면 계산한 원의 넓이가 표시됩니다.

TIP [확인] 대신 Enter 를 눌러도 됩니다.

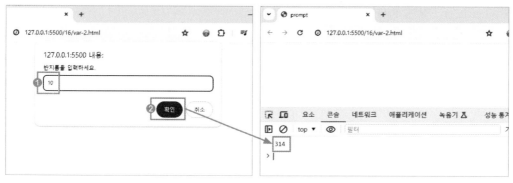

원의 반지름값 입력하기   원의 넓이를 표시한 [콘솔] 창

변수 선언의 규칙

변수를 사용하려면 변수를 구별할 수 있도록 이름을 붙여 주어야 하는데, 이것을 **변수 선언**이라고 합니다.

변수 선언은 값을 저장할 컴퓨터 메모리 공간에 문패를 붙이는 것과 같습니다. 우리는 프로그램 안에서 사용할 값이 메모리의 어느 위치에 저장되는지 신경 쓰지 않아도 됩니다. 변수 이름만 기억해 놓으면 값을 쉽게 가져와서 사용할 수 있기 때문입니다. 또한 바뀐 값을 다시 같은 변수에 저장할 수도 있습니다. 따라서 프로그램에서 사용할 변수 이름은 서로 다르게 만들어야 합니다.

자바스크립트에서 변수를 선언할 때는 지켜야 할 규칙이 몇 가지 있습니다. 예를 들어 영어 대소 문자를 구별해서 사용해야 하고 자바스크립트의 예약어는 사용할 수 없습니다. 지금부터 변수 선언의 규칙을 살펴보겠습니다.

1. 변수 이름은 영어 문자와 언더스코어(_), 숫자를 사용합니다

변수 이름의 첫 글자는 영어 대소 문자나 언더스코어(_)만 쓸 수 있으며 숫자나 기호, 띄어쓰기는 허용하지 않습니다. 다음은 사용할 수 있는 변수와 그렇지 않은 변수 이름입니다.

· now, _now, now25, now_25 ← 사용할 수 있음(○)

· 25now, now 25, *now ← 사용할 수 없음(X)

2. 자바스크립트는 영어 대소 문자를 구별하며 예약어는 변수 이름으로 쓸 수 없습니다

자바스크립트에서는 number와 Number, NumBer 모두 다른 변수 이름으로 인식하므로 구별해서 사용해야 합니다. 그리고 var와 같이 미리 정해 놓은 예약어는 변수 이름으로 사용할 수 없습니다.

3. 여러 단어를 연결한 변수 이름은 중간에 대문자를 섞어 씁니다

주로 한 단어로 이루어진 변수 이름은 모두 소문자로 쓰고, 두 단어 이상인 변수 이름은 totalArea나 TotalArea, 또는 Total_Area처럼 중간에 대문자를 섞어 사용합니다. 이 규칙을 낙타 표기법camel case이라고 합니다.

TIP▶ 반드시 낙타 표기법을 사용해야 하는 것은 아니지만 많은 개발자들이 이 방법을 사용합니다.

4. 변수 이름은 의미 있게 작성해야 합니다

자바스크립트로 프로그래밍할 때는 변수를 수십 개 사용하므로 각 변수의 역할을 일일이 기억하기가 쉽지 않습니다. 그래서 변수 이름만 보고도 대충 어떤 값인지 추측할 수 있도록 하는 것이 좋습니다. 예를 들어 학생들의 시험 점수 합계라면 total로, 평균 점수라면 average로 변수 이름을 정하면 누구나 알아보기 쉽습니다.

16-2 자료형 이해하기

자료형이란 프로그램에서 처리할 자료(data)의 형태를 뜻합니다. 예를 들어 '3'을 숫자로 처리하는지, 문자열로 처리하는지에 따라 프로그램의 결과는 달라집니다.

자료형이란

우리는 '10'이나 '-15'는 숫자이고, '안녕하세요'는 문자라는 걸 바로 알 수 있죠. 하지만 컴퓨터에게 일을 시킬 때는 '10'은 숫자이고, '안녕하세요'는 문자라는 것을 따로 알려 줘야 합니다. 이렇게 컴퓨터가 처리할 수 있는 자료의 형태를 **자료형**^{data type}이라고 합니다.

TIP ▶ 자료형은 데이터 유형, 데이터 타입, 데이터형이라고도 합니다. 이 책에서는 자료형을 사용합니다.

자바스크립트의 자료형은 숫자, BigInt, 문자열, 논리형과 같은 **원시 유형**과 배열, 객체를 다루는 **복합 유형** 그리고 undefined, null 같은 **특수 유형**이 있습니다. 지금부터 자바스크립트의 자료형을 하나하나 살펴보겠습니다.

자바스크립트에서 사용하는 자료형

종류		설명	예시
원시 유형	숫자형	따옴표 없이 숫자로만 표기합니다.	`let birthYear = 2000;`
	BigInt	숫자형으로는 표현할 수 없는 아주 큰 정수로 숫자 끝에 n을 붙여서 표시합니다.	`let bigIntNumber = 12345678901234567890...n`
	문자열	작은따옴표(' ')나 큰따옴표(" ")로 묶어서 나타냅니다. 숫자를 따옴표로 묶으면 문자로 인식합니다.	`let greeting = "Hello!";` `let birthYear = "2000";`
	논리형	참(true)과 거짓(false)이라는 2가지 값만 있는 유형입니다. 이때 true와 false는 소문자로만 표시합니다.	`let isEmpty = true;`
복합 유형	배열	하나의 변수에 값을 여러 개 저장합니다.	`let seasons = ['봄', '여름', '가을', '겨울'];`
	객체	함수와 속성을 함께 포함합니다.	`let date = new Date();`
특수 유형	undefined	자료형이 지정되지 않았을 때의 상태입니다. 예를 들어 변수 선언만 하고 값을 할당하지 않은 변수는 undefined 상태입니다.	
	null	값이 유효하지 않을 때의 상태입니다.	

숫자형

자바스크립트에서 **숫자형**number은 정수와 실수로 나누어 구분합니다. 2가지 숫자형을 알아보겠습니다.

정수

정수는 소수점 없는 숫자입니다. 웹 브라우저 창을 열고 주소 표시줄에 'about:blank'를 입력하면 빈 문서가 나오죠. 이 상태에서 [Ctrl]+[Shift]+[J]를 누르면 하단에 콘솔 창이 나타납니다.

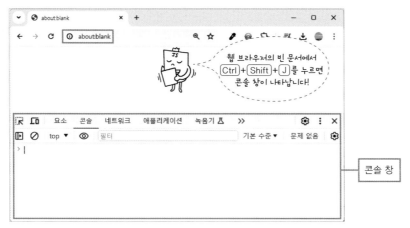

웹 브라우저의 빈 문서에서 콘솔 창 열기

다음 그림처럼 콘솔 창에서 'typeof' 연산자와 숫자 '100'을 입력하고 [Enter]를 눌러 보세요. 숫자 100의 자료형인 number가 다음 행에 나타납니다. 즉, 자바스크립트에서는 100을 숫자형으로 인식합니다.

콘솔 창에서 정수 입력하기

> **(!) 알아 두면 좋아요!** 10진수, 8진수, 16진수
>
> 정수는 표현 방법에 따라 10진수, 8진수, 16진수의 3가지 유형으로 나누기도 합니다. 8진수와 16진수는 익숙하지 않고 조금 이해하기 어렵지만 프로그래머가 되려면 반드시 알아 두어야 하는 개념입니다. 한 번 정도는 읽어 보고 다음으로 넘어가기를 권합니다.

- **10진수**: 0~9로 표현할 수 있는 수입니다. 예 2000, 17
- **8진수**: 0~7로 표현할 수 있는 수입니다. 이때 10진수와 구분하기 위하여 숫자 0을 맨 앞에 붙입니다.
  예 012, 013, 02000
- **16진수**: 숫자 0~9와 알파벳 A~F로 표현할 수 있는 수입니다. 16진수는 프로그래밍을 할 때 가장 많이 사용합니다. 10진수와 구분하기 위하여 0x(또는 0X)를 맨 앞에 붙입니다. 이때 알파벳 A~F는 대문자와 소문자를 모두 사용할 수 있습니다. 예 0xfff, 0xFFF, 0Xfff, 0XFFF

실수

실수는 소수점이 있는 숫자를 가리킵니다. 예를 들어 자바스크립트에서 4.13은 정수와 마찬가지로 숫자형입니다. C나 자바와 같은 프로그래밍 언어에서는 정수와 실수를 명확히 구별하고 처리 방법도 다르지만, 자바스크립트에서는 정수와 실수를 함께 묶어 숫자형으로 인식합니다.

TIP 콘솔 창에서 기존에 입력한 내용을 깨끗하게 지우려면 왼쪽 위에 있는 🚫을 클릭하세요.

그런데 자바스크립트에서는 실수를 정밀하게 계산하는 것은 적합하지 않습니다. 예상하지 못한 계산 결괏값이 나올 때가 있거든요. 예를 들어 계산식 0.1 + 0.2의 결괏값은 0.3 이 나올 것이라 생각하지만 실제로 자바스크립트에서는 0.30000000000000004를 표시합니다. 왜 그럴까요? 자바스크립트에서는 0.1이나 0.2를 2진수로 변환해서 계산하는데 이때 자릿수가 많은 소수로 변환되고, 그 상태에서 0.1과 0.2를 더하기 때문입니다. 따라서 자바스크립트에서 정밀하게 숫자를 계산하는 프로그램을 만들 때는 주의해야 합니다.

실수 계산이 정확하지 않은 자바스크립트

문자열

문자열string은 작은따옴표(')나 큰따옴표(")로 묶은 데이터를 의미합니다. 그래서 숫자도 작은따옴표나 큰따옴표로 묶으면 문자열로 인식합니다. 단, 작은따옴표로 시작한 문자열 데이터는 작은따옴표로 끝맺음을 해야 합니다. 큰따옴표도 마찬가지입니다.

TIP 자바스크립트 문자열에서는 주로 작은따옴표(')를 많이 사용합니다.

콘솔 창에서 문자열 입력하기

만약 큰따옴표로 묶은 문자열 안에 또 다른 문자열을 넣으려면 큰따옴표가 중복되지 않도록 안의 문자열은 작은따옴표로 묶어서 표현해야 합니다.

특수 기호 표시하기

문자열에는 종종 이스케이프 문자나 특수 문자가 포함되곤 합니다. **이스케이프 문자**란, 화면에는 표시되지 않지만 줄 바꿈이나 탭처럼 문서에서 기능을 수행하는 문자를 말합니다. 특수 문자를 표시하려면 백슬래시(\) 다음에 입력해야 합니다. 자주 사용하는 이스케이프 문자는 오른쪽과 같습니다.

예를 들어 작은따옴표를 사용한 문자열 안에서 작은따옴표를 표시하려면 다음과 같이 사용합니다.

이스케이프 문자의 종류

이스케이프 문자	설명
\ddd(d는 숫자)	8진수
\xddd	16진수
\\	백슬래시 문자
\'	작은따옴표 문자
\"	큰따옴표 문자
\b	백스페이스 문자
\n	줄 바꿈 문자
\t	탭 문자

```
console.log('I\'m studing Javascript')
```

작은따옴표를 사용한 문자열 안에서 작은따옴표 표시하기

템플릿 리터럴로 문자열 연결하기

템플릿 리터럴^{template literal}은 문자열과 변수, 식을 섞어서 하나의 문자열을 만드는 표현 형식입니다. 템플릿 리터럴 이전에는 문자열 부분을 따옴표로 묶은 후에 연결 연산자인 +를 사용해서 식이나 변수와 연결했습니다. 하지만 연결 연산자 +는 더하기 연산자로도 사용하므로 예상하지 못한 결과가 나타날 때가 많아서 템플릿 리터럴을 사용하도록 권장합니다.

TIP 연산자는 16-3절에서 자세히 다룹니다.

JavaScript

템플릿 리터럴은 백틱(`)을 사용해 문자열을 만듭니다. 백틱은 작은따옴표(')와 다른 기호이므로 사용할 때 주의하세요. 일반적으로 윈도우 키보드에서는 [Esc] 아래쪽에, 맥(mac)에서는 [\] 아래쪽에 있습니다.

TIP [`]를 눌렀는데 화면에 \로 표시된다면 영문 상태로 바꾸고 다시 입력하세요.

템플릿 리터럴 안에 변수나 식을 넣을 때는 ${ }로 묶고 태그나 띄어쓰기, 이스케이프 문자를 그대로 표시할 수 있으므로 편리합니다.

다음은 변수에 저장된 값과 문자열을 연결해서 화면에 표시하는 예제입니다. 변수 부분만 ${ }로 묶어 주고 원하는 결과 문자열을 그대로 작성하면 되므로 코드를 입력하기 편리합니다.

✍️ **Do it!** 템플릿 리터럴로 문자열 연결하기

```
let name = 'Kim'
let classRoom = 204
console.log(`${name}님, ${classRoom}호 강의실로 입장하세요.`)
```

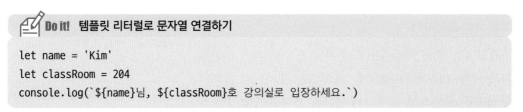

템플릿 리터럴로 문자열 연결하기

논리형

논리형은 불린boolean 유형이라고도 하며, 참true이나 거짓false의 값을 표현하는 자료형입니다. 어떤 조건을 확인해서 그 조건이 맞으면 true, 맞지 않으면 false의 결괏값을 나타냅니다. 주로 프로그램에서 조건을 확인할 때 논리형 데이터를 사용합니다.

undefined 유형과 null 유형

undefined는 자료형이 정의되지 않았을 때의 데이터 상태를 나타냅니다. 자바스크립트에서

는 변수를 선언할 때 자료형을 미리 지정하지 않고 값을 할당할 때 결정합니다. 그래서 변수 선언만 하고 값이 할당되지 않은 자료형을 undefined라고 합니다. 즉, undefined는 단순히 '변수에 값이 할당되지 않았다'는 의미입니다.

반면에 null은 '데이터의 값이 유효하지 않은 상태'를 나타냅니다. undefined와 비슷해 보이지만 구별해야 합니다.

정리하자면 undefined는 변수를 선언한 상태에서 값이 할당되지 않은 유형이고, null은 변수에 할당된 값이 유효하지 않다는 의미입니다.

배열

지금까지 살펴본 자료형은 변수 하나에 값도 하나만 저장할 수 있지만, 배열^{array}은 하나의 변수에 값을 여러 개 저장할 수 있습니다. 배열은 여러 개의 데이터값을 하나의 배열 이름으로 묶어서 선언합니다.

다음과 같이 데이터값을 쉼표로 구분해서 대괄호([ ])로 묶으면 배열을 선언할 수 있는데, 대괄호 안에 값을 입력하지 않으면 빈 배열이 만들어집니다. 물론 비어 있는 배열도 배열을 선언한 것입니다.

기본형 **배열명["값1", "값2", ...]**
      배열명[ ]
      └─── 비어 있는 배열 선언

예를 들어 계절 이름을 변수에 할당하는 프로그램을 생각해 봅시다. 만약 배열을 사용하지 않으면 다음과 같이 변수를 4개 정의하고 값을 할당해야 합니다.

```
let spring = "봄";
let summer = "여름";
let fall = "가을";
let winter = "겨울";
```

배열을 사용하면 어떻게 될까요? 앞에서 4줄로 작성했던 코드를 다음과 같이 간단히 1줄짜리 배열로 작성할 수 있습니다.

```
let season = ["봄", "여름", "가을", "겨울"];
```

콘솔 창에서 season을 입력하면 season에 저장된 4개의 값이 나타납니다. 이때 데이터 옆에는 번호 0~3이 표시되는데 이 번호를 **인덱스**index라고 합니다.

TIP 콘솔 창에서 배열 이름인 season을 입력하면 (4)만 나타나는데 그 옆에 있는 ▶를 클릭하면 ▼으로 바뀌면서 배열의 상세 정보가 밑으로 펼쳐집니다.

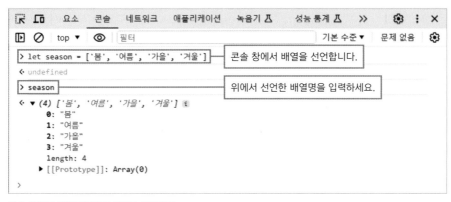

콘솔 창에서 배열 작성하고 인덱스 확인하기

이처럼 배열은 여러 개의 요소로 구성되고 각 요소에는 자신만의 방 번호가 할당됩니다. 이 방 번호가 인덱스이며 0부터 시작합니다.

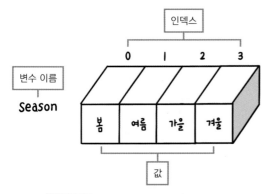

season 배열의 구조

season 배열에서 두 번째 값을 알고 싶다면 두 번째 요소의 인덱스는 1이므로 콘솔 창에 'season[1]'을 입력하면 "여름"이라는 값을 보여 줍니다.

TIP 배열은 for와 같은 반복문을 사용해서 각 요소의 값을 꺼내거나 length 프로퍼티를 사용해서 크기를 확인하는 등 다양하게 활용할 수 있습니다. 이 방법은 18-2절 Array 객체를 배울 때 자세히 알아보겠습니다.

자료형 변환하기

자바스크립트의 자료형은 다른 프로그래밍 언어와 크게 다릅니다. 자료형을 미리 결정하지 않고 코드를 실행하는 동안 정하기 때문입니다. 중간에 자료형을 얼마든지 바꿀 수도 있고요. 그래서 자바스크립트를 '동적 타입 언어'라고도 합니다.

느슨한 자료형 체크

C 언어나 자바 같은 프로그래밍 언어에서는 변수를 선언할 때 변수의 자료형을 미리 결정합니다. 그리고 그 유형에 맞는 값만 변수에 저장할 수 있죠. 이렇게 자료형을 제한하면 프로그램의 오류를 방지할 수 있는데, 이런 방식을 **강력한 자료형 체크**strong data type check라고 합니다. 반면에 자바스크립트는 미리 변수의 자료형을 지정하지 않습니다. 변수에 값을 할당하면 그 값에 따라 자료형이 결정되는데, 이런 방식을 **느슨한 자료형 체크**weak data type check라고 합니다. 이 방법은 편리해 보이지만 같은 변수에 다른 유형의 값을 잘못 입력해도 체크할 수 없고, 여러 사람이 프로젝트를 진행할 경우에는 변수를 일관성 있게 유지하기가 어렵습니다.

```
num = 20        // 숫자형
num = 'John'    // 문자열
```

자동 형 변환

자바스크립트에서는 연산을 하는 동안 자료형이 자동으로 바뀌기도 합니다. 문자열 값을 사칙 연산에서 사용하면 자동으로 숫자형으로 변환됩니다.

예를 들어 프롬프트 창에 숫자를 입력한 후 10을 곱해 보겠습니다. 먼저 콘솔 창에 다음과 같이 입력해서 프롬프트 창에 숫자를 입력해 보세요.

```
input = prompt("숫자를 입력하세요.")
```

프롬프트 창에서 입력 받기

프롬프트 창에는 텍스트 필드가 표시되므로 입력값은 문자열이 됩니다.

```
typeof input   // string
```

이 상태에서 input 변수에 10을 곱해 보세요. 문자열이었던 input값이 자동으로 숫자로 변환되면서 계산 결과가 나타납니다.

TIP C를 비롯한 다른 프로그래밍 언어의 경우 이렇게 하면 오류가 발생합니다.

```
input * 10   // 50
```

문자열에서 숫자형으로 자동 형 변환

또다른 경우도 있습니다. 숫자와 문자열을 더하면 숫자가 자동으로 문자열로 변환되면서 결과는 문자열이 됩니다. 예를 들어 보겠습니다. one 변수에는 문자열 "20"을, two 변수에는 숫자 10을 할당한 후 덧셈과 뺄셈을 해보겠습니다.

숫자형에서 문자열로 자동 형 변환

자바스크립트에서는 + 기호를 더하기 연산자 또는 연결 연산자로도 사용합니다. 그래서 + 기호 앞이나 뒤에 문자열이 있으면 + 기호는 연결 연산자로 동작합니다. 예제 코드에서도 + 기호를 사용해서 숫자와 문자열을 더하므로 숫자가 자동으로 문자열로 바뀌면서 2개의 문자열을 연결해서 보여 줍니다.

하지만 - 연산자를 사용하면 상황이 달라집니다. 뺄셈을 비롯해서 곱하고 나누는 것은 숫자끼리만 계산할 수 있으므로 문자열을 숫자로 바꿔서 인식합니다.

이렇게 자바스크립트에서는 자동 형 변환이 일어나서 예상하지 못한 결과를 만들 수도 있으니 주의해서 사용해야 합니다.

자료형 변환 함수

코드를 작성하다 보면 필요에 따라서 자료형을 변환해서 사용해야 할 경우가 있습니다. 앞에서 살펴본 예제의 프롬프트 창에서 입력받은 값은 기본적으로 문자열이므로 이 값을 숫자로 변환한 후 사칙 연산에 사용하는 것이 좋습니다. 이럴 때 숫자로 변환하는 함수가 필요하죠. 자바스크립트에서 자주 사용하는 자료형 변환 함수를 알아보겠습니다.

자료형 변환 함수의 종류

함수	설명
Number()	문자열이나 논리형 값을 숫자로 변환합니다.
parseInt()	문자열을 정수 숫자로 변환합니다.
parseFloat()	문자열을 실수 숫자로 변환합니다.
String()	숫자나 논리형 값을 문자열로 변환합니다.
Boolean()	괄호 안의 값을 논리형으로 변환합니다.

웹 브라우저에서 콘솔 창을 열고 다음 코드를 직접 입력해 보면서 값이 어떻게 바뀌는지 확인해 보세요. 결괏값 중 NaN은 'Not a Number'의 줄임말로 숫자가 아니라는 뜻입니다.

```
Number('123')          // 123
Number('123ABC')       // NaN

parseInt('123')        // 123
parseInt('123.45')     // 123
parseInt('123ABC')     // 123

parseFloat('123')      // 123
parseFloat('123.45')   // 123.45
parseFloat('123ABC')   // 123

String(123)            // '123'
```

```
String(true)     // 'true'

Boolean(1)       // true
Boolean(0)       // false
Boolean('ABC')   // true
Boolean('')      // false
```

> **알아 두면 좋아요!** truthy와 falsy
>
> 자바스크립트에서는 모든 값을 true와 false로 나타낼 수 있습니다. 이것은 앞으로 공부할 조건문에서 유
> 용하게 사용할 수 있습니다. false라고 할 만한 것을 falsy라고 하고 실제 값은 false가 됩니다. 그리고
> falsy한 값이 아닌 값은 모두 truthy한 값입니다. falsy로 간주하는 값만 기억해 두면 되겠죠?
> 자바스크립트에서는 다음 값만 falsy로 간주합니다.
>
> - false: 당연히 논리형 값 false는 falsy입니다.
> - 0: 숫자 0
> - -0: 음수 0
> - "", '': 빈 문자열(따옴표 사이에 아무것도 없어야 합니다.)
> - null
> - undefined
> - NaN

16-3 연산자 알아보기

연산자(operator)란 프로그램에서 특정한 동작을 하도록 지시하는 기호입니다. 프로그래밍에서 '연산' 이란 사칙 연산은 물론 문자열과 문자열을 연결해서 새로운 문자열을 만들고 값의 크기를 비교하는 등 여러 가지 동작을 의미합니다. 그리고 이런 연산을 지시하는 기호가 연산자입니다.

산술 연산자

산술 연산자는 우리가 잘 알고 있는 수학 계산을 할 때처럼 사용합니다. 연산자의 왼쪽이나 오른쪽에 있는 연산 대상을 '피연산자'라고 하는데, 산술 연산자에서 피연산자는 숫자나 변수가 옵니다.

자바스크립트의 산술 연산자를 표로 정리했습니다. 여기에서 피연산자는 하나 또는 2개를 사용합니다.

산술 연산자의 종류

연산자	설명	예시
+	두 피연산자의 값을 더합니다.	c = a + b
-	첫 번째 피연산자 값에서 두 번째 피연산자 값을 뺍니다.	c = a − b
*	두 피연산자의 값을 곱합니다.	c = a * b
/	첫 번째 피연산자 값을 두 번째 피연산자 값으로 나눕니다.	c = a / b
%	첫 번째 피연산자 값을 두 번째 피연산자 값으로 나눈 나머지를 구합니다.	c = a % b
++	피연산자 값을 1 증가시킵니다.	a++
--	피연산자 값을 1 감소시킵니다.	b--

자주 헷갈리는 나누기 연산자(/)와 나머지 연산자(%)를 살펴보겠습니다. 나누기 연산자의 결괏값은 나눈 값 자체이며, 나머지 연산자의 결괏값은 나눈 후에 남은 나머지 값이 됩니다.

예를 들어 다음 연산식에서 numberOne은 15를 2로 나눈 몫인 7이고, numberTwo는 15를 2로 나눈 나머지인 1이 됩니다.

JavaScript

다음으로 살펴볼 산술 연산자는 증가 연산자(++), 감소 연산자(--)입니다. 이 두 연산자는 변수를 사용하기 전후에 변숫값을 1만큼 증가시키거나 감소시킵니다.

할당 연산자

할당 연산자는 연산자(또는 연산식) 오른쪽의 실행 결과를 왼쪽 변수에 할당하며, 대입 연산자라고도 합니다. 변수에 값을 할당하거나 연산식의 결과를 변수에 저장할 때 할당 연산자를 사용합니다.

자바스크립트에서는 할당 연산자와 산술 연산자를 합쳐 하나의 할당 연산자로 표시할 수 있습니다. 자바스크립트에서 사용하는 할당 연산자를 표로 정리했습니다.

할당 연산자의 종류

연산자	설명	예시
=	연산자 오른쪽의 값을 왼쪽 변수에 할당합니다.	y = x + 3
+=	y = y + x를 의미합니다.	y += x
-=	y = y - x를 의미합니다.	y -= x
*=	y = y * x를 의미합니다.	y *= x
/=	y = y / x를 의미합니다.	y /= x
%=	y = y % x를 의미합니다.	y %= x

비교 연산자

비교 연산자는 피연산자 2개의 값을 비교해서 참[true]이나 거짓[false]으로 결괏값을 반환합니다.

이 연산자는 주로 두 값을 비교하므로 어떠한 조건을 체크할 때 사용합니다. 자바스크립트에서 사용하는 비교 연산자를 표로 정리했습니다.

비교 연산자의 종류

연산자	설명	예시	
		조건식	결괏값
==	피연산자 값이 서로 같으면 true입니다.	3 == "3"	true
===	피연산자 값도 같고 자료형도 같으면 true입니다.	3 === "3"	false
!=	피연산자 값이 서로 같지 않으면 true입니다.	3 != "3"	false
!==	피연산자 값이 같지 않거나 자료형이 같지 않으면 true입니다.	3 !== "3"	true
<	왼쪽 피연산자 값이 오른쪽 피연산자 값보다 작으면 true입니다.	3 < 4	true
<=	왼쪽 피연산자 값이 오른쪽 피연산자 값보다 작거나 같으면 true입니다.	3 <= 4	true
>	왼쪽 피연산자 값이 오른쪽 피연산자 값보다 크면 true입니다.	3 > 4	false
>=	왼쪽 피연산자 값이 오른쪽 피연산자 값보다 크거나 같으면 true입니다.	3 >= 4	false

==, != 연산자와 ===, !== 연산자 비교

앞의 표에서 피연산자 값이 서로 같은지 다른지 비교하는 연산자가 두 그룹 있습니다. ==와 != 연산자, 그리고 ===와 !== 연산자가 비슷하면서도 다르지요? 지금부터 그 차이를 알아보겠습니다.

== 연산자와 != 연산자는 피연산자의 자료형을 자동으로 변환해서 비교합니다. 다음 식에서 숫자 3과 문자열 "3"을 비교하면 왼쪽의 숫자 3을 문자열로 변환해서 비교합니다. 그래서 첫 번째 식의 결과는 true, 두 번째 식의 결과는 false가 됩니다.

```
3 == "3"   // true
3 != "3"   // false
```

반면에 === 연산자와 !== 연산자는 피연산자의 자료형을 변환하지 않습니다. 그래서 다음 식에서 숫자 3과 문자열 "3"의 값과 자료형을 모두 비교하여 결과를 보여 줍니다.

```
3 === "3"   // false
3 !== "3"   // true
```

그래서 프로그램에서 값을 비교할 때는 자료형을 자동으로 변환하지 않기 위해 === 연산자와

!== 연산자를 더 많이 사용합니다.

문자열의 비교

비교 연산자는 숫자뿐만 아니라 문자열도 서로 비교할 수 있습니다. 피연산자가 숫자라면 크기를 비교하기 쉽지만 피연산자가 문자열이라면 문자열에 있는 문자들의 아스키^{ASCII}값을 비교해서 결정합니다.

> **TIP** 아스키(ASCII)값이란 컴퓨터에서 문자를 숫자에 일대일로 대응한 값을 의미합니다. 예를 들어 대문자 A의 아스키값은 숫자 65이고 소문자 a의 아스키값은 97입니다. 이렇게 아스키값을 정리한 표를 **아스키 코드 테이블**이라고 합니다. 아스키값을 비교해야 할 때는 theasciicode.com.ar 사이트를 이용하세요.

예를 들어 "A" > "B"라는 문자열을 비교하면 A의 아스키값(65)과 B의 아스키값(66)을 비교하여 결괏값 false가 나옵니다. 아스키 코드 테이블에서는 숫자보다 문자의 아스키값이 더 크고 대문자보다 소문자의 아스키값이 더 큽니다.

그리고 문자열에서 비교할 문자가 여러 개인 경우 맨 앞의 문자부터 하나씩 비교합니다. 예를 들어 양쪽 문자열에서 첫 번째 문자의 아스키값이 같으면 두 번째 아스키값을 비교하고, 그것도 같으면 세 번째 문자의 아스키값을 비교하는 순으로 진행합니다.

논리 연산자

논리 연산자는 불리언 연산자$^{boolean\ operator}$라고도 하며 true, false를 처리합니다. 즉, true, false 자체가 피연산자인 연산자입니다. 논리 연산자는 주로 프로그램에서 조건을 체크할 때 사용합니다. 자바스크립트에서 사용하는 논리 연산자는 다음과 같이 3가지입니다.

> **TIP** 논리 연산자는 16-4절 조건문을 배울 때 더 자세히 살펴보겠습니다.

논리 연산자의 종류

연산자	기호	설명
OR 연산자	||	피연산자 중 하나만 true여도 true가 됩니다.
AND 연산자	&&	피연산자가 모두 true일 경우에만 true가 됩니다.
NOT 연산자	!	피연산자의 반댓값을 지정합니다.

16-4 조건문 알아보기

프로그래밍을 할 때는 특정 조건과 명령에 따라 실행 순서를 정해야 합니다. 이때 특정 조건이 맞는지 확인하기 위해 조건문을 사용합니다. 조건문은 프로그래밍에서 가장 많이 사용하는 구문입니다. 여기에서는 자바스크립트의 조건문과 조건 연산자를 살펴보겠습니다.

if 문과 if~else 문 알아보기

if 문이나 if~else 문을 사용하면 스크립트 안에서 조건을 체크할 수 있습니다. if 문에서는 괄호 안의 조건을 체크해서 결괏값이 true면 if 문 다음에 나오는 명령을 실행하고, false이면 아무것도 하지 않습니다. 조건을 만족했을 때 실행할 명령이 여러 개라면 중괄호({ })로 묶고 그 안에 명령을 나열하여 순서대로 한꺼번에 처리하라고 표시합니다.

TIP { }로 묶은 영역을 **코드 블록**(block)이라고 합니다.

```
기본형    if (조건) {
              조건 결괏값이 true일 때 실행할 명령
          }
```

if 문은 결괏값이 true일 때만 실행하므로 true가 아닐 때 명령을 수행하려면 한계가 있습니다. 그래서 등장한 것이 else 문입니다.

if~else 문은 if 조건의 결괏값이 true가 아닐 때 실행할 명령을 else 문 다음에 추가합니다.

```
기본형    if (조건) {
              조건 결괏값이 true일 때 실행할 명령
          } else {
              조건 결괏값이 false일 때 실행할 명령
          }
```

다음은 사용자가 입력한 숫자가 3의 배수인지 확인하는 예제입니다. 3의 배수는 어떻게 확인할까요? 입력받은 변수 userNumber를 3으로 나눈 후 나머지가 0이면 3의 배수이고 그렇지 않으면 3의 배수가 아닙니다.

Do it! 3의 배수 확인하기 1

예제 파일 16\if-1.html

```
<script>
  let userNumber = parseInt(prompt('숫자를 입력하세요.'));

  if (userNumber % 3 === 0)
    alert('3의 배수입니다.');
  e
    alert('3의 배수가 아닙니다.');
</script>
```

정답: else

TIP if 문과 else 문에 문장이 하나뿐일 경우에는 {와 }를 생략할 수 있습니다.

웹 브라우저에서 예제 파일을 열고 숫자를 입력한 다음에 [확인] 버튼을 눌러 보세요. 입력한 숫자가 3의 배수인지 확인해서 알려 줍니다.

입력값이 3의 배수인지 확인하기

하지만 프로그래밍을 할 때 하나의 if~else 문으로는 해결되지 않는 상황이 더 많습니다. 이 럴 때는 if~else 문 안에 또다시 if~else 문을 사용할 수 있습니다. 이렇게 다른 if~else 문 안 에 포함되는 if~else를 중첩된 if~else 문이라고 합니다.

사실 앞에서 살펴본 '[Do it!] 3의 배수 확인하기 1' 예제는 사용자가 프롬프트 창에서 값을 입 력하지 않고 [취소] 버튼을 눌렀을 때의 동작도 고려해야 합니다. 사용자가 [취소] 버튼을 눌 렀는지 확인하고, 숫자를 입력한 후 [확인] 버튼을 눌렀을 때만 3의 배수를 체크하고 [취소] 버튼을 눌렀다면 입력이 취소됨을 표시하도록 코드를 수정하겠습니다.

이때 프롬프트 창에서 [취소] 버튼을 누르면 null이 입력되는데, 입력된 값이 null인지 아닌 지 확인하기 위해 주의해야 할 점이 있습니다. 지금까지는 parseInt() 함수를 사용해 프롬프 트 창에 입력된 값을 무조건 정수로 바꿔서 사용했죠? 하지만 프롬프트 창에는 숫자 외에도 null이 입력될 수도 있는 상황이 있습니다. 그러므로 프롬프트 창에 입력한 내용이 null인지 아닌지 확인하고, null이 아닐 경우에만 숫자로 변환해야 합니다. 이 과정을 순서대로 그려 보면 다음과 같습니다.

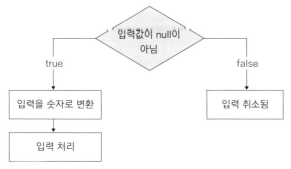

true

false

입력을 숫자로 변환

입력 취소됨

입력 처리

프롬프트 창에서 null을 처리하는 순서

✏️ **Do it!** 3의 배수 확인하기 2

예제 파일 16\if-2.html

```
<script>
  let userNumber = prompt('숫자를 입력하세요.');

  if (userNumber !== null) {          // 입력값이 null이 아니면 if~else 문을 실행
    if (parseInt(userNumber) % 3 === 0)
      alert('3의 배수입니다.');
    else
      alert('3의 배수가 아닙니다.');     if~else 문 안에 중첩된 if~else 문을 사용합니다.
  }
  else
    alert('입력이 취소됐습니다.');        // 입력값이 null이면 알림 창을 보여줌
</script>
```

조건 연산자로 조건 체크하기

만약 조건이 하나이고 true일 때와 false일 때 실행할 명령이 각각 하나뿐이라면 if~else 문 대신에 조건 연산자를 사용하면 간단합니다. 조건 연산자는 ?와 : 기호를 사용합니다.

기본형 **(조건) ? *true일 때 실행할 명령* : *false일 때 실행할 명령***

TIP 조건 연산자는 '삼항 연산자'라고도 합니다.

예를 들어 앞에서 살펴본 '[Do it!] 3의 배수 확인하기 2' 예제에서 중첩된 if~else 문 대신에 조건 연산자를 사용한다면 다음과 같이 작성할 수 있습니다.

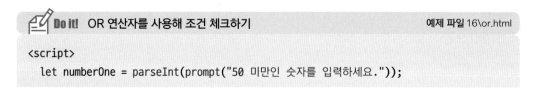

```
<script>
  let userNumber = parseInt(prompt('숫자를 입력하세요.'));

  if (userNumber !== null)                          ┌─ 조건 연산자를 사용했습니다.
    (parseInt(userNumber) % 3 === 0) ? alert('3의 배수입니다.') : alert('3의 배수가 아
닙니다.');
  else
    alert('입력이 취소됐습니다.');
</script>
```

논리 연산자로 조건 체크하기

조건을 2개 이상 체크할 경우에는 논리 연산자를 사용해 조건식을 만듭니다. 두 조건이 true일 때와 조건이 1개만 true일 때처럼 여러 경우의 수를 따져야 한다면 논리 연산자를 사용합니다.

OR 연산자

OR 연산자는 ¦¦ 기호를 사용하며, 피연산자 2개 중에서 true가 하나라도 있으면 결괏값은 true입니다.

OR 연산자의 사용 예시

op 1	op 2	op 1 ¦¦ op 2
false	false	false
false	true	true
true	false	true
true	true	true

TIP op는 피연산자를 의미합니다.

예를 들어 다음 예제는 OR 연산자를 사용해 50보다 작은 숫자 2개를 입력받아 둘 중 하나가 10보다 작은지를 판단합니다.

```
<script>
  let numberOne = parseInt(prompt("50 미만인 숫자를 입력하세요."));
```

```
  let numberTwo = parseInt(prompt("50 미만의 수자를 입력하세요."));

if (numberOne < 10 || numberTwo < 10)
  alert("숫자 2개 중에서 최소한 하나는 10 미만이군요.");
else
  alert("숫자 2개 중에서 10 미만인 수는 없습니다.");
</script>
```

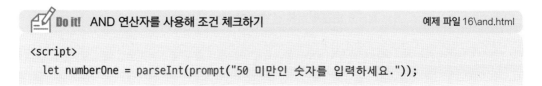

OR 연산자를 사용해 조건 체크하기

AND 연산자

AND 연산자는 && 기호를 사용하며, 피연산자 2개 중에서 false가 하나라도 있으면 결괏값은 false입니다.

AND 연산자의 사용 예시

op 1	op 2	op 1 && op 2
false	false	false
false	true	false
true	false	false
true	true	true

다음은 AND 연산자를 사용해 입력한 2개의 숫자가 50보다 작은지를 체크하는 예제입니다.

✏️ **Do it!** AND 연산자를 사용해 조건 체크하기   예제 파일 16\and.html

```
<script>
  let numberOne = parseInt(prompt("50 미만인 숫자를 입력하세요."));
```

```
    let numberTwo = parseInt(prompt("50 미만인 숫자를 입력하세요."));

  if (numberOne < 50 && numberTwo < 50)
    alert("숫자 2개 모두 50 미만이군요.");
  else
    alert("조건에 맞지 않는 숫자가 있습니다.")
</script>
```

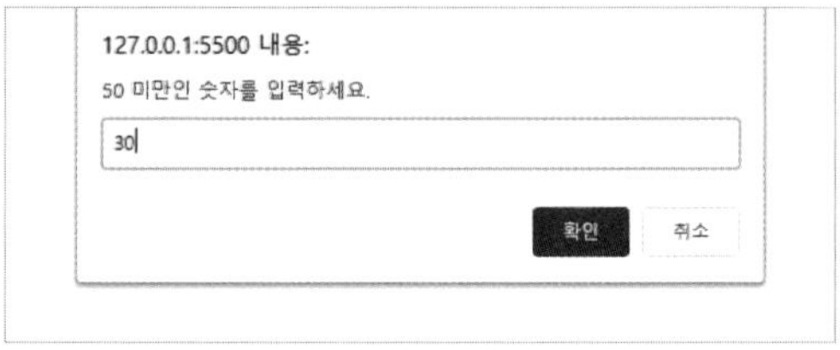

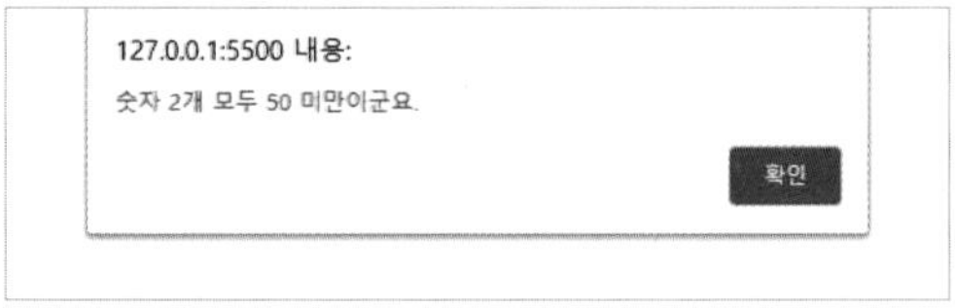

AND 연산자를 사용해 조건 체크하기

NOT 연산자

NOT 연산자는 ! 기호를 사용하며 true나 false를 반대로 뒤집습니다.

NOT 연산자의 사용 예시

op	!op
false	true
true	false

앞에서 살펴본 '[Do it!] 3의 배수 확인하기 2' 예제를 떠올려 볼까요? 다음과 같이 변수 userNumber의 입력값이 null이 아닌지를 체크할 때 NOT 연산자 !를 사용했습니다.

```
if (userNumber !== null) { 실행할 명령 } // 입력값이 null이 아니면 if 문을 실행
```

> **(!) 알아 두면 좋아요!**   **조건 계산을 빠르게 하는 방법이 있나요?**
>
> 조건이 2가지 이상일 경우 동시에 함께 체크하는 조건식을 만들 때는 첫 번째 조건을 보고 빠르게 판단할 수 있도록 해야 합니다. 예를 들어 다음 조건식을 체크할 경우를 생각해 보겠습니다.

```
((x === 10) && (y === 20))
```

AND 연산자(&&)는 조건식이 둘 이상일 경우에 하나만 false여도 최종 결괏값이 false가 됩니다. 그러므로 첫 번째 조건식 (x === 10)이 false이면, 두 번째 조건식 (y === 20)은 체크하지 않고 바로 false가 됩니다. 이와 같이 AND 연산자(&&)를 사용한다면 false가 될 확률이 높은 조건을 첫 번째 조건식으로 사용하는 게 좋습니다.

반대로 OR 연산자(||)는 조건식이 둘 이상일 경우에 하나만 true여도 최종 결괏값이 true가 됩니다. 따라서 OR 연산자를 사용한다면 true가 될 확률이 높은 조건식을 첫 번째 조건식으로 사용하는 것이 좋습니다.

TIP 참고로 이렇게 연산하는 방법을 **단축 평가**(short circuit evaluation)라고 합니다.

switch 문

자바스크립트에서 조건을 체크할 때는 if~else 문을 사용하지만, 처리할 명령이 많다면 if~else 문을 여러 개 사용하는 것보다 switch 문이 더 편리합니다. switch 문에서 조건을 체크한 후 case 문을 사용하여 명령을 처리할 수 있습니다. switch 문의 기본 형식은 다음과 같습니다.

```
기본형   switch (조건)
        {
           case 값1: 명령1
              break
           case 값2: 명령2
              break
           ......
           default: 명령n
        }
```

switch 문의 조건은 아래에 있는 case 문의 값과 일대일로 일치해야 합니다. 조건과 일치하는 case 문의 명령을 실행한 후에는 switch 문을 완전히 빠져나옵니다.

switch의 조건이 case의 '값1'과 일치하면 '명령1'을 실행하고, 다음에 있는 break 문을 만나 switch 문을 빠져나갑니다. 만약 조건이 case의 '값2'와 일치하면 '명령2'를 실행하죠. 이런 식으로 조건에 따라 다른 명령을 실행할 수 있습니다.

하지만 조건과 일치하는 case 문이 없다면 어떻게 해야 할까요? 이럴 때는 마지막에 있는 default 문을 실행합니다.   **TIP** default 문에는 break 문을 생략할 수 있습니다.

다음 예제는 사용자에게 1, 2, 3 중에서 값을 하나만 입력받아 session 변수에 저장하고, switch 문을 이용해 session값을 체크합니다. 이때 case 문에서는 값만 사용하고 식을 사용할 수 없다는 점에 주의하세요. 그리고 prompt 문에서 입력받은 값은 문자열이므로 case 문에서 "1", "2" 처럼 문자열값을 확인했습니다.

📝 Do it! switch 문으로 조건 체크하기   예제 파일 16\switch.html

```
<script>
  let session = prompt("관심 세션을 선택해 주세요. 1-마케팅, 2-개발, 3-디자인");

  switch(session) {
    case "1": document.write("<p>마케팅 세션은 <strong>201호</strong>에서 ...... </p>")
      break;
    case "2": document.write("<p>개발 세션은 <strong>203호</strong>에서 ...... </p>")
      break;
    case "3": document.write("<p>디자인 세션은 <strong>205호</strong>에서 ...... </p>")
      break;
    default: alert("잘못 입력했습니다.");   // 1, 2, 3이 아닌 값을 입력받으면 출력
  }
</script>
```

switch 문으로 조건 체크하기

Do it! 실습   자리 배치도 만들기 1

[준비] 16\seat-1.html   [결과 비교] 16\results\seat-1.html

지금까지 공부한 내용을 참고하여 자리 배치도 프로그램을 만들어 보겠습니다. 여기에서는 입장객 수와 한 줄에 몇 명씩 앉을 것인지를 입력받고 총 몇 줄이 필요한지 계산합니다.

> **TIP** 이 실습에서는 조건문 코드만 작성하고 나머지 코드는 16-5절에서 반복문을 배운 후에 '[Do it! 실습] 자리 배치도 만들기 2'에서 프로그램을 완성합니다.

1단계 프로그램의 흐름 생각하기

프로그램을 작성하기 전에 필요한 변수와 변수 이름, 연산식을 어떻게 작성할지 생각해 봅시다.

TIP 변수 이름은 여러분이 기억하기 쉬운 다른 이름으로 바꿔도 됩니다.

- 입력할 값의 변수: 입장객 수(memNum), 한 줄에 앉을 사람 수(colNum)
- 계산할 값의 변수: 필요한 줄의 개수(rowNum)

먼저 입장객 수와 한 줄에 앉을 사람 수가 주어졌을 때 줄의 개수를 어떻게 계산할지 생각해 봅시다.

예를 들어 전체 입장객 수가 20명이고 1줄에 5명씩 앉아야 한다면 '20 / 5'를 계산하여 총 4줄이 필요하죠. 그럼 입장객 수가 23명이고 1줄에 5명씩 앉아야 한다면 총 몇 줄이 필요할까요? '23 / 5'를 계산하면 몫은 4이지만, 나머지 값(3)이 있으므로 필요한 줄은 총 5줄입니다. 이것을 그림으로 나타내면 다음과 같습니다.

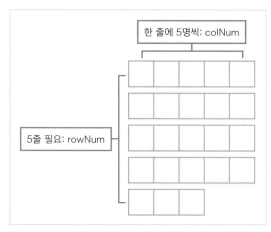

자리 배치도 프로그램의 흐름 생각하기

즉, 입장객 수를 한 줄에 앉을 사람 수로 나누었을 때 나머지가 없는 연산식과 나머지가 있는 연산식을 다음과 같이 생각할 수 있습니다.

- 나머지가 없을 때: rowNum = memNum / colNum
- 나머지가 있을 때: rowNum = parseInt(memNum / colNum) + 1

2단계 자바스크립트 코드 작성하고 결과 확인하기

1단계에서 생각한 것을 자바스크립트 코드로 작성해 보겠습니다. `</body>` 태그 앞에 다음과 같이 입력하고 저장합니다. 이제 저장한 HTML 파일을 웹 브라우저에서 확인해 보세요.

```
<script>
  let memNum = parseInt(prompt('입장객은 몇 명인가요?'));        // 전체 입장객 수
  let colNum = parseInt(prompt('한 줄에 몇 명씩 앉습니까?'));    // 한 줄에 앉을 사람 수

  if (memNum % colNum === 0) {
    rowNum = memNum / colNum;
  }
  else {
    rowNum = parseInt(memNum / colNum) + 1;
  }
  document.write(`모두 ${rowNum}개의 줄이 필요합니다.`);
</script>
```

> 박스 안의 코드를 입력하고 저장해 보세요!

만약에 입장객 56명이 1줄에 5명씩 앉아야 한다면 총 몇 줄이 필요할까요? 다음 그림과 같이 입력하면 총 12줄이 필요합니다.

자리 배치도

모두 12개의 줄이 필요합니다.

자리 배치도 프로그램 만들기

16-5 반복문 알아보기

반복문은 특정 동작을 여러 번 실행할 때 사용합니다. 불필요한 명령을 여러 번 쓰면 복잡해지므로 반복문 하나로 코드를 간단하게 작성할 수 있습니다. 코드가 간단해지면 컴퓨터의 실행 속도는 더 빨라집니다.

반복문은 왜 필요할까?

반복문을 공부하기 전에 어떤 경우에 반복문이 필요한지 예를 들어 살펴보겠습니다.

1부터 5까지 숫자를 더하는 프로그램을 생각해 볼까요? 반복문을 사용하지 않는다면 다음과 같이 결괏값(sum)에 숫자를 계속해서 더해야 할 것입니다.

Do it! 반복문 없이 1부터 5까지 숫자 더하기　　　　　　예제 파일 16\repeat-1.html

```
<script>
  let sum = 0;

  sum += 1;
  sum += 2;
  sum += 3;
  sum += 4;
  sum += 5;
  document.write(`1부터 5까지 더하면 ${sum}`);      // 1부터 5까지 더하면 15
</script>
```

이제 웹 브라우저에서 확인하면 1부터 5까지 숫자를 더한 결과를 보여 줍니다.

> ### 1부터 5까지 더하면 15

반복문 없이 1~5까지 더하기

하지만 1부터 10까지 또는 1부터 100까지 숫자를 더해야 한다면 어떻게 될까요? 코드를 100 줄이나 작성해야 하므로 비효율적입니다. 이럴 때 사용하는 것이 바로 반복문입니다.

for 문 사용하기

for 문은 자바스크립트에서 가장 많이 사용하는 반복문입니다. for 문은 값이 일정하게 커지면서 명령을 반복하여 실행할 때 사용합니다. for 문의 기본 형식은 다음과 같습니다.

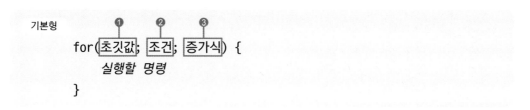

- ❶ **초깃값**: 카운터 변수를 초기화합니다. 초깃값은 0이나 1부터 시작합니다.
- ❷ **조건**: 명령을 반복하기 위해 조건을 체크합니다. 이 조건을 만족해야 그다음에 오는 명령을 실행할 수 있습니다.
- ❸ **증가식**: 명령을 반복한 후 실행합니다. 보통 카운터 변수를 1 증가시키는 용도로 사용합니다.

TIP 카운터 변수는 for 문에서 명령을 몇 번 반복할지를 정할 때 사용합니다.

앞에서 살펴본 '[Do it!] 반복문 없이 1부터 5까지 숫자 더하기' 예제를 for 문을 사용해 다음과 같이 작성해 보겠습니다. 코드가 매우 간단해졌습니다.

Do it! for 문을 사용해 1부터 5까지 숫자 더하기　　　예제 파일 16\repeat-2.html

```
<script>
let sum = 0;

for (let i = 1; i < 6; i++) {
  sum += i;
}
  document.write(`1부터 5까지 더하면 ${sum}`);
</script>
```

for 문을 사용해 코드를 간단하게 작성했죠!

이 예제에서 for 문을 실행하는 과정을 좀 더 자세히 생각해 보겠습니다. for 문은 초깃값 → 조건 → 명령 → 증가식의 순서로 진행됩니다. 따라서 이 예제에서 입력한 for 문이 실행되는 순서를 풀어 보면 다음과 같습니다.

① 카운터로 사용할 변수 i에 초깃값 1 지정

② i = 1 → i < 6 체크 → (조건 만족함) → sum += i 실행 → i++ 실행

③ i = 2 → i < 6 체크 → (조건 만족함) → sum += i 실행 → i++ 실행

④ i = 3 → i < 6 체크 → (조건 만족함) → sum += i 실행 → i++ 실행

⑤ i = 4 → i < 6 체크 → (조건 만족함) → sum += i 실행 → i++ 실행

⑥ i = 5 → i < 6 체크 → (조건 만족함) → sum += i 실행 → i++ 실행

⑦ i = 6 → i < 6 체크 → (조건 만족하지 않음) → for 문을 빠져나옴

카운터 변수(i)에 초깃값을 지정하고 조건(i < 6)이 맞으면 명령을 실행하고 마지막으로 카운터를 증가(i++)시킵니다. 이 순서만 제대로 이해한다면 for 문은 어렵지 않습니다. 그리고 카운터 변수는 어떤 문자를 사용해도 상관없으며 정해진 시작값도 없습니다. 단순히 실행 횟수만 알기 위해 사용하며 주로 0부터 시작합니다. 이 예제처럼 1부터 시작해서 계산에 사용해야 한다면 카운터 변숫값을 1부터 시작하면 됩니다.

이제 for 문을 어떻게 사용하는지 이해했나요? 그렇다면 1부터 1000까지 숫자를 더하는 코드를 작성해 보세요.

Do it! for 문을 사용해 1부터 1000까지 숫자 더하기 예제 파일 16\repeat-3.html

```
<script>
  let sum = 0;

  f            (let i = 1; i < 1001; i++) {
    sum += i;
  }
  document.write(`1부터 1000까지 더하면 ${sum}`);
</script>
```

정답: for

1부터 1000까지 더하면 500500

for 문을 사용해 1부터 1000까지 더하기

중첩된 for 문 사용하기

for 문 안에 다른 for 문을 넣어 사용할 수도 있는데 이것을 **중첩된 for 문**이라고 합니다. for 문은 중첩해서 사용하는 경우가 많습니다. 이 경우 안쪽 for 문을 모두 실행한 후 바깥쪽 for 문을 실행합니다. 구구단을 작성하는 예제로 중첩된 for 문을 자세히 알아보겠습니다.

구구단은 1~9단으로 이루어지고, 각 단은 다시 1~9의 곱으로 구성됩니다. 1~9단의 카운터 변수는 i로 지정하고, 1~9곱의 카운터 변수를 j로 지정하면 다음 그림으로 나타낼 수 있습니다.

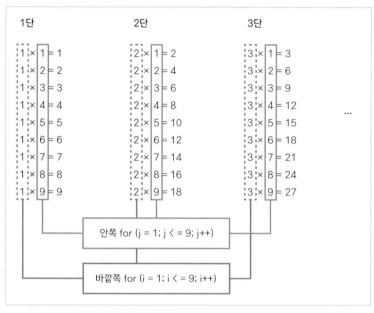

구구단 프로그램의 흐름 생각하기

코드를 작성하기 전에 눈으로 먼저 계산해 볼까요? 1단 계산 방법을 생각해 봅시다. i = 1인 상태에서 j가 1~9의 숫자를 바꾸면서 곱셈을 합니다. j가 9보다 크면 1단이 끝납니다. 그리고 i값을 1 증가시키면 i = 2가 됩니다. 이제 2단 계산을 시작합니다. 다시 j는 1~9의 숫자를 바꾸면서 계산합니다. 즉, 구구단은 for 문 2개를 사용해야 합니다. 안쪽 for 문을 먼저 실행해서 j값을 바꾸고 바깥쪽 for 문의 i값은 나중에 바꿉니다.

이렇게 for 문을 2개 이상 중첩해서 사용할 때는 먼저 변숫값을 바꾸는 for 문을 안쪽에 사용하고 나중에 변숫값이 바뀌는 for 문은 바깥쪽에 사용합니다. 구구단의 경우 다음과 같이 먼저 바뀌는 카운터 변수 j를 사용하는 for 문은 안쪽에, 나중에 바뀌는 카운터 변수 i를 사용하는 for 문은 바깥쪽에 배치합니다. 여기에서는 몇 단인지 제목을 \<h3\> 태그로 표시하고 그 아래에 구구단을 표시합니다. 각 단마다 한 줄씩 표시되므로 세로로 길게 나타납니다.

Do it! for 문 2개로 구구단 만들기

```
<script>
  for (let i = 1; i <= 9; i++) {
    document.write(`<h3>${i}단</h3>`);
    for (let j = 1; j <= 9; j++) {
      document.write(`${i} X ${j} = ${i * j} <br>`);
    }
  }
</script>
```

구구단

1단	2단	
1 X 1 = 1	2 X 1 = 2	
1 X 2 = 2	2 X 2 = 4	
1 X 3 = 3	2 X 3 = 6	
1 X 4 = 4	2 X 4 = 8	
1 X 5 = 5	2 X 5 = 10	...
1 X 6 = 6	2 X 6 = 12	
1 X 7 = 7	2 X 7 = 14	
1 X 8 = 8	2 X 8 = 16	
1 X 9 = 9	2 X 9 = 18	

for 문 2개로 구구단 만들기

이 예제는 구구단 전체 내용을 단순히 세로로 길게 표시하므로 한눈에 보기 어렵습니다. 각 단을 <div> 태그로 묶고 가로로 나열하여 구구단을 보기 좋게 만들어 보겠습니다.

16\timestable-2.html에는 앞에서 작성한 구구단 코드가 포함되어 있습니다. 이 구구단을 플렉스 박스 레이아웃으로 구성할 수 있게 문서 전체를 감싸는 .container를 추가하고, 각 단을 묶는 .times 태그도 추가하겠습니다. 그리고 구구단 2단부터 출력하도록 변수 i의 값을 2부터 시작합니다.

Do it! 기존 코드에 <div> 태그 추가하기

```
<head>
  ......
  <link rel="stylesheet" href="css/timestable.css">
</head>
<body>
  <h1>구구단</h1>
  <div class="container">
    <script>
      for (let i = 2; i <= 9; i++) {
        document.write(`<div class="times">`);
        document.write(`<h3>${i}단</h3>`);
        for (let j = 1; j <= 9; j++) {
          document.write(`${i} X ${j} = ${i * j} <br>`);
        }
        document.write(`</div>`);
      }
    </script>
  </div>
</body>
```

이제 16\css\timetable.css 파일에 새로 추가한 .container 요소와 .times 요소의 스타일을 다음과 같이 작성합니다.

✎ **Do it!** 구구단 스타일 작성하기   예제 파일 16\css\timestable.css

```css
.container {
  display: flex;
  flex-wrap: wrap;
  justify-content: center;
}
.times {
  padding:0 30px 40px 30px;
  margin:15px;
  border:1px solid #ccc;
  line-height:2;
}
.times h3 {
  text-align:center;
  font-weight:bold;
}
```

TIP 표를 이용해 구구단을 보기 좋게 만든 결과는 16\with-table.html을 참고하세요.

while 문과 do~while 문 사용하기

for 문과 마찬가지로 while 문도 조건을 체크하고 true일 때만 명령을 반복하여 실행합니다. 조건이 false라면 명령은 한 번도 실행하지 않을 수 있습니다. { }으로 블록을 만들어 여러 명령을 반복할 수 있습니다.

> 기본형   **while (조건) {**
>   **실행할 명령**
>   **}**

while 문과 달리 do~while 문은 조건이 맨 뒤에 붙습니다. do 문은 일단 명령을 한 번 실행한 후 while 문에서 조건을 체크합니다. 그러므로 조건이 false라 하더라도 명령은 일단 최소한 한 번 실행됩니다.

do {
　　　　실행할 명령
　　} while (조건)

while 문은 조건부터 체크하지만 do~while 문은 명령을 일단 실행한 후 조건을 체크한다는 점에서 다르죠. while 문과 do~while 문 중에서 어떤 것을 사용할지는 상황에 따라 달라집니다. 프로그래머의 개인 취향이나 프로그램 처리 속도, 환경에 따라 다르게 사용할 수 있습니다.

다음은 while 문과 do~while 문을 사용해 지정한 횟수만큼 화면에 * 기호를 표시하는 예제입니다.

Do it! while 문으로 * 표시하기　　　　　　　　예제 파일 16\while.html

```
<script>
  let stars = parseInt(prompt('별을 몇 개 표시할까요?'));

  while (stars > 0) {
    document.write('*');
    stars--;
  }
</script>
```

Do it! do~while 문으로 * 표시하기　　　　　　예제 파일 16\dowhile.html

```
<script>
  let stars = parseInt(prompt('별을 몇 개 표시할까요?'));

  do {
    document.write('*');
    stars--;
  } while (stars > 0);
</script>
```

stars값을 5로 지정하면 while 문과 do~while 문에서 * 기호는 모두 5개 표시됩니다.

*****

stars = 5일 때 * 표시하기

stars값을 0으로 지정하면 어떻게 될까요? while 문에서는 조건을 먼저 확인하므로 아무것
도 표시되지 않습니다. 하지만 do~while 문에서는 일단 *를 표시한 후 조건을 확인하므로 화
면에 *가 나타납니다.

		*

while 문에서 stars = 0일 때 * 표시하기   do~while 문에서 stars = 0일 때 * 표시하기

⚠ 알아 두면 좋아요!   **어떤 반복문을 사용해야 할까요?**

지금까지 살펴본 for 문, while 문, do~while 문은 특정 명령을 여러 번 반복해서 실행할 수 있다는 공통점
이 있습니다. 그렇다면 어떤 상황일 때 어떤 반복문을 골라서 사용해야 할까요?
- for 문은 초깃값과 반복 크기가 일정할 경우에 주로 사용합니다. 예를 들어 숫자 0~9를 차례로 반복해서
  사용하려면 for(i = 0; i < 10; i++)을 쓰는 게 편리합니다.
- while 문과 do~while 문은 초깃값이나 반복하는 횟수 없이 조건만 주어졌을 때 많이 사용합니다. 어떤
  조건을 만족하는 동안만 반복하게 만드는 거죠. 그리고 while 문과 do~while 문은 조건을 체크하기 전
  에 명령 실행 여부에 따라 달라지는데, 실제로 코드를 작성할 때는 프로그램 환경에 따라 선택해서 사용
  하면 됩니다.

---

break 문과 continue 문 사용하기

반복문은 지정한 횟수만큼 명령을 반복할 때 사용합니다. 하지만 특정 조건에서 반복문을 멈
추어야 하거나, 반복문 중간에서 앞으로 되돌아가야 할 경우가 있습니다. 이럴 때 break 문과
continue 문이 필요합니다.

멈추는 break 문

반복문에서 조건의 역할은 명령이 조건에 맞는지 체크하고 명령을 반복합니다. 또한 조건 안
에는 종료 조건도 포함되어 있습니다. 예를 들어 다음 반복문 2개를 살펴볼까요? for 문에서
는 i값이 10이 되면 반복이 끝나고, while 문에서는 i값이 20이 되면 반복을 끝내죠.

```
for (i = 0; i < 10; i++) { 실행할 명령 }   // i값이 10이 되면 for 문을 종료
```

```
while (i < 20) { 실행할 명령 }           // i값이 20이 되면 while 문을 종료
```

하지만 종료 조건이 되기 전에 반복문을 빠져나와야 할 경우도 있습니다. 이럴 때 break 문을 사용합니다. break 문의 기본 형식은 다음과 같습니다.

기본형   **break**

break 문은 단독으로 사용할 수도 있고 반복문을 끝낼 조건과 함께 사용할 수도 있습니다. 예를 들어 앞에서 작성한 '[Do it!] 구구단 스타일 작성하기' 프로그램은 9단까지 모두 표시했는데, 이 코드를 변형해 4단까지만 표시해 보겠습니다. 즉, 카운터 변숫값(i)이 4가 되면 종료하는 프로그램입니다.

Do it! break 문으로 구구단 4단까지만 표시하기   예제 파일 16\timestable-3.html

```
<div class="container">
  <script>
    for (let i = 2; i <= 9; i++) {
      document.write(`<div class="times">`);
      document.write(`<h3>${i}단</h3>`);
      for (let j = 1; j <= 9; j++) {
        document.write(`${i} X ${j} = ${i * j} <br>`);
      }
      document.write(`</div>`);

      if (i === 4) {    // 4단까지만 표시
        break;
      }
    }
  </script>
</div>
```

i값이 4가 되면 break 문을 실행합니다.

구구단

2단	3단	4단
2 X 1 = 2	3 X 1 = 3	4 X 1 = 4
2 X 2 = 4	3 X 2 = 6	4 X 2 = 8
2 X 3 = 6	3 X 3 = 9	4 X 3 = 12
2 X 4 = 8	3 X 4 = 12	4 X 4 = 16
2 X 5 = 10	3 X 5 = 15	4 X 5 = 20
2 X 6 = 12	3 X 6 = 18	4 X 6 = 24
2 X 7 = 14	3 X 7 = 21	4 X 7 = 28
2 X 8 = 16	3 X 8 = 24	4 X 8 = 32
2 X 9 = 18	3 X 9 = 27	4 X 9 = 36

구구단 4단까지만 표시하기

JavaScript

건너뛰는 continue 문

continue 문은 주어진 조건에 해당하는 값을 만나면 해당 반복문을 건너뜁니다. 그리고 반복
문의 맨 앞으로 되돌아가 다음 과정으로 넘어가도록 합니다. 쉽게 말해 반복 과정을 한 차례
건너뛰게 하는 거죠. continue 문의 기본 형식은 다음과 같습니다.

> 기본형   `continue`

다음은 숫자 1부터 10까지 짝수만 더하는 예제입니다. i % 2는 짝수인지 홀수인지를 체크합
니다. i를 2로 나누어 나머지가 1이라면 i는 홀수이므로 i값을 계속 증가시키고, i % 2가 0이
라면 짝수이므로 sum 변수에 i값을 더합니다.

Do it!   1부터 10까지 짝수만 더하기   예제 파일 16\even.html

```
<script>
  let n = 10;
  let sum = 0;

  for (let i = 1; i <= n; i++) {
    if (i % 2 === 1) {   // 홀수는 더하지 않고 건너뜀
      continue
    }
    sum += i;

    document.write(`${i} ------ ${sum} <br>`);
  }
</script>
```

짝수끼리 더하기

```
2 ------ 2
4 ------ 6
6 ------ 12
8 ------ 20
10 ------ 30
```

숫자 1부터 10까지 짝수만 더하기

[준비] 16\seat-2.html   [결과 비교] 16\results\seat-2.html

16-4절 조건문에서 작성한 '[Do it! 실습] 자리 배치도 만들기 1'에 이어서 이번에는 입력한 값에 따라서 화면에 좌석을 배치하는 방법을 알아보겠습니다.

1단계 for 문의 구조 만들기

'[Do it! 실습] 자리 배치도 만들기 1'에서는 입장객 수(memNum)와 한 줄에 앉을 사람 수(colNum)를 입력받아 줄 개수(rowNum)를 결정했죠. 이제 반복문을 사용해 좌석 번호를 표시할 수 있습니다.

16\seat-2.html에서 document.write() 문을 지우거나 주석으로 처리하세요. 한 줄은 colNum만큼 반복해서 만들고, 그 줄은 다시 rowNum만큼 반복해서 만들어야 하므로 중첩된 for 문을 사용합니다. 먼저 실행해야 할 값이 안쪽 for 문에 들어가므로 다음과 같이 for 문을 사용할 수 있습니다.

```
<script>
......
                                          기존에 입력한 코드는 삭제하거나 이렇게 주석으로 처리하세요.
// document.write(`모두 ${rowNum}개의 줄이 필요합니다.`);

for (let i = 0; i < rowNum; i++) {     // 행
  for (let j = 1; j <= colNum; j++) {  // 열
                                          이 코드를 입력합니다.
  }
}
</script>
```

2단계 좌석 번호 만들기

안쪽 for 문에서 카운터 변수 j는 1부터 시작하는데 바깥쪽 for 문의 카운터 변수 i는 0부터 시작하죠? 그 이유는 안쪽 for 문은 1부터 memNum까지 입장객의 좌석 번호를 표기하기 때문입니다.

한 줄에 colNum만큼 좌석 번호를 표시하면 줄을 바꿔서 그다음 좌석 번호를 표시해야 합니다. 이렇게 하려면 좌석 번호를 나타내는 변수 seatNo를 다음과 같이 계산해야 합니다.

다음 코드에 표시한 박스 안의 내용을 입력해 보세요. 이렇게 작성하면 첫 번째 줄의 좌석 번호가 1부터 표시됩니다.

```
<script>
  ......
  for (let i = 0; i < rowNum; i++) {     // 행
    for (let j = 1; j <= colNum; j++) {  // 열
      seatNo = i * colNum + j;           // 좌석 번호
    }
  }
</script>
```

3단계 좌석 번호 나열하기

이제 좌석 번호를 나열하는 방법을 알아보겠습니다. 좌석 번호를 체크해서 전체 입장객 수보다 커지면 반복을 멈추고 그렇지 않다면 화면에 나열하면 됩니다.

for 문 안에 다음 코드에 표시한 박스 안의 내용을 추가해 보세요. 그리고 한 줄에 colNum만큼 좌석 번호를 표시하면 줄을 바꿔야 하므로 바깥쪽 for 문에 줄을 바꾸는
 태그도 표시합니다. 코드를 입력했으면 Ctrl + S 를 눌러 문서를 저장하세요.

```
<script>
  ......
  for (let i = 0; i < rowNum; i++) {     // 행
    for (let j = 1; j <= colNum; j++) {  // 열
      seatNo = i * colNum + j;           // 좌석 번호
      if (seatNo > memNum) break;        // 좌석 번호가 전체 입장객 수보다 크면 종료
      document.write(`좌석 ${seatNo}`);
    }
   document.write('<br>');
  }
</script>
```

지금까지 입력한 코드를 웹 브라우저에서 확인해 볼까요? 다음 그림처럼 입장객 수는 56명, 한 줄에 앉는 사람 수는 5명으로 입력하고 [확인]을 눌러 보세요. 그러면 한 줄에 좌석이 5개씩 총 12줄로 나타납니다.

자리 배치도

좌석 1 좌석 2 좌석 3 좌석 4 좌석 5
좌석 6 좌석 7 좌석 8 좌석 9 좌석 10
좌석 11 좌석 12 좌석 13 좌석 14 좌석 15
좌석 16 좌석 17 좌석 18 좌석 19 좌석 20
좌석 21 좌석 22 좌석 23 좌석 24 좌석 25
좌석 26 좌석 27 좌석 28 좌석 29 좌석 30
좌석 31 좌석 32 좌석 33 좌석 34 좌석 35
좌석 36 좌석 37 좌석 38 좌석 39 좌석 40
좌석 41 좌석 42 좌석 43 좌석 44 좌석 45
좌석 46 좌석 47 좌석 48 좌석 49 좌석 50
좌석 51 좌석 52 좌석 53 좌석 54 좌석 55
좌석 56

4단계 좌석 번호를 표로 만들기

이번에는 나열된 좌석 번호를 표 형태로 바꿔 보겠습니다. 기존 코드에 `<table>` 관련 태그를
추가하면 됩니다. 다음 코드를 참고해서 기존 코드에 추가해 보세요.

```
<script>
  ......
  document.write('<table>');
  for (let i = 0; i < rowNum; i++) {        // 행
    document.write('<tr>');
    for (let j = 1; j <= colNum; j++) {     // 열
      seatNo = i * colNum + j;              // 좌석 번호
      if (seatNo > memNum) break;           // 좌석 번호가 전체 입장객 수보다 크면 종료
      document.write(`<td> 좌석 ${seatNo} </td>`);
    }
    document.write('</tr>');
  }
  document.write('</table>');
</script>
```

JavaScript

5단계 표 스타일 추가하고 결과 확인하기

이번에는 HTML 파일 안에 CSS를 추가하여 표의 테두리와 패딩값을 조절해 보겠습니다. 다음과 같이 **</head>** 태그 앞에 표 스타일을 추가하고 문서를 저장해 보세요.

```
<head>
  ......
  <style>
    body {
      display: flex;
      flex-direction: column;
      justify-content: center;
      align-items: center;
      height: 100vh;
    }
    table, td {
      border:1px solid #ccc;
      border-collapse: collapse;
    }
    td {
      padding: 10px;
      font-size:0.9em;
    }
  </style>
</head>
```

이제 웹 브라우저에서 HTML 파일을 열어 볼까요? 이번에는 다음 그림과 같이 입장객 수와 한 줄에 앉을 사람 수를 입력하고 [확인]을 눌러 보세요. 자리 배치도가 표 형태로 보기 좋게 바뀝니다.

자리 배치도

좌석 1	좌석 2	좌석 3	좌석 4	좌석 5	좌석 6
좌석 7	좌석 8	좌석 9	좌석 10	좌석 11	좌석 12
좌석 13	좌석 14	좌석 15	좌석 16	좌석 17	좌석 18
좌석 19	좌석 20	좌석 21	좌석 22	좌석 23	좌석 24
좌석 25	좌석 26	좌석 27	좌석 28	좌석 29	좌석 30
좌석 31	좌석 32	좌석 33	좌석 34	좌석 35	좌석 36
좌석 37	좌석 38	좌석 39	좌석 40	좌석 41	좌석 42
좌석 43	좌석 44	좌석 45	좌석 46	좌석 47	좌석 48
좌석 49					

JavaScript

1 자바스크립트의 자료형 가운데 원시 유형이 아닌 것은 무엇인가요?

① String

② Character

③ Boolean

2 자바스크립트에서 undefined의 의미는 무엇인가요?

① 변수가 비어 있음을 뜻합니다.

② 변수에 값이 할당되지 않음을 뜻합니다.

③ 변수가 존재하지 않음을 뜻합니다.

3 let x = 10; let y = "5"; x + y;의 결과는 무엇인가요?

① 15

② "105"

③ TypeError

4 연산자 (① ==, / ② ===)는 값과 자료형이 모두 같은지를 확인합니다.

5 '바나나'를 출력하도록 코드를 완성하세요.

```
let fruits = ['사과', '바나나', '체리'];
console.log(                );
```

6 다음 [조건]을 참고하여 사용자가 숫자를 입력했을 때 4의 배수인지를 확인하는 프로그램을 작성해 보세요.

완성 화면   문제 파일 16\quiz-1.html

> 🔎 조건
>
> 1. 프롬프트 문을 이용하여 숫자를 입력받습니다.
>
> 2. [취소] 버튼을 누르면 결과를 보여 주지 않습니다.
>
> 3. 입력받은 숫자를 4로 나눈 나머지가 0이면 4의 배수이고 0이 아니면 4의 배수가 아닙니다.

7 다음 [조건]을 참고하여 사용자가 숫자를 입력하면 1부터 그 숫자까지 3의 배수를 화면에 모두 출력하고 또한 총 몇 개인지 알려 주는 프로그램을 작성해 보세요.

완성 화면 | 문제 파일 16\quiz-2.html

127.0.0.1:5500 내용:
몇 까지 3의 배수를 찾을까요?

50|

확인   취소

3의 배수 찾기

3, 6, 9, 12, 15, 18, 21, 24, 27, 30, 33, 36, 39, 42, 45, 48,

50까지 3의 배수의 개수 : 16

💬 조건

1. 프롬프트 문을 이용하여 숫자를 입력받습니다.

2. [취소] 버튼을 누르면 결과를 보여 주지 않습니다.

3. 반복문을 이용해서 1부터 입력받은 숫자까지 실행합니다.

4. 3의 배수인지 알려면 입력받은 숫자를 3으로 나누어 나머지가 0인지를 확인합니다.

5. 카운터 개수를 함께 표시합니다.

17

함수와 이벤트

자바스크립트로 작성한 프로그램은 많은 명령을 순서대로 하나씩 처리합니다. 이때 프로그래머는 프로그램의 기능별로 여러 명령을 묶어 놓는데 이것을 '함수'라고 합니다. 함수를 사용하면 필요할 때마다 원하는 기능만 실행할 수 있고, 같은 기능이 필요한 다른 곳에서 재사용할 수도 있습니다. 여기에서 다룰 함수는 프로그래밍할 때 아주 중요한 개념이니 꼭 이해하고 넘어가야 합니다.
함수를 충분히 배운 후 프로그램에서 버튼을 누르거나 이미지 위에 마우스 포인터를 올리는 등의 동작을 뜻하는 이벤트(event)와 연결하는 방법도 살펴보겠습니다.

이 장을 다 공부하면!

- 자바스크립트 함수의 역할을 이해할 수 있어요.
- 함수를 작성하는 다양한 방법을 알 수 있어요.
- 자바스크립트에서 이벤트를 처리할 수 있어요.

17-1 함수 알아보기

함수는 프로그래밍에서 가장 중요한 뼈대를 이룹니다. 실제로 웹 브라우저에서는 함수를 사용해서 명령을 내리기 때문이죠. 자바스크립트의 함수를 구성하는 여러 명령문은 앞으로 계속 배울 것이므로 함수 개념을 잘 이해하고 넘어가세요.

여러 동작을 묶은 덩어리, 함수

자바스크립트 프로그램은 단순히 동작 하나만 실행되는 게 아니라 여러 가지 동작이 연결됩니다. 이렇게 동작해야 할 목적대로 묶은 명령을 **함수**^{function}라고 합니다. 함수를 사용하면 각 명령의 시작과 끝을 명확하게 구별할 수 있고, 묶은 기능에 이름을 붙여서 어디서든 같은 이름으로 명령을 실행할 수 있습니다.

자바스크립트에는 여러 함수가 미리 만들어져 있어서 개발자는 가져다 사용하기만 하면 됩니다. 예를 들어 콘솔 창에 alert('안녕하세요?')라고 입력하면 알림 창에 괄호 안의 내용이 표시됩니다. 바로 alert() 문이 자바스크립트에 포함되어 있는 여러 함수 중의 하나입니다.

우리는 alert() 함수의 내부가 어떻게 생겼는지 모르지만 alert() 함수가 알림 창을 표시할 때 쓴다는 것은 알고 있죠. 그래서 alert() 함수의 괄호 안에 내용을 입력하면 웹 브라우저에서 알림 창을 표시할 수 있습니다.

TIP alert( ) 함수와 같이 자바스크립트에 미리 만들어 놓은 함수를 **내장 함수**라고 합니다.

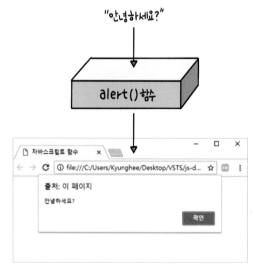

alert( ) 함수의 동작

함수는 왜 사용할까?

개발자는 프로그래밍을 할 때 alert() 함수처럼 자바스크립트에 들어 있는 함수를 가져다 사용하거나, 자신이 필요한 명령을 직접 함수로 만들어서 사용합니다. 예를 들어 다음과 같이 두 수를 더하는 프로그램이 있다면 숫자를 더하는 명령을 묶어 addNumber() 함수로 작성할 수 있습니다. 이렇게 함수로 만들면 a와 b 자리에 각각 10과 20을 넣거나, 1000과 5000을 넣어 더할 수 있습니다 즉, a와 b 자리에 숫자 2개를 넣으면 알아서 더해 주는 함수가 만들어지죠.

✎ 두 수를 더하는 함수 만들기

```
<script>
  function addNumber(a, b) {
    let sum = a + b;
    alert(sum);
  }
</script>
```

함수 선언 및 호출

함수를 사용하는 가장 기본적인 방법은 함수를 만들 때 이름을 붙이고 필요할 때마다 함수 이름을 사용해 실행하는 것입니다.

함수가 어떤 명령을 처리할지 미리 알려 주는 것을 **함수를 선언한다** 또는 **함수를 정의한다**고 합니다. 함수를 선언할 때는 함수마다 서로 다른 이름을 붙여 나중에 사용할 때 알아보기 쉽도록 합니다. 함수를 선언할 때는 다음과 같이 예약어 function을 사용하고, 중괄호({}) 안에 실행할 여러 명령을 넣습니다.

기본형
```
function 함수명() {
    명령
}
```

하지만 프로그램에서 함수는 선언하는 것만으로는 실행되지 않습니다. 함수를 선언한 후에 따로 실행하는 코드를 작성해야 됩니다. 함수를 실행하려면 다음과 같이 미리 선언한 함수명을 사용합니다. 이렇게 선언한 함수를 사용하는 것을 **함수를 호출한다** 또는 **함수를 실행한다**고 합니다.

기본형 **함수명() 또는 함수명(변수)**

예를 들어 두 수를 더하는 간단한 프로그램을 생각해 봅시다. 먼저 함수를 사용하지 않고 필요한 명령을 순서대로 나열하면 다음과 같이 작성할 수 있습니다. 웹 브라우저에서 실행하면 알림 창에서 바로 결괏값(5)을 보여 줍니다.

Do it! 함수를 사용하지 않고 두 수 더하기   예제 파일 17\no-function.html

```
<script>
  let num1 = 2;
  let num2 = 3;
  let sum = num1 + num2;
  alert(`결괏값: ${sum}`);
</script>
```

이렇게 한 번만 실행하고 끝나는 프로그램도 있지만, 두 수를 더하는 명령을 여러 번 실행해야 한다면 어떻게 할까요? 이럴 때 함수가 필요합니다.

이번에는 함수를 사용하여 두 수를 더하는 프로그램을 만들어 보겠습니다. 다음 코드는 addNumber() 함수를 선언하고 다음 행에서 함수를 호출합니다. 이런 방식으로 프로그램에서 addNumber() 함수가 필요할 때마다 여러 번 실행할 수 있습니다.

Do it! 함수를 사용해 두 수 더하기   예제 파일 17\using-function.html

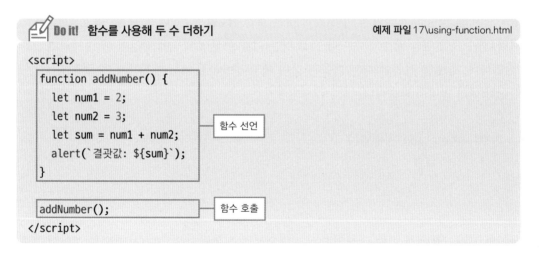

```
<script>
  function addNumber() {
    let num1 = 2;                      함수 선언
    let num2 = 3;
    let sum = num1 + num2;
    alert(`결괏값: ${sum}`);
  }

  addNumber();                         함수 호출
</script>
```

함수를 사용해 두 수 더하기

JavaScript

17-2 변수 스코프

함수에서 변수는 값을 처리할 때 중요한 역할을 합니다. 지금까지 let과 const 예약어를 사용해서 변수를 만들었지만 자바스크립트에는 오래 전부터 사용해 온 var라는 예약어도 있습니다. var 예약어를 사용하면 어떤 특징이 있는지 살펴보고, var보다 let과 const 예약어를 권장하는 이유도 알아보겠습니다.

var 예약어를 사용한 변수

ES6 버전 이전에는 변수를 선언할 때 var 예약어를 사용했습니다. 물론 지금도 사용할 수 있고요. 하지만 지금은 되도록이면 var 예약어를 쓰지 않기를 권장합니다. 왜 그럴까요? 지금부터 var 예약어를 사용한 변수의 특징을 알아보겠습니다.

지역 변수와 전역 변수

자바스크립트에서 변수를 선언하고 사용할 때 적용되는 범위를 **스코프**scope라고 합니다. 변수가 어디까지 유효한지 범위를 가리키는 영역이 필요한 것이죠. var 예약어를 사용해서 만든 변수(이하 var 변수)는 함수 안에서 사용하는 변수(지역 변수)와 함수 밖에서 사용하는 변수(전역 변수)로 나뉩니다. 그래서 var 변수는 '함수 레벨 변수'라고 하고, '함수 스코프를 가진다'라고도 합니다. 함수 안에서 선언한 변수는 해당 함수에서만 사용하고 함수 밖에서는 사용할 수 없습니다. 특정 함수가 아니라 스크립트 코드 전체에서 사용하는 전역 변수를 선언하려면 함수 밖에서 변수를 선언해야 합니다.

다음 코드에서는 var 예약어를 사용해서 addNumber() 함수 바깥에 sum 변수를 선언하고, 함수 안에 result 변수를 선언했습니다. addNumber() 함수를 실행한 결과를 표시하는 2개의 console.log() 문에서 어떤 결과가 나올지 예상해 볼까요?

> ✏️ **Do it!** var 변수 사용하기 1   예제 파일 17\var-1.html

```
<script>
  var sum = 0;   // 전역 변수 선언

  function addNumber() {
    var result;   // 지역 변수 선언
    sum = 10 + 20;
```

```
      result = 10 * 20;
 }

   addNumber();
   console.log(sum);
   console.log(result);
</script>
```

sum 변수는 전역 변수이므로 함수 바깥에 있는 console.log() 문에서 사용할 수 있지만, result 변수는 함수 안에서 선언한 지역 변수이므로 함수 바깥에서는 사용할 수 없습니다. 그래서 첫 번째 console.log() 문은 정상으로 실행되지만 두 번째 console.log()에서는 다음과 같이 'result is not defined'라는 오류 메시지가 나타납니다.

```
  30                                                          var-1.html:20
❌ ▶Uncaught ReferenceError: result is not defined            var-1.html:21
     at var-1.html:21:17
 ›
```

함수 밖에서 지역 변수를 사용해 나타난 오류 메시지

그런데 문제는 지역 변수를 선언할 때 실수로 var라는 예약어를 빠뜨리면 이 변수는 전역 변수가 된다는 것입니다. 이번에는 17\var-2.html에 다음과 같이 입력해 보세요. 앞의 예제 코드와 다른 점은 addNumber() 함수 안에서 따로 result 변수를 선언하지 않고 그냥 사용했다는 것입니다.

📝 **Do it!** var 변수 사용하기 2 　　　　　　　　　　　　　예제 파일 17\var-2.html

```
<script>
var sum = 0;  // 전역 변수 선언

  function addNumber() {
    sum = 10 + 20;
    result = 10 * 20;
}

  addNumber();
  console.log(sum);
  console.log(result);
</script>
```

앞의 코드에서 result 변수는 var 예약어 없이 선언과 값 대입이 한꺼번에 이루어지는데, 이 경우 자바스크립트에서는 전역 변수로 취급합니다. 그래서 웹 브라우저에서 실행 결과를 확인하면 result 변수의 값도 콘솔 창에 표시됩니다.

선언과 값 대입이 한꺼번에 이루어지는 result 변수

함수 안에서 var 없이 변수를 사용하면 전역 변수가 된다는 특징은 편리하다고 생각할 수도 있지만, 실수로 var 예약어를 빠뜨리면 엉뚱한 결과가 생깁니다. 특히 요즘은 자바스크립트를 사용해 규모가 큰 프로젝트를 진행하고 서버 프로그래밍까지 하기 때문에 이런 특징은 큰 위험으로 작용합니다.

var 변수와 호이스팅

자바스크립트에서 var 변수를 사용할 때 조심해야 할 개념이 하나 더 있습니다. 바로 호이스팅hoisting입니다. 호이스팅이란 '끌어올린다'는 뜻입니다. 끌어올린다고 해서 실제로 코드를 끌어올리는 것은 아니고 코드를 그런 식으로 해석한다는 의미입니다.

TIP 변수 호이스팅을 '변수 끌어올림' 이라고도 합니다.

예제 코드를 보면서 호이스팅이 무엇인지 살펴보겠습니다. 17\var-3.html에 다음과 같이 입력한 후 콘솔 창에서 확인해 보세요.

Do it! var 변수 호이스팅   예제 파일 17\var-3.html

```
<script>
  var x = 10;    // 전역 변수 선언

  function displayNumber() {
    console.log(`x is ${x}`);
    console.log(`y is ${y}`);
    var y = 20;  // 지역 변수 선언 및 값 할당
  }

  displayNumber();
</script>
```

변수와 호이스팅 사용하기

x의 값은 10으로 표시되지만 y는 undefined라고 표시됩니다. undefined가 무엇이었는지 기억하나요? 변수는 선언했지만 값이 할당되지 않았을 때 변수의 값이 undefined가 됩니다. y 변수는 분명히 console.log() 문 다음에 선언했는데, 벌써 선언한 것처럼 undefined값이 나오니 이상하죠? 이런 결과가 나타난 것은 바로 변수 호이스팅 때문입니다.

웹 브라우저에 있는 자바스크립트 해석기interpreter는 자바스크립트 코드를 훑어보면서 변수를 따로 기억해 둡니다. 코드를 실행하기 전이지만 '이런 변수가 있구나' 하고 기억해 두어서 마치 선언한 것과 같은 효과가 있는 것이죠.

앞에서 작성한 코드를 자바스크립트 해석기가 인식하는 코드로 다시 나타내면 다음과 같습니다. 실제 코드가 바뀌는 것이 아니라 자바스크립트 해석기가 이해하는 방식이 이렇다는 것을 나타냅니다. 따라서 실제 코드는 아무 변화가 없습니다.

실제 코드

```
var x = 10;

function displayNumber() {
  console.log(`x is ${x}`);
  console.log(`y is ${y}`);
  var y = 20;
}

displayNumber();
```

자바스크립트 해석기가 인식하는 코드

```
var x = 10;

function displayNumber() {
  var y;
  console.log(`x is ${x}`);
  console.log(`y is ${y}`);
  y = 20;
}

displayNumber();
```

호이스팅이 무조건 나쁜 것은 아닙니다. 하지만 규모가 크거나 복잡한 프로그램에서 이런 식으로 변수 호이스팅이 발생하면 나중에 문제가 발생할 수 있습니다. 아예 오류가 생기면 변수를 잘못 선언했다는 걸 발견하고 코드를 다시 작성할 수 있지만, 변수를 호이스팅해 버리면 undefined값 때문에 엉뚱한 결괏값이 나올 수 있습니다.

변수의 재선언

프로그램에서 변수는 값을 담아 두는 공간이므로 실행 결과가 바뀌면 변수에 다른 값을 저장할 수 있습니다. 그런데 이미 선언한 변수를 다른 위치에서 또 선언하면 어떻게 될까요? 예를 들어 다음 코드는 for 문 안에서 다시 seed 변수를 선언했습니다. 오류가 생기지도 않고, 기존의 3이라는 값은 무시하고 새로 할당한 값을 사용해서 결과를 보여 줍니다. 이렇게 var를 사용하면 변수가 재선언되는 문제가 있습니다.

Do it! var 변수 재선언하기 예제 파일 17\var-4.html

```html
<script>
  var seed = 3;     // 3의 배수를 만들자

  for (let i = 1; i <= 5; i++) {
    var seed = 5;   // 재선언
    var result = seed * i;;
    console.log(result);
  }
</script>
```

5		var-4.html:17
10		var-4.html:17
15		var-4.html:17
20		var-4.html:17
25		var-4.html:17

변수를 재선언할 수 있는 var 예약어

변수를 재선언하면 왜 문제가 생길까요? 대규모 프로젝트에서 자바스크립트를 사용할 경우 여러 명이 기능별로 코드를 작성하고 마지막에 서로 합치거나 연결해야 합니다. 이때 혹시라도 개발자 2명이 같은 변수 이름을 사용한다면 어떻게 될까요? 전체 코드 안에서 변수를 재선언하게 되어 예상하지 못한 오류가 발생할 것입니다.

let과 const를 사용한 변수의 특징

앞에서 살펴본 것처럼 var 예약어를 빠뜨리면 의도하지 않게 전역 변수가 되기도 하고, 프로그램 길이가 길어지다 보면 실수로 변수를 재선언하는 경우가 생기기도 합니다. 그래서 ES6에서는 변수를 선언하는 예약어로 let와 const를 추가했고, 되도록이면 let 예약어를 사용할

것을 권장합니다.

var과 let, const의 가장 큰 차이는 스코프의 범위입니다. var는 함수 영역(레벨)의 스코프를 가지지만 let과 const는 블록 영역의 스코프를 가집니다. 지금부터 let과 const를 사용한 변수의 특징을 하나씩 살펴보겠습니다

블록 안에서만 쓸 수 있는 변수

let이나 const 예약어로 선언한 변수는 변수를 선언한 블록({ }로 묶은 부분)에서만 유효하고 블록을 벗어나면 사용할 수 없습니다.

17\var-5.html에 다음과 같이 1부터 10까지 숫자를 더하는 코드를 작성해 보세요. let 예약어를 사용한 변수는 블록 스코프를 가집니다. 변수 n과 result는 sum() 함수 안에서만 사용할 수 있고, for 문의 카운터 변수 i는 for 문 안에서만 사용할 수 있습니다. 만일 result 변수를 sum() 함수 밖에서 사용하면 오류가 발생합니다.

✏️ **Do it!** let 변수를 사용해 1부터 10까지 더하기　　　　　예제 파일 17\var-5.html

```
<script>
  function sum() {
    let n = 10;                          ─── 변수 n, result의 스코프
    let result = 0;

    for (let i = 1; i <= n; i++) {       ─── 변수 i의 스코프
      result += i;
    }
    console.log(result);
  }

  sum();
  console.log(result);   // ReferenceError: result is not defined
</script>
```

재선언할 수 없는 let 변수

앞에서 살펴본 var 변수는 재선언했지만 let 예약어를 사용하여 선언한 변수는 재선언할 수 없습니다. 예제를 통해 살펴보겠습니다. 17\var-6.html에서 다음과 같이 변수 x를 2번 선언해 보세요.

```
<script>
  function doIt() {
    let x = 1;
    console.log(x); // 1
    let x = 2;
    console.log(x);
  }
    doIt();
</script>
```

웹 브라우저의 콘솔 창을 확인해 보면 Uncaught SyntaxError 오류 메시지가 나타날 것입니다. 변수 x가 이미 선언되어 있다고 알려 줍니다.

let 변수를 재선언하면 나타나는 오류 메시지

이렇게 let을 사용한 변수는 재선언할 수 없어서 코딩할 때 실수하거나 여러 사람이 공동 작업을 할 때 이미 선언한 변수를 다시 덮어쓰는 오류를 피할 수 있습니다.

(!) **알아 두면 좋아요!**   **VS Code에서도 기본적인 문법 체크를 합니다.**

17\var-6.html에서 변수 x를 2번 선언하면 자바스크립트 문법에 어긋납니다. 이 경우 코드를 작성하는 순간 VS Code에서 오류를 알려 줍니다. 스크립트 코드를 실행하기 전에 VS Code의 신호를 알아차리면 오류를 빨리 처리할 수 있겠죠?

코드에 오타나 문법적으로 틀린 부분이 있다면 VS Code 편집 창에 밑줄이 표시됩니다. 밑줄이 나타난 부분 위로 마우스 포인터를 올려놓으면 어떤 오류가 있는지 알려 주죠.

```
<script>
  // Do   Cannot redeclare block-scoped variable 'x'. javascript

             let x: number
  functi 문제 보기 (<Alt>+F8)   빠른 수정을 사용할 수 없음
    let x = 1;
    console.log(x); // 1
    let x = 2; // SyntaxError: Identifier 'x' has already been declared
    console.log(x);
  }

    doIt();
</script>
```

그리고 작성하는 코드에 오류가 있으면 VS Code이 편집 창 맨 위에 나타나는 파일 이름도 빨간색으로 바뀌어 문제를 해결하도록 유도합니다.

재선언도, 재할당도 할 수 없는 const 변수

const 역시 let과 마찬가지로 변수를 선언할 때 사용하는 예약어입니다. 변하지 않는 값을 변수에 담아서 사용할 때 편리하죠. const로 할당한 변수는 재선언하거나 재할당할 수 없으며, let 예약어를 사용한 변수처럼 블록 스코프를 가집니다.

17\var-7.html에는 user를 상수로 선언하고 그 값을 콘솔 창에 표시하는 코드가 있습니다. 여기에서 다음과 같이 user에 다른 값을 할당해 보세요. 콘솔 창에는 상수 변수에 값을 할당할 수 없다고 나타날 것입니다.

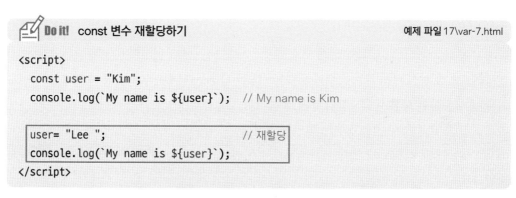

✎ **Do it!** const 변수 재할당하기   예제 파일 17\var-7.html

```
<script>
  const user = "Kim";
  console.log(`My name is ${user}`);   // My name is Kim

  user= "Lee ";                         // 재할당
  console.log(`My name is ${user}`);
</script>
```

재할당할 수 없는 const 변수

다시 VS Code로 돌아와 방금 작성한 코드에서 user 앞에 const 예약어를 붙여서 변수를 재선언해 보겠습니다. 그리고 콘솔 창에서 확인하면 user 변수는 이미 선언되었으므로 재선언할 수 없다고 알려 줍니다.

<table>
<tr><td>Do it! const 변수 재선언하기</td><td>예제 파일 17\var-7.html</td></tr>
</table>

```
<script>
  const user = "Kim";
  console.log(`My name is ${user}`);   // My name is Kim

  const user= "Lee ";                    // 재선언
  console.log(`My name is ${user}`);
</script>
```

```
요소   콘솔   네트워크   애플리케이션   녹음기 ⚠   »          ⊗1  ⚙ ⋮ ✕
▣ ⊘  top ▾  👁  [ 필터                    ]  기본 수준▾  문제 없음  ⚙
⊗ Uncaught SyntaxError: Identifier 'user' has already been declared (at va  var-7.html:15
  r-7.html:15:11)
> |
```

재선언할 수 없는 const 변수

const 예약어를 사용한 변수는 다른 값을 할당하지 않도록 프로그램 안에서 값이 바뀌지 않는 경우에만 사용해야 합니다. 또한 한번 선언한 상수 변수는 다시 선언해서도 안 되겠죠?

호이스팅이 없는 변수

앞에서 살펴본 것처럼 var 예약어를 사용한 변수는 호이스팅이 일어나므로 선언하기 전에 실행하더라도 오류가 생기지 않습니다. 하지만 let이나 const 예약어를 사용한 변수는 선언하기 전에 사용하면 오류가 발생한다고 알려 줍니다.

다음 코드를 작성한 후 콘솔 창에서 확인해 보세요. 'Cannot access 'y' before initialization at display'라고 표시되죠? 변수 y를 초기화하기 전에는 display() 함수를 사용할 수 없다는 뜻입니다.

<table>
<tr><td>Do it! 호이스팅이 없는 let 변수</td><td>예제 파일 17\var-7.html</td></tr>
</table>

```
<script>
  let x = 10;

  function display() {
    console.log(x);
    console.log(y);
    let y = 20;
  }

  display();
</script>
```

호이스팅 없이 오류를 표시하는 let 변수

규모가 큰 프로그램을 만들거나 여러 사람이 공동 작업을 할 경우에는 작은 실수라도 오류로 처리하는 것이 낫습니다. 호이스팅이 생기는 var 대신 let이나 const를 사용하는 중요한 이유입니다.

자바스크립트 변수, 이렇게 사용하세요

자바스크립트는 처음에 웹 브라우저라는 제한된 공간에서 사용할 목적으로 만들어졌으므로 유연성이 많은 언어죠. 하지만 이런 편리함은 프로그램이 커지면 가독성이나 디버깅을 하기 어렵게 만듭니다. 자바스크립트 문법에서 벗어나지 않으면서 가독성과 디버깅을 하기 쉽도록 변수 사용 방법을 정리해 보겠습니다.

1. 전역 변수는 최소한으로 사용합니다

전역 변수는 프로그램 어디서든 접근할 수 있으므로 편리하게 사용할 수 있습니다. 하지만 예상하지 못한 곳에서 값이 달라질 수 있죠. 그만큼 오류가 발생할 확률이 높아지므로 전역 변수는 되도록이면 적게 사용하는 것이 좋습니다.

2. 변수를 선언할 때는 var보다 let이나 const를 사용합니다.

앞에서 알아봤듯이 var로 선언한 변수는 실수로 재선언을 해도 오류가 발생하지 않아 여러 사람과 협업하는 과정에서 문제가 생길 수 있습니다. 그래서 재선언할 수 없는 let를 사용하면 좀 더 안전합니다. 또한 var 변수는 호이스팅으로 문제가 발생할 수도 있어서 호이스팅이 없는 let이나 const를 사용하는 것이 좋습니다.

3. for 문에서 카운터 변수를 사용할 때는 let 예약어를 사용하세요

for 문 안에서만 사용할 카운터 변수는 그 블록 안에서만 사용할 것이므로 let 예약어를 사용해서 블록 변수로 선언하는 것이 좋습니다.

17-3 재사용할 수 있는 함수 만들기

앞에서 alert() 함수를 어떻게 사용했는지 기억하나요? 다른 메시지를 알림 창에 띄우고 싶을 때마다 alert() 함수의 괄호 안에 메시지만 바꿔서 함수를 실행했죠. 이렇게 입력을 바꿔 여러 번 사용할 수 있는 성질을 함수의 '재사용성'이라고 합니다. '재사용성'은 함수의 가장 큰 장점이라 할 수 있지요. 그렇다면 '재사용싱'이 있는 함수는 어떻게 만들까요?

매개변수, 인수, return 알아보기

17-1절에서 만든 17\using-function.html 예제는 addNumber() 함수를 사용해 두 수를 더하는 프로그램입니다. 이때 addNumber() 함수 안에 num1=2, num2=3처럼 두 변숫값을 고정했습니다. 그래서 addNumber() 함수를 실행할 때마다 계속 같은 결괏값(5)을 보여 줍니다.

한 번만 사용하는 함수라면 상관없지만, 프로그램 안에서 여러 번 사용하는 함수인데 입력값을 바꾸지 못한다면 매우 불편합니다. 이처럼 변숫값이 자주 변하는 상황에서 사용하려면 값을 고정하지 않고 어떤 숫자든지 2개만 addNumber() 함수로 넘겨서 더해 주면 됩니다. 즉, 함

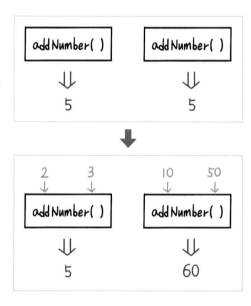

수를 실행하는 데 필요한 값을 함수 밖에서 제공하는 것이죠.

이렇게 하려면 함수를 선언할 때부터 외부에서 값을 받아 줄 변수를 미리 만들어야 합니다. 이것을 **매개변수**parameter라 하고 함수를 호출할 때 괄호 안에 매개변수의 이름을 넣습니다. 매개변수에 이름을 붙이는 방법은 일반적인 변수 이름을 붙이는 것과 같습니다. 매개변수는 선언된 함수 안에서만 사용하며, 매개변수를 여러 개 사용할 때는 매개변수 이름 사이에 쉼표(,)를 찍어 나열합니다.

함수를 선언할 때 매개변수 지정하기

매개변수를 사용하기 위해 함수 addNumber()를 수정해 보겠습니다. addNumber() 함수에서

사용할 매개변수는 다른 변수와 겹치지 않는 이름을 사용하면 됩니다. 여기에서는 num1과 num2로 지정하고 쉼표로 구분하여 괄호 안에 표시합니다. 그리고 num1과 num2를 더한 후 변수 sum에 저장합니다.

그런데 여기까지만 선언하면 두 수를 더한 sum값은 함수 안에만 있게 됩니다. 결괏값을 함수 밖에서 사용하려면 함수를 실행한 위치로 돌려줘야 합니다. 이러한 동작을 **값을 반환한다**return 라고 합니다.

함수의 결괏값을 반환할 때는 예약어 return을 사용해서 다음에 넘겨줄 값을 지정해 주면 됩니다. 여기에서는 변숫값 sum을 넘겨주면 되겠네요.

함수 선언이 끝났다면 이제 실행할 함수를 호출해야 합니다. 매개변수가 있는 함수를 호출할 때 함수로 넘기는 실제 값 부분을 **인수**argument라고 합니다. addNumber(2, 3)처럼 함수를 실행할 때 괄호 안에 넣어 준 숫자 2와 3을 인수라고 합니다.

✏️ **Do it!** 매개변수를 사용해 함수 호출하기　　　　　예제 파일 17\function-1.html

```
<script>
  function addNumber(num1, num2){ ❶
    let sum = num1 + num2; ❸
    return sum; ❹
  }

  let result = addNumber(2, 3); ❺❷
  document.write(`두 수를 더한 값: ${result}`); ❻
</script>
```

두 수를 더한 값: 5

매개변수를 사용해 함수를 실행한 결과

앞의 예제에서 함수를 선언하고 실행하는 과정은 다음과 같이 정리할 수 있습니다.

---

❶ 자바스크립트 해석기가 function이라는 예약어를 만나면 함수를 선언하는 부분이라는 걸 인식하고 함수 블록({ })을 해석합니다. 아직 실행하지 않습니다.

❷ addNumber(2, 3)을 만나면 해석해 두었던 addNumber() 함수를 실행합니다.

❸ addNumber() 함수에서 2는 num1로, 3은 num2로 넘기고 더한 값을 sum 변수에 저장합니다.

❹ 함수 실행이 모두 끝나면 결괏값 sum을 함수 호출 위치로 넘깁니다.

❺ 넘겨받은 결괏값을 result라는 변수에 저장합니다.

❻ result 변수에 있는 값을 화면에 표시합니다.

매개변수 기본값 지정하기

ES6부터는 함수에서 매개변수를 선언할 때 기본값을 지정하는 기능도 생겼습니다. 예를 들어 다음과 같이 multiple() 함수에서 매개변수 b와 c의 변숫값을 넘겨받지 못했을 때 기본값을 사용합니다.

Do it! **매개변수의 기본값 지정하기**   예제 파일 17\function-2.html

```
function multiple(a, b = 5, c = 10) {    // b = 5, c = 10으로 기본값 지정
  return a * b + c;
}
```

이렇게 매개변수의 기본값을 지정한 multiple() 함수를 다음과 같이 호출할 수 있습니다. 이 때 넘겨받는 인수에 따라 기본값을 사용합니다.

```
multiple(5, 10, 20);   // a = 5, b = 10, c = 20
multiple(10, 20);      // a = 10, b = 20, c = 10(기본값)
multiple(30);          // a = 30, b = 5(기본값), c = 10(기본값)
```

[준비] 17\calcSum.html   [결과 비교] 17\results\calcSum.html

17-2절에서 1부터 10까지 숫자를 더하는 예제(17\var-5.html)를 만들었습니다. 이 예제를 매개변수가 있는 함수로 만들어 보겠습니다.

1단계 매개변수가 있는 함수 선언하기

만약 사용자가 '10'을 입력하면 1부터 10까지 더한 결괏값을 출력하도록 만들어야 합니다. 사용자가 입력한 숫자를 매개변수 n으로 놓고 함수 이름은 calcSum()으로 만들어 보세요. 다음과 같이 </body> 태그 앞에 스크립트 코드를 추가하세요.

```
<script>
  function calcSum(n) {


  }
</script>
```

숫자를 더하는 결괏값을 저장할 변수 sum을 선언하고 1부터 n까지 반복해서 숫자를 더하는 for 문을 추가합니다. 결과를 확인할 수 있도록 화면에도 표시해야겠죠?

```
<script>
  function calcSum(n) {
    let sum = 0;

    for (let i = 1; i <= n; i++) {
      sum += i;
    }
    document.write(`1부터 ${n}까지 더하면 ${sum}`);
  }
</script>
```

2단계 함수 호출하기

함수 선언은 끝났습니다. 하지만 함수 선언만으로는 실행되지 않죠? 사용자에게 입력받은 값은 문자열이므로 parseInt() 함수를 사용해 정수로 변환하고 calcSum() 함수를 실행하겠습니다. 다음과 같이 **</script>** 태그 앞에 코드를 추가하세요.

```
<script>
  function calcSum(n) { ...... }
  let userNumber = prompt("얼마까지 더할까요?");
  if (userNumber !== null) {
    calcSum(parseInt(userNumber));
  }
</script>
```

작성한 파일을 저장하고 웹 브라우저로 실행해 보세요. 다음 그림처럼 프롬프트 창에 숫자를 입력하면 1부터 입력한 숫자까지 더한 값을 화면에 표시합니다.

17-4 함수 표현식

지금까지 살펴본 함수의 사용 방법은 함수명을 선언하고 그 이름을 사용해 호출합니다. 이 방법은 함수 이름만 알면 어디서나 호출해서 실행할 수 있어서 많이 사용합니다. 이 밖에 따로 함수 이름을 지정하지 않고 사용하거나, 함수를 호출하지 않고 바로 실행하는 방법도 있습니다. 이번 절에서는 익명 함수와 즉시 실행 함수, 화살표 함수를 알아보겠습니다

익명 함수

익명 함수는 이름이 없는 함수를 말합니다. 즉, 익명 함수를 선언할 때는 이름을 붙이지 않습니다. 예를 들어 앞에서 살펴봤던 addNumber() 함수를 다음과 같이 이름 없이 선언할 수 있습니다.

익명 함수 선언하기

```
function(a, b) {   // 익명 함수 선언
  return a + b;
}
```

익명 함수는 이름이 없는데 어떻게 실행해야 할까요? 익명 함수는 함수 자체가 **식**expression이므로 함수를 변수에 할당할 수 있으며, 또한 다른 함수의 매개변수로 사용할 수도 있습니다.

다음은 두 수를 더하는 익명 함수를 변수 sum에 할당하는 예제입니다. 이렇게 변수에 저장된 익명 함수는 함수 이름 대신 변수를 이용해 함수를 실행합니다.

Do it! 익명 함수 실행하기
예제 파일 17\function-3.html

```
<script>
  let sum = function(a, b) {
    return a + b;
  }
  document.write(`함수 실행 결과: ${sum(10, 20)}`);
</script>
```

JavaScript

함수 실행 결과: 30

익명 함수를 실행한 결과

그렇다면 익명 함수는 왜 사용할까요? 예제 코드에서 살펴본 것처럼 자바스크립트에서는 함수를 마치 하나의 값처럼 사용할 수 있습니다. 그래서 함수를 변수에 할당할 수도 있고, 함수 자체를 매개변수로 넘길 수도 있습니다. 이 책에서는 다루지 않지만 자바스크립트 프로그래밍에서 함수 간에 실행 순서를 제어할 때 함수를 매개변수로 넘겨서 사용하게 됩니다.

TIP 함수 간의 실행 순서를 제어하는 것을 **비동기 프로그래밍**이라 하고, 함수의 매개변수로 사용하는 함수를 **콜백 함수**라고 합니다.

즉시 실행 함수

일반적으로 함수는 선언하고 필요할 때마다 호출해서 실행하는 방법을 많이 사용합니다. 하지만 한 번만 실행하는 함수라면 함수를 정의하면서 동시에 실행할 수 있습니다. 바로 **즉시 실행 함수**입니다. 즉시 실행 함수는 주로 변수의 스코프를 제한해서 코드 사이에 충돌이 생기는 것을 방지하려고 사용합니다. 이 함수는 한 번 실행하고 끝내므로 전역 변수 충돌이 생기지 않습니다.

TIP 즉시 실행 함수는 IIFE(Immediately Invoked Function Expression)라고도 합니다.

즉시 실행 함수의 기본 형식은 다음과 같습니다. 함수를 식 형태로 선언하므로 마지막에 세미콜론(;)을 붙입니다.

기본형		기본형	
`(function() {`		`(function(매개변수) {`	
`    명령`	또는	`    명령`	
`}());`		`}(인수));`	

예를 들어 사용자에게 함수 이름을 받아서 인사말을 표시하는 함수는 다음과 같이 작성할 수 있습니다. 이 예제 코드는 따로 호출하지 않았지만 바로 실행됩니다.

Do it! 즉시 실행 함수 만들기   예제 파일 17\function-4.html

```
<script>
  (function() {
```

```
    let userName = prompt("이름을 입력하세요.");
    document.write(`<p>안녕하세요? <span class="accent">${userName}</span>님!</
p>`);
  }());
</script>
```

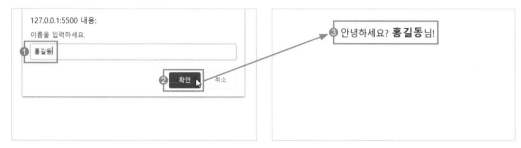

즉시 실행 함수를 실행한 결과

만약 매개변수를 사용하는 함수라면 선언하는 부분 끝에 함수를 실행하는 인수를 넣어 줍니
다. 예를 들어 두 수를 더하는 함수는 다음과 같이 작성할 수 있습니다.

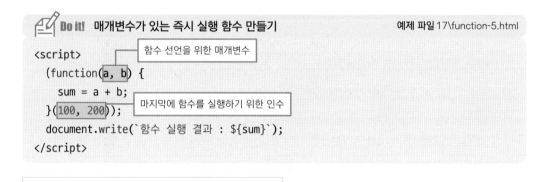

매개 변수가 있는 즉시 실행 함수를 실행한 결과

화살표 함수

ES6 버전부터는 => 표기법(화살표 함수의 표기법)을 사용해 함수 선언을 좀 더 간단하게 작
성할 수 있습니다. 이 방법은 간단히 **화살표 함수**라고 하는데 함수 이름이 없을 경우에만 사용할
수 있습니다. 화살표 함수의 기본 형식은 다음과 같이 매개변수와 함수 내용으로 구성됩니다.

```
기본형    (매개변수) => { 함수 내용 }
```

지금부터 매개변수의 개수에 따라 함수를 작성하는 방법과 화살표 함수의 표기법을 간단히
살펴보겠습니다.

매개변수가 없을 경우

매개변수가 없는 경우 매개변수를 넣는 괄호 안은 비워 둡니다. 예를 들어 매개변수 없이 간
단한 인사말을 화면에 표시하는 함수는 다음과 같이 작성할 수 있습니다.

✏️ **매개변수가 없는 함수**

```
const hi = function() {
  return "안녕하세요?";
}
```

이 함수를 화살표 함수 표기법으로 작성하면 다음과 같습니다.

✏️ **Do it!** **매개변수가 없는 화살표 함수**

```
const hi = () => { return "안녕하세요?" };
```

그리고 중괄호 안에 함수 내용이 한 줄뿐이라면 중괄호를 생략해서 다음과 같이 작성할 수도
있습니다. 이때 return 문은 생략된 것으로 간주합니다.

✏️ **매개변수가 없는 화살표 함수(중괄호 생략)**   예제 파일 17\arrow-1.html

```
const hi = () => "안녕하세요?";
```

매개변수가 1개인 경우

매개변수가 하나인 경우 매개변수의 괄호는 생략할 수 있습니다.

```
let hi = function(user) {
  document.write(user + "님, 안녕하세요?");
}
```

```
let hi = user => { document.write (`${user}님, 안녕하세요?`) };
```

매개변수가 2개 이상인 경우

매개변수가 둘 이상인 경우 화살표 함수는 (매개변수) => { ... }처럼 사용합니다. 다음은 매개변수가 2개인 경우에 사용하는 함수입니다. 매개변수를 추가하려면 괄호 안에 쉼표(,)로 구분합니다.

```
let sum = function(a, b) {
  return a + b;
}
```

```
let sum = (a, b) => a + b;
```

JavaScript

17-5 이벤트와 이벤트 처리기

대부분의 함수는 사용자가 화면에서 버튼을 클릭하거나 항목을 선택했을 때 실행됩니다. 이처럼 버튼을 클릭하거나 항목을 선택하는 것을 '이벤트'라고 합니다. 그리고 이벤트가 발생했을 때 실행하는 함수를 '이벤트 처리기'라고 합니다. 여기에서는 자바스크립트에서 사용하는 이벤트의 종류와 이벤트 처리기를 연결하는 방법을 알아보겠습니다.

이벤트 알아보기

인터넷 초기 시절에 웹 페이지는 텍스트와 이미지를 적절히 배열해 놓고 정보를 제공하는 것만으로도 충분했지만 요즘은 그렇지 않죠. 메인 메뉴를 클릭하면 서브 메뉴가 자연스럽게 펼쳐지는 것은 기본이고, 어떤 사이트는 페이지 로딩이 끝나면 배경 화면이 움직이기도 합니다. 이런 효과는 브라우저의 **이벤트**event 개념이 도입되면서 새롭게 구현되었습니다. 웹 브라우저를 기본으로 실행하는 자바스크립트에서 이벤트는 중요한 개념이지요.

이벤트는 웹 브라우저나 사용자가 행하는 어떤 동작을 말합니다. 예를 들어 키보드에서 키를 누르는 것도, 웹 브라우저에서 새로운 페이지를 불러오는 것도 이벤트입니다.

하지만 웹 브라우저 안에서 이루어지는 모든 동작이 이벤트는 아닙니다. 이벤트는 웹 페이지를 읽어 오거나 링크를 클릭하는 것처럼 웹 문서 영역 안에서 이루어지는 동작만을 말합니다. 따라서 사용자가 웹 문서 영역을 벗어나 클릭하는 행위는 이벤트가 아닙니다. 예를 들어 브라우저 창 맨 위의 제목 표시줄을 클릭하는 것은 이벤트라고 하지 않습니다.

자바스크립트의 이벤트는 주로 마우스나 키보드를 사용할 때, 웹 문서를 불러올 때, **폼**form에 내용을 입력할 때 발생합니다. 자바스크립트의 주요 이벤트를 하나씩 살펴보겠습니다.

마우스 이벤트

마우스 이벤트는 마우스를 이용해서 버튼이나 휠 버튼을 조작할 때 발생합니다.

마우스 이벤트의 종류

이벤트	설명
click	사용자가 HTML 요소를 클릭할 때 이벤트가 발생합니다.
dblclick	사용자가 HTML 요소를 더블클릭할 때 이벤트가 발생합니다.
mousedown	사용자가 요소 위에서 마우스 버튼을 눌렀을 때 이벤트가 발생합니다.
mousemove	사용자가 요소 위에서 마우스 포인터를 움직일 때 이벤트가 발생합니다.
mouseover	마우스 포인터가 요소 위로 옮겨질 때 이벤트가 발생합니다.
mouseout	마우스 포인터가 요소를 벗어날 때 이벤트가 발생합니다.
mouseup	사용자가 요소 위에 놓인 마우스 버튼에서 손을 뗄 때 이벤트가 발생합니다.

키보드 이벤트

키보드 이벤트는 키보드에서 특정 키를 조작할 때 발생합니다.

키보드 이벤트의 종류

이벤트	설명
keydown	사용자가 키를 누르는 동안 이벤트가 발생합니다.
keypress	사용자가 키를 눌렀을 때 이벤트가 발생합니다.
keyup	사용자가 키에서 손을 뗄 때 이벤트가 발생합니다.

문서 로딩 이벤트

서버에서 웹 문서를 가져오거나 문서를 위아래로 스크롤하는 등 웹 문서를 브라우저 창에 보여 주는 것과 관련됩니다.

문서 로딩 이벤트의 종류

이벤트	설명
abort	문서가 완전히 로딩되기 전에 불러오기를 멈췄을 때 이벤트가 발생합니다.
error	문서가 정확히 로딩되지 않았을 때 이벤트가 발생합니다.
load	문서 로딩이 끝나면 이벤트가 발생합니다.
resize	문서 화면 크기가 바뀌었을 때 이벤트가 발생합니다.
scroll	문서 화면이 스크롤되었을 때 이벤트가 발생합니다.
unload	문서에서 벗어날 때 이벤트가 발생합니다.

JavaScript

폼 이벤트

폼은 로그인, 검색, 게시판, 설문 조사처럼 사용자가 입력하는 모든 요소를 가리킵니다. 폼 요소에 내용을 입력하면서 발생하는 이벤트를 표로 정리했습니다.

폼 이벤트의 종류

이벤트	설명
blur	폼 요소에서 포커스가 벗어났을 때 이벤트가 발생합니다.
change	목록이나 체크 상태 등이 변경되면 이벤트가 발생합니다. \<input\>, \<select\>, \<textarea\> 태그에서 사용합니다.
focus	폼 요소에 포커스가 놓였을 때 이벤트가 발생합니다. \<label\>, \<select\>, \<textarea\>, \<button\> 태그에서 사용합니다.
reset	폼이 리셋되었을 때 이벤트가 발생합니다.
submit	submit 버튼을 클릭했을 때 이벤트가 발생합니다.

TIP 이 밖에도 자바스크립트에는 다양한 이벤트가 있습니다. 더 많은 이벤트 목록을 알고 싶다면 developer.mozilla.org/en-US/docs/Web/Events을 참고하세요.

이벤트 처리기 알아보기

이벤트에서는 작은 이미지를 클릭하면 큰 이미지를 보여 주거나 폼에서 항목을 선택하면 해당 페이지로 이동하는 등 여러 가지 동작을 실행합니다. 웹 문서에서 이벤트가 발생하면 처리하는 함수를 **이벤트 처리기** 또는 **이벤트 핸들러**^{event handler}라고 합니다.

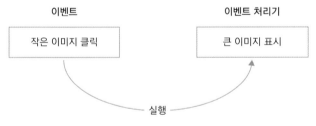

이벤트 처리기의 실행 과정

이벤트를 처리하는 가장 기본적인 방법은 이벤트가 발생한 HTML 태그에 이벤트 처리기를 직접 연결하는 것입니다. 이 방법은 자바스크립트 초기 버전부터 사용했으며 지금도 많이 사용하고 있죠.

이벤트 처리기의 기본 형식은 다음과 같습니다. 먼저 HTML 태그 안에서 on 다음에 **이벤트명**을 붙여서 속성 이름을 만들고, 그다음에 실행할 이벤트 처리기의 **"함수명"**을 작성하면 됩니다.

기본형   <태그 <u>on이벤트명</u> = "함수명">

속성 이름

예를 들어 마우스 왼쪽 버튼으로 클릭했을 때의 이벤트 이름은 click입니다. <a> 태그 안에
onclick 속성을 만들고 실행할 함수를 연결합니다. 다음은 목록에서 버튼을 클릭할 때마다
알림 창을 표시하는 예제입니다.

📝 **Do it!**   **버튼을 클릭하면 알림 창 표시하기**   예제 파일 17\event-1.html

```
<body>
  <ul>
    <li><a href="#" onclick="alert('버튼을 클릭했습니다.')">Green</a></li>
    <li><a href="#" onclick="alert('버튼을 클릭했습니다.')">Orange</a></li>
    <li><a href="#" onclick="alert('버튼을 클릭했습니다.')">Purple</a></li>
  </ul>
```

버튼을 클릭하면 알림 창을 표시한 결과

이벤트가 발생한 후에 여러 가지 명령을 실행해야 한다면, 그 명령을 묶어서 하나의 자바스크
립트 함수로 만드는 것이 좋습니다. 그리고 이벤트가 발생할 때 함수 이름과 인수를 지정하여
실행합니다.

다음은 웹 요소의 배경색을 바꾸는 changeBg(color) 함수를 미리 만들어서 실행하는 예제입
니다. 항목을 클릭할 때마다 green이나 orange, purple의 색상값을 인수로 넘겨서 changeBg
(color) 함수를 실행합니다. 17\event-2.html에는 changeBg() 함수를 미리 만들어 놓았습
니다.

TIP 배경색 스타일을 바꾸는 방법은 19-3절 'DOM에서 이벤트 처리하기'에서 자세히 설명합니다.

📝 **Do it!**   **버튼을 클릭하면 배경색 바꾸기**   예제 파일 17\event-2.html

```
<body>
  <ul>
    <li><a href="#" onclick="changeBg('green')">Green</a></li>
    <li><a href="#" onclick="changeBg('orange')">Orange</a></li>
```

```
    <li><a href="#" [  o                  ]="changeBg('purple')">Purple</a></li>
  </ul>
<div id="result"></div>

<script>
  [ f              ] changeBg(color) {
    let result = document.querySelector('#result');
    result.style.backgroundColor = color;
  }
</script>
</body>
```

정답: onclick, function

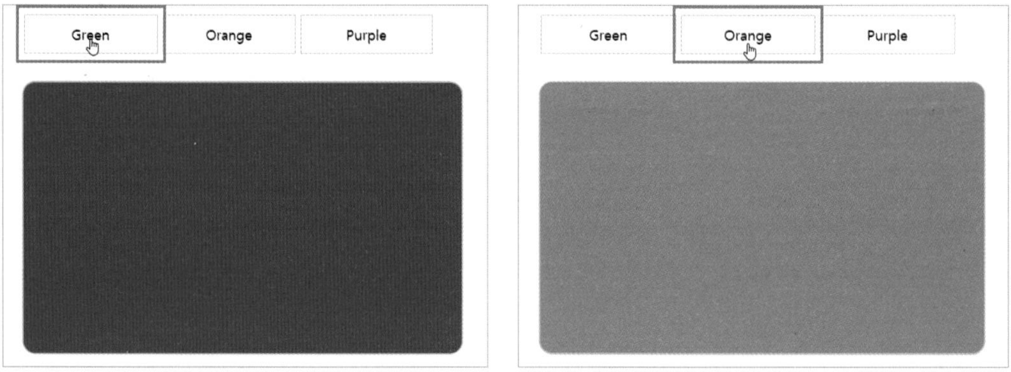

버튼을 클릭하면 배경색을 바꾼 결과

확인! 🔍

모르겠다면?		알겠다면!
← 560쪽	var 예약어를 사용할 때 지역 변수와 전역 변수를 구별할 수 있나요?	☑
← 562쪽	var 변수의 호이스팅을 이해했나요?	☐
← 564쪽	var 예약어보다 let과 const 예약어를 권장하는 이유를 이해했나요?	☐
← 570쪽	매개변수와 인수를 사용해 재사용 함수를 작성할 수 있나요?	☐
← 575쪽	함수 표현식과 즉시 실행 함수를 사용할 수 있나요?	☐
← 577쪽	화살표 함수를 작성할 수 있나요?	☐
← 580쪽	이벤트 개념을 이해하고 태그 안에서 처리할 수 있나요?	☐

1 let 예약어로 선언한 변수의 특징은 무엇인가요?

　① 전역 범위를 가집니다.

　② 함수 범위를 가집니다.

　③ 블록 범위를 가집니다.

2 매개변수 기본값을 지원하는 자바스크립트 버전은 무엇인가요?

　① ES5 이후

　② ES6 이후

　③ ES7 이후

3 `let x = 10; let x = 20;`의 결과는 무엇인가요?

　① 오류 발생

　② "20" 출력

　③ "10" 출력

4 (① var / ② let) 예약어를 사용한 변수는 재선언할 수 있습니다.

5 ES6 버전부터는 =>를 사용하면 코드를 좀 더 간단하게 작성할 수 있는데, 이런 함수를 ＿＿＿＿＿
＿＿＿＿ 함수라고 합니다.

6 다음 [조건]을 참고하여 사용자에게 입력받은 두 수의 값이 같으면 곱하고 다르면 더하는 sum
Multi() 함수를 작성하세요. 그리고 두 수의 값으로 5, 10을 실행할 때와 10, 10을 실행할 때의
결과를 다음과 같이 콘솔 창에 표시해 보세요.

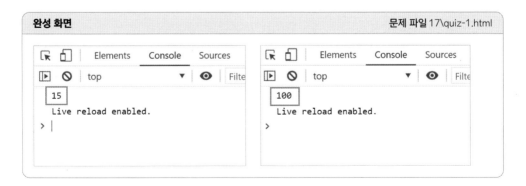

7 다음 [조건]을 참고하여 프롬프트 창에서 두 수를 입력받아 크기를 서로 비교하여 더 큰 숫자를 알림 창에 표시하는 함수를 작성하고 다음과 같이 실행해 보세요.

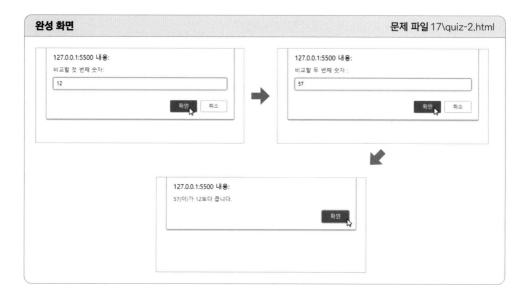

완성 화면   **문제 파일** 17\quiz-2.html

정답: 1. ③ 2. ② 3. ① 4. ① 5. 화살표 함수 또는 arrow function 6. ※ 17\sol-1.html 참고 7. ※ 17\sol-2.html 참고

문서 객체 모델(DOM)

자바스크립트 언어의 가장 큰 특징은 프로그래밍할 때 객체를 사용한다는 것입니다. 이번 마당에서는 자바스크립트의 객체가 무엇인지, 자바스크립트 안에 미리 만들어져 있는 객체에는 어떤 것들이 있는지 알아보겠습니다. 그리고 웹 문서 안의 각 요소를 객체로 취급하여 자유롭게 조절하는 방법인 문서 객체 모델(DOM)도 알아보겠습니다.

18

자바스크립트와 객체

이 장에서는 객체가 무엇인지 알아보고 자바스크립트 안에 포함되어 있는 객체를 살펴보겠습니다. 자바스크립트에는 많은 내장 객체가 있는데 그중에서 자주 사용하는 몇 가지 객체에 대해 알아봅니다. 객체마다 사용할 수 있는 함수가 다르므로 여기에서는 객체의 개념과 기본 사용법만 익혀 보세요.

18-1   객체 알아보기
18-2   자바스크립트의 내장 객체
18-3   브라우저와 관련된 객체

이 장을 다 공부하면!
• 자바스크립트에서 객체의 역할을 이해할 수 있어요.
• Array 객체의 프로퍼티와 다양한 메서드를 알 수 있어요.
• Date 객체의 다양한 메서드를 사용할 수 있어요.

18-1 객체 알아보기

'객체(object)'는 프로그램에서 인식할 수 있는 모든 대상을 가리킵니다. 따라서 현실에 존재하는 대상이라면 어떠한 것도 컴퓨터에서 인식할 수 있는 객체로 바꿔서 표현할 수 있습니다. 또한 자바스크립트에서 객체는 데이터를 저장하고 처리하는 기본 단위이기도 합니다. 지금부터 자바스크립트의 객체가 무엇인지 자세히 알아보겠습니다.

자바스크립트에서 객체란

객체^{object}는 자바스크립트뿐만 아니라 다른 프로그래밍 언어에서도 사용하는 용어로, 프로그램에서 인식할 수 있는 모든 대상을 가리킵니다. 실세계에서 만날 수 있는 대상을 컴퓨터에서 인식할 수 있는 형태로 바꾼다면 이것도 객체가 됩니다.

TIP 여기에서는 object를 '객체'로 번역했지만 '개체'라고도 합니다.

먼저 우리가 사는 실세계에서 '사물'을 어떻게 정의하는지 생각해 보겠습니다. 거리에 지나가는 자동차를 설명하려면 무엇이 필요할까요? 자동차는 제조사나 모델명, 색상, 배기량 등의 여러 자료와 함께 시동 걸기, 달리기, 멈추기 등 다양한 동작으로 다른 사물과 구분할 수 있습니다.

그렇다면 프로그램에서는 어떨까요? 예를 들어 쇼핑몰 사이트에서 '회원^{member}'이라는 객체를 정의하려면 이름과 나이, 사는 지역, 가입 날짜 같은 정보뿐만 아니라 물건을 구매하거나 평점을 남기는 등의 동작도 함께 묶을 수 있습니다. 즉, 자바스크립트에서 객체는 관련된 정보와 동작을 함께 모아 놓은 것입니다. 이렇게 객체에는 다양한 정보를 담아야 하므로 회원 이름은 문자열, 나이는 숫자로 지정하는 방식을 이용합니다. 즉, 객체에는 여러 가지 데이터 유형을 함께 사용합니다. 심지어 객체 안에 다른 객체를 넣을 수도 있죠. 그렇다면 자바스크립트에서는 어떤 것을 객체로 다룰까요?

내장 객체

자바스크립트로 프로그래밍할 때 자주 사용하는 요소는 미리 객체로 정의되어 있는데, 이런 객체를 내장 객체$^{built-in\ object}$라고 합니다. 예를 들어 날짜나 시간과 관련된 프로그램을 작성할 때는 Date 객체를 사용해서 현재 시각을 알아내고 해당 정보를 쉽게 가져와서 사용할 수 있습니다. 자바스크립트에는 Number, Boolean, Array, Math 등 많은 내장 객체가 있습니다.

문서 객체 모델(DOM)

웹 문서 자체도 객체이고 웹 문서에 포함된 이미지와 링크, 텍스트 필드 등은 각각 별도의 객체입니다. 일반적으로 웹 문서에 삽입하는 요소는 미리 객체로 만들어져 있으며, 웹 문서 자체를 담는 document 객체, 웹 문서 안의 이미지를 관리하는 image 객체 등이 있습니다.

TIP 문서 객체 모델은 19장에서 자세히 설명합니다.

웹 브라우저 객체

웹 브라우저에서 사용하는 정보도 객체로 지정되어 있습니다. 이런 객체에는 현재 사용 중인 웹 브라우저 정보를 담고 있는 navigator 객체를 비롯해서 history 객체, location 객체, screen 객체 등이 있습니다.

사용자 정의 객체

자바스크립트에서는 미리 정의된 객체뿐만 아니라 사용자가 필요할 때마다 자신의 객체를 정의해서 사용할 수 있습니다. 예를 들어 온라인 서점 애플리케이션을 만든다면 책의 제목, 저자, 쪽수, 가격 등 여러 정보를 객체로 만들어야 합니다. 다음 코드는 간단하게 책 제목과 쪽수 정보를 담고 있는 book 객체입니다. 이렇게 객체는 필요할 때마다 사용자가 직접 만들어서 사용할 수 있습니다.

TIP 사용자 정의 객체는 이 책에서 자세히 다루지 않습니다. 객체를 직접 만들어서 프로그래밍하는 방법이 궁금하다면 《Do it! 모던 자바스크립트 프로그래밍의 정석》을 참고하세요.

```
let book = {
    title: "자바스크립트",
    pages: 500,
}
```

객체와 인스턴스

자바스크립트 프로그래밍을 할 때 자주 사용하는 요소는 미리 객체로 정의되어 있고, 필요할 때마다 인스턴스를 만들어서 사용합니다. 자바스크립트에 내장된 Date 객체를 예로 들어 보겠습니다. 날짜나 시간과 관련된 정보를 처리하는 Date 객체를 사용하면 생일이나 기념일과 관련된 프로그램을 쉽게 만들 수 있죠.

그런데 날짜마다 연도나 월, 일 정보를 처리하려면 그때그때 Date 객체를 새로 만들어야 합니다. 예를 들어 오늘 날짜를 처리하는 프로그램이나, 올해 크리스마스까지 얼마나 남았는지 계산하는 프로그램에서도 Date 객체를 사용해야 합니다. 이렇게 미리 만들어져 있는 객체를 복제해서 새로 만든 객체를 **인스턴스**instance라고 합니다. 자바스크립트에 내장된 Date 객체가 틀이라면, 그 틀을 기본으로 복제한 객체는 인스턴스입니다.

new 예약어

객체의 인스턴스를 만들 때는 다음과 같이 new 예약어를 사용합니다. new 뒤에 객체 이름을 붙여 줍니다.

기본형   **new 객체명**

예를 들어 현재 날짜와 시간 정보를 사용하는 프로그램을 작성한다면 다음과 같이 Date 객체의 인스턴스를 만들고 now라는 변수에 할당하면 됩니다. 이때 now를 인스턴스 객체라고 합니다.

```
let now = new Date();
```

18\time-1.html에 다음과 같이 코드를 추가해 보세요. new 예약어를 사용해서 Date 객체의 인스턴스 객체를 만들고 now 변수에 할당합니다. 그리고 now에 담긴 정보를 브라우저 창에 표시해 보세요. 현재 날짜와 시간 정보가 표시됩니다.

Do it! 현재 날짜와 시간 정보 표시하기   예제 파일 18\time-1.html

```
<script>
  let now = new Date();                    // 인스턴스 객체 만들고 변수에 할당하기
  document.write("현재 시각은 " + now) ;   // 현재 날짜와 시간 표시하기
</script>
```

현재 시각은 Mon Mar 11 2024 14:53:09 GMT+0900 (한국 표준시)

현재 날짜와 시간 정보를 표시한 결과

프로퍼티와 메서드 이해하기

객체에는 **프로퍼티**property와 **메서드**method가 있는데, 쉽게 말해 프로퍼티는 객체의 특징이나 속성을 나타내고, 메서드는 객체에서 할 수 있는 동작을 표현합니다.

실생활에서 찾아볼 수 있는 객체를 예로 들어 설명하겠습니다. '자동차 운전' 프로그램이라면 '자동차'는 객체가 되고, 자동차의 프로퍼티는 자동차 제조사나 모델명, 색상, 배기량 등이 됩니다. 또한 자동차의 메서드는 시동 걸기, 움직이기, 멈추기, 주차하기 등이 되겠죠.

이런 방식으로 자바스크립트에도 객체마다 메서드와 프로퍼티가 있습니다. 그리고 프로퍼티와 메서드를 이용해서 자바스크립트 프로그램을 작성하는 것입니다.

프로그램: 자동차 운전 / 객체

프로퍼티	메서드
제조사	시동 걸기
모델명	움직이기
색상	멈추기
배기량	주차하기

자동차 객체의 프로퍼티와 메서드

마침표 표기법으로 프로퍼티와 메서드 작성하기

인스턴스는 객체의 프로퍼티와 메서드를 그대로 물려받아서 똑같이 사용합니다. 프로퍼티와 메서드를 표시하려면 인스턴스명 뒤에 마침표(.)를 붙이고 객체의 프로퍼티나 메서드 이름을 작성합니다. 이때 메서드는 함수와 같은 역할을 하므로 getHours()처럼 이름 옆에 괄호를 넣어야 합니다.

앞에서 만든 예제 18\time-1.html 파일에 인스턴스 메서드를 추가해 보겠습니다. Date 객체에는 현재 날짜와 시간 정보를 로컬 형식으로 바꿔 주는 toLocaleString() 메서드가 있습니다. 다음과 같이 인스턴스 now를 만든 후 toLocaleString() 메서드를 적용해 보세요. 웹 브라우저에서 결과를 확인하면 날짜와 시간이 우리에게 친숙한 형식으로 표시됩니다.

> ✍️ **Do it!** 로컬 형식으로 현재 날짜와 시간 정보 표시하기 　　　　　　예제 파일 18\time-2.html

```
<script>
  let now = new Date();
  document.write(`현재 시각은 ${now.toLocaleString()}`) ;   // 로컬 형식으로 표시하기
</script>
```

> 현재 시각은 2024. 3. 11. 오후 2:58:04

로컬 형식으로 현재 날짜와 시간 정보를 표시한 결과

18-2 자바스크립트의 내장 객체

자바스크립트 내장 객체에는 웹 문서의 계층 구조와 상관없이 나타낼 수 있는 객체가 있습니다. Array 객체와 Date 객체가 대표적입니다. 여기에서는 이러한 내장 객체의 주요 프로퍼티와 메서드를 살펴보겠습니다. 그리고 무작위 수를 만드는 Math 객체의 메서드에 대해서도 알아보겠습니다.

Array 객체

Array 객체는 자바스크립트의 여러 가지 내장 객체 중에서 **배열**을 다룹니다. 배열은 자바스크립트에서 자주 사용하는 자료형이므로 **Array** 객체의 주요 프로퍼티와 메서드를 잘 알고 사용하는 것이 중요합니다.

Array 객체로 배열 만들기

18-1절에서 객체의 인스턴스를 어떻게 만드는지 배운 것 기억하죠? 여기에서는 같은 방법으로 배열을 만들어 보겠습니다. 자바스크립트에는 배열을 쉽게 만들고 다룰 수 있는 Array 객체가 내장되어 있습니다. Array 객체를 사용하려면 먼저 인스턴스를 만들어야겠죠?

먼저 초깃값이 없는 상태에서 단순히 객체의 인스턴스만 만든다면 new 예약어를 사용해 변수에 할당하면 됩니다. 이때 다음과 같이 배열의 크기를 지정하지 않을 수도 있고, 요소가 몇 개 있는지 크기를 지정할 수도 있습니다.

> **Do it!** Array 객체 인스턴스 만들기 — 초깃값이 없는 경우
>
> ```
> let arr1 = new Array();      // 배열의 크기를 지정하지 않음
> let arr2 = new Array(4);     // 배열의 크기를 지정함
> ```

또한 초깃값이 있는 배열이라면 다음과 같이 인스턴스 선언과 요솟값을 한번에 할당해 작성할 수 있습니다.

> **Do it!** Array 객체 인스턴스 만들기 — 초깃값이 있는 경우
>
> ```
> let arr3 = ["one", "two", "three", "four"];       // 배열 선언
> let arr4 = Array("one", "two", "three", "four");  // Array 객체를 사용한 배열 선언
> ```

Array 객체의 length 프로퍼티 사용하기

배열 요소는 프로그램 안에서 얼마든지 추가하거나 삭제할 수 있으므로 요소의 개수를 알고 사용하는 것이 좋습니다. 그렇다면 배열 요소의 개수는 어떻게 알 수 있을까요? 바로 Array 객체에 있는 length 프로퍼티를 사용하면 됩니다. 이 프로퍼티에는 배열 요소의 개수가 저장되어 있습니다.

다음과 같이 마침표(.)를 사용해 length 프로퍼티를 작성합니다. 그리고 for 문을 이용하여 전체 배열의 요솟값을 나열합니다.

Do it! length 프로퍼티를 사용해 배열의 각 요소에 접근하기　　　　예제 파일 18\array-1.html

```
<script>
  let numbers = ["one", "two", "three", "four"];   // 배열 선언 및 초기화

  for (let i = 0; i < numbers.length; i++) {   // 배열의 각 요소에 접근하기
    document.write(`<p>${numbers[i]}</p>`);
  }
</script>
```

> 배열명 옆에 마침표(.)와 length 프로퍼티를 작성하면 됩니다!

배열의 각 요소

one

two

three

four

배열을 만들고 요소 표시하기

Array 객체의 메서드

Array 객체에는 여러 가지 메서드가 있습니다. 이 중에서 자주 사용하는 메서드를 표로 정리했습니다.

Array 객체의 다양한 메서드

메서드	설명
concat	기존 배열에 요소를 추가해 새로운 배열을 만듭니다.
every	배열의 모든 요소가 주어진 함수에 대해 참이면 true를 반환하고 그렇지 않으면 false를 반환합니다.

표 계속 ▶

filter	배열 요소 중에서 주어진 필터링 함수에 대해 true인 요소만 골라 새로운 배열을 만듭니다.
forEach	배열의 모든 요소에 주어진 함수를 실행합니다.
indexOf	주어진 값과 일치하는 값이 있는 배열 요소의 첫 인덱스를 찾습니다.
join	배열 요소를 문자열로 합칩니다. 이때 구분자를 지정할 수 있습니다.
push	배열의 맨 끝에 새로운 요소를 추가한 후 새로운 length를 반환합니다.
unshift	배열의 시작 부분에 새로운 요소를 추가합니다.
pop	배열의 마지막 요소를 꺼내 그 값을 결과로 반환합니다.
shift	배열에서 첫 번째 요소를 꺼내 그 값을 결과로 반환합니다.
splice	배열에 요소를 추가하거나 삭제합니다.
slice	배열에서 특정한 부분만 잘라 냅니다.
reverse	배열의 배치 순서를 역순으로 바꿉니다.
sort	배열 요소를 지정한 조건에 따라 정렬합니다.
toString	배열에서 지정한 부분을 문자열로 반환합니다. 이때 각 요소는 쉼표(,)로 구분합니다.

TIP Array 객체의 메서드를 더 자세히 알고 싶다면 오른쪽 QR코드를 참고해 보세요. Array 객체의 메서드 구문과 예제를 살펴보는 것만으로도 도움을 받을 수 있습니다.

배열 합치기

여러 배열을 사용하다 보면 배열끼리 합쳐서 새로운 배열을 만들어야 할 경우가 있습니다. 이 때 배열끼리 합치기도 하고, 배열 안의 요소들만 꺼내서 문자열을 만들기도 합니다. concat() 메서드와 join() 메서드를 알아보겠습니다.

배열끼리 합치는 concat() 메서드

concat() 메서드는 서로 다른 배열 2개를 합쳐서 새로운 배열을 만들어 줍니다. 어느 배열을 먼저 쓰는가에 따라 기준이 달라지고, 결과 배열의 순서도 달라집니다.

TIP concat() 메서드를 이용해 새로 만든 배열은 기존 배열에 영향을 주지 않습니다.

다음은 nums와 chars라는 배열 2개를 합치는 예제입니다. 둘 중에서 어느 배열을 기준으로 하느냐에 따라 결과 배열이 달라집니다. 배열 nums를 먼저 쓴 다음에 chars를 쓰면 [1, 2, 3, a, b, c, d]의 새로운 배열(numsChars)이 만들어집니다. 하지만 배열 chars를 먼저 쓰고 nums를 나중에 쓰면 [a, b, c, d, 1, 2, 3]의 배열(charsNums)이 만들어집니다.

JavaScript

```
<script>
  let nums = [1, 2, 3];
  let chars = ['a', 'b', 'c', 'd'];

  // 배열 2개 합치기
  let numsChars = nums.concat(chars);
  let charsNums = chars.concat(nums);
  document.write(`nums에 chars 합치면: ${numsChars}, <br> chars에 nums 합치면:
${charsNums}`);
  document.write(`<hr>`);
</script>
```

nums에 chars 합치면: 1,2,3,a,b,c,d
chars에 nums 합치면: a,b,c,d,1,2,3

배열 2개를 합친 결과

배열 안의 요소를 문자열로 만드는 join() 메서드

join() 메서드는 배열 요소를 연결해서 하나의 문자열로 만들어 줍니다. 이때 각 요소 사이에 원하는 구분자('/')를 넣을 수도 있는데, 따로 지정하지 않으면 요소를 쉼표(,)로 구분합니다. 앞의 예제 파일 18\array-2.html에서 계속 연습해 보겠습니다. 다음 코드는 배열 nums의 요소를 구분자 없이 연결해서 문자열 string1로 만듭니다. 그리고 chars 배열의 요소는 구분자를 넣어서 문자열 string2로 만듭니다.

```
<script>
  let nums = [1, 2, 3];
  let chars = ['a', 'b', 'c', 'd'];
  ......
  // 배열 안의 요소 합치기
  let string1 = nums.join();
  document.write(`구분자 없이: ${string1}<br>`);
  let string2 = chars.join('/');
  document.write(`/ 구분자 지정: ${string2}`);
  document.write(`<hr>`);
</script>
```

구분자 없이: 1,2,3
'/' 구분자 지정: a/b/c/d

배열 안의 요소를 합친 결과

앞뒤로 요소 추가하기 및 삭제하기

여러 요소로 이루어진 배열에 새로운 요소를 추가하거나 삭제할 때, 배열의 맨 앞과 맨 뒤에 추가 또는 삭제하는 과정은 비교적 단순합니다. 요소를 추가하거나 삭제했을 때 원래 배열이 변경된다는 점에 주의하면서 살펴보세요.

새로운 요소를 추가하는 push(), unshift() 메서드

배열에 새로운 요소를 추가하려면 push()나 unshift() 메서드를 사용합니다. 배열 맨 끝에 요소를 추가하려면 push() 메서드를 사용하고, 배열 맨 앞에 요소를 추가하려면 unshift() 메서드를 사용합니다. 추가하는 요소는 여러 개일 수도 있습니다.

push() 메서드와 unshift() 메서드를 실행할 때 주의해야 할 것이 있습니다. 배열 맨 앞과 맨 뒤에 요소를 추가하면 원래 있던 배열이 바뀐다는 것입니다.

다음은 push() 메서드를 사용해 배열 nums의 맨 끝에 요소 4와 5를 추가한 예제입니다. 그러면 배열 nums는 추가한 요소까지 포함한 새로운 배열이 됩니다. 그리고 실행한 결과를 변수 ret1, ret2에 저장하고 변숫값을 출력하면 새로운 배열의 length가 나타납니다.

Do it! 배열에 새로운 요소 추가하기   예제 파일 18\array-2.html

```
<script>
  let nums = [1, 2, 3];
  let chars = ['a', 'b', 'c', 'd'];

  ......

  // 요소 추가하기 - 새로운 length값 반환
  let ret1 = nums.push(4, 5);    // 배열 끝에 추가
  document.write(`length: ${ret1} | 배열: ${nums}<br>`);
  let ret2 = nums.unshift(0);    // 배열 앞에 추가
  document.write(`length: ${ret2}, | 배열: ${nums}`);
  document.write(`<hr>`);
</script>
```

```
length: 5 | 배열: 1,2,3,4,5
length: 6 | 배열: 0,1,2,3,4,5
```

배열에 새로운 요소를 추가한 결과

배열에서 요소를 꺼내는 pop(), shift() 메서드

배열에서 뒤에 있는 요소를 꺼낼 때는 pop() 메서드를 사용하고, 앞에 있는 요소를 꺼낼 때는 shift() 메서드를 사용합니다. 두 메서드는 꺼낸 요솟값을 반환하며 기존 배열은 꺼낸 요소가 빠진 상태로 변경됩니다. 다음 예제를 웹 브라우저에서 실행하여 직접 확인해 보세요.

```
<script>
  let nums = [1, 2, 3];
  let chars = ['a', 'b', 'c', 'd'];
  ......
  // 요소 추출하기 - 꺼낸 요솟값 반환
  let popped1 = chars.pop();     // 마지막 요소 꺼냄
  document.write(`꺼낸 요소: ${popped1}, | 배열: ${chars}<br>`);
  let popped2 = chars. s          ();   // 첫 번째 요소 꺼냄
  document.write(`꺼낸 요소: ${popped2}, | 배열: ${chars}`);
  document.write(`<hr>`);
</script>
```

정답: shift

꺼낸 요소: d | 배열: a,b,c
꺼낸 요소: a | 배열: b,c

배열에서 요소를 꺼낸 결과

원하는 위치에 요소를 추가·삭제하는 splice() 메서드

앞에서 살펴본 push(), unshift() 메서드는 배열의 맨 뒤나 맨 앞에 요소를 추가하고 pop(), shift() 메서드는 맨 뒤나 맨 앞에서 요소를 꺼낼 때 사용하죠. 하지만 배열 중간 부분에서 요소를 추가하거나 삭제하려면 어떻게 해야 할까요? 또한 요소를 한꺼번에 2개 이상 추가하거나 삭제하려면 어떻게 해야 할까요? 이럴 때 바로 splice() 메서드를 사용합니다.

splice() 메서드는 괄호 안에 들어 있는 인수에 따라 배열 요소를 삭제하거나 새로운 요소를 추가합니다. splice() 메서드를 실행하면 삭제한 요소로 이루어진 새로운 배열이 결괏값으로 반환됩니다.

splice() 메서드의 괄호 안에 인수가 1개 들어 있는 경우부터 알아보겠습니다. 이때 괄호 안의 인수는 배열의 인덱스값, 즉 배열의 위치를 가리킵니다. splice() 메서드는 인수가 지정한 인덱스의 요소부터 배열의 맨 끝 요소까지 삭제합니다.

splice() 메서드의 인수가 2개라면 첫 번째 인수는 인덱스값이고 두 번째 인수는 삭제할 요소의 개수입니다.

splice() 메서드의 인수가 3개 이상이라면 첫 번째 인수는 배열에서 삭제할 시작 위치를 나타내고, 두 번째 인수는 삭제할 개수를 알려 줍니다. 그리고 세 번째 인수부터는 삭제한 위치

에 새로 추가할 요소를 지정합니다.

18\array-3.html에는 study 배열이 들어 있습니다. 이 배열에 splice() 메서드를 사용하는데, 인수 개수를 다르게 지정할 때 결과가 어떻게 달라지는지 확인해 보세요. js.splice(1, 0, 'typescirpt')를 실행하면 첫 번째 위치에서 아무것도 삭제하지 않기 때문에 modernJs 변수에는 아무 값도 할당되지 않습니다.

Do it! splice() 메서드를 사용해 요소 추가·삭제하기　　　　예제 파일 18\array-3.html

```
<script>
    let study = ['html', 'css', 'javascript', 'jquery', 'react', 'nodejs'];

    // 인수가 1개일 경우
    let js = study.splice(2);
    document.write(`반환된 배열: ${js}<br>` );
    document.write(`변경된 배열: ${study}`);
    document.write(`<hr>`);

    // 인수가 2개일 경우
    let jquery = js.splice(1,1);
    document.write(`반환된 배열: ${jquery}<br>`);
    document.write(`변경된 배열: ${js}`);
    document.write(`<hr>`);

    // 인수가 3개 이상일 경우
    let modernJs = js.splice(1, 0, 'typescript');
    document.write(`반환된 배열: ${modernJs}<br>`);
    document.write(`변경된 배열: ${js}`);
</script>
```

```
반환된 배열: javascript,jquery,react,nodejs
변경된 배열: html,css
─────────────────────────────
반환된 배열: jquery
변경된 배열: javascript,react,nodejs
─────────────────────────────
반환된 배열:
변경된 배열: javascript,typescript,react,nodejs
```

splice() 메서드를 사용해 배열 요소를 추가·삭제한 결과

기존 배열을 바꾸지 않으면서 요소를 꺼내는 slice() 메서드

이번에 알아볼 slice() 메서드는 배열에서 요소를 꺼내는 기능을 하므로 pop(), shift() 메서드와 같아 보입니다. 하지만 시작과 끝 인덱스를 지정해서 요소를 여러 개 꺼내고, 실행 결과 기존 배열이 바뀌지 않는다는 차이점이 있습니다.

slice() 메서드에서 인수를 하나만 지정하면 그 인수를 시작 인덱스로 간주하고 지정한 요소부터 마지막 요소까지 꺼내서 변환합니다.

slice() 메서드에서 인수 2개를 사용하면 요소를 여러 개 꺼낼 수 있습니다. 즉, slice() 메서드의 인수 2개는 꺼낼 요소의 구간을 의미합니다. 이때 첫 번째 인수는 배열의 시작 인덱스이고, 두 번째 인수는 끝 인덱스의 바로 직전 인덱스를 가리킵니다. 이게 무슨 말인지 다음 예제에서 살펴봅시다.

18\array-4.html에는 colors 배열이 있습니다. 이 배열에 slice() 메서드를 사용하면서 인수 개수에 따라 결과가 어떻게 달라지는지 확인해 보겠습니다.

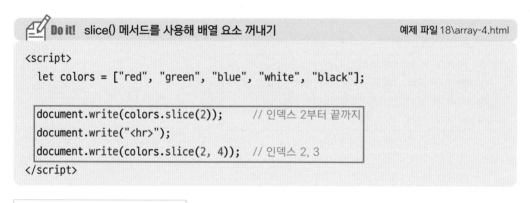

slice() 메서드를 사용해 배열 요소를 꺼낸 결과

앞에서 살펴본 splice(), slice() 메서드는 배열에서 특정 위치의 요소를 활용한다는 점에서는 같은 기능을 합니다. 하지만 두 메서드는 큰 차이점이 있습니다. slice() 메서드는 기존 배열에 영향을 주지 않지만, splice() 메서드는 요소를 추가·삭제하면 기존 배열 자체가 수정됩니다.

따라서 기존 배열에서 꺼낸 요소로 새로운 배열을 만들어 사용하려면 slice() 메서드를, 기존 배열의 일부 요소만 삭제하려면 splice() 메서드를 선택하는 것이 좋습니다.

Date 객체

18-1절에서도 살펴보았듯이 Date 객체는 날짜와 시간 정보를 나타낼 수 있습니다. Date 객체는 현재 날짜와 시간을 출력하거나 달력을 표시할 수도 있고, 특정일까지 얼마나 남았는지 알려 주는 등 사이트에서 여러 가지로 응용할 수 있습니다.

Date 객체 인스턴스 만들기

자바스크립트에서 Date 객체를 사용하려면 우선 Date 객체의 인스턴스를 만들어야 합니다. 현재 날짜로 설정할 경우에는 다음과 같이 간단히 예약어 new를 붙여 주면 됩니다.

 Data 객체로 현재 날짜 나타내기

```
new Date();
```

그리고 특정한 날짜를 저장한 Date 객체를 만들고 싶다면 Date 다음에 붙이는 괄호 안에 날짜 정보를 입력합니다. 예를 들어 '2024년 2월 25일'이라는 날짜 정보를 객체에 저장한 후 프로그램에서 사용하려면 다음과 같이 입력합니다.

 Data 객체로 특정 날짜 나타내기

```
new Date('2024-02-25')
```

TIP 월, 일이 한 자리일 때 앞에 숫자 0을 붙이지 않고 2024-2-25처럼 사용해도 됩니다.

또한 시간 정보까지 Data 객체로 나타내려면 날짜 다음에 대문자 'T'를 추가한 후 그 뒤에 시간을 입력합니다.

 Data 객체로 특정 날짜와 시간 나타내기

```
new Date('2024-02-25T18:00:00)'
```

자바스크립트의 날짜, 시간 입력 방식 알아보기

Date 객체를 사용하여 날짜와 시간을 지정하려면 자바스크립트가 인식할 수 있는 형식으로 써야 합니다. 자바스크립트에서 주로 사용하는 날짜와 시간 입력 형식 4가지를 알아보겠습니다.

TIP 다음 날짜 형식에서 YYYY는 연도를, MM은 월을, DD는 일을 뜻하고, 시간 입력 형식에서 HH는 시를, MM은 분을, SS는 초를 의미합니다.

1. YYYY-MM-DD 형식

다음과 같이 연도만 나타낼 때는 YYYY, 연도와 월을 나타낼 때는 YYYY-MM, 연도와 월과 일을 나타낼 때는 YYYY-MM-DD 형태로 사용합니다.

```
new Date("2024")
new Date("2024-02")
new Date("2024-02-25")
```

2. YYYY-MM-DDTHH 형식

연도, 월, 일 다음에 시간을 표시하는 형식입니다. 시간을 나타낼 때는 날짜 뒤에 'T'를 붙이고 HH:MM:SS의 형태로 사용합니다. 맨 끝에 'Z'를 붙이면 UTC(국제 표준시)로 표시됩니다.

```
new Date("2024-02-25T18:00:00")
new Date("2024-02-25T18:00:00Z")
```

3. MM/DD/YYYY 형식

연도를 마지막에 나타내고 싶다면 다음과 같이 MM/DD/YYYY 형태로 사용합니다.

```
new Date("02/25/2024")
```

4. 이름 형식

월은 January처럼 전체를 사용하거나 Jan과 같이 줄여서 사용할 수 있습니다. 다음과 같이 맨 앞에 요일(Mon)을 함께 작성할 수도 있습니다.

```
new Date("Mon Jan 20 2024 15:00:41 GMT+0900 (대한민국 표준시)")
```

Date 객체의 메서드

날짜와 시간 정보를 사용하려고 Date 객체를 만들었다면 Date 객체에 정의된 메서드를 사용할 수 있습니다.

Date 객체의 메서드는 크게 3가지로 구분됩니다. 날짜/시간 정보를 가져오는 메서드, 사용자가 원하는 날짜/시간으로 설정하는 메서드, 마지막으로 날짜/시간 형식을 바꿔 주는 메서드가 있습니다.

TIP 함수 이름 앞에 get이나 set이 붙어 있는데, get은 '가져온다'는 의미이고 set은 '두다, 설정하다'를 뜻합니다.

자주 사용하는 Date 객체의 메서드

	메서드	설명
날짜·시간 정보 가져오기	getFullYear()	연도를 4자리 숫자로 표시합니다.
	getMonth()	월을 0~11 사이의 숫자로 표시합니다. 0부터 1월이 시작되고 11은 12월입니다.
	getDate()	일을 1~31 사이의 숫자로 표시합니다.
	getDay()	요일을 0~6 사이의 숫자로 표시합니다. 0부터 일요일이 시작되고 6은 토요일입니다.
	getTime()	1970년 1월 1일 자정 이후의 시간을 밀리초(1/1000초)로 표시합니다.
	getHours()	시를 0~23 사이의 숫자로 표시합니다.
	getMinutes()	분을 0~59 사이의 숫자로 표시합니다.
	getSeconds()	초를 0~59 사이의 숫자로 표시합니다.
	getMilliseconds()	밀리초를 0~999 사이의 숫자로 표시합니다.
날짜·시간 설정하기	setFullYear()	연도를 4자리 숫자로 설정합니다.
	setMonth()	월을 0~11 사이의 숫자로 설정합니다. 0부터 1월이 시작되고 11은 12월입니다.
	setDate()	일을 1~31 사이의 숫자로 설정합니다.
	setTime()	1970년 1월 1일 자정 이후의 시간을 밀리초로 설정합니다.
	setHours()	시를 0~23 사이의 숫자로 설정합니다.
	setMinutes()	분을 0~59 사이의 숫자로 설정합니다.
	setSeconds()	초를 0~59 사이의 숫자로 설정합니다.
	setMilliseconds()	밀리초를 0~999 사이의 숫자로 설정합니다.
날짜·시간 형식 바꾸기	toLocaleString()	현재 날짜와 시간을 현지 시간(local time)으로 표시합니다.
	toString()	Data 객체 타입을 문자열로 표시합니다.

Do it! 실습 — 날짜를 계산하는 프로그램 만들기

[준비] 18\days.html   [결과 비교] 18\results\days.html

Date 객체의 getTime() 메서드를 사용해 날짜를 계산하는 프로그램을 만들어 보겠습니다. 이 프로그램은 책을 읽기 시작한 날짜를 지정하고, 현재까지 며칠 동안 읽었는지 계산한 총 일수를 보여 줍니다.

1단계 HTML 파일 확인하기

웹 브라우저에서 18\days.html 파일을 열어 보면 다
음 그림과 같은 모습이 나타납니다. 여기에서 '일' 글
자 앞에 계산한 일수를 추가해 보겠습니다. 이 파일
에는 HTML 태그와 CSS가 미리 작성되어 있으니 자
바스크립트 코드만 작성하면 됩니다.

2단계 자바스크립트 코드 작성하고 결과 확인하기

책을 읽기 시작한 날짜와 현재 날짜 사이에 시간이 얼마나 흘렀는지 계산할 때는 getTime()
메서드를 사용하면 편리합니다. getTime() 메서드는 1970년 1월 1일부터 특정한 날까지 시
간을 밀리초(1/1000초)로 단위로 표시해 주기 때문이죠. 예를 들어 2024년 1월 1일부터 오
늘까지 얼마나 지났는지 알려면 오늘의 getTime() 결괏값에서 2024년 1월 1일의 getTime()
결괏값을 빼면 됩니다.

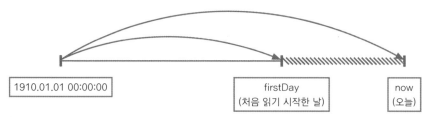

자바스크립트에서 날짜 사이에 흐른 시간을 계산하는 방법

getTime() 메서드를 실행한 결괏값은 밀리초 단위로 표시되므로 이것을 일수로 나타내려면
'1000*60*60*24'로 나눠야 합니다. 그리고 나눈 결괏값은 Math 객체의 round() 메서드를 사용
해서 반올림하고 최종 정숫값을 출력하면 됩니다.

이제 모든 계산식을 알게 되었으니 </body> 앞에 다음과 같이 스크립트 코드를 작성하고 결과
를 확인해 보세요.

TIP 코드의 마지막 줄에 있는 document.querySelector()는 19장에서 설명합니다.

TIP 여기에서는 시작 날짜를 2024년 1월 1일로 고정했습니다. 이 값은 여러분이 원하는 날짜로 바꿔서 계산하면 됩니다.

```
<script>
  let now = new Date();                        // 오늘 날짜를 객체로 지정
  let firstDay = new Date("2024-01-01");       // 시작 날짜를 객체로 지정

  let toNow = now.getTime();                   // 오늘까지 지난 시간(밀리초)
  let toFirst = firstDay.getTime();            // 첫 날까지 지난 시간(밀리초)
  let passedTime = toNow - toFirst;            // 첫 날부터 오늘까지 지난 시간(밀리초)

  passedTime = Math.round(passedTime/(1000*60*60*24)); // 밀리초를 일 수로 계산하고 반올림

  document.querySelector('#result').innerText = passedTime;
</script>
```

Math 객체

Math 객체에는 수학 계산과 관련된 메서드가 많이 포함되어 있지만 수학식에서만 사용하는 것은 아닙니다. 무작위 수가 필요하거나 반올림해야 하는 프로그램 등에서도 Math 객체의 메서드를 사용합니다.

앞에서 살펴본 Date, Array 객체는 예약어 new로 객체의 인스턴스를 만든 후에 프로그램에서 사용했지만, Math 객체는 따로 인스턴스를 만들지 않고 프로퍼티와 메서드를 사용합니다.

기본형   Math.프로퍼티명
           Math.메서드명

지금부터 Math 객체의 프로퍼티와 메서드를 알아보겠습니다.

Math 객체의 프로퍼티

Math 객체에서 자주 사용하는 프로퍼티를 표로 정리했습니다. Math 객체의 프로퍼티는 항상 정해진 값이 있습니다.

자주 사용하는 Math 객체의 프로퍼티

프로퍼티	설명
E	오일러 상수
PI	원주율(π) (약 3.1415926535897793의 값)
SQRT2	$\sqrt{2}$(약 1.4142135623730951의 값)
SQRT1_2	$1/\sqrt{2}$(약 0.7071067811865476의 값)
LN2	$\log_e 2$(약 0.6931471805599453의 값)
LN10	$\log_e 10$(약 2.302585092994046의 값)
LOG2E	$\log_2 e$(약 1.4426950408889634의 값)
LOG10E	$\log_{10} e$(약 0.4342944819032518의 값)

Math 객체의 메서드

Math 객체의 메서드는 주로 수학과 관련된 함수의 결괏값을 반환합니다. 수학 관련 메서드는 수학 지식을 어느 정도 갖춰야 편리하게 사용할 수 있겠죠? Math 객체에서 사용하는 메서드를 표로 정리했습니다.

자주 사용하는 Math 객체의 메서드

메서드	설명
abs()	절댓값을 반환합니다.
acos()	아크 코사인(arc cosine)값을 반환합니다.
asin()	아크 사인(arc sine)값을 반환합니다.
atan()	아크 탄젠트(arc tangent)값을 반환합니다.
atan2()	아크 탄젠트(arc tangent)값을 반환합니다.
ceil()	매개변수의 소수점 이하 부분을 올립니다.
cos()	코사인(cosine)값을 반환합니다.
exp()	지수 함수를 나타냅니다.

표 계속 ▶

floor()	매개변수의 소수점 이하 부분을 버립니다.
log()	매개변수의 로그(log)값을 반환합니다.
max()	매개변수 중 최댓값을 반환합니다.
min()	매개변수 중 최솟값을 반환합니다.
pow()	매개변수의 지숫값을 반환합니다.
random()	0과 1 사이의 무작위 수를 반환합니다.
round()	매개변수의 소수점 이하 부분을 반올림합니다.
sin()	사인(sine)값을 반환합니다.
sqrt()	매개변수의 제곱근을 반환합니다.
tan()	탄젠트(tangent)값을 반환합니다.

TIP Math 객체의 메서드는 developer.mozilla.org/ko/docs/Web/JavaScript/Reference/Global_Objects/Math 사이트에서 확인할 수 있습니다.

Do it! 실습 ▶ 이벤트 당첨자 뽑기 프로그램

[준비] 18\event.html   [결과 비교] 18\results\event.html

전체 응모자가 몇 명인지 입력하면 번호를 무작위로 골라 당첨자 1명을 뽑는 자바스크립트 프로그램을 만들려고 합니다. 무작위 번호는 Math 객체의 random() 메서드를 사용하면 간단히 구할 수 있습니다.

1단계 random() 메서드 알아보기

먼저 random() 메서드가 무엇인지 알아야 프로그램에 적용할 수 있겠죠? 웹 브라우저에서 Ctrl + Shift + J 를 눌러 콘솔 창을 열고 다음과 같이 입력해 보세요.

```
Math.random()
```

다음 그림처럼 0~1 사이에서 무작위 숫자가 출력됩니다. Math.random()을 반복해서 입력할 때마다 다른 숫자가 나오는 것을 알 수 있습니다.

TIP 콘솔 창에서 ↑ 키를 누르면 이전에 입력한 명령을 자동으로 입력해 주므로 Enter 만 누르면 됩니다.

JavaScript

2단계 1~100 사이에서 무작위 수 출력하기

이번에는 1~100 사이에서 무작위로 숫자를 출력해 보겠습니다. 1단계에서 알 수 있듯이 `Math.random()` 메서드를 실행한 값에 100을 곱하면 대략 0.000~99.999 사이의 값이 될 것입니다. 이 계산값에 1을 더해 줍니다.

콘솔 창에 다음과 같이 작성해서 실행 결과를 확인해 봅시다.

```
Math.random() * 100 + 1
```

3단계 소수점 이하의 수는 버리고 출력하기

무작위 수를 정수로만 나타내려면 소수점 이하를 올림, 버림 또는 반올림하면 됩니다. 이때 올림이나 반올림을 하면 100이 넘을 수도 있으므로 소수점 이하를 버리는 방법을 사용합니다. `Math` 객체에서 소수점 이하를 버리는 메서드는 `floor()`입니다.

콘솔 창에 다음과 같이 입력하고 결과를 확인해 볼까요?

```
Math.floor(Math.random() * 100 + 1)
```

같은 명령을 여러 번 입력하면서 무작위 수가 제대로 나오는지 확인해 보세요. `Math` 객체의 `random()` 메서드를 사용해 무작위 수를 만드는 방법을 알았으니 이제 자바스크립트 코드를 작성해 보겠습니다.

```
> Math.floor(Math.random() * 100 + 1)
< 78
> Math.floor(Math.random() * 100 + 1)
< 27
> Math.floor(Math.random() * 100 + 1)
< 34
> Math.floor(Math.random() * 100 + 1)
< 10
> |
```

4단계 자바스크립트 코드 작성하고 결과 확인하기

VS Code에서 18\event.html 문서를 엽니다. 다음 코드를 `</body>` 태그 앞에 추가하고 저장합니다. 생각보다 무척 간단하죠?

```
<script>
  let seed = prompt("전체 응모자 수 : ","");
  let picked = Math.floor((Math.random() * seed) + 1);

  document.write(`<p>전체 응모자 수: ${seed}명</p>`);
  document.write(`<p>당첨자: ${picked}번</p>`);
</script>
```

웹 브라우저에서 결과를 확인해 보세요. 전체 응모자 수를 입력하면 그 범위 안에서 무작위로 번호 1개를 뽑아서 당첨자로 보여 줍니다.

TIP 당첨자를 여러 명 뽑는 프로그램을 작성하고 싶다면 18\event-2.html을 참고하세요.

18-3 브라우저와 관련된 객체

자바스크립트를 사용하면 특정한 사이트로 이동하거나 새 탭을 여는 등 웹 브라우저와 관련된 여러 가지 효과를 만들 수 있습니다. 이런 작업이 가능한 이유는 자바스크립트 내에 웹 브라우저와 관련된 여러 객체가 미리 정의되어 있기 때문입니다. 지금부터 웹 브라우저와 관련된 객체를 하나씩 살펴보겠습니다.

브라우저와 관련된 객체 알아보기

웹 브라우저 창에 문서가 표시되는 순간 사용자는 눈치 채지 못하지만 브라우저는 HTML 코드를 한 줄씩 읽으면서 화면에 내용을 표시하고 관련된 객체를 만들어 냅니다.

웹 브라우저가 열리면 가장 먼저 window라는 객체가 만들어지고 그 밑으로 하위 요소에 해당하는 객체들이 나타납니다. 이 하위 객체는 웹 문서와 주소 표시줄처럼 브라우저 요소에 해당하며 그 밑에 각각 다른 하위 객체가 있습니다.

이렇게 만들어진 자바스크립트의 객체는 다음 그림과 같은 계층 구조를 보입니다. 예를 들어 window의 하위 객체는 document, history 등으로 나뉘고, 다시 document의 하위 객체는 area, image 등으로 구분됩니다.

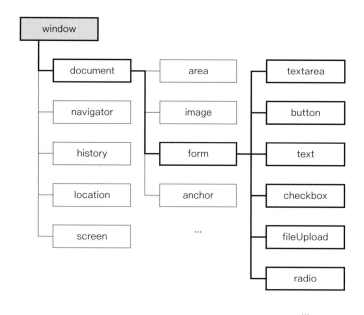

자바스크립트 객체의 계층 구조

주로 사용하는 내장 객체를 표로 정리했습니다. 지금부터 브라우저와 관련된 객체를 하나하나 소개하겠습니다.

TIP document 객체는 19장에서 자세히 설명합니다.

자바스크립트의 내장 객체

종류	설명
window	브라우저 창이 열릴 때마다 하나씩 만들어집니다. 브라우저 창 안의 요소 중에서 최상위에 있습니다.
document	웹 문서마다 하나씩 있으며 `<body>` 태그를 만나면 만들어집니다. HTML 문서의 정보가 담겨 있습니다.
navigator	현재 사용하는 브라우저의 정보가 들어 있습니다.
history	현재 창에서 사용자의 방문 기록을 저장합니다.
location	현재 페이지의 URL 정보가 담겨 있습니다.
screen	현재 사용하는 화면 정보를 다룹니다.

window 객체의 프로퍼티

window 객체는 웹 브라우저의 상태를 제어하며 자바스크립트의 최상위에 있죠. 그래서 자바스크립트의 모든 객체는 window 객체 안에 포함됩니다. 먼저 window 객체의 프로퍼티를 알아보겠습니다.

window 객체의 프로퍼티는 주로 웹 브라우저 창의 정보를 가져오거나 값을 바꿀 때 사용합니다. 프로퍼티를 사용하려면 window.fullScreen처럼 프로퍼티 이름 앞에 window.를 붙입니다. window 객체의 프로퍼티 중에서 자주 사용하면서도 모든 브라우저에서 호환되는 것을 표로 정리했습니다.

TIP window 객체의 다양한 프로퍼티와 브라우저 호환 여부는 developer.mozilla.org/ko/docs/Web/API/Window를 참고하세요.

자주 사용하는 window 객체의 프로퍼티

종류	설명
document	브라우저 창에 표시된 웹 문서에 접근할 수 있습니다.
frameElement	현재 창이 다른 요소 안에 포함되어 있을 경우 그 요소를 반환하고, 반대로 포함되어 있지 않으면 null을 반환합니다.
innerHeight	내용 영역의 높이를 나타냅니다.
innerWidth	내용 영역의 너비를 나타냅니다.
localStorage	웹 브라우저에서 데이터를 저장하는 로컬 스토리지를 반환합니다.

표 계속▶

JavaScript

location	window 객체의 위치 또는 현재 URL을 나타냅니다.
name	브라우저 창의 이름을 가져오거나 수정합니다.
outerHeight	브라우저 창의 바깥 높이를 나타냅니다.
outerWidth	브라우저 창의 바깥 너비를 나타냅니다.
pageXOffset	스크롤했을 때 수평으로 이동하는 픽셀 수를 나타내며 scrollX와 같습니다.
pageYOffset	스크롤했을 때 수직으로 이동하는 픽셀 수를 나타내며 scrollY와 같습니다.
parent	현재 창이나 서브 프레임의 부모입니다.
screenX	브라우저 창의 왼쪽 테두리가 모니터 왼쪽 테두리에서 떨어져 있는 거리를 나타냅니다.
screenY	브라우저 창의 위쪽 테두리가 모니터 위쪽 테두리에서 떨어져 있는 거리를 나타냅니다.
scrollX	스크롤했을 때 수평으로 이동하는 픽셀 수를 나타냅니다.
scrollY	스크롤했을 때 수직으로 이동하는 픽셀 수를 나타냅니다.
sessionStorage	웹 브라우저에서 데이터를 저장하는 세션 스토리지를 반환합니다.

window 객체의 메서드

window 객체의 메서드는 대화 창을 표시하거나 브라우저 창의 크기나 위치를 알아내고 지정하는 등 웹 브라우저 창 자체와 관련됩니다.

우리가 앞에서 사용한 alert() 문이나 prompt() 문은 window 객체의 메서드이므로 원래는 window.alert()라고 해야 합니다. 하지만 window 객체는 기본 객체이므로 window.를 생략하고 alert()만 사용할 수 있습니다. 마찬가지로 window 객체의 다른 메서드에서도 window.를 생략하여 사용할 수 있습니다.

window 객체에서 자주 사용하는 메서드를 표로 간단히 정리했습니다.

자주 사용하는 window 객체의 메서드

종류	설명
alert()	알림 창을 표시합니다.
blur()	현재 창에서 포커스를 제거합니다.
close()	현재 창을 닫습니다.
confirm()	[확인], [취소] 버튼이 있는 확인 창을 표시합니다.
focus()	현재 창에 포커스를 부여합니다.
moveBy()	현재 창을 지정한 크기만큼 이동합니다.

표 계속 ▶

moveTo()	현재 창을 지정한 좌표로 이동합니다.
open()	새로운 창을 엽니다.
postMessage()	메시지를 다른 창으로 전달합니다.
print()	현재 문서를 인쇄합니다.
prompt()	프롬프트 창에 입력한 텍스트를 반환합니다.
resizeBy()	현재 창의 크기를 지정한 크기만큼 조절합니다.
resizeTo()	브라우저 창의 크기를 동적으로 조절합니다.
scroll()	문서에서 특정 위치로 스크롤합니다.
scrollBy()	지정한 크기만큼씩 스크롤합니다.
scrollTo()	지정한 위치까지 스크롤합니다.
sizeToContent()	창의 크기를 내용에 맞게 맞춥니다.
stop()	로딩을 중지합니다.

새 브라우저 창을 여는 open() 메서드

링크를 클릭하거나 웹 문서를 열 때 새 창이 자동으로 뜨게 하려면 window.open() 메서드를 사용합니다. window.open() 메서드는 주로 홈페이지의 팝업 창을 띄울 때 사용합니다. 팝업 창은 홈페이지의 이벤트, 공지 사항을 전하거나 쇼핑몰에서 상품 정보를 크게 보여 주는 역할을 하죠. 새 브라우저에서 열 웹 문서는 미리 만들어 두었다가 다음과 같이 작성하면 됩니다.

기본형   window.open(경로, 창 이름, 창 옵션)
                          ❶   ❷   ❸

❶ **경로**: 팝업 창에 표시할 문서나 사이트의 경로(주소)를 나타냅니다.
❷ **창 이름**: 팝업 창의 이름을 지정하면 항상 이 창에 팝업 내용이 나타나도록 할 수 있습니다. 이름을 지정하지 않으면 팝업 창이 계속 새로 나타납니다.
❸ **창 옵션**: left, top 속성을 사용해 위치를 정하거나 width, height 속성을 사용해 크기를 지정할 수 있습니다. 위치를 지정하지 않으면 팝업 창은 화면의 맨 왼쪽 위에 나타납니다.

다음은 너비 500px, 높이 400px인 팝업 창을 여는 예제입니다. 브라우저에서 웹 문서를 열 자마자 팝업 창이 화면 맨 왼쪽 위에 나타납니다. 팝업 창으로 사용할 웹 문서는 18\notice. html에 미리 작성해 두었습니다.

웹 브라우저에 팝업 창을 표시한 결과

창 이름 지정하기

앞에서 작성한 18\popup.html 파일을 열고 웹 브라우저 화면의 왼쪽 상단에서 새로 고침 아이콘(↻)을 몇 번 눌러 보세요. 새로운 팝업 창이 계속해서 열리는 문제가 생깁니다. 간혹 어떤 사이트에서 새로 고침을 하면 똑같은 팝업 창이 여러 번 나타나서 귀찮았던 적이 있을 것입니다. 팝업 창의 이름을 지정하면 이런 문제를 해결할 수 있습니다.

팝업 창 위치 지정하기

open() 메서드로 팝업 창을 표시하면 기본 위치는 화면의 왼쪽 위 구석에 나타납니다. 팝업 창의 위치는 open() 메서드의 left와 top 속성으로 지정할 수 있습니다. left 속성은 화면의 왼쪽을 기준으로 하고, top 속성은 화면의 위쪽을 기준으로 해서 팝업 창을 얼마나 떨어뜨릴지 지정합니다. 브라우저 창의 위치와 상관없이 화면을 기준으로 한다는 점을 기억하세요.

다음 예제는 화면의 왼쪽에서 100px, 위쪽에서 200px 떨어진 위치에 팝업 창을 표시합니다.

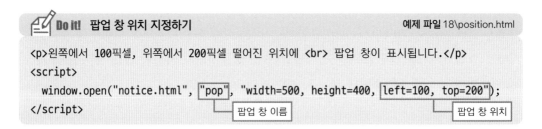

팝업 창의 위치를 지정한 결과

팝업 차단 고려하기

대부분의 팝업 창에서는 사용자에게 광고나 정보를 강제로 전달합니다. 따라서 최신 웹 브라우저에서는 팝업 창이 열리지 않도록 하는 것을 기본으로 설정하는 경우가 많습니다. 또한 보안 프로그램이나 관련 유틸리티를 설치하면 웹 브라우저의 팝업이 자동으로 차단되기도 하죠. 이런 경우 사용자는 웹 브라우저의 팝업 창이 자동으로 차단된 사실을 모를 수도 있습니다. 그래서 사이트의 공지와 같은 중요한 내용을 팝업 창으로 보여 주어야 한다면 팝업 차단된 상태인지 체크하여 사용자에게 알려 주는 것이 좋습니다.

팝업 창을 자동으로 차단한 웹 브라우저

다음은 팝업 창을 여는 openPop() 함수에서 웹 브라우저의 차단 여부를 확인하는 예제입니다. 웹 브라우저에서 팝업을 차단하면 window.open()은 null을 반환합니다. 따라서 window.open() 메서드를 실행한 후 반환값을 체크하면 팝업이 차단되었는지 알아낼 수 있습니다. openPopup() 함수는 문서를 불러오자마자 실행해야 하므로 <body> 태그에서 load 이벤트가 발생했을 때 실행하도록 해야 합니다.

```
<body onload="openPopup()">
  <p>문서를 열면 팝업 창이 표시됩니다</p>

  <script>
    let blocked = false;
    function openPopup() {
      let newWin = window.open('notice.html', 'pop', 'width=500, height=400');
      if (newWin == null) {
        alert("팝업이 차단되어 있습니다. 팝업 차단을 해제해 주세요.")
      }
    }
  </script>
</body>
```

웹 브라우저의 팝업이 차단된 상태에서 예제 파일을 열어 보세요. 이제 그림과 같이 팝업이
차단되었다는 알림 창을 사용자에게 보여 줄 수 있습니다.

팝업이 차단된 브라우저에 알림 창을 표시한 결과

팝업 차단을 해제하려면 다음 그림과 같이 주소 표시줄에 있는 팝업 차단 표시 아이콘을 클릭
해 보세요. [···에서 팝업 및 리디렉션을 항상 허용]을 선택하고 [완료]를 클릭하면 사용자가
팝업 창을 확인할 수 있습니다.

브라우저의 팝업 차단을 해제한 결과

브라우저 창을 닫는 close( ) 메서드

일반적으로 팝업 창 내용을 모두 살펴본 후에 창을 닫을 수 있도록 화면 아래쪽에 [닫기] 버튼을 두는 경우가 많습니다. 팝업 창을 여는 메서드가 open()이라면 닫는 메서드는 close()입니다.

기본형 `window.close()`

다음은 간단히 버튼 태그에 `window.close()` 메서드를 연결한 예제입니다.

Do it! 버튼을 사용해 팝업 창 닫기   예제 파일 18\notice.html

```
<button onclick="javascript:window.close();">닫기</button>
```

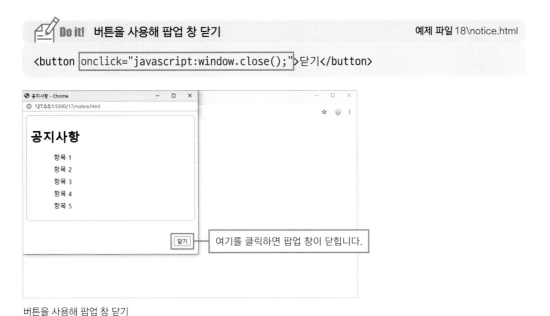

버튼을 사용해 팝업 창 닫기

알아 두면 좋아요!   요즘 팝업 창은 레이어로 만듭니다

`window.open( )` 메서드를 사용하면 새로운 브라우저 창을 열 수 있고, 창 안에 공지 사항이나 이벤트 내용을 표시할 수 있습니다. 하지만 이 방법은 웹 브라우저 창의 형태 그대로이므로 트렌드를 반영한 사이트 디자인과 동떨어질 수 있다는 단점이 있죠.

그래서 사이트의 디자인과 일관성을 유지하기 위해 최근에는 팝업 창을 새로운 방식으로 표시합니다. 다음 소개하는 두 사이트에서는 팝업 창의 형태가 브라우저 창이 아니라 문서의 일부처럼 보입니다. 이 팝업 창은 `<div>` 태그를 사용해서 만듭니다. 레이어 방식을 이용해서 기존 사이트 위에 팝업 창을 겹쳐 놓은 것입니다.

레이어 방식으로 만든 팝업 창

이 팝업 창은 자바스크립트의 Document 객체를 사용하여 만들 수 있습니다. 앞으로 19장의 '문서 객체 모델(DOM) 다루기'에서 배울 내용이죠. 일단 여기에서는 팝업 창을 만드는 방법은 window.open() 외에 더 있다는 정도만 알아 두세요.

navigator 객체

navigator 객체에는 웹 브라우저의 버전을 비롯해 플러그인 설치 정보나 온·오프라인 등의 여러 정보가 담겨 있습니다. 이 정보는 사용자가 수정할 수 없으며 가져와서 보여 줄 수만 있습니다.

userAgent 프로퍼티 알아보기

navigator 객체에서 가장 먼저 알아야 할 프로퍼티는 userAgent로 사용자 에이전트 문자열을 의미합니다. userAgent는 사용자의 웹 브라우저 정보를 서버에 보낼 때 사용하죠.
userAgent에는 사용자의 웹 브라우저 버전, 자바스크립트의 엔진 종류 등 여러 정보가 들어 있습니다. 따라서 서버에서는 그 정보를 확인하여 사용자에게 맞는 웹 페이지를 보여 줄 수 있습니다.
우리가 주로 사용하는 크롬, 엣지, 파이어폭스 브라우저의 사용자 에이전트 문자열은 다음과 같습니다.

```
// 크롬 userAgent
"Mozilla/5.0 (Windows NT 10.0; Win64; x64) AppleWebKit/537.36 (KHTML, like Gecko)
Chrome/81.0.4044.138 Safari/537.36"
```

```
// 엣지 userAgent
"Mozilla/5.0 (Windows NT 10.0; Win64; x64) AppleWebKit/537.36 (KHTML, like Gecko)
Chrome/81.0.4044.138 Safari/537.36 Edg/81.0.416.72"

// 파이어폭스 userAgent
"Mozilla/5.0 (Windows NT 10.0; Win64; x64; rv:76.0) Gecko/20100101 Firefox/76.0"
```

> **알아 두면 좋아요! 왜 모두 Mozilla로 시작하나요?**
>
> 앞에서 제시한 크롬, 엣지, 파이어폭스 브라우저의 사용자 에이전트 문자열을 보면 Mozilla라는 예약어로
> 시작합니다. 그 이유는 인터넷 초창기에 넷스케이프 내비게이터 웹 브라우저를 많이 사용했기 때문인데요.
> 이후에 나온 브라우저는 넷스케이프 사용자 에이전트 문자열과 호환하기 위해 넷스케이프 내비게이터에서
> 사용하는 Mozilla라는 키워드를 사용했습니다.

사용자 에이전트 문자열에는 여러 가지 의미가 들어 있는데, 이를 표로 정리했습니다.

TIP 다음 표에서 x는 문자열에 따라 다르게 사용하는 버전이나 빌드 번호를 의미합니다.

사용자 에이전트 문자열의 종류와 의미

에이전트 문자열	설명
Mozilla/x.x	모질라 버전을 나타냅니다
Windows NT x.x	브라우저를 실행하는 컴퓨터 운영체제를 나타냅니다.
Win64; x64	윈도우 64비트에 기반합니다.
WOW64	윈도우 64비트에 기반합니다.
Trident/x.x	트라이덴트 엔진 버전을 나타냅니다.
rv: x.x	브라우저 버전을 나타냅니다.
AppleWebKit/x.x	웹킷 엔진의 빌드 번호를 나타냅니다.
KHTML	오픈코드 렌더링 엔진인 KHTML을 의미합니다.
like Gecko	게코에 기반한 다른 브라우저와 호환합니다.
Firefox/x.x	파이어폭스 브라우저 버전을 나타냅니다.
Chrome/x.x	크롬 버전을 나타냅니다.
Safari/x.x	사파리 브라우저의 빌드 번호를 나타냅니다.

JavaScript

navigator 객체 정보 살펴보기

크롬 브라우저에서 [Ctrl]+[Shift]+[J]를 눌러 콘솔 창을 열고 **navigator**를 입력한 후 [Enter]를 눌러 보세요. 그리고 **navigator** 왼쪽에 있는 ▶를 클릭하면 다음 그림과 같이 **navigator** 객체의 모든 정보를 한눈에 볼 수 있습니다.

콘솔 창에서 navigator 객체 정보 확인하기

사용할 수 있는 브라우저가 많아지고 웹 애플리케이션이 등장하면서 **navigator** 객체에는 진동 감지 속성이나 배터리 상태를 체크하는 속성 등이 새롭게 추가되고 있습니다.

TIP 일부 브라우저에서만 지원하는 프로퍼티는 다루지 않았습니다.

navigator 객체의 주요 프로퍼티

프로퍼티	설명
battery	배터리 충전 상태를 알려 줍니다.
cookieEnabled	쿠키 정보를 무시하면 false, 허용하면 true를 반환합니다.
geolocation	모바일 기기를 이용한 위치 정보를 나타냅니다.
language	브라우저 UI의 언어 정보를 나타냅니다.
oscpu	현재 운영체제 정보를 나타냅니다.
userAgent	현재 브라우저 정보를 담고 있는 사용자 에이전트 문자열입니다.

navigator의 전체 프로퍼티와 메서드 목록을 보려면 다음 웹 사이트를 참고하세요. 특히 ⚗ 아이콘이 표시된 항목은 일부 브라우저에서만 지원한다는 뜻입니다.

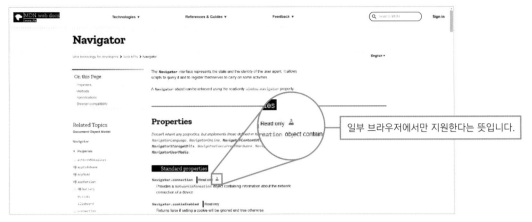

navigator 객체의 메서드와 프로퍼티 참고 사이트(developer.mozilla.org/en-US/docs/Web/API/Navigator)

history 객체

history 객체에는 브라우저에서 [뒤로]나 [앞으로] 또는 주소 표시줄에 입력해서 방문한 사이트 주소가 배열 형태로 저장됩니다. 즉, history 객체에는 방문한 URL 정보가 저장되므로 메서드는 방문한 URL을 앞뒤로 이동하며 페이지를 불러옵니다. 브라우저 히스토리는 보안 문제 때문에 읽기 전용입니다.

history 객체의 프로퍼티와 메서드

구분		설명
프로퍼티	length	현재 브라우저 창의 history 목록에 있는 항목의 개수, 즉 방문한 사이트 개수가 저장됩니다.
메서드	back()	history 목록에서 이전 페이지를 현재 화면으로 불러옵니다
	forward()	history 목록에서 다음 페이지를 현재 화면으로 불러옵니다
	go()	history 목록에서 현재 페이지를 기준으로 상대적인 위치에 있는 페이지를 현재 화면으로 불러옵니다. 예를 들어 history.go(1)은 다음 페이지를 가져오고, history.go(-1)은 이전 페이지를 불러옵니다.

location 객체

location 객체는 이름에서도 알 수 있듯이 브라우저의 주소 표시줄과 관련됩니다. 즉, location 객체에는 현재 문서의 URL 주소 정보가 들어 있는데 이 정보를 편집하면 현재 브라우저 창에서 열어야 할 사이트나 문서를 지정할 수 있습니다.

location 객체의 메서드는 브라우저의 [새로 고침]과 같은 역할을 하는 reload() 메서드와 현재 창에 다른 문서나 사이트를 보여 주는 replace() 메서드가 매우 유용합니다.

location 객체의 프로퍼티와 메서드

구분		설명
프로퍼티	hash	URL 중에서 #로 시작하는 해시 부분의 정보를 담고 있습니다.
	host	URL의 호스트 이름과 포트 번호를 담고 있습니다.
	hostname	URL의 호스트 이름이 저장됩니다.
	href	전체 URL입니다. 이 값을 변경하면 해당 주소로 이동할 수 있습니다.
	pathname	URL 경로가 저장됩니다.
	port	URL의 포트 번호를 담고 있습니다.
	protocol	URL의 프로토콜을 저장합니다.
	password	도메인 이름 앞에 username과 password를 함께 입력해서 접속하는 사이트의 URL일 경우에 password 정보를 저장합니다.
	search	URL 중에서 ?로 시작하는 검색 내용을 저장합니다.
	username	도메인 이름 앞에 username을 함께 입력해서 접속하는 사이트의 URL일 경우에 username 정보를 저장합니다.
메서드	assign()	현재 문서에 새 문서 주소를 할당해서 새 문서를 가져옵니다.
	reload()	현재 문서를 다시 불러옵니다.
	replace()	현재 문서의 URL을 지우고 다른 URL의 문서로 교체합니다.
	toString()	현재 문서의 URL을 문자열로 반환합니다.

다음 예제는 location 객체의 일부 프로퍼티를 가져와 보여 줍니다. 그리고 버튼을 클릭하면 replace() 메서드를 이용해 이지스퍼블리싱 홈페이지로 이동합니다. [이지스퍼블리싱 홈페이지로 이동하기]를 클릭하면 현재 문서의 주소 자리에 이지스퍼블리싱의 사이트 주소가 들어가면서 홈페이지로 이동합니다. 현재 문서의 주소가 새로운 주소로 대체되므로 브라우저 창의 [뒤로] 버튼이 활성화되지 않습니다.

Do it! 현재 사이트에서 뒤로 가기 막기

예제 파일 18\location.html

```
<div id="display">
  <script>
    document.write(`<p><b>location.href: </b>${location.href}</p>`);
    document.write(`<p><b>location.host: </b>${location.host}</p>`);
    document.write(`<p><b>location.protocol: </b>${location.protocol}</p>`);
  </script>
</div>
<button onclick="location.replace('http://www.easyspub.com')">이지스퍼블리싱 홈페이지
로 이동하기</button>
```

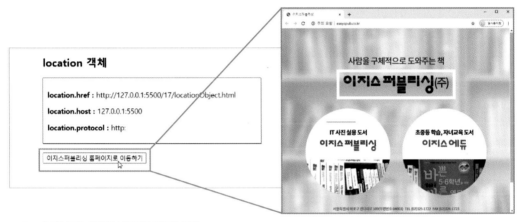

replace() 메서드를 이용해 사이트를 이동한 결과

screen 객체

웹 사이트에 접속하는 사용자의 화면 크기는 모두 다르므로 사용자의 화면 크기나 정보를 알
아낼 때 screen 객체를 사용합니다. screen 객체에서 사용하는 메서드는 화면 방향을 잠그거
나 잠근 화면의 방향을 해제하는 역할을 합니다. 이 2가지 메서드는 풀 스크린 상태일 때나 방
향 전환을 할 수 있는 앱에서 사용합니다.

TIP 여기에서 '화면'은 PC 모니터나 모바일 기기의 화면 자체를 가리킵니다.

TIP 기존에 사용하던 screen.top이나 screen.left, screen.availTop, screen.availLeft 프로퍼티는 표준에서 제외됐습니다.

screen 객체의 프로퍼티와 메서드

구분		설명
프로퍼티	availHeight	UI 영역(예를 들어 윈도우의 작업 표시줄이나 맥의 독)을 제외한 영역의 높이를 나타냅니다.
	availWidth	UI 영역을 제외한 내용 표시 영역의 너비를 나타냅니다.
	colorDepth	화면에서 픽셀을 렌더링할 때 사용하는 색상 수를 나타냅니다.
	height	UI 영역을 포함한 화면의 높이를 나타냅니다.
	orientation	화면의 현재 방향을 나타냅니다.
	pixelDepth	화면에서 픽셀을 렌더링할 때 사용하는 비트 수를 나타냅니다.
	width	UI 영역을 포함한 화면의 너비를 나타냅니다.
메서드	lockOrientation()	화면 방향을 잠급니다.
	unlockOrientation()	화면 방향 잠금을 해제합니다.

다음은 screen 객체를 사용해서 화면의 너비와 높이를 알아보는 예제입니다.

Do it! screen 객체로 화면의 너비와 높이 알아내기　　　　　예제 파일 18\screen.html

```
<script>
  document.write(`<p><b>screen.availWidth: </b>${screen.availWidth}</p>`);
  document.write(`<p><b>screen.availHeight: </b>${screen.availHeight}</p>`);
  document.write(`<p><b>screen.width: </b>${screen.width}</p>`);
  document.write(`<p><b>screen.height: </b>${screen.height}</p>`);
</script>
```

screen 객체로 화면의 너비와 높이 알아내기

Do it! 실습 ▶ 팝업 창을 화면 가운데에 표시하기

[준비] 18\center.html   **[결과 비교]** 18\result\center-result.html

팝업 창의 기본 위치는 화면의 왼쪽 위이므로 화면 가운데에 배치하려면 위치를 계산해야 합니다. 웹 브라우저에서 18\center.html 문서를 열어 보면 팝업 창이 화면 왼쪽 위 가장자리에 붙은 채로 나타납니다. 자바스크립트를 사용해서 팝업 창을 화면 가운데로 옮겨 보겠습니다.

TIP 데스크톱 모니터를 2개 이상 사용할 경우에는 주 모니터를 기준으로 화면 중앙에 표시합니다.

1단계 화면 크기 계산하기

우선 화면 크기를 계산해 보겠습니다. 계산하기 쉽도록 화면의 너비는 1000px이고 높이는 600px이라고 가정해 보죠. 그리고 팝업 창은 너비가 500px, 높이가 400px이라고 합시다. 화면의 너비에서 팝업 창의 너비를 빼면 500px입니다. 이 값을 반으로 나누어 250px만큼 왼쪽에서 띄우면 팝업 창은 가로 중간에 놓입니다. 화면 높이도 팝업 창의 높이를 뺀 후 반으로 나누면 되겠죠? 화면 크기는 `screen.width`와 `screen.height` 프로퍼티를 사용할 수도 있고, `screen.availWidth`와 `screen.availHeight` 프로퍼티를 사용해도 됩니다.

이제 코드를 수정해 보겠습니다.

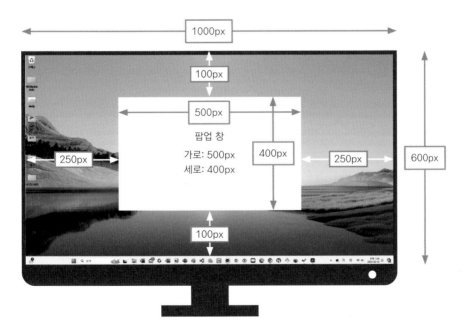

2단계 center.html 파일 수정하기

VS Code에서 18\center.html 문서를 열고 스크립트 코드 부분을 다음과 같이 수정합니다. 화면의 너비(availWidth)에서 팝업 창의 너비(width)를 뺀 후 2로 나눈 값이 팝업 창의 왼쪽 좌표가 되고, 화면의 높이(availHiehgt)에서 팝업 창의 높이(height)를 뺀 후 2로 나눈 값이 팝업 창의 위쪽 좌표가 됩니다.

그리고 팝업 창의 옵션값이 길어서 opt라는 변수를 사용해 옵션 문자열을 따로 저장하여 window .open() 메서드에 넣어 주었습니다.

```
수정 전
<script>
  window.open('notice.html', 'pop', 'width=500, height=400');
</script>
```

⬇

```
수정 후
<script>
function openCenter(doc, win, width, height){
  let left = (screen.availWidth - width) / 2;     // 팝업 창의 왼쪽 좌표
  let top = (screen.availHeight - height) / 2;    // 팝업 창의 위쪽 좌표
  let opt = `left=${left}, top=${top}, width=${width}, height=${height}`;
  window.open(doc, win, opt);
}
openCenter('notice.html', 'pop', 500, 400)
</script>
```

수정한 파일을 저장하고 웹 브라우저에서 결과를 확인해 보세요. 다음 그림과 같이 팝업 창이 화면 가운데에 표시됩니다.

TIP▶ 여기에서는 웹 브라우저 창이 아닌 화면의 너비와 높이를 기준으로 맞추었으므로 웹 브라우저가 최대 화면 상태이어야 팝업 창이 보기 좋은 상태로 나타납니다.

<table>
</table>

확인! 🔍

모르겠다면?		알겠다면!
← 589쪽	자바스크립트의 내장 객체와 DOM, 사용자 정의 객체를 구분할 수 있나요?	☑
← 593쪽	Array 객체의 다양한 메서드를 활용해 배열과 배열 요소를 제어할 수 있나요?	☐
← 601쪽	Date 객체의 다양한 메서드를 활용해 날짜와 시간을 제어할 수 있나요?	☐
← 607쪽	Math 객체의 random() 메서드를 활용해 숫자를 무작위로 추출할 수 있나요?	☐
← 611쪽	Window 객체의 프로퍼티와 메서드를 활용해 웹 화면이나 팝업 창을 제어할 수 있나요?	☐

1 Date 객체를 사용하여 현재 날짜와 시간을 가져올 때 사용하는 코드는 무엇인가요?

① new Date();

② Date.now();

③ Date.getCurrent();

2 `Math.random()` 함수의 반환값은 무엇인가요?

① 0 이상 10 미만인 랜덤 수

② 0 이상 1 미만인 랜덤 수

③ 1 이상 10 미만인 랜덤 수

3 배열 안의 요소를 문자열로 변환하는 메서드는 무엇인가요?

① join()

② concat()

③ pop()

4 화면의 너비를 나타내는 속성은 (① screen.width / ② window.width) 입니다.

5 다음 코드를 실행했을 때 chars 배열과 popped 배열에는 어떤 값이 담기나요?

```
let chars = ['a', 'b', 'c', 'd'];
let popped = chars.pop();
```

① chars ['a', 'b', 'c', 'd'], popped ['a']

② chars ['a', 'b', 'c'], popped ['a']

③ chars ['a', 'b', 'c'], popped ['d']

6 다음 [완성 화면]처럼 현재 시각을 브라우저에 표시하는 프로그램을 작성하려고 합니다. 다음 [조건]을 참고하여 비어 있는 칸에 코드를 채워서 완성하세요.

완성 화면	문제 파일 18\quiz-1.html

현재 시각 **오후 2:48:37**

```
<p>현재 시각 <span id="current" class="display"></span></p>
<script>
  setInterval(displayNow, 1000);   // 1초마다 시간 계산 함수 실행

  function displayNow() {          // 시간 계산 함수
    ┌─────────────────────────────────────────┐
    └─────────────────────────────────────────┘

    ┌─────────────────────────────────────────┐
    └─────────────────────────────────────────┘

    document.querySelector("#current").innerHTML = currentTime;
    // 현재 시간 표시
  }
</script>
```

> 🗨 조건

1. 날짜, 시간 정보가 들어 있는 Date 객체의 인스턴스를 만들어 변수로 저장합니다.

2. Date 객체의 메서드 중에서 지역 시간 정보를 알려 주는 메서드를 실행해서 currentTime 변수에 저장합니다.

7 다음 [완성 화면]처럼 [현재 시간 보기] 버튼을 클릭하면 현재 시간이 있는 18\current. html 파일을 팝업 창으로 나타나게 만들어 보세요. 이때 팝업 창의 너비는 400px, 높이는 200px이고 브라우저의 한가운데에 표시되게 하세요.

완성 화면	문제 파일 18\quiz-2.html

💬 조건

1. 화면의 너빗값에서 팝업 창의 너빗값(400px)을 빼고 2로 나누면, 팝업 창이 시작할 가로 좌푯값 (left)을 만들 수 있습니다.

2. 마찬가지로 화면의 높잇값에서 팝업 창의 높잇값(200px)을 빼고 2로 나누면, 팝업 창이 시작할 세로 좌푯값(top)이 됩니다.

3. 이렇게 만들어진 팝업 창의 좌푯값(left, top)과 팝업 창의 크기 width, height를 하나의 문자열로 저장합니다.

4. window.open() 메서드를 실행하여 팝업 창을 보여 줍니다.

5. <button>에서 click 이벤트가 발생하면 방금 작성한 함수가 실행되도록 연결합니다.

정답: 1. ① 2. ② 3. ① 4. ① 5. ③ 6. ※18\sol-1.html 참고 7. ※18\sol-2.html 참고

19

문서 객체 모델(DOM) 다루기

자바스크립트는 웹 문서와 그 안에서 사용한 텍스트, 이미지, 표 등의 모든 요소를 각각 다른 객체로 인지하여 처리하죠. 이렇게 자바스크립트에서 웹 문서의 객체를 다루는 시스템을 '문서 객체 모델'이라고 합니다. 이 장에서는 문서객체 모델이 무엇인지, 자바스크립트에서 문서 객체 모델을 다룬다는 것은 무슨 뜻인지 자세히 알아봅니다.

이 장을 다 공부하면!

• 문서 객체 모델(DOM)을 이해하고 각 요소에 접근하는 방법을 알수 있어요.
• DOM에서 이벤트를 처리하는 방법을 설명할 수 있어요.
• DOM에서 노드 추가, 삭제를 통해 웹 요소를 제어할 수 있어요.

19-1 문서 객체 모델 알아보기

자바스크립트를 공부하다 보면 'DOM'이란 말을 자주 만날 것입니다. DOM은 document object model 의 줄임말로 글자 그대로 문서 객체 모델입니다. 문서 객체 모델은 자바스크립트 프로그래밍에서 매우 중요한 개념이니 꼼꼼히 살펴보고 잘 이해하고 넘어가야 합니다.

문서 객체 모델이란

웹에서 자바스크립트를 사용하는 이유는 어떤 조건에 맞거나 사용자의 동작이 있을 때 웹 문서 전체 또는 일부분이 동적으로 반응하도록 만들어야 하기 때문입니다. 이렇게 반응하게 하려면 웹 문서의 모든 요소를 따로 제어할 수 있어야 합니다.

예를 들어 웹 문서에 텍스트와 이미지가 들어 있다면 웹 브라우저는 마크업 정보를 보면서 텍스트 단락이 몇 개이고 그 내용이 무엇인지를 살펴봅니다. 또한 이미지가 몇 개이고 이미지파일 경로는 어떠한지, 대체 텍스트는 무엇인지도 파악해서 이미지별로 정리해서 인식합니다. 그리고 이러한 텍스트와 이미지 요소를 브라우저가 제어하려면 두 요소를 따로 구별하여 인식해야 합니다. 웹 문서에서 이보다 더 많은 요소를 사용했다면 요소 사이의 포함 관계도 알아야 하고요.

이러한 모든 정보 요소를 자바스크립트로 가져와 프로그래밍할 때 사용합니다. 이때 알아야 할 개념이 있는데 바로 **문서 객체 모델**^{DOM: document object model}입니다. 다음은 문서 객체 모델을 정의한 것입니다.

> **문서 객체 모델(DOM)의 정의**
> 자바스크립트를 이용하여 웹 문서에 접근하고 제어할 수 있도록 객체를 사용해 웹 문서를 체계적으로 정리하는 방법

HTML 언어로 작성한 웹 문서의 DOM을 HTML DOM이라고 합니다. XML 문서에서 사용하는 XML DOM도 있는데, 이 책에서는 HTML 웹 문서를 대상으로 하므로 HTML DOM을 기준으로 설명합니다. DOM은 웹 문서를 하나의 객체로 정의합니다. 그리고 웹 문서를 이루는 텍스트나 이미지, 표 등의 모든 요소도 각각 객체로 정의합니다. 예를 들어

TIP 웹 브라우저는 대부분 W3C에서 제공하는 DOM 표준을 따르지만, 가끔 브라우저마다 조금씩 다른 DOM 기능을 제공하기도 합니다.

웹 문서 전체는 document 객체이고, 삽입한 이미지는 image 객체입니다. 이처럼 DOM은 웹 문서와 그 안의 모든 요소를 '객체'로 인식하고 처리합니다.

앞에서 배운 브라우저 객체와 마찬가지로 웹 문서 객체도 다양한 프로퍼티와 메서드가 있습니다. 우선 문서 객체 모델의 구조를 나타내는 DOM 트리를 알아보겠습니다.

DOM 트리

자바스크립트로 DOM을 조작하려면 실제 웹 문서가 DOM으로 어떻게 표현되는지 알아야 합니다. DOM은 웹 문서의 요소를 부모 요소와 자식 요소로 구분합니다. 예를 들어 다음과 같은 간단한 코드를 생각해 봅시다.

Do it! HTML의 요소 관계 알아보기 예제 파일 19\domTree.html

```html
<!DOCTYPE html>
<html lang="ko">
<head>
  <meta charset="UTF-8">
  <title>DOM Tree 알아보기</title>
</head>
<body>
  <h1>Do it!</h1>
  <img src="images/doit.jpg" alt="공부하는 이미지">
</body>
</html>
```

셋째마당 06-4절 CSS에서 다룬 요소의 부모 자식 관계를 떠올리며 정리해 볼까요? 이 예제에서 html 요소는 head, body의 부모 요소이고, 다시 body 요소는 h1, img의 부모 요소가 됩니다.

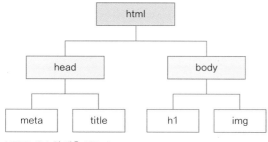

HTML 요소의 계층 구조

한 단계 더 발전하여 DOM의 관점에서 부모 자식 관계를 생각해 보겠습니다. DOM은 문서 안의 요소뿐만 아니라 각 요소에서 사용한 내용과 속성도 자식으로 나타냅니다. h1 요소의 내용인 **Do it**은 h1의 자식이 되고 src, alt 속성은 img 요소의 자식이 되는 것이죠.

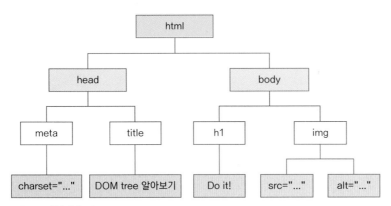

DOM 트리의 계층 구조

이렇게 부모와 자식 구조로 표시하면 마치 나무 형태가 되므로 DOM 트리라고 합니다. DOM 트리에서 가지가 갈라져 나간 항목을 **노드**^{node}라고 하며, DOM 트리의 시작 부분인 html 노드는 나무 뿌리에 해당한다 해서 **루트**^{root} 노드라고 합니다.

루트 노드를 시작으로 웹 문서에서 사용한 요소는 계층 구조를 이룹니다. 따라서 각 노드 사이의 관계를 부모와 자식, 형제 간으로 표현할 수 있습니다. **부모**^{parent} 노드에는 **자식**^{child} 노드가 있으며, 부모 노드가 같은 **형제**^{sibling} 노드도 있습니다.

> **TIP** HTML 코드를 작성할 때에는 들여쓰기를 잘해야 합니다. 그래야 코드만 봐도 HTML DOM의 계층 구조를 머릿속으로 그릴 수 있습니다.

DOM을 구성하는 기본 원칙은 다음과 같습니다.

---

1. 모든 HTML 태그는 요소(element) 노드입니다.
2. HTML 태그에서 사용하는 텍스트 내용은 자식 노드인 텍스트(text) 노드입니다.
3. HTML 태그에 있는 속성은 자식 노드인 속성(attribute) 노드입니다.
4. 주석은 주석(comment) 노드입니다.

바로 앞에서 살펴본 DOM 트리의 계층 구조를 노드의 종류대로 다시 구분하면 다음 그림과 같습니다.

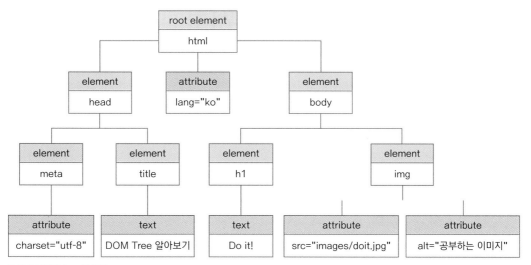

DOM 트리와 노드의 종류

이렇게 웹 문서를 해석할 DOM 트리의 계층 구조를 만드는 것이 중요합니다. DOM 트리의 계층 구조를 머릿속으로 그릴 수 있어야 자바스크립트를 사용해 객체에 접근해서 원하는 부분을 수정할 수 있습니다.

19-2 DOM 요소에 접근하고 내용 수정하기

웹 브라우저는 DOM을 기반으로 웹 문서의 구조를 해석합니다. 그렇다면 웹 문서 안의 특정 요소를 선택해서 내용을 바꾼다거나 이미지 파일을 변경하려면 어떻게 해야 할까요? DOM의 가장 기본적인 기능인 웹 요소에 접근하고 내용을 수정하는 방법을 알아보겠습니다.

DOM 요소에 접근하기

자바스크립트에서 웹 문서에 있는 이미지나 텍스트, 표 등 특정 요소를 찾아가는 것을 '웹 요소에 접근한다'라고 합니다. 이렇게 웹 요소에 접근하면 해당 요소의 내용이나 값을 가져오거나 수정할 수 있습니다.

getElement-* 함수 사용하기

자바스크립트에서 웹 요소에 접근할 때는 오래 전부터 CSS의 선택자 가운데 id 선택자, class 선택자, 타입 선택자를 사용해 왔습니다. 어떤 선택자를 사용하느냐에 따라 사용하는 함수도 달라지죠.

```
기본형    document.getElementById("id명")
         document.getElementsByClassName("class명")
         document.getElementsByTagName("태그명")
```

예를 들어 id값이 heading인 요소에 접근해서 heading이라는 변수에 할당하려면 다음과 같이 사용합니다.

```
let heading = document.getElementById('heading');   // id 선택자 사용
```

마찬가지로 class값이 bright인 요소에 접근하거나, <img> 태그를 사용한 요소들에 접근한다면 다음과 같이 사용합니다.

```
let bright = document.getElementsByClassName('bright');   // 클래스 선택자 사용
```

```
let images = document.getElementsByTagName('img');        // 타입 선택자 사용
```

class 선택자나 타입 선택자는 한 문서 안에서 여러 번 사용할 수 있으므로 getElementsByClass
Name() 함수나 getElementsByTagName() 함수에서 반환하는 값이 2개 이상일 수 있습니다. 이
값들은 HTMLCollection 객체 형태로 저장됩니다. HTMLCollection 객체는 배열은 아니지만
배열처럼 인덱스를 사용해 각각 값을 사용할 수 있습니다.

TIP 함수 이름에서 getElements처럼 Element에 s를 붙일 때가 있다는 점에 주의하세요.

하나만 콕 집어내는 querySelector() 함수

웹이 발전하면서 웹 문서는 점점 복잡해지고, 사용하는 선택자도 다양해졌죠. 그래서 웹 요소
에 접근하기 위해 querySelector()와 querySelectorAll() 함수가 등장했습니다.

기본형   document.querySelector(선택자)

이때 선택자는 id, class, 타입 선택자 뿐만 아니라 하위 선택자, 형제 선택자 등 CSS에서 공부한
다양한 선택자를 모두 사용할 수 있습니다. id 선택자를 지정할 때는 # 기호를, class 선택자를
지정할 때는 . 기호를 함께 사용합니다. 하위 선택자처럼 선택자가 둘 이상 연결되어 있을 경우
에는 그대로 쓰면 되고요.

19\index.html 문서를 웹 브라우저에 연 후 '에디오피아 게덴'이라는 제목에서 웹 개발자 도구
창을 열어 보세요. 제목 텍스트에 사용한 <h1 id="heading">에디오피아 게덴</h1>라는 태그가
보이죠?

웹 요소 선택하기

[콘솔] 탭을 클릭해서 콘솔 창으로 이동하세요. querySelector() 함수를 사용해서 제목 텍스트에 접근하려면 콘솔 창에 다음과 같이 입력하면 됩니다.

```
document.querySelector('#heading')
```

#heading 인 요소를 찾아서 해당 부분의 코드를 보여 줍니다. 제대로 접근했다는 뜻이죠. 브라우저 창은 아직 닫지 마세요.

id 선택자를 사용해 웹 요소 선택하기

querySelector() 함수에서 class 선택자나 타입 선택자를 사용하면 어떻게 될까요? 적용된 여러 요소 중에서 첫 번째 요소만 가져옵니다.

18\index.html이 웹 브라우저 창에 열려 있는 상태에서 이번에는 콘솔 창에 다음과 같이 입력해 보세요.

```
document.querySelector('img')
```

웹 문서에 이미지가 4개 있지만 첫 번째 이미지만 접근하는 걸 볼 수 있습니다.

첫 번째 웹 요소만 가져 오는 querySelector() 함수

모든 요소를 가져오는 querySelectorAll() 함수

id 선택자를 제외한 다른 선택자는 문서에서 여러 번 사용할 수 있으므로 한꺼번에 여러 요소에 접근할 수 있습니다. querySelectorAll() 함수는 여러 요소를 가져올 때 사용합니다.

> 기본형   document.querySelectorAll(선택자)

19\index.html이 열려 있는 상태에서 작은 이미지 부분을 웹 개발자 도구로 검사해 보세요. 작은 이미지들은 #small-pic이라는 <div> 태그에 포함되어 있습니다. 작은 이미지에 3개 모두 접근해 보겠습니다.

작은 이미지의 코드 확인하기

단순히 `img` 타입 클래스를 사용한다면 큰 이미지까지 함께 가져오므로 `<div id="small-pic">` 안에 있는 작은 이미지 3개만 접근하려면 다음과 같이 작성해야 합니다. 콘솔 창에 입력해 보세요.

```
document.querySelectorAll('#small-pic > img')
```

이미지를 한꺼번에 여러 개 가져오므로 노드 리스트 형태로 저장됩니다. `NodeList(3)`이라고 표시되는데 이것은 요소 3개가 저장된 노드 리스트라는 뜻입니다. `NodeList` 앞에 있는 ▶를 클릭하면 어떤 요소가 저장되었는지 확인할 수 있습니다.

TIP 노드 리스트는 여러 노드를 한꺼번에 저장한 것으로, 배열과 비슷하다고 생각하면 됩니다.

여러 이미지가 저장된 노드 리스트

노드 리스트에 저장된 요소는 배열처럼 인덱스를 사용해서 접근할 수 있습니다. 예를 들어 작은 이미지 3개 중에서 두 번째 이미지에 접근하고 싶다면 인덱스값 1을 사용하면 됩니다.

인덱스를 사용해 노드 리스트 요소에 접근하기

웹 요소의 내용을 가져오고 수정하기

자바스크립트를 이용하면 웹 요소에 접근한 후 내용을 가져오거나 수정할 수 있습니다. 이때
자바스크립트 객체의 innerText, innerHTML, textContent 프로퍼티를 사용합니다.

웹 요소의 내용에 접근하기

텍스트가 있는 웹 요소에 접근했다면 요소의 텍스트 내용을 가져올 수 있습니다. 이때 3가지
프로퍼티를 사용할 수 있는데, 각각 차이점이 약간 있습니다.

기본형   **요소.innerText**
                    요소.innerHTML
                    요소.textContent

예를 들어 보겠습니다. 19\text-1.html에는 제목과 목록이 포함되어 있습니다. 기본형에서
소개한 3가지 프로퍼티를 사용해 텍스트에 접근해 보겠습니다. 목록에 접근한 후 innerText,
innerHTML, textContent 프로퍼티를 사용했을 때 어떻게 달라지는지 확인해 보세요.

Do it! 텍스트에 접근하기   예제 파일 19\text-1.html

```html
<div id="detail">
  <ul>
    <li>원산지 : 에디오피아</li>
    <li style="display: none">지 역 : 이르가체프 코체레</li>
    <li style="display: none">농 장 : 게뎁</li>
  </ul>
</div>

<script>
  let detail = document.querySelector('#detail > ul');
  console.log(detail.innerText);
  console.log(detail.innerHTML);
  console.log(detail.textContent);
</script>
```

innerText 프로퍼티는 웹 브라우저 창에 보이는 내용만 가져옵니다. display: none을 사용
해 화면에서 감춘 내용은 가져오지 않죠. innerHTML 프로퍼티는 이름에서 알 수 있듯 HTML
코드를 가져오는데, 화면에 보이는 것과 상관없이 코드에 있는 걸 모두 가져옵니다. 즉, 목록

JavaScript

부분의 코드를 가져오겠죠. 반면에 textContet 프로퍼티는 접근한 요소의 내용을 가져오되 코드에 있는 대로 가져옵니다. display: none 스타일 때문에 화면에 보이지 않더라도 코드에 있다면 감춰진 내용까지 가져올 수 있습니다. 감춰진 내용이 없다면 innerText나 textContent 프로퍼티를 사용할 때와 같은 결과를 보여주겠죠?

텍스트에 접근하기

정리하자면 웹 요소의 내용을 가져올 경우에는 innerText나 textContent 프로퍼티를 사용하고, 웹 브라우저 창에 표시되지 않은 내용까지 모두 가져오려면 textContent 프로퍼티를 사용해야 합니다. 그리고 요소 안에 있는 태그까지 함께 가져오려면 innerHTML 프로퍼티를 사용해야 합니다.

웹 요소의 내용 수정하기

앞에서 살펴본 innerText, innerHTML, textContent 프로퍼티는 웹 요소의 내용을 바꿀 때도 사용합니다. innerText와 textContent 프로퍼티는 텍스트 내용을 바꿀 때, innerHTML 프로퍼티는 HTML 태그가 포함된 내용을 바꿀 때 사용합니다.

> 기본형   요소.innerText = 내용
> 요소.innerHTML = 내용
> 요소.textContent = 내용

이미지 요소에 접근한 후 src 속성값을 바꾸면 이미지를 변경할 수 있습니다. 이때 src 속성은 이미지 객체의 src 프로퍼티로 접근하면 됩니다.

> 기본형   이미지요소.src = 파일 경로

19\text-2.html에는 제목과 이미지가 포함되어 있습니다. 여기에서는 제목을 클릭했을 때 내용을 수정하고 이미지를 클릭했을 때 다른 이미지로 바꾸려고 합니다.

```
<div class="container">
  <h1 id="heading">에디오피아 게뎁</h1>
  <img src="images/coffee-pink.jpg" alt="커피잔" id="cup" width="200"
height="200">
</div>
```

DOM에서 `click` 이벤트를 처리하는 방법은 아직 배우지 않았으므로 어떤 방식으로 동작하는지만 알아보겠습니다. 웹 요소에 접근해서 변수에 할당했다면 변수 다음에 `.onclick`을 붙인 후 어떻게 처리할지 함수를 연결하면 됩니다.

```
변수.onclick = 함수
```

19\text-2.html에 다음과 같은 스크립트 코드를 추가해 보세요. 제목 부분을 가져와서 heading에 할당하고 이미지는 cup이라고 할당했습니다. 그리고 heading과 cup을 클릭했을 때 실행할 함수를 화살표 함수로 지정했습니다.

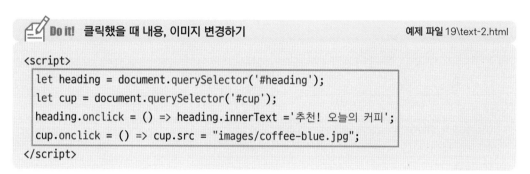

Do it! 클릭했을 때 내용, 이미지 변경하기　　　　　　　　예제 파일 19\text-2.html

```
<script>
  let heading = document.querySelector('#heading');
  let cup = document.querySelector('#cup');
  heading.onclick = () => heading.innerText ='추천! 오늘의 커피';
  cup.onclick = () => cup.src = "images/coffee-blue.jpg";
</script>
```

클릭하면 제목 텍스트 변경하기　　　클릭하면 이미지 변경하기

19-3 DOM에서 이벤트 처리하기

웹 문서에서 이벤트가 발생하면 이벤트 처리기(event handler)를 연결해야 합니다. HTML 태그에서 이벤트 처리기를 연결할 수도 있지만 태그와 스크립트 코드가 섞여 있어서 복잡한 프로그램에는 적합하지 않습니다. 이럴 때 DOM에서 이벤트 처리기를 연결하면 HTML 태그와 스크립트 코드를 분리할 수 있습니다. 여기에서는 DOM의 이벤트 처리 방법을 알아보겠습니다.

DOM 요소에 함수 연결하기

이벤트를 처리하는 함수가 간단하다면 요소에 접근한 후 함수를 직접 작성할 수 있습니다. 이 경우에는 이벤트 이름 앞에 on을 붙여서 작성합니다.

예를 들어 19\event-1.html에는 이미지가 있는데, 이 이미지에 접근한 후 클릭했을 때 실행할 함수를 다음과 같이 `cat.onclick` 다음에 작성합니다. 이미지에 `click` 이벤트가 발생하면 함수가 즉시 실행되죠.

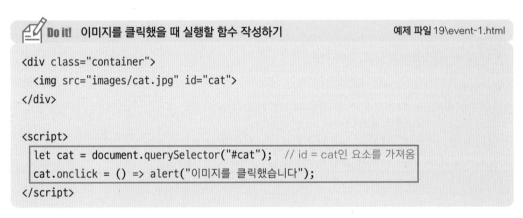

Do it! 이미지를 클릭했을 때 실행할 함수 작성하기   예제 파일 19\event-1.html

```
<div class="container">
  <img src="images/cat.jpg" id="cat">
</div>


<script>
  let cat = document.querySelector("#cat");   // id = cat인 요소를 가져옴
  cat.onclick = () => alert("이미지를 클릭했습니다");
</script>
```

이미지를 클릭했을 때 알림 창 표시하기

미리 만들어 둔 함수가 있고, 그 함수에 매개변수가 없다면 요소 다음에 함수 이름을 사용해서 연결할 수도 있습니다. 이때 연결한 함수 이름 다음에 괄호가 붙지 않는다는 점에 주의하세요.

19\event-2.html에도 이미지가 1개 포함되어 있습니다. 이미지를 클릭했을 때 다른 이미지로 변경하는 changePic()이라는 함수를 따로 만든 후 onclick 다음에 함수 이름을 지정해서 실행했습니다.

Do it! 이미지를 클릭했을 때 실행할 함수 이름 지정하기　　　　　예제 파일 19\event-2.html

```html
<div class="container">
  <img src="images/kitty-1.png" id="cat">
</div>

<script>
  let cat = document.querySelector("#cat");   // id = cat인 요소를 가져옴
  cat.onclick = changePic;                     // cat을 클릭하면 changePic 함수 실행

  function changePic() {
    cat.src = "images/kitty-2.png";            // cat의 src 속성을 변경
  }
</script>
```

이미지를 클릭해서 다른 이미지로 바꾸기

DOM의 event 객체 알아보기

DOM에는 이벤트 정보를 저장하는 event 객체가 있습니다. 이 객체에는 웹 문서에서 이벤트가 발생한 요소가 무엇인지, 어떤 이벤트가 발생했는지 등의 정보가 들어 있습니다.

다음은 container 요소에서 click 이벤트가 발생했을 때 발생 위치를 알아내는 예제입니다. container 요소를 쉽게 구별할 수 있도록 테두리를 그려 놓았죠? 이벤트 대상이 container이므로 테두리 바깥 부분을 클릭하면 아무것도 나타나지 않습니다.

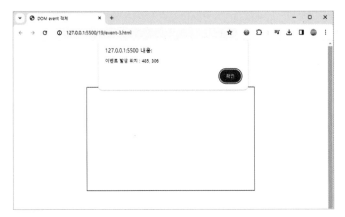

Do it! 이벤트 발생 위치 알아내기   예제 파일 19\event-3.html

```
<div class="container"></div>

<script>
  let container = document.querySelector(".container");
  container.onclick = (event) => {
    alert(`이벤트 발생 위치: ${event.pageX}, ${event.pageY}`);
  }
</script>
```

클릭한 위치 알아내기

event 객체의 주요 프로퍼티와 메서드를 표로 정리했습니다.

event 객체의 프로퍼티와 메서드

구분		설명
프로퍼티	altKey	이벤트가 발생할 때 Alt를 눌렀는지 여부를 boolean값으로 반환합니다.
	button	마우스에서 누른 버튼의 키값을 반환합니다.
	charCode	keypress 이벤트가 발생할 때 어떤 키를 눌렀는지 유니코드값으로 반환합니다.
	clientX	이벤트가 발생한 가로 위치를 반환합니다.
	clientY	이벤트가 발생한 세로 위치를 반환합니다.
	ctrlKey	이벤트가 발생했을 때 Ctrl을 눌렀는지 여부를 boolean값으로 반환합니다.
	pageX	현재 문서 기준으로 이벤트가 발생한 가로 위치를 반환합니다.
	pageY	현재 문서 기준으로 이벤트가 발생한 세로 위치를 반환합니다.
	screenX	현재 화면 기준으로 이벤트가 발생한 가로 위치를 반환합니다.
	screenY	현재 화면 기준으로 이벤트가 발생한 세로 위치를 반환합니다.

표 계속 ▶

프로퍼티	shiftKey	이벤트가 발생할 때 (Shift)를 눌렀는지 여부를 boolean값으로 반환합니다.
	target	이벤트가 최초로 발생한 대상을 반환합니다.
	timeStamp	이벤트가 발생한 시간을 반환합니다.
	type	발생한 이벤트 이름을 반환합니다.
	which	키보드와 관련된 이벤트가 발생할 때 키의 유니코드값을 반환합니다.
메서드	preventDefault()	이벤트를 취소할 수 있는 경우에 취소합니다.

TIP event 객체의 전체 프로퍼티와 메서드는 developer.mozilla.org/ko/docs/Web/API/Event를 참고하세요.

event 객체에는 이벤트 정보만 들어 있습니다. 만약 이벤트가 발생한 대상에 접근하려면 이벤트 처리기에서 예약어 this를 사용해야 합니다. 단, this라는 예약어는 화살표 함수에서 사용할 수 없습니다.

다음 예제처럼 클릭한 이미지의 파일 경로를 알고 싶다면 this.src를 사용합니다.

TIP 결과 화면에서 파일 경로가 http://127.0.0.1로 보이는 것은 VS Code의 Live Server 확장을 이용했기 때문입니다. 여러분이 사용하는 화면과 다를 수 있습니다.

✏️ **Do it!** this 예약어 사용하기   예제 파일 19\event-4.html

```
<div class="container">
  <img src="images/cat.jpg" id="cat">
</div>


<script>
  let cat = document.querySelector("#cat");
  cat.onclick = function(event) {
    alert(`이미지 파일: ${this.src}`);   // 이미지 파일 경로 출력
  }
</script>
```

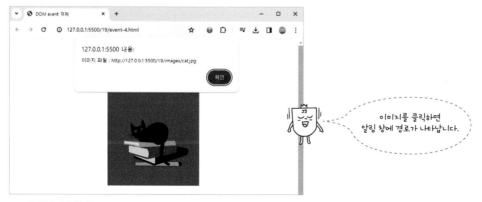

this 예약어 사용하기

addEventListener() 함수 사용하기

지금까지 살펴본 이벤트 처리 방법은 HTML 태그 안에서 이벤트 처리기를 연결하거나 DOM 요소에 함수를 직접 연결하는 것이었습니다. 이 방식은 알아보기는 쉽지만 HTML과 자바스크립트가 밀접하게 연결되어 있어서 코드를 유지 보수하기 힘듭니다. 게다가 하나의 이벤트에 함수 1개만 연결할 수 있어서 여러 이벤트 처리기를 추가할 수 없죠. 그래서 등장한 빙법이 addEventListener()라는 함수입니다. 흔히 '이벤트 리스너'라고 부르며, 이벤트를 처리하는 여러 방법 중에서 가장 많이 사용하죠. addEventListener() 함수는 끝에 세미콜론(;)을 꼭 붙여야 합니다.

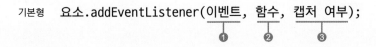

기본형　요소.addEventListener(이벤트, 함수, 캡처 여부);

> ❶ **이벤트**: 이벤트 유형을 지정합니다. 단, click과 keypress처럼 on을 붙이지 않고 씁니다.
> ❷ **함수**: 이벤트가 발생하면 실행할 명령이나 함수를 지정합니다. 여기에서 함수를 정의할 때는 event 객체를 인수로 받습니다.
> ❸ **캡처 여부**: 이벤트를 캡처하는지 여부를 지정합니다. true이면 캡처링, false이면 버블링한다는 의미이며 기본값은 false입니다.

TIP 이벤트 캡처링과 버블링을 자세히 알고 싶다면 《Do it! 모던 자바스크립트 프로그래밍의 정석》을 참고하세요.

다음은 이미지 위로 마우스 포인터를 올려놓으면 다른 이미지로 바뀌었다가 내려놓으면 다시 원래 이미지로 돌아오는 예제입니다. addEventListener() 함수를 사용해서 changePic() 함수와 originPic() 함수를 연결했습니다.

✏️ Do it! 마우스 포인터를 올리면 이미지 바꾸기　　　　　예제 파일 19\event-5.html

```
<div class="container">
  <img src="images/kitty-1.png" id="cat">
</div>

<script>
  let cat = document.querySelector("#cat");

  cat.addEventListener("mouseover", changePic, false);
  cat.addEventListener("mouseout", originPic, false);

  function changePic() {
```

```
    cat.src = "images/kitty-2.png";
  }

  function originPic() {
    cat.src = "images/kitty-1.png";
  }
</script>
```

이 예제에서는 함수 changePic()과 originPic()을 따로 선언하고 사용했습니다. 하지만 단순히 이벤트를 처리하는 함수라면, 즉 따로 다른 곳에서 다시 사용하는 함수가 아니라면 다음처럼 함수 표현식으로 사용하는 경우가 많습니다. addEventListener() 함수에서 changePic() 함수가 있던 자리에 함수 선언 부분을 그대로 옮기면 되는데, 이때 함수명은 제외합니다. 마찬가지로 originPic() 함수도 옮깁니다.

```
<script>
  let cat = document.querySelector("#cat");

  cat.addEventListener("mouseover", changePic, false);
  cat.addEventListener("mouseout", originPic, false);

  function changePic() {                          함수 이름 자리에 직접 함수 작성
    cat.src = "images/kitty-2.png";
  }

  function originPic() {
    cat.src = "images/kitty-1.png";
  }
</script>
```

함수 안에서 함수 선언하기

이렇게 addEventListener() 함수 안에 다른 함수를 함께 선언하면 특정 이벤트에서 어떤 명령을 실행하는지 한눈에 확인할 수 있어서 더욱 편리합니다. 다음 결과 화면을 살펴보세요.

TIP addEventListener() 함수에서 마지막 false는 기본값이므로 여기에서는 생략했습니다.

Do it! 이벤트 리스너 안에서 함수 선언하기   예제 파일 19\event-6.html

```
<div class="container">
  <img src="images/kitty-1.png" id="cat">
</div>
```

```
<script>
let cat = document.querySelector("#cat");

cat.addEventListener("mouseover", () => {
  cat.src = "images/kitty-2.png";
});
cat.addEventListener("mouseout", () => {
  cat.src = "images/kitty-1.png";
});
</script>
```

마우스 포인터를 올리면 이미지 바꾸기

CSS 속성에 접근하기

자바스크립트를 이용하면 스타일 속성값을 가져와서 원하는 대로 수정할 수 있고 이를 활용
해 웹 문서에서 다양한 효과를 만들 수 있습니다.
CSS 속성에 접근하려면 해당 스타일이 적용된 HTML 요소 다음에 예약어 style을 쓰고 속성
을 적습니다.

> 기본형   document.요소명.style.속성명

예를 들어 id가 desc인 요소의 글자를 파란색으로 변경하려면 다음과 같이 작성합니다.

> document.querySelector("#desc").style.color = "blue";

이렇게 color처럼 한 단어인 속성명은 그대로 사용하면 되지만 background-color, border-
radius처럼 중간에 하이픈(-)이 있는 속성은 backgroundColor나 borderRadius처럼 두 단어

를 합쳐서 사용합니다. 이때 두 번째 단어의 첫 글자는 Color와 Radius처럼 대문자로 표시합니다.

다음은 사각형 위에 마우스 포인터를 올려놓으면 초록색 원으로 바뀌고, 내려놓으면 원래 도형으로 되돌아가는 예제입니다. 자바스크립트에서 이미지의 background-color, border-radius 속성을 다루는 방법을 잘 살펴보세요.

Do it! 도형의 테두리와 배경색 바꾸기 예제 파일 19\domCss.html

```html
<div id="container">
  <p>도형 위로 마우스 포인터를 올려놓으세요.</p>
  <div id="rect"></div>
</div>

<script>
  let rect = document.querySelector("#rect");
  rect.addEventListener("mouseover", () => {
    rect.style.backgroundColor = "green";   // rect 요소의 배경색
    rect.style.borderRadius = "50%";         // rect 요소의 테두리 둥글게 처리
  });
  rect.addEventListener("mouseout", () => {
    rect.style.backgroundColor = "";          // rect 요소의 배경색 지우기
    rect.style.borderRadius = "";             // rect 요소의 테두리 둥글게 처리하지 않음
  });
</script>
```

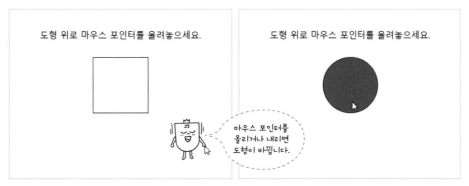

도형의 테두리와 배경색 바꾸기

라이트 박스 효과 만들기

[준비] 19\lightbox.html　　　　　　　　　　　　　[결과 비교] 19\results\lightbox.html

최근 웹 사이트에서 자주 볼 수 있는 라이트 박스 효과를 만들어 보겠습니다. 라이트 박스 효과는 원하는 사진을 클릭하면 전면에 나타낸 후 주변을 어둡게 처리하여 시선을 집중시킵니다. 여기에서는 자바스크립트의 DOM을 이용해서 간단한 라이트 박스 효과를 만들어 보겠습니다.

1단계 프로그램의 흐름 정리하기

VS Code에서 19\lightbox.html 문서를 열어 코드를 살펴보면 `<div>` 태그 2개가 보입니다. `row` 요소는 섬네일 이미지 6개의 영역이고, `lightbox` 요소는 라이트 박스의 영역입니다.

```
<div class="row">
  <ul>
    <li><img src="images/tree-1-thumb.jpg" data-src="images/tree-1.jpg"
class="pic"></li>
    <li><img src="images/tree-2-thumb.jpg" data-src="images/tree-2.jpg"
class="pic"></li>
    <li><img src="images/tree-3-thumb.jpg" data-src="images/tree-3.jpg"
class="pic"></li>
    <li><img src="images/tree-4-thumb.jpg" data-src="images/tree-4.jpg"
class="pic"></li>
    <li><img src="images/tree-5-thumb.jpg" data-src="images/tree-5.jpg"
class="pic"></li>
    <li><img src="images/tree-6-thumb.jpg" data-src="images/tree-6.jpg"
class="pic"></li>
  </ul>
</div>
```

섬네일 이미지 영역

```
<div id="lightbox">
  <img src="images/tree-1.jpg" alt="" id="lightboxImage">
</div>
```

라이트 박스 영역

코드를 작성하기 전에 이 프로그램은 어떠한 순서로 작동하는지 흐름을 정리해 보겠습니다.

1. 섬네일 이미지 6개를 화면에 보여 줍니다.
2. 섬네일 이미지 가운데 하나를 클릭하면 그 이미지를 라이트 박스 영역에 표시하고 화면에 나타나게 합니다.
3. 화면에 나타난 라이트 박스 영역을 클릭하면 다시 라이트 박스를 감춥니다.

2단계 DOM 요소 가져오고 섬네일 이미지 보여 주기

웹 문서에서 사용할 DOM 요소를 모두 가져오겠습니다. 먼저 섬네일 이미지인 pic 요소를 모두 가져옵니다. 라이트 박스를 화면에 표시하거나 감추려면 lightbox 요소를 가져오고, 큰 이미지를 표시할 수 있도록 lightboxImage 요소도 따로 가져옵니다. 다음 코드를 `</body>` 태그 앞에 추가해 보세요.

```
<script>
  let pics = document.querySelectorAll('.pic');              // .pic인 요소들을 가져옴
  let lightbox = document.querySelector('#lightbox');         // 라이트 박스 영역
  let lightboxImage = document.querySelector('#lightboxImage');// 라이트 박스 안의 이미지
</script>
```

이번에는 섬네일 이미지를 클릭하면 실행할 함수를 정의해 보겠습니다. 섬네일 이미지에 addEventListener() 함수를 연결하고 click 이벤트와 showLightbox() 함수를 넣습니다. 앞의 코드에 이어서 다음 스크립트 코드를 추가해 보세요.

```
<script>
  ......
  for (let i = 0; i < pics.length; i++) {
    pics[i].addEventListener("click", showLightbox);
  }
</script>
```

3단계 섬네일 이미지를 클릭하면 라이트 박스에서 보여 주기

섬네일 이미지를 클릭하면 실행할 showLightbox() 함수를 작성합니다. 클릭한 섬네일 이미지의 큰 이미지 파일 경로를 가져와서 라이트 박스에 있는 이미지의 파일 경로를 바꿔 주면 됩니다. 여기에서는 addEventListener() 함수를 이용해 클릭 이벤트와 함수를 연결합니다. 이것은 나중에 this 예약어를 사용해서 클릭한 대상(섬네일 이미지)의 속성값을 가져오는 역할을 합니다. 마지막으로 감춰 있던 라이트 박스를 화면에 표시합니다. 다음 showlightBox() 함수를

앞의 코드 다음에 이어서 추가합니다.

```
<script>
  ......
  function showLightbox() {
    let bigLocation = this.dataset.src;
    lightboxImage.src = bigLocation;
    lightbox.style.display = 'block';  // 라이트 박스 이미지를 화면에 표시
  }
</script>
```

4단계 라이트 박스 감추기

화면 아무 곳이나 클릭했을 때, 즉 라이트 박스를 클릭하면 라이트 박스를 닫는 코드를 작성하겠습니다. 만약 [닫기] 버튼을 따로 만든다면 그 버튼을 가져와서 라이트 박스를 닫는 함수와 연결하면 됩니다. 여기에서는 lightbox 요소를 클릭하면 라이트 박스를 닫도록 작성해 보겠습니다. 다음 코드를 </script> 태그 앞에 추가합니다.

TIP 라이트 박스의 너비와 높이가 각각 100%이므로 화면 아무 데나 클릭해도 라이트 박스가 닫힙니다.

```
<script>
  ......
  lightbox.onclick = function() {       // click 이벤트가 발생했을 때 실행할 함수 선언
    lightbox.style.display = "none";    // lightbox 요소를 화면에서 감춤
  }
</script>
```

지금까지 추가한 코드를 저장하고 웹 브라우저에서 확인해 보세요. 섬네일 이미지 하나를 클릭하면 라이트 박스에 큰 이미지로 표시됩니다. 그리고 다시 화면 아무 곳이나 클릭하면 열렸던 라이트 박스가 사라집니다.

19-4 DOM에서 노드 추가·삭제하기

웹 문서의 처음 화면에서는 내용이 보이지 않다가 클릭이나 이벤트가 발생하면 나타나는 경우가 있습니다. 이러한 동작은 CSS의 display 속성을 사용해서 만들 수도 있지만 DOM 트리에 새로운 노드를 추가하는 방법도 있습니다. 이때 노드를 추가하면 단순히 요소 노드뿐 아니라 텍스트와 속성 노드도 함께 추가해야 한다는 점에 주의해야 합니다.

노드 리스트란

DOM에서 새로운 노드를 만들어 추가하거나 삭제하려면 **노드 리스트**node list를 사용해야 합니다. 그렇다면 노드 리스트란 무엇일까요?

DOM에 접근할 때 querySelectorAll() 메서드를 사용하면 노드를 한꺼번에 여러 개 가져올 수 있습니다. 이때 노드 정보를 여러 개 저장한 것이 노드 리스트입니다. 배열과 비슷하게 동작하죠. 다음 예제와 함께 노드 리스트를 더 살펴보겠습니다.

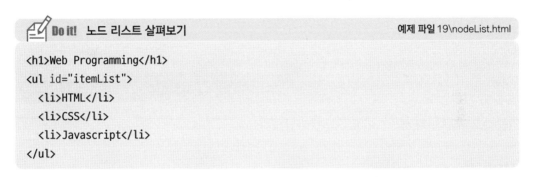

Do it! 노드 리스트 살펴보기　　　　　　　　예제 파일 19\nodeList.html

```
<h1>Web Programming</h1>
<ul id="itemList">
  <li>HTML</li>
  <li>CSS</li>
  <li>Javascript</li>
</ul>
```

웹 브라우저에서 19\nodeList.html를 열고 Ctrl + Shift + J 를 눌러 콘솔 창을 실행하세요. 그리고 콘솔 창에 다음과 같이 입력한 후 Enter 를 누릅니다. 현재 문서에서 li 요소를 모두 가져오라는 뜻입니다.

```
> document.querySelectorAll("li")
```

결괏값으로 NodeList(3) [li, li, li]라고 표시됩니다. 이처럼 노드 리스트란 노드를 여러 개 저장한 데이터 형태를 말합니다.

다음 그림처럼 콘솔 창에서 NodeList 왼쪽에 있는 ▶를 클릭해 노드 리스트의 내용을 확인해 보세요. 밑으로 인덱스와 요솟값이 저장되고 length 속성에서 노드가 몇 개 저장되었는지 표시됩니다. 배열은 아니지만 배열과 아주 비슷한 형태인 것을 알 수 있습니다.

콘솔 창에서 li 요소를 모두 가져와서 확인하기

노드 리스트는 배열과 비슷해서 인덱스 번호로 특정 위치의 노드에 접근할 수 있습니다. 다음과 같이 입력하면 li 노드 리스트 중에서 두 번째 노드를 가져올 수 있습니다.

```
> document.querySelectorAll("li")[1]
```

결괏값으로 두 번째 텍스트인 CSS가 나타납니다.

인덱스를 사용해 특정 노드값 가져오기

내용이 있는 텍스트 노드 추가하기

내용만 있는 새로운 텍스트 노드는 간단히 추가할 수 있습니다. 텍스트 노드와 요소 노드를 새로 만들어서 연결하고, 마지막에 웹 문서에서 원하는 위치에 추가하면 됩니다.

앞에서 살펴본 19\nodeList.html 문서에는 li 요소가 3개 있습니다. 여기에서 새로운 항목 하나를 더 추가해 보겠습니다. 웹 브라우저 창에서 19\nodeList.html을 열고 개발자 도구 창을 열면 <h1> 태그와 <ul> 태그, 3개의 <li> 태그를 사용한 것을 볼 수 있습니다.

현재 코드를 보면서 머릿속에 DOM 트리를 떠올릴 수 있겠죠? DOM 트리를 간단히 그려 보면 다음과 같습니다.

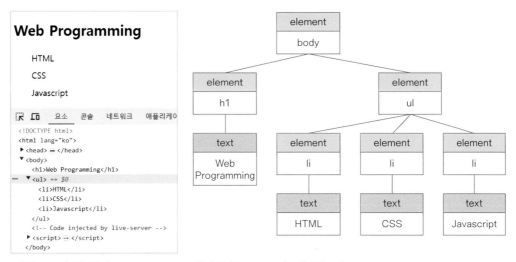

3개의 li 요소가 있는 문서　　　　　　　현재 문서를 DOM 트리로 생각해 보기

이제부터 이 문서에 <li>Typescript</li>라는 li 요소를 추가하려고 합니다. 노드를 추가하는 연습을 해보기 위해 [콘솔] 탭을 클릭해서 콘솔 창으로 이동합니다.

1. 요소 노드 만들기 — createElement() 메서드

DOM에 새로운 요소를 추가하려면 가장 먼저 요소 노드를 만들어야 합니다. 어떤 태그를 사용할지 태그를 만들어 준다고 생각하면 됩니다. 요소 노드를 만들 때 createElement() 메서드를 사용하는데, 괄호 안의 요소에 해당하는 요소 노드를 만듭니다.

기본형　　`document.createElement(요소명)`

li 요소를 추가해야 하므로 콘솔 창에 다음과 같이 입력합니다.

```
let newItem = document.createElement("li")
```

하지만 createElement() 메서드는 새로운 노드만 만든 것일 뿐, 그 안에 들어갈 내용은 아직
없습니다. 이제 \<p\> 태그의 내용에 해당하는 텍스트 노드도 만들어야 합니다.

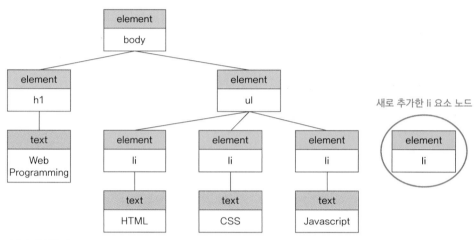

li 요소 추가하기

2. 텍스트 노드 만들기 — createTextNode( ) 메서드

새로운 요소 노드를 만들었다면 내용을 담고 있는 텍스트 노드를 만들어서 요소 노드의 자식
노드로 연결해야 합니다. 텍스트 노드를 만드는 메서드는 **createTextNode()**이고 다음 형식
으로 작성합니다.

기본형   **document.createText(내용)**

앞에서 만든 새로운 li 요소에 들어갈 내용을 텍스트 노드로 만들고 **textNode**라는 변수에 저
장합니다.

```
let textNode = document.createTextNode("Typescript")
```

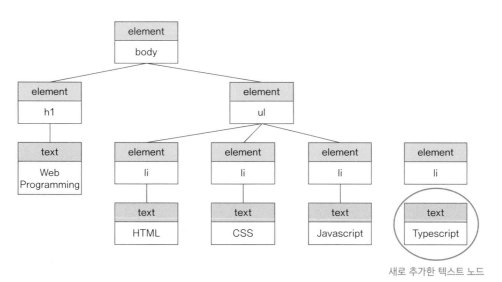

텍스트 노드 추가하기

3. 자식 노드 연결하기 — appendChild() 메서드

앞에서 새로운 p 노드와 여기에 사용할 텍스트 노드까지 만들었습니다. 하지만 노드 2개만 따로 만들어진 상태이고 아직 부모 노드와 자식 노드는 서로 연결되지 않았습니다.
appendChild()는 텍스트 노드를 요소 노드의 자식 노드로 추가할 때 사용하는 메서드입니다.
appendChild() 메서드를 사용해 자식 노드를 연결하면 기존의 자식 노드가 있을 경우 자식 노드의 맨 끝에 추가됩니다.

기본형 **부모노드.appendChild(자식노드)**

먼저 앞에서 만든 텍스트 노드 txtNode를 새로 만든 요소 노드 newItem의 자식 노드로 추가합니다.

```
newItem.appendChild(textNode)
```

이제 newItem 노드가 완성됐으므로 이 노드는 ul 요소 노드의 자식 노드로 연결합니다.

```
document.querySelector('ul').appendChild(newItem)
```

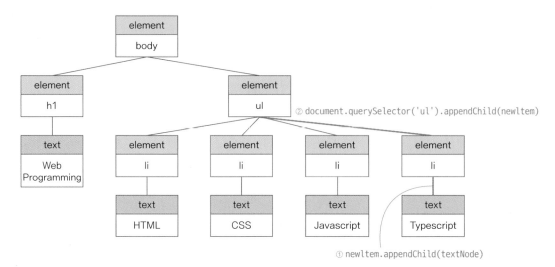

제일 오른쪽 element li 옆에 표시된 주석은 "② document.querySelector('ul').appendChild(newItem)" 이고 아래쪽은 "① newItem.appendChild(textNode)" 이다.

② document.querySelector('ul').appendChild(newItem)

① newItem.appendChild(textNode)

부모 노드에 자식 노드 연결하기

여기까지 진행하면 웹 문서에 'Typescript'라는 내용이 있는 항목이 자동으로 추가되어 나타납니다. [요소] 탭에서 HTML 코드를 확인해 보면 방금 추가한 li 노드와 텍스트 노드가 코드에 포함되어 있을 것입니다. 단, 콘솔 창에서 입력한 결과는 임시로 확인하는 용도이므로 저장되지 않습니다. 웹 브라우저 창에서 새로 고침 아이콘을 클릭하면 방금 추가한 코드는 사라집니다. 이제 책을 덮고 혼자서 새로운 요소 노드를 추가하는 연습을 해보세요.

li 요소를 새로 추가한 웹 문서

속성값이 있는 요소 새로 추가하기

HTML 태그에서는 여러 가지 속성을 사용해서 웹 요소를 제어합니다. 따라서 새로운 요소를 만들면 그와 관련된 속성 노드도 만들어서 자식 노드로 연결해야 합니다. 예를 들어 이미지를 추가한다면 <img> 태그뿐만 아니라 그 안에 src 속성도 넣어야 합니다.

이번에는 19\nodeList.html 문서에 이미지를 추가해 보면서 속성값이 있는 노드를 새로 추가하는 방법을 알아보겠습니다. 브라우저 창에 19\nodeList.html을 불러와 콘솔 창까지 열어 놓은 상태에서 따라해 보세요.

1. 요소 노드 만들기 — createElement() 메서드

가장 먼저 createElement() 메서드를 사용해서 새로운 이미지 노드를 만듭니다.

```
let newImg = document.createElement("img")
```

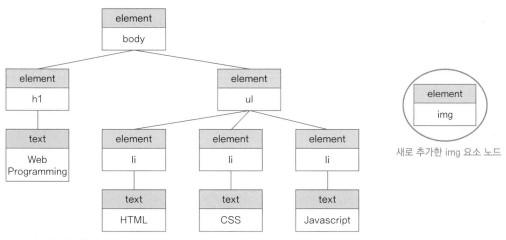

img 요소 새로 추가하기

2. 속성 추가하기

이미지 요소는 src 속성으로 이미지 파일 경로를 지정해야 웹 브라우저 창에 나타납니다. 콘솔 창에 다음과 같이 입력해서 newImg 노드에 속성을 추가하세요. images/books.png는 19\images 폴더 안에 미리 준비되어 있습니다. 다른 이미지를 사용한다면 이미지 파일의 경로를 수정하세요.

```
newImg.src = "images/books.png"
```

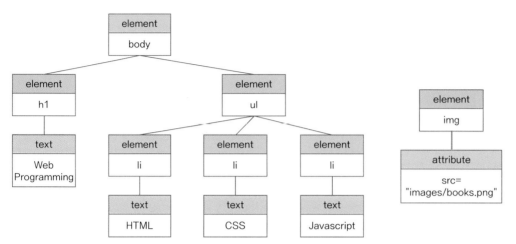

속성 노드 생성 후 연결하기

3. 자식 노드 연결하기 — appendChild() 메서드

img 요소를 화면에 표시하려면 웹 문서의 DOM에 추가해야 합니다. 그러려면 appendChild() 메서드를 사용해서 필요한 위치에 자식 노드로 추가하면 됩니다.

```
document.body.appendChild(newImg)
```

웹 브라우저 창에 방금 추가한 이미지가 나타나는 것을 볼 수 있습니다.

웹 문서에 이미지 추가하기

[준비] 19\create.html   **[결과 비교]** 19\results\create.html

텍스트 필드에 입력한 내용을 화면에 표시하려면 단순히 `document.write()` 문으로 작성할 수 있죠. 하지만 이제는 DOM을 공부했으니, 텍스트 필드에 입력한 내용을 새로운 노드로 만들어서 화면에 표시하는 방법을 연습해 보겠습니다.

1단계 HTML 파일 확인하기

웹 브라우저에서 19\create.html 파일을 열면 다음 그림과 같이 텍스트 필드와 [추가] 버튼이 보입니다. 텍스트 필드에 값을 여러 번 입력하면 화면에 입력값이 여러 개 나타나도록 수정해 보겠습니다.

VS Code에서 19\create.html 문서를 열어서 코드를 살펴볼까요? 사용자가 내용을 입력하는 텍스트 필드는 `id="subject"`로 되어 있고, 입력한 내용을 표시하는 영역은 `id="itemList"`인 목록 형태로 되어 있습니다.

```
<form action="">
  <label for="subject" class="hidden">주제</label>
  <input type="text" id="subject" autofocus>
  <button>추가</button>
</form>
<hr>
<ul id="itemList"></ul>
```

2단계 새로운 요소 만들고 연결하기

새로 만들 요소는 `<ul>` 태그 사이에 들어갈 `li` 요소 노드입니다. 텍스트 필드에 입력한 값을 가져와 새로운 텍스트 노드를 만들고 li 요소 노드에 자식 노드로 추가하면 됩니다. 다음 스크립트 코드를 </body> 태그 앞에 추가한 후 저장하세요.

```
<script>
  function newRegister() {
    const newItem = document.createElement("li");           // 요소 노드 추가
    const subject = document.querySelector("#subject");     // 텍스트 필드 가져옴
    const newText = document.createTextNode(subject.value); // 텍스트 필드의 값을 텍스트 노드로 추가
    newItem.appendChild(newText);                           // 텍스트 노드를 요소 노드에 추가

    const itemList = document.querySelector("#itemList");   // 부모 노드 가져오기
    itemList.appendChild(newItem);                          // 새로 만든 요소 노드를 부모 노드에 추가

    subject.value="";                                       // 다음 입력을 위해 텍스트 필드 비움
  }
</script>
```

TIP 웹 문서에서 요소를 가져오면 그 요소 자체를 변경하는 일은 없으므로 주로 상수로 선언합니다.

3단계 버튼에 click 이벤트 추가하기

자바스크립트에서 이벤트를 처리할 때는 그전에 웹 문서를 모두 가져와야 합니다. 예를 들어 버튼을 클릭하면 이미지를 변경하는 코드를 작성했다고 해보겠습니다. 이미지를 불러오기도 전에 버튼을 클릭하면 어떻게 될까요? 이미지를 찾을 수 없으므로 스크립트 오류가 발생할 겁니다.

이런 점을 보완하기 위해 대부분의 코드에서는 문서를 다 불러온 후에 이벤트를 처리합니다. 그래서 다음과 같이 DOMContentLoaded 이벤트가 발생했을 때, 즉 문서를 다 불러왔을 때 스크립트 부분을 실행합니다.

```
<script>
  document.addEventListener("DOMContentLoaded", function() {
    // 웹 페이지가 로딩되면 실행
  });
  ......
</script>
```

이제 버튼 요소를 가져온 후, 버튼을 클릭했을 때 앞에서 만든 newRegister() 함수를 실행하도록 합니다.

```
<script>
  document.addEventListener("DOMContentLoaded", function() {
    const button = document.querySelector("button"); // 버튼 요소 가져오기
    button.addEventListener("click", function() {      // 버튼을 클릭하면 실행
    });
  });
  ......
</script>
```

4단계 버튼의 기본 동작 취소하고 함수 실행하기

19\create.html의 코드를 보면 `<button>` 태그가 `<form>` 태그 안에 포함되어 있습니다. 폼 안에 있는 버튼은 기본적으로 폼 내용을 서버로 전송^{submit}하는 역할을 합니다. 우리가 만들려고 하는 문서는 폼 안의 내용을 서버로 전송하는 게 아니라 화면에 표시하는 것이죠? 그래서 버튼의 기본 동작을 취소한 후에 `newRegister()` 함수를 실행해야 합니다. 이벤트가 발생했을 때 기본 동작을 취소하려면 event 객체의 `preventDefault()` 함수를 실행합니다. 코드에 다음과 같이 추가하세요.

```
<script>
  document.addEventListener("DOMContentLoaded", function() {
    const button = document.querySelector("button");
    button.addEventListener("click", function(event) {
      event.preventDefault();   // 기본 동작을 막음
      newRegister();            // 입력한 내용을 화면에 출력하는 함수 호출
    });
  });
  ......
</script>
```

이제 수정한 문서를 저장한 후 웹 브라우저에서 확인해 보세요. 텍스트 필드에 값을 입력하고 [추가] 버튼이나 Enter를 누르면 텍스트 필드 아래에 표시됩니다. 값을 여러 개 입력해도 모두 나열되어 나타납니다.

알아 두면 좋아요! **마지막에 입력한 값을 맨 위에 나타내는 방법**

appendChild() 메서드를 이용하면 새로운 노드를 부모 노드의 맨 끝에 추가합니다. 그래서 다음 그림처럼 가장 마지막에 입력한 값은 목록 맨 아래에 표시됩니다. 이 순서를 바꿔서 표시하려면 부모 노드와 자식 노드의 관계를 파악한 후 마지막 자식 노드를 목록 맨 앞에 추가하면 됩니다.

itemList의 자식 노드 중에서 맨 앞의 자식 노드는 itemList.childNodes[0]으로 접근할 수 있습니다. 이 노드의 앞에 새로운 노드를 추가하도록 수정하면 됩니다.

앞에서 작성한 예제에서 다음 코드를 찾아서 바꿔 보세요.

```
itemList.appendChild(newItem);
```

```
itemList.insertBefore(newItem, itemList.childNodes[0]);
```

TIP 전체 코드는 19\results\create-before.html 파일을 참고하세요.

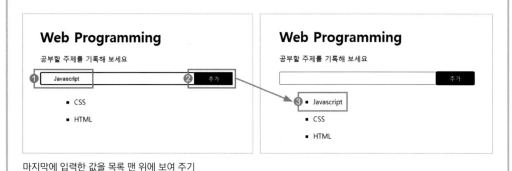

마지막에 입력한 값을 목록 맨 위에 보여 주기

노드 삭제하기

지금까지 새로운 노드를 추가하는 방법으로 `createElement()`와 `appendChild()` 메서드를 살펴보았습니다. 이번에는 DOM 트리에서 특정 노드를 삭제하는 방법을 알아보겠습니다. 노드를 삭제하려면 접근한 후 `remove()` 메서드를 사용합니다.

> **기본형** **노드.remove()**

앞에서 살펴본 19\nodeList.html 파일에서 제목 부분을 삭제해 보겠습니다. 19\nodeList.html을 웹 브라우저에서 열고 콘솔 창에 다음과 같이 입력하고 `Enter`를 눌러 보세요.

```
heading = document.querySelector('h1')
heading.remove()
```

`heading` 노드가 사라져서 화면에 있던 제목 텍스트가 삭제됩니다.

노드를 삭제해서 사라진 제목 텍스트

Do it! 실습 ▶ 추가한 항목을 클릭하여 삭제하기

[준비] 19\delete.html   [결과 비교] 19\results\delete.html

앞의 [Do it! 실습]에서는 텍스트 필드에 입력한 내용을 화면에 표시하는 연습을 했습니다. 이번에는 이렇게 추가한 내용을 클릭해서 삭제하는 연습을 해보겠습니다. 여기에서 사용할

19\delete.html 파일에는 텍스트 필드의 내용을 화면에 표시하는 코드까지 완성되어 있습니다.

1단계 이벤트 위임하기

앞에서 실습한 코드는 `<ul>` 태그 안에 `<li>` 태그를 사용해서 텍스트 필드 내용을 추가했으므로 `<ul>` 태그 안에 `<li>` 태그가 여러 개 생깁니다. 클릭해서 내용을 삭제하려면 li 노드마다 이벤트 리스너를 추가해야 할까요? li 노드가 많지 않다면 가능하겠지만 li 항목이 아주 많거나 몇 개 추가될지 모른다면 이 방법도 사용할 수 없습니다. 이럴 때 '이벤트 위임'을 사용합니다.

이벤트 위임이란 부모 요소에 이벤트 리스너 하나만 추가하고 모든 자식 요소의 이벤트를 처리하는 방법입니다. 실제로 이벤트가 발생한 대상이 event 객체의 target 프로퍼티(event. target)인지를 확인하면 됩니다.

여기에서는 다음과 같이 부모 요소인 #itemList 부분을 가져온 후 이벤트 리스너를 추가합니다.

```
<script>
  document.addEventListener("DOMContentLoaded", function() {
    const button = document.querySelector("button");
    button.addEventListener("click", function (event) {
      event.preventDefault();
      newRegister();
    });

    // 항목을 클릭하면 삭제하기
    const itemList = document.querySelector("#itemList");
    itemList.addEventListener("click", (event) => {

    });
  });

  function newRegister() { … }
</script>
```

2단계 이벤트 대상 요소 삭제하기

이제 클릭한 부분을 삭제해 볼까요? 이벤트가 발생한 대상(event.target)이 `<li>` 태그를 사용한 부분인지를 확인합니다. 이때 event.target.tagName을 사용하는데, 이때 태그 이름은 대문자 LI를 사용한다는 점에 주의하세요.

정말 삭제할 것인지 확인하는 창을 표시하고 [확인]을 눌렀을 경우에만 실제 이벤트가 발생한 노드(event.target)를 삭제합니다.

```
<script>
  document.addEventListener("DOMContentLoaded", function() {
    const button = document.querySelector("button");
    button.addEventListener("click", function (event) {
      event.preventDefault();
      newRegister();
    });

    // 항목을 클릭하면 삭제하기
    const itemList = document.querySelector("#itemList");
    itemList.addEventListener("click", (event) => {
      if (event.target.tagName === "LI") {        // 클릭한 요소가 li 요소이면
        if (confirm("삭제하시겠습니까?")) {          // 확인 대화상자 표시
          event.target.remove();                  // 클릭한 요소 삭제
        }
      }
    });
  });

  function newRegister() { … }
</script>
```

수정한 코드를 저장한 후 웹 브라우저에서 확인해 보세요. 먼저 내용을 3~4개 추가한 뒤 클릭하면 그 항목만 삭제되는 것을 볼 수 있습니다.

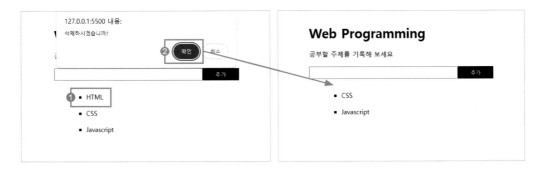

19-5 class 속성 추가·삭제하기

CSS의 여러 선택자 중에서 class 선택자는 다양하게 활용할 수 있습니다. 특히 한 요소에 여러 class 스타일을 적용할 수 있으므로 필요에 따라 class 스타일을 추가하거나 기존의 스타일을 삭제하는 방법으로 여러 효과를 만들 수 있죠. 여기에서는 웹 요소에 class 속성을 추가하거나 삭제하는 방법, 그리고 class 속성을 넣었다 뺐다 하는 토글 방법도 함께 알아보겠습니다.

classList 프로퍼티

웹 요소 객체의 classList 프로퍼티는 해당 요소에 있는 class 속성을 다룰 때 사용합니다. class 속성은 클래스 스타일을 적용한다는 것, 기억하죠? 즉, classList 프로퍼티를 사용하면 웹 요소에 클래스 스타일을 추가하거나 삭제할 수 있습니다.

클래스 스타일을 추가 또는 삭제하는 과정을 통해 스타일 변경뿐만 아니라 사용자의 동작에 동적으로 반응하는 효과를 만들 수 있습니다.

19\classList.html을 웹 브라우저에서 열고 웹 개발자 도구 창도 열어 두세요. [요소] 탭을 클릭하면 현재 h1 요소에는 .drawBorder라는 클래스 스타일을 적용했고, 세 번째 항목 (Javascript)에는 blueText 스타일과 drawBorder 스타일을 함께 적용했습니다.

마크업 코드에서 클래스 정보 확인하기

이제 [콘솔] 탭을 눌러 콘솔 창으로 이동합니다. 콘솔 창에 다음과 같이 입력하면 제목 텍스트의 class 속성에 사용한 속성값을 확인할 수 있습니다. 즉, 제목 텍스트에는 .drawBorder 스타일을 적용했다는 뜻이죠.

```
document.querySelector('h1').classList
```

제목 텍스트에 적용한 클래스 스타일 확인하기

같은 방법으로 목록에서 세 번째 classList 항목도 확인해 보겠습니다. 여기에는 클래스 스타일을 2개 적용했으므로 값이 2개 저장되어 있습니다.

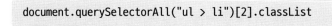

마지막 항목에 적용한 클래스 스타일 확인하기

class 속성 추가·삭제하기

앞에서 살펴본 것처럼 classList에는 웹 요소에 적용한 클래스 스타일 정보가 담겨 있습니다. classList에 클래스를 추가하거나 삭제하면서 여러 가지 효과를 만들 수 있겠죠? classList 프로퍼티에서 사용하는 주요 함수는 다음과 같습니다.

classList 프로퍼티에서 사용하는 주요 함수

함수	설명
add(클래스명)	지정한 클래스를 classList에 추가합니다.
remove(클래스명)	지정한 클래스를 classList에서 제거합니다.
toggle(클래스명)	지정한 클래스가 있으면 classList에서 제거하고, 지정한 클래스가 없으면 classList에 추가합니다.
contains(클래스명)	지정한 클래스가 classList에 있는지 확인합니다.

classList에서 add() 함수를 사용하면 특정 클래스 스타일을 선택한 요소에 적용할 수 있습니다. 클래스 스타일을 적용한다는 것은 해당 요소의 classList에 추가한다는 뜻이죠. 만일 이름이 같은 클래스가 이미 있다면 아무 일도 하지 않습니다. 반면에 remove() 함수는 선택한 요소에서 특정 클래스 스타일을 제거합니다. 지정한 클래스 스타일이 없다면 아무 일도 하지 않습니다.

기본형   요소.classList.add(클래스명)
          요소.classList.remove(클래스명)

19\button-1.html에는 체크 박스와 버튼이 하나 있습니다. 기본적으로 버튼은 비활성화 상태입니다. 사용자가 체크 박스에 체크해야 버튼이 활성화되어 클릭할 수 있는 상태가 되도록 코드를 작성해 보겠습니다.

비활성 상태의 버튼

비활성화된 버튼에는 disabled 속성이 포함되어 있습니다. 실제로는 disabled="true"지만 간단히 disabled라고 해도 되죠. 만일 비활성 상태인 버튼을 활성 상태로 바꾸려면 disabled ="false"로 지정하면 됩니다.

```
<button disable>다음으로 진행</button>            // 비활성 상태
<button disabled="false">다음으로 진행</button>   // 활성 상태
```

버튼이 비활성 상태일 때와 활성 상태일 때 서로 다른 클래스 스타일을 적용하겠습니다. 우선 2가지 상태이므로 2에 따라 2가지 클래스 스타일을 만들어 보겠습니다.

```
<style>
  ......
  .disabled {
    color: #ccc;
    background-color: #f0f0f0;
    border: 1px solid #ccc;
  }
  .enabled {
    color: #fff;
    background-color: #007bff;
    border: 1px solid #007bff;
  }
</style>
```

체크 박스에 체크했다면 버튼을 활성 상태로 만들고 classList에 .enabled 스타일을 추가합니다. 체크 박스에 체크하지 않았다면 버튼을 비활성 상태로 만들고 classList에 .disabled 스타일을 추가합니다. 이 과정을 스크립트 코드로 작성해 </body> 태그 앞에 추가합니다.

Do it! classList에 추가·삭제하기　　　　　　　　　예제 파일 19\button-1.html

```
<script>
  document.addEventListener('DOMContentLoaded', function() {
    const checkbox = document.querySelector('#agree');
    const proceedButton = document.querySelector('#proceed');

    checkbox.addEventListener('change', function() {
      if (this.checked) {
        proceedButton.classList.remove('disabled');
        proceedButton.classList.add('enabled');
        proceedButton.disabled = false;
      } else {
        proceedButton.classList.remove('enabled');
        proceedButton.classList.add('disabled');
        proceedButton.disabled = true;
      }
    });
  });
</script>
```

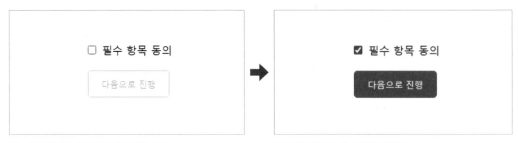

| 체크 박스에 체크하지 않아 버튼 비활성화 | 체크 박스에 체크해서 버튼 활성화 |

class 속성 토글하기

앞에서 작성한 자바스크립트 코드를 보면 if…else 문을 사용해서 체크 박스에 체크했을 때와 체크하지 않았을 때로 나눕니다. 그리고 체크한 상태라면 .disabled를 삭제하고 .abled를 추가합니다. 반대로 체크하지 않은 상태라면 .enabled를 삭제하고 .disabled를 추가하고요. 체크하거나 체크하지 않았거나 2가지 상황이 번갈아 일어나므로 remove()와 add()를 사용하는 대신 toggle() 함수를 사용해서 더 간단하게 처리할 수 있습니다. 토글^{toggle}이란 '온/오프', '끄기/켜기'처럼 2가지 상태를 번갈아 바꾸는 것을 말합니다. toggle() 함수는 클래스 이름만 지정할 수도 있고, 조건을 함께 사용해서 조건이 true일 경우에 해당 클래스를 토글하도록 지정하기도 합니다.

> 기본형   **toggle(클래스명)**
>   **toggle(클래스명, 조건)**

앞에서 살펴본 19\button-1.html에서는 add()와 remove() 함수를 사용했지만 이번에는 toggle() 함수를 사용해 보겠습니다. toggle() 함수 안에서 체크 박스에 체크되어 있는지를 조건으로 확인하겠습니다. 예를 들어 this.checked가 true라면 체크 박스에 체크했다는 뜻이므로 enabled를 토글시키고 버튼의 disabled 속성은 this.checked의 반댓값, 즉 false를 할당해서 활성 상태로 만듭니다.

Do it! class 속성 토글하기 　　　　　　　　　　　　　예제 파일 19\button-2.html

```
<script>
  document.addEventListener('DOMContentLoaded', function() {
    const checkbox = document.querySelector('#agree');
    const proceedButton = document.querySelector('#proceed');

    checkbox.addEventListener('change', function() {
      proceedButton.classList.toggle('enabled', this.checked);    // .enabeld 토글
      proceedButton.classList.toggle('disabled', !this.checked);  // .disabled 토글
      proceedButton.disabled = !this.checked;                     // 버튼의 활성화/비활성화 상태
    });
  });
</script>
```

모르겠다면?	확인!	알겠다면!
← 633쪽	웹 문서 코드를 보고 DOM 트리를 연상할 수 있나요?	☑
← 648쪽	addEventListener()를 사용해 이벤트를 처리할 수 있나요?	☐
← 655쪽	웹 문서에 요소를 추가하거나 기존 요소를 삭제할 수 있나요?	☐
← 668쪽	이벤트를 위임해서 기존 요소를 삭제할 수 있나요?	☐
← 670쪽	classList를 사용해 클래스 스타일을 다양하게 제어할 수 있나요?	☐

1 DOM은 어떤 말의 약자인가요?

　① Document Object Model

　② Display Object Management

　③ Digital Object Map

2 HTML 문서가 완전히 로드된 후에(DOM이 완전히 구성된 후에) 자바스크립트 코드를 실행할 때 가장 적절한 이벤트는 무엇인가요?

　① onload

　② DOMContentLoaded

　③ onready

3 자바스크립트로 스타일을 직접 변경하려면 어떤 속성을 사용해야 하나요?

　① 요소.style

　② 요소.css

　③ 요소.stylesheet

4 `<ul>` 요소 내부에 새로운 `<li>` 요소를 추가할 때 자바스크립트에서 사용하는 메서드는 무엇인가요?

　① appendChild()

　② append()

　③ insert()

5 DOM에서 요소의 텍스트 내용을 변경할 때 사용할 수 <u>없는</u> 속성은 무엇인가요?

　① textContent

　② innerText

　③ textHTML

6 [문제 파일]을 열면 다음과 같이 항목 5개가 나열되어 있습니다. [힌트]를 참고하여 항목 앞에 있는 체크 표시를 누르면 항목 텍스트가 회색(#ccc)으로 바뀌면서 글자 가운데에 가로줄이 그려지는 코드를 작성하세요.

완성 화면	문제 파일 19\quiz-1.html

할 일 목록

✓ 할 일 1
✓ 할 일 2
✓ 할 일 3
✓ 할 일 4
✓ 할 일 5

> 💬 힌트
>
> 1. 체크 표시 부분을 가져와 노드 리스트를 만듭니다. 여기에서는 `<span class="check">` 요소를 이용합니다.
>
> 2. 노드 리스트에 있는 요소 전체를 반복하면서 click 이벤트가 발생하면 실행할 함수를 연결합니다.
>
> 3. 클릭이 발생한 요소에서 글자 색상 스타일(color)을 회색(#ccc)으로 바꿉니다. 체크 표시와 텍스트의 색상도 바꾼다는 점에 주의하세요.
>
> 4. 클릭한 요소의 부모 노드에서 밑줄 스타일(text-decoration)을 가로줄(line-through)로 바꿉니다. 체크 표시와 텍스트 모두 가로줄을 그어야 한다는 점에 주의하세요.

7 행(row)과 열(column)의 개수를 입력한 값에 따라 다음 [힌트]를 참고하여 표를 그리는 코드를 작성하세요. 표를 구성하는 table, td, tr 요소의 관계를 잘 생각하고 노드를 추가해야 합니다. 여기에서는 작성한 코드가 완벽하지 않더라도 DOM을 사용해 표를 그리는 것에 집중하여 만들어 보세요.

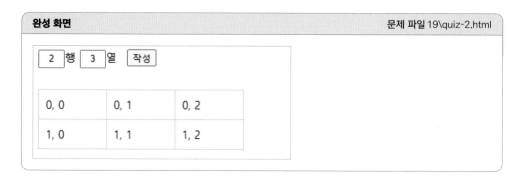

완성 화면   문제 파일 19\quiz-2.html

🔍 힌트

1. table 요소 노드를 만듭니다.

2. 입력한 행의 개수만큼 반복하면서 tr 요소 노드를 만듭니다.

3. 입력한 열의 개수만큼 다음 과정을 반복합니다.

   ① td 요소 노드를 만듭니다.

   ② 텍스트 노드를 만듭니다.

   ③ 텍스트 노드를 td 요소 노드의 자식 노드로 만듭니다.

   ④ td 요소 노드를 tr 요소 노드의 자식 노드로 만듭니다.

4. tr 요소 노드를 table 요소 노드의 자식 노드로 만듭니다.

5. table 요소 노드를 필요한 위치에 추가합니다.

Do it!
실전 프로젝트

넷플릭스 사이트
따라 만들기

지금까지 공부한 내용을 자기 것으로 만드려면 직접 웹 사이트를 만들어 보는 게 가장 좋은 방법입니다! 무료로 제공하는 〈넷플릭스 사이트 따라 만들기〉 PDF 책을 내려받아 웹 사이트 제작을 바로 시작해 보세요! 다양한 기능이 반응형으로 동작하는 웹 사이트를 만들어 볼 수 있습니다.

01 디자인 기획하기

02 개발 환경 만들기

03 헤더 만들기

04 배너 영역과 멤버십 영역 만들기

05 선택 가이드 영역 만들기

06 FAQ 영역 만들기

07 푸터 영역 만들기

QR코드로
내려받으세요!

이런 사이트를 만들어 봐요!

헤더 영역

배너 영역과
멤버십 영역

선택 가이드 영역

FAQ 영역

푸터 영역

Web Programming Course
웹 프로그래밍 코스

웹 기술의 기본은 HTML, CSS, 자바스크립트!
기초 단계를 독파한 후 응용 단계로 넘어가세요!

기초 단계

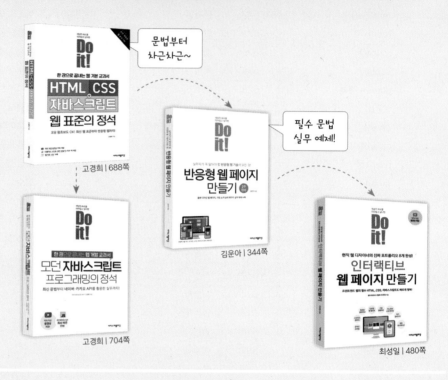

문법부터 차근차근~

고경희 | 688쪽

필수 문법 실무 예제!

김운아 | 344쪽

고경희 | 704쪽

최성일 | 480쪽

응용 단계

고경희 | 560쪽

박응용 | 408쪽

이성용, 김태곤 | 640쪽

나는 어떤 코스가 적합할까?

A 프런트엔드 개발자가 되고 싶은 사람

- Do it! HTML + CSS + 자바스크립트 웹 표준의 정석
- Do it! 모던 자바스크립트 프로그래밍의 정석
- Do it! 반응형 웹 페이지 만들기
- Do it! 인터랙티브 웹 페이지 만들기
- Do it! 자바스크립트 + 제이쿼리 입문
- Do it! Vue.js 입문

B 백엔드 개발자가 되고 싶은 사람

- Do it! HTML + CSS + 자바스크립트 웹 표준의 정석
- Do it! 모던 자바스크립트 프로그래밍의 정석
- Do it! Node.js 프로그래밍 입문
- Do it! 점프 투 장고
- Do it! 점프 투 스프링 부트 3
- Do it! 장고 + 부트스트랩 파이썬 웹 개발의 정석

기초 프로그래밍 코스

Basic Programming Course

파이썬, C 언어, 자바로 시작하는 프로그래밍!
기초 단계를 독파한 후 응용 단계로 넘어가세요!

기초 단계

점프 투 파이썬
박응용 | 432쪽

C 언어 입문
김성엽 | 576쪽

자바 완전 정복
김동형 | 856쪽

자료구조와 함께 배우는 알고리즘 입문 파이썬 편
시바타 보요, 강민 역 | 408쪽

자료구조와 함께 배우는 알고리즘 입문 C 언어 편
시바타 보요, 강민 역 | 452쪽

자료구조와 함께 배우는 알고리즘 입문 자바 편
시바타 보요, 강민 역 | 424쪽

응용 단계

파이썬 생활 프로그래밍 with 챗GPT
김창현 | 384쪽

점프 투 스프링 부트 3
박응용 | 408쪽

알고리즘 코딩 테스트
김종관 | 564쪽

나는 어떤 코스가 적합할까?

A 파이썬 개발자가 되고 싶은 사람

- Do it! 점프 투 파이썬
- Do it! 점프 투 파이썬 — 라이브러리 예제 편
- Do it! 파이썬 생활 프로그래밍 with 챗GPT
- Do it! 점프 투 장고
- Do it! 장고 + 부트스트랩 파이썬 웹 개발의 정석
- Do it! 챗GPT + 파이썬으로 AI 직원 만들기

B 자바 개발자가 되고 싶은 사람

- Do it! 점프 투 자바
- Do it! 자바 완전 정복
- Do it! 자바 프로그래밍 입문
- Do it! 점프 투 스프링 부트 3

기초 단계

김동형 | 856쪽

정재곤 | 800쪽

강성윤 | 736쪽

강성윤 | 712쪽

송호정, 이범근 | 696쪽

응용 단계

조준수 | 500쪽

전예홍 | 580쪽

김웅석 | 576쪽

나는 어떤 코스가 적합할까?

A 빠르게 앱을 만들고 싶은 사람

- Do it! 안드로이드 앱 프로그래밍
- Do it! 깡샘의 안드로이드 앱 프로그래밍 with 코틀린
- Do it! 스위프트로 아이폰 앱 만들기 입문
- Do it! 플러터 앱 개발&출시하기

B 앱 개발 실력을 더 키우고 싶은 사람

- Do it! 자바 완전 정복
- Do it! 리액트로 웹앱 만들기 with 타입스크립트
- Do it! 프로그레시브 웹앱 만들기
- Do it! 깡샘의 플러터&다트 프로그래밍

HTML

웹 문서 기본

<!doctype html>	최신 버전의 HTML 문서
<html>...</html>	HTML 문서의 시작과 끝
<head>...</head>	문서 정보
<body>...</body>	문서 내용

문서 정보

<meta>	문서의 메타 정보
<title>...</title>	문서 제목
<link>	외부 문서 연결
<style>...</style>	스타일 시트 정보
<script>...</script>	스크립트 코드 또는 외부 스크립트 문서 연결

문서 구조

<header>...</header>	헤더 영역
<nav>...</nav>	내비게이션
<main>...</main>	주요 콘텐츠. 문서당 1번 사용
<article>...</article>	독립적인 콘텐츠. 제목과 내용으로 구성
<section>...</section>	내용 묶기
<aside>...</aside>	사이드바 영역
<footer>...</footer>	푸터 영역
<div>...</div>	스타일 지정을 위해 코드 묶기

텍스트

<hn>...</hn>	제목 텍스트(h1~h6)
<p>...</p>	텍스트 단락
 	줄 바꿈
<blockquote>...</blockquote>	내용 인용
...	굵게 강조
...	그냥 굵게 표시
...	기울인 글꼴로 강조
<i>...</i>	기울인 글꼴. 아이콘 폰트 삽입할 때도 사용

목록

<ol>...</ol>	순서 없는 목록의 시작과 끝
<ul>...</ul>	순서 목록의 시작과 끝
<li>...</li>	순서 없는 목록과 순서 목록의 항목
<dl>...</dl>	설명 목록의 시작과 끝
<dt>...</dt>	설명 목록에서 항목의 제목
<dd>...</dd>	설명 목록에서 항목의 내용

표

<table>...</table>	표의 시작과 끝
<caption>...<caption>	표의 제목
<tr>...</tr>	표의 행(row)
<td>...</td>	표의 셀
<th>...</th>	제목 셀
<thead>...</thead>	표 구조에서 제목 부분
<tbody>...</tbody>	표 구조에서 본문 부분
<tfoot>...</tfoot>	표 구조에서 요약이나 정리 부분
<col>	표의 열(column)
<colgroup>...</colgroup>	스타일 지정을 위해 여러 열 묶기

멀티미디어

<embed>...<embed>	(최신 태그를 지원하지 않을 때) 멀티미디어 파일 삽입
<object>...<object>	멀티미디어, PDF 등 다양한 파일 삽입
<img>	이미지 파일 삽입
<audio>...</audio>	오디오 파일 삽입
<video>...</video>	비디오 파일 삽입
<figure>...</figure>	설명 글(캡션)을 붙이기 위해 영역 묶음
<figcaption>...</figcaption>	<figure> 요소에 설명 글(캡션) 붙임

자바스크립트

기본 입출력

alert(메시지)	알림 창에 메시지 출력
confirm(메시지)	메시지 출력 및 [확인], [취소] 버튼 클릭 가능
prompt(메시지, 기본값)	사용자 입력을 받는 프롬프트 창 표시
document.write(내용)	웹 브라우저 창에 내용 출력
console.log(내용)	콘솔 창에 내용 출력

변수

예약어	스코프	값 재할당	변수 재선언
var	함수 레벨	가능	가능
let	블록 레벨	가능	불가능
const	블록 레벨	불가능	불가능

데이터 유형

원시 유형	number	따옴표 없이 숫자로만 표시
	bigInt	매우 큰 정수를 표현할 수 있는 유형
	string	텍스트 자료. 작은따옴표(')나 큰따옴표(")로 묶어서 나타냄.
	boolean	참(true)과 거짓(false)이란 2가지 값만 가짐
	undefined	데이터값이 할당되지 않은 상태
	null	데이터값이 유효하지 않은 상태
복합 유형	array	하나의 변수에 여러 개의 값을 저장함
	object	함수와 속성들이 함께 포함된 데이터 유형

연산자

산술 연산자	+, -, *, /, %, ++, --
할당 연산자	=, +=, -=, *=, /=, %=
비교 연산자	==, !=, ===, !==, < <=, > >=
논리 연산자	!, &&, ‖
조건 연산자	(조건) ? true일 때 실행할 명령 : false일 때 실행할 명령

if 문

```
if (조건) {
    조건이 true일 때 실행할 명령(들)
}
```

if~else 문

```
if (조건) {
    조건이 true일 때 실행할 명령(들)
} else {
    조건이 false일 때 실행할 명령(들)
}
```

switch 문

```
switch (조건)
{
  case 값1 : 문장1
    break
  case 값2 : 문장2
    break
  ......
  default: 문장n
}
```

for 문

```
for (초깃값; 조건; 증가식) {
    ......
}
```

while 문

```
while (조건)
    ......
}
```

do...while 문

```
do {
    ......
} while (조건)
```

break 문

```
break
```

continue 문

```
continue
```

함수 선언

```
function 함수명(매개변수)
{
    ......
}
```

함수 실행

```
함수명() 또는
함수명(인수)
```

즉시 실행 함수

```
(function() {        또는   (function(매개변수) {
    ......                      ......
}());                       }(인수));
```

화살표 함수

```
(매개변수) => { ...... }
```

주요 이벤트

click	HTML 요소를 클릭했을 때 발생
dblclick	HTML 요소를 더블클릭했을 때 발생
mouseover	마우스 포인터가 요소 위로 옮겨질 때 발생
keydown	사용자가 키를 누르는 동안 발생
keypress	사용자가 키를 눌렀을 때 발생
keyup	사용자가 눌렀던 키에서 손을 뗐을 때 발생
load	웹 문서 로딩이 끝나면 발생
scroll	문서 화면이 스크롤되었을 때 발생
unload	웹 문서를 벗어날 때 발생
change	폼 목록에서 항목이 변경되었을 때 발생
focus	폼 요소에 포커스가 놓였을 때 발생
reset	폼이 리셋되었을 때 발생
submit	폼에서 submit 버튼을 클릭했을 때 발생

자바스크립트 주요 내장 객체

window	브라우저 창이 열릴 때마다 하나씩 만들어지는 객체. 브라우저 창 안에 존재하는 모든 요소의 최상위 객체
document	웹 페이지마다 하나씩 만들어지는 객체
history	현재 창에서 사용자의 방문 기록을 저장하는 객체
location	현재 페이지의 URL 정보를 가지고 있는 객체
navigator	현재 사용 중인 웹 브라우저의 정보를 가지고 있는 객체
screen	현재 사용 중인 화면에 대한 정보를 다루는 객체

window 객체의 주요 프로퍼티

document	브라우저 창에 표시된 웹 문서 접근
innerHeight	내용 영역의 높이
innerWidth	내용 영역의 너비
location	window 객체의 위치. 현재 URL
name	브라우저 창의 이름을 가져오거나 수정
outerHeight	브라우저 창의 바깥 높이
outerWidth	브라우저 창의 바깥 너비
pageXOffset	스크롤했을 때 수평으로 이동하는 픽셀 수. scrollX 와 같음
pageYOffset	스크롤했을 때 수직으로 이동하는 픽셀 수. scrollY 와 같음
screenX	모니터 기준으로 브라우저 창 왼쪽 테두리에서 떨어진 거리
screenY	모니터 기준으로 브라우저 창 위쪽 테두리에서 떨어진 거리
scrollX	스크롤했을 때 수평으로 이동하는 픽셀 수
scrollY	스크롤했을 때 수직으로 이동하는 픽셀 수

window 객체의 주요 메서드

alert()	알림 창(alert dialog) 표시
blur()	창에서 포커스 제거
close()	현재 창 닫기
confirm()	[확인], [취소]가 있는 확인 창 표시
focus()	현재 창에 포커스 부여
moveBy()	현재 창을 지정한 크기만큼 이동
moveTo()	현재 창을 지정한 좌표로 이동
open()	새로운 창 열기
print()	현재 문서 인쇄
prompt()	프롬프트에 입력한 텍스트 반환
resizeBy()	지정한 크기만큼 현재 창 크기 조절
resizeTo()	동적으로 브라우저 창 크기 조절
scroll()	문서에서 특정 위치로 스크롤
scrollBy()	지정한 크기만큼씩 스크롤
scrollTo()	지정한 위치까지 스크롤
setCursor()	현재 창의 커서 변경
stop()	로딩 중지

history 객체

length	브라우저 창의 히스토리 목록에 있는 항목의 개수
back()	히스토리 목록에서 이전 페이지로 이동
forward()	히스토리 목록에서 다음 페이지로 이동
go()	현재 페이지를 기준으로 상대적인 페이지로 이동

location 객체

href	전체 URL 정보
host	URL의 호스트 이름과 포트 번호
hostname	URL의 호스트 이름
pathname	URL 경로
port	URL 중 포트 번호
protocol	URL 중 프로토콜 정보
reload()	현재 문서를 다시 불러옴
replace(URL)	괄호 안의 URL 주소로 이동
toString()	현재 문서의 URL을 문자열로 반환

screen 객체

availHeight	UI 영역을 제외한 내용 표시 영역의 높이
availWidth	UI 영역을 제외한 내용 표시 영역의 너비
colorDepth	화면에서 픽셀을 렌더링할 때 사용하는 색상 수
height	UI 영역을 포함한 화면의 높이
width	UI 영역을 포함한 화면의 너비
orientation	화면의 현재 방향
pixelDepth	화면에서 픽셀을 렌더링할 때 사용하는 비트 수

Array 객체의 주요 메서드

concat()	기존 배열에 새로운 배열 연결
join()	배열 요소를 문자열로 합침. 이때 구분자 지정 가능
pop()	배열의 마지막 요소를 꺼내서 반환
push()	배열의 맨 끝에 새로운 요소를 추가한 후 새로운 length 반환
shift()	배열에서 첫 번째 요소를 꺼내서 반환
slice()	배열에서 특정한 부분만 잘라냄
splice()	배열에 요소를 추가하거나 삭제
toString()	지정한 부분을 문자열로 반환. 이때 각 요소는 쉼표로 구분
unshift()	배열의 시작 부분에 새로운 요소 추가

CSS

CSS 선택자 (1)

*	전체universal 선택자
.class	클래스class 선택자
#id	아이디id 선택자

글자 관련 속성

font-family	글꼴
font-size	글자 크기
font-style	글자 스타일
font-weight	글자 굵기

텍스트 스타일

color	글자색
text-decoration	텍스트에 밑줄이나 취소선 등 표시 여부
text-transform	텍스트의 대문자, 소문자 표시 여부
text-shadow	텍스트에 그림자 추가
text-align	텍스트 정렬 방법 지정
line-height	줄 높이
letter-spacing	글자 간의 간격
word-spacing	단어 사이의 간격

목록/표 스타일

list-style	불릿 스타일 지정
caption-side	설명 글(캡션)의 위치 지정
border-spacing	셀과 셀 사이의 여백
border-collapse	표의 테두리와 셀 테두리를 합칠지 여부

박스 모델

width	박스 모델의 너비	
height	박스 모델의 높이	
box-sizing	박스 모델의 너비 계산 기준	
box-shadow	박스 모델에 그림자 추가	
border	박스 모델의 테두리 스타일 지정	방향 순서:
border-radius	박스 모델의 꼭짓점 둥글게 처리	top → right
margin	박스 모델의 마진	→ bottom
padding	박스 모델의 패딩	→ left

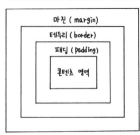

요소 배치

display	배치 방법 지정
float	왼쪽이나 오른쪽으로 띄움. left와 right 중 선택
left, right, bottom, top	기준 위치와 요소 사이에 얼마나 떨어져 있는지 지정
position	웹 요소의 위치 지정 방법. static, relative, absolute, fixed 중 선택

미디어 쿼리

@media	and 연산자로 미디어 쿼리 조건 지정
width, height	웹 문서의 너비, 높이
min-width, min-height	웹 문서의 최소 너비, 최소 높이
max-width, max-height	웹 문서의 최대 너비, 최대 높이
orientaion	단말기 모드. portrait(세로)와 landscape(가로) 중 선택

플렉스 박스 레이아웃

display	플렉스 컨테이너 지정
flex-direction	주축의 방향 지정
flex-wrap	컨테이너 너비보다 플렉스 항목이 많을 경우 줄 바꿈 여부 지정
flex-flow	배치 방향과 줄 바꿈을 한꺼번에 지정
justify-content	주축의 항목 정렬 방법
align-items	교차축의 항목 정렬 방법 지정
align-self	교차축에서 특정 플렉스 항목의 정렬 방법 지정
align-content	여러 줄일 때 교차축의 정렬 방법 지정
gap	플렉스 항목 간의 간격. row-gap과 column-gap을 따로 지정할 수 있음
flex-basis	플렉스 항목의 기본적인 크기 지정
flex-grow	컨테이너의 남은 공간을 채우기 위해 플렉스 항목을 늘림
flex-shrink	컨테이너 공간이 부족할 경우 플렉스 항목 줄임
flex	flex-basis, flex-grow, flex-shrink 속성을 한꺼번에 지정

CSS 그리드 레이아웃

display	그리드 컨테이너 지정. grid, inline-grid 중 선택
grid-template-columns	행(column) 지정
grid-template-rows	열(row) 높이 지정
grid-auto-rows	동적으로 채우는 열의 높이를 자동으로 지정
auto-fit	그리드 항목을 확장해서 컨테이너 빈 곳을 채움
auto-fill	컨테이너의 빈 곳을 남겨 둠
gap	행과 열의 간격 지정
grid-column-start	열의 시작 라인 번호 지정
grid-column-end	열의 끝 라인 번호 지정
grid-column	열의 시작 라인 번호와 끝 라인 번호 지정. 슬래시(/)로 구분
grid-row-start	행의 시작 라인 번호 지정
grid-row-end	행의 끝 라인 번호 지정
grid-row	행의 시작 라인 번호와 끝 라인 번호 지정. 슬래시(/)로 구분
grid-area	템플릿 영역(그리드 영역) 이름 지정
grid-template-areas	템플릿 영역 이름을 사용해 템플릿 그리드 지정
minmax()	최솟값과 최댓값을 지정하는 함수
repeat()	같은 값을 여러 번 반복할 때 사용하는 함수

CSS 선택자 (2)

A B	하위 선택자. A 요소에 포함된 모든 하위 요소 선택
A > B	자식 선택자. A 요소의 자식 요소 선택
A + B	A 요소 이후 맨 먼저 오는 형제 요소 B 선택
A ~ B	A 요소와 형제인 모든 B 요소 선택

속성 선택자

[속성]	해당 속성이 있는 요소 선택
[속성 = 값]	지정한 속성값이 있는 요소 선택
[속성 ~= 값]	지정한 속성값이 포함된 요소 선택(단어별)
[속성 != 값]	지정한 속성값이 포함된 요소 선택(하이픈 포함, 단어별)
[속성 ^= 값]	지정한 속성값으로 시작하는 요소 선택
[속성 $= 값]	지정한 속성값으로 끝나는 요소 선택
[속성 *= 값]	지정한 속성값의 일부가 일치하는 요소 선택

가상 클래스

:link	방문하지 않은 링크 선택
:visited	방문한 적이 있는 링크 선택
:hover	마우스 포인터가 올라간 요소 선택
:active	클릭한 요소 선택
:focus	초점이 맞춰진 요소 선택
:target	앵커 대상 선택
:enabled	지정한 요소를 사용할 수 있는 상태일 때 선택
:disabled	지정한 요소를 사용할 수 없는 상태일 때 선택
:checked	폼 요소에 check 속성이 있을 때 선택
:not	지정한 요소가 아닐 때 선택
:only-child	자식 요소가 하나일 때 자식 요소 선택
A:only-type-of	A 요소가 하나뿐일 때 선택
:first-child	첫 번째 자식 요소 선택
:last-child	마지막 자식 요소 선택
A:first-of-type	A 요소 중에서 첫 번째 요소 선택
A:last-of-type	A 요소 중에서 마지막 요소 선택
:nth-child(n)	n번째 자식 요소 선택
:nth-last-child(n)	끝에서 n번째 자식 요소 선택
A:nth-of-type(n)	자식 A 요소 중에서 n번째 요소 선택
A:nth-last-of-type(n)	자식 A 요소 중에서 끝에서 n번째 요소 선택

가상 요소

::first-line	첫 번째 줄 선택
::first-letter	줄에서 첫 번째 글자 선택
::before	특정 요소의 앞에 내용이나 스타일 추가
::after	특정 요소의 뒤에 내용이나 스타일 추가

트랜스폼 함수

translate(tx, ty)	지정한 크기만큼 x축과 y축으로 이동
translate(tx, ty, tz)	지정한 크기만큼 x축과 y축, z축으로 이동
translateX(tx)	지정한 크기만큼 x축으로 이동
translateY(ty)	지정한 크기만큼 y축으로 이동
translateZ(tz)	지정한 크기만큼 z축으로 이동
scale(sx, sy)	지정한 크기만큼 x축과 y축으로 확대 또는 축소
scale(sx, sy, sz)	지정한 크기만큼 x축과 y축, z축으로 확대 또는 축소
scaleX(sx)	지정한 크기만큼 x축으로 확대 또는 축소
scaleY(sy)	지정한 크기만큼 y축으로 확대 또는 축소
scaleZ(sz)	지정한 크기만큼 z축으로 확대 또는 축소
rotate(각도)	지정한 각도만큼 회전
rotateX(각도)	x축을 기준으로 지정한 각도만큼 회전
rotateY(각도)	y축을 기준으로 지정한 각도만큼 회전
rotateZ(각도)	z축을 기준으로 지정한 각도만큼 회전
rotate3d(rx, ry, rz, 각도)	x축, y축, z축을 기준으로 지정한 각도만큼 회전
skew(ax, ay)	지정한 각도만큼 x축과 y축으로 비틂
skewX(ax)	지정한 각도만큼 x축으로 비틂
skewY(ay)	지정한 각도만큼 y축으로 비틂

트랜지션

transition-property	트랜지션의 적용 대상 지정. 기본값 all
transition-duration	트랜지션의 실행 시간. 단위는 s(초). 기본값 0
transition-timing-function	트랜지션의 실행 형태(함수)
transition-delay	트랜지션 지연 시간. 단위는 s(초). 기본값 0
transition	트랜지션 관련 속성을 한꺼번에 지정

CSS 애니메이션

@keyframes	애니메이션이 바뀌는 지점 설정
animation-delay	애니메이션 지연 시간
animation-direction	애니메이션 종료 후 처음 위치로 옮길지, 반대 방향으로 진행할지 지정
animation-duration	애니메이션 실행 시간. 단위는 s(초)
animation-iteration-count	애니메이션 반복 횟수 지정
animation-name	애니메이션 이름
animation-timing-function	키프레임의 전환 형태 지정
animation	애니메이션 관련 속성을 한꺼번에 지정

Date 객체의 주요 메서드

날짜· 시간 정보 가져오기	getFullYear()	연도(네 자리 숫자) 가져오기
	getMonth()	월(0~11 사이의 숫자) 가져오기
	getDate()	일(0~31 사이의 숫자) 가져오기
	getDay()	요일(0~6 사이의 숫자) 가져오기
	getTime()	현재 시간을 밀리초(1970년 1 월 1일 자정 이후의 시간)로 가져오기
	getHours()	시(0~23 사이의 숫자) 가져오기
	getMinutes()	분(0~59 사이의 숫자) 가져오기
	getSeconds()	초(0~59 사이의 숫자) 가져오기
	getMilliseconds()	밀리초를 0~999 사이의 숫자로 변환하기
날짜· 시간 정보 설정하기	setFullYear()	연도를 네 자리 숫자로 설정
	setMonth()	0~11 사이의 숫자로 월 설정
	setDate()	0~31 사이의 숫자로 일 설정
	setTime()	1970년 1월 1일 자정 이후의 시간을 밀리초로 설정
	setHours()	0~23 사이의 숫자로 시 설정
	setMinutes()	0~59 사이의 숫자로 분 설정
	setSeconds()	0~59 사이의 숫자로 초 설정
	setMilliseconds()	0~999 사이의 숫자로 밀리초 설정
날짜· 시간 형식 바꾸기	toGMTString()	요일 일 월 연도 시:분:초 형식 (UTC 형식)으로 표시
	toLocaleString()	월/일/연도 시:분:초 형식으로 표시
	toString()	요일 월 날짜 시:분:초 UTC+ 대한민국 표준시 형식으로 표시합니다.

DOM 트리의 노드

요소 노드	HTML 요소
텍스트 노드	HTML 요소의 텍스트 내용
속성 노드	HTML 태그의 속성
주석 노드	주석

웹 요소에 접근하기

getElementById(*id*명)	id 이름으로 접근
getElementsByClassName(*class*명)	class 이름으로 접근
getElementsByTagName(*tag*명)	tag 이름으로 접근
querySelector(*선택자*)	다양한 선택자를 사용해 1개 요소에 접근
querySelectorAll(*선택자*)	다양한 선택자를 사용해 여러 요소에 접근

웹 요소의 내용에 접근하기

요소.innerText	브라우저 화면에 보이는 내용에 접근
요소.innerHTML	텍스트 내용에 해당하는 HTML 코드에 접근
요소.textContent	브라우저 화면에 보이지 않더라도 코드에 있는 텍스트 내용에 접근

웹 요소 변경하기

요소.innerText = *내용*	텍스트 내용 교체
요소.innerHTML = *내용*	HTML 코드와 함께 텍스트 내용 교체
요소.textContent = *내용*	텍스트 내용 교체
이미지요소.src = *파일경로*	이미지 파일 교체

이벤트 처리하기 1

요소.on*이벤트명* = 함수

```
// 예시
container.onclick = (event) => {
  alert(`이벤트 발생 위치 : ${event.pageX}, ${event.
pageY}`);
}
```

이벤트 처리하기 2

요소.addEventListener(*이벤트명*, 함수, 캡처여부)

```
// 예시
cat.addEventListener("mouseover", () => {
  cat.src = "images/kitty-2.png";
});
```

CSS 속성에 접근하고 변경하기

document.요소명.style.속성명 = 값

```
// 예시
documenet.querySelector("#desc").style.color = "blue";
```

DOM 트리에 노드 추가하기 및 삭제하기

createElement()	새로운 요소 노드 생성
createTextNode()	새로운 텍스트 노드 생성
appendChild()	자식 노드와 부모 노드 연결
요소.remove()	특정 요소 노드 삭제